KB107572

찰스 디킨스의
영국사 산책

찰스 디킨스의 영국사 산책

지은이 찰스 디킨스
옮긴이 민청기 · 김희주

1판 1쇄 발행 2014년 12월 17일
1판 6쇄 발행 2020년 9월 20일
개정판 1쇄 발행 2023년 10월 2일

발행처 (주)옥당북스
발행인 신은영

등록번호 제2018-000080호
등록일자 20018년 5월 4일

주소 경기도 고양시 일산동구 위시티1로 7, 507-303
전화 (070)8224-5900 팩스 (031)8010-1066

값은 표지에 있습니다.
ISBN 979-11-89936-43-3 03920

이메일 coolsey2@naver.com
포스트 https://post.naver.com/coolsey2
블로그 https://blog.naver.com/coolsey2

찰스 디킨스의

Charles Dickens

영국사 산책

찰스 디킨스 지음 │ **민청기 · 김희주** 옮김

옥당

2천 년 영국 역사가
대문호의 펜 끝에서 되살아난다!

처음에 찰스 디킨스가 집필한 영국 역사서가 있다는 말을 듣고 의아한 생각이 들었다. 《크리스마스 캐럴》, 《올리버 트위스트》, 《위대한 유산》 같은 대중소설을 접해본 적은 있지만, 그가 역사서를 집필했다는 이야기는 금시초문이었기 때문이다. 급히 관련 자료를 검색해보니 이 책은 디킨스가 창간한 주간지 〈일상적인 말들Household Words〉에 1851년 1월 25일부터 1853년 12월 10일까지 3년간 연재한 내용을 세 권의 책으로 출판한 결과물이었다.

분량이 700쪽 가까이나 되는 《찰스 디킨스의 영국사 산책》의 원제는 재미있게도 'A History of England'가 아니라 'A Child's History of England'다. 실제로 이 책은 20세기 말까지 영국의 초등 교과 과정에 포함되어 있었다고 한다.

하지만 책을 읽어가다 보면 분명 궁금한 생각이 들 것이다. 만만치 않은 분량도 분량이지만 어린이 책으로 보기에는 다소 잔인한 이야기가 많이 등장하기 때문이다. 계모의 계략에 빠져 등에 칼을 맞고 말에서 굴러떨어진 채 질질 끌려가다 비참한 죽음을 맞은 에드워드 왕의 이야기가 그렇고, 반역죄로 체포되어 말로 표현하기도 어려울 만큼 처참한 방법으로 처형당하는 사람들의 이야기나 구교와 신교 간에 벌어지는 종교 전쟁으로 수많은 이들이 화형당하는 이야기가 그렇다.

그러나 그런 점을 차치하고 보면, 이 책은 초등학생이 읽어도 좋을 만큼 쉽게 쓰여 있을 뿐 아니라 한 페이지 한 페이지가 어떻게 넘어가는지도 모를 만큼 흥미진진하고 박진감 넘친다. 디킨스는 "아이들이 좀 더 깊이 있는 역사서에 관심을 갖고 재미있게 읽을 수 있도록 도움을 주고자 하는 마음에서 이 책을 썼다"고 밝힌 바 있다. 그가 이 책을 집필하게 된 좀 더 구체적인 동기와 시대적 배경을 간략히 살펴보자.

찰스 디킨스가 활동하던 1800년대의 잉글랜드는 역사상 전무후무한 제국을 이룩한 빅토리아 여왕의 시대였다. '해가 지지 않는 나라'라고 불릴 정도로 모든 대륙에 식민지를 경영하고 있었고, 나라 전체가 활기에 차 있었으며, 문화·예술이 융성하던 시기였다. 그러나 그것은 당시 잉글랜드의 화려한 일면에 지나지 않았다. 빛이 있으면 어둠이 있고 양지가 있으면 음지가 있듯이 런던 등의 대도시는 가난과 질병으로 고통받는 사

▲ 찰스 디킨스 ©Nicku/Shutterstock.com

람들로 넘쳐났다.

아이들의 삶은 더욱 비참했다. 집이 없는 아이들은 거리에서 잠을 자야 했고, 탄광에서 힘든 노동을 하거나 공장 굴뚝을 청소해야 했다. 1830년대 런던에서 치러지는 장례식의 절반이 열 살 이하 어린이들이었다고 하니 그 비참함이 어느 정도였는지 짐작할 수 있다.

사회 모순에 대한 비판과 민중 중심의 역사관

가장 잘나가는 나라의 가장 비참한 어린이들. 당대에 이미 셰익스피어William Shakespeare(1564~1616)에 버금가는 명성을 얻은 디킨스가 이 책을 집필한 가장 큰 동기가 바로 이런 모순 속에서 고통받고 있는 어린이들이었다. 다소 두껍고 묵직한 책이지만 디킨스는 아이들에게 잉글랜드라는 나라가 어떻게 성립되었고, 어떤 우여곡절을 거치며 성장하고 발전해 오늘에 이르렀는지, 또 왜 초강대국이 되었음에도 부익부빈익빈의 현상과 불평등은 사라지지 않는지 등을 입체적으로 보여주고 싶었던 것 같다. 또 그럼으로써 장차 나라를 짊어지고 가야 할 어린이들에게 제대로 된 역사관과 통찰력을 갖게 해주고 싶었던 게 아닐까? 그런 디킨스의 고민과 문제의식은 160년이 더 지난 21세기를 사는 우리에게도 여전히 유효하다. 어린이뿐만 아니라 성인이 읽어도 좋은 이유가 바로 그 때문이다.

찰스 디킨스는 이 책에서 카이사르가 브리튼 섬을 침략하던 BC 50년경부터 빅토리아 여왕이 즉위하던 1837년까지 잉글랜드를 비롯한 주변국의 역사를 다룬다. 특정 시대나 왕조를 집중적으로 조명하기보다는 숲

7

을 보듯 잉글랜드사의 전반적인 흐름을 조망할 수 있도록 내용을 전개해나간 것이 특징이다. 하지만 그는 역사적인 사실을 단순히 나열하는 데 그치지 않았다.

《크리스마스 캐럴》이나 《올리버 트위스트》 같은 다른 작품들과 마찬가지로 이 책에는 모순된 사회에 대한 통렬한 비판 정신과 가난하고 억압받는 이들에 대한 따뜻한 시선, 그리고 민중 중심의 역사관이 깊이 스며 있다. 디킨스는 책 곳곳에서 형편없는 왕이나 귀족들에 대해 통렬한 비판을 가하거나 신랄한 풍자와 재치 있는 위트로 꼬집는데, 어찌나 매섭고도 통쾌한지 번역을 하면서 '과연 이 상황에 대해서는 그가 뭐라고 이야기할까' 은근히 기대될 정도였다.

영국 왕을 말하다

디킨스는 2천 년에 가까운 영국 역사를 연대순으로 정리하되 왕들을 중심으로 서술한다. 그의 '군주론'은 매우 독특하고 신선하다. 예컨대, 철혈군주이자 '사자의 심장을 가진 왕'으로 칭송받는 리처드 1세의 경우가 그렇다. 디킨스의 관점에서 보면 리처드 1세는 위대한 군주라기보다는 '살인마'나 '사이코패스'에 더 가깝다. 실제로 그는 수많은 유대인을 학살했을 뿐 아니라 순전히 재미를 위해 살인을 서슴지 않았을 정도로 잔인한 왕이었다. 엘리자베스 1세에 대한 해석도 흥미롭다. 그녀는 세상에 알려진 것처럼 위대한 여왕이 아니라 자신이 왕으로 군림하던 시대에 운 좋게도 윌리엄 셰익스피어, 프랜시스 베이컨, 에드먼드 스펜서, 프랜시스 드레이크 제독 같은 위대한 인물이 많이 배출되어 명성이 높아진 측면이 강하다.

그렇다면 디킨스는 어떤 왕을 '좋은 왕'으로 평가할까? 2천 년 영국 역사를 통틀어 그가 훌륭한 군주로 꼽는 인물은 빅토리아 여왕을 제외 하면(빅토리아 여왕은 '해가 지지 않는' 대제국을 건설한 위대한 군주이지만 디킨 스와 동시대 인물이기 때문에 제외될 수밖에 없다) 색슨족의 앨프레드 대왕과 걸출한 의회파 영웅 올리버 크롬웰 정도이다. 앨프레드 대왕은 거의 흠 을 찾기 어려울 만큼 완벽에 가까운 왕이자 백성들이 가장 사랑하는 군 주였으며, 올리버 크롬웰은 말년에 왕위에 욕심을 부린 것 정도를 제외 하면 빅토리아 여왕 못지않게 잉글랜드를 명실상부한 강대국이자 전 세 계에 존경받는 국가로 만든 위대한 리더였다.

역사학자 E. H. 카Edward Hallett Carr는 "역사는 반복된다"고 말했다. 영국 역사를 살펴보면 왜 그가 그런 말을 했는지 이해된다. 형제자매나 친인척에 의한 왕위 찬탈, 귀족들의 배반과 모략, 모진 억압과 착취에 견 디다 못한 백성들의 반란 등 비슷한 사건이 끊임없이 반복되기 때문이 다. 놀라운 건 우리나라 역사도 별반 다르지 않다는 사실이다. 다만 이것 이 우연히 일어난 비슷한 상황과 결과일 뿐인지, 아니면 동서고금을 막 론하고 인간이라면 누구나 가진 탐욕이 왜곡되어 발현된 결과인지는 정 확히 알 수 없다.

과연 찰스 디킨스가 우리와 동시대를 살고 있다면 그야말로 파란만장 했던 20세기의 영국과 세계 역사를 어떻게 인식하고 기록했을지 궁금해 진다. 지금부터 19세기 빅토리아 여왕 시대의 대문호 찰스 디킨스가 들 려주는 영국 역사 이야기 속으로 들어가보자.

| 차 례 |

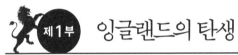

제1부 **잉글랜드의 탄생**

제3부 영토 확장으로 세력을 키우다

THE BRITISH OCEAN

제4부 **대영제국을 이루다**

THE BRITISH OCEAN

잉글랜드의
탄생

제1장

미지의 섬 브리튼과의 조우

주석과 납의 땅, 브리튼

세계지도를 보면 유럽대륙의 왼쪽에 커다란 섬이 두 개 있다. 바로 잉글랜드와 스코틀랜드가 속한 브리튼Britain 섬과 아일랜드Ireland 섬이다(오늘날 아일랜드 섬은 잉글랜드의 영토인 북아일랜드와 독립국가인 아일랜드로 구성되어 있다. 그러나 디킨스가 이 책을 집필하던 1850년대에는 아일랜드가 독립 국가가 되기 전이라 그는 두 개의 섬 모두를 자신의 조국인 잉글랜드로 인식하고 있다. 참고로, 아일랜드는 3년간의 독립전쟁 끝에 1921년 12월에 아일랜드자유국Irish Free State으로 독립했다_옮긴이). 그 밖에 너무 작아서 점으로 표시되는 조그만 섬들도 있는데, 대부분 브리튼 섬 북부의 스코틀랜드 지역에서 떨어져 나간 조각들이다. 아마도 오랜 세월 동안 끊임없이 몰아치는 파도의 힘으로 그렇게 되었을 것이다.

아주 오랜 옛날 호랑이가 담배 피우던 시절, 구세주가 태어나 말구유에서 잠자기 오래 전부터 이 섬들은 그 자리에 있었다. 폭풍우가 요란하게 몰아치는 섬 주변의 바다도 지금과 다를 바 없었다. 하지만 당시에 바다는 요즘처럼 세상 곳곳을 돌아다니는 큰 배나 용감한 뱃사람들로 북적이지 않았다. 섬들은 그저 망망대해에 외롭게 떠 있었다. 파도는 깎아지른 듯한 해안에 맹렬히 부딪혀 하얗게 부서지고 차가운 바람이 울창한 숲 너머로 불어댔지만, 그 파도와 바람을 타고 섬에 상륙하는 탐험가들은 없었다. 원주민들은 바깥세상에 전혀 관심이 없었고, 세상 사람들도 그들을 알지 못했다.

브리튼 섬에는 주석과 납이 많이 채굴되었는데, 이를 제일 먼저 안 외부인은 고대 지중해 최고의 무역상인인 페니키아인이었다. 배를 타고 섬으로 건너온 그들은 경제적 가치가 매우 높은 광물들이 해안가에 대량으로 묻혀 있다는 사실을 알게 되었다. 잉글랜드 남서부 콘월Cornwall 지방의 대표적인 주석 광산들은 지금도 해안 가까운 곳에 있다. 그중에서 내가 직접 가본 광산은 해안에서 매우 가까우며 바다 밑으로도 굴을 파놓았다. 광부들 말로는, 폭풍이 치는 날에 광산 깊숙한 곳에서 일하다 보면 머리 위에서 천둥 같은 파도소리가 들린다고 한다. 그러니 페니키아인들이 해안을 따라 항해하면서 주석과 납이 묻혀 있는 곳을 발견하기란 그리 어렵지 않았을 것이다.

페니키아인들은 섬 주민들에게 주석과 납을 받고, 그 대가로 다른 유용한 물품들을 전해주었다. 처음에 섬 주민들은 거의 벌거벗거나 거친 동물 가죽을 걸친 보잘것없는 모습이었다. 그들은 갖가지 색깔의 흙이나 식물에서 짜낸 즙을 몸에 바르고 있었다. 페니키아인들은 바다 건너 지

▲ 콘월 해안 아이작 항구의 어촌마을. 콘월 지방의 대표적인 주석 광산들은 해안 가까운 곳에 있다.
©ian woolcock/Shutterstock.com

금의 프랑스와 벨기에에 가서 이렇게 전했다.

"날씨가 좋을 때면 이곳에서도 보이는, 흰 절벽이 있는 곳에 가보았습니다. 브리튼이라는 곳인데, 이 주석과 납도 그곳에서 가져온 것입니다."

이 말에 솔깃해진 사람들은 브리튼으로 몰려갔고, 곧이어 남쪽 해안에 위치한 지금의 켄트Kent 지방에 정착했다. 이들은 브리튼 섬의 원주민에게 유용한 기술을 알려주었고, 그들 덕택에 브리튼은 점점 더 발전했다. 한편 아일랜드에는 스페인 사람들이 정착했다. 이처럼 바다를 건너온 이 방인이 섬의 원주민과 섞이면서 브리튼에는 한층 활기가 넘쳤다.

브리튼은 국토 전체가 숲과 늪지대로 이루어져 있으며 짙은 안개로 뒤덮인 추운 곳이었다. 도로나 다리라고 부를만한 것들도 없었고, 울창한 숲 속에 짚으로 덮인 오두막들이 옹기종기 모여 겨우 마을의 형태를 갖추고 있었다. 마을 주변에는 도랑을 파고 진흙이나 통나무를 쌓아 낮은 울타리를 만들기도 했다. 농사짓는 사람은 거의 없었고, 가축으로 기르는 소나 양고기를 먹고 살았다. 제대로 된 동전 대신 고리 모양의 금속을 화폐로 사용했다. 여느 원주민들처럼 풀이나 나뭇가지를 엮어 물건을 만드는 재주가 뛰어났으며, 간단한 옷가지나 질그릇도 곧잘 만들었다. 요새를 구축하는 기술도 뛰어났다.

그들은 나무줄기를 엮고 동물 가죽을 뒤집어씌워 배를 만들기도 했는데, 그 배를 타고 해안에서 멀리 벗어나는 경우는 거의 없었다. 구리와 주석을 섞어 만든 칼은 그리 단단하지 않아 세게 내려치면 구부러져 못 쓰게 되기 일쑤였다. 그 밖에 가벼운 방패와 짧고 예리한 단검, 창도 만들었다. 창 손잡이에는 기다란 가죽 끈을 달아 적에게 던지고 나서 회수할 수 있게 했다. 손잡이 끝에는 적병의 말을 위협하기 위해 방울을 매달았다. 30~40개 부족으로 나뉘어 있던 고대 브리튼인은 보통의 원주민들처럼 왕을 내세워 끊임없이 전쟁을 벌였고, 그때마다 직접 만든 이런 무기를 사용했다.

브리튼인은 말을 유난히 좋아했을 뿐 아니라 말을 훈련하고 관리하는 솜씨도 뛰어났다(5세기 중엽 앵글로색슨족이 브리튼 섬에 세웠던 켄트 왕국의 깃발에 백마가 그려져 있는 것도 그 때문일 것이다). 당시의 말은 몸집이 작긴 했지만, 훈련이 잘 되어 있어서 주인의 명령을 잘 이해하고 따랐다. 전쟁터에서 주인이 말안장에서 내려 전투를 벌이는 동안 온갖 시끄러운 소리에도 동요하지 않고 꿋꿋이 자리를 지켰다.

고대 브리튼인은 뛰어난 전차 제작 및 관리 기술과 놀라운 전투력으로 칭송받았다. 말처럼 똑똑하고 충직한 동물이 없었다면 아마도 불가능한 일이었을 것이다. 당시의 전차는 앞부분의 높이가 가슴보다 약간 낮았고, 뒷부분은 트여 있었다. 보통 전차 한 대에는 3~4명의 병사가 탔는데, 모두 선 상태에서 한 명은 마차를 몰고 나머지 2~3명은 적과 전투를 벌였다. 전차를 끄는 말은 잘 훈련된 상태였으므로 돌길은 물론 숲 속에서도 전속력으로 달리면서 적들을 말굽으로 짓밟았다. 살상 목적으로 마차 양쪽 바퀴 축에 매단 칼날과 커다란 낫은 옆으로 길게 뻗쳐 있어서 적을 갈기갈기 찢어버렸다. 말들은 전속력으로 달리다가도 주인의 명령을 받으면 순식간에 멈춰 섰다. 그러면 병사들은 마차에서 내려 적에게 칼을 휘두르며 벼락같은 공격을 퍼부어 타격을 입힌 뒤 전차로 돌아와 말 등이든 전차 연결막대든 아무 곳에나 올라탔다. 병사들이 안전하게 올랐다 싶으면 말은 다시 내달렸다.

고대 브리튼인은 독특하고도 소름 끼치는 종교인 드루이드교를 믿었다. 이 종교는 오랜 옛날 바다 건너편, 당시 '골Gaul'이라 불리던 프랑스에서 전해진 것으로 알려져 있으며, 브리튼에 들어온 뒤 뱀, 해, 달을 숭배하는 신앙이나 이교도의 신과 여신을 믿는 신앙과 뒤섞였다. 드루이드교의 종교의식은 대부분 드루이드 사제들 사이에서 은밀히 치러졌다. 사제들은 마법사 행세를 하며 지팡이를 들고 다녔고, 무지한 사람에게 뱀의 알이 든 주머니라고 말하는 황금색 주머니를 목에 걸고 다녔다.

드루이드교를 믿는 광신도들은 살아 있는 사람을 제물로 바쳤고, 범죄 용의자를 끔찍한 방법으로 고문했다. 사람과 짐승을 버드나무 우리에 함께 가두고 산 채로 불태우기도 했다. 드루이드 사제는 참나무를 숭배했으며, 참나무를 휘감으며 자라나는 겨우살이풀을 신성시했다. 그들은 '신성한 숲'이라고 부르는 어두침침한 숲 속에 모여 자기들만의 신비한 기술을 사제가 되기 위해 찾아온 젊은이들에게 가르쳤다. 그렇게 찾아온 사람들 중에는 사제들과 함께 20년이 넘는 긴 시간을 함께 지내는 사람도 있었다.

드루이드교 사제들은 천장이 뚫린 장대한 사원과 제단을 지었는데,

그중 일부가 지금도 남아 있다. 윌트셔Wiltshire 지방의 솔즈베리 평원Salisbury Plain에 있는 스톤헨지Stonehenge가 대표적이다. 켄트 지방 메이드스톤Maidstone 인근의 블루벨 힐에 있는 키츠코티하우스Kits Coty House라 불리는 특이한 모양의 바위 세 개도 그에 못지않게 유명하다. 그런 건축물에 쓰인 거석을 하나하나 조사해보면 제대로 된 기계장치 없이 그렇게 큰 돌을 들어 올리기가 불가능했음을 알 수 있다.

고대 브리튼인이 살던 집은 기계장치를 이용해서 지은 집이 아니다. 보통 사람들보다 박식한 드루이드 사제나 그들과 20여 년을 함께 지낸 제자들이 사람들 몰래 이런 건축물을 지은 다음 마술을 부려서 만든 것처럼 연기를 하지 않았을까 하는 생각이 든다.

드루이드 사제들은 요새를 짓는 일에도 관여했을 것이다. 그들은 막강한 권력을 행사했고, 사람들의 신뢰를 한 몸에 받았으며, 법을 만들어 집행하면서도 세금은 한 푼도 내지 않았다. 그러니 그들은 자신들의 일에 만족했을 것이고, 드루이드 사제가 많아질수록 살기 좋아진다고 사람들을 꾀었던 것을 보면 그 수도 많았을 것이다. 지금은 마법 지팡이와 뱀의 알을 지니고 다니는 척 연기하며 나쁜 짓을 일삼는 드루이드 사제가 없다는 게 얼마나 다행인지 모른다.

카이사르의 원정

명장 카이사르Gaius Julius Caesar(BC 100~44)가 다스리는 로마제국이 온 세상을 호령하던 시절에, 그나마 나아졌다는 고대 브리튼의 생활여건이 대략 그런 수준이었다. 당시는 구세주가 탄생하기 55년 전이기도 했다. 카이사르는 골 지방을 정복한 직후 그곳 사람들에게 바다 건너 흰 절벽이 있는 섬과 그 섬에 사는 용맹한 브리튼인에 관해 이런저런 얘기를 전해 들었다. 브리튼인은 골 사람들을 도와 로마군에 대항해 싸운 적도 있었다. 브리튼까지 거리도 가까웠으므로 카이사르는 브리튼 정복을 다음 목표로 삼았다.

카이사르는 총 80척의 배에 1만 2,000여 명의 병력을 이끌고 브리튼 섬으로 건너왔다. 로마군은 지금의 프랑스 칼레Calais와 불로뉴Boulogne 사이의 해안에서 출발했는데, 그곳이 브리튼까지 가는 최단 경로였기 때문이다. 지금 잉글랜드 증기선이 그때와 똑같은 경로로 매일 운항하는 것도 그 때문이다.

카이사르는 브리튼을 손쉽게 정복할 수 있을 것으로 생각했지만 이내 난관에 봉착했다. 더구나 로마 기병이 폭풍을 만나 육지에 상륙하지 못한 채 되돌아가야 했고 브리튼 해안에 도착한 일부 함선도 높은 파도에 산산조각 나버린 탓에 로마군 전체가 참패할 수도 있는 절체절명의 위기에 처해 있었다. 하지만 막상 전투가 벌어지자 로마군은 세 번 싸우면 두 번 승리했다. 브리튼 섬을 정복해 다스리려는 목적보다는 로마제국의 힘을 보여주고 잠재적 위험 요소를 제거하는 차원에서 침략했던 카이사르는 브리튼인이 평화협정을 제안하자 흔쾌히 받아들이고 얼마 후 섬을 떠났다.

카이사르는 이듬해 봄 함선 800척에 3만 명의 대군을 이끌고 브리튼을 재침공했다. 브리튼인이 지휘관으로 내세운 사람은 로마인들이 라틴어로 카시벨라우누스Cassivellaunus라고 부르는 사람이었다. 브리튼 이름으로는 카스왈론Caswallon 정도 되었을 것이다. 용장 카스왈론! 로마군과 용감히 맞서 싸운 카스왈론과 병사들이여! 오죽했으면 로마 병사들이 전장에서 커다란 먼지구름이 피어나고 쏜살같이 달리는 브리튼군의 전차 굉음이 들리기만 해도 겁에 질려 벌벌 떨었을까!

소규모 전투가 무수히 벌어졌고, 캔터베리Canterbury와 처치Chertsey에서도 전투가 있었다. 그리고 카스왈론이 다스리는 지방의 숲 속 작은 늪지 마을 부근에서도 전투가 벌어졌는데, 그곳은 지금의 세인트 올번스Saint Albans로 추정된다. 카스왈론은 병사들과 함께 항상 사자처럼 용맹하게 싸웠지만 자신을 시기하던 다른 브리튼 족장들이 사사건건 딴죽을 걸고 족장들 사이에 다툼이 끊이지 않자 저항을 멈추고 로마군에 평화협정을 제안했다. 카이사르는 이번에도 흔쾌히 제안을 받아들였고, 남은 함선과 병력을 이끌고 돌아갔다. 카이사르는 브리튼에 진주가 많을 것으로 기대했지만, 실제로 그가 가져간 진주는 몇 개 되지 않았다고 한다. 하지만 어쨌든 카이사르는 맛 좋은 굴과 더불어 브리튼인의 강인함을 알게 되었을 것이다. 그리고 확신할 수는 없지만 1,800여 년이 지난 뒤 프랑스의 위대한 장군 나폴레옹 보나파르트Napoléon Bonaparte(1769~1821)가 잉글랜드와의 전쟁에서 패한 뒤 잉글랜드인을 두고 "도통 패배라는 것을 모르는 어처구니없는 사람들"이라고 말했던 것과 비슷한 불평을 하지 않았을까 싶다. 그들은 잉글랜드인에 대해 그때도 잘 몰랐고 앞으로도 마찬가지일 것이다.

그 후 거의 100년 동안 평화가 계속되었고, 브리튼인은 마을과 생활여건을 시나브로 개선해나갔다. 문명은 더욱 발전했고, 사람들은 더 많은 곳을 돌아다녔으며, 골과 로마 사람들에게서 다양한 문물을 받아들였다. 그러던 어느날 로마의 클라우디우스 황제Claudius(BC 10~54)가 백전노장인 아울루스 플라우티우스Aulus Plautius에게 강력한 군대의 지휘권을 맡겨 브리튼을 정복하게 하고는 직접 이곳에 발을 디뎠다. 그러나 정작 두 사람이 한 일은 별로 없었다. 곧이어 스카풀라Publius Ostorius Scapula (?~52)라는 장군이 바다를 건너 브리튼에 왔다. 일부 브리튼 족장들은 로마에 항복했지만, 나머지 족장들은 끝까지 저항하기로 뜻을 모았다.

브리튼의 여러 족장 중에서 가장 용맹한 족장은 카락타쿠스Caractacus (10?~50), 혹은 캐러독Caradoc이라는 사람이었다. 카락타쿠스는 군대를 이끌고 북웨일스 산악지대에서 로마군에 맞서 싸웠다. 그는 병사들에게 이렇게 말했다.

"바로 오늘 브리튼의 운명이 결정된다! 자유롭게 사느냐 아니면 영원히 노예로 사느냐가 이 자리에서 판가름 나는 것이다. 위대한 카이사르를 바다 건너로 쫓아냈던 용맹한 선조들을 기억하라!"

이 말을 듣고 병사들은 함성을 지르며 로마군 진영을 향해 용감히 돌진했다. 그러나 브리튼인의 원시적인 무기는 근접전에서 로마군의 강력한 칼과 창을 막아내고 견고한 갑옷을 뚫기엔 역부족이었다. 결국 브리튼인은 전투에서 패배의 쓴맛을 보아야 했다. 카락타쿠스의 아내와 딸은 옥에 갇혔고, 형제들은 로마군에 투항했으며, 간교하고 비열한 계모의 배신으로 카락타쿠스마저 로마군에 붙잡히고 말았다. 로마군은 카락타쿠스와 그의 가족을 포로로 사로잡아 의기양양하게 로마로 돌아갔다.

위대한 인물은 불행이 닥쳤을 때 참모습을 드러내고, 옥에 갇히거나 사슬에 묶였을 때 빛을 발하는 법이다. 고난과 역경에 굴하지 않는 굳건한 정신과 기품 있는 자태를 지닌 카락타쿠스는 자신을 보기 위해 거리에 모인 로마 시민들의 마음을 움직였고, 마침내 자유를 되찾았다. 그가 남은 생을 비탄에 빠져 살았는지, 로마에서 살다 죽었는지, 아니면 꿈에도 그리던 고국으로 돌아갔는지는 알려지지 않았다.

브리튼, 문명을 만나다

전투에서 크게 패한 후에도 여전히 브리튼인은 로마에 항복할 생각이 없었다. 그들은 끊임없이 다시 일어나 칼을 들고 용기 있게 저항하다가 한꺼번에 수천 명씩 죽어갔다. 로마에서 추가로 파견된 트란퀼루스Gaius Suetonius Tranquillus(69~122) 장군은 당시 모나Mona 섬이라고 불렸던 앵글시Anglesey 섬을 급습했다. 앵글시 섬은 드루이드교의 성지였다. 수에토니우스는 드루이드 사제들이 만들어놓은 버드나무 우리에 사제들을 가둔 다음 모두 불태워 죽였다. 하지만 수에토니우스가 병사들과 함께 승승장구하는 동안에도 브리튼인의 저항은 끈질기게 이어졌다.

노퍽Norfolk과 서퍽Suffolk의 왕이었던 남편을 잃은 보아디케아Boadicea(?~60?) 왕비는 잉글랜드에 정착한 로마인이 자신의 영토 안에서 약탈을 일삼자 분개했다. 당시 보아디케아는 로마 관리 카투스Catus에게 몹시 시달려왔고, 자신의 눈앞에서 두 딸이 로마군에 겁탈당했으며, 남편의 일가친척 대부분이 노예가 되어버린 비참한 처지에 놓여 있었다. 이런 만행에 격노한 브리튼인이 복수를 위해 일제히 봉기했고, 보아디케아를 구심으로 대규모의 반군이 조직되었다. 그들은 압제자 카투스를 골 지방으로 쫓아냈고, 로마인의 재산을 약탈했다. 당시에는 작고 가난한 마을이었지만 상거래가 이루어지는 시장이기도 했던 런던에서는 로마인을 추방해버렸다. 불과 며칠 동안 브리튼인이 목매달거나 불태우거나 칼로 베어 죽인 로마인의 숫자가 7만여 명에 달했다.

수에토니우스는 병력을 보강한 다음 다시 일전을 벌이기 위해 브리튼으로 진군했다. 브리튼인도 병력을 보강하고 식량을 확보하는 등 만반의 전투태세를 갖춘 다음 수에토니우스의 군대를 맞아 용감하게 싸웠다. 브리튼군을 지휘한 총사령관은 보아디케아 왕비였다. 금발을 바람에 휘날리며 전차에 오른 그녀는 로마인에게 겁탈당해 온몸에 상처 입은 두 딸을 바닥에 눕히고는 병사들 사이로 전차를 달리며 철천지원수인 로마인들에게 복수하자고 소리 높여 외쳤다. 브리튼인은 최후의 순간까지 용맹히 싸웠지만 역부족이었다. 수많은 브리튼 병사들이 장렬히 전사했고, 전투는 패배로 끝이 났다. 보아디케아는 독을 마시고 스스로 목숨을 끊었다.

하지만 브리튼인의 용감무쌍한 기상은 사라지지 않았다. 그들은 로마를 향해 떠나는 수에토니우스의 군대를 급습해 앵글시 섬을 탈환했다. 그로부터 20년 후, 로마에서 파견된 아그리콜라Gnaeus Julius Agricola (40~93)가 다시 앵글시 섬을 점령했고, 7년에 걸쳐 브리튼인의 반란을 진압했다. 그중에서도 특히 현재의 스코틀랜드 지역의 반란을 중점적으로 진압했다. 칼레도니아인Caledonians은 스코틀랜드 곳곳에서 아그리콜라의 로마군과 피비린내 나는 전투를 벌였다. 칼레도니아인은 로마군의 포로가 되는 것이 두려워 자기 손으로 아내와 자식을 죽였다. 전사한 사람의 수가 헤아릴 수 없이 많았다. 스코틀랜드에 있는 일부 언덕들은 당시 전사자의 무덤 위에 엄청난 양의 돌이 쌓여 만들어진 것으로 추정된다.

그로부터 30여 년 후, 하드리아누스Publius Aelius Hadrianus(76~138) 황제가 대군을 이끌고 침략하자 브리튼인은 또다시 용감히 저항했다. 거의 100년에 가까운 시간이 더 흐른 뒤 이번에는 셉티미우스 세베루스 Septimius Severus(145~211) 황제가 군대를 이끌고 왔다. 브리튼인은 세베루스의 대군을 보고 처음엔 공포에 질려 사시나무처럼 떨었지만, 곧이어 벌어진 전투에서는 수천 명의 로마군 전사자가 늪과 수렁에 널브러졌다. 세베루스에 이어 브리튼을 침략한 그의 아들 카라칼라 Caracalla(188~217) 황제는 무력으로는 이들을 다스릴 수 없다고 생각해 칼레도니아인에게 땅을 넘겨주고, 로마인이 누리던 특권을 브리튼인에게도 허용했다. 이후 70여 년간 평화가 지속되었다.

그런데 갑자기 새로운 적이 등장했다. 그들은 라인 강 북쪽 지방에서 온 색슨족으로, 거칠고 난폭한 사람들이었다. 항해에 능한 그들은 해적선을 타고 골과 브리튼 해안으로 몰려들어 약탈을 일삼았다. 브리튼인은 브리튼 섬 출신으로 로마 장군이 된 카라우시우스Carausius(?~293)의 지휘 아래 색슨족과 맞서 싸워 그들을 격퇴했다.

하지만 얼마 지나지 않아 색슨족의 브리튼 약탈이 재개되었다. 엎친데 덮친 격으로 몇 년 뒤에는 스코트족Scots(당시에는 아일랜드 사람들을 일컫는 명칭이었다)[1]과 픽트족Picts이 브리튼 남부에 침입하여 약탈을 감행했다. 그 후 200여 년간 일정한 주기로 약탈이 반복되었고, 로마 황제와 사령관도 계속 바뀌었다. 그러는 동안에도 브리튼인은 끊임없이 로마제국에 저항했다.

전 세계를 호령하던 로마제국은 아우구스투스Flavius Honorius Augustus (384~423) 황제가 통치하던 무렵부터 눈에 띄게 힘이 약해졌다. 그 와중에 외국으로 원정 나간 군대를 본국으로 불러들이자, 브리튼의 로마 병사들도 섬 전체를 정복하겠다는 야망을 접고 귀국길에 올랐다. 마침내 브리튼인은 로마제국의 압제에서 벗어나 자유인이 되었음을 선포했다.

로마인은 카이사르가 처음 브리튼 섬에 발을 디딘 후 500여 년이 지나서야 완전히 섬을 떠났다. 그 세월 동안 로마인은 참혹한 전쟁을 벌이고 피비린내 나는 학살을 자행했지만, 브리튼인의 생활여건을 크게 개선하기도 했다. 널찍한 군용도로를 냈고, 곳곳에 요새를 건설했으며, 한

▲ 이탈리아 토리노에 있는
카이사르 동상
©Claudio Divizia/Shutterstock.com

차원 진보된 복식과 무장 기술을 가르쳐 주었다. 그리고 브리튼인의 생활 환경을 획기적으로 개선했다. 아그리콜라 장군은 픽트족과 스코트족의 침입을 막기 위해 흙을 쌓아 뉴캐슬New Castle에서 칼라일Carlisle에 이르는 총 길이 110킬로미터가 넘는 장대한 성벽을 건설했다. 하드리아누스 황제는 그 성벽을 더욱 튼튼히 보강했고, 세베루스 황제는 대대적인 보수가 필요하다고 판단해 기존의 흙벽을 부수고 석벽으로 다시 지었다.

로마인이 브리튼인에게 전수해준 것들 중 가장 큰 혜택은 기독교였다. 브리튼인이 맨 처음 받은 위대한 가르침은 '하느님이 보시기에 선한 사람이 되려면 이웃을 자기 몸처럼 사랑하고 자기가 대접받고 싶은 대로 남을 대접하라'라는 말이었다. 드루이드 사제들은 그런 종교를 믿는 것 자체가 죄악이라고 천명하면서 모든 기독교인을 저주했다. 하지만 사람들은 드루이드 사제가 축복하거나 저주한다고 해서 좋아지거나 나빠지는 것은 전혀 없으며, 태양이 빛나고 비가 오는 것은 드루이드 사제와 아무런 관련이 없음을 깨달았다. 드루이드 사제들도 그저 평범한 인간에 불과하다는 생각이 점차 확산되면서 신도의 숫자가 크게 감소했다. 어쩔 수 없이 드루이드 사제들은 다른 일을 찾아봐야 했다.

이렇게 잉글랜드에서 로마인이 살던 시대의 이야기가 끝났다. 500여 년의 기나긴 세월 동안 어떤 일이 있었는지 알려진 것은 거의 없지만, 아직도 그때의 유적 중 일부가 발견되곤 한다. 인부들이 집이나 성당 건물의 기초공사를 하며 땅을 파다 보면 종종 로마 시대의 녹슨 동전이 나온다. 쟁기나 모종삽으로 땅을 파다가도 당시의 그릇이나 술잔, 사람들이 지나다녔던 도로의 파편 같은 것을 종종 발견하기도 한다. 당시 로마인이 파놓은 우물에서는 지금도 물이 솟아나며, 그 무렵 건설된 도로는 오늘날 고속도로의 일부가 되었다. 고대의 전쟁터 몇 곳에서는 두껍게 녹이 슨 브리튼인의 창끝과 로마인의 갑옷이 발견된다. 부식된 채 서로 엉켜 있는 모습을 보면 당시 벌어졌던 전투가 얼마나 치열했는지 짐작이 갈 정도이다. 잡초가 무성한 로마군 주둔지의 유적과 수많은 브리튼인이 한데 묻혀 있는 흙더미 유적도 잉글랜드 전역에서 발견된다. 노섬브리아Northumbria의 음산한 황무지를 가로지르는 세베루스 성벽은 이끼와 잡초가 무성하지만 여전히 튼튼하게 자리를 지키고 있으며, 여름이 되면 목동과 양치기 개가 성벽 위에 누워 잠을 청하기도 한다. 솔즈베리 평원의 스톤헨지도 건재하다.

제2장

색슨족, 브리튼 섬의 주인이 되다

브리튼의 위기

　로마인이 브리튼 섬을 모두 떠나고 나서야 브리튼인은 로마인이 머무르를 때가 좋았다는 생각이 들었다. 로마인이 사라지고 오랜 내전이 이어지면서 브리튼인의 수가 줄어들자 픽트족과 스코트족이 무너진 세베루스 성벽을 넘어 벌떼처럼 몰려들어왔기 때문이다. 두 부족은 부유한 도시를 약탈하고 주민을 잔인하게 학살했다. 그러고도 틈만 나면 다시 쳐들어와 무자비한 약탈과 살인을 저질렀다. 불쌍한 브리튼인은 늘 공포에 떨어야 했다. 육로로 침공한 픽트족과 스코트족의 약탈에 이어 엎친 데 덮친 격으로 색슨족이 바다를 건너 밀려들어왔다. 더구나 브리튼인은 신에게 올리는 기도의 내용과 방식을 놓고 심각한 내분을 겪고 있었다. 이 문제로 반목하던 사제들은 서로에게 모진 저주를 퍼부었고, 갈등의 골이 점점 더 깊어졌다. 그렇게 브리튼인은 안팎으로 몹시 어려운 처지에 놓이게 되었다.

고통스러운 상황을 견디다 못한 브리튼인은 이른바 '브리튼인의 신음the Groans of the Britons'이라는 편지를 로마에 보내 도움을 청했다. 편지의 내용은 이러했다.

"땅에서는 적들이 바다까지 우리를 쫓아오는데 바다는 다시 그들 쪽으로 밀어내니 이제 남은 것은 칼에 찔려 죽느냐 바다에 빠져 죽느냐 하는 선택뿐입니다."

하지만 로마인은 브리튼인을 돕고 싶어도 도울 수 없는 형편이었다. 당시 로마를 침략한 흉포하고 강력한 적의 공세를 막아내기에 급급했기 때문이다. 힘겨운 상황을 더 이상 감당할 수 없게 된 브리튼인은 마침내 색슨족과 화친을 맺고 그들과 함께 픽트족과 스코트족을 몰아내기로 의견을 모았다.

이런 결정을 이끈 사람은 보티건Vortigern이라는 브리튼의 군주였다. 보티건은 색슨 족장 헹기스트Hengist(?~488?), 호르사Horsa(?~455) 형제와 평화협정을 맺었다. 헹기스트와 호르사라는 이름은 모두 고대 색슨어로 '말[馬]'을 뜻한다. 거칠게 살아가던 다른 부족들처럼 색슨족도 사람 이름으로 말, 늑대, 곰, 사냥개 같은 동물 이름을 즐겨 썼다. 북미 인디언들은 오늘날까지도 그 전통을 유지하고 있다.

헹기스트와 호르사가 군대를 이끌고 픽트족과 스코트족을 몰아내자 보티건은 고마움의 표시로 색슨족에게 잉글랜드 동쪽의 사네트 섬Isle of Thanet[2]에서 살아도 된다고 허락했다. 헹기스트에게는 로웨나Rowena라는 예쁜 딸이 있었는데, 어느 날 연회에서 로웨나가 황금 술잔에 술을 가득 채워 보티건에게 바쳤다. 달콤한 목소리로 "폐하, 만수무강하세요!"라며 술잔을 건네는 로웨나에게 보티건은 반하고 말았다. 아마도 보티건에게 더 큰 영향력을 행사하려는 심산으로 교활한 헹기스트가 꾸민 계략이었을 것이다. 아름다운 로웨나가 연회에 온 것부터 황금 술잔을 건넨 것까지 모두 의도적이었던 셈이다.

어쨌든 두 사람은 결혼식을 올렸다. 그 뒤로 보티건이 색슨족 때문에 화를 내거나 그들이 자신의 영토를 잠식해오는 것을 경계라도 할라치면 로웨나는 아름다운 두 팔로 왕의 목을 감싸 안고 부드럽게 말했다.

"폐하, 색슨인은 제 동족입니다. 연회에서 황금 술잔을 바친 색슨족 소녀를 사랑했듯이 그들에게도 호의를 베풀어주세요!"

보티건이 그 부탁을 어떻게 뿌리칠 수 있었겠는가? 인간은 누구나 시간이 되면 죽는 법! 세월이 흘러 보티건도 죽었다. 그런데 애석하게도 죽기 전에 왕위에서 쫓겨나고 옥에 갇히는 수모를 겪고 만다. 로웨나도 죽고, 여러 세대에 걸쳐 색슨인과 브리튼인도 죽었다. 그 오랜 세월 동안 일어난 일들은 음유시인들의 이야기와 노래가 아니었다면 대부분 잊혔을지도 모른다. 흰 수염을 기른 늙은 시인들은 이곳저곳 연회를 떠돌며 조상의 행적을 전했다. 그들이 노래하고 이야기했던 역사 중에서 유명한 것이 있었으니, 바로 그 옛날 브리튼의 군주였다는 용맹하고 위대한 아서 왕King Arthur에 관한 이야기다. 하지만 아서 왕이 실존 인물인지, 혹은 여러 인물의 일화가 아서 왕 한 사람의 이름으로 합쳐진 것인지, 아니면 아서 왕에 관한 모든 이야기가 허구인지는 알 수 없다. 나는 음유시인들의 이야기와 노래에 묘사된 대로 초기 색슨 시대에 벌어진 흥미로운 일을 간단히 전하려 한다.

앵글로색슨 7왕국의 등장

보티건이 다스리던 시절을 비롯해서 그 이후로도 한동안 수많은 색슨 족장들이 저마다 무리를 거느리고 브리튼 섬으로 몰려들었다. 그중 한 무리는 브리튼 동쪽 지방을 정복한 뒤 정착하여 에식스 왕국Kingdom of Essex을 세웠고, 또 다른 무리는 서쪽 지방에 웨섹스 왕국Kingdom of Wessex을 세웠다. 그 밖에 노스포크Northfolk 혹은 노퍽이라 불리는 곳과 사우스포크Southfolk 혹은 서퍽이라 불리는 곳에 사는 사람들에 의해 노섬브리아, 머시아Mercia, 이스트 앵글리아East Anglia, 켄트, 서식스 왕국Kingdom of Sussex이 세워졌다.

이렇게 잉글랜드에는 차례로 일곱 개의 왕국이 들어섰는데, 이를 '앵글로색슨 7왕국Anglo-Saxon Heptarchy'이라고 한다. 가엾은 브리튼인은 순진한 생각에 친구로 초대한 이 호전적인 종족에 밀려 웨일스와 그 인근 지역인 데번셔Devonshire, 콘월 등지로 쫓겨났다. 이런 지역들은 잉글랜드에서도 오랫동안 정복되지 않은 채 남아 있던 곳이다. 콘월의 해안은 음산하고 험준하며 암초투성이여서 배가 난파되고 배에 탄 사람들이 몰살당하기 일쑤였다. 그리고 단단하기 그지없는 해안의 바위가 거세게 부는 바람과 파도에 깎여 아치 모양이 되기도 하고 군데군데 동굴이 뚫려 있기도 하다. 지금도 콘월에는 '아서 왕의 성터'라는 이름의 오래된 유적이 남아 있다.

앵글로색슨 7왕국 중에서 가장 유명한 것은 켄트 왕국이다. 로마의 수도사 아우구스티누스Augustinus(?~604?)[3]가 색슨족에게 기독교를 전파했던 곳이기 때문이다. 색슨족은 브리튼인에게 압력을 가해 종교를 비롯한 모든 면에서 자신들의 방식을 따르게 했다. 그래서 에설버트

Ethelbert(552?~616) 왕이 먼저 기독교로 개종한 뒤 이 사실을 알리자마자 신하들도 모두 기독교를 받아들였다. 그 후 1만 명에 이르는 백성들까지 모두 기독교도가 되었다. 아우구스티누스는 왕궁 가까이에 작은 성당을 세웠는데, 지금 그 자리에는 아름다운 캔터베리 대성당Canterbury Cathedral이 자리하고 있다.

에설버트 왕의 조카이자 에식스 왕국의 왕이었던 새버트Saberht(?~616)는 런던 근처 아폴로 신전이 있던 진흙투성이 늪지에 성 베드로를 기리는 성당을 세웠는데, 이것이 지금의 웨스트민스터 사원Westminster Abbey이다. 새버트는 런던 시내 디아나 신전Temple of Diana 터에 작은 성당도 세웠는데, 이 성당은 오랜 세월이 지나 세인트 폴 대성당St. Paul's Cathedral이 되었다.

에설버트 왕이 죽은 다음, 노섬브리아의 에드윈Edwin(586~632?) 왕은 자신의 아이에게 세례를 받게 했고, 현인회의(앵글로색슨 시대에 국왕에게 행정이나 입법에 관해 조언해주던 기구_옮긴이)를 대대적으로 소집해 자신과 백성 모두 기독교로 개종하는 문제를 논의했으며, 기독교를 국교로 삼기로 했다.

때맞춰 옛 종교의 제사장인 코이피Coifi는 사람들에게 과거에 섬겼던 신들이 모두 사기꾼이라며 일장연설을 했다.

"저는 정말 확신합니다. 저를 보세요! 평생을 섬겼지만 옛 종교의 신들은 제게 아무것도 해준 것이 없습니다. 신들이 정말 전지전능하다면 제가 신들을 위해 했던 일에 대한 보상으로 큰돈을 벌게 해줬어야 하지 않을까요? 그런데 아무것도 주지 않았으니 사기꾼이 아니고 무엇입니까?"

이 괴짜 제사장은 연설을 마친 후 칼과 창을 들고 군마軍馬에 올랐다. 그리고 사람들이 보는 앞에서 맹렬하게 달려가 모욕의 의미로 신전을 향해 창을 던졌다.

그다음으로 유명한 군주는 에그버트Egbert(769?~839)였다. 그는 에드윈 왕보다 150여 년 뒤에 살았던 인물로, 또 다른 색슨족 군주인 베오트릭Beorhtric(786~802)보다 자신의 왕위 계승 서열이 앞선다고 주장했다. 당시 웨섹스 왕국을 다스리던 베오트릭 왕의 왕비는 앵글로색슨 7왕국 중 하나인 머시아의 군주 오파Offa(730~796)의 딸 에드부르거Edburga였다. 에드부르거는 당당하고 아름다운 여인이었지만 비위에 거슬리는 사람은 독살해버리는 살인마였다.

어느 날 에드부르거는 궁정 귀족 한 사람을 죽이려고 술잔에 독을 탔다. 그런데 남편 베오트릭까지 그 독을 마시고 죽는 사고가 발생했다. 왕이 죽자 대대적으로 봉기한 백성들은 왕궁으로 몰려가 성문 앞에서 소리쳤다.

"독살을 일삼는 사악한 왕비를 추방하라!"

백성들은 에드부르거를 왕국 밖으로 쫓아내고, 부덕으로 얼룩진 여인에게서 왕비 지위를 박탈했다. 그 후 얼마간 세월이 지나, 이탈리아를 다녀온 여행자들이 파비아Pavia 시에서 누더기 차림의 여자 거지를 봤다는 말을 전했다. 한때 아름다웠던 모습은 온데간데없이 쭈글쭈글한 피부에 꾸부정한 허리, 누렇게 뜬 얼굴로 거리를 배회하며 빵을 구걸하는 여자 거지가 바로 에드부르거라는 소문이었다. 에드부르거는 그렇게 몸을 누일 방 한 칸 없이 떠돌다가 비참하게 생을 마감했다.

웨섹스 왕좌를 넘본 일 때문에 베오트릭이 자기를 옥에 가두고 처형하지 않을까 염려했던 에그버트는 프랑스 샤를마뉴Charlemagne(742~814) 대제의 왕궁으로 피신했다가 베오트릭이 운 나쁘게 독을 마시고 죽자 브리튼에 돌아와 웨섹스의 왕이 되었다. 이후 그는 앵글로색슨

7왕국 중 일부를 정복하여 영토를 넓히고 자신이 다스리는 나라에 최초로 '잉글랜드'라는 이름을 붙였다.

그 무렵 새로운 적들이 나타나 잉글랜드를 긴 세월 동안 크나큰 고난에 빠뜨렸다. 그들은 고대 스칸디나비아인, 그중에서도 덴마크와 노르웨이 사람들이었는데, 잉글랜드에서는 '데인족Danes'이라 불렸다. 데인족은 호전적이고 항해에 능했으며, 대담하고도 무자비했다. 배를 타고 잉글랜드에 쳐들어온 데인족은 가는 곳마다 약탈과 방화를 일삼았다. 에그버트는 데인족을 맞아 일진일퇴의 공방을 벌였다. 잉글랜드인이나 데인족이나 쉽게 물러설 사람들이 아니었다.

웨섹스 왕국 에그버트 왕의 뒤를 이어 애설울프Aethelwulf(?~858)와 그의 아들 애설볼드Aethelbald(?~860), 애설버트Aethelbert(?~865), 애설레드Aethelred(848~871) 등 네 명의 군주가 짧게 통치하는 동안에도 데인족은 침략을 거듭하면서 약탈과 방화를 자행해 잉글랜드 곳곳을 폐허로 만들었다. 애설레드가 웨섹스를 통치하던 시절, 데인족이 이스트 앵글리아 왕국의 에드먼드Edmund the Martyr(841~869) 왕을 사로잡아 나무에 묶고 개종할 것을 강요했다. 하지만 독실한 기독교도인 에드먼드가 한사코 개종을 거부하자 데인족은 매질하며 괴롭히다가 무방비 상태인 그에게 화살을 쏘았고, 마침내 목을 베어버렸다. 애설레드가 데인족과의 전투 중에 입은 부상으로 죽은 뒤 잉글랜드 역사상 가장 훌륭하고 지혜로운 왕이 왕위를 잇지 않았더라면 그다음 누구의 목이 데인족의 손에 떨어졌을지 알 수 없었다.

· 제2부 ·

국가의
기틀을 다지다

제3장

앨프레드 대왕,
통일 왕국의 밑거름이 되다

수많은 전쟁 끝에 찾은 평화

앨프레드 대왕Alfred the Great(생몰연도: 849~899, 재위기간: 871~899)은 스물세 살의 젊은 나이로 왕위에 올랐다. 당시 색슨 귀족들은 종교적인 목적으로 여행을 다니곤 했는데, 앨프레드도 어린 시절 로마를 두 번 방문했으며 파리에서 한동안 머물기도 했다. 당시만 해도 학문을 중시하는 시절이 아니었던 탓에 애설울프 왕의 아들 중 막내이자 가장 사랑받는 왕자였던 앨프레드 역시 열두 살이 되도록 글을 읽지 못했다.

하지만 훗날 위대한 업적을 남기는 위인들 대부분이 그렇듯 앨프레드 대왕에게는 훌륭한 어머니 오스부르거Osburga가 있었다. 어느 날 오스부르거 왕비는 왕자들에게 색슨어로 된 시집을 읽어주었다. 인쇄술이 발명되기 훨씬 전이었으므로 당시의 시집은 사람이 손수 아름다운 금박 글자를 써넣고 삽화를 그려 넣은 화려한 책이었다. 왕자들은 시집의 아름다움에 경탄을 금치 못했다. 오스부르거는 네 명의 왕자에게 "너희 중에서 맨 처음 읽는 사람에게 이 책을 주마"라고 말했다. 앨프레드는 그날 바로 개인교사를 구해 열심히 글을 익혔으며, 얼마 후 어머니에게 책을 선물 받았다. 그는 평생토록 이 일을 자랑스러워했다.

위대한 앨프레드 대왕은 왕위에 오른 첫해에 데인족과 아홉 번이나 전투를 치렀다. 그 과정에서 잉글랜드를 떠나겠다고 맹세하는 데인족과 몇 차례 평화협정을 맺기도 했다. 그러나 데인족은 번번이 앨프

▲ 앨프레드 대왕 동상
©Awe Inspiring Images/Shutterstock.com

레드를 속였고, 신뢰가 떨어지자 제발 믿어달라며 자신들이 차고 다니는 팔찌에 대고 맹세했다. 그들이 죽으면 무덤에 함께 묻는 신성한 팔찌였다. 그러나 데인족은 그 맹세조차 지키지 않았으며, 다시 잉글랜드를 침략해 닥치는 대로 약탈하고 불태우는 일이 잦았다.

앨프레드 대왕이 왕위에 오른 지 4년째 되는 어느 혹독한 겨울, 데인족은 대병력을 이끌고 잉글랜드를 재침공했다. 전투에서 패배한 잉글랜드 군대는 오합지졸이 되어 뿔뿔이 흩어졌다. 홀로 남겨진 앨프레드는 살아남기 위해 어쩔 수 없이 평범한 농부로 변장하고 자신을 알아보지 못하는 어느 목동의 오두막에 피신하는 처지가 되었다.

데인족이 앨프레드 대왕을 찾아 사방을 수색하고 다니던 어느 날, 목동의 아내가 홀로 오두막에 남은 앨프레드에게 화덕에 올려놓은 케이크를 좀 지켜봐달라고 했다. 그때 앨프레드의 머릿속은 표리부동한 데인족에게 복수하겠다는 생각과 데인족에게 쫓겨 다니는 가엾은 백성들 걱정으로 가득 차 있었다. 그러다 보니 앨프레드는 케이크를 지켜보는 일을 잊고 말았다. 잠시 후 돌아온 목동의 아내는 까맣게 탄 케이크를 보고 화가 치밀었고, 자기 앞에 있는 사람이 앨프레드 대왕인 줄은 꿈에도 모르고 호되게 꾸짖었다.

"다 익으면 처먹을 생각이나 하지, 제대로 지켜볼 생각은 못해, 이 게으름뱅이야!"

시간이 지나 마침내 데번셔 주민들이 해안에 갓 상륙한 데인족 무리와 싸워 족장을 죽이고 깃발을 빼앗았다. 깃발에는 큰 까마귀 그림이 그려져 있었는데, 가는 곳마다 약탈을 일삼는 데인족 군대의 이미지와 잘 맞아떨어지는 듯했다. 그들은 그 깃발 안에 신비한 힘이 깃들어 있다고 믿었다. 자기 군대가 전쟁에서 승리하는 날엔 깃발 속 까마귀가 날개를 펴고 하늘을 나는 것처럼 보이지만 패배하는 날엔 날개가 축 늘어진다고 생각했다. 그런 깃발을 빼앗겼으니 데인족의 사기가 땅에 떨어지는 것이 당연했다. 그러나 정말로 똑똑한 까마귀였다면 그때는 날개를 축 늘어뜨렸어야 하지 않을까? 데번셔 주민들과 합류한 앨프레드 대왕이 서머싯셔Somersetshire 늪지 한복판의 군은 땅에 진을 치고 데인족에게 대대적인 반격을 가해 억압받는 백성을 구해낼 준비를 하고 있었기 때문이다.

앨프레드 대왕은 전쟁을 확실히 승리로 이끌기 위해 적군의 수가 얼마나 되며 어떤 방식으로 요새를 구축했는지 등을 파악해보기로 했다.

재능 있는 음악가이기도 했던 앨프레드는 악사로 변장한 채 하프를 들고 데인족 진지로 다가갔다. 데인족 지도자인 거스럼Guthrum(?~890)의 천막 바로 옆에 자리 잡은 그는 음악을 연주하고 노래를 부르며 흥을 돋우었다. 데인족 사람들은 부어라 마셔라 술에 취해 흥청거렸다. 앨프레드는 음악 연주에 심취해 있는 듯 보였지만 데인족의 막사와 무기의 상태, 식량창고 현황, 군율의 엄정함 등 어느 것 하나 소홀히 하지 않고 면밀히 살폈다.

이윽고 앨프레드 대왕은 연주 음악을 다른 것으로 바꿨다. 자신을 따르는 잉글랜드 병사들을 모두 약속된 장소로 불러 모으기 위한 신호였다. 그렇게 한곳에 모인 병사들은 실종되거나 전사했다고 생각했던 앨프레드 대왕을 보자 눈물을 흘리며 환호했다. 앨프레드는 선두에서 병사들을 이끌며 데인족 진지로 진군해 병영을 포위하고는 14일간 단 한 명도 빠져나가지 못하게 했다. 하지만 위대하고 용맹했던 만큼 자비롭기도 했던 앨프레드는 남은 데인족을 죽이지 않고 평화협정을 맺었다. 데인족이 잉글랜드 서부 지방에서 깨끗이 물러나 동부 지방에 정착하는 조건이었다. 또한 데인족 지도자 거스럼이 기독교로 개종해야 한다는 조건도 달았다. 그토록 막대한 피해를 준 데인족을 용서하게 한 것은 기독교의 가르침 덕분이었기 때문이다.

데인족을 품다

그렇게 거스럼은 기독교로 개종했고, 앨프레드 대왕은 세례식에서 그의 대부代父가 되어주었다. 거스럼은 그때부터 앨프레드에게 충성을 다하고 신의를 지켰으며, 그의 부하들도 그와 마찬가지로 앨프레드에게 충성을 바쳤다. 이후 데인족은 약탈과 방화를 저지르지 않고 정직하게 일하며 살았다. 밭을 갈고 씨를 뿌리고 곡물을 수확하면서 선량하고 정직한 잉글랜드인으로 자리매김했다. 부디 그 시절에 데인족 아이들이 햇살 가득한 들녘에서 색슨족 아이들과 마음껏 뛰어놀았기를 바란다. 데인족 청년들과 색슨족 처녀들이 사랑에 빠져 부부의 연을 맺고, 여행을 떠난 잉글랜드인이 날이 저물면 데인족의 오두막을 찾아 하룻밤 묵어가는 일이 흔했다면 좋겠다. 그리고 데인족과 색슨족이 친구가 되어 빨갛게 타오르는 화롯가에 함께 앉아 위대한 앨프레드 대왕에 대해 이야기 나누는 모습을 그려본다.

하지만 모든 데인족이 거스럼과 그의 부하들 같지는 않았다. 몇 년 후 더 많은 데인족이 브리튼 섬에 상륙해서 예전처럼 약탈과 방화를 자행했다. 그중에서도 헤이스팅스Hastings라는 이름의 잔인무도한 해적은 80척의 배를 이끌고 템스 강Thames River을 거슬러 올라가 그레이브젠드Gravesend를 습격했다. 그때부터 3년간 전쟁이 계속되었고, 곳곳에서 사람, 동물 구분할 것 없이 다들 기근과 역병에 시달렸다. 하지만 앨프레드 대왕의 의지는 조금도 흔들리지 않았다. 앨프레드는 큰 배를 건조해 해적의 뒤를 쫓는 한편, 용맹한 모습으로 병사들을 독려하여 해안에서 해적에 맞서 용감하게 싸웠다. 마침내 앨프레드는 해적을 모두 쫓아냈고, 잉글랜드에는 다시 평화가 찾아왔다.

앨프레드 대왕은 백성들의 생활여건을 개선하기 위해 끊임없이 애썼던 왕이었다. 그는 누구보다 먼저 피나는 노력으로 문맹에서 벗어난 뒤 라틴어까지 공부했으며, 백성들이 자유롭게 읽고 쉽게 이해할 수 있도록 라틴어 서적을 앵글로색슨어로 옮기는 일에 힘쓰기도 했다. 공정한 법률을 만들고 집행하여 백성들이 자유롭고 행복하게 살 수 있게 했고, 불의한 판사를 모두 쫓아내 억울한 일을 당하는 일이 없게 했다. 백성들의 생활이 윤택하고 정의가 구현되어 황금 목걸이와 보석으로 만든 화환 장식을 거리에 내걸어도 누구 하나 손대는 이가 없을 정도였다고 한다.

앨프레드 대왕은 학교를 설립했고, 직접 사법재판소에 가서 사람들의 말을 참을성 있게 들었다. 그가 가슴에 품었던 위대한 포부는 모든 사람들이 서로를 공정하게 대하는 나라를 만드는 것이었으며, 자신의 조국 잉글랜드를 모든 면에서 예전보다 획기적으로 발전한 행복한 나라로 만드는 것이었다.

그런 열망을 실현하기 위해 앨프레드 대왕이 보여준 근면성은 실로 놀라울 정도였다. 앨프레드는 하루를 일정한 비율로 나눈 다음 각각의 시간마다 할 일을 미리 정해놓았다. 하루를 정확히 똑같은 비율로 나누기 위해 밀랍 횃불이나 양초를 같은 크기로 만들고 일정한 간격으로 눈금을 표시한 다음 계속 불을 붙여두었다. 타들어가는 양초를 보며 시간을 가늠하기 위해서였다. 지금 우리가 시계로 하루를 24시간으로 나누는 것과 비슷한 방식이었다. 앨프레드는 왕궁의 출입문이나 창문, 혹은 벽 틈으로 들어오는 바람 탓에 불꽃이 흔들려 일정한 속도로 타지 않는 것을 막기 위해 촛불에 나무나 하얀 뿔로 만든 덮개를 씌웠다. 이것이 잉글랜드에서 만들어진 첫 초롱이었다.

그러는 동안 앨프레드 대왕은 원인을 알 수 없는 중병에 걸렸다. 시도 때도 없이 찾아오는 통증에 고통스러워했지만 별다른 치료법이 없었다. 앨프레드는 결국 재위 28년이 되던 899년에 쉰한 살의 나이로 눈을 감았다. 아주 먼 옛날의 일이지만 앨프레드 대왕의 명성과 백성들이 그에게 보냈던 사랑과 감사의 마음은 지금까지도 생생하게 기억되고 있다.

에드워드, 7왕국을 통일하다

앨프레드 대왕의 뒤를 이어 현인회의의 결정으로 별칭이 '연장자'인 에드워드Edward the Elder(생몰연도: 870~924, 재위기간: 899~924)가 왕위에 올랐다. 그때 앨프레드의 조카가 왕위를 차지하기 위해 반란을 일으켰고, 잉글랜드 동쪽의 일부 데인족도 반란에 가담했다. 치열한 전투 끝에 에드워드가 승리를 거두었으며, 26년간 평화롭게 나라를 다스렸다. 에드워드는 잉글랜드 전역으로 지배력을 확대하면서 앵글로색슨 7왕국을 하나로 통일했다.

그렇게 색슨족이 잉글랜드에 정착한 지 450여 년이 흐르고 나서야 한 사람의 왕이 다스리는 단일 왕국이 수립되었다. 그 세월 동안 색슨족의 풍습은 크게 바뀌었다. 새롭게 생겨난 편의 도구와 고상한 장식품들이 색슨족 사이에서 빠르게 퍼져나갔다. 벽에는 새와 꽃으로 화려하게 수를 놓거나 실크로 만든 장식용 벽걸이를 걸었다. 식탁과 의자는 여러 가지 목재를 섬세하게 깎아 만들었으며, 금이나 은으로 장식하기도 했다. 더러는 식탁이나 의자 자체를 금이나 은으로 만들기도 했다. 사람들은 식탁에서 칼과 숟가락을 사용했으며, 실크나 직물, 얇은 금박 등으로 감싸거나 금빛으로 자수를 놓은 황금빛 장신구를 걸쳤다. 접시는 금이나 은, 황동, 뼈 같은 재료로 만들어 사용했으며, 다양한 술잔과 침대, 악기도 등장했다.

연회에서는 술잔을 돌리듯 손님들에게 하프를 순서대로 돌렸고, 하프를 받은 손님은 노래를 하거나 하프를 연주해 흥을 돋우었다. 색슨족의 무기는 매우 강하고 단단했으며, 특히 적에게 치명상을 입히는 무시무시한 강철 망치는 오랫동안 사람들의 뇌리에 남았다. 색슨족은 용모가 뛰어난 민족이었다. 양 갈래로 나눈 기다란 금발과 수북한 수염, 혈색 좋은 얼굴, 맑은 눈을 가졌다. 색슨족 여인의 아름다움은 잉글랜드 방방곡곡을 전에 없던 즐거움과 우아함으로 가득 채웠다.

색슨족에 대해 아직 할 말이 많이 남아 있지만 이쯤에서 마무리를 지을까 한다. 색슨족의 특성은 앨프레드 대왕 치세에 빛을 발하기 시작했고, 그를 통해 유감없이 발현되었다. 색슨족은 세상 그 어떤 사람들보다도 위대했다. 색슨족의 후예들은 그 어느 곳을 가더라도, 설령 그곳이 세상에서 가장 험난하고 외진 곳일지라도 끈기 있게 인내하며 낙담하는 법이 없었고, 한번 마음먹은 일은 결코 중도에 포기하지 않았다. 유럽과 아시아, 아프리카, 아메리카를 비롯한 세상 어느 곳에서도, 사막이나 숲속, 바다에서도, 그리고 타는 듯한 햇볕에 그을리거나 얼음이 녹을 틈 없는 추위에도 색슨족의 기질은 변하지 않는다. 색슨족이 가는 곳마다 규율과 산업이 생겨났고, 생명과 재산은 안전해졌으며, 한결같은 인내심이 낳은 온갖 위대한 결실이 나왔다.

여기서 잠시 존경의 마음을 담아 색슨족의 모든 미덕을 한 몸에 지닌 고귀한 왕을 생각한다. 자신에게 닥친 수많은 고난과 역경에도 굴복하지 않았고, 온갖 쾌락과 부귀영화에 유혹되거나 타락하지 않았으며, 그 무엇에도 꺾이지 않는 인내심과 진정한 용기를 가졌던 왕. 패배했을 때도 희망을 잃지 않았고, 승리했을 때도 겸손한 자세로 적에게 관용을 베풀었던 왕. 백성을 보살피고 가르쳐 아름다운 고대 색슨어를 더할 나위 없이 잘 보존했던 왕. 그가 없었다면 지금 내가 하는 이야기의 의미를 반도 전달하지 못했을지 모른다.

사람들은 앨프레드 대왕의 정신이 잉글랜드 법에 남아 지금도 우리에게 영향을 주고 있다고 말한다. 그러니 기도하건대, 잉글랜드인의 마음

속에 그의 정신이 살아 숨 쉬기를, 그래서 사람들이 최소한 무지한 사람에게 배움의 기회가 돌아갈 수 있도록 최선을 다하기를 바란다. 그리고 통치자의 사명은 무지한 백성을 가르치는 것임을 일러주고, 그 사명을 소홀히 여기는 군주에게 이런 말을 해주기를 바란다. 서기 899년부터 지금까지 오랜 세월에 걸쳐 왜 깨우친 것이 조금도 없느냐고, 그리고 앨프레드 대왕의 빛나는 업적에 비하면 이루어놓은 것이 너무나 보잘것없지 않느냐고.

제4장

애설스탠과 여섯 소년 왕

궁정을 장악한 던스턴과 여섯 왕의 운명

에드워드 왕의 뒤를 이어 아들인 애설스탠Athelstan(생몰연도: 895~939, 재위기간: 924~939)이 왕위에 올랐다. 애설스탠의 통치기간은 15년에 불과했지만, 할아버지인 앨프레드 대왕의 영광을 되새기면서 잉글랜드를 훌륭하게 다스렸다. 사나운 웨일스인을 정복하고 조공으로 소나 매, 사냥개 따위를 바치게 했으며, 당시에 아직 색슨 왕조에 완전히 복종하지 않았던 콘월 지방 사람들까지 정복했다. 과거에 폐기된 법률 중에서 훌륭한 것들을 복원하고 합리적인 법률을 새롭게 제정하여 가난하고 힘없는 백성을 보살폈다. 또한 당시 잉글랜드의 강력한 경쟁자로 떠오른 덴마크의 올라프 왕자와 스코틀랜드의 콘스탄틴 2세Constantine II of

Scotland(879~952), 북웨일스 연합군을 물리치고 많은 적군을 죽이거나 포로로 사로잡아 그 이름을 널리 떨쳤다. 이후 잉글랜드에는 한동안 평화가 찾아왔다. 왕실의 귀족과 귀부인들은 공손하고 고분고분했으며, 외국 왕자들도 자주 잉글랜드 왕실을 방문했다.

애설스탠이 마흔네 살의 나이로 세상을 떠나자 열여덟 살에 불과한 동생 에드먼드 1세Edmund I(생몰연도: 922~946, 재위기간: 939~946)가 왕위를 이었다. 지금부터 나오는 여섯 명의 소년 왕 가운데 첫 번째 왕이다. 에드먼드는 '훌륭한 왕the Magnificent'으로 불린다. 무엇이든 끊임없이 개선하고 발전시키는 일을 즐겼기 때문이다. 하지만 데인족의 침공에 시달렸던 그의 짧은 재위기간은 고난으로 얼룩졌고, 결국 고난 속에서 막을 내렸다.

어느 날 밤, 에드먼드가 연회장에서 한껏 배를 채우고 잔뜩 취해 있는데 한 사람이 눈에 들어왔다. 그는 끔찍한 범죄를 저지르고 한동안 잉글랜드에서 자취를 감추었던 악명 높은 강도 레오프Leof였다. 연회장까지 찾아든 그 뻔뻔함과 두둑한 뱃심에 화가 치민 에드먼드가 시종에게 명령했다.

"저 탁자에 앉아 있는 놈은 범법자다. 수배 중인 자이므로 사정이 여의치 않으면 죽여도 된다. 어서 저자를 체포하라!"

레오프가 맞받아쳤다.

"그렇게는 안 될걸!"

"뭐라고? 이 건방진 놈!"

에드먼드는 자리를 박차고 일어나 레오프에게 달려들었다. 레오프의 긴 머리카락을 틀어잡고 바닥에 넘어뜨릴 기세였다. 하지만 레오프는 몸싸움을 벌이던 중 망토 속에 숨겨둔 단검으로 왕을 찔러 죽였다. 그런 다음 벽을 등지고 서서 근위병들과 필사적으로 싸우다가 칼에 난도질당했다. 벽과 바닥이 피로 흥건하게 물들었으며, 주변에 있던 많은 사람도 부상을 입었다. 이 사건을 보면 당시 왕의 삶이 얼마나 험하고 열악한 환경에 놓여 있었는지 짐작이 간다. 한 나라의 왕이 왕실 연회장에서 흉악한 강도와 싸우다가 함께 먹고 마시던 사람들이 보는 앞에서 칼에 찔려 죽었으니 말이다.

에드먼드의 뒤를 이은 소년 왕 에드레드Edred(생몰연도: 923~955, 재위기간: 946~955)는 몸이 허약해서 병을 달고 살았지만 의지가 강했다. 에드레드의 군대는 스칸디나비아족과 데인족, 노르웨이족 등 당시 해적질을 일삼던 부족들과 맞서 싸웠고 한동안 승리를 거두었다. 그리고 9년 후 에드레드는 눈을 감았다.

그다음 왕위에 오른 소년 왕은 열다섯 살의 에드위Edwy(생몰연도: 941?~959, 재위기간: 955~959)였다. 하지만 실질적인 권력은 던스턴Dunstan(909~988)이라는 주교의 손에 있었다. 던스턴은 영리한 사제로 약간 광기가 있었고, 자존심이 무척 강했으며, 성품이 잔인했다. 당시 던스턴은 '훌륭한 왕' 에드먼드의 시신이 안장된 글래스턴베리 수도원Glanstonbury Abbey의 수도원장이었다. 그는 어릴 적 열병을 앓았는데, 그 때문인지 어느 날 밤 침대에서 일어나 글래스턴베리 수도원 주변을 서성거렸다. 당시 수도원에서는 보수 공사가 한창이어서 주변에 설치된 비계(높은 곳에서 공사할 수 있도록 임시로 설치한 가설물_옮긴이)에 걸려 목이 부러질 위험성이 높았지만, 그는 놀랍게도 털끝 하나 다치지 않았다. 그러자 수도원에서 천사가 나타나 그를 보호했다는 소문이 퍼져나갔다. 던스턴은 저절로 음악이 연주되는 하프도 만들었다. 사람들은 그 하프가 바람이 불면 음악이 연주되는 신화 속 에올리언 하프Aeolian Harp와 비숫하다고 생각했다.

한편 던스턴이 애설스탠 왕의 총애를 받자 그를 시기하는 사람들이 생겨났다. 그들은 던스턴 주변에서 일어난 놀라운 일들을 꼬투리 잡아 그를 마법사로 매도했고, 납치해 거의 죽기 직전까지 두들겨 팬 다음 늪에 던져버렸다. 던스턴은 천신만고 끝에 늪에서 빠져나올 수 있었다.

당시 학자라고 부를만한 사람들은 성직자가 유일했다. 성직자들은 여러 학문을 공부했다. 왕실의 허가를 받은 수녀원과 수도원이 주로 세워지는 곳은 황무지였으므로 수도사들은 유능한 농부나 정원사가 되어야 했다. 주변 땅이 너무 척박해서 그렇게 하지 않으면 생계를 꾸릴 수 없었다. 더구나 기도를 올리는 예배당이나 음식을 먹고 마시는 식당 같은 편의시설을 지으려면 능숙한 목수나 대장장이, 페인트공이 되어야 했다.

외진 땅에서 자급자족하면서 질병이나 응급 사고에서 목숨을 부지하려면 초목과 약초의 효능을 연구해야 했고, 베인 상처나 화상, 타박상 등을 치료하고 부러진 팔다리를 접골接骨하는 방법도 알아야 했다. 그래서 수도사들은 독학하거나 함께 공부하면서 폭넓은 분야에서 유용한 지식을 익혔고, 농업과 의학, 수공예 등의 분야에서 전문 기술을 쌓았다. 종교적인 목적으로 무지한 농민들의 눈을 속여야 할 때는 능숙한 솜씨로 간단한 도구를 만들었다. 오늘날의 기준으로 보면 단순하지만, 당시에 그런 도구는 경이로움 그 자체였다.

던스턴은 이런 수도사들 중에서도 가장 영리했다. 재기 넘치는 대장장이이기도 했던 그는 수도실에 마련된 대장간에서 일했다. 수도실은 잠잘 때 팔다리를 쭉 펴고 눕지 못할 정도로 비좁았다. 그는 자신을 괴롭히려고 악마와 혼령들이 수도실에 찾아왔다며 허무맹랑하고 기괴하기 짝이 없는 거짓말을 지어내곤 했다. 예컨대, 하루는 던스턴이 일을 하는데 악마가 작은 창으로 들여다보면서 게으름도 피우고 즐기며 사는 게 어떠냐고 꼬드겼다. 그는 불 속에서 빨갛게 달궈진 집게를 꺼내 악마의 코를 꽉 잡았고, 악마는 고통을 이기지 못해 아주 먼 곳까지 들릴 정도로 크게 비명을 질렀다고 한다. 어떤 이들은 이런 터무니없는 이야기가 그에게 광기(그의 머리에서는 고열이 가신 적이 없었다)가 있다는 증거라고 믿지만 내 생각은 다르다. 무지한 사람들은 그 이야기를 듣고 던스턴을 성자로 여겼고, 그런 믿음이 그에게는 권력이 되었다. 그리고 그가 늘 갈구하는 것은 바로 그 권력이었다.

준수한 용모의 소년 왕 에드위의 즉위식이 있던 날, 데인족 출신인 캔터베리 대주교 오도Odo가 즉위식을 주관했다. 그런데 에드위는 축하객들을 남겨두고 연회장을 조용히 빠져나갔다. 몹시 기분이 상한 오도는 친구 던스턴에게 에드위를 찾아보게 했다. 에드위가 아름다운 왕비 엘기버Elgiva와 그녀의 어머니 에설기버Ethelgiva와 함께 있는 모습을 발견한 던스턴은 소년 왕에게 모진 욕설을 퍼부으며 연회장으로 끌고 갔다. 사람들은 에드위와 엘기버가 사촌지간이며 수도사들은 보통 사촌 간의 결혼을 반대했기 때문에 그런 것이라 생각하지만, 내 생각에는 그가 권위적이고 무례하며 못돼먹은 인간이라서 그랬던 것 같다. 수도사가 되기 전 던스턴에게는 사랑하는 여인이 있었는데, 무슨 이유에서인지 실연을 당한 후 사랑에 관한 모든 것을 증오하게 된 것이다.

소년 왕은 그 일에 충분히 모욕감을 느낄만한 나이였다. 선왕 때 던스턴이 재무상을 지냈던 사실을 떠올린 에드위는 그에게 선왕의 재물을 횡령했다는 죄목을 뒤집어씌웠다. 던스턴은 벨기에로 피신했고(그는 그를 붙잡아 두 눈을 뽑아버리려는 추격자들을 가까스로 따돌렸다. 그런데 나머지 이야기를 들어보면 누구나 그때 그의 눈을 뽑아버렸어야 했다고 생각할 것이다), 글래스턴베리 수도원장에는 던스턴이 평생 그토록 반대했던 결혼한 사제가 임명되었다.

그러자 던스턴은 재빨리 데인족 친구 오도와 공모하여 왕의 동생 에드거Edgar를 왕으로 추대했다. 그리고 그것만으로는 성에 차지 않았는지 겨우 17~18세밖에 안 된 사랑스러운 소녀였던 엘기버 왕비를 왕궁에서 납치하여 불에 달군 쇠로 뺨에 낙인을 찍은 다음 아일랜드에 노예로 팔아넘겼다. 엘기버에게 동정심을 느낀 아일랜드인들은 뺨에 생긴 흉측한 상처를 치료해 예전의 아름다움을 되찾아준 다음 왕궁으로 돌려보냈다. 하지만 악당 던스턴과 오도는 남편을 만날 생각에 한껏 들떠서 글로스터Gloucester로 발걸음을 재촉하던 엘기버를 붙잡아 칼로 난자하고 팔다리를 자른 뒤 버려두어 죽게 했다. 젊고 잘생긴 용모 덕에 '미남왕'으로 불렸던 에드위는 엘기버의 참혹한 최후를 전해 듣고 어찌나 상심이 컸던지 그만 숨을 거두고 말았다. 아! 애처롭구나, 젊은 아내와 남편의 최후여! 적절한 비교가 아닐지 모르겠지만, 험악했던 당시의 잉글랜드 왕이나 왕비보다 지금 시골 오두막에 사는 사람들이 더 행복하지 않을까?

계모의 손에 살해당한 '순교왕' 에드워드

에드위의 뒤를 이어 에드거Edgar the Peaceful(생몰연도: 943~975, 재위기간: 959~975)가 열다섯 살의 나이로 왕위에 올랐다. 여전히 실질적인 왕이었던 던스턴은 결혼한 성직자들을 수도원과 성당에서 모조리 쫓아내버렸다. 그리고 그 자리를 자기처럼 독신인 베네딕트 수도회Benedictine

Order의 독실한 수도사들로 채우고, 스스로 영예로운 캔터베리 대주교 자리에 올랐다. 그는 브리튼의 다른 군주들에게 압력을 넣어 에드거 왕을 알현하게 했다.

던스턴과 수도사들은 자신들이 다루기 쉬운 에드거를 왕으로 세우기 위해 공을 들였다. 하지만 에드거는 왕위에 합당한 인물이 아니었다. 그는 낭비벽이 심하고 음탕한 데다 포악한 인물이었다. 윌턴 수녀원Wilton Abbey에서 젊은 여인을 강제로 납치한 일도 있었다. 던스턴은 에드거에게 앞으로 7년간 왕관을 쓰지 말 것을 지시했다. 사실 그다지 무거운 처벌은 아니었지만, 어쨌든 그 조치는 에드거의 자존심을 건드렸고 그의 마음에 앙금을 남겼다.

에드거 왕이 엘프리다Elfrida(945~1000?)를 두 번째 왕비로 맞은 일은 그의 통치기간 중 일어난 최악의 사건이었다. 엘프리다의 미모를 전해 들은 에드거는 그 소문의 진위를 확인하기 위해 자신이 총애하는 신하 애설월드Athelwold를 보냈다. 그녀 아버지의 성이 있는 데번셔에 간 애설월드는 눈부시게 아름다운 엘프리다에게 반한 나머지, 모두를 속이고 그녀와 결혼식을 올리고 말았다. 대신 에드거에게는 소문과는 달리 그녀가 돈만 많고 전혀 아름답지 않다고 전했다. 의심이 생긴 에드거는 예고도 없이 갓 결혼한 애설월드의 집을 방문했다. 겁에 질린 애설월드는 젊은 아내에게 전후 사정을 솔직하게 털어놓았다. 그리고 왕의 노여움을 사지 않도록 허름한 옷을 입고 멍청하게 행동해서 아름다운 자태가 드러나지 않게 해달라고 애원했다.

동의 표시로 고개를 끄덕이긴 했지만, 욕심이 많고 자존심이 강한 엘프리다는 궁정 신하의 아내보다는 왕비 자리가 훨씬 더 탐이 나서 가장 아름다운 드레스를 입고 값비싼 보석으로 치장했다. 엘프리다를 본 왕은 애설월드가 거짓말한 것을 알아챘다. 왕은 자신을 속이고 배반한 애설월드를 숲 속으로 끌고 가 살해하라고 명령하고, 사악한 미망인 엘프리다와 결혼했다. 그로부터 6~7년 후 에드거는 숨을 거두었고, 생전에 거의 살다시피 했던 글래스턴베리 수도원에 안장되었다. 그곳은 왕을 위해 던스턴이 무척이나 공들여 가꾼 곳이기도 했다.

에드거 재위 시절 잉글랜드는 늑대가 자주 출몰하여 골머리를 앓았다. 늑대는 여행자와 가축을 습격한 뒤 웨일스의 산악지대에 숨곤 했다. 그래서 왕은 웨일스 주민들에게 매년 늑대 머리 300개를 세금 대신 내게 했다. 세금으로 내는 돈을 아끼려고 웨일스 주민들이 늑대를 열심히 사냥한 덕분에 늑대는 4년 만에 자취를 감추었다.

그다음 왕위에 오른 소년 왕은 에드워드Edward the Martyr(생몰연도: 962~978, 재위기간: 975~978)였다. 에드워드는 최후를 맞던 모습에 빗대어 '순교왕the Martyr'이라 불렸다. 엘프리다는 자신의 아들 애설레드를 왕위에 올리고 싶었지만, 던스턴은 애설레드 대신 에드워드를 왕으로 선택했다.

하루는 에드워드가 도싯셔Dorsetshire에서 사냥을 하다가 엘프리다와 애설레드가 사는 코프 성Corfe Castle을 지나게 되었다. 다정다감했던 에드워드는 동생을 보고 싶은 마음에 잠시 수행원들을 떼놓고 성으로 말을 달렸고, 땅거미가 내려앉을 즈음 성에 도착해 사냥 나팔을 불었다.

"어서 오세요, 전하."

엘프리다가 나와서 환한 미소를 지었다.

"말에서 내려 안으로 드시지요."

"아닙니다, 어머니. 수행원들이 무슨 사고라도 나지 않았나 걱정하며 절 찾을 겁니다. 포도주를 한 잔 주시면 그냥 말 위에서 어머니와 어린 동생을 위해 축배를 들고 얼른 수행원들에게 돌아가겠습니다."

엘프리다는 포도주를 가지러 들어가면서 무장한 병사에게 잠시 후 자신이 신호를 보내면 등 뒤에서 왕을 죽이라고 지시했다. 에드워드는 "우리 모두의 건강과 행복을 위하여!"라고 말한 뒤 술잔을 입으로 가져갔다. 그때 사악한 엘프리다가 살짝 미소를 지으며 신호를 보냈고, 갑자기 병사가 튀어나와 왕의 등을 칼로 찔렀다. 이제 겨우 열 살밖에 되지 않은 이복동생 애설레드는 아무것도 모른 채 어머니의 손을 잡고 서 있었다.

에드워드는 술잔을 떨어뜨렸고, 급히 말을 달렸지만 피를 많이 흘린 탓에 이내 정신을 잃고 안장에서 굴러떨어지면서 한쪽 발이 등자에 걸렸다. 겁에 질린 말은 계속 내달렸고, 에드워드의 몸은 땅에 질질 끌렸다. 젊고 매력적인 왕의 얼굴이 말발굽 자국과 돌, 가시나무, 낙엽, 진흙으로 덮인 땅을 쓸고 지나갔다. 왕의 핏자국을 발견한 사냥꾼들이 뒤쫓아와서 말고삐를 잡았고, 그제야 상처투성이 시신을 떼어낼 수 있었다.

그다음으로 여섯 번째이자 마지막 소년 왕 애설레드Aethelred the Unready(생몰연도: 968~1016, 재위기간: 978~1013, 1014~1016)가 왕위에 올랐다. 애설레드는 에드워드가 살해당하던 순간, 그가 탄 말이 성문에서 멀어지는 것을 보고 울부짖었다. 그러자 엘프리다는 시종에게서 빼앗은 횃불로 애설레드를 두들겨 팼다. 백성들은 애설레드를 탐탁지 않게 여겼다. 잔혹한 어머니 엘프리다가 끔찍이 싫었을 뿐 아니라 그녀가 자신의 아들을 왕위에 올리기 위해 살인을 저질렀기 때문이다.

처음에 던스턴은 애설레드 대신 선왕 에드거가 윌턴 수녀원에서 납치한 여인에게서 얻은 딸 에디스Edith를 여왕으로 세우려고 했다. 하지만 에디스는 소년 왕들의 말로를 잘 알고 있던 탓에 평화로운 수녀원을 한사코 떠나려 하지 않았다. 다른 적임자를 찾지 못한 던스턴은 어쩔 수 없이 애설레드를 왕위에 올리고 '준비 안 된 왕The Unready'이라는 별칭을 붙였다. 애설레드가 의지가 약하고 결단력이 부족함을 엿볼 수 있는 대목이다.

처음에는 엘프리다가 국정을 좌지우지했다. 그러나 애설레드가 성년이 되자 엘프리다의 권세는 점점 약해졌다. 악행을 뒷받침해줄 권력이 사라지자 엘프리다는 성당과 수도원을 지어 자신이 지은 죄를 참회하고 용서를 구했다. 성당의 첨탑을 별에 닿을 듯 높이 지으면 등자에 한쪽 발이 걸린 채 끌려가다 숨을 거둔 가엾은 소년 왕에게 지은 죄를 용서받을 수 있다고 생각했던 것일까? 아무 감정도 없는 돌을 쌓아 성당을 짓고 그 안에 수도사들이 지내게 하면 자신의 사악함을 묻어버릴 수 있으리라 생각했던 것일까?

애설레드가 왕위에 오른 뒤 9~10년이 지난 다음 던스턴은 숨을 거두었다. 애설레드 재위 시절, 던스턴과 관련된 두 가지 사건 탓에 큰 소동이 벌어진 적이 있었다. 한번은 성당에서 예배를 보던 중 사제의 결혼 문제가 거론되었다. 던스턴은 누가 봐도 그 문제에 관해 깊이 생각하는 것처럼 고개를 푹 숙이고 앉아 있었다. 그때 갑자기 십자가상에서 어떤 목소리가 들려왔다. 던스턴의 의견을 따르지 않으면 벌을 내리겠다는 경고였다. 아마도 사전에 누군가에게 시켜 그런 목소리를 내게 했던 게 아닌가 싶다. 얼마 지나지 않아 던스턴은 더욱 못된 짓을 저질렀다. 같은 문제로 열띤 토론이 벌어졌는데, 던스턴과 그의 추종자들은 넓은 회의실의 한쪽 편에 앉아 있었고 반대파들은 맞은편에 앉아 있었다. 그때 별안간 던스턴이 자리에서 벌떡 일어서며 이렇게 말했다.

"주님께 의지하오니 심판을 내려주소서!"

던스턴의 말이 떨어지기 무섭게 반대파들이 앉은 쪽 바닥이 무너지면서 여러 명이 죽고 다쳤다. 던스턴이 지시를 내려 미리 바닥을 약하게 만들어놓은 다음, 신호를 보냈을 때 무너져 내리게 한 것이 분명했다. 당연하게도 던스턴이 앉은 쪽 바닥은 무너지지 않았다. 자기가 앉은 쪽에는 절대로 그런 일이 일어나지 않도록 사전 조치를 취했을 터였다. 그런 일에 너무나 능숙한 던스턴이었기 때문에 가능한 일이었다.

거듭된 데인족의 침공

던스턴이 죽자 수도사들은 그를 성인으로 추대해서 그 뒤로는 '성 던스턴'이라 불렀다. 하지만 그보다는 당나귀나 그 비슷한 동물 이름으로 부르는 편이 더 어울리지 않았을까 싶다.

'준비 안 된 왕' 애설레드는 던스턴이 죽자 분명히 크게 기뻐했을 것이다. 하지만 던스턴이 없는 애설레드는 보잘것없고 허약한 왕에 불과했으므로 왕위에 있는 동안 수많은 패배와 치욕을 맛보아야 했다. 덴마크 왕의 아들로 아버지와 전쟁을 벌이다 추방당한 '해적왕' 스벤 포크발드 Sweyn Forkbeard(960~1014)를 앞세운 잔혹한 데인족이 다시 잉글랜드를 침공했다. 그 뒤로 그들은 해마다 큰 도시를 공격하여 약탈을 일삼았다. 힘없는 애설레드는 돈을 주어 그들을 달래야 했다. 하지만 돈을 주면 줄수록 데인족은 더 많은 돈을 요구했다. 처음에는 1만 파운드로 시작해 다음 침공 때는 1만 6,000파운드로 뛰었으며, 결국 2만 4,000파운드까지 치솟았다.

이렇게 큰돈을 부담하느라 가련한 잉글랜드 백성들은 무거운 세금에 시달려야 했다. 데인족이 줄기차게 잉글랜드를 침공하면서 더 많은 돈을 요구하자 애설레드는 강력한 권력을 가진 다른 나라의 가문과 혼인 관계를 맺어 지원 병력을 얻고자 했다. 마침내 1002년 애설레드는 노르망디 공 리샤르Richard Duke of Normandy의 누이이며 '노르망디의 꽃'으로 불리던 에마Emma of Normandy(985~1052)와 결혼했다.

그때 잉글랜드에서 역사상 유례를 찾을 수 없는 끔찍한 사태가 벌어졌다. 11월 13일, 은밀히 내려진 왕명에 따라 전국적으로 백성들이 무장을 하고 이웃에 사는 데인족을 몰살했다. 남녀노소, 군인과 민간인의 구분 없이 모든 데인족이 잔인하게 살해당했다. 물론 그중에는 잉글랜드에 커다란 해악을 끼쳤거나 잉글랜드인의 아내와 딸을 욕보이며 참을 수 없을 만큼 오만불손하게 날뛰던 흉악범들도 있었다. 그러나 그들 중에는 잉글랜드 여인과 결혼해서 함께 기독교를 믿으며 잉글랜드인과 전혀 다를 바 없이 사는 평화로운 데인족도 많았다. 그런 사람들까지 남김없이 살해된 것이다. 심지어 이때 덴마크 왕의 누이로 잉글랜드 귀족과 결혼한 군힐다Gunhilda도 목숨을 잃었다. 사람들은 군힐다가 보는 앞에서 그녀의 남편과 아이를 살해했고, 심한 충격을 받은 군힐다는 스스로 목숨을 끊었다.

이 유혈사태를 전해 들은 해적왕 스벤은 복수를 다짐했다. 그는 잉글랜드를 정벌하기 위해 병사들을 소집하고 강력한 함대를 편성했다. 병사들은 거의 대부분 한창나이의 자유민이거나 자유민의 아들이었다. 이들은 동족 남녀와 사랑스러운 아이들이 화염과 잉글랜드인의 칼날에 목숨을 잃었던 11월 13일의 대학살에 치를 떨며 처절한 복수를 다짐했다.

그렇게 해적왕은 대규모 함선을 이끌고 잉글랜드로 향했다. 각각의 함선에는 저마다 지휘관의 깃발이 펄럭였다. 황금 독수리, 까마귀, 용, 돌고래, 맹금류 등이 그려진 깃발을 선미에 달고 파도를 가르며 전진하는 데인족의 배는 잉글랜드인을 공포에 떨게 했다. 배의 양옆에 매단 방패들은 햇빛을 받아 번쩍거렸다. 해적왕의 깃발이 걸린 배에는 형형색색의 거대한 뱀이 새겨져 있었다. 분노에 찬 해적왕은 자신의 뱀이 잉글랜드의 심장에 송곳니를 박아 넣지 못한다면 신에게 철저하게 버림받아도 좋다고 기도했다.

해적왕의 기도는 효력이 있었다. 엑서터Exeter 인근에 상륙한 데인족 대군은 계속 전진하면서 잉글랜드를 쑥대밭으로 만들었다. 데인족 군사들은 땅을 창으로 찌르기도 하고 강물 속으로 창을 던지기도 했다. 섬 전체가 데인족의 영토임을 알리는 상징적인 행위였다. 데인족은 동족들이 학살당했던 11월 13일을 추모하기 위해 가는 곳마다 색슨족에게 대대적인 연회를 준비하게 했다. 그러고는 배가 터지도록 음식을 먹고 잉글랜드를 저주하는 잔을 들며 떠들썩하게 즐긴 다음 색슨족 '광대'들을 칼로 베고 계속 진군했다.

▼ 엑서터 운하. 덴마크에서 추방당한 해적왕 스벤은 엑서터에 상륙해 잉글랜드 공격을 감행했다.
©jennyt/Shutterstock.com

전쟁은 6년 동안 지속되었다. 데인족은 땅에 씨를 뿌리지 못하게 하기 위해 곡식과 농가, 헛간, 방앗간, 마구간, 곳간 등을 불태우고 들판의 농부들을 무참히 살해했다. 사람들은 기근으로 굶주렸으며 한때 부유했던 마을은 잿더미가 되었다. 잉글랜드 관리와 군인들은 꽁무니가 빠지게 도망치기에 바빴고, '준비 안 된 왕' 애설레드의 측근들은 자국의 전함을 빼앗아 백성을 상대로 해적질까지 일삼았다. 엎친 데 덮친 격으로 폭풍까지 몰아치는 바람에 잉글랜드 해군은 전멸하고 말았다.

이렇게 암울한 상황에서도 주목할만한 사람이 하나 있었다. 조국 잉글랜드와 힘없는 왕에게 충성을 다하는 용기 있는 주교였다. 캔터베리 대주교였던 그는 데인족에게 포위된 도시를 20일간 방어했다. 하지만 적과 내통한 배신자가 성문을 여는 바람에 데인족이 물밀듯 몰려들어왔다. 사슬에 묶인 주교는 이렇게 말했다.

"고통받는 주민을 갈취해서 내 몸값을 지불할 생각은 없다. 그러니 너희 마음대로 해라!"

주교는 자신이 풀려나는 데 필요한 금을 마련하기 위해 가난한 사람들을 쥐어짜는 일은 절대 하지 않겠다는 말을 몇 번이고 반복했다.

데인족 사람들은 연회장에 모여 진탕 먹고 마시다가 주교를 다시 데려왔다.

"이봐, 주교. 금을 내놓으란 말이야!"

주교는 데인족 무리의 화난 얼굴을 보았다. 주교는 자신의 최후가 가까웠음을 깨달았다.

"내게는 금이 없소."

주교가 말했다.

"가져와, 주교!"

다들 고함을 질렀다.

"말했잖소, 그렇게는 못하겠다고."

데인족이 가까이 와서 주교를 둘러싼 채 위협했지만 그는 조금도 흔들리지 않았다. 그때 누군가가 주먹으로 주교의 얼굴을 쳤고, 곧이어 다른 사람이 또 쳤다. 한 병사는 쓰레기 더미에서 커다란 소뼈를 집어 욕설과 함께 주교의 얼굴에 던졌다. 주교의 얼굴에서 피가 솟구쳤다. 계속해서 뼈가 날아들어 그의 몸을 강타하며 상처를 냈고, 마침내 한 병사가 뼈다귀 세례의 마지막을 장식했다. 전투 도끼로 주교의 목숨을 단숨에 끊어버린 것이다. 나는 그 병사가 훌륭한 주교의 고통을 줄여주기 위해 그랬을 것이라고 믿고 싶다.

애설레드가 고귀한 주교를 본받아 용기를 낼 수 있었다면 뭔가 의미 있는 시도를 해볼 기회가 틀림없이 있었을 것이다. 하지만 그는 잔뜩 겁을 먹고 데인족에게 4만 8,000파운드를 건넸다. 그러나 이번에는 아무 소용이 없었다. 스벤이 잉글랜드 전역을 손에 넣기 위해 계속 진군했기 때문이다.

상황이 이렇게 되자 잉글랜드 백성들은 자신들을 보호하지 못하는 무능력한 왕과 절망에 빠진 나라를 버리고, 스벤을 구원자로 칭송하며 두 팔 벌려 환영했다. 애설레드가 머무는 동안 완강히 버티던 런던 주민도 왕이 쥐새끼처럼 도망쳐버리자 할 수 없이 데인족을 맞아들였다. 그렇게 모든 것이 끝났다. 애설레드는 노르망디 공국으로 피신했다. 그곳에는 한때 '노르망디의 꽃'이었던 에마 왕비가 자식들과 도피해 있었다.

비참한 신세가 되었지만 잉글랜드 백성은 앨프레드 대왕과 색슨족의 영광을 잊을 수 없었다. 그래서 스벤이 잉글랜드의 왕이 된 지 한 달도 안 되어 급사하자 너그럽게도 애설레드에게 사람을 보내 '예전보다 나라를 잘 다스려주기만 한다면' 왕으로 모시겠다는 말을 전했다. '준비 안 된 왕'은 직접 오지 않고 아들 에드워드를 보내 서약을 받았다. 그제야 애설레드는 잉글랜드에 돌아왔고, 백성들은 그를 왕으로 선포했다.

그때 전혀 예기치 못했던 문제가 발생했다. 데인족이 스벤의 아들 크누트Cnut(생몰연도: 985?~1035, 재위기간: 1016~1035)를 왕으로 선포한 것이다. 양 세력 사이에 다시 전면전이 일어났고, 애설레드가 죽을 때까지 3년간 계속되었다. 38년의 재위기간 동안 애설레드가 도대체 무슨 일을 했는지 내 기억에는 아무것도 남아 있지 않다.

그다음에 크누트가 잉글랜드 왕이 되었을까? 그렇지 않았다. 색슨족은 애설레드의 아들 에드먼드Edmund Ironside(생몰연도: 989~1016, 재위기간: 1016~1016)를 왕으로 내세웠다. 에드먼드는 '용맹왕Ironside'이라는 별칭답게 강력하고 위상이 높았다. 그때부터 에드먼드와 크누트는 다섯 번의 전투를 치렀다. 아, 전쟁터로 전락한 가엾은 잉글랜드여! 그릇이 컸던 에드먼드는 소인배 크누트에게 단 한 번의 전투로 결판을 내자고 제의했다. 크누트도 그릇이 컸다면 동의했을지 모르지만, 소인배였던 크누트는 에드먼드의 제안을 거절했다. 그리고 도버Dover에서 체스터Chester에 이르는 옛 로마의 군사도로인 워틀링 가도Watling Street를 기준으로 북쪽은 자신이, 남쪽은 에드먼드가 갖자고 제안했다. 이미 엄청난 피를 흘린 전쟁에 다들 염증을 느꼈으므로 수월하게 협정이 체결되었다. 하지만 두 달이 채 못 되어 에드먼드가 급사하자 크누트가 유일한 잉글랜드 왕이 되었다. 크누트가 에드먼드를 암살했다는 소문이 돌았지만 사실 여부는 아무도 모른다.

제5장

데인족 크누트,
잉글랜드 왕이 되다

폭군에서 성군으로

크누트 왕은 18년 동안 잉글랜드를 다스렸다. 처음에 그는 무자비한 왕이었는데, 색슨 족장들과 손을 맞잡고 그들이 자신을 왕으로 인정하면 공정하고 관대하게 대하겠다고 굳게 약속했다. 그러나 그 뒤로도 그는 많은 족장과 선왕의 친척을 잔인하게 살해했다.

크누트 왕은 "적의 머리를 베어 오는 자가 친형제보다 더 소중하다"라는 말을 자주 했다. 무모할 만큼 집요하게 적을 추격하는 병사가 많았던 것을 보면 실제로 후한 포상을 받는 '형제'들이 적지 않았던 것이 분명하다. 크누트는 죽은 '용맹왕' 에드먼드의 어린 두 아들 에드먼드 2세와 에드워드를 제거하고 싶은 마음이 간절했지만 차마 잉글랜드 안에서 그럴 수는 없었다. 그래서 차선책으로 두 소년을 스웨덴 왕에게 보내면서 잘 처리해달라고 부탁했다. 다행히도 스웨덴 왕이 관대한 사람이었기에 두 소년은 가까스로 목숨을 건질 수 있었다.

크누트 왕은 노르망디가 늘 마음에 걸렸다. 그곳에 애설레드의 아들 에드워드와 앨프레드가 살아 있었고, 그들의 숙부 노르망디 공이 장차 자신의 조카를 왕위에 올리려 할 수도 있었기 때문이다. 하지만 노르망디 공은 그럴 생각이 조금도 없었을 뿐 아니라 자신의 누이이자 애설레드의 미망인인 에마를 크누트에게 시집보내려고 했다. 한 송이 화려한 꽃으로 지내며 다시 왕비가 될 생각에 가슴이 부풀어 있던 에마는 크누트와 결혼식을 올렸고, 자식들 곁을 떠났다.

크누트 왕의 치세에 잉글랜드는 크게 번성했다. 용감한 잉글랜드인이 외국과의 전쟁에서 매번 승리를 거두었을 뿐 아니라 내부적으로도 별다른 분쟁이 없었던 덕분이었다. 크누트는 시인이자 음악가였다. 차츰 나이를 먹어가면서 그는 자신의 손에 묻힌 수많은 피에 회한의 눈물을 흘렸다. 속죄하기 위해 그는 순례자 차림으로 로마에 갔다. 여행길에서 만난 이방인들에게 잉글랜드에서 가져온 돈을 나누어 주기도 했다. 어쨌든 크누트는 정적들이 모두 사라지자 전보다 훨씬 더 어진 왕이 되었고, 한동안 잉글랜드에서 '위대한 왕'으로 칭송받았다.

크누트의 죽음, 다가오는 위기

옛 역사가들이 남긴 기록을 보면 이런 이야기가 나온다. 하루는 궁정 신하들의 아첨에 진저리가 난 크누트 왕이 바닷가에 왕좌를 가져다놓고 앉았다. 그때 파도가 밀려와서 왕의 옷을 적셨다. 크누트는 파도를 보고 감히 왕의 옷을 적시는 짓을 당장 멈추라고 호통치는 척 연기했다. 물론 파도는 왕의 명령에 아랑곳없이 계속 밀려와 옷을 적셨다. 그러자 크누트는 아첨하는 신하들을 돌아보며 이렇게 꾸짖었다.

"바다를 보고 '그곳에서 더는 넘어가지 말지어다!'라고 명령할 수 있는 창조주의 힘에 비하면 땅 위에 있는 왕의 권력은 얼마나 보잘것없느냐!"

크누트 왕이 실제로 아첨을 싫어했을지 의문이 생긴다. 그가 정말로 아첨을 싫어했다면 궁정 신하들이 그 사실도 모른 채 눈치 없이 그렇게 아첨을 떨었을까? 혹 멋진 말로 뽐내고 싶어 하는 크누트의 마음을 궁정 신하들이 읽었기에 그렇듯 아첨을 떨었던 것은 아닐까? 나는 해변에 올망졸망 모여 있는 그들의 모습을 조용히 떠올려본다. 해변에 갖다놓은 왕좌는 계속 모래 속으로 빠져드는데, 왕은 시답잖은 자신의 말에 흡족해하고, 그 말을 들은 신하들은 짐짓 탄복한 척하는 꼴이라니!

"그곳에서 더는 넘어가지 말지어다"라는 말이 바다에만 적용되는 것은 아니다. 전지전능한 창조주의 명령은 땅 위의 모든 왕에게도 적용되는 법이었으니, 크누트 왕도 1035년 침대 위에서 눈을 감았다. 그의 머리맡에는 노르만족 왕비 에마가 서 있었다. 마지막으로 에마 왕비를 보면서 크누트는 무슨 생각을 했을까? 오래전부터 노르망디 공국이 마음에 걸렸던 크누트는 숙부의 땅에 피신해 있는 애설레드의 두 왕자를 다시 떠올렸을지도 모른다. 그리고 그 왕자들이 데인족과 색슨족에 품고 있는 반감과 함께 노르망디 공국에서 시작된 흙먼지가 잉글랜드를 향해 천천히 다가오는 모습을 떠올렸는지도 모를 일이다.

제6장

데인족과 앵글로색슨족의
왕위 쟁탈전

앨프레드 왕자의 비참한 죽음

크누트 왕에게는 스벤과 해럴드Harold Harefoot, 하르사크누트 Harthacnut(생몰연도: 1018~1042, 재위기간: 1040~1042)라는 세 아들이 있었다. 그중에서 '노르망디의 꽃' 에마 왕비가 낳은 아들은 하르사크누트뿐이었다. 크누트는 자신의 왕국을 셋으로 나눈 다음 잉글랜드를 둘째 아들 해럴드에게 주고 싶었다. 그러나 가난한 목동 출신 귀족으로 막대한 재산을 보유한 고드윈 백작Godwin, Earl of Wessex(1001~1053)이 이끄는 남부 잉글랜드의 색슨족은 생각이 달랐다. 그들은 해럴드 대신 하르사크누트나 노르망디에 피신해 있는 애설레드의 두 아들 중 하나를 왕으로 옹립하고 싶어 했다.

왕위 계승 문제로 잉글랜드가 엄청난 유혈사태에 휩싸일 조짐이 보이자 백성들은 집을 떠나 숲과 늪지로 피신했다. 양측은 옥스퍼드Oxford에 모여 오래 협의한 끝에 템스 강 북쪽은 해럴드가 통치하고, 남쪽은 하르사크누트가 다스리기로 결정했다. 분쟁은 그렇게 원만히 해결되었다. 하르사크누트가 덴마크에서 실컷 먹고 마시며 태평하게 지내는 동안 잉글랜드 남부는 그의 어머니 에마와 고드윈 백작이 대신 맡아 다스렸다.

그렇게 상황이 정리되어 몸을 숨긴 채 두려움에 떨던 백성들이 집에 돌아온 지 얼마 지나지 않아 사건이 터졌다. 노르망디에 피신해 있던 애설레드의 왕자 두 명 중 형인 에드워드가 일행 몇 명을 거느리고 자신의 왕권을 주장하기 위해 잉글랜드에 온 것이다. 하지만 막내아들 하르사크누트만 애지중지하는 어머니 에마는 에드워드에게 도움을 주기는커녕 끝까지 격렬히 반대했다. 하는 수 없이 에드워드는 목숨을 부지한 것에 만족하고 노르망디로 돌아가야 했다.

에드워드의 동생 앨프레드는 형보다 운이 더 나빴다. 앨프레드는 형과 자신에게 배달된, 어머니 에마의 이름이 적힌(하지만 정말 에마가 쓴 것인지는 확실하지 않은) 편지를 받았다. 그리고 애정이 가득 담긴 사연을 철석같이 믿은 나머지 대군을 이끌고 잉글랜드의 켄트 해안에 도착했다.

앨프레드 일행을 반갑게 맞이한 고드윈 백작은 왕자 일행을 서리Surrey 주의 길퍼드Guildford로 안내했다. 그곳에서 저녁을 맞은 앨프레드 일행은 잠시 휴식을 취하기로 했다. 고드윈 백작은 숙소를 제공하고 성대한 잔치를 베풀어주었다. 오랜 행군 뒤 푸짐한 식사를 즐긴 앨프레드 일행은 경계심을 풀고 삼삼오오 각기 다른 집에 흩어져 곯아떨어졌다. 바로 그때 병사들이 앨프레드 일행을 급습하여 모조리 잡아 옥에 가두었다.

다음 날 아침 앨프레드 일행은 줄지어 밖으로 끌려 나왔는데, 그 숫자가 600여 명에 달했다. 열에 하나 정도 노예로 팔려 간 이들을 제외하면 다들 잔혹하게 고문당한 뒤 처형되었다. 불쌍한 앨프레드 왕자는 알몸으로 말에 묶여 엘리 섬Isle of Ely으로 보내졌다. 그곳에서 두 눈이 파내어진 채 비참하게 죽임을 당했다. 고드윈 백작이 계획적으로 왕자를 함정에 빠뜨렸는지는 확실하지 않지만, 정황으로 미루어볼 때 그랬을 가능성이 높다.

이로써 해럴드 1세(생몰연도: 1015~1040, 재위기간: 1035~1040)가 잉글랜드 전역을 통치하게 되었다. 다만 캔터베리 대주교가 해럴드를 왕으로 인정했는지는 확실하지 않다. 당시 대부분 색슨족이었던 사제들이 데인족을 적대시했기 때문이다. 하지만 왕관을 썼든 못 썼든, 대주교의 승인을 받았든 못 받았든 해럴드는 잉글랜드를 4년 동안 통치했다. 그리고 사냥 외에는 별다른 업적이 없었던 짧은 통치기간이 끝난 뒤 땅에 묻혔다. 생전에 사냥을 즐기고 사냥터에서 누구보다 빨리 내달렸던 그를 가리켜 백성들은 '토끼 발Harefoot' 해럴드라고 불렀다.

그 무렵 하르사크누트는 플랑드르Flandre 지방의 브뤼주Bruges에서 어머니 에마와 함께 잉글랜드 침공 계획을 세우고 있었다. 해럴드의 갑작스러운 죽음으로 졸지에 왕이 사라져버린 잉글랜드의 데인족과 색슨족은 또다시 분쟁이 일어날까 두려워한 나머지 하르사크누트를 왕위에 올리기로 합의했다.

잉글랜드에 온 하르사크누트 왕은 얼마 지나지 않아 문제를 일으켰다. 그와 함께 온 사람들이 재물에 눈이 어두워 백성들에게 과중한 세금을 부과한 탓에 곳곳에서 반란이 일어난 것이다. 우스터Worcester에서는 시민들이 세금 징수관을 살해하기도 했다. 하르사크누트는 우스터를 불태워 주민들을 응징했다. 포악한 성품의 하르사크누트가 왕좌에 오르자마자 내린 명령은 이미 죽은 해럴드 1세의 시신을 파내 목을 베어 강물에 던지라는 것이었다. 그런 그도 결국 자신의 행동에 걸맞은 최후를 맞이했다. 램버스Lambeth에서 데인족 기수旗手인 '자랑스러운' 토웨드Towed the Proud의 결혼식에 참석했다가 너무 취한 나머지 술잔을 든 채 고꾸라져 다시는 일어나지 못했다.

하르사크누트의 뒤를 이어 훗날 수도사들이 '고해왕The Confessor'이라는 별칭을 붙인 에드워드(생몰연도: 1003?~1066, 재위기간: 1042~1066)가 왕위를 물려받았다. 에드워드는 왕위에 오르자마자 매정한 어머니 에마를 지방으로 쫓아버렸다. 에마는 그곳에서 10여 년을 더 살다가 눈을 감았다.

에드워드 왕과 고드윈 백작의 밀약

2년이라는 짧은 기간 동안 왕위에 있었던 하르사크누트가 한번은 에드워드를 궁으로 초청하여 융숭하게 대접한 적이 있었다. 그때 일을 계기로 에드워드는 막강한 권력을 손에 쥐고 있던 고드윈 백작의 지지를 받게 되었고, 마침내 왕위에까지 오르게 되었다. 백작은 앨프레드 왕자 피살사건의 배후인물로 지목되었으며 실제로 재판에 넘겨지기도 했지만, 결국 무죄 선고를 받았다. 아마도 배꼬리를 순금으로 꾸미고 80명의 늠름한 병사를 태운 황금빛 전함을 탐욕스러운 하르사크누트에게 선물한 덕분이었으리라.

고드윈 백작은 자신에게 쏟아지는 백성들의 원성을 막아주면 에드워드가 왕위를 공고히 하는 데 기꺼이 힘을 보태겠다고 했다. 그렇게 두 사람은 협정을 맺었다. '고해왕'은 왕위에 올랐고, 세력이 더욱 커지고 영지도 늘어난 백작은 딸 에디스를 왕과 결혼시켰다. 왕이 백작의 딸을 왕비로 맞아야 한다는 조항도 협정에 있었기 때문이다.

에디스 왕비는 온화한 성품을 지닌 아름답고 현명한 사람이었다. 모든 면에서 사랑스러운 여성이었음에도 에드워드는 흠잡을 데 없는 에디스를 차갑게 대했다. 이에 분개한 고드윈 백작과 그의 여섯 아들은 왕의 명성에 흠집을 내는 데 전력을 쏟았다.

노르망디에서 오래 살았던 에드워드는 잉글랜드인보다 노르만인을 더 좋아했다. 그런 터라 대주교와 주교는 물론이고 고위 관리와 측근들도 모두 노르만인이었다. 에드워드는 노르만인의 유행이나 언어를 들여왔고, 노르만 관습에 따라 공문서를 봉인해 사용했다. 그전까지 색슨족 왕들은 까막눈인 사람들이 이름 대신 쓰는 단순한 십자 표시를 사용했다. 고드윈 백작과 여섯 아들은 왕의 이런 행동이 모두 잉글랜드를 싫어하는 증거라고 떠들고 다녔다. 백작의 세력은 날이 갈수록 강해졌고, 왕의 권력은 그에 비례해 약해졌다.

그러던 어느 날 잉글랜드에서 큰 사건이 터졌다. 에드워드 왕의 여동생과 결혼한 불로뉴 백작 외스타슈Eustace II, Count of Boulogne가 잉글랜드를 방문했다. 그는 한동안 왕궁에 머물다가 많은 수행원을 거느리고 귀국길에 올랐는데, 도버에서 배를 탈 예정이었던 백작 일행이 무장한 채 평화로운 도버 마을에 들어가 돈도 내지 않고 잠자리와 음식을 요구하며 소란을 피웠다.

그때 도버에 용감한 남자가 한 명 있었다. 그는 거만한 이방인들이 허락도 받지 않고 남의 집에 들어와 아까운 고기와 술을 축내는 것을 도저히 보아 넘길 수가 없었다. 그래서 그는 자신의 대문 앞에 선 채 맨 처음 집 안으로 들어오려는 병사를 가로막았다. 그러자 그 병사가 거칠게 남자를 떠밀었다. 그 바람에 상처를 입고 화가 머리끝까지 치민 남자는 그 병사를 한주먹에 때려 죽였다.

그 소식은 순식간에 거리로 퍼져나가 외스타슈 백작의 귀에도 들어갔다. 말 옆에서 고삐를 쥐고 있던 백작은 일행과 함께 재빨리 말에 올라 사건이 일어난 집 주변을 포위했다. 그는 굳게 잠긴 문을 부수고 집 안으로 들어가 남자를 살해했다. 그런 다음 거리에서 요란하게 말을 달리며 남녀노소 구분 없이 닥치는 대로 칼로 베고 짓밟아 죽였다.

백작 일행의 만행에 분개한 도버 주민들은 역공에 나서 19명을 죽이고, 많은 사람에게 치명상을 입혔다. 그리고는 배를 타지 못하도록 항구로 가는 길을 막은 다음 마을 밖으로 쫓아내버렸다.

외스타슈 백작은 필사적으로 말을 달려 글로스터로 갔다. 그곳에는 에드워드 왕이 여러 노르만족 사제 및 귀족들과 함께 있었다. 백작은 왕에게 "도버 주민을 심판해주소서! 저희 일행을 공격하고 도살했습니다!"라고 울부짖었다.

에드워드 왕은 때마침 도버 근처에 있던 고드윈 백작에게 전령을 보내 상황을 수습하고 주민들을 군법에 따라 처단하라고 명했다. 하지만 자부심 강한 백작은 이렇게 대답했다.

"폐하께서는 백성을 보호하겠다고 맹세하셨습니다. 그런데 백성의 말은 들어보지도 않고 죄를 물으려 하시니 저는 그 명령에 따를 수 없습니다."

그러자 에드워드 왕은 당장 출두해서 명령을 어긴 사유를 고하지 않으면 작위와 재산을 몰수하고 국외로 추방하겠다고 으름장을 놓았다. 하지만 고드윈 백작은 그 명령에도 고분고분 따르지 않았다. 오히려 맞아들 해럴드, 둘째 아들 스벤과 함께 급히 병력을 끌어모으는 한편, 외스타슈 백작을 잉글랜드 국법에 따라 처벌하라고 요구했다.

하지만 에드워드 왕은 외스타슈 백작을 처벌하기는커녕 고드윈 백작과 도버 주민을 응징하기 위해 대규모 병력을 동원했다. 몇 차례의 협정이 맺어지기도 하고 연기되기도 하면서 고드윈 백작의 군세는 점차 줄어들었다. 결국 백작은 일부 가족과 함께 많은 재산을 챙겨 플랑드르로 피신했고, 맏아들 해럴드는 아일랜드로 도피했다. 막강한 세력을 가진 위대한 가문이 잉글랜드에서 사라졌지만 백성은 그들을 잊지 않았다.

수녀원에 갇힌 왕비

비열하기로 둘째가라면 서러운 에드워드 왕은 한때 위세 높았던 백작과 여섯 아들에 대한 화풀이를 아무 잘못도 없는 에디스 왕비에게 했다. 그들의 딸이자 누이라는 이유에서였다. 에드워드와 그의 측근 수도사만 제외하면 모든 사람이 사랑하는 왕비였음에도 재산과 보석을 강탈한 뒤 시종 한 명만 붙여서 음침한 수녀원에 가두어버렸다. 그 수녀원에는 에드워드 왕의 성격을 빼다 박아 무례하기 짝이 없는 그의 누이가 수녀원장으로 있었다. 그녀는 수녀원장이라기보다는 오히려 교도소장에 더 가까웠다.

고드윈 백작과 여섯 아들을 국외로 추방한 뒤 에드워드 왕의 궁정에는 노르만인이 눈에 띄게 많아졌다. 왕은 노르망디 공작 윌리엄William I, Duke Of Normandy을 잉글랜드로 초청했다. 윌리엄은 예전에 에드워드 왕과 동생 앨프레드를 받아주었던 전 노르망디 공작의 아들이었다. 윌리엄의 어머니는 무두장이의 딸이었는데, 그의 아버지가 시골 냇가에서 빨래하는 그녀의 모습을 보고 한눈에 반해 결혼했다고 한다.

뛰어난 용사이며 훌륭한 말과 개, 무기에 대한 열정이 대단했던 윌리엄 공작은 에드워드 왕의 초청을 수락했다. 윌리엄이 수행원들과 도착했을 즈음 잉글랜드에 있는 노르만인의 수는 그 어느 때보다 많았다. 왕실의 융숭한 대접을 받게 된 노르만인은 점점 오만해졌고, 그럴수록 노르만인에 대한 백성들의 반감도 커져만 갔다.

늙은 고드윈 백작은 비록 나라 밖에 있었지만 민심을 정확히 파악하고 있었다. 잉글랜드를 떠날 때 가져온 재물을 써서 전국에 첩자를 심어두었기 때문이다. 백작은 이제 노르만인을 편애하고 백성을 도탄에 빠뜨리는 왕에 반기를 들고 대대적인 원정군을 일으킬 때가 왔다고 생각했다.

고드윈 백작은 잉글랜드 남단에 있는 와이트 섬Isle of Wight으로 가서 용맹하고 늠름한 아들 해럴드와 합류했다. 그런 다음 배를 타고 템스 강을 따라 서더크Southwark까지 거슬러 올라갔다. 이에 수많은 백성이 그들을 지지하여 환호성을 질렀으며, 왕의 총애를 받는 노르만인에 대한 반감을 노골적으로 드러냈다.

수도사들의 손바닥 안에서 놀아나는 왕들이 보통 그렇듯 처음에 에드워드 왕은 사태를 제대로 파악하지 못하고 완강히 버텼다. 하지만 늙은 백작과 그의 아들에게 구름처럼 사람들이 모여들고, 백작이 유혈충돌을 피하면서도 단호한 태도로 자신과 가족을 복권해달라고 요구하자 이내 사태의 심각성을 깨달았다.

노르만 사람인 캔터베리 대주교와 런던 주교는 측근의 보호를 받으며 가까스로 탈출한 뒤 에식스에서 어선을 타고 프랑스로 피신했다. 나머지 노르만인 측근들은 사방팔방으로 흩어졌다. 고드윈 백작과 (국법을 어긴 스벤을 제외한) 아들들은 재산과 명예를 되찾았다. 고결하고 사랑스러운 왕비 에디스는 감옥 같은 수녀원에서 풀려났으며, 보석으로 아름답게 치장된 왕비의 자리, 의지할만한 사람 하나 없을 때 비정한 남편이 박탈해버린 그 자리에 복귀했다. 늙은 백작은 재산과 지위를 다시 찾은 기쁨을 오래 누리지는 못했다. 그는 왕과 식사하던 중 갑작스럽게 발작을 일으키며 쓰러진 뒤 3일 만에 세상을 떠났다.

▲ 윌리엄 셰익스피어
©Stocksnapper/Shutterstock.com

이후 맏아들 해럴드가 뒤를 이었고, 백성들에게 그의 아버지보다 훨씬 더 높은 지지를 받았다. 용감한 해럴드는 치열했던 많은 전투에서 적을 굴복시켰으며, 스코틀랜드 반란군도 간단히 제압했다. 당시 스코틀랜드는 수백 년 후 잉글랜드인 셰익스피어가 쓴 위대한 비극 《맥베스Macbeth》의 주인공 맥베스가 던컨 왕Duncan I of Scotland(1001~1040)을 시해했던 시기였다. 해럴드는 무자비한 웨일스 왕 그루피드Gruffydd ap Llywelyn(1007~1063?)를 죽이고 목을 잘라 잉글랜드로 가져오기도 했다.

어느 날 해럴드는 바다에 나갔다가 거센 풍랑에 휩쓸려 프랑스 해안까지 떠밀려가게 되었다. 무엇을 하던 중이었는지는 확실하지 않고 중요하지도 않지만 폭풍 탓에 어쩔 수 없이 프랑스 해안으로 밀려와서 감옥에 갇혔다는 사실만은 분명하다. 그 당시 난파당해 표류하던 이방인들은 거의 예외 없이 감옥에 갇혔으며, 몸값을 내야 풀려날 수 있었다. 해럴드가 당도했던 퐁티외 지방의 영주인 기 백작Guy I, Count of

Ponthieu(1020~1100)이 그를 붙잡아둔 것도 그래서였다. 기독교를 믿는 온화한 영주로서 해럴드를 풀어주어야 마땅했지만 몸값을 받아 한밑천 챙길 속셈이었던 것이다.

해럴드는 영주의 처사가 부당하다며 노르망디 공작 윌리엄에게 연락을 취했다. 전갈을 받은 윌리엄은 즉시 해럴드를 자신의 본거지이며 노르망디의 유서 깊은 도시인 루앙Rouen으로 호송한 다음 귀빈으로 맞이했다.

기록에 따르면, 이미 고령인 데다 왕위를 물려줄 자식도 없었던 에드워드는 윌리엄을 후계자로 지명했으며, 그 사실을 통보했다고 한다. 에드워드 왕이 후계자 문제로 골머리를 앓았다는 것은 의문의 여지가 없는 사실이다. 외국에 있던 에드먼드의 아들 '망명자' 에드워드Edward the Exile를 초청한 적도 있었기 때문이다. 하지만 막상 에드워드가 아내와 세 아이를 데리고 잉글랜드에 오자 왕은 무슨 영문인지 그를 만나주지 않았다. 이후 '망명자' 에드워드는 런던에서 급사하여 세인트 폴 대성당에 묻혔다.

당시는 왕자가 알 수 없는 이유로 급사하는 일이 흔하게 벌어지던 시절이었다. 따라서 '고해왕'이 윌리엄을 후계자로 삼는다는 유언을 남겼을 수도 있다. 아니면 왕이 워낙 노르만인을 총애했으므로 윌리엄 공작이 잉글랜드 궁정에 머무는 동안 어떤 말을 해서 왕위를 탐내도록 부추겼는지도 모를 일이다. 어쨌든 당시 윌리엄은 잉글랜드 왕위를 간절히 원했다. 해럴드가 강력한 경쟁자임을 그는 알고 있었다. 윌리엄은 귀족들을 불러 대자문회를 열고 해럴드에게 자신의 딸인 아델과 혼인하라고 제안했다. 그러면서 에드워드 왕이 죽으면 자신이 왕위에 오를 생각이며, 그때 자신을 돕겠다는 서약을 하라고 요구했다.

독 안에 든 쥐 신세였던 해럴드는 미사전서(미사를 올릴 때 바칠 기도문과 예식 순서를 수록한 책_옮긴이)에 손을 얹고 서약할 수밖에 없었다. 그런데 수도사들이 얼마나 미신에 깊이 빠져 있었던지, 미사전서를 테이블 위에 놓지 않고 수도사들이 성인의 뼈라고 둘러대는 죽은 사람들의 뼈가 가득한 통 위에 놓았다. 그리고 해럴드가 맹세할 때 통의 뚜껑을 열어 안에 담긴 뼈가 드러나게 했다. 어쨌든 이런 의식은 해럴드의 서약에 한층 더 무게감을 주고 더 큰 구속력을 부여하려는 목적이었다. 정말 던스턴 같은 이의 손가락뼈나 덧니, 손톱 따위를 더하면 위대한 창조주의 이름이 더 엄숙해진다고 생각했던 것일까?

해럴드가 잉글랜드로 돌아온 뒤 채 2주가 지나지 않아 음울한 '고해왕'에게 죽음이 닥쳐왔다. 그는 극도로 허약해진 늙은이처럼 혼미한 정신으로 눈을 감았다. 에드워드 왕이 생전에 모든 일을 수도사들의 손에 맡겼던 덕분에, 수도사들은 왕이 살아 있을 때도 끝없이 칭송하며 아부했다. 심지어 그들은 왕이 기적을 일으킬 수 있다고 하면서 피부병 환자를 데려와 손으로 만져 치료하게 할 정도였다. 이때부터 왕에게 치유 능력이 있음을 일컫는 '연주창連珠瘡을 치유하는 손길touching for the King's Evil'이라는 말이 생겼고, 왕의 손길로 환자를 치료하는 의식을 치르는 것이 왕실의 관례가 되었다.

하지만 다들 알 것이다. 정말로 환자를 손길만으로 치유하는 분이 누구인지. 그리고 그분의 신성한 이름은 인간 왕들의 보잘것없는 이름 사이에는 없다는 것을.

제7장

앵글로색슨 왕조의 복원,
해럴드 2세

왕위를 지키기 위한 분투

해럴드 2세Harold II(생몰연도: 1022~1066, 재위기간: 1066~1066)는 툭하면 눈물을 흘리면서 고해성사를 하기 일쑤였던 '고해왕'의 장례식 날 왕위에 올랐다. 그렇게 급히 서두른 데는 이유가 있었다. 루앙의 영지에서 사냥하다가 '고해왕'의 사망 소식을 전해 들은 윌리엄이 활을 내던지고 궁으로 돌아가 귀족회의를 열고, 해럴드에게 사절을 보내 과거 서약에 따라 왕위를 넘기라고 촉구했기 때문이다.

하지만 해럴드 2세는 그럴 생각이 전혀 없었다. 프랑스 남작들이 잉글랜드를 침공하기 위해 윌리엄 공작을 중심으로 모였고, 윌리엄은 그들에게 잉글랜드의 재물과 토지를 나누어 주겠다고 약속했다. 교황도 축성

祝聖(사람이나 물건을 하느님에게 봉헌하여 거룩하게 하는 일_옮긴이)한 깃발과 성 베드로의 머리카락이 들어 있음을 보증하는 반지를 보내왔다. 교황은 윌리엄의 출정을 축복하고 해럴드 2세를 저주했다. 그리고 형편이 좋아지면 집집마다 매년 1펜스씩 부과하는 세금이나 다름없는 '베드로 헌금Peter's Pence'을 좀 더 자주 내라는 말도 덧붙였다.

해럴드 2세에게는 플랑드르에 사는 반역자 동생[4]이 있었다. 노르웨이 왕 해럴드 하르드라다Harold Hardrada(1015~1066)의 봉신封臣인 동생은 하르드라다의 군대와 함께 잉글랜드를 침략했다. 윌리엄 공작 입장에서는 나쁠 것 없는 상황이었다. 노르웨이군은 귀족 두 명이 지휘하던 잉글랜드군을 격파하고 요크York를 포위했다. 잉글랜드 남동부 헤이스팅스 해안에서 노르만인의 침공에 대비하던 해럴드 2세는 요크 인근 더웬트 강Derwent River의 스탬퍼드 다리Stamford Bridge로 진격하여 즉각 전투를 개시했다.

노르웨이군은 둥글게 둘러선 채 번쩍거리는 창을 들고 있었다. 먼 거리에서 말을 달리면서 노르웨이의 군세를 살피던 해럴드 2세의 눈에 늠름한 모습으로 말 위에 앉아 있는 사람이 들어왔다. 파란 망토에 번쩍이는 투구를 쓴 그 사내는 갑자기 말이 날뛰는 바람에 땅에 떨어졌다.

"저기 말에서 떨어진 자가 누구냐?"

해럴드 2세가 옆에 있던 부대장에게 물었다.

"노르웨이 왕입니다."

부대장이 답했다.

"키가 훤칠하고 위엄 있는 왕이로다. 하지만 이제 죽을 때가 되었다."

해럴드는 이렇게 말하고는 잠시 후 명령을 내렸다.

"내 동생에게 가서 이렇게 전하라. 군사를 물러나게 하면 노섬벌랜드

▲ 해럴드 2세의 군대와 노르웨이 군대가 격돌한 뉴 노퍽의 더웬트 강 ©Steve Lovegrove/Shutterstock.com

백작에 봉하고 잉글랜드에서 부귀영화를 누리게 해줄 것이라고 말이다."

명령을 받은 병사는 말을 달려 해럴드의 동생에게 왕의 말을 전했다. 그러자 동생이 반문했다.

"나의 주군 노르웨이 왕에게는 뭘 준다고 하더냐?"

병사가 답했다.

"묏자리로 쓸 2미터 정도의 땅입니다."

동생은 빙긋 웃으며 물었다.

"그것뿐이냐?"

"노르웨이 왕은 키가 크니 땅을 좀 더 드릴 수도 있을 듯합니다."

"돌아가라! 가서 너희 왕에게 싸울 준비나 하라고 전해라!"

해럴드 2세는 즉시 전투 준비를 마친 뒤 노르웨이군에 맞서 싸웠다. 전장에는 그의 동생과 노르웨이 왕을 비롯한 적의 주요 지휘관들의 시체가 나뒹굴었다. 살아 돌아간 사람은 해럴드가 명예로운 퇴각을 허락한 노르웨이 왕자 올라프뿐이었다.

승리한 해럴드 2세는 요크로 가서 병사들과 연회를 벌였다. 그때 연회장 입구에서 시끄러운 소리가 들려왔다. 멀고 험한 길을 급히 달려오느라 진흙투성이가 된 전령이었다. 전령은 노르만 군대가 잉글랜드에 상륙했다는 소식을 전했다.

그 말은 사실이었다. 노르만 함대가 역풍에 휩쓸려 일부 함선이 난파되는 바람에 배에 탔던 수많은 병사의 시체가 파도에 밀려 노르망디 해안을 뒤덮었던 것이다. 노르만 군대는 윌리엄 공작의 배를 선두로 하여 다시 한 번 잉글랜드로 출항했다. 윌리엄의 배는 아내에게 선물 받은 것으로, 뱃머리에 황금빛 소년상이 있었다. 낮에는 사자 세 마리가 그려진 노르망디 깃발과 다채로운 색깔의 돛, 금빛 뱃머리 그리고 배에 달린 화려한 장식이 눈부신 햇살을 받아 청명한 바다 위에서 번쩍거렸고, 밤에는 돛대 꼭대기에 매단 등불이 별빛처럼 반짝거렸다.

노르만인은 잉글랜드에 상륙하여 헤이스팅스 근처에 진을 쳤고, 윌리엄은 옛 로마 시대에 건축된 페븐지 성Pevensey Castle에 묵었다. 인근의 잉글랜드 주민은 사방으로 흩어졌고, 주변 수 킬로미터가 폐허가 된 채 연기를 뿜어내고 있었다. 곳곳이 불태워지고 약탈당했으며, 잉글랜드를 정복하려는 희망에 차 있는 힘센 노르만 병사들만 주변에 가득했다.

해럴드 2세는 연회를 중지시킨 뒤 서둘러 런던으로 갔다. 그런 다음 채 일주일도 안 걸려 전투 준비를 마쳤다. 해럴드는 노르만인의 병력을 살피기 위해 첩자를 보냈다. 윌리엄은 첩자를 붙잡아 자기 진영을 다 보여준 뒤 돌려보냈다. 돌아온 첩자는 해럴드에게 이렇게 보고했다.

"노르만인은 우리와 달리 입술 위쪽에 수염이 없습니다. 깨끗이 깎은 걸 보니 다들 수도사입니다."

해럴드가 껄껄 웃으면서 말했다.

"그럼 수도사들이 싸움을 얼마나 잘하는지 한번 볼까!"

해럴드 2세의 군대가 다가오자 노르만의 전초 부대는 지시받은 대로 즉각 퇴각한 다음 윌리엄에게 보고했다.

"색슨인들이 폐허가 된 땅을 가로질러 미친 듯이 달려오고 있습니다."

"그냥 둬라. 어서 오라고 해!"

윌리엄이 말했다.

협상하자는 제안이 몇 차례 오고 갔지만 번번이 무위로 돌아갔다.

노르만군에 참패하다

1066년 10월 중순, 노르만군과 잉글랜드군은 마침내 서로 마주쳤다. 센락 언덕Senlac Hill(이곳에서의 전투를 '헤이스팅스 전투Battle of Hastings'라 부른다)에 집결한 양쪽 군대는 서로 마주 보고 진을 쳤다. 그리고 첫새벽에 일제히 진격했다. 어스름한 어둠 속에서 잉글랜드군은 숲을 등진 채 산마루에 자리를 잡았다.

그때 병사들 한가운데에서 왕의 깃발이 펄럭였다. 깃발에는 황금 실로 수놓고 보석으로 장식한 전사가 위용을 뽐내고 있었다. 깃발 아래에는 해럴드 2세가 서 있었고, 그 곁에는 동생 두 명이 있었다. 쥐 죽은 듯한 고요 속에서 잉글랜드의 전 병력이 해럴드를 둘러쌌다. 병사들은 모두 잉글랜드가 자랑하는 무시무시한 전투 도끼와 튼튼한 방패를 들고 있었다.

반대편 언덕에는 노르만 군대가 궁수, 보병, 기병 순서대로 세 줄로 정렬해 있었다. 노르만 군대 쪽에서 돌연 "신이시여, 저희를 도와주소서!"

라는 커다란 함성이 터져 나왔다. 잉글랜드 군대가 이에 응답했다.

"신을 위하여! 싸우자!"

노르만군이 언덕을 내려와 잉글랜드군 쪽으로 물밀듯 밀고 들어왔다. 노르만 진영에서 키가 훤칠한 기사 한 명이 껑충거리는 말을 타고 나왔다. 그는 육중한 칼을 하늘 높이 던져 올렸다가 다시 받으며 노르만인의 용맹을 노래했다. 잉글랜드 진영에서도 기사 한 명이 나와서 맞섰지만 노르만 기사의 칼을 맞고 말에서 굴러떨어졌다. 잉글랜드군에서 나온 또 다른 기사 역시 말에서 굴러떨어졌다. 하지만 세 번째로 나선 잉글랜드 기사가 노르만 기사를 쓰러뜨렸다. 본격적인 전투의 시작이었다. 곧바로 여기저기에서 격렬한 전투가 벌어졌다.

잉글랜드군은 비 오듯 쏟아지는 노르만군의 화살 세례에도 동요하지 않고 대열을 유지했다. 노르만 기병이 공격해오자 잉글랜드군은 도끼를 휘둘러 병사와 말을 한꺼번에 쓰러뜨렸다. 노르만군의 대열이 순식간에 무너졌고, 잉글랜드군은 전진하며 적군을 밀어붙였다. 노르만 병사들 사이에서 윌리엄이 죽었다는 아우성이 들려왔다. 그러자 윌리엄은 얼굴이 잘 보이도록 투구를 벗어 던지고 선두에서 병사들을 이끌었다. 그런 모습에 용기를 얻은 노르만 병사들은 다시 잉글랜드군과 맞서 싸웠다.

노르만 기병 일부가 뒤따라오는 한 무리의 잉글랜드군을 본진에서 떼어놓았다. 본진과 분리된 잉글랜드군은 용맹하게 싸웠지만 결국 전멸했다. 그래도 잉글랜드군의 본진은 여전히 견고했다. 노르만군의 화살 따위는 아랑곳하지 않고 무시무시한 전투 도끼로 노르만 기병을 마치 짚단 베듯 쓰러뜨렸다. 윌리엄은 일단 후퇴하는 척했다. 잉글랜드군이 잔뜩 기세가 올라 쫓아왔다. 그 순간 윌리엄은 재빨리 근접전으로 돌아서서 잉글랜드군을 습격했다. 이 한 번의 역습으로 노르만군은 수많은 사상자를 낼 수 있었다.

"아직 수천의 군사가 잉글랜드 왕을 굳건히 에워싸고 있다. 노르만 궁수들은 하늘 높이 화살을 쏴라! 잉글랜드군의 머리 위로 화살을 쏟아부어라!"

윌리엄이 외쳤다.

해가 높이 떠올랐다가 다시 저물었지만 전투는 여전히 치열했다. 격렬했던 10월의 전장에 양쪽 병사들이 맞서 싸우는 요란한 소리가 하늘 높이 울려 퍼졌다. 붉은 노을 속에서도 희뿌연 달빛 속에서도 주변은 온통 죽은 병사의 시체가 널브러져 있는 아주 끔찍한 모습이었다.

해럴드 2세는 눈에 화살을 맞아 앞을 거의 볼 수 없는 지경이 되었다. 그의 휘하에 있던 군사들은 이미 전사하고 없었다. 치열한 전투로 갑옷 군데군데가 찌그러진 노르만 기사 20명이 해럴드 앞에 나타났다. 낮에는 불타는 듯한 황금빛이던 그들의 갑옷은 달이 뜬 밤에는 은빛으로 빛나고 있었다. 기사들은 순식간에 달려와 눈먼 왕을 지키고 있던 잉글랜드 기사와 병사들을 쓰러뜨리고 왕의 깃발을 빼앗았다. 해럴드는 치명상을 입고 쓰러졌다. 잉글랜드군은 뿔뿔이 흩어졌고, 노르만군이 그들을 뒤쫓았다. 그렇게 잉글랜드군은 패하고 말았다.

아, 달빛과 별빛 속에 언뜻 비치는 윌리엄의 막사 내부 모습은 아주 가관이었다! 윌리엄은 해럴드 2세가 쓰러진 자리 인근에 막사를 세우고 그 안에서 기사들과 함께 진탕 먹고 마시고 있었다. 밖에서는 병사들이 횃불을 들고 해럴드의 시신을 찾아 시체 더미를 뒤지고 있었다. 아름다운 황금 실과 찬란한 보석으로 치장된 잉글랜드 깃발 속의 전사는 땅에 아무렇게나 처박힌 채 갈가리 찢기고 피로 얼룩졌다. 노르망디 깃발 속의 세 마리 사자는 들판을 당당히 굽어보고 있었다.

제8장

윌리엄 1세,
노르만의 지배가 시작되다

잉글랜드를 거대한 무덤으로 만들다

나중에 노르만의 윌리엄 공작은 용맹스러운 해럴드 2세가 쓰러진 자리에 수도원을 세우고 배틀 수도원Battle Abbey이라고 이름붙였다. 지금은 퇴색하여 담쟁이덩굴이 무성하지만, 당시만 해도 수도원은 난세였던 와중에도 풍요롭고 호화로웠다. 윌리엄에게 무엇보다도 시급했던 일은 잉글랜드인을 완전히 굴복시키는 것이었다. 하지만 지금까지 봐서 알겠지만 결코 녹록한 일이 아니었다.

윌리엄은 몇몇 지방을 철저히 파괴했다. 완전히 불태우고 약탈한 마을이 손가락으로 헤아리기 힘들 정도로 많았다. 그는 풍요롭던 드넓은 지역을 순식간에 쑥대밭으로 만들고 무수한 인명을 살상했다. 마침내 캔터베리 대주교 스티건드Stigand는 다른 성직자와 주민 대표를 대동하고 윌리엄의 막사를 찾아가 항복의 뜻을 전했다.

윌리엄은 크리스마스 날 웨스트민스터 사원에서 왕위에 올라 윌리엄 1세 William I(생몰연도: 1028~1087, 재위기간: 1066~1087)가 되었다. 하지만 그는 '정복왕 윌리엄William the Conqueror'이란 이름으로 더 유명하다. 대관식은 예기치 못한 방향으로 흘러갔다. 대관식을 거행하던 주교가 노르만인들에게

▲ 정복왕 윌리엄 1세
©Georgios Kollidas/Shutterstock.com

프랑스 말로 윌리엄 공작을 왕으로 모시겠느냐고 물었다. 노르만인들이 그러겠다고 대답했다. 다른 주교가 색슨인들에게 영어로 똑같은 질문을 했다. 색슨인들은 함성을 지르면서 그러겠다고 대답했다.

그런데 사원 바깥에서 보초를 서던 노르만 기병이 이 함성을 듣고 일부 잉글랜드인이 반란을 일으킨 것으로 오해했다. 보초병은 즉시 옆 건물에 불을 질렀고, 소동은 크게 번졌다. 이런 와중에 사원에 덩그러니 남은 사제들과 윌리엄은 깜짝 놀라 대관식을 서둘렀다. 왕관을 쓴 윌리엄은 과거 잉글랜드의 그 어떤 군주보다 잉글랜드를 잘 다스리겠다고 맹세했다. 정말 그렇게 하려고 마음만 먹었다면 윌리엄은 앨프레드 대왕을 제외한 그 어떤 왕보다도 맹세를 쉽게 지킬 수 있었을 것이다.

처참했던 지난 전투에서 수많은 잉글랜드 귀족들이 전사했다. 윌리엄 1세는 전사한 귀족은 물론 전투에서 자신과 맞섰던 모든 귀족의 영지를

압수하여 노르만 기사와 귀족들에게 나누어 주었다. 오늘날 잉글랜드의 유력 가문 대부분은 이런 식으로 영지를 손에 넣었다. 그리고 그 사실을 매우 자랑스러워한다.

하지만 무력으로 얻은 것을 지키려면 무력이 필요한 법. 이들 귀족은 새로 얻은 영지를 지키기 위해 잉글랜드 전역에 성을 지어야 했고, 왕은 왕대로 애를 썼지만 잉글랜드인들을 달래거나 억누르는 일이 생각처럼 녹록하지 않았다. 윌리엄 1세는 노르만 언어와 풍습을 조금씩 잉글랜드에 들여왔다. 그래도 대부분의 잉글랜드인에게 남아 있는 반감과 복수심은 오랫동안 사라지지 않았다.

더구나 윌리엄 1세가 노르망디를 시찰하러 가면서 이복형제 오도에게 잉글랜드 통치권을 맡겨둔 사이 백성들은 오도의 폭정에 거의 미칠 지경이었다. 켄트 주민들이 도버를 점령하기 위해 불로뉴 백작 외스타슈를 초청할 정도였다. 백작은 예전에 용감한 사내를 그의 집 안 난롯가에서 살해하는 바람에 폭동의 불을 당겼던 도버의 적이었으니 당시 상황이 어땠는지 짐작할 만하다.

헤리퍼드Hereford 주민들은 '난폭한' 에드릭Edric the Wild의 지휘하에 웨일스인의 도움을 받아 노르만인을 몰아냈다. 노르만인에게 땅을 빼앗긴 사람들 중 일부는 북잉글랜드나 스코틀랜드, 혹은 울창한 숲이나 습지 같은 곳에 모여 세력을 규합한 뒤 노르만인에게 빌붙어 사는 잉글랜드인을 약탈하고 목숨을 빼앗았다. 그들은 무법자와 다름없었다. 예전에 데인족을 학살했을 때처럼 노르만인을 대상으로 하는 전면적인 대학살이 모의되기도 했다. 한마디로 잉글랜드 왕국 전체에 무차별적인 살인 충동이 넘쳐흘렀다.

이런 식으로 가다가는 왕권을 잃을 수도 있겠다고 판단한 윌리엄 1세는 잉글랜드로 돌아와 사탕발림으로 런던 시민을 진정시켰다. 그런 다음 다시금 백성들을 무자비하게 찍어 누르기 시작했다. 옥스퍼드, 워릭 Warwick, 레스터Leicester, 노팅엄, 더비Derby, 링컨Lincoln, 요크 같은 곳을 포위하고 남녀노소, 무장 여부를 불문하고 모든 주민을 닥치는 대로 죽이거나 불구로 만들어버렸다. 그 외에도 수많은 지역에서 방화와 살육이 벌어져 죽음의 공포가 엄습했고, 차마 눈뜨고 볼 수 없는 참상이 벌어졌다. 개울과 강에는 시뻘건 핏물이 넘쳐흘렀고, 하늘은 시커먼 연기로 뒤덮였으며, 들판에는 온통 잿더미만 가득했고, 길가에는 시체가 수북이 쌓였다.

윌리엄 1세의 성품이 아무리 냉혹하고 험악했다고 해도 처음 잉글랜드를 침공할 때부터 이런 끔찍한 지옥을 만들 생각은 아니었을 것이다. 하지만 무력으로 얻은 것은 오직 무력으로만 지킬 수 있는 법이다. 그리고 윌리엄은 실제로 그렇게 행동함으로써 잉글랜드를 거대한 무덤으로 만들었다.

신출귀몰한 반란군 대장 헤리워드

해럴드 2세의 아들 에드먼드와 고드윈 백작이 노르만인을 몰아내기 위해 몇 척의 함선을 이끌고 아일랜드에서 건너왔지만 이내 패퇴하고 말았다. 이 일이 있자마자 숲 속 무법자들에게 시달리던 요크 총독이 윌리엄 1세에게 도움을 요청했다. 윌리엄은 요크 인근에 있는 더럼Durham을 점령하기 위해 한 장군에게 대규모 병력을 주어 보냈다. 더럼의 주교가 마을 밖에서 장군을 만나 마을로 들어오면 위험하니 들어오지 말라고 경고했지만, 장군은 주교의 경고를 한 귀로 흘려듣고는 모든 병력을 이끌고 마을로 들어갔다.

그날 밤, 더럼에서 보이는 사방의 언덕에서 봉화가 타올랐다. 동틀 무렵이 되자 엄청난 수의 잉글랜드인이 방벽을 부수고 마을로 쏟아져들어와 노르만 병사들을 도륙했다. 나중에 잉글랜드인의 요청으로 데인족이 240척의 배를 이끌고 합류했다. 윌리엄 1세에게 쫓겨난 옛 귀족들도 가세했다. 그들은 요크를 함락하고 노르만인을 성 밖으로 내쫓았다. 그러자 윌리엄은 데인족에게 뇌물을 주어 요크를 떠나게 한 다음 성안의 잉글랜드인에게 복수했다. 지금까지 보았던 그 어떤 참상과도 비교할 수 없을 정도로 잔혹한 복수였다.

그때의 참상은 구슬픈 노래와 애절한 이야기에 담겨 100여 년이 지난 뒤에도 겨울밤 오두막의 화롯가에서 회자되었다. 당시 험버 강Humber River에서 타인 강Tyne River에 이르는 지역에 민가 한 채나 농지 한 뼘 남지 않았으며, 음산한 폐허 더미와 함께 사람들의 주검과 동물 사체만 즐비했다는 이야기였다.

당시 반란자들은 케임브리지셔Cambridgeshire 늪지대 한복판의 '피난민 수용소Refuge Camp'라 부르던 곳에 머물렀다. 늪지대 덕분에 접근이 어려운 데다 양옆으로 갈대와 골풀이 자라고 습기가 많은 땅에서는 안개가 피어올라 반란자들을 숨겨주었다. 당시 바다 건너 플랑드르 지방에는 '눈뜬 자' 헤리워드Hereward the Wake(1035~1072)라는 이름으로 널리 알려진 잉글랜드인이 도피 중이었다. 그가 도피해 있는 동안 아버지는 죽고 영지는 노르만인에게 넘어갔다. 헤리워드는 플랑드르 지방 이곳저곳을 떠돌던 중 도망쳐 온 잉글랜드인에게 그 통탄할 소식을 전해 듣고 복수심에 불타올랐다. 그는 피난민 수용소의 반란자들과 합류했고, 곧 우두머리 자리에 올랐다.

헤리워드는 매우 능력이 출중한 지도자였다. 노르만인들은 그가 마법을 부린다고 여길 정도였다. 윌리엄은 '마법사' 헤리워드를 공격하기 위해 케임브리지셔 늪지대를 가로질러 5킬로미터에 이르는 길을 만드는 것도 모자라 늙은 마녀의 마법을 동원해야 한다고 생각했다. 실제로 그는 전투에 마녀를 동원하기도 했다. 그러나 노르만군이 마녀를 나무 탑에 넣어 선두에 세운 채 계속 전진하자 헤리워드는 재빨리 손을 써 불운한 마녀와 탑을 모두 불태워버렸다.

그런데 인근의 엘리 성당Ely Cathedral에서 호화스러운 생활을 즐기던 수도사들이 있었다. 그들은 전투 때문에 주변 지역이 봉쇄되면 고기와 술을 구하기 어려워질 것을 염려해 수용소의 반란군이 봤다면 기겁했을 비밀통로를 윌리엄에게 알려주었다. 헤리워드 무리는 비밀통로를 따라 들어온 노르만군에게 즉시 소탕되었다. 헤리워드가 조용히 죽었는지, 아니면 전해지는 옛 노래대로 그를 공격한 16명의 병사를 처치한 뒤 죽었는지는 알 수 없다.

헤리워드의 죽음과 함께 피난민 수용소도 종말을 맞았다. 얼마 후 스코틀랜드와 잉글랜드에서 승리를 거둔 윌리엄 1세는 마지막으로 남은 잉글랜드 귀족 반란군을 진압했다. 그리고 측근을 모두 노르만 귀족들로 채운 다음 잉글랜드 귀족에게서 몰수한 재산을 나누어 주었다. 윌리엄은 잉글랜드의 모든 토지를 대대적으로 조사했고, 새로운 소유주로 노르만 귀족을 적어 넣은 토지대장을 만들었다. 그리고 매일 밤 특정 시간에 종을 울려 모든 화로나 촛불을 끄게 하는 통행금지령을 내렸으며, 노르만 복식과 관습을 도입했다. 어느 곳에서나 노르만인은 주인이 되고 잉글랜드인은 하인이 되게 했으며, 잉글랜드인 사제를 내쫓은 뒤 노르만인을 그 자리에 앉혔다. 윌리엄은 그렇게 스스로 정복자의 면모를 뽐냈다.

노르만인들과 함께 있었지만 윌리엄 1세는 마음이 편치 않았다. 그들이 늘 잉글랜드의 재물에 굶주리고 목말라 있었기 때문이다. 윌리엄이 더 많은 재물을 하사할수록 신하들은 더욱더 많은 재물을 원했다. 사제도 병사만큼이나 탐욕스러웠다. 하지만 거기에도 예외는 있었는데, 길버트Guilbert라는 이름의 신하가 바로 그런 경우였다. 그는 윌리엄 1세에게 충성을 다하고자 함께 잉글랜드에 왔으며, 다른 사람에게 빼앗은 재산에는 전혀 관심이 없다고 이야기하곤 했다. 우리는 그 이름을 잊어서는 안 된다. 정직한 사람은 마땅히 기억하고 경의를 표해야 하기 때문이다.

정복자의 최후

이런 문제들 외에도 '정복왕' 윌리엄은 자식들의 다툼 때문에 골머리를 앓았다. 그에게는 사고로 일찍 죽은 둘째 외에 세 명의 아들이 남아 있었다. 다리가 짧아서 '커토즈Curthose', 즉 '짧은 스타킹'이라 불리는 로버트Robert Curthose, Duke of Normandy(1054~1134), 머리카락이 붉어서 '루퍼스Rufus', 즉 '붉은 머리'라 불리는 윌리엄William Rufus, 그리고 학문을 좋아해서 노르만어로 '보클레르Beauclerc', 즉 '뛰어난 학자'라 불리는 헨리Henry Beauclerc(1068~1135)였다.

로버트는 머리가 굵어지자 어머니 마틸다Matilda of Flandre(1031~1083)의 품 안에 있던 어릴 적부터 명목상 자신의 소유로 되어 있는 노르망디 공국의 실질적 지배권을 요구했다. 하지만 아버지가 그 요구를 거절하자 로버트는 불만을 품었다.

분을 삭이지 못하고 있던 어느 날, 문 앞을 지나던 로버트에게 동생들이 물을 뿌리며 장난을 쳤다. 그러자 로버트는 칼을 뽑아 들고 동생들이 있는 2층으로 뛰어 올라갔고, 결국 윌리엄 1세가 나선 뒤에야 사태는 가까스로 수습되었다. 그날 밤, 로버트는 심복들과 함께 아버지의 궁을 몰래 빠져나와 루앙 성을 급습하여 빼앗으려 했다. 그러나 결국 실패로 끝났고, 곧 노르망디의 다른 성에 들어가 성문을 걸어 잠갔다. 윌리엄은 군사를 이끌고 로버트가 있는 성을 포위했다.

　어느 날 로버트는 어떤 사람을 말에서 떨어뜨려 거의 죽일 뻔했다. 그 사람이 다름 아닌 자신의 아버지 윌리엄 1세임을 알게 된 로버트는 아버지에게 항복 의사를 밝혔고, 마틸다 왕비와 주변 사람들의 중재로 화해했다. 하지만 진정한 화해는 아니었다. 곧 로버트는 국외로 도피해서 아버지에게 불만을 품은 채 이 왕국 저 왕국을 떠돌았다.

　로버트는 방탕하고 경솔하며 사려 깊지 못한 인물이었고 악사와 무희에게 전 재산을 탕진했다. 하지만 로버트를 누구보다 사랑한 어머니 마틸다는 윌리엄 1세의 명령을 거스르면서까지 샘슨이라는 이름의 심부름꾼을 통해 몰래 돈을 전해주었다. 이 사실을 알게 된 왕은 샘슨의 눈을 뽑아버리겠다며 노발대발했다. 샘슨은 목숨을 부지하기 위해 수도사가 되었고, 간신히 두 눈을 보존할 수 있었다.

　윌리엄 1세는 평탄하지 못하고 탈도 많았던 대관식부터 재위기간 내내 자신의 손아귀에 넣은 것을 지키기 위해 그 어떤 잔혹행위와 유혈사태도 마다하지 않았다. 통치기간 내내 앞에 놓인 한 가지 목표를 위해 온 힘을 쏟았다. 성품이 잔혹하고 대담했던 윌리엄은 결국 그 목표를 이루었다.

　윌리엄 1세는 돈을 좋아했고, 특히 먹는 것을 좋아했다. 그리고 그에

▼ 사냥을 좋아한 윌리엄 1세가 수많은 마을을 없애고 '뉴 포레스트'를 조성했다.
©Rob Cottrell/Shutterstock.com

게는 다른 열정을 모두 잊게 하는 여가활동이 하나 있었는데, 바로 사냥
이었다. 윌리엄은 사냥을 위해 수많은 마을을 허물고 사슴이 살 수 있도
록 숲을 조성했다. 왕실 소유의 숲이 68군데에 달했지만 이에 만족하지
못한 윌리엄은 햄프셔Hampshire 지방의 광활한 지역을 초토화하여 '뉴
포레스트New Forest'를 만들었다. 그 바람에 집을 잃은 채 아이들과 들
판에 내버려진 수천 명의 농부들은 이루 말할 수 없는 고난을 겪어야 했
다. 그들은 무자비한 왕을 경멸하고 증오했다.

　윌리엄 1세가 왕위에 오른 지 21년째가 되던(그리고 마지막이기도 했
던) 해, 그가 노르망디의 루앙에 머무르는 동안 잉글랜드에서는 왕을 향
한 백성의 증오가 극단으로 치달았다. 마치 왕실 소유의 숲에 있는 모
든 나뭇잎이 윌리엄에게 저주를 내리는 듯했다. 그리고 바로 그때 뉴 포

레스트에서 윌리엄의 아들 네 명 중 둘째인 리처드Richard of Normandy (1054~1069?)가 수사슴에 받혀 목숨을 잃었다. 백성의 피눈물로 만들어진 숲 때문에 장차 정복왕의 자손이 더 많이 죽게 될 것이라는 말도 떠돌았다.

일부 영토를 두고 윌리엄 1세와 프랑스 왕 사이에 분쟁이 일어났다. 윌리엄은 거동이 불편할 정도로 비대했던 탓에 루앙에 머물며 프랑스 왕과 협상을 진행하는 동안 줄곧 병상에 누워 약을 먹어야 했다. 프랑스 왕이 그런 모습을 비웃으며 농담을 하자 그는 불같이 화를 내며 반드시 후회하게 될 것이라고 경고했다. 군대를 소집한 윌리엄은 분쟁 지역으로 진군하여 늘 하던 대로 모든 농작물을 불태우고 망트Mantes의 한 마을을 잿더미로 만들었다.

하지만 그날따라 운수가 사나웠다. 윌리엄 1세의 말이 시뻘겋게 달아오른 잔해더미를 뛰어넘다가 말발굽에 불씨가 옮겨 붙었다. 이에 말이 크게 놀라는 바람에 윌리엄은 안장에 부딪혀 치명상을 입고 말았다. 6주 동안 루앙 인근의 수도원에 누워 죽어가던 윌리엄은 잉글랜드를 '붉은 머리' 윌리엄에게, 노르망디를 로버트에게 넘긴다는 유언을 남겼다. 그리고 헨리에게는 5,000파운드를 남겨주었다. 그리고 죽음이 임박하자 과거에 자신이 저질렀던 잔혹한 일들이 마음에 걸렸는지 잉글랜드의 수많은 성당과 수도원에 기부금을 보냈다. 그리고 그보다 몇 배나 더 기특하게도 20년 동안 감방에 갇혀 있던 국사범을 석방했다.

9월의 어느 아침, 윌리엄 1세는 성당 종소리에 잠을 깼다.

"웬 종소리냐?"

윌리엄이 힘없이 물었다. 사람들은 성모 마리아 성당의 종소리라고 대답했다.

"제 영혼을 성모 마리아께 의탁합니다."

그렇게 말하고 윌리엄은 숨을 거두었다.

'정복자'라는 이름으로 불렸던 윌리엄 1세가 죽어서 누워 있는 모습을 떠올려보라! 그의 숨이 끊어지는 순간 왕위를 두고 어떤 경쟁이 벌어질지, 그 경쟁으로 무슨 일이 생길지 모르는 주위의 의사와 사제와 귀족들은 왕의 재물을 챙겨 급히 사라졌다. 돈만 밝히는 궁정 시종들도 닥치는 대로 재물을 훔치고 약탈했다.

이런 꼴사나운 광경이 펼쳐지는 동안 왕의 시신은 침대에서 굴러떨어진 채 방치되었다. 아, 정복자여! 사람들은 수많은 이름으로 그를 찬양했지만, 그때만큼은 어떤 이름도 소용없었다. 잉글랜드를 정복하기보다 진실한 한 사람의 마음을 사로잡는 편이 더 나았을 것을!

시간이 흐른 뒤 사제들이 촛불을 들고 기도하며 윌리엄 1세의 시신에 천천히 다가왔다. 에르뤼엥Herluin이라는 선한 기사가 왕의 시신을 노르망디의 캉Caen으로 옮긴 다음 정복왕이 세웠던 생테티엔 수도원Abbey of Saint-Etienne에 안장했다. 하지만 그가 생전에 전쟁에서 함부로 사용했던 불이 숨을 거둔 그의 뒤를 따라오는 듯했다. 윌리엄의 시신을 성당에 안장하려는데 마을에 큰 화재가 발생했다. 사람들이 불을 끄러 달려가는 바람에 윌리엄의 시신은 다시 덩그러니 홀로 남겨졌다.

땅에 묻힐 때도 순탄하지 못했다. 수많은 사람이 운집한 가운데 시신을 제단 근처의 무덤에 안치하려는 순간이었다. 그때 누군가가 큰 소리로 외쳤다.

"여기는 내 땅이오! 원래 아버지의 집이 있던 자리란 말이오! 왕이 집과 땅을 강탈해서 성당을 지었소! 전지전능한 신의 이름을 걸고 내 땅에 절대 그자를 묻게 두지는 않을 거요!"

사제와 주교들은 그 사람 말이 옳으며 윌리엄 1세가 생전에 부당한 짓을 저질렀다는 사실도 알고 있었으므로 무덤을 사용하는 대가로 60실링을 주었다. 그랬는데도 시신은 편히 쉴 수 없었다. 무덤이 너무 작아서 시신을 강제로 꾸겨 넣어야 했다. 그 바람에 시신이 꺾이고 뼈가 부러져 지독한 냄새가 새어 나왔다. 사람들은 냄새에 쫓겨 황급히 밖으로 몰려나갔고, 그렇게 세 번째로 왕의 시신은 홀로 남겨졌다.

그때 윌리엄 1세의 세 아들은 아버지의 장례식을 지키지 않고 어디에 있었던 것일까? 장남 로버트는 프랑스 아니면 신성로마제국 어디에서 음유시인과 무희, 노름꾼 사이에서 빈둥거리고 있었다. 헨리는 특별 주문한 상자에 5,000파운드를 담아 안전한 곳으로 옮기고 있었다. 그리고 '붉은 머리' 윌리엄은 왕궁의 보물과 왕관을 손에 넣기 위해 서둘러 잉글랜드로 향하고 있었다.

제9장

왕자들의 난

형들의 배신에 위기를 맞은 헨리 왕자

'붉은 머리' 윌리엄은 숨 돌릴 틈도 없이 도버와 페븐지, 헤이스팅스 등 주요 항구 세 곳을 봉쇄한 뒤 왕궁 보물창고가 있는 윈체스터 Winchester로 부리나케 달려갔다. 열쇠를 넘겨받아 보물을 헤아려보니 금화와 보석 외에도 은화가 6만 파운드에 달했다. 막대한 재산을 손에 넣은 윌리엄은 캔터베리 대주교를 설득해서 잉글랜드 왕 윌리엄 2세 William II(생몰연도: 1056~1100, 재위기간: 1087~1100)로 즉위했다.

윌리엄 2세는 왕이 되자마자 선왕이 풀어준 국사범을 다시 옥에 가두고, 금 세공인에게 명령하여 아버지의 무덤을 금과 은으로 화려하게 치장했다. 아버지가 죽은 뒤 그의 무덤을 근사하게 꾸며주는 것보다 병석에서 죽어갈 때 임종을 지키는 것이 마땅한 일이 아니었을까? 하지만 잉글랜드에서는 한때 군주였던 이 '붉은 머리' 왕의 행동처럼 생전에는 소홀히 대접하다가 그 사람이 죽은 뒤에 호화롭게 무덤을 꾸며주는 일이 빈번했다.

왕의 형인 노르망디 공 로버트는 공작 자리만으로도 크게 만족하는 듯했고, 동생인 '뛰어난 학자' 헨리도 상속받은 돈 5,000파운드에 흡족해했다. 짐작하건대, 그런 까닭에 '붉은 머리' 왕은 잉글랜드를 평화롭게 통치할 수 있겠다는 생각에 한껏 자만했던 것 같다.

하지만 당시는 왕위에서 결코 평온하게 있을 수 없는 시절이었다. 성품이 사나운 오도 주교는 곧 몇몇 유력 귀족들과 손잡고 '붉은 머리' 왕을 괴롭히기 시작했다. 그는 과거 헤이스팅스 전투에서 노르만군을 축성했으며, 승리의 공을 모두 자신에게 돌렸던 인물이다.

당시 잉글랜드와 노르망디에 영지를 소유하고 있던 주교와 그의 일당은 그 두 곳을 한 사람의 군주가 다스리길 바랐다. 그리고 그 한 사람의 군주로 로버트처럼 아무 생각 없이 성격만 좋은 사람이 적임자라고 여겼다. 어딜 봐도 붙임성이라고는 눈곱만큼도 없는 윌리엄 2세는 결코 적임자가 아니었다. 그들은 로버트를 지지한다고 선언한 다음 각자의 성에 틀어박혀 코빼기도 비치지 않았다. 그 성들은 이전의 왕들에게도 아주 골칫거리인 곳이었다.

이렇게 노르만인들이 자신을 멀리하자 '붉은 머리' 왕은 잉글랜드인을 포섭하여 보복하기로 마음을 먹었다. 그래서 잉글랜드인에게 조금도 지킬 생각이 없는 이런저런 서약을 했는데, 특히 무자비한 산림법을 완화하겠다고 약속했다. 잉글랜드인은 그 말을 믿고 윌리엄을 도와 오도 주교의 로체스터 성Rochester Castle을 포위했다. 이에 주교는 어쩔 수 없이 성을 버리고 잉글랜드를 영원히 떠났다. 오도와 손잡고 왕에게 반기를 들었던 다른 노르만 귀족들도 이탈자가 속출하면서 흩어지고 말았다.

그런 다음 '붉은 머리' 왕은 노르망디로 갔다. 로버트 공작의 어설픈 통치 탓에 노르망디 주민들은 고통받고 있었다. 왕의 목적은 형의 통치권을 빼앗는 것이었다. 당연히 로버트는 맞서 싸울 준비를 했고 형제간의 전쟁은 불가피해 보였다. 하지만 그동안 수많은 전쟁을 지켜봤던 양편의 유력 귀족들이 개입하여 전쟁을 막았고, 곧이어 협정이 체결되었다.

두 형제는 각자의 요구를 철회하고 둘 중 하나가 죽으면 남은 사람이 통치권을 물려받기로 약속했다. 이렇듯 다정하게 합의한 두 형제는 서로 포옹하면서 '뛰어난 학자' 헨리를 함께 공격하기로 했다. 헨리는 물려받은 5,000파운드로 로버트의 영지 일부를 사들였던 탓에 요주의 인물이 되어 있었다.

노르망디에 있는 몽생미셸Mont Saint-Michel(잉글랜드 콘월 지방에도 이름이 똑같은 장소가 있는데, 두 곳이 놀랍도록 비슷하다)은 당시에도 지금처럼 높은 바위산 꼭대기에 자리 잡은 견고한 성채였다. 그리고 밀물 때가 되면 육지와 연결되는 주변 길이 바닷물에 잠겼다. 바로 이곳에 '뛰어난 학자' 헨리가 병사들과 함께 틀어박혀 있었고, 로버트와 윌리엄은 그 주변을 빈틈없이 포위했다.

한번은 헨리가 물 부족으로 큰 어려움을 겪었는데, 너그러운 로버트가 병사들을 시켜 물은 물론 탁자 위에 있던 포도주까지 가져다주었다. '붉은 머리' 왕이 도대체 왜 그러냐며 불평하자 로버트가 이렇게 대꾸했다.

"그럼 동생을 목말라 죽게 그냥 놔두라는 거야? 헨리가 죽으면 동생이 어디서 또 생기나?"

또 한번은 '붉은 머리' 왕이 해변에서 몽생미셸을 올려다보며 말을 달

▲ 노르망디의 몽생미셸 ©Boris Stroujko/Shutterstock.com

리다가 헨리의 병사 두 명에게 붙잡혔다. 한 병사가 왕을 죽이려는 순간, 그가 소리쳤다.

"멈춰라, 이놈! 나는 잉글랜드의 왕이다!"

옛이야기에는 병사가 황송해하면서 '붉은 머리' 왕을 정중하게 일으켜 세웠고, 왕은 그 병사를 수하로 거두었다고 전한다. 그 이야기가 사실인지 아닌지는 모르겠지만 헨리가 두 형의 연합군을 상대로 버텨내지 못했던 것은 사실이다. 몽생미셸을 버리고 방랑길에 오른 헨리는 가난하고 비참한 모습으로 이리저리 떠돌아다녔다.

스코틀랜드는 '붉은 머리' 왕 시절에 조용히 있지 않고 잉글랜드와 전쟁을 벌였지만 연거푸 두 번 패배를 맛보았다. 두 번째 패전에서는 맬컴 3세Malcolm III of Scotland(1031~1093)와 왕자가 전사하기도 했다. 웨일스도 마찬가지로 잉글랜드와 전투를 벌였다. 하지만 '붉은 머리' 왕에게 웨일스는 스코틀랜드처럼 호락호락하지 않았다. 웨일스군은 자국 영토의 산악지대를 누비며 '붉은 머리' 왕의 군대를 학살했다. 더구나 형인 노르망디 공 로버트 역시 가만히 있지 않았다. 동생에게 협정을 제대로 지키지 않는다고 불평하면서 군사를 일으켰고, 프랑스 왕의 지원을 얻어 냈다. '붉은 머리' 왕은 결국 막대한 돈을 주고 프랑스 왕을 매수해서 형의 야욕을 꺾었다.

잉글랜드 내부 사정도 불안하기는 마찬가지였다. 위세 높은 노섬브리아 백작 로버트 모브레이Robert Mowbray, Earl of Northumbria가 음모를 꾸며 왕을 폐위시키고 가까운 친척인 스티븐을 왕좌에 앉히려 했다. 하지만 음모는 발각되었고, 주동자들은 모두 붙잡혀 벌금형을 받거나 옥에 갇히거나 처형되었다. 노섬벌랜드 백작은 윈저 성Windsor Castle의 지하 감옥에 30여 년 동안 갇혀 있다가 생을 마감했다.

잉글랜드에서는 무엇보다도 사제들의 동요가 가장 컸다. '붉은 머리' 왕이 주교나 대주교가 죽은 뒤에 후임자를 세우지 않고 성당의 재산을 가로채는 등 사제들을 홀대했던 탓이다. 앙심을 품은 사제들은 왕이 죽은 뒤 그를 아주 못된 사람으로 기록했다. 내 생각에는 사제들이나 왕이나 오십보백보였다. 탐욕스럽고 속이 검기로는 막상막하였다.

'붉은 머리' 왕은 불성실하고 이기적이며 탐욕스럽고 비열한 인물이었다. 그리고 유유상종이라고 할까? 왕의 측근 중에는 별칭이 '플랑바르Flambard', 즉 '허풍선이'인 랠프Ralph라는 주교가 있었다. 어느 날 병석에 눕게 된 '붉은 머리' 왕은 돌연 자신의 죄를 뉘우치면서 명망 높은 외국인 안셀무스Anselm of Canterbury(1033~1109)를 캔터베리 대주교에 임명했다.

하지만 얼마 못 가서 병세가 좋아지자 이내 자신의 선택을 후회했다.

그리고 대주교에게 가야 할 재산 일부를 돌려주지 않고 계속 쥐고 있는 바람에 격렬한 논쟁이 벌어졌다. 이 논쟁은 당시 교황 두 명이 나타나 각자 자신이 진짜라며 다투고 있던 로마에 전해지면서 더욱 격화되었다. '붉은 머리' 왕의 성품을 아는 안셀무스는 결국 신변의 위협을 느껴 잉글랜드를 떠나겠다고 요청했다. 왕은 안셀무스의 청을 흔쾌히 수락했다. 그가 떠나면 캔터베리 대성당의 모든 수입을 독차지할 수 있다고 생각했기 때문이다.

성당의 돈을 갈취하는 방법 외에도 '붉은 머리' 왕은 온갖 수단을 동원하여 잉글랜드 백성에게 세금을 부과하여 큰 부자가 되었다. 무슨 이유로든 돈이 필요하면 수단 방법을 가리지 않고 거둬들였고, 그 방법이 부당하거나 백성을 도탄에 빠뜨린다 해도 전혀 아랑곳하지 않았다.

통치권을 팔아치운 노르망디 공작

그때 형 로버트가 노르망디 공국을 5년간 통치할 수 있는 권리를 팔겠다고 제안했다. '붉은 머리' 왕은 그 비용을 마련하기 위해 백성들에게 전례 없이 무거운 세금을 부과했다. 심지어 수녀원에서 식기와 귀중품까지 팔아야 할 지경이었다.

너무나 당연하게도 일부 노르만인이 노르망디 공국의 통치권 판매를 반대하며 반란을 일으켰고, '붉은 머리' 왕은 아버지만큼이나 신속하고 적극적으로 노르만 반란군과 맞섰다. 참을성이 부족했던 왕은 거센 광풍이 몰아치는 날 노르망디로 가기 위해 배를 띄웠다. 뱃사람이 이렇게 사나운 날씨에 배를 띄우는 것은 위험하다며 말렸지만 왕은 그의 말을 들으려 하지 않았다.

"돛을 펴고 출발하라! 왕이 물에 빠져 죽었다는 말을 들어본 적이 있느냐!"

이쯤에서 노르망디 공작 로버트가 경솔하긴 하지만 어쩌다가 공국의 통치권까지 팔게 되었는지 궁금할지 모르겠다. 그 사연은 이렇다. 잉글랜드인에게 예루살렘으로 성지순례를 떠나는 것은 오래된 관례였다. 그런데 당시 예루살렘은 튀르크Tück의 영토였다. 튀르크인은 기독교를 싫어했으므로 자주 기독교 순례자들을 공격하거나 핍박했다. 한동안 그런 위험을 감수하던 순례자들 사이에 대단한 열정과 뛰어난 언변을 갖춘 비범한 인물이 등장했다. 바로 '은둔자' 베드로Peter the Hermit(1050~1115)였다.

그는 여러 곳에서 설교하며 튀르크를 비난했다. 그리고 구세주의 무덤이 있는 땅에서 이교도를 몰아낸 다음 그 땅을 차지하고 지키는 것이 신실한 기독교인의 의무라고 주장했다. 그의 말은 기독교 세계에 전례 없이 큰 파장을 불러일으켰다. 신분이나 생활수준과 관계없이 수많은 사람들이 튀르크와 전쟁을 벌이기 위해 예루살렘으로 떠났다. 역사에서는 이 전쟁을 '제1차 십자군 원정'이라 부른다. 모든 십자군은 오른쪽 어깨에 십자 문양을 달았다.

십자군이라고 해서 전부 독실한 기독교인은 아니었다. 그중에는 떠돌이나 게으름뱅이, 난봉꾼, 모험가들도 많았다. 변화를 좋아하는 사람, 약탈에 굶주린 사람, 고향에서 놀고먹던 사람도 있었고, 사제의 말에 솔깃해서 온 사람, 그저 외국에 한번 가보고 싶어 지원한 사람도 있었다. 심지어 개중에는 기독교도로서 튀르크인을 실컷 두들겨 패려고 온 사람도 있었다.

▲ 아미앵 대성당과 은둔자 베드로 상 ©Massimiliano Pieraccini/Shutterstock.com

노르망디 공작 로버트는 이런 여러 가지 동기 외에 기독교 순례자들이 억울한 피해를 당하지 않게 하려는 인도적인 욕구도 가지고 있었던 듯하다. 그래서 많은 병사를 동원하여 십자군 원정에 참여하고 싶었지만 돈 없이는 불가능한 일이었다. 수중에 돈이 없었던 로버트는 아버지에게 물려받은 노르망디 공국의 5년간 통치권을 동생 '붉은 머리' 왕에게 팔았다. 그렇게 큰돈이 들어오자 그는 병사들을 화려하게 꾸미고 예루살렘 전쟁터로 떠났다. 닥치는 대로 돈을 거둬들였던 '붉은 머리' 왕은 왕궁에 앉아 노르망디와 잉글랜드 양쪽 백성의 돈을 기름 짜듯 짜내느라 여념이 없었다.

용맹한 십자군은 3년 동안 갖은 고난과 어려움을 겪었다. 바다에서 배가 난파되기도 했고, 낯선 땅을 지나기도 했으며, 타는 듯한 사막에서 허기와 갈증, 고열에 시달리거나 사나운 튀르크군과 맞서 싸우기도 했다. 그리고 마침내 구세주의 무덤이 있는 예루살렘을 점령했다. 예루살렘을 탈취했다는 희소식이 알려지자 유럽 전역에서 십자군에 참여하려는 사람이 늘어났다. 또 다른 프랑스 공작이 '붉은 머리' 왕에게 자기 영지의 통치권을 한시적으로 팔겠다고 제의했다. 하지만 그때 '붉은 머리' 왕의 통치는 갑작스러운 종말을 맞았다.

뉴 포레스트의 슬픔

여러분은 뉴 포레스트를 기억할 것이다. 정복왕이 조성한 숲으로, 그 때문에 집을 잃은 빈민들의 증오가 가득한 숲이었다. 따라서 수많은 농민을 고난에 빠뜨렸으며 그들의 목숨까지 빼앗았던 무자비한 산림법에 대한 증오는 날이 갈수록 커져만 갔다. 핍박받는 시골 빈민들은 뉴 포레스트에 마법이 걸려 있다고 믿었다. 천둥과 비바람이 몰아치는 깊은 밤이면 악령이 나타나 음산한 나뭇가지 밑으로 돌아다닌다는 소문이 돌았다. 더구나 끔찍한 유령이 나타나 노르만 사냥꾼에게 '붉은 머리' 왕이 뉴 포레스트에서 벌을 받게 된다고 예언했다는 말도 있었다.

'붉은 머리' 왕이 재위 13년을 맞던 상쾌한 5월의 어느 날, 그의 아들 리처드Richard가 이 무시무시한 숲에서 화살에 맞아 죽었다. 예전에 '붉은 머리' 왕의 형인 또 다른 리처드가 숲에서 죽은 뒤 정복왕의 피를 이어받은 왕자로는 두 번째 죽음이었다. 사람들은 재앙이 두 번으로 끝나지 않을 것이라며 수군거렸다. 또 다른 죽음이 다가오고 있었다.

뉴 포레스트는 인적이 드문 숲이었다. 숲을 만들면서 저질러진 무자비한 만행 탓에 사람들의 마음속에서는 저주받은 곳이기도 했다. 그래서 왕과 궁정 신하, 사냥꾼을 제외한 그 누구도 웬만하면 이 숲에서 돌아다니려 하지 않았다. 그러나 사실 뉴 포레스트는 여느 숲과 다를 바 없었다. 봄이 오면 나뭇가지에서 푸른 새싹이 돋아났고, 여름이 되면 나뭇잎이 무성하게 우거져 짙은 그늘을 드리웠으며, 겨울에는 쪼그라든 채 가지에서 떨어진 갈색 이파리가 이끼 위에 수북이 쌓였다. 위풍당당한 모습으로 하늘 높이 굳세게 자라는 나무도 있고, 쓰러진 나무도 있으며, 벌목꾼의 도끼질에 베인 나무도 있었다. 속이 텅텅 비어 뿌리 속에 토끼가 굴을 파놓은 나무도 있고, 벼락을 맞아 하얗게 변한 채 가지만 앙상한 나무도 있었다. 언덕에는 고사리 같은 양치식물이 우거져 있고, 그 잎에서 아침이슬이 영롱하게 반짝였다. 숲 속을 흐르는 작은 시내에는 사슴이 내려와 물을 마셨고, 사방에서 날아드는 사냥꾼의 화살에 쫓기는 사슴 무리가 시내를 넘어 다니기도 했다. 햇빛이 드는 작은 공터도 있었고, 바스락거리는 나뭇잎에 가려 빛이 거의 들지 않는 음침한 곳도 있었다. 뉴 포레스트 숲 속에서 들리는 새들의 지저귐은 숲 밖에서 싸우는 사람들의 함성보다 훨씬 듣기 좋았다.

그 조용한 숲 속에서 '붉은 머리' 왕과 신하들은 고래고래 악담을 퍼부으며 난폭하게 내달렸고, 등자와 굴레, 칼과 단검을 딸랑거리며 요란을 떨었다. 그래도 왕과 그 일당이 숲에 끼친 해악은 잉글랜드인이나 노르만인에게 끼친 해악보다는 훨씬 적었다. 그 말인즉슨, 숲 속의 사슴이 백성들보다 훨씬 편하게 살다 갔다는 뜻이다.

동생인 '뛰어난 학자' 헨리와 화해한 '붉은 머리' 왕은 8월의 어느 날 많은 수행원을 거느리고 뉴 포레스트로 사냥을 나갔다. 두 사람은 기분 좋게 함께 어울렸다. 숲 속의 사냥용 거처에서 밤을 보내며 아침저녁으로 성대한 잔치를 벌였고, 술도 진탕 마셨다. 그런 다음 일행은 당시의 사냥 관례에 따라 사방으로 흩어졌다. 왕의 곁에는 활 솜씨가 뛰어난 월터 티렐 경Sir Walter Tirel III(1065~1101?)만 남았는데, 왕은 그날 아침 말에 오르기 전에 티렐에게 멋진 화살 두 개를 건네주었다. 죽기 전에 사람들이 마지막으로 봤을 때 왕은 티렐과 함께 사냥개를 데리고 말을 달리고 있었다.

가난한 숯쟁이가 수레를 끌고 숲을 지나다가 한 구의 시체를 본 것은 거의 밤이 다 되었을 무렵이었다. 시신의 가슴에는 화살이 꽂혀 있었고, 그때까지도 피가 흘러나왔다. 숯쟁이는 시신을 수레에 실었다. 그 시신은 다름 아닌 '붉은 머리' 왕이었다. 화살을 맞고 말에서 굴러떨어진 탓에 붉은 수염에는 하얀 석회와 빨간 피가 엉겨 붙어 있었다. 숯쟁이는 다음 날 왕의 시신을 윈체스터 성당으로 싣고 갔다. 성당에서는 왕의 시신을 인도받아 매장했다.

노르망디로 도망친 티렐 경은 프랑스 왕에게 신변보호를 요청했다. 그는 '붉은 머리' 왕과 함께 사냥을 하고 있는데, 난데없이 화살이 날아와 왕의 몸에 꽂혔다고 증언했다. 그리고 살인자로 몰릴까 봐 즉시 말을 타고 해안으로 도피했다고 말했다.

사람들의 진술에 따르면 상황은 이러했다. 왕과 티렐 경이 함께 사냥하다가 해가 질 무렵에 덤불을 사이에 두고 마주 보고 있었는데, 그때 둘 사이에 수사슴이 나타났다. 왕이 사슴을 향해 활시위를 당겼는데 줄이 끊어지고 말았다. 그래서 왕은 티렐에게 소리쳤다.

"쏴, 당장!"

티렐 경이 활을 쏘았다. 덤불 속에서 번뜩이며 날아간 화살은 사슴을 빗나가 정확히 왕을 맞혔고, 왕은 말에서 떨어져 숨을 거두고 말았다.

누가 정말 왕을 죽였는지, 그리고 왕의 가슴을 꿰뚫은 그 화살이 실수에 의한 것인지 고의에 의한 것인지는 오직 신만이 아실 것이다. 혹자는 동생 헨리가 사주했다고도 한다. 하지만 '붉은 머리' 왕은 사제나 일반 국민 중에서도 워낙 적이 많았으므로 헨리 말고도 왕을 죽일만한 사람은 얼마든지 있었다. 어쨌든 밝혀진 것은 그저 왕이 뉴 포레스트에서 시신으로 발견되었다는 사실뿐이었다. 그리고 고통받는 백성들은 그 숲이 왕족에게는 저주가 내린 곳이라고 생각했다.

제10장

왕위를 지키기 위한
헨리 1세의 음모

선왕의 총신부터 제거하라

'뛰어난 학자' 헨리는 '붉은 머리' 왕이 죽었다는 소식을 듣자마자 전력을 다해 윈체스터로 달려갔다. 정복왕이 죽었을 때 '붉은 머리' 왕이 그랬듯이 왕궁 보물창고를 손에 넣기 위해서였다. 그런데 뉴 포레스트 사냥에 참가했던 보물창고 관리인도 재빨리 돌아가 헨리와 거의 동시에 윈체스터에 도착했다. 헨리는 창고 관리인이 열쇠를 내주지 않자 칼을 빼 들고 위협했다. 목숨을 바쳐 선왕에 충성하려던 창고 관리인은 애써 저항해봤자 소용이 없음을 깨달았다. 헨리를 지지하며 그를 왕위에 올리려는 강력한 귀족들이 배후에 있음을 알았기 때문이다.

창고 관리인은 선왕의 돈과 보물을 헨리에게 순순히 넘겨주었다. 그리고 '붉은 머리' 왕이 죽은 지 사흘째 되던 일요일, '뛰어난 학자' 헨리는 웨스트민스터 사원의 높은 제단 위에 올랐다. 그는 형이 차지하고 있던 성당의 재산을 돌려주었고, 절대로 귀족들에게 부당한 짓을 하지 않을 것이며, '고해왕' 에드워드 시절의 법률과 '정복왕' 윌리엄 시절에 개선된 제도를 부활시키겠다고 선언했다. 그렇게 헨리 1세Henry I(생몰연도: 1068~1135, 재위기간: 1100~1135)의 통치가 시작되었다.

▲ 잉글랜드 왕 헨리 1세
©Georgios Kollidas/Shutterstock.com

국민들이 새로운 왕에게 거는 기대는 매우 컸다. 헨리 1세가 고난의 세월을 겪어봤고, 무엇보다 노르만이 아니라 잉글랜드 태생이었기 때문이다. 왕은 그 점을 더 부각하기 위해 왕비 후보에서 노르만 여인을 배제했다. 그리고 때마침 스코틀랜드 왕 맬컴 3세의 딸 마틸다Matilda(1080~1118)가 왕의 눈에 들어왔다.

마틸다 공주는 헨리 1세를 사랑하지 않았지만, 귀족 대표들이 나서서 공주에게 부디 아량을 베풀어 헨리 1세와 결혼해달라고 요청했다. 공주가 헨리 1세와 결혼하면 노르만인과 색슨인이 통합되어 앞으로는 서로 증오하거나 피 흘릴 일이 없어진다는 이유였다. 공주는 헨리 1세의 아내가 되겠다고 승낙했다.

하지만 한동안 잉글랜드 사제들 사이에서 논란이 일었다. 공주가 어릴 적 수녀원에 살면서 수녀의 검은 머릿수건을 쓴 적이 있으므로 결혼은 불가하다는 주장이었다. 공주는 차분한 어조로 그 주장을 조목조목 반박했다. 어릴 적 함께 살던 이모가 가끔 머리에 검은 천을 씌워주긴 했지만 수녀가 되기 위해서가 아니라 수녀의 머릿수건을 쓴 여성에게는 노르만인이 행패를 부리지 않았기 때문이라는 것이었다. 또한 수녀가 되겠다고 선서하거나 수녀로 지낸 적이 없다고도 진술했다. 공주는 결국 결혼 허가를 받아 헨리 1세의 왕비가 되었다. 마틸다 왕비는 인품이 훌륭했고 아름다운 데다 상냥하기까지 해서 왕에게는 아까운 인물이었다.

헨리 1세는 단호하고 영리했지만 교활하고 파렴치한 인물이었다. 약속을 전혀 지키지 않았으며, 목표를 달성하기 위해서라면 수단과 방법을 가리지 않았다. 왕의 이런 성격은 나중에 형 로버트를 대하는 태도에서도 잘 드러난다. 오래전 헨리 1세가 까마득히 높은 몽생미셸에 갇혀 물 부족에 시달린 적이 있었다. 그때 로버트는 식수를 가져다주도록 눈감아주고 탁자에 있던 포도주를 보내주기도 했던 반면, '붉은 머리' 왕은 헨리 1세가 죽게 그냥 놔두라고 했었다.

헨리 1세는 로버트와 협상하기 전에 선왕의 총신들부터 제거했다. 대부분 부도덕한 성품으로 백성의 손가락질을 받던 인물들이었다. 그중에서도 단연 독보적인 사람은 선왕이 더럼의 주교로 임명했던 '허풍선이' 랠프였다. 헨리는 그를 런던탑에 가두었는데, 랠프는 매우 재미있고 쾌활해서 간수들에게 인기가 높았고, 그래서 간수들은 긴 밧줄을 넣어둔 커다란 포도주병이 랠프의 감방에 들어가는 것도 못 본 척 눈감아주었다. 간수들은 포도주를 마시고 랠프는 밧줄을 손에 넣었던 것이다. 한밤중에 간수들이 포도주를 마시고 곯아떨어지자, 랠프는 창문을 넘어 밧줄을 타고 내려와 런던탑을 탈출한 다음 배를 얻어 타고 노르망디로 도망쳤다.

헨리 1세가 왕위에 올랐을 때 로버트 공작은 십자군 원정을 떠나 있었던 터라 그곳에 없었다. 헨리는 로버트가 성지 예루살렘의 군주가 되었다는 거짓말을 노르망디에 퍼뜨렸는데, 무지한 백성들은 로버트의 얼굴을 오랫동안 못 봤던 탓에 그 말을 곧이곧대로 믿었다.

그런데 이럴 수가! 로버트 공작이 예루살렘에서 이탈리아로 가서 아름다운 경치를 만끽하고 그 경치만큼이나 아름다운 여인과 결혼도 한 후 느긋하게 노르망디로 돌아와보니 동생 헨리가 잉글랜드의 왕이 되어 있는 것이 아닌가! 노르망디에서 로버트를 기다리고 있던 '허풍선이' 랠프는 헨리 1세에게 왕위를 내놓으라고 하고 선전포고하라고 부추겼다. 로버트는 아름다운 이탈리아인 아내, 노르만 친구들과 함께 연회를 열고 춤을 추느라 많은 시간을 허비하고 나서야 랠프의 말에 따랐다.

로버트 공작의 시련

노르만인은 로버트 공작 편을 들었지만 잉글랜드인 대부분은 헨리 1세의 편이었다. 하지만 잉글랜드 해병은 헨리 1세를 버리고 함대 대부분을 끌고 로버트에게 합류했다. 로버트가 잉글랜드를 침공할 때 타고 갔던 배는 외국 배가 아니라 잉글랜드 배였다.

하지만 헨리 1세가 잉글랜드로 초청하여 캔터베리 대주교로 임명했던 안셀무스는 헨리를 편들면서 양쪽 군대가 서로 싸우지 말고 협정을 맺도록 주선했다. 아무나 잘 믿었던 로버트 공작은 헨리 1세도 선뜻 믿었다. 그는 자신의 추종자들 모두 사면받는 조건으로 노르망디에 돌아가 잉글랜드에서 주는 연금을 받으며 살았다. 헨리 1세는 형과 굳게 약속했지만 로버트가 노르망디로 떠나기 무섭게 형의 추종자들을 처벌하기 시작했다.

헨리 1세가 처벌했던 사람 중에 슈루즈베리 백작 로저 드 몽고메리 Roger de Montgomerie, 1st Earl of Shrewsbury가 있었다. 헨리는 백작에게 45가지 혐의를 뒤집어씌우고 이를 해명하라며 소환했다. 백작은 자신의 성으로 달려가 성문을 굳게 닫은 채 소작인과 봉신들을 모아 왕에게 대항했지만, 결국 패배하여 추방되었다.

로버트 공작은 허물이 크긴 해도 약속은 지키는 사람이었다. 그는 슈루즈베리 백작이 자신의 동생 헨리 1세에게 반기를 들었다는 소식을 듣자마자 가장 먼저 노르망디에 있는 백작의 영지를 쑥대밭으로 만들었다. 동생에게 협정을 위반할 생각이 없음을 보여주기 위해서였다. 하지만 나중에 백작의 죄가 자신의 친구라는 것밖에 없다는 사실을 알게 되자 잉글랜드에 가서 별 생각 없이 왕에게 선처를 호소했다. 자신의 신하들을 모두 사면하겠다는 엄숙한 약속을 상기시킨 것이다.

헨리 1세는 약속을 지키라는 로버트 공작의 말에 부끄러워할 법도 했지만 그렇지 않았다. 헨리는 다정한 척하면서 형의 주변에 첩자를 붙이고 덫을 놓았다. 그런 헨리에게 위협을 느낀 로버트는 그동안 받아왔던 연금을 포기하고 잉글랜드를 탈출할 수밖에 없었다.

노르망디로 돌아온 로버트 공작은 이제 헨리 1세의 본성을 파악했으므로 자연스레 오랜 친구인 슈루즈베리 백작(그는 노르망디에 아직도 30여 개의 성을 소유하고 있었다)과 손을 잡았다. 하지만 그게 바로 헨리가 원하는 바였다. 헨리는 곧바로 로버트가 협정을 위반했다며 이듬해 노르망디를 침공했다.

헨리 1세는 로버트 공작의 실정에 지친 노르만인의 요청을 받고 노르망디를 구원하러 왔다고 둘러댔다. 당시 노르망디는 로버트의 실정이 극에 달해 있었으므로 사실 터무니없는 말도 아니었다. 로버트의 아름다운 아내는 젖먹이 아들을 남긴 채 죽었고, 왕궁 신하들은 경솔하고 방탕했으며, 모든 상황이 통제할 수 없는 지경에 이르러 있었다. 시종이 옷을 모두 훔쳐가는 바람에 로버트가 온종일 침대에 누워 있어야 했던 적이 한두 번이 아니었을 정도였다.

로버트 공작은 용맹한 군주이자 군인으로서 자신의 군대를 몸소 이끌었지만 유감스럽게도 400명의 기사들과 함께 붙잡혀 옥에 갇히는 신세가 되었다. 기사들 중에는 불쌍하고 순진한 에드거 애설링Edgar Atheling도 있었다. 그는 '용맹왕' 에드워드의 손자로 로버트를 매우 좋아했으며 가혹하게 다뤄야 할 정도로 중요한 인물도 아니었다. 나중에 헨리는 애설링에게 약간의 연금을 지급했고, 애설링은 연금을 받으며 잉글랜드의 조용한 숲과 들판에서 평화롭게 살다가 생을 마감했다.

조금 못났지만 친절하고, 너그럽지만 낭비벽이 심하며, 부주의한 로버트 공작은 허물이 많긴 했지만 한편으로는 미덕도 많은 인물이었다. 따라서 좀 더 훌륭하고 행복한 삶을 누려도 좋을 사람이었다. 그랬던 그의 최후는 어떤 모습이었을까? 헨리 1세가 "형님, 귀족들 앞에서 말해보세요. 앞으로 제 충실한 신하 그리고 친구가 되어 반기를 들지 않겠다고 말입니다"라고 부드럽게 말할 아량이 있었다면 죽을 때까지 로버트를 신뢰할 수도 있었을 것이다.

하지만 헨리 1세는 그렇게 아량이 있는 사람이 아니었다. 그는 로버트 공작을 왕궁 한 곳에 죽을 때까지 가둬두었다. 처음에 로버트는 감시인과 함께 말을 타러 다니기도 했다. 하지만 어느 날 감시인을 따돌리고 도망치다가 운 나쁘게 늪에 빠져 말이 꼼짝할 수 없게 되는 바람에 잡히고 말았다. 그 소식을 들은 헨리는 로버트의 눈을 멀게 하라는 명령을 내렸고, 시뻘겋게 달군 쇳덩이가 그의 눈 위에 올려졌다.

앞이 보이지 않는 암흑과 감옥 속에 갇혀 오랜 시간을 보내면서 로버트 공작은 지난 인생을 돌이켜보았다. 허송세월한 시간과 낭비해버린 재물, 놓쳐버린 많은 기회들, 허비해버린 젊은 시절, 방관해버린 자신의 재능을……. 청명한 가을 아침이면 가만히 앉아 자유롭게 드나들던 뉴 포레스트에서 함께 사냥하던 이들을 조용히 떠올리곤 했다. 그리고 누구보다 앞서 달리며 더없이 화려한 나날을 보내던 자신의 모습을 생각했다. 고요한 밤이 오면 도박하느라 보내버린 수많은 밤이 되살아나 애통한 마음을 애써 달래야 했다. 때로는 음울한 바람을 타고 음유시인의 옛 노래가 들리는 듯했고, 때로는 꿈속에서 노르만 궁전의 밝은 불빛과 화려한 장식이 이제는 멀어버린 두 눈에 비치기도 했다.

예루살렘의 기억을 더듬어본 적도 셀 수 없이 많았다. 그곳에서 로버트 공작은 멋지게 싸웠다. 이탈리아에서는 용감한 병사들의 선두에 서서 깃털 달린 투구를 쓴 채 머리 숙여 환영 인파의 함성에 답하던 기억이 떠올랐다. 사랑스러운 아내와 함께 햇살 가득한 포도밭과 푸른 해안을 걷는 모습도 수없이 떠올랐다. 그러면서 아내의 무덤과 아비 없는 어린 아들 생각에, 행여나 그들에게 닿을까 손을 뻗으며 눈물 흘리곤 했다.

그러던 어느 날, 옥중에서 시신 한 구가 발견되었다. 시신의 눈가에 난 잔혹하고 흉한 상처는 붕대에 가려져 간수의 눈에 띄지 않았다. 지쳐 보이는 그 80대 노인의 시신 위로 영원한 천국이 굽어보고 있었다. 한때 노르망디 공 로버트라 불렸던 사람이었다. 불쌍하도다, 로버트여!

조카와의 대립

로버트 공작이 동생의 감옥에 갇혀 있을 때 그의 어린 아들은 겨우 다섯 살이었다. 이 어린아이도 사람들에게 붙잡혀 헨리 1세 앞에 끌려가면서 흐느껴 울었다. 어렸지만 삼촌인 왕이 무서운 줄 알았던 것이다. 아랫사람을 결코 동정하는 법이 없는 헨리였지만 아이를 앞에 두고서는 그의 얼음장 같은 마음도 잠시 녹아내리는 듯했다. 냉혹한 모습을 애써 감추려는 듯했던 헨리는 아이를 그냥 데려가라고 명령했다. 그 후 로버트의 딸과 결혼한 '생상의 엘리아Helias of Saint-Saen'라는 노르망디 귀족이 아이를 따뜻하게 거두어주었다.

하지만 헨리 1세의 관대함은 오래가지 않았다. 채 2년이 못 되어 왕은 엘리아의 성으로 전령을 보내 아이를 붙잡아 오게 했다. 공교롭게도 그때 엘리아는 성에 없었지만, 다행히도 충직한 시종이 잠든 소년을 빼돌려 숨겨두었다. 성으로 돌아온 엘리아는 왕의 명령을 전해 듣고는 아이를 국외로 데려갔다. 그리고 아이에게 잉글랜드 왕위 계승권이 있기 때문에 재빨리 탈출하지 않았다면 삼촌인 잉글랜드 왕이 아이를 살려두지 않았을 거라 말하며 여러 궁정을 전전했다.

아이의 이름은 윌리엄 클리토William Clito(1102~1128)였다. 너무나 작고 어리며 천진난만했던 클리토에게는 친구가 많았다. 클리토가 청년이 되자 프랑스 왕은 앙주와 플랑드르의 영주들과 손잡고 클리토의 왕위 계승권을 지지하며 노르망디에 있는 헨리 1세의 마을과 성 상당수를 점령했다.

하지만 교활하고 빈틈없는 헨리 1세는 클리토 지지자들에게 돈을 주거나 귀가 솔깃해질만한 약속을 하거나 권력을 주어 매수했다. 앙주 백작은 자신의 맏아들 윌리엄을 백작의 딸과 결혼시키기로 약속하고 같은 편으로 끌어들였다. 사실 헨리의 인생에서 신뢰란 그런 식의 거래에 불과했으며, 그는 세상 모든 사람의 신뢰와 명예를 돈으로 살 수 있다고 생각했다. 그 이후로 많은 왕이 그와 같은 생각을 했고, 프랑스에도 불과 얼마 전까지 그런 왕이 있었다. 그랬음에도 헨리는 클리토와 협력자들을 두려워하여 오랫동안 신변에 위협을 느꼈다. 그는 절대로 침상에 누워서 자는 법이 없었고, 궁정 안에서도 호위병에 둘러싸인 채 지냈으며, 늘 칼과 방패를 곁에 두었다.

헨리 1세는 왕권을 강화하기 위해 당시 여덟 살에 불과했던 맏딸 마틸다와 신성로마제국 황제 하인리히 5세Heinrich V(1086~1125)의 약혼식을 성대하게 거행했다. 마틸다의 결혼 지참금을 장만하기 위해 헨리는 그 어느 때보다 가혹한 방법으로 세금을 걷었다. 그리고 신성로마제국에서 온 일행에게 대대적인 가두행진을 열어 흥을 돋우어준 다음 마틸다를 화려하게 치장하여 신성로마제국 대사와 함께 떠나보냈다. 머지 않아 남편이 될 신성로마제국 황제가 사는 나라에 가서 교육받게 하려는 목적이었다.

그때 불행하게도 헨리 1세의 왕비인 마틸다가 세상을 떠났다. 상냥한 마틸다에게는 슬픈 일이지만, 사랑하지 않는 남자와 결혼했던 유일한 목적인 노르만인과 잉글랜드인의 화합은 이루어지지 않았다. 마틸다가 죽기 무섭게 노르망디와 프랑스가 서로 연합하여 잉글랜드를 공격했다. 헨리가 예전에 궁지에서 벗어나자마자 프랑스 권력자들에게 했던 약속을 어겼으며 뇌물도 주지 않았기 때문이다. 그들이 헨리를 혼내주기 위해 힘을 합치는 것은 당연한 일이었다.

하지만 일반 백성들만 피해를 보는(다툼의 원인이 무엇이든지 늘 피해를 보

▲ 프랑스 노르망디의 바르플뢰르 항구. 여기서 출발한 '하얀 배'가 윌리엄 왕자의 운명을 갈랐다.
©HUANG Zheng/Shutterstock.com

는 쪽은 백성일 수밖에 없었다) 몇 차례의 전투가 끝난 뒤, 헨리 1세는 프랑
스 귀족들에게 다시 뇌물을 주겠다고 약속하며 그들을 매수했다. 그와
더불어 교황도 더는 유혈사태가 발생하지 않도록 영향력을 행사했다. 헨
리가 이번에는 반드시 약속을 지키겠다고 몇 번이고 엄숙히 선언한 다
음에야 평화가 찾아왔다.

그 엄숙한 선언에 따라 헨리 1세는 우선 윌리엄 왕자Prince William
Adelin(1103~1120)와 함께 많은 수행원을 이끌고 노르망디를 방문했다.
윌리엄 왕자가 헨리 1세의 후계자임을 노르만 귀족들에게 주지시키고,
자신이 깨뜨렸던 많은 약속 중 하나인 윌리엄과 앙주 백작 딸의 결혼에
앞서 우선 약혼식을 올리기 위해서였다. 두 가지 목적은 화려한 의식과
사람들의 환호 속에서 성공적으로 달성되었다. 그리고 1120년 11월 25
일, 수행원들은 모두 바르플뢰르Barfleur 항구에서 잉글랜드로 가는 배
를 타려고 준비하고 있었다.

바로 그날 항구에서 피츠스티븐Fitz-Stephen이라는 선장이 왕에게 다
가와 이렇게 말했다.

"전하, 제 아비는 평생토록 바다에서 전하의 아버님이신 윌리엄 왕을 모셨습니다. 뱃머리에 황금빛 소년이 있는 배를 몰았습지요. 윌리엄 전하께서는 바로 그 배를 타고 잉글랜드를 정복하러 가셨습니다. 간청드리건대, 제게도 그런 영광을 허락해주십시오. 이 항구에는 저의 멋진 배가 있습니다. '하얀 배'라고 불리며, 50명의 유능한 선원들이 타고 있습니다. 전하! 바라옵건대, 이 미천한 시종이 하얀 배로 전하를 잉글랜드까지 모실 수 있는 영광을 베풀어주시기 바랍니다."

헨리 1세가 대답했다.

"유감이네, 선장. 내가 타고 갈 배는 이미 정해졌어. 그러니 아버님을 모셨던 선장의 아들이 모는 배를 탈 수는 없겠네. 대신 왕자와 수행원들을 자네의 멋진 배에 태우기로 하지."

한두 시간 후 헨리 1세는 자신이 직접 골라놓은 배를 타고 다른 배의 호위를 받으며 출발했다. 잔잔하고 부드러운 바람을 타고 밤새 항해한 끝에 배는 다음 날 아침 잉글랜드 해안에 닿았다. 날이 밝기 전, 배에 탄 사람들 몇몇이 바다 너머 들려오는 거친 울음소리를 희미하게 들었지만 무슨 영문인지는 알 수 없었다.

갑작스러운 사고

당시 열여덟 살이었던 윌리엄 왕자는 방탕하고 무절제했으며 잉글랜드 백성에게 애정이 없었다. 더구나 그는 자신이 왕위에 오르면 백성들에게 멍에를 씌워 소처럼 밭을 갈게 하겠다고 떠들고 다녔다. 윌리엄은 자기 또래의 젊은 귀족 140명과 함께 '하얀 배'를 타고 잉글랜드로 향했다. 최상류층 귀족의 딸 18명을 포함해 화려하게 치장한 귀족들, 그리고 시종과 50명의 선원 등 총 300여 명이 아름다운 '하얀 배'에 타고 있었다.

윌리엄 왕자가 선장에게 말했다.

"피츠스티븐 선장, 선원들에게 포도주 세 통을 가져다주게. 부왕께서 타신 배가 항구를 벗어났군. 출발하기 전에 우리가 얼마나 더 놀 수 있겠는가? 하지만 잉글랜드에는 부왕의 배와 비슷한 시간에 도착해야 하네."

선장이 대답했다.

"왕자님! 자정쯤 출발하면 아침이 되기 전에 부왕 일행의 가장 빠른 배를 따라잡게 될 겁니다."

그 말을 들은 윌리엄 왕자는 신나게 놀라는 명령을 내렸다. 윌리엄과 귀족 일행은 달빛이 비치는 하얀 배의 갑판 위에서 신나게 춤을 추었고, 선원들도 포도주 세 통을 바닥냈다.

하얀 배가 바르플뢰르 항을 떠날 무렵, 배 위에서 술에 취하지 않은 사람은 한 사람도 없었다. 하지만 돛은 이미 펼쳐진 뒤였고 선원들은 신나게 노를 젓기 시작했다. 피츠스티븐이 배의 키를 잡았다. 젊은 남녀 귀족들은 추위를 막아주는 화려하고 다채로운 색깔의 망토를 걸친 채 대화를 나누고, 웃고 노래하며 즐거운 시간을 보냈다. 윌리엄 왕자는 하얀 배의 명예를 위해 더 빨리 노를 저으라며 선원들을 다그쳤다.

우르릉 꽝! 300여 명의 사람들이 큰 소리로 비명을 질렀다. 헨리 1세가 탄 배에 있는 사람들이 멀리서 희미하게 들었던 바로 그 소리였다. 하얀 배가 암초와 충돌했던 것이다. 바닷물이 흘러들면서 하얀 배는 침몰하고 있었다.

선장은 황급히 윌리엄 왕자와 몇몇 귀족을 작은 보트에 태운 후 조용히 말했다.

"보트를 미세요. 그리고 육지가 나올 때까지 노를 저으세요. 육지도 멀지 않고 파도도 잔잔합니다. 나머지 사람들은 다 죽을 겁니다."

하지만 침몰하는 배를 떠나 빠르게 노를 저으려는 순간, 왕자의 귀에 자신의 누나인 페르슈 백작 부인Matilda Fitz-Roy, Countess of Perche (?~1120)의 구원 요청이 들렸다. 그 순간 윌리엄 왕자는 지금껏 볼 수 없었던 훌륭한 모습을 보여주었다. 고뇌하면서도 이렇게 외쳤던 것이다.

"무조건 돌아가자! 누나를 두고는 절대 갈 수 없다!"

윌리엄 왕자가 탄 보트는 하얀 배로 다시 돌아갔다. 윌리엄이 팔을 뻗어 누나를 잡으려 할 때, 사람들이 갑자기 너도나도 보트로 뛰어들었다. 보트는 균형을 잃고 뒤집어졌고, 그 순간 하얀 배도 바닷속으로 가라앉고 말았다.

오직 두 사람만 물 위에 떠올랐다. 두 사람은 커다란 돛대에서 부서져 나온 활대에 매달려 서로의 이름을 물었다.

"나는 귀족이고, 길버트 드 레글Gilbert de l'Aigle의 아들 고드프리Godfrey라고 합니다. 당신은요?"

"저는 베롤Berold이라고 합니다. 루앙의 미천한 푸줏간 주인입니다."

두 사람이 입을 모아 말했다.

"오 하느님, 저희에게 자비를 베푸소서!"

그리고 그 불행했던 12월 밤에 서로를 격려하면서 몸이 마비될 정도로 추운 바다를 떠다녔다.

얼마 지나지 않아 누군가 두 사람을 향해 헤엄쳐 왔다. 물에 젖은 긴 머리를 쓸어 넘기자 낯익은 얼굴이 드러났다. 하얀 배의 선장 피츠스티븐이었다. 그가 물었다.

"왕자님은 어디 있소?"

두 사람은 "죽었어요! 다 죽었단 말입니다!"라며 울부짖었다.

"왕자님도 죽고, 누이들도 죽고, 대왕 폐하의 조카딸과 그녀의 오빠와 남동생들도 모두 죽었어요. 귀족, 평민 할 것 없이 300명 모두 빠져 죽었소. 우리 셋만 남았단 말이오!"

피츠스티븐은 핼쑥한 얼굴로 "아, 너무나 슬프도다!"라고 울부짖으며 바닷속으로 사라졌다.

남은 두 사람은 한동안 활대에 매달려 있었다. 그러다가 결국 젊은 귀족이 가냘픈 목소리로 말했다.

"난 지쳤소. 너무 춥고, 더는 못 버티겠소. 이만 가야겠소, 친구! 신의 가호가 있기를!"

그 귀족은 바닷속으로 가라앉았다. 하얀 배에 탔던 그렇게 훌륭한 사람들 중에서 오직 보잘것없는 루앙의 푸줏간 주인만 살아남았다. 아침이 밝자 몇몇 어부가 물 위에 떠 있는 그를 발견하고는 즉시 배 위로 끌어올렸다. 그 밤에 있었던 참담한 일을 증언할 유일한 증인이었다.

3일 동안 그 누구도 감히 그 소식을 헨리 1세에게 전하지 못했다. 그러다가 마침내 꼬마 아이를 보내 무릎을 꿇고 비통하게 울면서 하얀 배와 승객 전원이 실종되었다는 말을 전하게 했다. 헨리는 마치 죽은 사람처럼 바닥에 쓰러졌다. 그 뒤로 헨리는 단 한 번도 웃지 않았다.

하지만 헨리 1세는 다시 음모를 꾸몄고, 다시 서약을 했으며, 다시 돈으로 사람을 매수했다. 속임수를 쓰는 버릇은 변하지 않았다. 왕위를 이을 아들이 없었으므로 그는 온갖 노력을 기울였다. 잉글랜드 백성들은 "이제 왕자가 우리에게 멍에를 씌우고 밭을 갈게는 못하겠군!" 하고 수군대며 몰래 즐거워했다.

마침내 헨리 1세는 재혼을 결심했다. 두 번째 아내는 공작의 딸이며 교황의 조카딸이기도 한 아델레Adelais, 혹은 앨리스Alice였다. 하지만 새 아내에게서도 아이를 얻지 못하자 헨리는 조카 클리토를 보호하고 있는 노르망디 귀족 엘리아 부부에게 당시 과부였던 자신의 딸 마틸다를 후계자로 인정하라고 다그쳤다. 헨리는 예전에 마틸다를 프랑스 앙주 백작의 장남 제프리Geoffrey Plantagenet, Count of Anjou(1113~1151)와 결혼시켰었다. 제프리는 모자에 깃털 대신 금작화 가지를 꽂고 다녀 '금작화'라는 별칭으로 불렸다. 미꾸라지 한 마리가 온 강물을 흐리듯 한 사람의 부덕한 왕이 온 나라를 어지럽히는 상황이었다.

윌리엄 클리토를 보호하고 있는 엘리아 부부는 마틸다를 후계자로 인정하고 그녀의 아이도 그다음 후계자로 인정하겠다고 두 번이나 선서했지만 그것을 지킬 마음은 조금도 없었다. 그러다가 헨리 1세가 조카 클리토 때문에 더는 골머리를 앓지 않아도 되는 일이 발생했다. 클리토가 창에 찔려 생긴 손의 상처가 덧나는 바람에 스물여섯 살의 나이로 생토메르St. Omer 수도원에서 죽은 것이다. 마틸다에게는 아들이 셋이나 있었기 때문에 헨리는 더 이상 후계자 문제를 걱정할 필요가 없다고 생각했다.

헨리 1세는 말년을 마틸다와 함께 노르망디에서 보냈다. 그리고 재위 35년을 넘긴 예순여섯 살의 나이에 배탈과 고열로 눈을 감았다. 몸 상태가 좋지 않은데도 의사들이 조심하라고 입이 닳도록 주의를 주었던 칠성장어를 먹고 탈이 났던 것이다. 헨리의 시신은 레딩 수도원Reading Abbey으로 옮겨 안장되었다.

교활하고 약속을 밥 먹듯 어기던 헨리 1세를 두고 어떤 사람들은 정치란 다 그런 것이라고 얘기한다. 그럴듯하게 들릴지 모르겠지만, 그 말은 사실과는 거리가 멀다. 그리고 사실이 아닌 것을 두고 훌륭하다고 할 수는 없는 노릇이다.

내가 알기로 헨리 1세의 가장 큰 장점은 학문을 사랑한다는 점이었다. 그 장점을 잘 살려서, 한때 수감자였고 기사이기도 했던 한 시인의 눈을 멀게 하지 않았더라면 그는 좀 더 높은 평가를 받았을 것이다. 하지만 그는 시를 지어 자신을 조롱했다는 이유로 시인의 눈을 뽑으라고 명했고, 시인은 고통에 몸부림치면서 머리를 감방 벽에 부딪혀 스스로 목숨을 끊었다. 헨리는 탐욕스럽고 복수심에 불탔으며 신뢰할 수 없는 인물이었다. 그리고 일생을 통틀어 자신이 한 말을 한 번도 지키지 않았다.

제11장

헨리 1세의 딸 마틸다와
스티븐의 왕위 다툼

잉글랜드 국토를 황폐화시킨 15년 전쟁

헨리 1세가 죽기 무섭게 생전에 그렇게 많은 거짓말을 하며 오랫동안 공들인 계획들이 모래성처럼 무너졌다. 헨리가 단 한 번도 불신하거나 의심한 적 없었던 스티븐Stephen, King of England(생몰연도: 1097~1154, 재위기간: 1135~1154)이 왕위를 넘보기 시작한 것이다.

스티븐은 '정복왕' 윌리엄의 딸 아델라Adela of Normandy(1067~1137)가 블루아 백작Count of Blois(1045~1102)과 결혼해서 낳은 아들이었다. 헨리 1세는 스티븐과 그의 동생 헨리Henry of Blois를 너그럽게 대했다. 그는 헨리를 윈체스터 주교에 임명했고, 스티븐에게는 참한 신붓감을 물색해주었으며, 많은 재물을 주었다.

너그럽게 대해주던 헨리 1세가 죽자, 스티븐은 서둘러 그의 시종을 구워삶아 선왕이 임종 때 자기를 후계자로 지명했다는 거짓 증언을 받아냈다. 캔터베리 대주교는 시종의 증언을 근거로 스티븐에게 왕관을 씌웠다. 번갯불에 콩 구워 먹듯 왕위에 오른 스티븐은 지체 없이 왕궁 보물창고를 손에 넣은 다음 왕좌를 지키기 위해 외국 용병을 고용했다.

설사 시종의 거짓 증언이 사실이었다고 해도 헨리 1세가 동의도 구하지 않고 잉글랜드 백성을 마치 양이나 소처럼 멋대로 누군가에게 넘겨줄 권한은 없었다. 그리고 헨리가 유언을 남겨 실제로 모든 영토를 물려준 사람은 딸 마틸다Empress Matilda(생몰연도: 1102~1167, 재위기간: 1141~1141)였다. 그녀는 즉시 이복 오빠인 글로스터 백작 로버트Robert, 1st Earl of Gloucester(1100?~1147)[5]의 지원을 받아 왕위 쟁탈전을 벌였다. 유력 귀족과 사제들은 마틸다와 스티븐 지지파로 양분되었으며, 다들 성의 방비를 강화하느라 여념이 없었다. 불쌍한 잉글랜드 백성은 다시금 전란의 소용돌이에 휩싸이게 될 처지였다. 누가 이기든 백성들에게는 아무런 이익도 없었다. 어느 편이든 백성들을 약탈하거나 고문하고 굶주림에 시달리게 하며 파멸시킬 뿐이었다.

헨리 1세가 죽은 뒤 5년이 지났다. 그사이 스코틀랜드의 데이비드 1세 David I of Scotland(1084~1153)가 두 번 침공했지만, 결국 잉글랜드군에 패하고 물러갔다. 마틸다는 로버트와 함께 대규모 병력을 이끌고 나타나 왕위를 요구했다. 이후 링컨에서 마틸다와 스티븐 왕 사이에 전투가 벌어졌다. 스티븐은 도끼와 검이 부러질 때까지 싸웠지만, 붙잡혀 옥에 갇혔고 곧이어 글로스터로 옮겨져 유폐되었다. 마틸다는 사제들에게 어떤 상황에서도 배신하지 않을 것을 다짐했고, 사제들은 그녀를 여왕으로 세웠다.

마틸다는 여왕의 자리를 오래 누리지는 못했다. 스티븐에 대한 런던 시민들의 애정이 무척 컸으며, 여왕이 나라를 다스리는 것을 두고 모멸감을 느끼는 귀족도 많았기 때문이다. 마틸다의 거만한 성격도 무수한 적을 만드는 데 일조했다. 결국 런던 시민들이 봉기하여 스티븐의 군대와 합세한 뒤 윈체스터에서 마틸다를 포위하고 그의 오빠 로버트를 붙잡았다.

마틸다 여왕은 최고의 군인이자 총사령관인 로버트를 스티븐 왕과 기꺼이 교환했다. 그렇게 스티븐은 다시 자유의 몸이 되었다. 다시 기나긴 전투가 시작되었다. 한번은 마틸다가 옥스퍼드 성에서 궁지에 몰렸는데, 때마침 겨울이라 땅에 눈이 두껍게 쌓였다. 그녀가 탈출할 수 있는 방법은 하나뿐이었다. 흰옷을 입고, 역시 흰옷 차림의 충실한 기사 세 명과 함께 스티븐 병사들의 눈을 피해 눈밭을 지나가는 것이었다.

마틸다 여왕은 그렇게 몰래 걸어서 얼어붙은 템스 강을 건너 먼 곳까

▼ 잉글랜드 옥스퍼드셔의 옥스퍼드 성 ©Pawika Tongtavee/Shutterstock.com

지 벗어난 다음 말을 타고 도망쳤다. 가까스로 사지를 벗어났지만 모든 일이 물거품이 되고 말았다. 그녀가 도망쳐 나오는 사이 로버트가 전사했기 때문이다. 마틸다는 어쩔 수 없이 노르망디로 피신했다.

잔인무도한 시대

마틸다가 피신하고 1~2년이 지나자, 잉글랜드에서 그녀의 추종자들이 새롭게 나타났다. 그들은 마틸다의 아들인 헨리를 전면에 내세웠다. 헨리는 플랜태저넷 가문의 청년으로 나이는 열여섯 살에 불과했지만 막강한 권력을 손에 쥐고 있었다. 어머니에게 노르망디를 물려받았을 뿐만 아니라 프랑스에 넓은 영지를 소유한 엘레오노르Eleanor of Aquitaine(1122~1204)와 결혼했기 때문이다.

엘레오노르는 악독한 성품의 소유자로, 프랑스의 루이 7세Louis VII of France(1120~1180)와 이혼한 이력이 있었다. 엘레오노르의 재혼이 못마땅했던 루이는 스티븐 왕의 아들 외스타슈Eustace IV, Count of Boulogne(1129~1153)를 지원하여 노르망디를 침공하게 했다. 하지만 헨리는 루이와 외스타슈 연합군을 노르망디에서 몰아낸 다음 잉글랜드로 건너가 템스 강가의 월링퍼드Wallingford에서 스티븐 왕의 군대에 포위된 자신의 추종자들을 지원했다. 양쪽 군대는 템스 강을 사이에 두고 각자 진지를 구축한 채 이틀간 대치했다.

모두 또 한 번의 필사적인 전투를 벌이기 직전, 애런들 백작William d'Aubigny, 1st Earl of Arundel(1109~1176)이 용기를 내어 말했다.

"양쪽 왕국이 이렇게 형언할 수 없는 고난을 겪고 있는데, 단지 왕자

두 사람의 야망 때문에 전쟁을 지속하는 것은 합당하지 않습니다."

많은 귀족이 백작의 말에 따르며 지지를 표명했고, 스티븐과 젊은 헨리 플랜태저넷도 각자 자기편 강둑으로 내려가 강을 사이에 두고 협상을 벌인 끝에 싸움을 중단하기로 했다. 외스타슈는 오만한 태도로 크게 불만을 표시하며 수하들과 함께 철수한 뒤 베리 세인트 에드먼즈 수도원Bury Saint Edmunds Abbey에서 온갖 행패를 부리다가 얼마 후 정신이상으로 죽었다.

그렇게 휴전이 이루어진 뒤 윈체스터에서 정식으로 자문회가 열려 스티븐이 왕위를 유지하고, 그의 사후 헨리가 왕위를 잇기로 의결했다. 그리고 스티븐의 또 다른 아들 윌리엄은 아버지의 적법한 재산을 물려받기로 했으며, 그가 귀족들에게 나누어 준 왕가의 땅을 회수하고 짓고 있던 성도 모두 허물기로 했다. 15년간 잉글랜드 국토를 황폐화시켰던 전쟁은 그렇게 끝이 났다. 그 이듬해, 스티븐은 말도 많고 탈도 많았던 19년간의 통치를 끝내고 눈을 감았다.

스티븐 왕은 생전에 인간적이고 온건한 데다 재기 넘치는 사람이었으며, 왕위를 빼앗은 일 말고는 별다른 악행이 없다고들 한다. 더구나 헨리 1세도 똑같이 왕위를 찬탈한 경력이 있으니 자신의 잘못이 그리 큰 것은 아니라고 변명할지도 모르겠다. 하지만 왕위 찬탈은 사실 변명의 여지가 없는 큰 죄다. 그리고 19년 동안 이어진 그의 끔찍했던 통치기간에 잉글랜드 백성은 고난으로 점철된 잉글랜드 역사 속에서도 가장 혹독한 시기를 보내야 했다. 또한 귀족들은 왕권을 놓고 두 편으로 나뉘어 서로 싸웠다. 봉건제도가 확산되면서 모든 귀족은 저마다 견고한 성을 짓고 영지 내의 백성들에게 잔혹한 군주로 군림했다(봉건제도 아래에서 농민들은 태어날 때부터 귀족에게 종속된 노예 신세였다). 그리고 영지 내에서 온갖 잔인한 짓을 마음껏 저질렀다. 스티븐이 왕위에 있던 19년은 불행하게도 잉글랜드 역사상 가장 잔인무도한 짓들이 자행되던 시절이었다.

당대의 저술가들은 그런 무시무시한 잔학행위를 기록으로 남겼다. 당시 잉글랜드 성은 사람이라고 할 수 없는 악마들로 넘쳐났다고 한다. 영주는 재물을 얻기 위해 농민을 지하감옥에 가두고 불이나 연기로 고문하거나 엄지손가락에만 끈을 묶어 매달았다. 발뒤꿈치를 묶어 거꾸로 매달아 머리에 피가 쏠리게 하거나, 날카로운 톱니바퀴로 몸을 찢기도 했으며, 굶겨 죽이기도 하고 뾰족한 돌이 가득한 좁은 상자에 넣어 갈기갈기 찢어 죽이기도 하는 등 온갖 기괴하고 잔혹한 방법을 동원했다.

잉글랜드에서는 곡식이나 고기는 물론 치즈나 버터도 찾아보기 어려웠고, 경작지가 부족해 곡식을 수확할 수도 없었다. 온종일 시도 때도 없이 출몰하는 잔인한 강도들 눈에도 보이는 것이라고는 불타버린 마을의 잿더미와 을씨년스러운 폐허뿐이었다. 더구나 동틀 무렵부터 밤까지 걸어 다녀도 집 한 채를 제대로 볼 수 없었다.

성직자도 백성들처럼 약탈을 당하고 큰 피해를 보는 경우가 빈번했다. 하지만 성직자 상당수는 자신의 성이 있어서 귀족처럼 투구와 갑옷을 갖추고 맞서 싸웠으며, 전리품이 생기면 제비뽑기를 해서 병사들과 나눠 가졌다.

스티븐 왕의 야욕에 맞서던 교황(혹은 로마 주교)은 한때 잉글랜드 전역에 '성무금지Interdict' 명령을 내렸다. 그렇게 되면 성당에서 예배를 볼 수 없고, 남녀 간에 결혼을 할 수도 없으며, 종을 울릴 수도 없고, 망자를 매장할 수도 없었다. 이런 명령을 거부할 힘이 있는 자는 교황이든 닭장수든 간에 무고한 백성을 도탄에 빠뜨릴 힘이 있는 사람이기도 했다.

스티븐 왕이 통치하던 시절, 백성들은 온갖 고난에 신음하고 있는데 교황은 투구와 갑옷을 사느라 병장기兵仗器 가게에 '헌금'했다. 예루살렘에서 구세주께서 헌금함 맞은편에 앉아 계실 때 비록 적지만 전 재산인 '두 렙돈Mite, 즉 한 고드란트Quadrans를 헌금함에 넣었던' 과부[6]와는 너무나 대비되는 행동이었다.

제12장

헨리 2세, 신하들에게 버림받다

프랑스에서 반란을 일으킨 동생 제프리

스티븐 왕과 윈체스터에서 맺었던 협정에 따라 헨리 플랜태저넷이 스
물한 살의 나이로 잉글랜드 왕위를 평화롭게 이어받았다. 스티븐 왕이
죽고 6주가 지난 뒤 헨리와 엘레오노르 왕비는 윈체스터에서 대관식을
거행했다. 요란한 음악이 연주되고 꽃잎이 흩날리는 가운데 두 사람은
나란히 말을 타고 시내로 들어갔다.

헨리 2세Henry II(생몰연도: 1133~1189, 재위기간: 1154~1189)의 통치는 순
조롭게 시작되었다. 재산이 엄청나게 많은 데다 활기차고 유능하며 결단
력이 있는 젊은 왕은 왕위에 오르자마자 불행했던 선왕 시절의 병폐를
뿌리 뽑기 위해 노력했다. 무분별하게 지급되었던 토지를 파벌 구분 없

이 다시 거두어들였고, 곳곳에서 행패를 부리고 다니던 많은 군인을 잉글랜드에서 추방했으며,[7] 잉글랜드의 모든 성을 자신의 소유로 다시 거두어들였다. 또한 백성에게 잔혹행위가 자행되던 사악한 귀족들의 성을 강제로 허물었는데, 그 숫자가 1,100여 개에 달했다.

그때 헨리 2세의 동생 제프리Geoffrey, Count of Nantes(1134~1158)가 프랑스에서 반란을 일으켰다. 그동안 자신에게 큰 도움이 되었으므로 프랑스의 영토를 회복하는 데 적임자로 생각했던 동생이었다. 헨리는 동생의 반란을 제압하고 평화협정을 맺었다. 그리고 영토를 더 늘리려는 야심에 프랑스의 루이 7세와 전쟁을 벌였다. 그전까지만 해도 루이 7세와는 관계가 돈독해서 아직 요람에 있는 프랑스 아기 공주를 자신의 다섯 살배기 왕자와 결혼시키자고 약속할 정도였다. 하지만 전쟁은 흐지부지되었고, 교황이 두 왕을 화해시켰다.

스티븐 왕 통치 시절의 혼란을 틈타 성직자들의 행패가 극에 달해 있었다. 성직자 중에는 살인자나 절도범, 건달 등 온갖 종류의 범죄자도 많았는데, 가장 큰 문제는 선량한 사제조차 죄를 범한 악랄한 사제를 처벌하지 않고 숨겨주거나 옹호하는 것이었다. 그런 폐단이 계속되는 한 잉글랜드에 평화가 올 수 없음을 잘 아는 헨리 2세는 성직자 세력을 약화시키고자 했다.

그렇게 적당한 때를 기다리고 있던 헨리 2세는 재위 7년째가 되던 해 캔터베리 대주교가 죽자 마침내 기회가 왔다고 생각했다. 헨리의 생각은 이랬다.

'믿을만한 측근을 대주교로 뽑아야겠어. 그래야 반항적인 사제들을 꺾을 수 있고, 죄를 지으면 일반 백성들과 똑같이 처벌할 수 있을 거야.'

그래서 헨리 2세는 가장 총애하는 신하를 대주교에 임명했다. 이렇게 새로 대주교가 된 사람은 매우 특별한 인물이었고, 귀가 솔깃해질만한 이야기를 남겼다. 이제 그의 이야기를 꺼내보려 한다.

옛날 옛적 런던에 살던 길버트 베켓Gilbert Becket이라는 덕망 높은 상인이 성지순례를 떠났다가 어떤 사라센(십자군 시대에 유럽인이 서아시아의 이슬람교도를 일컫던 말_옮긴이) 영주에게 붙잡혔다. 영주는 상인을 노예 취급하지 않고 친절하게 대해주었다. 영주에게는 딸이 하나 있었는데, 그녀는 베켓에게 마음을 빼앗겨 기독교인이 되

▲ 잉글랜드 왕 헨리 2세
©Georgios Kollidas/Shutterstock.com

길 원했다. 기독교 국가로 달아날 수 있다면 베켓과 기꺼이 결혼하겠노라고 그녀는 말했다. 상인은 그녀의 사랑을 받아들였다.

함께 잡혀 있던 시종 리처드와 그곳을 탈출하는 데 성공한 상인은 잉글랜드에 도착한 뒤 그녀를 까맣게 잊어버렸다. 상인을 깊이 사랑했던 영주의 딸은 변장을 한 채 아버지 곁을 떠나 그를 찾아 나섰다. 그리고 수많은 역경을 헤치고 인근 해안에 도착했다. 상인에게 배운 영어 단어는 딱 두 개였다(아마도 상인은 사라센 말을 독학으로 배워 그녀와 사랑을 속삭였을 것이다). 하나는 '런던'이었고, 또 하나는 상인의 이름 '길버트'였다. 그녀는 이 배 저 배를 다니며 "런던! 런던!" 하고 끊임없이 외쳤다. 운 좋게도 어떤 뱃사람이 그녀가 잉글랜드로 가려 한다는 사실을 알고 배를 소개해주었다.

그녀는 갖고 있던 보석으로 뱃삯을 치르고 마침내 잉글랜드로 출발했다. 대단한 여인이로다! 하루는 상인이 런던의 사무실에 앉아 있는데, 거리에서 웅성거리는 소리가 들리더니 곧이어 시종 리처드가 달려왔다. 리처드는 눈이 휘둥그레진 채 숨을 헐떡거리며 말했다.

"주인님, 주인님, 사라센 여인이 왔습니다!"

상인은 시종이 미친 게 아닌가 싶었다.

"틀림없어요, 주인님! 사라센 여인이 '길버트! 길버트!' 하면서 시내를 돌아다니고 있습니다!"

시종은 상인의 소매를 잡아끌면서 창밖을 가리켰다. 칙칙하고 지저분한 거리, 뾰족지붕과 지붕에서 떨어지는 물줄기 사이로 여인이 보였다. 호기심에 모여든 군중에 둘러싸인 채 여인은 불쌍한 모습으로 "길버트! 길버트!"를 외치며 천천히 걸어가고 있었다. 여인을 보자 상인은 사라센 영주에게 잡혀 있을 때 자신에게 한결같이 다정하게 대해주었던 기억이 떠올라 마음이 울컥했다.

상인은 한달음에 거리로 달려나갔다. 사라센 여인도 상인을 보고 다가와 울부짖으며 그의 품에 안겨 정신을 잃고 말았다. 두 사람은 바로 결혼식을 올렸고, 사람 좋은 리처드는 흥에 겨워 결혼식 날 온종일 춤을 추었다. 그렇게 두 사람은 죽을 때까지 행복하게 살았다.

상인과 사라센 여인 사이에는 토머스 베켓Thomas Becket(1118?~1170)이라는 아들이 하나 있었다. 그는 헨리 2세가 가장 총애하는 신하가 되었다. 베켓이 상서Chancellor⁸ 자리에 오르자 헨리는 베켓을 캔터베리 대주교에 임명하려고 했다. 베켓은 영리하고 박식하며 쾌활하고 용감한 사람이었다. 프랑스에서 몇 차례의 전투를 치르기도 했는데, 한번은 프랑스 기사를 죽이고 그 기사의 말을 전리품으로 갖고 돌아온 적도 있었다. 그는 왕궁에서 살면서 헨리 2세의 어린 아들 헨리 왕자의 가정교사 노릇도 했으며, 휘하에 기사를 140명이나 둘 정도로 재산이 많았다.

한번은 헨리 2세가 베켓을 프랑스 특사로 보낸 적이 있었는데, 그가 가는 곳마다 백성들이 거리로 몰려나와 이렇게 소리쳤다.

"상서가 저렇게 멋진 걸 보면 잉글랜드 왕은 얼마나 훌륭할까?"

베켓 일행의 화려한 행렬은 사람들을 깜짝 놀라게 하기에 충분했다. 마을에 들어서는 행렬의 선두에는 소년 250명이 노래하며 걷고 있었고, 사냥개들이 짝지어 그 뒤를 따랐으며, 곧이어 각각 말 다섯 마리와 마부 다섯 명이 모는 짐마차 여덟 대가 지나갔다. 마차 두 대에는 마을 주민들에게 나누어 줄 독한 맥주가 가득 실려 있었고, 다른 네 대에는 금과 은으로 만든 식기와 화려한 옷이 가득했으며, 나머지 두 대에는 시종들의 옷이 잔뜩 실려 있었다.

그 뒤로는 저마다 원숭이를 태운 말 12마리가 지나갔고, 곧이어 무장한 병사들과 휘황찬란하게 치장한 전투용 말들이 줄지어 지나갔다. 그리고 팔목에 매를 앉힌 매사냥꾼들, 한 무리의 기사와 귀족, 사제들이 그 뒤를 이었다. 그런 다음에야 햇빛에 번쩍번쩍 빛나는 옷차림을 한 베켓의 모습이 보였다. 사람들은 모두 펄쩍펄쩍 뛰었고, 함성을 지르면서 즐거워했다.

헨리 2세는 그런 일들을 모두 좋게 생각했다. 측근의 모습이 장엄해 보인다면 자신은 그보다 더 장엄해 보일 것이라 여겼던 것이다. 하지만 가끔은 베켓의 화려한 모습에 짓궂은 장난을 치기도 했다. 어느 혹한의 겨울에 헨리가 베켓과 함께 말을 타고 런던 거리를 지나고 있는데, 누더기를 입고 추위에 덜덜 떨고 있는 노인이 눈에 들어왔다. 헨리가 말했다.

"불쌍한 백성이로다! 저 노인에게 자선을 베풀어 편안하고 따뜻한 망토를 주어야 하지 않겠는가?"

그 말을 들은 베켓이 대답했다.

"현명한 처사이십니다, 전하! 그것이 기독교인의 의무 아니겠습니까?"

그러자 헨리 2세가 소리쳤다.

"그렇다면 자네의 망토를 벗어주게나!"

가장자리에 흰색 담비 털이 달린 진홍색의 호화로운 망토였다. 토머스 베켓은 헨리 2세가 자신의 망토를 벗기려 하자 그 손을 막았다. 두 사람은 그렇게 옥신각신 다투다가 말안장에서 진흙투성이 바닥에 떨어질 뻔했다.

그제야 베켓은 망토를 벗었고, 헨리 2세는 그 망토를 늙은 거지에게 건네주었다. 늙은 거지는 깜짝 놀랐고, 주변의 신하들은 크게 웃으며 즐거워했다. 당연한 일이었다. 궁정 신하들이란 왕이 웃으면 크게 따라 웃고 왕이 총애하는 신하를 비웃는 데는 누구보다 적극적이기 때문이다.

헨리 2세의 생각은 이랬다.

'토머스 베켓 상서를 캔터베리 대주교에 임명해야겠어. 그럼 교회의 수장으로서 내게 충성을 다할 것이고, 내가 교회를 바로잡는 데 힘이 되어주겠지. 예전에 성직자의 권력에 맞서 왕권을 옹호했을 때처럼 말이야. 또 언젠가 몇몇 주교에게 성직자도 기사와 똑같이 나를 섬겨야 한다고 공개적으로 말하기도 했잖아? 베켓은 잉글랜드에서 내 원대한 계획을 그 누구보다 적극적으로 도와줄 사람이야.'

그래서 헨리 2세는 주변 사람들이 호전적이라거나 낭비벽이 있다거나 아첨을 잘 떤다거나 공직에 적합하지 않다는 등의 이유로 반대했음에도 베켓을 대주교로 임명했다.

토머스 베켓은 자존심이 강하고, 유명해지는 것을 좋아했다. 베켓은 이미 호화로운 생활과 엄청난 재산, 금과 은으로 만든 식기, 짐마차, 수많은 말과 시종들로 유명인사가 되어 있었다. 그 방면으로는 더 이상 유명해질 수 없을 정도였다. 하지만 그런 물질적인 측면의 명성(그런 명성은 참으로 하찮은 것이다)에 그는 이골이 나 있었다. 그래서 뭔가 다른 방면에서 자신의 이름을 알리고 싶었다. 베켓은 헨리 2세와 맞먹는 권력을 손에 넣는 것이 가장 좋은 방법이라고 생각했고, 그 생각을 실행에 옮기기로 했다.

혹시나 토머스 베켓에게 헨리 2세에 대한 남모를 원한이 있었는지도 모른다. 정확히 언제인지는 몰라도 헨리가 베켓의 자존심에 상처를 입혔을 수도 있다. 왕이나 왕자나 기타 권력자들은 보통 안하무인이라서 측근에게 더 함부로 대할 수도 있는 법이다. 거만한 베켓의 입장에서 거지에게 진홍색 망토를 벗어 주라고 했던 헨리의 행동은 결코 유쾌한 일이 아니었을 것이다.

토머스 베켓은 헨리 2세가 자신에게 기대하는 바를 누구보다 잘 알고 있었다. 그리고 지금껏 호화롭게 살아오면서도 왕의 말을 거역해본 적이 없었다. 하지만 이제 교회의 수장으로서 자신의 자존심을 확고하게 내세울 수 있게 되었다. 그리고 역사에 왕을 굴복시켰거나 왕에게 굴복했거나, 둘 중 하나로 기록되어야 한다고 확신했다.

토머스 베켓, 왕에게 맞서다

토머스 베켓은 지금까지의 생활방식을 송두리째 바꿨다. 호사스러운 주변 사람들을 멀리하고 검소한 음식을 먹으며 쓴 물을 마셨다. 벌레가

기어다니는 더러운 참회복을 맨살에 걸치고(당시에는 아주 더러운 차림을
할수록 독실하다고 여겼다) 등에 채찍질하면서 자신을 벌했다. 아주 작은 방
에 기거하면서 매일같이 가난한 사람 13명의 발을 씻어주었다. 최대한
고생스러운 생활을 자처했다.

사람들은 토머스 베켓의 이런 변화에 깜짝 놀랐다. 그가 예전에 원숭
이 12마리가 아니라 1,200마리를 말 등에 태우고 짐마차 여덟 대가 아니
라 8,000대를 동원해 시가행진을 벌였다고 해도 사람들은 지금 놀라는
것의 반의 반도 놀라지 않았을 것이다. 사람들은 예전에 상서로 일할 때
보다 대주교가 된 베켓의 모습을 더 많이 입에 올렸다.

헨리 2세는 그런 토머스 베켓을 보며 크게 화를 냈다. 더구나 베켓이
법적으로 교회의 재산이라며 귀족들에게 여러 곳의 땅을 내놓으라고 하
는 데다 자신에게도 같은 이유로 로체스터 성과 로체스터 시를 달라고
하자 한층 더 격분했다. 베켓은 더 나아가 자신이 대주교로 있는 한 잉글
랜드의 성직자 임명권은 오직 자신에게만 있다고 주장했다. 켄트 지방의
한 귀족이 그 말을 어기고 직접 성직자를 임명하자 베켓은 그 귀족을 파
문해버렸다.

파문은 성무금지의 다음 단계이며, 성직자의 가장 큰 무기였다. 주교
가 파문을 선언한 사람은 성당을 비롯한 모든 종교기관에서 배척당하며,
서 있거나, 누워 있거나, 앉아 있거나, 무릎 꿇거나, 걷거나, 뛰거나, 놀라
서 입을 쩍 벌리거나, 기침하거나, 재채기하거나, 그 무엇을 해도 머리끝
부터 발끝까지 저주받는다.

전혀 기독교적이지 않고 어처구니없는 이런 짓을 당한다고 해서 저
주받은 사람이 실제로 달라지는 것은 아무것도 없다. 성당에 못 들어가
게 하면 집에서 기도하면 되는 것이다. 더구나 그런 심판은 오직 하느님

만 내릴 수 있다. 하지만 파문을 당하면 다른 사람들이 무서워하면서 피했기 때문에 파문당한 사람은 불행할 수밖에 없었다. 그래서 헨리 2세는 켄트의 귀족에게 내린 파문을 거두라고 토머스 베켓에게 말했다. 베켓은 절대 그럴 수 없다고 답했다.

헨리 2세와 토머스 베켓의 다툼은 계속되었다.[9] 한번은 우스터셔 Worcestershire의 사제가 끔찍한 살인을 저질렀다. 헨리는 살인마를 왕실 법정으로 소환하여 일반 살인범과 똑같은 절차로 재판하라고 명했다. 하지만 베켓은 헨리의 명을 거부하고 살인범을 성당 감옥에 가두었다. 헨리는 웨스트민스터 궁에서 정식 회의를 열어 장차 죄를 지은 모든 사제는 교회의 법정에 넘기지 말고, 성직자 신분을 박탈한 다음 세속법정에서 처벌하라고 명했다.

하지만 토머스 베켓은 이 명령도 거부했다. 헨리 2세는 성직자들에게 이 땅의 '오랜 관습Ancient Customs'[10]을 지킬 것인지 대답하라고 다그쳤다. 이에 베켓은 "내 명령을 제외한다면!"이라고 대답했고, 다른 성직자들도 한 사람만 빼고[11] 모두 베켓의 말을 복창했다. 다시 말해, 오랜 관습이 자신들의 주장과 어긋나지 않을 때만 따르겠다는 말이었다. 헨리는 노발대발하며 궁을 빠져나갔다.

몇몇 성직자들은 너무 많이 나간 것은 아닌지 불안해서 웨스트민스터 궁만큼이나 흔들림 없던 토머스 베켓을 설득하려 했다. 우드스톡 Woodstock에서 왕을 만나 "내 명령을 제외한다면!"을 고집하지 말고 무조건 나라의 오랜 관습에 따르겠다고 약속하게 했다. 왕은 성직자들의 항복을 기분 좋게 받아들였고, 솔즈베리 인근 클래런던 성에서 성직자 회의를 대대적으로 소집했다. 하지만 이 회의에서 베켓은 또다시 "내 명령을 제외한다면!"을 고집했다.

영주들이 토머스 베킷에게 사정하고 성직자들은 무릎 꿇은 채 울면서 매달렸다. 무장한 군인이 가득한 옆방의 문을 활짝 열어 위협도 해봤지만 베킷은 꿈쩍도 하지 않았다. 하지만 결국 베킷도 뜻을 굽힐 수밖에 없었다. 성직자 대표가 오랜 관습을 문서화하고 예전에 헨리 2세가 요구했다가 거부당했던 조항까지 포함한 모든 조항에 서명한 다음 봉인했기 때문이다. 이것이 바로 '클래런던법Constitutions of Clarendon'이다.

그럼에도 다툼과 분쟁은 쉴 새 없이 계속되었다. 토머스 베킷은 헨리 2세를 만나려 했지만 헨리는 만나주지 않았다. 잉글랜드를 탈출하고 싶어도 해안의 뱃사람들 중 어느 누구도 배에 태워주지 않았다. 베킷은 마음을 돌려 헨리와 정면으로 맞서기로 하고 오랜 관습을 공공연하게 무시하기 시작했다.

헨리 2세는 노샘프턴에서 열린 대자문회에 토머스 베킷을 소환하여 대역죄로 기소하고 갖가지 항목을 내세워 손해배상 명목으로 막대한 금액을 청구했다. 베킷은 회의에 참석한 모든 사람을 상대로 외롭게 싸웠다. 주교들조차 베킷에게 대주교직을 내놓고 왕과의 다툼을 당장 멈추라고 충고했다. 베킷은 초조함이 극에 달해 이틀간 몸져누워 있으면서도 여전히 흔들리지 않았다. 그는 커다란 십자가를 손에 들고 다시 회의장으로 들어가 십자가를 앞에 세워둔 채 의자에 앉았다.

헨리 2세는 크게 화를 내며 내실로 들어가버렸고, 다른 참석자들도 분통을 터뜨리며 자리를 떠났지만, 홀로 남은 토머스 베킷은 계속 자리를 지켰다. 그때 주교들이 무리 지어 다시 회의장으로 들어와 베킷을 반역자로 몰아붙이며 지지를 철회했다. 베킷은 "듣고 있소이다!" 한마디만 하고 계속 앉아 있었다. 주교들은 다시 내실로 들어가 베킷이 없는 자리에서 그에 대한 재판을 계속했다.

곧이어 귀족 대표인 레스터 백작이 회의장으로 나와 판결문을 읽었다. 토머스 베켓은 판결을 듣지 않고 법정의 권위를 부정하면서 재판을 교황에게 의뢰하겠다고 말했다. 베켓이 십자가를 손에 들고 회의장에서 걸어 나오는 동안 일부 참석자들은 바닥에서 골풀(당시에는 양탄자 대용으로 골풀을 바닥에 깔아놓았다)을 집어 그에게 던졌다. 베켓은 당당한 모습으로 고개를 돌리더니 자신이 대주교만 아니었다면 예전에 써먹던 검술로 저 겁쟁이들을 응징했을 것이라고 말했다. 그러고는 주위를 둘러싼 주민들의 환호를 받으며 말을 타고 가버렸다.

그날 밤 토머스 베켓은 자신의 집 대문을 활짝 열고 주민들을 초대하여 함께 저녁을 먹었다. 그리고 몰래 마을을 빠져나가 낮에는 몸을 숨기고 밤에만 이동했다. 베켓은 자신을 '디어맨Dearman'이라는 수도사로 지칭하면서 별다른 어려움 없이 바다 건너 플랑드르 지방으로 도망쳤다.

다툼은 여전히 계속되었다. 분노한 헨리 2세는 대주교의 수입을 가로채고 베켓의 모든 친척과 시종을 추방했는데, 그 숫자가 400여 명에 달했다. 교황과 프랑스 왕은 베켓을 보호하기 위해 노력했고 수도원에 머물게 했다. 이런 후원에 크게 고무된 베켓은 대규모 축제일을 맞아 수많은 군중이 운집한 대성당에 공식적으로 모습을 드러냈다. 그리고 연단에 올라 클래런던법을 지지했던 사람 모두를 공개적으로 저주하고 파문했다. 수많은 잉글랜드 귀족 이름이 언급되었으며, 잉글랜드 왕 헨리 2세도 간접적으로 거론되었음을 알만한 사람들은 다 알 수 있었다.

토머스 베켓의 무례한 언동을 전해 들은 헨리 2세는 분노를 이기지 못하고 자신의 옷을 찢고, 밀짚과 골풀이 깔린 바닥에서 미친 사람처럼 데굴데굴 굴렀다. 하지만 곧바로 다시 일어나 이런저런 조치를 취했다. 우선 전국의 항구와 해안을 철저히 감시하여 왕국 안으로 성무금지 명령서가 들어오지 못하게 막았고, 전령을 통해 로마 교황청에 뇌물을 보냈다.

그러는 동안 베켓도 로마에서 끊임없이 자신의 뜻을 관철하기 위해 동분서주하고 있었다. 그렇게 계속되던 다툼은 프랑스와 잉글랜드 간에 평화협정이 맺어지고, 그 협정을 기념하여 양국의 왕이 자식들을 혼인시키기로 약속한 뒤에야 비로소 끝을 맺었다. 프랑스 왕이 직접 나서서 헨리 2세와 그의 옛 충신이자 숙적인 베켓의 만남을 주선했다.

만남의 자리에서 헨리 2세 앞에 무릎을 꿇었음에도 토머스 베켓은 여전히 "내 명령을 제외한다면!"을 고집했다. 프랑스의 루이 7세는 나약한 인물이라 베켓처럼 강건한 사람을 존경하긴 했지만 더는 참고 보기가 힘들었다. 그래서 베켓에게 "성자보다 더 위대하고 성 베드로보다 더 훌륭한 사람이 되고 싶은가 보군"이라고 말하며 잉글랜드 왕과 함께 말을 타고 가버렸다. 하지만 이 보잘것없는 프랑스 왕은 얼마 못 가 아주 측은한 모습으로 베켓에게 자신의 경솔한 행동을 사과했다.

베켓의 최후

이런저런 불화를 겪은 뒤 프랑스 땅에서 헨리 2세와 토머스 베켓이 한 번 더 만났다. 베켓은 전직 대주교들의 관례에 따라 다시 캔터베리 대주교가 되었고, 헨리는 대주교 직위로 들어오는 모든 수입을 베켓에게 넘겨주기로 했다. 과연 그렇게 다툼이 끝났을까? 베켓은 조용해졌을까?

아니, 그렇지 않았다. 잉글랜드에 성무금지령이 내려지지나 않을까 전전긍긍하던 헨리 2세가 맏아들 헨리 왕자의 대관식을 몰래 거행했는데,

이 소식이 토머스 베켓의 귀에 들어갔다.[12] 베켓은 교황에게 요청해 자기 대신 대관식을 거행한 요크 대주교의 직무를 정지시키고 그를 도왔던 주교들을 파문하게 했다. 그뿐만 아니라 해안 경계령이 내려져 있음에도 잉글랜드로 전령을 보내 주교들에게 직접 파문 명령서를 전달하고, 7년 만에 자신이 태어나 자란 땅으로 돌아왔다.

토머스 베켓은 잉글랜드에 오면 목숨이 위태로워질 것이라는 경고를 비밀리에 이미 받은 상태였다. 라눌프 드 브록Ranulf de Broc이라는 다혈질에 성미가 괴팍한 기사가 잉글랜드에 오면 살아서 빵 한 덩이 먹을 수 없을 것이라고 으름장을 놓았다. 그러나 베켓은 전혀 개의치 않고 잉글랜드로 건너갔다.

백성들은 토머스 베켓을 크게 반기며 마치 군대처럼 그를 둘러싼 채 행진했다. 무기라고는 손에 잡히는 대로 들고 나온 너절한 것들뿐이었다. 베켓은 한때 자신이 가르쳤던 젊은 왕자 헨리를 만나려고 했지만 거절당했다. 일부 귀족과 사제에게도 도움을 구했지만 도와주는 이는 아무도 없었다. 그래서 함께 온 농민들을 최대한 활용했고, 그들을 배불리 먹였다. 그렇게 캔터베리에서 해로온더힐Harrow-on-the-Hill로 갔다가 다시 캔터베리로 돌아왔다.

토머스 베켓은 성탄절에 성당에서 강론하면서 자신은 백성들과 함께하다가 죽음을 맞으려고 왔으며, 아마도 결국 살해당할 것이라고 말했다. 그러면서도 그는 조금도 두려워하지 않았다. 설령 두려웠다 해도 두려움이 그의 고집을 꺾지는 못했을 것이다. 그리고 그때 그곳에서 세 명의 적을 파문했는데, 그중에는 다혈질 기사 라눌프 드 브록의 이름도 들어 있었다.

골칫덩이 정적이 잠잠해지기를 간절히 바라고 있던 헨리 2세의 귀에 토머스 베켓이 자신에 대한 무례한 언행을 일삼고 다닌다는 소식이 들려왔다. 분개한 헨리 2세에게 요크 대주교가 달려와 "베켓이 살아 있는 한 단 하루도 편할 날이 없습니다"라고 소리쳤다. 그러자 헨리는 이렇게 탄식했다.

"이곳에는 정녕 베켓에게서 나를 구해줄 사람이 아무도 없단 말인가?"

헨리의 말을 듣고 기사 네 명이 서로 눈빛을 교환하다가 슬그머니 밖으로 나갔다. 네 명의 기사는 레지널드 피처스Reginald Fitzurse, 윌리엄 트레이시William Tracy, 휴 드 모빌Hugh de Morville, 리처드 브리토Richard Brito였다. 놀랍게도 그중 세 명은 예전에 토머스 베켓이 한창 위세를 떨칠 때 그의 무리에 몸담았던 사람들이었다. 기사들은 말에 올라 아무도 모르게 말을 달렸고, 성탄절이 지난 뒤 사흘째 되던 날 캔터베리에서 멀지 않은 솔트우드 하우스Saltwood House에 도착했다. 그곳은 라눌프 드 브록 가문의 소유였다. 기사들은 만일의 사태에 대비해 은밀히 추종자들을 불러 모은 다음 캔터베리로 향했다. 네 명의 기사와 12명의 추종자들은 오후 2시에 베켓의 사저를 급습했고, 허리를 굽혀 인사하거나 말 한마디 건네지 않은 채 조용히 바닥에 앉아 베켓을 노려보았다. 마침내 베켓이 입을 열었다.

"원하는 게 무엇이냐?"

"주교들에게 내린 파문을 취소하고 왕 앞에 가서 당신의 죄에 합당한 벌을 받으시오."

레지널드 피처스가 말했다. 토머스 베켓은 성직자의 권위가 왕의 권위보다 위에 있다고 말했다. 그러고는 어떤 위협에도 눈 하나 깜짝하지 않을 것이며, 설사 잉글랜드의 무력을 총동원해서 위협한다 해도 절대로 굴복하지 않겠다고 도발적으로 대응했다.

"그렇다면 위협만으로는 안 되겠군!"

기사들은 이렇게 말한 다음 추종자들과 밖으로 나가서 갑옷을 입고 번뜩이는 칼을 뽑아 든 채 다시 베켓에게로 향했다. 그사이 베켓의 시종은 사저의 대문을 닫고 빗장을 걸었다. 기사들은 도끼로 문을 부수려다가 한쪽 귀퉁이에서 안으로 들어갈 수 있을만한 창문을 하나 발견했다. 기사들은 대문을 그대로 둔 채 창문을 향해 올라갔다. 조금 전 기사들이 대문을 마구 두드리고 있을 때 시종들은 베켓에게 성당으로 도피하라고 했다. 성당은 신성한 곳이므로 기사들이 함부로 폭력을 행사하지 못할 것이라고 생각했다. 하지만 베켓은 그 자리에서 움직이지 않겠다는 말만 되풀이했다. 그때 멀리서 수도사들이 저녁 예배를 드리며 부르는 찬미가 소리가 들리자 베켓은 예배에 참석해야 한다며 밖으로 나갔다.

사저와 성당은 가까이 붙어 있었다. 지금도 두 건물 사이에는 오래되었지만 여전히 매우 아름다운 회랑이 놓여 있다. 베켓은 조금도 서두르지 않고 천천히 성당으로 걸어갔다. 평소처럼 십자가를 든 채였다. 별일 없이 성당에 도착하고 나서 시종이 문을 걸어 잠갔다. 하지만 베켓은 이곳은 하느님의 집이지 요새가 아니라며 문을 잠그지 말라고 일렀다.

그때 레지널드 피처스의 그림자가 성당 입구에 나타났다. 어스름한 겨울 저녁에 바깥은 점점 더 어두워지고 있었다. 피처스가 큰 소리로 외쳤다.

"나를 따르라, 왕의 충복들이여!"

다른 기사들이 성당 안으로 들어오는 동안 갑옷의 절그럭거리는 소리가 요란하게 울려 퍼졌다.

성당 내부는 무척 어두웠다. 복도의 천장은 매우 높고 웅장한 기둥이 군데군데 서 있으며, 지하실 아래쪽과 복도 위쪽으로 몸을 숨길 곳이 많왔다. 따라서 베켓이 몸을 숨기려고 했다면 얼마든지 목숨을 부지할 수 있었을 것이다. 하지만 그는 숨지 않았으며, 수도사들에게도 숨을 생각이 없다고 단호하게 말했다. 수도사들은 모두 뿔뿔이 흩어졌고, 충직한 수행원인 에드워드 그림Edward Gryme만 남았다. 그래도 베켓은 여느 때와 다름없이 단호한 모습이었다.

어둠을 헤치고 기사들이 다가왔다. 갑옷을 입은 기사들의 발소리가 돌로 된 성당 바닥에서 무섭게 울렸다. 기사들이 소리쳤다.

"반역자는 어디 있느냐?"

베켓은 대꾸하지 않았다. 기사들이 다시 "대주교는 어디 있소?"라고 외치자 베켓은 그제야 "여기 있다!"라고 당당하게 대답한 뒤 어둠 속에서 나와 기사들 앞에 섰다.

기사들은 대주교를 몰아낼 다른 방법이 있다면 굳이 그를 죽일 생각까지는 없었다. 그래서 토머스 베켓에게 도망가든지 아니면 자기들과 함께 가자고 말했다. 하지만 베켓이 둘 다 거부하고 소매를 잡으려는 윌리엄 트레이시를 힘껏 밀어내는 바람에 그가 중심을 잃고 비틀거렸다. 베켓은 당당한 모습으로 기사들을 꾸짖었다. 이것이 기사들의 화를 돋우고 감정을 들끓게 했다.

마침내 베켓에게서 악담을 들은 레지널드 피처스가 "그럼 죽어라!"라고 말하여 베켓의 머리를 내리쳤다. 하지만 에드워드 그림이 팔을 뻗어 대신 칼에 맞았고, 베켓은 상처를 입고 피를 흘리는 정도에 그쳤다. 기사들 중 한 명이 다시 베켓에게 도망가라고 말했다. 하지만 그는 얼굴에서 피를 흘리면서도 굳건히 서 있었다. 주먹을 꼭 쥐고 고개를 숙인 채 하느님께 모든 것을 맡겼다. 마침내 기사들은 성 베넷St. Bennet의 제단 근처에서 베켓을 잔혹하게 살해했다. 그의 시체는 바닥에 쓰러진 채 피와 뇌수를 쏟아내고 있었다.

촛불 몇 개 정도의 어스름한 불빛을 제외하고는 완전하게 어둠의 장막이 드리운 가운데 핏방울이 점점이 떨어져 있는 성당, 그곳에서 쉴 새 없이 저주를 쏟아내던 사람이 처참하게 살해당해 쓰러져 있는 모습이라니, 생각만 해도 오싹하다. 사람을 죽인 다음 말을 타고 달아나면서 어깨 너머로 어둑한 성당을 뒤돌아보며 그 안에 남겨진 시신을 떠올리는 기사들의 모습은 또 얼마나 무시무시한가!

헨리 2세와 교황의 갈등

헨리 2세는 흉포한 기사 네 명이 캔터베리 대성당에서 베켓을 살해했다는 소식을 전해 듣고 경악을 금치 못했다. 일부에서는 헨리가 '이곳에는 정녕 베켓에게서 나를 구해줄 사람이 아무도 없단 말인가?'라는 경솔한 말로 베켓의 죽음을 계획적으로 유발했다고 보지만, 그럴 가능성은 거의 없다. 왜냐하면 왕은 천성이 매우 열정적이긴 하지만 잔인하지는 않았으며 현명한 사람이었기 때문이다. 그런 식으로 베켓 대주교를 죽음으로 몰아가면 교황을 비롯한 전국의 모든 성직자의 반감을 사게 된다는 것은 바보천치라도 알만한 일이었는데, 머리가 잘 돌아가는 왕이 그 사실을 몰랐을 리는 없었다.

헨리 2세는 교황에게 전령을 보내 경의를 표하면서 경솔하게 뱉었던 말은 쏙 빼고 자신의 무고함을 설명했다. 또한 공개적으로 자신의 무고함을 밝히며 즉시 성당과 화해하려 애썼다. 죄를 지은 네 명의 기사들이 요크셔Yorkshire로 도망간 다음 법정에 출두하지 않자 교황은 그들을 즉각 파문했다. 기사들은 주민들의 손가락질을 받으며 한동안 비참한 생활을 이어가다가 마침내 속죄의 의미로 모든 것을 내려놓고 예루살렘으로 향했다. 그리고 그곳에서 죽어 땅에 묻혔다.

토머스 베켓이 살해당하고 난 뒤 얼마 지나지 않아 교황을 달랠 기회가 찾아왔다. 헨리 2세가 아일랜드의 통치권을 주장했는데, 그 일이 교황에게도 귀가 솔깃할만한 일이었기 때문이다. 오랜 옛날 아일랜드에 기독교를 전파한 사람은 파트리시우스Patricius 혹은 성 패트릭Saint Patrick(385~461)이라는 사람이었는데, 그때는 교황이 아직 없었을 때라 아일랜드인들은 교황이 자신들과 아무런 관련이 없다고 생각했다. 그래서 앞에서도 언급했던 베드로 헌금, 그러니까 집집마다 1펜스씩 내는 세금을 교황에게 내지 않았다. 따라서 헨리가 아일랜드를 통치하게 된다면 교황은 아일랜드에서도 베드로 헌금을 걷을 수 있게 되는 것이었다. 이렇게 그에게 기회가 찾아왔다.

쉽게 상상할 수 있겠지만 당시 아일랜드인은 매우 호전적인 민족이었다. 끊임없이 다투고 싸웠으며, 서로 목을 베고 코를 자르고 집을 불태웠다. 서로 아내를 빼앗고 온갖 폭력을 행사하기도 했다. 아일랜드는 데즈먼드Desmond, 토먼드Thomond, 코너트Connaught, 얼스터Ulster, 렌스터Leinster의 다섯 왕국으로 나뉘어 있었다. 왕국마다 각각 왕이 있었고, 그중 한 명의 왕이 아일랜드 전체의 왕을 자처했다.

그때 더몬드 맥 머러Dermond Mac Murrough(이름을 제멋대로 썼으므로 철자가 다른 여러 이름이 있다)라는 왕이 친구의 아내를 데려가 늪지의 섬에 숨겼다. 당시에는 그다지 별스러울 것도 없는 일이었지만 아내를 빼앗긴 친구는 분개하며 아일랜드의 가장 막강한 왕에게 호소했고, 그의 도움을 받아 맥 머러를 왕국에서 추방해버렸다. 맥 머러는 복수를 다짐하며 잉글랜드로 건너와 자신의 영토를 되찾는 일을 도와주면 그 영토를 헨리 2세에게 바치겠다고 제안했다. 헨리는 그 조건에 합의했지만, 맥 머러에게 준 도움이라고는 단지 '공식 허가장'을 내려 잉글랜드 백성 중에서 맥 머러를 돕고 싶은 사람은 도와주라고 한 것뿐이었다.

그때 브리스틀에 '강궁Strongbow'이란 별칭의 리처드 드 클레어 Richard de Clare, 2nd Earl of Pembroke(1130~1176)라는 백작이 있었다. 그는 성품이 썩 좋은 사람은 아니었으며, 극도로 궁핍한 처지여서 경제적 어려움을 벗어날 수만 있다면 물불을 가리지 않을 기세였다. 남웨일스에도 아무짝에도 쓸모없는 몰락한 기사 두 명이 있었다. 로버트 피츠스티븐Robert Fitz-Stephen과 모리스 피츠제럴드Maurice Fitz-Gerald였다. 이렇게 세 사람이 각자 몇 명의 부하들을 이끌고 맥 머러의 일에 가담했다. 일이 성공하면 강궁 리처드 백작은 맥 머러의 딸 에바Eva와 결혼하고 맥 머러의 후계자가 되기로 약속했다.

세 사람이 거느린 부하는 훈련이 잘 되어 있어서 훨씬 많은 수의 아일랜드군을 단숨에 격파했다. 전쟁 초반에 치른 한 전투에서 세 명의 기사와 그의 부하들은 적의 머리 300개를 베어 맥 머러 앞에 늘어놓았다. 맥 머러는 희희낙락하면서 잉글랜드 병사들에게 일일이 악수를 청한 다음, 평소 눈엣가시 같았던 우두머리의 머리를 들어 올리더니 머리카락과 귀를 꽉 움켜잡고 코와 입술을 물어뜯어버렸다. 이것만 봐도 그 시절 아일랜드 왕의 수준이 어느 정도였는지 알 수 있다.

당시 전쟁터에서 붙잡힌 포로는 온갖 착취와 학대를 당했다. 승리한 쪽에서는 아무렇지 않게 포로의 사지를 찢거나 높은 낭떠러지에서 바다로 포로를 던지곤 했다. '강궁' 리처드 백작은 워터퍼드Waterford를 점령하면서 온갖 참상과 만행이 난무하는 가운데 에바와 결혼식을 올렸다.

▲ 아일랜드 동남쪽에 있는 항구 도시 워터퍼드의 리스모어 성 전경 ©walshphotos/Shutterstock.com

거리에는 시체가 산더미처럼 쌓여 있고, 지저분한 도랑에서는 피가 넘쳐
흘렀다. 산더미처럼 쌓인 시체라니 결혼식 하객으로는 참으로 혐오스럽
지 않았을까? 내 생각에 그나마 하객다운 하객은 오직 젊은 신부의 아버
지뿐이었을 것 같다. 신부의 아버지 맥 머러는 워터퍼드와 더블린을 점
령하고 몇 차례 전투에서 승리를 거둔 뒤 눈을 감았다. 그리고 강궁 백작
은 렌스터의 왕이 되었다.

이때 헨리 2세에게 기회가 찾아왔다. 날로 확대되는 강궁 백작의 세력
을 억누르기 위해 백작의 주군 자격으로 직접 더블린에 간 헨리 2세는
왕국을 빼앗기는커녕 강궁 백작이 막대한 재산을 소유할 수 있게 했다.
그래서 더블린에 머무는 동안 모든 아일랜드 왕과 족장이 신하의 예를
다했고, 헨리 2세는 '아일랜드 왕'이라는 칭호를 얻어 잉글랜드로 돌아옴
으로써 교황에게 전에 없이 좋은 인상을 남겼다. 헨리는 그렇게 교황과

완벽하게 화해했다. 내 생각에는 오히려 교황이 더 적극적인 자세를 취해 헨리가 예상했던 것보다 더 쉽고 원만하게 화해가 이루어졌을 것 같다.

이 시기에 헨리 2세는 별다른 문제 없이 탄탄대로를 달렸지만, 집안에서는 우환이 고개를 들기 시작했다. 그 우환은 점차 헨리를 세상에서 가장 불행한 사람으로 만들었고, 진취적인 기상을 갉아먹었으며, 건강을 빼앗고 마음에 큰 상처를 남겼다.

헨리 2세에게는 네 명의 아들이 있었다. 예전에 몰래 대관식을 거행해서 베켓의 화를 돋우었던 장남 헨리Henry the Young King(1155~1183)는 당시 열여덟 살이었다. 둘째 리처드Richard I of England(1157~1199)는 열여섯 살, 제프리Geoffrey II, Duke of Brittany(1158~1186)는 열다섯 살이었고, 막내 존John, King of England(1166~1216)은 일곱 살이었다. 존은 헨리가 가장 사랑하는 아들이었는데, 궁정 신하들은 그를 '땅 없는 자Lackland'라는 별칭으로 불렀다. 헨리가 아일랜드 왕위를 물려주려고도 했지만 결국 아버지에게서 전혀 땅을 물려받지 못했기 때문이다.

버릇없이 자란 아들들은 돌아가면서 아버지에게 몰인정한 모습을 보였고 형제들끼리도 매몰차게 대했다. 맏아들 헨리는 프랑스 왕과 못된 어머니 엘레오노르 왕비의 부추김을 받아 불효로 얼룩진 발걸음을 내디뎠다. 우선 헨리 왕자는 아버지에게 프랑스 공주인 젊은 아내 마가레트Margaret와 함께 왕위를 물려받겠다고 말했다. 그 일은 헨리 2세가 동의해서 그렇게 지나갔다. 그런데 헨리 왕자는 그 요구가 받아들여지기 무섭게 헨리 2세가 아직 살아 있는데도 영토 일부를 넘겨달라고 요구했다.

헨리 2세가 거절하자 헨리 왕자는 밤을 틈타 프랑스 왕궁으로 피신했다. 못된 마음속에는 오직 땅을 물려받지 못했다는 비통한 생각뿐이었다. 채 이틀이 지나지 않아 동생 리처드와 제프리도 형의 뒤를 따라 프랑스로 건너갔다. 어머니 엘레오노르 왕비도 남장을 하고 아들들을 따라 탈출하려 했지만, 헨리 2세의 수하에게 붙잡혀 옥에 갇히고 말았다. 엘레오노르는 그 뒤로 16년 동안 감옥에 갇혀 살았으니 자업자득이 아닐 수 없다.

날이 갈수록 탐욕스러운 잉글랜드 귀족들이 헨리 2세를 버리고 왕자들 편으로 돌아섰다. 탐욕스러운 귀족들이 자신의 욕심을 채우기 위해 백성을 억압하지 못하게 왕이 막았기 때문이다. 왕자들이 반란을 일으키려고 군사를 모은다는 새로운 첩보가 왕에게 매일같이 날아들었다. 프랑스 왕궁에서 헨리 왕자가 자기편인 잉글랜드 대사 앞에서 왕관을 썼으며 '잉글랜드의 젊은 왕'으로 불린다는 소식도 들렸고, 왕자들이 프랑스 귀족의 동의와 승인 없이는 아버지와 화해하지 않기로 맹세했다는 소식도 들렸다.

헨리 2세는 흔들림 없이 의연한 모습으로 이런 날벼락 같은 소식들에도 충격받지 않고 단호히 대처했다. 그리고 우선 슬하에 자식을 둔 왕족을 모두 방문하여 도움을 청했다. 그들에게도 언제든 닥칠 수 있는 문제였기 때문이다. 또한 아들을 선동하여 자신과 반목하게 만든 원흉인 부정한 프랑스 왕과 결전을 벌이기 위해 재물을 풀어 병사 2,000명을 고용했다. 그렇게 헨리 2세가 열정적으로 전쟁 준비를 계속하자 프랑스 루이 7세는 얼마 못 가 평화회담을 제의했다.

양쪽의 회담은 프랑스 어느 평야에 푸른 가지를 널찍하게 뻗고 서 있는 오래된 느릅나무 밑에서 열렸다. 하지만 이렇다 할 성과는 없었고 머지않아 전쟁이 시작되었다. 둘째 리처드 왕자는 아버지 헨리 2세에 맞서서 군대를 지휘하는 것으로 전장 경험을 시작했다. 하지만 그는 아버지가 지휘하는 군대에 패해 병사들과 함께 후퇴했다. 그때 스코틀랜드가 잉글랜드를 침공했다는 소식이 들려왔고, 헨리 2세는 폭풍을 뚫고 황급히 돌아가야 했다. 수천 명에 달하는 리처드의 병사들은 그렇듯 부도덕한 이유로 동족끼리 싸워야 했느냐며 훗날 크게 자책했을지도 모른다.

헨리 2세는 잉글랜드에 도착하자마자 곧장 캔터베리를 찾았다. 그리고 멀리 사원의 모습이 눈에 들어오자 말에서 내려 신발을 벗고 맨발로 걸었다. 베켓의 무덤 가까이 갔을 때는 발이 온통 피투성이가 돼 있었다. 왕은 그곳에서 많은 백성이 지켜보는 가운데 바닥에 엎드려 베켓을 애도한 다음 성당 회의장에 들어가 맨 어깨와 등을 드러내고 매듭이 있는 채찍으로 여덟 명의 사제들에게 돌아가면서 채찍질을 당했다. 그러나 분명 아주 세게 맞지는 않았을 것이다.

헨리 2세는 과연 자신이 토머스 베켓을 살해했기 때문에 이런 사태가 벌어졌다고 생각했던 걸까? 아니면 이 난국을 헤쳐 나가기 위해 베켓을 성인으로 추대했던 교황의 힘에 기대고 싶었던 걸까? 그것도 아니면 숨결이라고는 전혀 없는 베켓의 무덤이 기적을 행한다고 믿었던 백성의 힘을 등에 업고 싶었던 걸까?

헨리 2세가 작정하고 이렇게 유별난 모습을 보였던 바로 그날 우연하게도 잉글랜드는 스코틀랜드의 침공을 완전히 격퇴했다. 그 소식을 듣고 사제들은 크게 기뻐하면서 왕이 아주 훌륭한 태도로 회개하는 모습을 보인 덕분에 승리했다고 말했다. 왜냐하면 사제들은 하필 토머스 베켓이 죽은 다음부터 그를 존경하게 되었기 때문이다. 베켓이 살아 있을 때는 다들 그를 지독히 미워했는데 말이다.

셋째 아들 리처드의 반란

불효자 왕자들과 함께 비열한 음모를 주도했던 플랑드르 백작Philip I, Count of Flandre(1143~1191)은 헨리 2세가 잉글랜드에 머무는 틈을 노려 노르망디 공국의 수도 루앙을 포위했다. 하지만 엄청나게 신속하고 민첩하게 움직였던 왕은 예상보다 빨리 잉글랜드를 떠나 루앙에 도착하여 플랑드르 백작을 무찔렀다. 이에 왕자들과 공모했던 사람들은 헨리 2세에게 평화협정을 제안했고, 못된 아들 헨리와 제프리도 동의했다. 리처드는 홀로 6주간 저항했지만, 몇 군데 성에서 연패를 거듭한 끝에 결국 항복하고 말았다. 헨리 2세는 리처드를 용서했다.

이 불초한 왕자들에게 아버지의 용서란 잠시 한숨을 돌리면서 새로운 불효를 작당하는 시간을 벌어줄 뿐이었다. 왕자들은 부정하고 불충하며 명예롭지 못해서 세간에 흔한 도둑들만큼이나 믿을 수 없었다. 바로 다음 해, 헨리 왕자는 재차 반역을 꾀했고 다시 아버지의 용서를 받았다. 8년이 더 흐른 뒤 리처드는 맏형 헨리를 배신했다. 그러자 제프리는 뻔뻔스럽게도 형제들 간에 싸우지 않고 의기투합하려면 아버지에게 대항하는 수밖에 없다고 말했다. 헨리 왕자는 아버지와 화해한 바로 그 이듬해에 또다시 반란을 일으켰으며, 결국 진압되고 굴복한 다음 충성을 맹세하고 용서받았다. 그리고 다시 제프리와 함께 반란을 일으켰다.

이 신뢰할 수 없는 헨리 왕자의 최후가 가까이 다가왔다. 프랑스의 한 마을에서 병석에 눕게 된 왕자는 양심의 가책을 느끼며 자신의 비열함을 무섭게 자책했다. 그리고 아버지 헨리 2세에게 전령을 보내 친히 방문해서 죽기 전에 자신을 용서해달라고 간청했다. 너그러운 왕은 언제든 자식들을 용서할 마음이 있었으므로 기꺼이 헨리를 보러 가려고 했다.

하지만 왕을 따르는 귀족들은 헨리 왕자가 그동안 워낙 비인간적인 모습을 자주 보였으므로 음모일지 모른다며 의심했고, 맏아들이긴 하지만 그런 반역자는 결코 믿을 수 없다고 말했다. 그래서 헨리 2세는 아들을 만나러 직접 가는 대신 반지를 빼서 용서의 징표로 보냈다. 헨리 왕자는 크게 후회하면서 눈물을 펑펑 흘렸다. 그리고 반지에 입을 맞추면서 주변 사람들에게 자신이 아들로서 얼마나 못되고 악독하고 불효를 많이 저질렀는지 참회했다. 그러고 나서 옆에 있는 사제에게 이렇게 말했다.

"자, 내 몸을 밧줄로 묶은 다음 침대에서 끌어내 잿더미 위에 눕혀다오. 하느님께 회개의 기도를 올리며 죽겠다!"

헨리 왕자는 그렇게 스물여덟 살의 나이로 생을 마쳤다.

그로부터 3년 뒤, 제프리 왕자는 마상시합 중에 말에서 떨어진 다음 몸 위로 지나가는 말발굽에 머리를 밟혀 죽었다. 이제 남은 왕자는 리처드와 존뿐이었다. 존은 어느덧 어엿한 청년이 되어 아버지에게 헌신하겠노라고 굳게 맹세했다. 리처드는 죽은 루이 7세의 아들이며 친구인 프랑스 왕 필리프 2세Philip II of France(1165~1223)의 부추김을 받아 다시 반란을 일으켰다. 하지만 곧 아버지에게 진압당했고, 재차 용서를 받은 다음 신약성서에 손을 얹고 두 번 다시 반란을 일으키지 않겠다고 맹세했다. 하지만 그 후 헨리 2세의 생전에 프랑스 왕 앞에서 무릎을 꿇고 충성을 다짐했으며, 그의 도움으로 군사를 일으켜 프랑스에 있는 아버지의 영토를 전부 차지하겠다고 선언했다.

이런 리처드 왕자가 구세주의 병사를 자처하고 다녔다니! 더구나 옷에 십자가 문양까지 달고 다니지 않았던가! 그 십자가 문양은 바로 이전 해에 프랑스와 잉글랜드의 왕이 평원에 서 있는 오래된 아름드리 느릅나무 밑에서 우애 넘치는 회담을 하고 나서 채택한 것이었거늘! 두 왕은 그 회담에서 하느님의 사랑과 명예를 위해 새로 결성되는 십자군에 모든 것을 바치자며 (리처드가 즐겨했듯) 맹세했다.

헨리 2세는 자식들의 거짓말과 끊임없이 반복되는 배신 행위에 상심하고 염증을 느낀 나머지, 언제 병에 걸려 죽더라도 상관없다고 생각하게 되었다. 그토록 오랜 시간 굳건한 모습을 보였지만 불행한 왕은 결국 무너지기 시작했다. 하지만 교황은 신의를 지키면서 헨리의 편을 들었고, 군사적으로 우위에 있던 프랑스 왕과 리처드에게 화친하라고 강요했다.

잉글랜드 왕관을 쓰고 싶었던 리처드는 헨리 2세가 잉글랜드에 억류해두고 아들의 신붓감으로 낙점했던 프랑스 왕의 누이와 결혼하고 싶어하는 척 연기를 했다. 반면 헨리는 프랑스 왕의 누이를 자신이 총애하는 아들 존과 결혼시키고 싶었다. (비록 말뿐이지만) 아버지에게 충성을 바치고 헌신하겠다고 맹세한 유일한 아들이 바로 존이었기 때문이다. 마침내 헨리는 귀족들에게서 차례로 버림을 받고 그 때문에 고통스러워하면서 지치고 상심한 채로 평화협정에 동의하는 수밖에 없었다.

아직도 마지막으로 왕에게 매우 슬픈 일 하나가 남아 있었다. 반란군이 평화협정서를 가져왔을 때 헨리 2세는 중병으로 병석에 있었다. 그들은 반란군에 충성을 맹세했던 배신자들의 명단도 함께 가져와 면책해달라고 요구했다. 그런데 그 명단의 첫 줄에 있는 사람은 바로 헨리가 가장 총애하고 끝까지 믿었던 아들 존이었다. 헨리는 몹시 괴로워하며 탄식했다.

"아아, 가장 사랑했던 존! 너를 위해 수많은 역경을 헤쳐왔는데, 너마저 날 배신하다니!"

그러고는 무거운 신음을 뱉더니 이렇게 말을 이었다.

"될 대로 되라지. 이제는 아무런 관심도 없도다!"

얼마 후 헨리 2세는 시종에게 프랑스의 시농Chinon에 가고 싶다고 말

▲ 프랑스 서부의 소도시 시농 ©Ekaterina Pokrovsky/Shutterstock.com

했다. 오랫동안 마음속에 그려왔던 곳이었다. 하지만 이젠 정말 세상사에 관심이 없었기 때문에 더 이상 마음에 그리는 곳도 없었다. 헨리는 자신이 세상에 태어난 것 자체를 두고 맹렬히 저주를 퍼부었으며 남아 있는 자식들도 저주했다. 그리고 영원히 눈을 감았다.

비굴한 궁정 신하들은 100년 전에 죽음이 임박한 정복왕을 헌신짝처럼 버렸듯이 이제는 그 후손을 버렸다. 헨리 2세의 시신은 맨살이 드러난 채 약탈이 난무하는 왕궁에 남겨졌다. 주변에는 헨리의 시신을 매장하기 위해 퐁테브로 수도원Fontevrauld Abbey으로 옮길만한 도구가 아무것도 남아 있지 않았다.

아첨을 떨려고 한 말이었겠지만, 사람들은 훗날 리처드 왕자가 사자의 심장을 가졌다고 했다. 하지만 내 생각에 리처드는 사자의 심장보다 사람의 심장을 가졌더라면 훨씬 더 좋았을 것이다. 리처드가 엄숙한 성당에 들어와 겉으로 드러난 죽은 아버지의 얼굴을 봤을 때, 그의 심장은 깊은 회한 속에 뛰었어야 했다. 하지만 사자의 심장이었든 사람의 심장이었든 간에 그의 심장은 죽은 아버지의 일에 관해서는 불의하고 진실하지 못했다. 숲 속의 짐승보다도 감정이 메마른 심장이었다.

헨리 2세의 통치 시절에 관한 흥미로운 이야기가 있다. '아름다운 로저먼드Fair Rosamond'의 이야기라고들 한다. 그 이야기에서 왕은 세상에서 제일 사랑스러운 여인 로저먼드에게 한눈에 반해 우드스톡에 있는 정원에 그녀를 위해 아름다운 정자를 지었다. 정자 주변에는 복잡한 미로를 만들어 명주 실타래를 따라가지 않으면 그곳에 갈 수 없었다.

로저먼드를 질투했던 악독한 엘레오노르 왕비는 명주 실타래의 비밀을 캐낸 다음 로저먼드 앞에 나타났다. 엘레오노르는 단검과 독배를 손에 들고 로저먼드에게 둘 중 하나를 선택해 목숨을 끊으라고 했다. 로저먼드는 애처롭게 눈물을 흘리면서 살려달라고 애원하다가 결국 독을 마시고 아름다운 정자 안에 쓰러져 숨을 거두었다. 아무것도 모르는 새들은 로저먼드 주변을 날아다니며 활기차게 노래했다.

그 당시에 분명 아름다운 로저먼드가 있었으며, 그녀는 분명 세상에서 가장 아름다운 여인이었을 것이다. 헨리 2세는 틀림없이 그녀를 총애했을 것이고, 악독한 엘레오노르 왕비는 그녀를 질투했을 것이다. 나도 그 이야기를 좋아하긴 하지만, 아쉽게도 이야기 속에 나오는 정자나 미로는 존재하지 않았을 것이고 명주 실타래나 단검, 독배도 없었을 것이다. 그리고 아름다운 로저먼드는 나이를 먹고 옥스퍼드 인근의 수녀원에 들어가서 편안하게 생을 마감했을 것이다. 다른 수녀들은 그녀의 무덤에 실크로 만든 천을 덮고 때때로 찾아가서 꽃으로 장식했을 것이다. 그러면서 왕을 매료시킬 만큼 아름다웠던 시절의 로저먼드를 떠올렸을 것이다.

이제 무대 조명은 꺼지고 이야기는 끝이 났다. 기억은 희미해지고 아득하게 지나버렸다. 헨리 플랜태저넷은 35년에 걸쳐 그 누구보다도 잉글랜드를 잘 다스린 왕이다. 그는 쉰일곱 살의 나이로 생을 마감하고 퐁테브로 수도원에 잠들어 있다.

제13장

리처드 1세와 십자군 전쟁

유대인 학살장이 된 왕위 즉위식

1189년 '사자심왕' 리처드 1세Richard I(생몰연도: 1157~1199, 재위기간: 1189~1199)가 헨리 2세의 왕위를 이었다. 생전에 아버지의 마음을 수없이 아프게 했던 아들이었다. 앞에서 봤듯이 리처드는 어린 시절부터 아버지를 배반했지만, 막상 입장이 바뀌어 왕이 되고 보니 배반이란 것이 얼마나 몹쓸 짓인지 알게 되었다. 이런 경건한 생각에 푹 빠진 리처드는 아버지에게 맞서 자신의 편에 섰던 사람들을 빠짐없이 처벌했다. 리처드의 본성에 비추어봤을 때 이보다 더 그다운 행동은 없었을 것이다. 또한 비열한 아첨꾼이나 기생충 같은 인간들에게 사자의 심장을 가진 리처드를 결코 신뢰해선 안 된다는 경고를 이보다 더 효과적으로 전해주지는 못했을 것이다.

리처드 1세는 선왕의 재무상도 족쇄를 채워 지하감옥에 가두었다. 재무상은 왕궁의 모든 보물은 물론 자신이 가진 돈까지 전부 바친 뒤에야 풀려날 수 있었다. 리처드가 사자의 심장을 가졌는지 어쨌는지는 모르겠지만, 불쌍한 재무상의 재산 중 노른자위, 즉 사자의 몫Lion's share을 챙긴 것만은 분명하다.

리처드 1세는 웨스트민스터에서 위풍당당한 모습으로 잉글랜드 왕관을 썼다. 그는 대영주 네 명이 창에 걸어 머리 위로 높이 드리운 실크 덮개 아래에서 대성당을 향해 걸어갔다. 그런데 대관식이 있던 날 끔찍한 유대인 학살이 벌어졌다. 기독교도를 자처하는 많은 폭력배에게는 매우 기쁜 일이었을 것이다. 당시 유대인은 잉글랜드 최고의 상인이었지만 사람들에게 증오의 대상이기도 했다.

리처드 1세가 대관식에 유대인의 참석을 금지하는 포고를 내렸음에도 유대인들은 새로운 국왕에게 경의를 표하기 위해 선물을 들고 런던 곳곳에 모여들었다. 일부는 대담하게도 웨스트민스터 홀에 가서 선물을 전했고, 그 선물은 흔쾌히 접수되었다. 그때 군중 속에 아주 독실한 기독교도 행세를 하는 말썽꾼들이 있었다. 그들은 유대인을 보고 크게 고함을 질렀다. 그러고는 선물을 들고 홀 안으로 들어서는 유대인에게 무차별 폭력을 가했다.

이내 폭동이 일어났다. 홀 안에 있던 유대인들은 모두 밖으로 쫓겨났고, 일부 폭도들은 신뢰할 수 없는 종족인 유대인을 죽이라고 왕이 명령했다면서 소리 질렀다. 그러자 사람들은 좁은 시내 거리를 내달리면서 마주치는 족족 유대인을 학살했다. 다들 집으로 도망가서 문을 단단히 잠그고 있던 탓에 길거리에 유대인이 보이지 않자 사람들은 미친 듯이

▲ 웨스트민스터 궁전 앞에 있는 사자심왕 리처드 1세의 동상 ©Bertl123/Shutterstock.com

주변을 뛰어다니며 대문을 부수고 들어가 유대인을 칼과 창으로 찔렀다. 노인과 어린아이를 창밖으로 내던져 아래쪽에 피워놓은 불 속에 떨어뜨리기도 했다. 이렇게 잔혹한 학살극이 24시간 동안 계속되었는데, 처벌받은 사람은 단 세 명에 불과했다. 사형을 선고받은 죄목도 유대인 살해가 아니라 기독교도의 집 방화였다.

리처드 1세는 강인하고 활동적이며 체구가 건장한 남자였다. 그의 머릿속에는 오직 한 가지 생각뿐이었는데, 당혹스럽게도 다른 사람의 머리를 깨뜨려 죽이려는 생각이었다. 리처드는 많은 군사를 이끌고 성지로 십자군 원정을 떠나고 싶은 생각이 간절했다. 아무리 성지에 가려는 목적이라고 해도 대규모 군대를 동원하려면 큰돈이 필요했기 때문에 그는 왕가의 땅을 팔아 치웠다. 심지어 그는 고위 공직까지도 거리낌 없이 팔아버렸다. 앞뒤 가리지 않고 아무 귀족이나 임명하여 백성을 다스리게 한 이유도 그 귀족이 적임자여서가 아니라 재력이 있어서 특권을 비싸게 팔 수 있었기 때문이었다.

이뿐만 아니라 사면권도 비싼 가격에 팔았고, 다양한 방법으로 사람들을 탄압하여 막대한 재물을 탐욕스럽게 긁어모았다. 그런 다음 주교 두 명에게 자기가 없는 동안 왕국을 대신 다스리게 하고, 동생 존에게는 우호 관계를 다지기 위해 많은 권력과 재물을 주었다. 하지만 존은 그보다 잉글랜드 섭정 자리를 더 탐냈다. 교활한 존은 속내를 숨기고 형의 원정을 적극 찬성했다. 틀림없이 속으로는 이렇게 생각했을 것이다.

'더 많이 싸울수록 형이 죽을 가능성은 더 높아지지. 형이 죽으면 내가 왕이 되는 거야!'

새롭게 소집된 군대가 잉글랜드를 떠나기 전 신병들이 일반 대중과 함께 가엾은 유대인에게 잔혹행위를 해서 전국을 떠들썩하게 했다. 여러 대도시에서 수많은 유대인들을 끔찍한 방법으로 살해한 것이다. 요크에서는 수많은 유대인이 총독이 자리를 비운 틈을 타 성안으로 도피했다. 이미 수많은 유대인의 아내와 아이들이 눈앞에서 도륙된 후였다. 이윽고 총독이 돌아와 문을 열라고 명령하자 유대인들이 성벽 위에서 말했다.

"총독님! 그럴 수는 없습니다! 한 뼘이라도 문을 열었다가는 총독님 뒤에 있는 성난 군중이 밀려들어와 우리를 죽일 거예요."

공정한 인물이 아니었던 총독은 그 말에 벌컥 화를 내며 사람들에게 유대인을 죽여도 된다고 했다. 온통 하얗게 차려입은 미치광이 탁발수도사를 선두로 폭도들은 3일간 성을 공격했다.

그러자 유대인 대표이자 랍비(또는 사제)인 조센Jocen이 다른 유대인에게 말했다.

"형제들이여, 우리에게는 희망이 없습니다. 기독교도들이 이제 곧 성문과 성벽을 부수고 들어올 겁니다. 기독교도 손에 죽든지 스스로 목숨을 끊든지 어차피 우리와 처자식들 모두 죽을 테니, 차라리 우리 손으로 죽읍시다. 우리에게 있는 보석과 귀중품을 불태우고 성안에도 불을 지른 다음 목숨을 끊읍시다!"

차마 용기를 내지 못한 일부 사람들을 제외하고 대부분이 조센의 말에 따랐다. 유대인들은 귀중품을 산처럼 쌓아 모두 불태웠으며, 그 불길이 잦아들 무렵 성안에도 불을 질렀다. 유대인들을 둘러싼 화염은 요란한 소리를 내며 맹렬하게 타오르다가 하늘 높이 치솟아 오르더니 핏빛처럼 붉게 변해갔다. 그 와중에 조센은 사랑하는 아내의 목을 베고 자신도 칼로 목숨을 끊었다. 아내나 자식이 있는 다른 사람들도 조센과 비슷하게 끔찍한 방법으로 목숨을 끊었다.

성을 부수고 들어온 폭도들에게 남은 것이라고는 기름투성이 잿더미뿐이었다. 폭도들은 구석에서 두려움에 떨고 있던 유대인 몇 명을 죽였을 뿐이었다. 주변에는 불에 시커멓게 그슬린 통나무 조각 같은 것들이 여기저기 뒹굴고 있었다. 그것은 바로 조금 전까지만 해도 조물주가 자비로운 손으로 빚은 모습 그대로 살아 숨 쉬던 사람들이었다.

신성로마제국의 법정에 서다

이런 불행한 사태를 겪은 다음 리처드 1세는 군대를 이끌고 시건방진 모습으로 십자군에 합류했다. 그의 오랜 친구인 프랑스 필리프 왕과 함께 꾸린 연합군이었다. 두 사람은 10만여 명에 이르는 군대를 사열하는 것으로 원정을 시작했다. 그런 다음 각자 배를 타고 다음 집합 장소인 시칠리아의 메시나Messina로 향했다.

시칠리아 왕과 결혼했던 리처드 1세의 여동생 조앤Joan, Queen of Sicilia(1165~1199)은 당시 남편과 사별한 상태였다. 그리고 숙부인 탕크레드Tancred(?~1194)가 왕위를 찬탈해서 조앤의 땅을 빼앗고 옥에 가두어버렸다. 리처드는 여동생을 풀어주고, 땅도 돌려주고, 시칠리아 왕실의 관례에 따라 조앤의 혼수였던 황금 의자, 황금 탁자, 그리고 은잔과 은접시 각각 24개를 전부 돌려주라고 요구했다. 맞서기에는 워낙 강력한 상대였으므로 탕크레드는 그의 요구를 받아들였다.

그러자 프랑스 왕이 크게 시샘하면서 리처드 1세에게 메시나와 시칠리아 섬을 통째로 삼킬 생각이냐며 따지고 들었다. 하지만 리처드는 그에 아랑곳하지 않고 금화 2만 개를 준 탕크레드의 성의에 대한 보답으로 이제 갓 두 살배기인 조카 아서Arthur I, Duke of Brittany(1187~1203)와 탕크레드의 딸을 결혼시키기로 했다. 귀여운 아기 아서 얘기는 조만간 또 듣게 될 것이다.

시칠리아의 일은 리처드 1세가 누군가의 머리를 깨뜨리지 않고도 그렇게 정리되었다. 그의 입장에서는 분명 아쉬웠을 것이다. 여하튼 리처드는 여동생을 시칠리아에서 데리고 나왔다. 베렝가리아Berengaria라는 아름다운 여인도 함께였다. 베렝가리아는 리처드가 프랑스에서 사랑에 빠졌던 여인으로, 어머니 엘레오노르(기억하겠지만 선왕 통치 시절에 옥에 갇혔던 엘레오노르를 리처드가 왕위에 오르고 나서 풀어주었다)가 아들 리처드와 결혼시켰었다. 리처드 일행은 그렇게 키프로스Cyprus로 향했다.

리처드 1세의 입장에서는 신바람 나게도 얼마 지나지 않아 키프로스 왕의 군대와 한바탕 전투가 벌어졌다. 배가 난파하는 바람에 해변으로 떠밀려온 잉글랜드군을 두고 키프로스 왕이 마음껏 약탈해도 좋다고 허락했기 때문이다. 별볼일없는 적을 손쉽게 제압한 리처드는 키프로스 왕의 외동딸을 붙잡아 베렝가리아의 말벗으로 삼아주고, 은으로 만든 족쇄를 채웠다. 리처드 1세는 그렇게 어머니와 여동생, 아내, 포로로 잡은 키프로스 공주를 데리고 항해를 계속했다.

일행은 곧 아크레Acre¹³가 보이는 곳에 도착했다. 그곳에는 프랑스 왕의 함대가 바다에서 포위 공격을 하고 있었지만, 이길 가망은 별로 없었다. 이미 사라센군의 공격에 상당수 병력을 잃었고, 남은 병사들도 병에 걸려 허약해진 상태였기 때문이다. 더구나 튀르크의 용맹한 술탄 살라딘Saladin(1137~1193)이 선두에서 대군을 이끌며 높은 언덕에서 당당하게 아크레를 방어하고 있었다.

여러 나라의 군대가 연합군을 형성한 십자군은 가는 곳마다 가장 불경스러운 방식으로 노름을 했고, 음주를 즐겼으며, 싸움을 벌였다. 아군, 적군 구분 없이 주변 사람들을 타락시켰고, 조용한 곳을 아수라장으로 만들었다. 프랑스 왕과 리처드 1세는 서로를 시기했고, 두 나라의 무질서하고 난폭한 군인들도 서로를 질투했다. 따라서 처음에는 아크레 협공 작전에서도 의견이 엇갈렸다. 하지만 아크레 탈환이라는 같은 목표를 정하고 두 왕이 함께 작전을 세우자 사라센군은 아크레를 포기하고 성 십자가 조각¹⁴을 내주었으며, 기독교인 포로를 모두 석방하고 금화 20만 개를 주겠다고 약속했다. 하지만 사라센인이 40일 이내에 이행하기로 했던 그 약속은 이행되지 않았다. 그러자 리처드는 사라센 포로 3,000여 명을 병영 앞쪽으로 불러내어 동족이 보는 앞에서 학살했다.

프랑스 왕은 이런 범죄행위에 관여하지 않고 군사 대부분을 이끌고 귀국해버렸다. 리처드 1세의 고압적인 태도에 기분이 상했던 데다 프랑스를 온전히 보존해야 한다는 생각이 간절했기 때문이었다. 뜨거운 날씨와 사막 지역의 좋지 않은 공기를 마셔서 병이 생긴 탓도 있었다. 리처드는 프랑스 왕 없이 혼자 전투를 치렀고, 그곳에서 거의 1년 반 동안 수많은 모험을 했다.

매일 밤 리처드 1세의 군대는 행군을 하다가 멈춰 서서 병사들에게 전쟁의 명분을 일깨우기 위한 의식을 거행했다. 한 사람이 "그리스도의 성묘聖墓를 보호하자!"라고 세 번 소리치면 나머지 병사들이 무릎을 꿇고 "아멘!"을 외치는 식이었다. 행군하거나 야영할 때 병사들은 사막의 뜨거운 날씨나 용감한 살라딘이 이끄는 사라센 병사와 끊임없이 싸워야 했다. 질병과 죽음, 전투와 부상이 늘 가까이 있었지만 리처드는 모든 어려움에 거인처럼 맞섰고, 평범한 일꾼처럼 일했다.

아주 오랜 시간이 흘러 리처드 1세가 무덤에 누운 뒤, 날 무게만 9킬로그램에 달하는 잉글랜드 강철로 된 그의 무시무시한 전투 도끼는 사라센인 사이에서 전설이 되었다. 그리고 오랫동안 사라센 말이 길가에서 무엇을 보고 깜짝 놀라기라도 하면 기수들은 이렇게 소리치곤 했다.

"뭐가 무서운 거야, 멍청아! 리처드 1세가 따라오기라도 하는 거야?"

하지만 잉글랜드인은 리처드 1세보다 사라센의 술탄 살라딘이 더 용맹하다고 생각했다. 살라딘은 적이었지만 관대하면서도 의협심이 있었다. 리처드가 열병으로 몸겨누웠을 때, 살라딘은 다마스쿠스에서 신선한 과일을 보냈고 높은 산꼭대기에서 눈을 가져다주었다. 두 왕은 정중한 서신이나 칭찬도 자주 주고받았다. 그리고 리처드가 말을 타고 나가 사라센인을 힘껏 죽이면 살라딘도 말을 타고 나가 기독교도를 능력껏 죽이곤 했다. 이런 식으로 리처드는 아르수프Arsoof와 야파Jaffa에서 마음껏 싸웠다. 하지만 아슈켈론Ashkelon에서는 신나는 일이 하나도 없었다. 전투는 벌어지지 않았고, 그저 사라센이 파괴했던 방어시설을 복구하고 동맹국이지만 너무 오만방자했던 오스트리아 대공 레오폴트 5세Leopold V(1157~1194)를 쫓아 보낸 정도였다.

마침내 십자군의 눈에 예루살렘 성지가 보였다. 하지만 당시 십자군은 내부적으로 질투가 팽배하고 다툼과 분쟁이 한창이었으므로 얼마 못가 후퇴했고, 사라센과 3년 3개월 3일 3시간에 걸친 휴전협약을 맺었다. 그때 잉글랜드 기독교인들은 살라딘이 사라센인에게 보복당하지 않게 막아준 덕에 구세주의 성스러운 무덤을 참배할 수 있었다.

리처드는 잉글랜드로 돌아가기 위해 아크레에서 소수의 잔여 병력을 배에 태웠다. 하지만 배가 아드리아 해를 지나다가 난파되는 바람에 리처드 1세는 다른 사람인 척 위장하고 신성로마제국의 영토를 지나가게 되었다. 그때 신성로마제국에는 리처드에게 쫓겨난 오만한 오스트리아 대공 휘하에서 십자군 전쟁에 참여했던 사람들이 많이 있었다. 범상치 않은 모습의 리처드를 쉽게 알아본 사람들은 대공에게 그 소식을 전했고, 대공은 곧바로 리처드를 붙잡아 빈Wien 인근의 작은 집에 가둬버렸다.

대공의 군주인 신성로마제국 황제 하인리히 6세Heinrich VI(1165~1197)와 프랑스 왕 필리프 2세는 골칫덩이 왕을 사로잡았다는 소식에 뛸 듯이 기뻤다. 못된 짓을 같이하려고 맺은 우정은 진실하지 않은 법이라고 했던가? 리처드 1세가 아버지를 배신하면서 가까워졌던 프랑스 왕 필리프 2세는 이제 리처드라면 치를 떠는 앙숙이 되어 있었다. 그리고 어처구니없게도 리처드가 성지에서 자신을 독살하려는 음모를 꾸몄다고 거짓말을 늘어놓았다. 한때 진실한 동료였던 리처드를 살인 미수죄로 고발했고 신성로마제국 황제를 매수하여 그를 범죄자로 몰아가려 했다.

결국 이 두 군주의 음모로 리처드 1세는 살인 미수를 비롯한 갖가지 죄목으로 신성로마제국의 법정에서 재판을 받았다. 하지만 그는 진지한 태도와 열변으로 훌륭하게 자신을 변호하여 법정에 있는 많은 사람의 마음을 감동시키고 눈물을 흘리게 했다. 신성로마제국의 법정은 리처드가 구금되어 있는 동안 예전의 위엄 있는 모습에 걸맞게 대우했고, 몸값을 많이 내면 자유의 몸이 될 수 있다고 판결했다.

잉글랜드 국민들은 자발적으로 리처드 1세의 몸값을 모금했으며, 그의 어머니 엘레오노르가 그렇게 모인 몸값을 들고 신성로마제국으로 갔다. 처음에 하인리히 6세는 돈을 받지 않겠다며 피해 다녔지만, 엘레오노르는 신성로마제국 황제 밑에 있는 대공들을 찾아가 아들을 석방해달라고 호소했다. 엘레오노르의 호소가 효과를 발휘해 요청이 받아들여졌고, 마침내 리처드는 석방되었다. 그러자 프랑스 왕은 곧바로 리처드의 동생 존 왕자에게 서신을 보냈다.

"몸조심하시오. 악마가 풀려났소!"

사자심왕의 최후

존 왕자에게는 형 리처드를 두려워할만한 이유가 있었다. 형이 붙잡혀 있는 동안 반역을 꾀했기 때문이다. 존은 비밀리에 프랑스 왕과 손잡고 잉글랜드 귀족과 백성에게 자신의 형이 죽었다고 선언한 뒤 왕위에 오르려고 했지만 모든 것이 무위로 돌아갔다. 존은 그때 프랑스의 에브뢰 Évreux라는 곳에 머물고 있었다. 세상에서 가장 비열하고 치사했던 존은 또다시 비열한 방법을 써서 어떻게든 형의 마음을 달래보려고 했다.

일단 그는 저녁식사를 대접하겠다며 프랑스 수비병들을 초대한 다음

모두 살해하고 요새를 장악했다. 그리고 서둘러 달려가 리처드 앞에 무릎 꿇고 그 소식을 전하며 선처를 기대했다. 엘레오노르도 중재에 나섰다. 마침내 리처드 1세는 이렇게 말했다.

"존을 용서한다. 그리고 내가 존에게 받은 상처가 빨리 아물었으면 좋겠다. 틀림없이 존은 내 용서를 쉽게 잊어버릴 테니."

리처드 1세가 시칠리아에 있는 동안 잉글랜드에서 문제가 발생했다. 통치권을 위임받은 주교 두 명 가운데 윌리엄 롱챔프William Longchamp (?~1197)라는 주교가 다른 주교를 체포한 다음 교만과 야망에 찬 속내를 드러내면서 마치 왕이라도 된 듯 권세를 자랑한 것이다. 메시나에서 이 소식을 들은 리처드 1세는 섭정을 갈아 치웠다.

교만한 롱챔프 주교는 여장을 하고 프랑스로 도망가서 프랑스 왕의 격려와 후원을 받았다. 프랑스 왕 필리프 2세의 이런 불쾌한 짓을 모두 마음에 담은 채 리처드 1세는 잉글랜드에 돌아오자마자 위풍당당한 모습으로 백성들의 환영을 받은 뒤 곧바로 윈체스터에서 다시 새롭게 대관식을 올렸다. 그리고 프랑스 왕과 전쟁을 벌여 풀려난 악마의 참모습을 보여주겠다고 마음먹었다.

그즈음 잉글랜드에서 새로운 문제가 발생했다. 빈민들이 부자들보다 더 많은 세금을 낸다며 여기저기서 불평이 터져 나온 것이다. 빈민들 사이에서 '긴 수염Longbeard'이라고 불리던 윌리엄 피츠오스버트William Fitz-Osbert(?~1196)라는 투사가 5만 명이 소속된 비밀결사의 지도자가 되었다. 피츠오스버트는 자신을 붙잡으려는 시민을 칼로 찌르고 용감하게 싸우면서 성당으로 피신했다. 그곳에서 4일간 버티던 그는 사람들이 성당에 불을 지르는 바람에 뛰쳐나와 군중 속으로 도망쳤고, 결국 붙잡히고 말았다.

▲ 리처드 1세가 머물렀던 이탈리아의 시칠리아 해변 ⓒMagati/Shutterstock.com

    피츠오스버트는 곧바로 처형되지는 않았지만 반죽음이 된 채 말 뒤에 묶여 질질 끌려간 다음 스미스필드Smithfield에서 교수형에 처해졌다. 사형은 들끓는 민심을 가라앉히기 위해 통치자들이 즐겨 사용하는 방법이었다. 하지만 잉글랜드 역사를 계속 살펴보면 통치자가 그런 방법으로는 원하는 바를 얻기 힘들다는 사실을 알 수 있다.

    가끔 휴전협정으로 중단되기도 했던 프랑스와의 전쟁이 아직 진행 중이었을 때 리모주 자작 비도마르Vidomar, Viscount of Limoges가 우연히 자신의 영지에서 고대의 동전더미를 발견했다. 비도마르는 리처드 1세의 봉신이었으므로 그 보물의 절반을 리처드에게 보냈다. 하지만 리처드는 전부를 원했고, 비도마르는 그의 요구를 거절했다. 이에 리처드는 비도마르의 성을 포위하여 단번에 함락하고 성벽 위의 수비병 전원을 목매달겠노라고 공언했다.

    당시 리모주 지방에 전해오는 특이한 옛 노래가 있었다. 노래의 내용은 리모주에서 한 발의 화살로 리처드 1세가 목숨을 잃게 된다는 것이었다. 리모주 성을 수비하던 베르트랑 드 구르동Bertrand de Gourdon이라는 젊은 병사도 그 노래를 자주 불렀거나 겨울밤에 들었던 듯하다. 그래서 리처드가 부관 한 명과 지형을 탐색하기 위해 달려가는 모습을 성벽 위에서 지켜보던 구르동의 머리에 그 노래가 떠오르지 않았을까 싶다. 구르동은 활시위를 당겨 가만히 목표를 겨냥한 다음 "신에게 기도합니다. 목표에 적중하기를!"이라고 중얼거리며 화살을 날렸다. 화살은 리처드 1세의 왼쪽 어깨에 꽂혔다.

처음에는 그다지 치명적이지 않은 부상이었지만 이내 병세가 깊어지자 리처드 1세는 천막으로 철수했고, 공성전은 리처드가 없는 상태에서 수행되었다. 리모주 성은 함락되었고, 리처드의 말대로 모든 수비병은 교수형에 처해졌다. 다만 구르동은 왕이 직접 심문할 때까지 형 집행이 유보되었다.

적절한 치료를 받지 못해 부상이 악화된 리처드 1세는 죽음이 닥쳤음을 예감하고 구르동을 막사로 불렀다. 리처드는 꽁꽁 묶인 채 막사로 들어온 구르동을 가만히 바라보았고, 구르동 역시 리처드를 가만히 바라보았다. 리처드가 말했다.

"나쁜 놈! 내가 네게 무슨 짓을 했기에 나를 죽이려 한 거냐?"

"당신이 내게 무슨 짓을 했느냐고 묻는 겁니까? 내 아버지와 형제 두 명이 당신 손에 죽었습니다. 곧 나까지 목매달겠지요. 지금 죽이시오. 실컷 고문한 뒤 말입니다. 하지만 다행인 것은 나를 아무리 고문해도 당신은 살 수 없다는 겁니다. 당신도 반드시 죽을 겁니다. 내 손으로 당신의 목숨을 끝장낸 것이오!"

리처드 1세는 다시 젊은이를 가만히 쳐다보았다. 젊은이도 다시 그를 조용히 마주 보았다. 그때 죽어가는 리처드의 마음속에 비록 기독교도는 아니지만 관대했던 맞수 살라딘이 떠올랐던가 보다.

"젊은이! 너를 용서하노라. 몸 성히 가거라!"

리처드는 이렇게 말하고 화살을 맞을 때 함께 있었던 부관에게 일렀다.

"족쇄를 풀어주고 100실링을 주어 보내거라."

리처드 1세는 맥없이 침상에 주저앉았고, 그렇게 리처드는 숨을 거두었다. 그의 나이 마흔두 살이었고 왕위에 오른 지 10년 만이었다. 리처드의 마지막 명령은 이행되지 않았다. 그의 부관이 산 채로 구르동의 껍질을 벗긴 다음 목을 매달았기 때문이다.

리처드 1세가 감금되어 있을 때 누군가 그가 간힌 곳을 찾아냈다는 옛 노래가 전해진다. 때로는 구슬픈 노래가 여러 세대에 걸쳐 권력을 누렸던 사람들보다 오래가기도 하며, 강철로 만들어진 날 무게만 9킬로그램에 달하는 전투 도끼보다 오래갈 때도 있다.

노래 가사에 따르면 리처드 1세가 총애했던 블론델Blondel이라는 음유시인이 충직하게 주군을 찾아다니며 수많은 외국의 요새와 감옥의 우중충한 벽 밖에서 노래를 불렀다고 한다. 그리고 마침내 지하감옥에서 흘러나오는 왕의 목소리를 들었다. 귀에 익은 목소리를 듣자 블론델은 기쁨에 차서 이렇게 외쳤다.

"오, 리처드! 나의 왕이시여!"

믿거나 말거나지만 믿으려는 마음만 있다면 그보다 훨씬 어처구니없는 일도 쉽게 믿는 법이다. 리처드 1세는 음악가이자 시인이기도 했다. 왕자로 태어나지 않았다면 아마 좀 더 훌륭한 사람이 되었을지도 모른다. 세상에 나가 그렇게 피를 많이 보지도 않았을 것이고, 그 탓에 인생을 망치지도 않았을 것이다.

제14장

악당왕 존,
잉글랜드를 혼란에 빠뜨리다

조카와의 왕위 다툼

서른세 살의 나이에 존(생몰연도: 1166~1216, 재위기간: 1199~1216)이 잉글랜드 왕위에 올랐다. 사실 왕위 계승권 순위는 형 제프리의 아들인 귀엽고 어린 조카 아서가 더 앞섰다. 하지만 존은 왕가의 보물을 장악하고 귀족들에게 번드르르한 약속을 하여 리처드 1세가 죽은 뒤 몇 주 지나지 않아 웨스트민스터에서 왕관을 썼다. 내가 보기에 잉글랜드 전체를 샅샅이 뒤진다고 해도 존보다 더 비열한 겁쟁이나 혐오스러운 악당을 왕으로 세울 수는 없었을 것 같다.

프랑스의 필리프 2세는 존을 새로운 왕으로 인정하지 않고 조카 아서를 지지한다고 선언했다. 그렇다고 해서 필리프 2세가 아버지 없는 아이를 너그러이 대했다고 볼 수는 없다. 그의 입장에서 아서는 그저 잉글랜드 왕과 맞서려는 야심찬 계획에 걸맞은 인물일 뿐이었다. 아서 왕자는 당시 열두 살이었다. 아버지 제프리가 마상시합 도중 말에서 떨어져 머리를 다쳤을 때 아서는 태어나기 전이었다. 그리고 아버지의 가르침과 보호를 전혀 받지 못한 불운 외에도 최근 세 번째 남편과 결혼한 어머니 콩스탕스Constance, Duchess of Brittany(1161~1201)가 멍청이였다는 사실이 그에게 닥친 또 하나의 불운이었다.

▲ 악당왕 존
©Georgios Kollidas/Shutterstock.com

　존이 왕위를 계승하자 콩스탕스는 아서를 필리프 2세에게 데려갔다. 필리프 2세는 아낌없이 호의를 베푸는 척했고, 아서 왕자에게 기사 작위를 내리면서 공주와 결혼시키겠다고 약속했다. 하지만 속으로는 아서에게 아무런 관심도 없었으며, 그저 당분간 존과 평화를 유지하는 편이 이익이라고 생각했다. 불쌍한 어린 왕자는 손톱만큼도 생각하지 않고 오로지 자신의 이익을 위한 희생양으로 삼았던 것이다.

　그 후 2년 동안 아서는 평화롭게 지냈고, 그사이 어머니 콩스탕스가 죽었다. 그때 다시금 존 왕과 맞서 싸우는 것이 이익이라 판단한 필리프 2세는 아서 왕자를 핑계로 삼기 위해 그를 자신의 궁정으로 초대했다.

　"아서, 자네의 권리를 알겠지? 왕이 되고 싶지 않나?"

　"되고 싶습니다. 정말 왕이 되고 싶은 마음이 간절합니다!"

필리프가 다시 말했다.

"그렇다면 기사 200명을 줄 테니 가서 자네의 땅을 되찾도록 하게. 잉글랜드 왕위를 찬탈한 자네 숙부의 손아귀에 있는 그 땅을 말일세. 나는 직접 군사를 이끌고 노르망디에서 그와 맞서겠네."

순진한 아서 왕자는 그 얄팍한 말에 크게 감사하면서 교활한 프랑스 왕과 조약을 맺었다. 프랑스 왕을 주군으로 모시기로 했을 뿐 아니라 앞으로 존 왕에게서 빼앗는 재산은 그것이 무엇이든 프랑스 왕인 자신이 직접 챙기겠다는 말에 동의해주었다.

당시 존 왕은 그야말로 악당 중의 악당이었고 필리프 왕은 신뢰할 수 없는 인물이었으므로 아서 왕자는 두 사람 사이에서 마치 여우와 늑대 사이에 낀 양이나 다름없는 신세였다. 하지만 아직은 어려서 희망을 잃지 않고 열정적으로 당당하게 행동했다. 그리고 아버지에게 물려받은 브르타뉴Bretagne 땅의 주민들이 500명의 기사와 5,000명의 병사를 더 보내오자 성공을 믿어 의심치 않았다. 브르타뉴 사람들은 아서가 태어났을 때부터 그를 좋아했고, 먼 옛날 잉글랜드의 유명한 왕이었던 아서 왕을 기념하여 '아서'라는 이름을 붙여야 한다고 주장했다. 그들은 용감한 아서 왕이 브르타뉴 옛 군주의 친구이자 동료였다고 생각했다.

브르타뉴에는 아서 왕 시절의 예언자 멀린Merlin에 관한 이야기가 전해진다. 이야기 속에서 멀린은 수백 년이 흐른 뒤 브르타뉴에서 왕이 나와 직접 브르타뉴를 다스리게 된다고 예언했는데, 사람들은 그 예언을 실현할 사람이 바로 젊은 아서라고 믿었다. 아서 왕자가 브르타뉴 왕관을 머리에 쓰고 자신들을 다스릴 때가 올 것이며, 그렇게 되면 프랑스나 잉글랜드 왕이 브르타뉴를 넘보지 못하리라고 믿었다. 아서도 번쩍이는 갑옷을 입고 호화롭게 치장된 말에 올라 기사와 병사들의 맨 앞에 서자 사람들의 말을 사실로 믿기 시작했다. 그리고 옛사람 멀린을 뛰어난 예언자로 여기게 되었다.

아서 왕자는 자신의 얼마 안 되는 병력이 잉글랜드 왕의 군대에 비하면 새 발의 피에 불과하다는 사실을 알지 못했다. 순진무구한 데다 경험도 없는 아서가 어찌 알 수 있었겠는가? 필리프 2세는 그 사실을 알았지만 가엾은 소년의 운명 따위는 신경 쓰지 않았다. 어쨌거나 존 왕은 전전긍긍했다. 필리프는 노르망디로 진군했고, 어린 아서 왕자는 푸아티에Poitiers 인근의 미레보Mirebeau 마을로 진군했다. 둘 다 희망에 부풀어 있었다.

아서 왕자가 미레보 마을로 진군했던 이유는 언제나 자기 어머니의 적이었던 할머니 엘레오노르가 그곳에 살고 있었기 때문이다. 기사들이 아서에게 엘레오노르를 사로잡으면 숙부인 존 왕을 굴복시킬 수 있다고 귀띔해주었다. 하지만 엘레오노르는 쉽게 붙잡히지 않았다. 나이가 여든에 이르는 고령이었지만 연륜이 있고 사악한 만큼 책략도 뛰어났다.

어린 아서가 쳐들어온다는 첩보를 들은 엘레오노르는 높은 탑에 올라 병사들에게 사나이답게 방어하라고 격려했다. 아서 왕자는 얼마 안 되는 군대를 이끌고 탑을 포위했다. 상황을 전해 들은 존 왕은 군대를 이끌고 어머니를 도우러 갔다. 이런 식으로 미레보에서 이루어진 혈육의 상봉이 얼마나 특이했

▲ 프랑스 노르망디의 팔레즈 성
©Morphart Creation/Shutterstock.com

겠는가? 소년 왕자가 할머니를 포위하고 그 소년 왕자를 숙부가 다시 포위하고 있었으니!

대치 상황은 오래가지 않았다. 어느 여름밤, 존 왕은 계략을 써서 마을 안으로 들어간 다음 아서 왕자의 병사들을 급습했다. 그런 다음 기사 200명을 사로잡고 침대에 누워 있던 아서도 붙잡았다. 기사들에게는 무거운 족쇄를 채운 다음 우마차에 태워 잔학하기로 악명 높은 지하감옥으로 보냈다. 일부 기사들은 그곳에서 굶어 죽기도 했다. 아서는 팔레즈Falaise 성으로 이송되었다.

교황에게 파면당하다

어느 날, 성안의 감옥에 갇혀 있던 아서 왕자는 슬픔에 잠긴 채 어린 나이에 왜 자신이 이토록 큰 고난을 겪어야 하는지 고뇌에 빠져들었다. 그리고 새까만 벽에 난 작은 창을 통해 여름 하늘과 새들을 보았다. 그때 감옥 문이 열리더니 숙부 존 왕의 모습이 보였다. 굉장히 냉혹한 모습이었다.

"아서야, 너는 사랑하는 숙부의 관대하고 다정하며 진실한 마음을 못 믿는 거냐?"

존은 악의가 가득한 눈길로 조카보다 돌바닥을 더 많이 쳐다보면서 말했다.

"사랑하는 제 숙부님께서 저를 올바르게 대해주시면 그때 말씀드리겠습니다. 그 숙부님에게 제게 잉글랜드 왕국을 돌려주라고 한 다음 다시 와서 물어보세요."

아서 왕자가 대답했다. 한참 동안 아서를 쏘아보던 존 왕은 밖으로 나가면서 교도소장에게 일렀다.

"왕자를 엄중히 감시하라."

존 왕은 악독한 측근 귀족들을 불러 비밀회의를 열고는 아서 왕자를 제거할 방법을 논의했다. 한 귀족이 말했다.

"눈을 뽑은 다음 옥에 가두시죠. 옛날 노르망디 공 로버트처럼 말입니다."

일부에서는 "칼로 찌르죠!"라거나 "목을 매답시다!" 혹은 "독을 먹이는 게 어떨까요?"라는 의견도 나왔다.

어쨌든 존 왕은 돌바닥을 쳐다보며 눈을 껌뻑거리는 자신을 당당하게 바라보던 아서 왕자의 그 아름다운 눈을 무슨 수를 써서라도 태워버리고 싶었던 것 같다. 벌겋게 달군 쇠로 아서의 눈을 멀게 하라며 불한당 같은 놈들을 팔레즈 성으로 보냈으니 말이다. 하지만 아서는 그 불한당들에게 애처롭게 애원했고, 가련하게 눈물 흘리며 교도소장 휴버트 드 버그Hubert de Burgh에게도 호소했다. 아서를 좋아했을 뿐 아니라 고결하고 다정한 인물이었던 휴버트는 더 이상 참을 수 없었다. 사람들이 두고두고 칭송했듯이, 그때 그는 고문을 금지시키고, 위험을 무릅쓰고 불한당들을 쫓아버렸다.

약이 바짝 오른 데다 크게 실망한 존 왕은 칼로 찌르자는 제안을 차선책으로 택하고는 잔인한 표정으로 윌리엄 드 브레이William de Bray라는 자에게 명령을 내렸다. 하지만 드 브레이는 "저는 귀족이지 망나니가 아닙니다"라며 왕의 말을 거역하고 자리를 떴다.

그래도 그 시절에 왕이 살인자를 고용하는 일은 어렵지 않았다. 존 왕은 돈을 주고 사람을 구해 팔레즈 성으로 보냈다. 그를 보고 휴버트가 "무슨 일로 왔습니까?"라고 물었다. 존의 심부름꾼은 "아서 왕자를 해치우러 왔소이다"라고 대답했다. 다시 휴버트가 말했다.

"당신을 고용한 사람에게 돌아가서 이렇게 전하시오. 내가 직접 하겠다고 말이오!"

존 왕은 휴버트가 아서 왕자를 죽일 생각이 손톱만큼도 없으면서 왕자의 목숨을 구하거나 최소 얼마간이나마 시간을 벌기 위해 대담하게도 이런 답신을 보냈다는 사실을 잘 알고 있었다. 그래서 전령을 보내 아서 왕자를 루앙 성으로 옮기게 했다.

아서 왕자는 어느 때보다 도움이 절실히 필요했던 선량한 휴버트와 어쩔 수 없이 헤어져야 했다. 밤을 틈타 이송된 아서는 새로운 감옥에 갇혔다. 창문의 창살 너머로 깊디깊은 센Seine 강의 강물이 아래쪽 석벽에 부딪히며 철썩대고 있었다.

어느 칠흑 같은 밤, 아서 왕자는 깊이 잠들어 있었다. 어쩌면 자신을 위해 싸우다가 고통스럽게 죽어간 이름 모를 귀족에게 구출되는 꿈을 꾸고 있었는지도 모르겠다. 그런데 교도소장이 불쑥 그를 깨우더니 계단을 따라 성채 가장 아래층으로 내려가라고 했다. 아서는 허겁지겁 옷을 챙겨 입었다. 계단을 따라 성채 밑바닥으로 내려가자 강에서 불어오는 밤바람이 얼굴에 와 부딪혔다. 교도소장이 횃불을 발로 밟아 껐다. 이때 어둠 속에서 누군가 덩그러니 떠 있던 작은 배 위로 아서를 끌어당겼다. 배 안에는 숙부 존 왕과 또 한 사람이 타고 있었다.

아서 왕자는 그들 앞에 무릎을 꿇고 살려달라고 빌었다. 그 애원이 들리지 않는 듯 그들은 아서를 칼로 찌르고는 시신에 돌을 매달아 강에 던져버렸다. 봄날 아침 동이 틀 무렵, 탑의 문은 굳게 닫혔고, 배는 사라지고 없었다. 강물은 여느 때처럼 반짝거리며 흘렀고, 사람들 눈에서 가엾은 왕자의 흔적은 완전히 사라져버렸다.

이 극악무도한 살인 소식은 잉글랜드 전역으로 퍼져 나가 존 왕에 대한 혐오와 증오를 불러일으켰고, 그의 통치기간 내내 수그러들지 않았다. 존은 이미 수많은 악행을 저지른 데다 아내가 살아 있을 때 다른 귀족 부인과 몰래 도망쳐 결혼한 전력으로도 악명이 높았다. 브르타뉴 사람들의 분노는 걷잡을 수 없을 정도였다. 아서 왕자의 친누나인 또 다른 엘레오노르Eleanor, Fair Maid of Brittany(1184?~1241)는 존 왕에게 붙잡혀 브리스틀의 수녀원에 갇혀 있었지만, 아서와 아버지가 다른 여동생 앨릭스Alix, Duchess of Brittany(1201~1221)는 브르타뉴에 있었다.

브르타뉴 사람들은 앨릭스를 여공작으로 추대하고 그녀의 아버지, 그러니까 살해당한 아서 왕자의 의붓아버지이자 콩스탕스의 세 번째 남편에게 딸을 대리하게 한 다음 필리프 2세에게 격렬히 항의했다. 그러자 필리프 2세는 프랑스 땅에 봉토를 소유한 존 왕을 주군 자격으로 소환하여 스스로 변호하게 했다. 하지만 존은 출두하지 않았다.

이에 필리프 2세는 주군에게 의무를 다하지 않고 충성 서약을 어겼다며 존 왕에게 유죄 판결을 내리고 전쟁을 선포했다. 그리고 이내 프랑스에 있는 존의 광대한 영지를 빼앗았다. 그가 가진 전체 영토 중에서 3분의 1을 탈취한 셈이었다. 전투가 벌어지는 곳에서 존이 보여준 모습은 둘 중 하나였다. 위험이 멀리 있을 때는 걸신들린 바보처럼 먹고 마시다가 위험이 가까워지면 싸움에 진 똥개처럼 달아나는 것이었다.

순식간에 영토를 잃어버린 데다 휘하의 귀족들마저 왕의 명령을 노골적으로 무시하고 따르지 않았으니 그에게 얼마나 적이 많았는지 짐작할 만하다. 그런데 그것만으로는 부족했는지 존 왕은 교황까지도 적으로 만들었다. 그 사정은 이러하다.

캔터베리 대주교의 죽음이 임박하자 캔터베리의 젊은 수도사들은 후임자 지명을 놓고 원로 수도사들보다 한발 먼저 움직였다. 한밤중에 몰래 모인 젊은 수도사들은 레지널드Reginald라는 수도사를 후임자로 선출한 다음 로마에 가서 교황의 승인을 받게 했다.

하지만 얼마 지나지 않아 이 사실을 알게 된 원로 수도사와 존 왕이 노발대발하자 젊은 수도사들은 굴복하고 말았다. 모든 수도사들이 한데 모여 후임자를 선정한 결과, 존의 측근 노리치Norwich 주교가 후임자로 선출되었다. 교황은 이 사건의 자초지종을 전해 듣고 레지널드나 노리치 주교 모두 인정할 수 없다면서 스티븐 랭턴Stephen Langton(1150~1228)을 후임자로 지명했다.

수도사들이 교황의 말에 순종하자 존 왕은 그들을 전부 쫓아내고 반역자 낙인을 찍어 제거했다. 그러자 교황은 주교 세 명을 잉글랜드로 보냈고, 주교들은 왕에게 성무금지령을 내리겠다며 위협했다. 존은 자기 왕국에 성무금지령을 내린다면 아무 수도사나 닥치는 대로 붙잡아 눈알을 뽑고 코를 잘라서 로마에 있는 교황에게 선물로 보내겠다고 말했다. 그럼에도 주교들은 곧바로 성무금지 명령을 내린 다음 서둘러 도망쳤다.

성무금지령이 내려지고 1년이 지나서 교황은 다음 수순을 밟았다. 그것은 바로 파문이었다. 존 왕은 파문되었고, 모든 일상적인 의식에도 파문이 내려졌다. 존은 격분해서 펄펄 뛰었고, 직속 영주들의 불평과 백성의 증오가 커지자 극단적인 생각까지 하게 되었다. 스페인에 있는 튀르크인들[15]에게 은밀히 사절단을 보내 자기를 도와주면 이슬람으로 개종하고 튀르크와 교류하겠다고 제안한 것이다.

당시의 사절단에 관해 이런 이야기가 전해온다. 사절단이 튀르크 왕을 만나러 가면서 길게 늘어선 무어인 경비병을 지나 왕의 처소에 당도했다. 튀르크 왕은 진지한 모습으로 독서 삼매경에 빠진 채 사절단에게는 눈길 한 번 주지 않았다. 사절단은 튀르크 왕에게 존 왕의 제안이 담긴 서신을 건네고 정중하게 물러나왔다. 곧 튀르크 왕은 사절 한 명을 불러 신의 이름을 걸고 잉글랜드 왕의 참모습을 얘기해달라고 청했다. 사절은 압박감을 느낀 나머지 '존 왕은 신뢰할 수 없는 폭군이며 얼마 못가 백성들이 반란을 일으킬 것'이라고 대답했다. 튀르크 왕은 더 물어볼 필요가 없었다.

왕의 자리에서는 사람 다음으로 좋은 것이 돈이었으므로 존 왕은 돈을 얻기 위해 수단과 방법을 가리지 않았다. 그래서 불행한 유대인을 다시 한 번 탄압하고 고문하는 일에 착수했다. 그런 일은 존의 전매특허였다. 그는 브리스틀의 유대인 부자들에게 시행할 새로운 형벌을 만들었다. 거액의 돈을 내놓을 때까지 그들을 옥에 가두고 매일같이 이 하나씩을 난폭하게 뽑았다. 그들은 7일간 고통에 시달리며 매일 이 하나씩을 잃었다. 그리고 결국 8일째 되던 날에 왕이 원하는 돈을 주었다.

그런 식으로 재물을 끌어모은 존 왕은 몇몇 잉글랜드 귀족이 아일랜드에서 반란을 일으키자 아일랜드로 원정을 떠났다. 아일랜드 원정은 전투를 하면서 존이 도망가지 않았던 극히 드문 경우였다. 왜냐하면 저항하는 사람이 아무도 없었기 때문이다. 존은 웨일스에도 원정을 갔다. 하지만 웨일스에서는 결국 도망치고 말았다. 그나마 도망치기 전에 몇몇 웨일스인을 인질로 붙잡았다. 웨일스 유력 가문의 젊은이 27명이었다. 다음 해 존은 그들을 하나하나 모두 처형해버렸다.

성무금지령과 파문을 내렸던 교황은 존 왕에게 마지막 형벌을 선고했다. 그것은 바로 '파면'이었다. 교황은 이제부터 존이 더 이상 왕이 아니며 백성은 그에게 충성할 의무가 없다고 선언했다. 그리고 스티븐 랭턴과 몇몇 사람을 프랑스 왕에게 보내 잉글랜드를 침공하면 모든 죄악을 용서하겠다는 말을 전했다. 하지만 용서를 받는다고 해도 그 용서는 신의 용서가 아니라 어디까지나 교황의 용서일 뿐이었다.

스티븐 랭턴, 존 왕에 반기를 들다

그렇지 않아도 잉글랜드를 치고 싶어 안달이던 프랑스의 필리프 2세는 루앙에서 대규모 병력을 소집하고 병사들을 태울 함선 1,700척을 집결시켰다. 잉글랜드 백성이 아무리 왕을 증오한다고 하더라도 프랑스의 침략을 그냥 두고 볼 수는 없는 노릇이었다. 백성들은 잉글랜드 깃발이 나부끼는 도버 항구에 대대적으로 모여 조국을 지키는 일에 착수했다. 존 왕은 그들 모두를 먹일 식량이 없었던 탓에 그중 6만 명을 선발해서 군대를 꾸렸다.

그런데 일촉즉발의 순간에 교황이 개입했다. 존 왕이나 필리프 2세 중에서 한쪽 세력이 과다하게 커지는 것을 막으려는 심산이었다. 교황은 팬돌프Pandolf라는 사람을 특사로 보내 존을 겁주는 손쉬운 방법을 택했다. 교황의 지시를 받고 프랑스에서 잉글랜드 진영으로 건너간 팬돌프는 존에게 프랑스군의 병력을 부풀려 말하는 한편, 잉글랜드 귀족과 백성의 불만이 고조되어 있음을 거론하며 겁을 주었다. 팬돌프의 의도는 적중했다.

측은해 보일 정도로 잔뜩 겁을 먹은 존 왕은 스티븐 랭턴을 대주교로 인정하고 잉글랜드가 '하느님과 성 베드로, 성 바오로'의 뜻에 따를 것이라고 선언했다. 그 말은 교황의 뜻에 따라 잉글랜드를 다스린다는 말이나 다름없었다. 더구나 존은 앞으로도 계속 교황의 뜻에 따라 매년 많은 돈을 내기로 했다. 그리고 도버에 있는 템플 교회Temple Church에서 이 치욕스러운 계약을 공개적으로 체결했다.

존 왕은 그 자리에서 감사의 표시로 교황 특사의 발치에 약간의 공물을 바쳤는데, 특사는 오만하게도 그 공물을 발로 짓밟았다. 하지만 사람들의 말에 의하면 특사의 행동은 짐짓 고상한 척하는 과장된 행동이었고, 나중에 공물로 바쳐진 물건들을 집어 주머니에 넣었다고 한다.

그 무렵 피터라는 운 나쁜 예언자가 있었다. 그는 '주님 승천 대축일 Feast of the Ascension'이 지나기 전에 존 왕이 기사 작위를 박탈당하게 될 것이라고 예언하여 공포심을 자극했다. 존은 그 말을 잘못 알아듣고 자기가 곧 죽을 것이라고 생각했다(기사 작위를 박탈당한다는 'unknight'라는 말을 'un-night', 즉 밤을 넘기지 못한다는 의미로 들었던 듯하다_옮긴이). 피터가 예언한 날은 존이 교황의 특사에게 치욕을 당했던 다음 날이었다.

밤이 지나고 다음 날 아침이 밝자, 밤새 두려움에 벌벌 떨었던 존 왕은 죽지 않고 멀쩡히 살아 있는 자신을 보고 예언자와 아들을 데려오라고 했다. 예언자 부자는 말 뒤에 매달려 거리를 질질 끌려간 다음 교수형에 처해졌다. 왕을 겁준 죄였다.

존 왕이 교황에게 굴복하고 교황이 잉글랜드 왕을 자기 보호 아래에 두는 모습을 보고 필리프 2세는 깜짝 놀랐다. 더구나 교황은 말을 바꿔 필리프에게 잉글랜드 침공을 허락할 수 없다고 했다. 화가 난 필리프는 교황의 허락 없이 잉글랜드를 침공하려고 했지만, 얻은 것은 없고 잃은 것만 많았다. 프랑스군이 해안에서 출발하기도 전에 솔즈베리 백작 Earl of Salisbury이 지휘하는 잉글랜드군이 500척의 함선을 타고 건너와 프랑스군을 박살 냈다. 그제야 교황은 존 왕에게 내린 세 가지 형벌을 하나씩 거두었다. 그리고 스티븐 랭턴 대주교에게 권한을 주어 공개적으로 존을 성당의 보호막 안으로 다시 맞아들인 다음, 저녁식사에 초대하라고 지시했다. 랭턴을 극도로 증오했던(그럴만도 했다. 랭턴 대주교는 훌륭하고 좋은 사람이었으며, 존은 그런 사람과는 맞지 않았다) 존은 감격에 겨워 눈물을 흘리는 체했다. 존이 그동안 성직자들에게 끼친 피해에 대한 보상으로 얼마를 내야 하는지를 두고 약간의 잡음이 생겼지만, 고위급 성직자는 많이 받고 하급 성직자는 적게 받거나 전혀 받지 않는 쪽으로 결론이 났다. 그때부터 그런 전례가 생겨 이후에도 끊이지 않고 이어졌다.

모든 일이 정리되자 승리감에 도취한 존 왕은 주변 사람들에게 그 어느 때보다도 난폭하고 위선적이며 오만하게 굴었다. 여러 나라에서 필리프 2세에 대항하는 동맹을 맺자 존은 기회가 왔다고 생각하여 프랑스에 군대를 파견하고 내친김에 마을 하나를 점령하기까지 했다. 하지만 필리프의 군대가 다시 잉글랜드군을 크게 무찔렀다. 존 왕은 이번에도 도망쳐서 5년간 휴전상태가 유지되었다.

한편 존 왕에게 훨씬 더 굴욕적인 시간이 찾아왔다. 감정이라는 게 있다면 자기가 얼마나 비참한 존재인지 느낄만한 일이었다. 스티븐 랭턴은 사사건건 존 왕을 반대하고 굴복시키기 위해 하늘에서 보낸 사람 같았다. 존이 외국 원정을 나갈 때 자신을 지원하지 않는 귀족들의 재산을 무자비하게 불태우고 파괴하자 랭턴은 대담하게 왕을 꾸짖었다. 존이 '고해왕' 에드워드나 헨리 1세의 법률을 복원하겠다고 서약할 때도 랭턴은 그가 거짓말을 하고 있음을 간파했으며, 이리저리 회피하면서 서약을 지키지 않는 왕을 집요하게 추궁했다. 귀족들이 베리 세인트 에드먼즈 수도원에 모여 자신들이 입은 피해와 왕의 무지막지한 억압에 대해 거론하자 랭턴은 열정적인 연설로 귀족들을 고무시켰다. 거짓말하는 왕에게 정식으로 '인권과 자유헌장Charter of Rights and Liberties'을 요구하고,

사원의 중앙 제단에 서서 한 사람씩 차례로 왕이 요구를 듣지 않으면 죽을 때까지 왕과 싸우겠다는 서약을 하게 했다.

귀족들을 피해 런던에 몸을 숨기고 있던 존 왕은 결국 귀족들의 면담 요청에 응할 수밖에 없었다. 귀족들은 스티븐 랭턴이 존의 약속을 보증하지 않으면 그의 말을 믿을 수 없다고 주장했다. 랭턴은 나름의 이해관계가 있어 참여했고 귀족들의 호의를 받고 있었지만 존의 성품을 잘 알았으므로 보증을 서라는 요청에는 묵묵부답으로 일관했다. 존이 교황에게 호소문을 보내자 교황은 새롭게 측근이 된 그를 돕기 위해 랭턴에게 서신을 보내기도 했다. 하지만 랭턴은 교황의 말에도 귀 기울이지 않았다. 그의 눈에는 오직 잉글랜드 백성의 행복과 잉글랜드 왕의 범죄만 보였다.

부활절에 귀족들은 링컨셔Lincolnshire의 스탬퍼드에 집결하여 위풍당당한 모습으로 왕이 있는 옥스퍼드 근처까지 진군했다. 그리고 스티븐 랭턴과 다른 두 명에게 불만 목록을 넘겨주면서 말했다.

"왕이 반드시 바로잡아야 할 것들입니다. 왕이 하지 않는다면 우리가 직접 할 것이오!"

랭턴이 왕에게 똑같은 말을 전하면서 불만 목록을 읽어주자 존 왕은 불같이 화를 냈다. 하지만 화를 내봐야 소용없었다. 존은 거짓말로 귀족들을 달래려고 했다. 귀족과 추종자들은 '하느님과 성스러운 성당의 군대'를 자처하면서 행진하여 잉글랜드를 횡단했다. 성채 공략에 실패한 노샘프턴만 빼고 그들이 행진하는 곳마다 구름처럼 인파가 몰려들었다. 그리고 마침내 그들은 당당하게 런던에 입성했다.

폭군 존 왕에 진절머리가 난 사람들이 귀족 군에 합류하기 위해 잉글랜드 전역에서 모여드는 듯했다. 잉글랜드의 기사들 중에서 왕의 곁

▲ 러니미드에 있는 대헌장 기념관. 존 왕이 이곳에서 귀족들을 만나 대헌장에 서명했다.
©Paul Daniels / Shutterstock.com

에 남은 사람은 일곱 명뿐이었다. 궁지에 몰린 왕은 결국 펨브로크 백작
William Marshal, 1st Earl of Pembroke(1147~1219)을 보내 모든 것을 승인
하고 귀족들을 만나 그들이 만든 헌장에 서명하겠다고 했다. 귀족들은 6
월 15일 런던 서쪽 러니미드Runnymede 초원에서 보자고 했다.

1214년 6월 15일 월요일에 존 왕은 윈저 성을 출발했고, 귀족들도 스
테인즈Staines 마을을 떠나 왕과 러니미드에서 만났다. 러니미드는 템스
강가에 있는 쾌적한 초원으로, 지금도 굽이굽이 흐르는 맑은 강물에 골
풀이 무성하고 강둑에는 푸른 초목이 우거져 있는 곳이다. 귀족 진영에
서는 로버트 피츠월터Robert Fitz-Walter 장군과 한 무리의 귀족이 나왔
다. 존 왕 진영에서는 각양각색의 사람들 총 24명이 나섰다. 대부분 왕을
경멸하는 사람들이었지만 그저 형식상 고문 역할로 나왔다.

대헌장에 서명하다

수많은 사람들 앞에서 존 왕은 '대헌장Magna Charta, 혹은 the Great Charter'에 서명했다. 그는 교회의 권위를 인정하고, 귀족들에게 왕의 봉신으로서 부과되는 가혹한 의무를 덜어주며(그 답례로 귀족들은 백성에게 부과된 가혹한 의무를 덜어주기로 했다), 런던을 비롯한 다른 모든 도시나 자치구, 자치시의 자유를 존중하고, 잉글랜드에 오는 외국 상인들을 보호하며, 공정한 재판 없이 백성을 구속하지 않고, 정의를 저버리거나 훗날로 지연시키거나 거부하지 않겠다고 서약했다.

귀족들은 약속을 잘 안 지키는 존 왕의 습성을 훤히 꿰고 있었으므로 안전 보장을 위해 추가 요구를 했다. 모든 용병을 나라 밖으로 내보낸 뒤 두 달 동안 귀족들이 런던 시를 통치하고, 스티븐 랭턴이 런던탑을 점유한다는 내용이었다. 또한 귀족들이 선발한 25명으로 합법적인 위원회를 구성하여 왕이 대헌장을 준수하는지 철저히 감시하고, 만일 어길 경우 언제든 전쟁을 일으킬 수 있게 했다.

존 왕은 어쩔 수 없이 모든 조항을 수락하고 웃는 얼굴로 헌장에 서명했다. 수많은 사람이 운집한 집회를 떠나면서 만족한다는 듯 웃음을 지어 보이기도 했다. 하지만 윈저 성으로 돌아오는 길에 그는 미친 사람처럼 펄펄 뛰며 화를 냈다. 그러고는 보란 듯이 대헌장에서 자신이 한 약속을 깨뜨렸다.

존 왕은 외국 용병을 불러들이고 교황에게 도움을 청한 다음 런던을 불시에 습격하여 탈취하려는 계획을 꾸몄다. 그 시간에 귀족들은 스탬퍼드에서 대규모 마상시합을 개최할 예정이었다. 대헌장을 기념해서 그곳에서 열기로 합의된 시합이었다. 하지만 귀족들은 왕의 속셈을 간파하고 마상시합을 연기했다. 귀족들이 왕을 만나 약속을 어긴 것을 책망하려 하자 그는 귀족들과 다시 많은 약속을 했다. 그 약속 중 제대로 지켜진 것은 하나도 없었다.

더구나 존 왕은 거처를 이리저리 옮겨 다녔고, 슬금슬금 돌아다니다가 자취를 감추곤 했다. 마침내 도버에서 모습을 드러낸 존은 돈을 주고 고용한 외국 용병과 합류한 다음, 귀족 편의 기사와 병사들이 점유하고 있던 로체스터 성Rochester Castle을 공격하여 함락했다. 왕은 성안의 모든 기사와 병사를 목매달라고 명령했지만, 나중에 잉글랜드 백성의 보복을 두려워한 용병 대장의 만류로 기사들은 겨우 목숨을 부지할 수 있었다.

존 왕은 일반 사병들을 몰살시킨 것으로 만족하고 복수를 마무리 짓기로 했다. 그리고 솔즈베리 백작에게 일부 병력을 주어 잉글랜드 동부 지방을 짓밟게 하고, 자신은 직접 북부 지방을 불태우고 주민을 학살하기로 했다. 고문과 약탈, 살인 등 가능한 모든 잔혹행위가 주민들에게 자행되었다. 존은 아침마다 병사들에게 본보기를 보이기 위해 지난밤 자신이 묵었던 민가를 직접 불태웠다. 그게 전부가 아니었다.

소중한 친구 존 왕을 돕기 위해 찾아온 교황은 백성들이 귀족 편에 가담했다는 이유로 잉글랜드에 다시 성무금지령을 내렸다. 하지만 큰 문제는 아니었다. 이제는 사람들이 성무금지령에 익숙해져서 별 신경을 쓰지 않았다. 그리고 아마 스티븐 랭턴도 그랬겠지만, 백성들은 교황의 승인 없이도 그냥 성당 문을 열고 종을 치면 어떨까 하는 생각을 했다. 그래서 시험 삼아 그렇게 해봤더니 아무런 문제가 없음을 알게 되었다.

귀족들은 잔학행위로 혼란해진 나라를 그대로 두고 볼 수 없었으며, 그렇듯 거짓말을 일삼는 왕에게 대헌장을 준수하게 할 방법도 없었다. 그래서 프랑스 왕의 아들 루이Louis를 잉글랜드 왕으로 추대하겠다고

▲ 1215년 존 왕이 귀족의 강압에 못 이겨 승인한 대헌장 ©David Smart/Shutterstock.com

제안했다. 그 제안을 수락하면 교황에 의해 파문당할 것이 뻔했지만, 루이는 신경 쓰지 않았다. 아버지 프랑스 왕이 교황에게 용서를 구하면 파문을 거둘 수 있다고 판단했기 때문이다.

루이는 잉글랜드 동부 해안의 샌드위치Sandwich로 건너가 런던으로 향했다. 바로 그때 존 왕은 우연히 근처 도버에 머물고 있다가 루이가 온다는 소식을 듣고 도망쳤다. 존에게서 피신해 온 북부 잉글랜드 귀족들과 스코틀랜드 왕이 루이 편에 가담했고, 수많은 외국 병사와 잉글랜드 귀족, 백성들이 날마다 모여들었다. 반면 존의 주변 사람들은 계속해서 사방팔방으로 도망치고 있었다.

그런데 일단의 귀족들이 루이를 의심해 뒷조사했다. 의심의 근거는 프랑스의 필리프 2세가 죽을 때 남긴 '루이가 잉글랜드를 정복하면 잉글랜드 귀족들을 반역죄로 처단하고 그들의 땅을 자기 수하의 귀족들에게 넘기기로 약조했다'는 말이었다. 잉글랜드 귀족들은 그 말을 그냥 넘기지 못하고 주저했다. 일부 귀족들은 존 왕 편으로 돌아서기도 했다.

행운의 여신이 존 왕 편인 듯했다. 존은 여느 때처럼 흉포하게 닥치는 대로 학살하면서 마을 몇 곳을 손에 넣었다. 하지만 잉글랜드와 백성들에게 다행스럽게도 포악한 왕에게 죽음이 다가왔다.

케임브리지셔의 위스비치Wisbeach 인근에 워시Wash라는 곳이 있다. 유사流沙(바람이나 흐르는 물에 의해 흘러내리는 모래_옮긴이)가 깔려서 발로 밟으면 푹푹 빠지는 위험한 곳이었다. 그곳을 지나던 존 왕은 때마침 밀물이 드는 바람에 군대 전체가 익사할 위기에 처했다가 병사들과 함께 간신히 빠져나왔다. 그런데 안전한 곳으로 나와 모래밭을 돌아보니 파도가 요란한 소리를 내며 무서운 기세로 밀려왔다. 파도는 존의 보물을 나르던 짐마차와 말과 사람들을 쓰러뜨렸고, 맹렬한 소용돌이로 그들을 집어삼켰다. 건질만한 것은 아무것도 남아 있지 않았다.

존 왕은 저주를 퍼붓고 손톱을 잘근잘근 씹으면서 링컨셔의 스와인즈헤드 수도원Swineshead Abbey으로 갔다. 수도사들은 존에게 배와 복숭아, 새로 담근 사과주를 넉넉하게 내주었다. 혹자는 사과주에 독이 들었다고 말하기도 하지만, 내가 보기에 그렇게 생각할만한 근거는 거의 없다. 존은 음식을 터무니없이 많이 먹었던 탓에 밤새 누워 펄펄 끓는 고열과 공포에 시달렸다.

다음 날 일행은 말 가마에 존 왕을 태워 슬리퍼드 성Sleaford Castle으로 갔다. 그곳에서 그는 고통과 두려움 속에서 하룻밤을 더 보냈다. 그다음 날 일행은 전날보다 훨씬 더 힘들게 존을 뉴어크온트렌트Newark-on-Trent로 옮겼다. 그리고 10월 18일, 이 비열하고 짐승 같은 인물은 왕위에 오른 지 17년 되는 해에 쉰 살의 나이로 생을 마감했다.

그림자 왕, 헨리 3세

잉글랜드를 위기에서 구한 펨브로크 백작

잉글랜드 귀족들 중에는 살해당한 어린 아서의 누나인 브르타뉴의 미녀 엘레오노르가 브리스틀 수녀원에 감금되어 있다는 사실을 아는 사람도 물론 있었다. 그러나 존 왕이 죽은 당시에는 아무도 그녀를 거론하거나 그녀에게 왕위 계승권이 있다고 주장하지 않았다. 잉글랜드 군사령관 펨브로크 백작은 죽은 왕위 찬탈자 존 왕의 맏아들 헨리Henry III(생몰연도: 1207~1272, 재위기간: 1216~1272)를 글로스터로 데려간 다음, 열 살밖에 안 된 아이를 서둘러 왕위에 올렸다. 거센 파도에 휩쓸려간 존의 왕관은 새로 만들 시간이 없었으므로 새로운 왕의 머리에는 평범한 황금 고리가 대신 씌워졌다. 대관식에 참석한 귀족들 중에서 보기 드물게 선량하고 진정한 신사였던 펨브로크 백작이 이렇게 말했다.

"우리는 이 아이의 아버지와 적대 관계였습니다. 그는 우리 모두 반감을 품을만한 인물이었죠. 하지만 이 아이는 죄가 없으며, 아직 어리기 때문에 우리의 후원과 보호가 필요합니다."

그 말을 들은 귀족들은 저마다 집에 있는 어린 자식들을 떠올리며 어린 헨리 왕자에게 동정심을 품었다. 그리고 머리를 조아리며 다 같이 외쳤다.

"헨리 3세시여, 만수무강하소서!"

곧이어 브리스틀에서 대자문회가 열려 대헌장을 개정했다. 그리고 헨리 3세가 아직 어려서 국정을 혼자 이끌어갈 수 없었으므로 펨브로크 백작을 잉글랜드의 섭정, 또는 호국경Lord Protector으로 임명했다. 그다음으로 할 일은 프랑스의 루이 왕자를 내쫓고 여전히 반란의 기세가 등등한 잉글랜드 귀족들을 설득하는 것이었다. 루이는 아직 잉글랜드 여러 지방과 런던에서 위세를 떨치고 있었으며, 그가 점유한 곳 중에는 레스터셔Leicestershire의 마운트 소렐 성Mount Sorel Castle도 있었다.

펨브로크 백작은 루이 왕자의 프랑스군과 몇 차례 휴전과 교전을 반복한 끝에 마운트 소렐 성을 포위했다. 루이가 성을 지원하기 위해 기사 600명과 병사 2만 명을 보내자 그렇게 많은 병력을 감당할 수 없었던 펨브로크 경은 병사들을 후퇴시켰다. 방화와 약탈을 일삼으며 마운트 소렐 성에 왔던 프랑스 지원군은 다시금 방화와 약탈을 일삼으며 성을 떠나 허세 가득한 모습으로 링컨을 향했다. 링컨 사람들은 프랑스군에 굴복했지만, 링컨 성의 성주인 니콜라 드 캠빌Nichola de Camville이라는 용감한 미망인은 완강하게 저항했다.

프랑스군을 지휘하던 백작은 성을 포위하고 공격을 퍼부었다. 그렇게 교전을 벌이고 있는 프랑스 백작에게 전갈이 도착했다. 펨브로크 백작이 기사 400명과 석궁병 250명, 용맹한 기병과 보병을 이끌고 링컨으로 진군해 온다는 소식이었다. 프랑스 백작은 이렇게 말했다.

"무슨 상관이야? 이렇게 많은 군사들이 나와 함께 링컨 마을의 방벽을 넘어 성을 포위하고 있는데, 잉글랜드군이 미치지 않고서야 우리를 공격하겠어?"

하지만 잉글랜드군은 과감히 공격을 감행했다. 미쳐서 공격한 것이 아니라 꾀를 내어 프랑스 대군을 링컨의 좁은 비포장 길과 샛길로 유인했던 것이다. 아무리 힘센 말을 탔다고 해도 그런 길에서 프랑스군 기병은 꼼짝도 할 수 없었다. 펨브로크 백작은 프랑스군을 철저히 짓밟아 프랑스 백작을 제외한 나머지 모두를 포로로 잡았다. 프랑스 백작은 잉글랜드 반역자들에게 살아서는 절대 굴복할 수 없다며 끝까지 싸우다가 결국 목숨을 잃었다. 펨브로크 백작의 군대가 승리한 후 잉글랜드 사람들이 농담 삼아 일컫는 '링컨의 품평회the Fair of Lincoln'가 벌어졌다. 평민은 가차 없이 처형되었고 기사와 귀족들은 몸값을 주고 풀려났는데, 당시에 이는 일반적인 일이었다.

'카스티야의 아름다운 블랑슈'라 불리는 루이 왕자의 부인은 남편을 돕기 위해 80척의 정예 함선을 이끌고 프랑스에서 건너왔다. 쓸만한 배와 낡은 배가 섞인 40척의 잉글랜드 전함은 프랑스 전함과 템스 강 어귀에서 대대적으로 맞붙어 단 한 번의 전투에서 프랑스 전함 65척을 나포하거나 침몰시켰다.

이 해전에서 대패함으로써 잉글랜드를 손에 넣으려는 루이 왕자의 희망은 물거품이 되었다. 램버스에서 협정이 체결되었고, 그 협정에 따라 루이의 편에 남았던 잉글랜드 귀족들이 잉글랜드 편으로 돌아왔다. 그리고 양측이 합의하여 루이 왕자와 모든 프랑스 병력은 평화롭게 고향으로 돌아가게 되었다. 전쟁으로 빈털터리가 된 루이 왕자는 프랑스로 돌아갈 여비를 런던 시민들에게 빌려야 할 정도로 궁박한 신세가 되었다.

이후 펨브로크 경은 나라를 공정하게 다스리고, 악명 높은 존 왕 시절 발생했던 분쟁과 폐해를 치유하는 데 전념했다. 대헌장을 더욱 개선하는 한편, 산림법도 개정하여 왕실의 숲에서 사슴을 죽인 농민들을 처형하는 대신 감옥형에 처했다. 이 훌륭한 호국경이 더 오랫동안 통치했다면 잉글랜드가 국력을 신장하는 데 큰 도움이 되었겠지만 현실은 그렇지 못했다. 어린 왕이 왕관을 쓴 지 3년이 채 못 되어 펨브로크 경은 세상을 떠났다. 런던의 템플 교회에 가면 그의 무덤을 볼 수 있다.

이후 호국경의 역할은 두 사람이 나누어 맡았다. 존 왕이 윈체스터 주교로 임명했던 피터 드 로슈Peter de Roches(?~1238)가 어린 군주를 돌보았고, 휴버트 드 버그Hubert de Burgh, 1st Earl of Kent(1160~1243) 백작이 국정 운영을 맡았다. 이 두 명의 실력자는 처음부터 서로 반목했으며, 이내 적으로 돌아섰다. 어린 왕이 성인이 되자 드 로슈는 드 버그 백작의 권세와 평판이 높아졌음을 실감하고 불만을 품은 채 공직에서 물러나 외국으로 갔다. 드 버그 백작은 그때부터 10여 년간 단독으로 국정을 좌지우지했다.

하지만 10년이라는 세월은 왕의 신임을 유지하기에는 긴 시간이다. 헨리 3세도 성인이 되자 아버지 존 왕과 비슷한 면모를 보였다. 의지박약에 모순투성이였으며 우유부단하기 짝이 없었다. 사람들은 그의 가장 큰 장점이 잔혹하지 않은 성격이라고 이야기했다.

10년 만에 피터 드 로슈가 다시 잉글랜드로 돌아왔다. 헨리 3세는 참신한 드 로슈를 가까이하고 드 버그 백작을 냉대하기 시작했다. 더구나 헨리는 돈에 쪼들렸으므로 부유한 백작이 눈에 거슬렸다. 마침내 헨리는 그렇게 믿었는지 믿는 척했는지 모르겠지만, 드 버그 백작이 왕실의 재물을 유용했다고 생각해서 국정을 운영하며 그동안 작성한 회계 장부를 모두 제출하라고 명령했다. 그 밖에도 그가 마술을 써서 왕의 측근이 되었다는 황당한 죄목도 추가했다.

휴버트 드 버그 백작은 그런 터무니없는 죄목에는 도저히 변호할 방법이 없으며, 숙적 피터 드 로슈가 작정하고 자신을 파멸시키려 한다는 것을 잘 알았으

▲ 잉글랜드 왕 헨리 3세
©Georgios Kollidas/Shutterstock.com

므로 소환에 응하지 않고 머턴 수도원Merton Abbey으로 도망쳤다. 헨리 3세는 노발대발해서 런던 시장을 보내며 이렇게 일렀다.

"시민 2만 명을 데리고 가서 수도원에 있는 휴버트 드 버그를 끌어내 이곳으로 데려오라."

런던 시장은 즉시 출발했다. 하지만 휴버트 백작의 친구였던 더블린의 대주교가 헨리 3세에게 경고했다. 수도원은 신성한 곳이므로 만일 왕이 수도원에서 폭력을 행사하면 반드시 책임을 묻겠다는 것이었다. 생각을 바꾼 헨리는 시장을 다시 불러들였다. 그리고 백작에게 변호 준비를 하도록 4개월의 시간을 주고, 그 기간 동안에는 신변 안전과 자유를 보장했다.

내가 보기에는 나이답지 않게 어리석은 행동이었지만, 헨리 3세의 말을 믿은 휴버트 드 버그 백작은 그가 내건 조건에 따라 머턴 수도원에서

나왔다. 그리고 스코틀랜드 공주이자 당시 베리 세인트 에드먼즈 수도원에 있던 아내를 만나러 먼 길을 떠났다.

드 버그 백작의 시련

휴버트 드 버그 백작이 성역인 수도원을 벗어나자마자 반대파들이 유약한 왕을 설득해 고드프리 드 크랜컴 경Sir Godfrey de Crancumb을 보내 백작을 잡아 오게 했다. 고드프리 경에게는 '흑색단Black Band'이라 불리는 부랑자 무리가 있었다. 흑색단원들은 에식스의 브렌트우드Brentwood라는 작은 마을에서 자고 있는 드 버그 백작을 찾아냈다. 백작은 침대에서 벌떡 일어나 집 밖으로 뛰쳐나와 성당으로 도망쳤다. 그리고 제단으로 뛰어올라가 십자가에 손을 올렸다. 고드프리 경과 흑색단은 성당이나 제단은 물론 십자가에도 아랑곳없이 드 버그 백작의 목에 번쩍이는 칼을 대고 출입구 쪽으로 끌고 갔다. 그리고 족쇄를 채우기 위해 대장장이를 불렀다.

이윽고 대장간 연기를 뒤집어써서 온통 시커먼 모습의 대장장이(그의 이름을 알 수 있다면 좋으련만!)가 도착했다. 급히 뛰어오느라 숨을 헐떡거리고 있었다. 흑색단원들은 한쪽으로 비켜서서 드 버그 백작의 모습을 보여주고는 고함을 질렀다.

"무거운 족쇄를 만들어라! 아주 튼튼하게!"

대장장이는 흑색단이 아니라 드 버그 백작 앞에 무릎을 털썩 꿇고는 이렇게 말했다.

"도버 성에서 프랑스 함대를 대파하셨던 용감한 휴버트 드 버그 백작

200

님 아니십니까? 저를 죽이려면 죽이세요. 그래도 백작님에게 채울 족쇄는 절대로 못 만듭니다!"

흑색단은 부끄러움을 모르는 사람들이었다. 흑색단원들은 돌아가면서 대장장이를 폭행하고 욕설을 퍼부은 다음, 휴버트 드 버그 백작의 옷을 벗기고 말 등에 묶어 런던탑으로 보냈다. 하지만 성역인 성당에 침입한 일을 두고 주교들이 크게 분개하자 겁먹은 헨리 3세는 이내 흑색단에게 드 버그 백작을 돌려보내라고 말했다. 그리고 동시에 에식스의 주 장관에게 명령하여 백작이 브렌트우드 성당에서 도망치지 못하도록 조치했다. 세상에나!

주 장관은 성당 주변에 참호를 깊이 판 다음 울타리를 높이 세우고 밤낮없이 감시했다. 우두머리까지 포함해서 총 301명의 늑대 같은 흑색단도 함께 감시했다. 결국 40일째 되는 날, 더는 추위와 기근을 견딜 수 없었던 휴버트 드 버그 백작은 흑색단에 투항했고, 흑색단은 백작을 또다시 런던탑으로 보냈다. 재판이 열리자 드 버그 백작은 변호를 거부했다. 결국 그는 하사받았던 왕실 토지를 전부 포기해야 했으며, '자유로운 감옥'이라 불리던 디바이지스 성Devizes Castle에 갇혔다. 네 명의 귀족이 각자 기사를 한 명씩 보내 드 버그 백작을 감시했다. 그곳에서 거의 1년 동안 갇혀 지내던 백작은 어느 날, 오랫동안 적대 관계였던 피터 드 로슈 주교가 성주가 되어 온다는 소식을 들었다.

반역죄로 몰려 처형될 수도 있겠다는 두려움에 드 버그 백작은 높은 성벽 꼭대기에서 해자로 뛰어내렸다. 그리고 해자를 빠져나와 다른 성당으로 도망쳤다. 그곳에서 그를 돕기 위해 귀족들이 보낸 말을 타고 빠져나갔다. 그 귀족들은 당시 웨일스에 모여 반란을 모의하던 중이었다. 마침내 드 버그 백작은 죄를 사면받고 영지를 회복했지만, 조용히 묻혀 살면서 더 이상 왕국의 고위직에 오르거나 왕의 측근이 되려고 하지 않았다. 그렇게 드 버그 백작의 모험은 지금까지 등장했던 다른 왕들의 여러 측근들에 비해 행복하게 끝을 맺었다.

헨리 3세에 반기를 들었던 귀족들은 피터 드 로슈의 오만방자한 행동 탓에 폭발하기 일보 직전이었다. 드 로슈는 헨리가 속으로는 아버지에게 억지로 물려받은 대헌장을 끔찍이도 싫어한다는 사실을 간파하고 증오심을 부채질했다. 또한 온갖 수단을 동원해 잉글랜드인보다 외국인을 선호하는 헨리 3세의 성향을 더욱 강화했다. 게다가 헨리 역시 잉글랜드 귀족이 프랑스 귀족보다 열등하다는 말을 공공연히 떠벌리고 다니자 잉글랜드 귀족들의 불평은 커져갔다. 이에 헨리는 왕권을 위협하는 잉글랜드 귀족들이 성직자의 지지를 등에 업고 있다며 윈체스터 주교와 주교의 외국인 동료를 모두 추방해버렸다.

그러나 헨리 3세는 프로방스 백작의 딸인 프랑스 여인 엘레오노르 Eleanor of Provence(1223~1291)와의 결혼식에서 외국인을 좋아하는 성향을 다시 한 번 드러냈다. 엘레오노르 왕비의 친척들이 그렇게 많이 건너와서, 어마어마한 연회를 열고, 값진 물건과 돈을 챙겨가면서도 막상 돈을 준 잉글랜드인에게는 고고한 척 거드름을 피우니 귀족들의 마음이 어떠했겠는가? 뱃심 좋은 일부 귀족들은 부당한 왕의 측근을 추방할 수 있다는 대헌장의 문구를 공공연히 입에 올리고 다녔다. 하지만 외국인들은 그저 경멸하듯 웃으며 이렇게 말할 뿐이었다.

"잉글랜드 법이 우리와 무슨 상관이람?"

프랑스에서는 필리프 2세가 죽고 루이 왕자가 루이 8세Louis VIII of France(1187~1226)로 즉위했으나 왕이 된 지 불과 3년 만에 세상을 떠났다. 그다음으로 아버지와 이름이 같은 루이가 왕위를 이었는데, 새로 왕이 된 루이 9세Louis IX of France(1214~1270)는 온건하고 공정하여 당시 다른 왕들에 비하면 전혀 왕 같지 않았다.

헨리 3세의 어머니 이사벨라Isabella of Angoulême(1188~1246)는 남모를 앙심이 있었던지 잉글랜드가 프랑스 왕 루이 9세와 전쟁을 벌이길 간절히 바랐다. 헨리는 자신의 유약함을 이용할 줄 아는 사람의 손에 놀아나는 허수아비에 불과했으므로 이사벨라는 목적을 달성하는 데 별 어려움이 없었다. 하지만 의회에서는 그런 전쟁에는 자금을 댈 수 없다고 의결했다. 헨리는 의회의 결정을 무시하고 술통 30개에 은화를 가득 담았다. 어디에서 그렇게 많이 났는지 정확히 알 수는 없지만 아마도 불쌍한 유대인을 쥐어짰을 것이다. 헨리는 은화가 담긴 술통을 배에 싣고 전쟁을 벌이기 위해 프랑스로 갔다. 그의 곁에는 어머니와 동생 콘월 백작 리처드Richard, 1st Earl of Cornwall(1209~1272)가 있었다. 리처드는 돈 많고 영리한 인물이었지만 헨리는 결국 프랑스와의 전쟁에서 패하고 잉글랜드로 돌아왔다.

이 일로 헨리 3세와 의회의 관계는 악화되었다. 의원들은 왜 공금으로 탐욕스러운 외국인의 배를 불려주느냐며 책망했다. 그리고 단호하고 완강한 태도로 앞으로는 모든 방법을 동원해서 왕이 쓸데없이 돈을 낭비하지 못하게 하겠다고 했다. 그러자 헨리는 잠시 어찌할 바를 몰라 하다가 이내 뻔뻔스럽게도 변명을 늘어놓으며 신하들에게 돈을 얻어내려 했다.

사람들은 헨리 3세를 보고 '잉글랜드에서 제일 악착같은 거지'라고 수군거렸다. 헨리는 십자군에 참가한다는 핑계를 대고 돈을 얻어내려 했지만, 다들 십자군이 그저 핑곗거리에 지나지 않는다는 것을 너무도 잘 알고 있었으므로 한 푼도 내놓지 않았다. 이런 논쟁이 오가면서 런던 사람들의 왕에 대한 반감은 더욱 커졌으며, 왕도 런던 사람들을 극도로 증오했다. 하지만 증오하든 사랑하든 결과적으로 별 차이는 없었다. 헨리는 그런 식으로 10여 년을 지냈고, 마침내 귀족들은 왕이 대헌장을 재차 승인하면 의회도 세금을 많이 걷을 수 있게 승인하겠다고 했다.

헨리 3세는 귀족들의 말에 선뜻 동의했다. 그리하여 5월의 어느 화창한 날, 웨스트민스터 홀에서 대대적인 회의가 열렸다. 성직자들은 다들 예복을 입고 손에 촛불을 든 채 서 있었다. 귀족들도 참석한 가운데 캔터베리 대주교가 의결문을 읽었다. 이후로 왕국의 대헌장을 위반하는 자는 이유를 불문하고 누구나 예외 없이 파문당할 것이라는 내용이었다. 의결문 낭독이 끝나자 다들 의결문을 어기는 사람은 누구나 예외 없이 저주받을 것이라고 말하며 촛불을 껐다. 헨리는 회의를 끝내면서 대헌장을 준수하겠다며 다음과 같이 맹세했다.

"남자로서, 기독교인으로서, 기사로서, 그리고 왕으로서 맹세하노라!"

맹세는 하기도 쉽고 깨기도 쉬운 법이다. 헨리 3세도 그 두 가지를 다 했으니 부전자전이라고 할까? 헨리는 돈을 손에 쥐자마자 다시 예전의 모습으로 되돌아갔고, 이에 이제까지 자신을 믿었던 몇 안 되는 귀족들의 신뢰마저 깡그리 잃고 말았다. 헨리는 돈이 다 떨어지자 비열한 본성에 걸맞게 또다시 여기저기 구걸하며 돈을 빌리러 다녔다. 그러다가 교황 때문에 시칠리아 왕위와 관련해서 어려움을 겪게 되었다.

왕당파와 런던 시민의 대립

교황은 마치 자기에게 시칠리아 왕위를 넘겨줄 권리가 있는 것처럼, 시칠리아를 헨리 3세의 둘째 아들 에드먼드에게 주는 게 어떻겠느냐고 제안했다. 하지만 자기 소유가 아닌 것을 누군가에게 선물로 주면 선물을 받은 사람은 곤경에 빠지기 쉽다. 이 일이 바로 그런 경우였다.

사실 시칠리아는 교황의 소유가 아니었으므로 왕관을 쓰려면 먼저 그 땅을 정복해야만 했다. 하지만 돈이 없으면 정복도 할 수 없는 법이다. 그래서 교황은 잉글랜드 성직자들에게 돈을 모아 보내라고 명령했다. 하지만 성직자들은 평소와 달리 교황의 말을 거부했다.

그들은 교황이 잉글랜드에서 이탈리아인 사제들을 너무 편애한다는 것을 문제 삼았다. 게다가 교황이 700군데의 성당에서 설교하고 돈을 건 게 했던 왕궁 사제에 대해서도 의문을 제기했다. 아무리 교황이 총애하는 사람이라도 성당 700곳을 한꺼번에 감당할 수 있다고는 믿기 힘들었다. 런던 주교는 이렇게 말했다.

"교황과 왕이 내 주교관을 벗길지도 모른다. 하지만 만일 그렇게 한다면 머리에 주교관 대신 투구를 쓰고 있는 내 모습을 보게 될 것이다. 나는 한 푼도 낼 수 없다."

우스터 주교도 런던 주교만큼 대담해서 역시 한 푼도 못 내겠다고 말했다. 두 주교보다 소심하고 무력한 성직자들이 끌어모아 바친 돈은 얼마 지나지 않아 모두 소진되었다. 하지만 헨리 3세에게도 별 도움이 되지 않았고, 에드먼드 왕자가 시칠리아 왕관을 쓰는 데 보탬이 되지도 않았다.

시칠리아 왕위는 결국 직접 시칠리아를 정복한 프랑스 왕 형제에게 넘어갔고, 교황은 헨리 3세에게 왜 시칠리아를 정복하지 않았느냐고 책망하며 오히려 10만 파운드를 청구했다.

별볼일없고 바보 같은 왕이지만 동정할 수 있다면 정말 동정하고 싶을 정도로 헨리 3세는 괴로운 상황이었다. 영리한 동생 리처드는 신성로마제국 사람들에게 돈을 주고 '로마 왕King of the Romans'의 칭호를 사서 곁을 떠났으므로 조언을 구할 수도 없었다. 성직자들은 교황에 반기를 들고 귀족들과 손을 잡았다. 귀족 대표는 헨리의 여동생과 결혼한 레스터 백작 시몽 드 몽포르Simon de Montfort, 6th Earl of Leicester (1208~1265)였다.[16] 그는 외국인이긴 했지만 헨리의 외국인 측근과 달리 백성에게 가장 인기가 많은 사람이었다. 헨리가 그다음 의회에 나오자 레스터 백작이 이끄는 귀족들은 완전무장을 하고 왕 앞에 나섰다. 그리고 한 달 뒤에 옥스퍼드에서 의회가 다시 소집되었을 때도 백작은 귀족 대표로 나섰고, 헨리는 어쩔 수 없이 통치위원회 설치에 동의했다. 통치위원회는 24명의 위원으로 구성되었는데, 12명은 귀족들이 지명하고 나머지 12명은 헨리가 지명했다.[17]

그런데 때맞춰 헨리 3세의 동생 리처드가 돌아왔다. 리처드는 돌아오자마자 통치위원회를 충실히 따르겠다고 서약했다. 그러지 않았다면 귀족들의 반대로 잉글랜드에 들어오지도 못했을 것이다. 하지만 리처드는 즉시 전력을 다해 통치위원회에 대항하기 시작했다. 그때 귀족들 간에 내분이 발생했다. 특히 오만한 글로스터 백작Gilbert de Clare, 7th Earl of Gloucester(1243~1295)과 레스터 백작 간의 다툼이 도를 넘어서 레스터 백작은 넌더리를 내며 외국으로 가버렸다.

그러자 백성들이 귀족들에게 불만을 품기 시작했다. 그들이 하는 짓이 한심했던 것이다. 마침내 헨리 3세는 좋은 기회가 찾아왔다는 생각에 자신감(동생이 복귀하여 힘을 얻었는지도 모른다)을 회복하고 통치위원회의 폐지를 명했다. 그러면서 통치위원회 설립에 자신이 마지못해 동의했던 선서를 교황도 무시하라고 했다는 말도 내뱉었다. 헨리는 화폐국에 있는 돈을 모두 손에 넣은 다음 런던탑에 틀어박혔다. 맏아들인 에드워드 왕자도 런던탑에 합류했다. 그곳에서 헨리는 교황의 서신을 백성들에게 공개하면서 자신이 45년간 탁월하고 공정한 왕이었음을 주장했다.

헨리 3세의 말이 사실과 다르다는 것을 누구나 알았으므로 그런 서신 따위에 신경 쓰는 사람은 아무도 없었다. 그러던 중 오만한 글로스터 백작이 죽고 그의 아들이 뒤를 이었다. 그 아들은 레스터 백작과 대립하기보다 당분간 협력하기로 했다. 그렇게 두 백작은 힘을 합쳐 잉글랜드에서 왕실 소유의 성 몇 군데를 점령했다.

헨리 3세를 반대하던 런던 시민들은 크게 기뻐하며 두 백작을 지지했다. 헨리는 궁색하게도 그냥 런던탑에 눌러앉아 있었고, 에드워드 왕자는 서둘러 윈저 성으로 갔다. 엘레오노르 왕비도 배를 타고 아들을 따라가려 했다. 하지만 엘레오노르를 본 백성들이 분노하면서 런던교로 달려가 그녀가 탄 배가 다가오자 돌과 진흙을 던졌다.

"물에 빠져 죽어라, 마녀야! 강에 빠져 죽어버려!"

런던 시장은 늙은 엘레오노르를 보호하며 세인트 폴 대성당으로 데려가 위험이 사라질 때까지 그곳에 머물게 했다. 여기서 왕과 귀족들 간의 분쟁과 귀족들끼리 벌인 내분을 세세하게 기록하는 것은 나로서도 큰일이고 그것을 읽는 독자에게도 큰일이다. 따라서 독자와 나를 위해 짧게 요약해서, 분쟁 중에 발생한 주요 사건만 언급하겠다.

헨리 3세와 귀족들은 선정을 베풀던 프랑스의 루이 9세에게 중재를 부탁했다. 루이 9세는 헨리가 대헌장을 준수하고 귀족들은 통치위원회를 포함해 옥스퍼드 조례Provisions of Oxford의 모든 조항을 포기하라는 의견을 건넸다. 헨리 3세를 지지하는 왕당파는 옥스퍼드에서 열렸던 의회를 '미친 의회Mad Parliament'라 부를 정도였다. 귀족들은 불공평한 조건이라며 프랑스 왕의 의견을 거부했다. 그런 다음 세인트 폴 대성당의

▲ 런던의 세인트 폴 대성당 ©Marc Scott-Parkin/Shutterstock.com

종을 울렸다. 그 음울한 종소리를 듣고 런던 시민들이 무장을 하고 집단으로 거리에 나서게 할 목적이었다.

하지만 유감스럽게도 귀족들 편에 선 시민들이 왕당파를 공격하는 대신 불쌍한 유대인을 습격하는 바람에 최소 500명의 유대인이 목숨을 잃었다. 폭도들은 살해된 유대인 중 일부가 왕당파였다는 둥, 그들이 집집마다 살상 목적으로 '그리스 화약Greek Fire'이라는 무시무시한 물건을 숨겨두었는데 그것은 물을 끼얹으면 꺼지기는커녕 더 맹렬하게 타오른다는 둥 거짓말을 둘러댔다. 실제로 유대인들이 집에 숨겨둔 것은 돈이었다. 잔인한 폭도들이 원하는 것은 바로 그 돈이었으며, 그들은 그런 식으로 강도처럼 유대인의 돈을 강탈했다.

레스터 백작은 선두에서 런던 시민과 다른 병사들을 이끌며 헨리 3세를 뒤쫓아 서식스 주의 루이스Lewes에 진을 쳤다. 헨리 3세를 공격하기에 앞서 백작은 그가 많은 서약을 깨뜨려서 신의 적이 되었으니 기독교도가 아니라 튀르크를 상대로 싸울 때처럼 가슴에 흰 십자가가 그려진 옷을 입어야 한다고 병사들에게 말했다. 런던 시민과 병사들은 백작의 말대로 흰 십자가가 그려진 옷을 입고 전투에 임했다. 하지만 하마터면 그날 전투에서 패배할 뻔했다. 헨리의 편에는 잉글랜드에 거주하는 외국인 전부와 스코틀랜드에서 온 존 코민John III Comyn, Lord of Badenoch(?~1306), 존 베일리얼John Balliol(1249~1314), 로버트 브루스Robert de Brus, 5th Lord of Annandale(1210~1295)의 군사가 있었기 때문이다. 하지만 성미가 급한 에드워드 왕자가 런던 시민에게 복수하려는 마음이 너무 컸던 탓에 아버지의 군대를 온통 혼란에 빠뜨리고 말았다. 에드워드는 포로로 붙잡혔고, 헨리와 그의 동생인 로마 왕도 붙잡혔다. 피로 얼룩진 초원은 5,000구의 시체로 뒤덮였다.

권력의 실세, 레스터 백작

레스터 백작이 대승을 거두자 교황은 그를 파문했지만, 백작이나 백성들은 전혀 신경 쓰지 않았다. 백성들은 백작을 좋아하고 지지했으며, 그는 사실상 왕이나 다름없었다. 백작은 겉으로는 헨리 3세를 존중하는 척했지만, 정부의 모든 권력은 사실상 그의 수중에 있었다. 백작은 1265년 의회를 소집했다. 잉글랜드 최초로 백성 누구에게나 실질적인 투표권을 준 의회였다. 백작에 대한 백성의 지지는 날이 갈수록 커져서 사람들은 그가 하는 일은 무엇이든 지지하게 되었다.

다른 귀족들, 특히 죽은 아버지만큼이나 오만했던 글로스터 백작은 레스터 백작의 권력과 인기를 시샘한 나머지 음모를 꾸미기 시작했다. 루이스 전투 이후 에드워드 왕자는 인질로 잡혀 있는 동안 왕자 대접을 받긴 했지만 바깥나들이를 할 때만큼은 레스터 백작이 감시 목적으로 붙이는 수행원과 동행해야 했다. 글로스터 백작과 함께 음모를 꾸미던 귀족들은 에드워드에게 몰래 연락할 방법을 찾아 그에게 탈출을 도와주고 귀족들의 수장으로 모시겠다는 말을 전했다. 에드워드는 흔쾌히 수락했다. 그렇게 귀족들과 합의가 이루어진 날, 헤리퍼드에 있던 에드워드는 점심식사가 끝난 뒤 시종들에게 말했다.

"이렇게 날씨가 좋으니 말을 타고 좀 달려봐야겠다."

시종들도 이 좋은 햇빛 속에서 말을 달리면 무척이나 기분 좋겠다는 생각에 수행조를 꾸려 마을 쪽으로 말을 달렸다. 일행이 잘 다듬어진 잔디밭에 이르렀을 무렵, 에드워드 왕자는 각자의 말을 비교하더니 달리기 시합을 제안했다. 시종들은 아무 의심 없이 말이 기진맥진할 때까지 달리기 시합을 벌였다. 에드워드는 단 한 번도 시합에 참여하지 않고 그저 안장 위에 앉아 구경하면서 시종들과 돈내기를 했다. 그렇게 일행은 오후 내내 재미있게 놀았다. 해가 슬슬 기울어갈 무렵, 일행은 언덕을 천천히 올라가고 있었다. 에드워드 왕자의 말은 쌩쌩했지만 시종들의 말은 매우 지쳐 있었다. 그때 언덕 꼭대기에서 회색 말을 탄 낯선 사람이 나타나 모자를 흔들었다.

"저 사람, 뭐하는 거야?"

시종들이 수군댔다. 에드워드 왕자는 즉시 호응하여 말에 박차拍車(말을 탈 때 신는 구두의 뒤축에 달려 있는 물건_옮긴이)를 가해 쏜살같이 달려가

210

그 남자와 합류했다. 그런 다음 가까운 곳에 있는 나무 밑에서 상황을 지켜보며 기다리던 일행에게 달려갔다. 에드워드가 합류하자 일행은 먼지 구름을 일으키며 출발했고, 길 위에는 당혹스러운 표정으로 서로를 쳐다보고 있는 시종들만 남았다. 시종들의 말은 귀를 늘어뜨린 채 지쳐 헐떡이고 있었다.

에드워드 왕자는 러들로Ludlow에서 글로스터 백작과 합류했다. 당시 레스터 백작은 일부 병력만을 대동한 채 늙고 어리석은 왕 헨리 3세와 함께 헤리퍼드에 있었다. 레스터 백작의 아들 시몽 드 몽포르[18]는 나머지 병력과 함께 서식스에 있었다. 에드워드의 첫 번째 목표는 나뉘어 있는 아버지와 아들이 힘을 합치지 못하게 하는 것이었다. 에드워드는 우선 밤을 틈타 아들 드 몽포르를 공격하여 격파한 다음 군기와 재물을 빼앗았다. 그리고 그를 워릭셔Warwickshire에 있는 몽포르 가문 소유의 케닐워스 성Kenilworth Castle으로 보냈다.

그러는 동안 드 몽포르의 아버지 레스터 백작은 아들의 상황은 까맣게 모른 채 헨리 3세와 병사들을 이끌고 헤리퍼드를 떠나 아들을 만나러 갔다. 백작은 8월의 화창한 아침에 쾌적한 에이번Avon 강변의 이브셤Evesham에 도착했다. 약간 꺼림칙한 마음으로 케닐워스 성을 바라보던 백작의 눈에 자신의 군기가 다가오는 모습이 보였다. 백작의 얼굴에 미소가 피어올랐다. 하지만 이내 적이 군기를 탈취하여 손에 들고 있다는 사실을 알게 되자 굳은 표정으로 이렇게 말했다.

"다 끝났구나. 우리 몸은 에드워드 왕자가 갖겠지만 우리 영혼에는 신의 자비가 함께하길!"

그런 상황에서도 레스터 백작은 진정한 기사답게 싸웠다. 말이 죽어 넘어지자 백작은 두 발로 버티고 서서 싸웠다. 전투는 격렬했고 산지사방에 시체가 쌓였다. 그때 늙은 왕 헨리 3세는 무거운 갑옷을 입고 커다란 말 위에 꼼짝없이 앉아 있었다. 말은 누가 등에 탔는지 전혀 신경 쓰지 않고 헨리의 생각과는 무관하게 이곳저곳 내달리며 병사들의 앞길을 막았다. 그러다가 에드워드 왕자 편의 병사 하나가 머리통을 내리치려는 순간, 헨리는 가까스로 외마디 비명을 질렀다.

"나는 윈체스터의 헨리다!"

그 말을 듣고 에드워드 왕자가 달려와 말고삐를 틀어잡고 헨리 3세의 목숨을 구했다. 레스터 백작은 가장 사랑하는 아들이 죽고 가장 친한 친구들의 시신이 발 앞에 쌓일 때까지 여전히 용맹스럽게 싸웠다. 넘어진 다음에도 칼을 놓지 않고 계속 싸웠다. 에드워드의 군사들은 백작의 몸을 난도질한 다음 백작과 최악의 맞수였던 귀족의 아내에게 선물로 보냈다. 내 생각에 그 귀족의 아내는 귀부인이라기보다 매우 불쾌한 여인이었을 것이다. 하지만 백작의 적들은 충직한 백성들의 마음속에 남아 있는 그에 대한 기억까지 난도질하지는 못했다. 오랜 세월이 흐른 뒤에도 백성들은 더욱더 백작을 그리워했으며, 성자로 칭송하면서 늘 '의로운 시몽 경Sir Simon The Righteous'으로 불렀다.

레스터 백작은 죽었지만 그가 추구했던 대의는 뚜렷하게 살아남았으므로 승리를 거둔 왕도 그의 뜻을 따를 수밖에 없었다. 헨리 3세는 끔찍하게 싫어했던 대헌장을 존중할 수밖에 없었고, 레스터 백작의 법과 유사한 법률도 제정할 수밖에 없었다. 또한 그렇게 오랫동안 자신을 반대했던 런던 주민에게도 부드럽고 너그럽게 대할 수밖에 없었다. 이렇게 되기까지 수많은 봉기가 더 일어났지만, 헨리 3세는 그때마다 대헌장을 존중한다고 밝히거나 레스터 백작의 법을 앞세워 진정시켰다. 에드워드 왕자는 봉기를 잠재우고 평화를 되찾는 데 전력을 다했다.

불만을 토로하며 마지막까지 무장 투쟁을 벌였던 애덤 드 구르동 경Sir Adam de Gourdon이라는 사람이 있었는데, 에드워드 왕자는 숲 속에서 벌어진 단 한 번의 전투에서 그를 제압하고는 목숨을 살려주고 친구가 되었다. 애덤 경은 배은망덕한 사람이 아니어서, 그 뒤로 언제까지나 관대한 정복자 에드워드에게 헌신했다.

그렇게 왕국에서 분쟁이 잦아들자 에드워드 왕자는 사촌 헨리와 함께 십자군 원정에 참여하기 위해 수많은 잉글랜드 귀족과 기사를 데리고 성지로 떠났다. 4년 후 로마 왕이 죽었고, 그 이듬해인 1272년 로마 왕의 형이며 심약했던 왕 헨리 3세가 숨을 거두었다. 그때 헨리의 나이는 예순다섯 살이었으며, 왕위에 오른 지 56년 만이었다. 헨리 3세는 살았을 때도 죽은 것이나 다름없는 왕이었다. 늘 그저 희미한 그림자 같은 왕이었다.

제3부

영토 확장으로
세력을 키우다

제16장

에드워드 1세,
잉글랜드의 중앙집권화를 이루다

샬롱 전투 승리로 백성의 지지를 얻다

1273년, 예루살렘에 있던 왕자 에드워드는 아버지의 죽음을 전혀 알지 못했다. 하지만 귀족들은 헨리 3세의 장례식을 치르자마자 에드워드 왕자를 왕으로 선언했고, 백성들은 기꺼이 받아들였다. 왕위 쟁탈전이 벌어진다면 얼마나 끔찍할지 너무나 잘 알고 있었기 때문이다. 그래서 칭찬의 의미는 없지만 다리가 매우 가늘었던 탓에 '긴 다리Longshanks'라고 불렸던 에드워드 1세Edward I(생몰연도: 1239~1307, 재위기간: 1272~1307)가 평화롭게 잉글랜드 왕국을 물려받았다.

아무리 길고 얇더라도 그의 다리는 튼튼해야 했다. 십자군 전쟁이 벌어지는 아시아의 뜨거운 모래사막에서 온갖 어려움을 겪을 때 몸을 굳건히 지탱해야 했기 때문이다. 그 사막에서 에드워드 왕자의 병사들은 정신을 잃고 죽고 탈영하면서 차츰 사라져버렸다. 하지만 용맹스러운 에드워드는 신경 쓰지 않고 이렇게 말했다.

"다 죽고 마부만 남는다 해도 나는 계속 전진할 것이다!"

이런 기상을 지닌 에드워드 왕자는 당시 튀르크인에겐 큰 골칫덩이였다. 한번은 에드워드가 다른 곳도 아니고 하필이면 나사렛Nazareth을 급습했는데, 말을 전하기도 유감스럽게 그곳에서 아무 죄도 없는 사람들을 잔인하게 학살했다. 그런 다음 에드워드는 아크레로 가서 술탄과 10년간 휴전협약을 맺었다.

그 무렵 에드워드 왕자는 아크레에서 야파를 다스리는 사라센 귀족의 배반으로 자칫하면 목숨을 잃을 뻔했다. 그 귀족은 에드워드에게 기독교로 개종할 생각이 있으며 기독교의 모든 것을 알고 싶다며 믿음직한 사람을 전령으로 자주 보냈다. 그런데 그 전령이 소매 속에 단검을 품고 있었던 것이다.

성령강림절Whitsun tide 주간의 어느 금요일, 매우 더운 날이어서 불타는 태양 아래 펼쳐진 사막은 마치 바싹 구워진 거대한 과자 같았다. 에드워드 왕자는 더운 날씨에 헐렁한 예복 차림으로 긴 의자에 누워 있었다. 그때 초콜릿색 얼굴에 검은 눈동자, 새하얀 치아를 가진 전령이 서신을 들고 슬그머니 들어와 길들여진 호랑이처럼 에드워드 앞에 무릎을 꿇었다. 그런데 에드워드가 편지를 받으려고 손을 내미는 순간, 그 호랑이가 단검을 빼 들고 그의 가슴팍을 향해 전광석화처럼 달려들었다. 전령의 공격이 빠르긴 했지만, 에드워드의 대응도 그에 못지않게 빨랐다.

에드워드 왕자는 전령의 초콜릿색 목덜미를 움켜쥐고 바닥으로 내동댕이쳤다. 그런 다음 전령이 쥐고 있던 단검을 빼앗아 그의 숨통을 단숨에 끊어버렸다. 에드워드도 전령이 휘두르는 단검에 팔에 상처를 입었다. 가벼운 상처였지만 자칫 목숨을 잃을 수도 있었다. 단검의 날에 독이 묻어 있었기 때문이다.

하지만 다행스럽게도 당시에는 드물게 솜씨 좋은 외과의사와 약효가 좋은 약초, 그리고 무엇보다도 헌신적으로 간호해준 믿음직한 아내 엘레오노르Eleanor of Castile(1241~1290) 덕분에 이내 회복하여 예전의 건강을 되찾았다. 사람들 말로는 엘레오노르가 붉은 입술로 상처에서 독을 빨아냈다고 하는데, 나도 그 말이 사실이라고 믿는다.

에드워드 왕자는 잉글랜드로 돌아오라는 아버지 헨리 3세의 간절한 요청을 받고 귀국길에 올랐다. 그리고 이탈리아에 이르렀을 때 아버지의 사망 소식을 전하러 온 전령과 마주쳤다. 잉글랜드가 평온하다는 말을 전해 들은 에드워드는 귀국길을 재촉하지 않고 교황을 만나본 다음 이탈리아의 여러 도시를 공식적으로 방문했다. 방문하는 곳마다 성지에서 온 위풍당당한 높은 십자군 전사를 환영하며 박수갈채를 보냈으며, 자주색 망토와 날랜 말을 선물하기도 했다. 에드워드는 그렇게 당당한 모습으로 계속 여행했다. 환호하는 사람들은 그가 십자군 원정에 참여한 마지막 잉글랜드 왕이 되리라고는 생각하지 못했다. 또한 기독교도가 그렇게 많은 피를 흘리며 탈취했던 성지가 채 20년도 안 되어 다시 튀르크인의 수중으로 넘어가리라고는 전혀 예상하지 못했다. 하지만 둘 다 현실이 되었다.

그때나 지금이나 프랑스의 한 평원에 샬롱Chalons이라는 오래된 마을이 있다. 에드워드 왕자가 귀국길에 이 마을을 지나는데, 샬롱 백작이라는 교활한 프랑스 귀족이 정중하게 도전장을 보내왔다. 마상시합을 열어 양측 기사들이 온종일 칼과 창으로 겨뤄보자는 제안이었다. 사람들은 에드워드에게 그 백작은 신뢰할 수 없는 사람이라고 말했다. 그의 목적이 단순히 구경거리나 기분 전환을 위한 친선 시합을 하는 것이 아니라 실제로 전투를 벌여 우세한 병력으로 잉글랜드군을 격파하려는 속셈이라는 것이었다.

하지만 에드워드 왕자는 전혀 개의치 않고 1,000여 명의 부하를 거느리고 약속된 날짜에 약속된 장소로 갔다. 샬롱 백작이 2,000명의 병력으로 공격해오자 잉글랜드군은 용맹하게 적진을 향해 달려갔다. 전투 도중 에드워드는 말에 탄 채 샬롱 백작과 몸싸움을 벌였는데, 백작이 목 언저리를 붙들고 늘어지자 신속한 역공으로 바닥에 힘껏 메다꽂았다. 그러고는 얼른 말에서 내려 백작의 몸 위에 올라타고 대장장이가 달군 쇠를 모루 위에 올려놓고 망치질하듯 강철 갑옷 위를 계속 내리쳤다.

전투는 잉글랜드군의 일방적인 승리로 끝났고, 패배한 프랑스군 병사와 말들의 시체가 산지사방에 나뒹굴었다. 백작이 패배를 인정하고 칼을 넘겨주었지만 에드워드는 정중하게 받지 않았고, 그로 하여금 일반 병사에게 항복하게 함으로써 치욕을 안겨주었다. 에드워드 왕자의 격렬한 분노를 엿볼 수 있었던 이 전투는 나중에 '샬롱 전투the little Battle of Chalons'로 불렸다.

잉글랜드인들은 이런 모험담을 듣고 에드워드 왕자를 무척이나 자랑스러워했다. 그래서 그가 서른세 살이 되던 1274년, 도버에 상륙한 다음 웨스트민스터에 가서 어진 엘레오노르 왕비와 함께 위풍당당한 모습으로 왕관을 쓰자 여기저기서 엄청난 환호가 터져 나왔다. 대관식 연회에 제공된 음식만 해도 황소 400마리, 양 400마리, 돼지 450마리, 멧돼지 18마리, 돼지 옆구리 살 300덩이, 가금류 2만 마리 등에 달했으며, 거리의 분수에서는 물 대신 백포도주가 흘러나왔다. 돈 많은 사람들은 행사를 빛내기 위해 창밖에 밝은색 실크 천이나 옷을 내걸고 금화나 은화를 한 주먹씩 거리로 던졌고, 시민들은 서로 뒤섞여 정신없이 돈을 주웠다. 좁고 복잡한 런던 구시가지 거리에 음식과 술이 넘쳐나고, 곳곳에서 종소리와 악기를 연주하는 소리가 어우러져 울려 퍼지고, 환호성을 지르며 모자를 하늘 높이 던져 올리는 모습은 실로 오랜만에 보는 광경이었다. 집에 숨어 벌벌 떨면서 감히 밖을 내다볼 엄두조차 내지 못하는 유대인을 제외하면 모든 백성이 즐거워했다. 이즈음 유대인들은 조만간 흥분한 사람들이 순전히 재미를 위해 자신들을 약탈하러 올 것 같은 예감이 들었다.

유감스럽지만 에드워드 1세의 통치기간에 유대인들이 가장 무자비하게 약탈당했다는 말을 덧붙이고 나서 당분간 불쌍한 유대인 이야기는 꺼내지 않겠다. 왕이 발행한 동전의 가장자리를 갈아낸 죄로 수많은 유대인이 교수형에 처해졌다.[19] 하지만 동전을 갈아내는 짓은 당시 유대인뿐만 아니라 모든 계층에서 폭넓게 행해지고 있었다. 더구나 유대인은 무거운 세금을 내면서도 수치스럽게 식별표를 달고 살았다.

에드워드 1세의 대관식이 거행된 지 13년이 지난 어느 날, 유대인들은 난데없이 끌려가 짐승처럼 감옥에 갇히는 신세가 되었다. 그리고 1인당 보석금 1만 2,000파운드를 내야 풀려날 수 있었다. 결국 에드워드는 유대인들에게서 외국으로 떠나는 데 필요한 최소 경비를 뺀 모든 재산을 빼앗았다. 유대인들이 그토록 심한 박해를 받고 끔찍한 고통을 당했던 잉글랜드로 돌아가 돈을 벌겠다는 희망을 품게 되기까지 매우 오랜 시간이 지나야 했다.

에드워드 1세가 유대인에게 했던 것처럼 기독교도에게도 악행을 저질렀다면 정말 악독한 왕으로 기억되었을 것이다. 하지만 그는 대체로 현명하고 훌륭한 왕이었으며, 통치기간에 잉글랜드를 크게 발전시켰다. 비록 대헌장을 좋아하지는 않았지만 그는 분명 자질이 뛰어난 왕이었다. 그런데 사실 오랜 세월 동안 대헌장을 좋아했던 왕은 거의 없었다.

에드워드 1세가 귀국한 다음 가장 먼저 추진했던 일은 잉글랜드와 스코틀랜드, 웨일스를 통합하는 것이었다. 스코틀랜드와 웨일스에도 권력은 잉글랜드보다 약하지만 저마다 왕이 있었으며, 그곳 사람들은 늘 왕좌를 놓고 다투거나 싸움을 일삼으며 문제를 일으키고 있었다. 에드워드는 통치기간 동안 프랑스와 전투를 벌이기도 했다. 이런 분쟁을 명쾌하게 짚고 넘어가기 위해 각국의 역사를 따로 구분해 각각 다루어보겠다. 먼저 웨일스부터 알아보고, 그다음 프랑스, 스코틀랜드 순서로 알아보자.

웨일스인의 반란

당시 웨일스 군주는 루엘린Llewellyn ap Gruffudd(1223~1282)이었다. 문제가 많았던 헨리 3세 통치 시절 내내 그는 잉글랜드 귀족 편을 들었다가 나중에 헨리 편으로 돌아섰다. 에드워드 1세도 왕위에 오른 다음 루엘린에게 충성서약을 요구했지만 거부당했다. 이후에도 잉글랜드로 와서 충성을 맹세하라고 세 차례나 더 요구했지만, 루엘린은 그때마다 에드워드의 요구를 거절했다.

루엘린은 시몽 드 몽포르 백작 가문의 젊은 여인 엘레오노르 드 몽포르Eleanor de Montfort(1252~1282)와 결혼할 예정이었다. 그런데 어쩌다가 엘레오노르가 막냇동생 에머릭Emeric과 함께 프랑스에서 귀국하던 중 잉글랜드 함선에 붙잡혔다. 에드워드 1세는 두 사람을 계속 붙잡아두라고 명령했다.

이와 관련해서 분쟁이 시작되었다. 에드워드 1세가 함선을 이끌고 웨일스 해안에 가서 루엘린을 포위하자 그는 어쩔 수 없이 물자 공급을 전혀 받을 수 없는 스노든Snowdon 지방의 음습한 산속으로 도망쳤다. 그리고 얼마 못 가 굶주림에 지쳐서 에드워드에게 사죄하고 평화협정을 맺은 다음 전쟁 배상금을 물었다. 하지만 에드워드는 평화협정에 몇 가지 가혹한 조건을 달고 나서야 엘레오노르와의 결혼을 허락했다. 에드워드는 그렇게 웨일스를 완전히 굴복시켰다고 생각했다.

하지만 그것은 오산이었다. 웨일스인은 천성적으로 온화하고 조용하며 재미있는 사람들이긴 했다. 산중 오두막에 낯선 사람들을 스스럼없이 받아주며 방문객들이 먹고 마시든 하프를 연주하며 어울려 놀든 자기 동네의 민요를 부르든 상관없이 환대해주었다. 하지만 그들은 한번 화가 나면 엄청난 용기가 샘솟는 사람들이기도 했다.

웨일스를 정복한 뒤로 잉글랜드인이 이 땅에서 무례하게 굴며 주인 행세를 하기 시작하자 자긍심 높은 웨일스인은 그 꼴을 두고 볼 수 없었다. 더욱이 그들은 옛날 옛적의 불길한 예언자 멀린을 믿었다. 그리고 멀린이 예언했던 대로 뭔가 끔찍한 일이 일어나면 사람들 중 누군가는 항상 그의 불길한 예언을 떠올렸다.

때마침 치렁치렁한 하얀 수염에 하프를 손에 든 늙은 맹인 귀족이 있었다. 훌륭한 사람이었지만 가늠할 수 없을 만큼 나이가 많고 따분한 사람이기도 했다. 그 귀족은 소리를 버럭 지르면서 멀린의 예언을 상기시켰다. 잉글랜드의 돈이 동그란 모양이 되면 웨일스 군주가 런던에서 왕위에 오르게 된다는 예언이었다. 당시는 에드워드 1세가 1펜스짜리 동전을 반으로 잘라 하프펜스halfpence를 만들거나 사등분하여 파딩farthing

(구 페니의 4분의 1에 해당하던 잉글랜드의 옛 화폐_옮긴이)으로 만드는 것을 금지하던 때였다. 그리고 실제로 동그란 모양의 동전이 유통되었다. 그래서 웨일스인은 멀린이 예언했던 때가 왔다고 생각하여 반란을 일으켰다.

에드워드 1세는 많은 선물을 주어 루엘린의 동생 데이비드David ap Gruffudd(1238~1283)를 사전에 매수해두었다. 하지만 데이비드는 막상 반란이 일어나자 양심의 가책을 느꼈던지 선두에서 반란군을 이끌었다. 폭풍우가 몰아치던 밤, 데이비드는 잉글랜드 귀족이 점유하고 있던 하워든 성Hawarden Castle을 급습해 수비군을 전멸한 다음 성주를 스노든에 감금했다.

이 일을 계기로 웨일스인이 일제히 들고일어났다. 에드워드 1세는 군대를 이끌고 우스터에서 출발해 웨일스 북서쪽 메나이 해협Menai Strait까지 진군한 다음, 배를 연결하여 40명이 나란히 건널 수 있는 다리를 만들어 해협을 건넜다. 그때 병사들이 건넜던 장소 인근에는 현재 아름다운 하로교下路橋(단면이 직사각형인 관 모양의 다리_옮긴이)가 건설되어 그 옛날과는 달리 기차가 해협을 넘어 다니고 있다.

에드워드 1세는 웨일스의 앵글시 섬을 정복하고 나서 정찰병을 보내 적의 형세를 살피게 했다. 그런데 웨일스인이 불쑥 나타나는 바람에 정찰병은 깜짝 놀라 다리 쪽으로 후퇴했다. 그러는 사이 밀물이 들어와 해협의 수위가 높아지면서 바짝 붙어 있던 배들의 간격이 벌어졌다. 웨일스군은 때를 놓치지 않고 공격을 감행했고, 잉글랜드군 수천 명이 바다에 빠져 무거운 갑옷 탓에 수장되었다.

전투에서 승리한 루엘린은 웨일스의 혹독한 겨울 날씨 덕에 또 다른 전투에서도 승리를 거두었다. 하지만 에드워드 1세는 일부 병력을 남웨일스로 이동시킨 다음 루엘린을 양쪽에서 협공했다. 결국 루엘린은 남웨

▲ 웨일스 북서부의 앵글시 섬 ⓒJulius Kielaitis/Shutterstock.com

일스에서 공격해 오는 잉글랜드군과 용감하게 맞서 싸우다 급습을 받아 전사했다.

아주 비열한 공격이었다. 급습을 받을 당시 루엘린은 아무런 무기도 소지하지 않은 무방비 상태였기 때문이다. 에드워드 1세는 루엘린의 머리를 베어 런던으로 보냈고, 둥그런 고리를 그 위에 씌워 런던탑에 효시했다. 그 고리를 담쟁이덩굴로 만들었다는 말도 있고 버드나무 잎이나 은으로 만들었다는 말도 있는데, 분명한 것은 멀린의 예언을 조롱하는 의미로 동전처럼 보이게 만들었다는 점이다.

한편 잉글랜드군의 집요한 추격을 받으면서도 루엘린의 동생 데이비드는 6개월이나 버텨냈다. 하지만 결국 어느 웨일스인이 데이비드 가족을 배신하고 그가 있는 곳을 에드워드 1세에게 알려주었다. 붙잡힌 데이비드에게는 교수척장분지형絞首剔臟分肢刑(죽기 직전까지 목을 매단 뒤 끌어내려서 내장을 꺼내고 사지를 토막 내는 형벌_옮긴이)이 선고되었고, 그때부터 잉글랜드에서 반역자에게 내리는 형벌로 굳어졌다. 아무리 생각해도 교수척장분지형은 인간이 인간에게 자행할 수 있는 가장 혐오스럽고 비도덕적인 형벌 중 하나이며, 그런 끔찍한 잔혹 행위를 저지르는 나라는 품위가 심각하게 손상될 뿐 아니라 그 오명을 그 무엇으로도 씻을 수 없다.

웨일스는 그렇게 완전히 정복되었다. 에드워드 1세의 엘레오노르 왕비는 카나번 성Carnarvon Castle에서 왕자[20]를 낳았고, 왕은 웨일스 백성에게 왕자를 보여주면서 같은 웨일스 동족이라 언급하고 왕자에게 '웨일스 공Prince of Wales' 작위를 주었다. 때마침 에드워드 왕의 맏아들이 죽는 바람에 웨일스 공이 왕세자가 되었고, 그때부터 잉글랜드 왕세자는 '웨일스 공'이라는 호칭으로 불리게 되었다.

에드워드 1세는 웨일스의 법률을 개선하고 무역을 장려하는 등 훌륭한 업적을 많이 남겼다. 웨일스 땅과 성채를 하사받은 잉글랜드 귀족의 탐욕과 오만한 태도 탓에 곳곳에서 분란이 일어나기도 했지만 이내 진압되었고, 그 뒤로는 평화가 이어졌다. 음유시인이나 하프 연주자들이 노래를 불러 폭동을 선동하는 일이 없도록 에드워드 1세가 시인과 연주자를 대대적으로 처형했다는 말도 전해진다. 그중에는 정말 왕에게 저항하다가 죽어간 사람도 있겠지만, 내 생각에 이 대대적인 처형은 하프 연주자들의 상상이 빚어낸 이야기가 아닐까 싶다. 그들은 오랜 시간이 흐른 뒤 노래를 만들어 웨일스의 난롯가에 앉아 노래했으며, 그렇게 노래를 부르다 보니 사실로 믿게 되었을 것이다.

의회와의 타협

에드워드 1세 통치 시절에 외국과 전쟁이 일어나게 된 경위는 이러하다. 노르망디 선원이 탄 배와 잉글랜드 선원이 탄 배가 물통에 깨끗한 물을 채우기 위해 우연히 같은 곳에 도착했다. 선원들은 거칠게 화를 내며 말다툼을 하더니 이내 싸우기 시작했다. 잉글랜드 선원들은 주먹을 휘둘렀지만 노르망디 선원들은 칼을 휘둘렀고, 그 와중에 노르망디 선원 한 명이 죽었다.

노르망디 선원들은 잉글랜드 선원들에게 복수하는 대신(잉글랜드 선원들이 너무 강력했나 보다), 잔뜩 화가 난 채로 다시 배를 타고 바다로 나섰다. 그리고 첫 번째로 마주친 잉글랜드 배를 공격한 다음, 어쩌다가 배에 타게 된 죄 없는 상인을 붙잡아 발밑에 있던 개와 함께 목매달았다.

이 소식을 전해 들은 잉글랜드 선원들은 너무도 화가 나서 눈이 뒤집힐 지경이었다. 그래서 언제 어디에서든 노르망디 선원을 만나기만 하면 필사적으로 공격했다. 아일랜드와 네덜란드 선원들은 잉글랜드 편에 가담했고, 프랑스와 제노바 선원들은 노르망디 편을 들었다. 바다를 항해하는 선원들의 상당수는 그렇게 저마다 폭풍우가 몰아치는 바다처럼 걷잡을 수 없이 난폭하고 포악해졌다.

에드워드 1세의 명성은 외국에도 알려져 프랑스와 다른 나라 간의 분쟁을 조정해달라는 요청을 받기도 했으며, 영지인 가스코뉴Gascogne 지방에서 3년간 머물기도 했다. 처음에는 에드워드나 프랑스의 필리프 3세Philippe III of France(1245~1285) 모두 이런저런 분쟁에 일절 관여하지 않았다. 하지만 80척의 잉글랜드 함대가 200척의 노르망디 함대와 닻을 내리고 빙 둘러서서 싸우는 회전會戰(일정 지역에 대규모 병력이 집결하여 벌이는 전투_옮긴이)을 벌인 끝에 압승을 거두자 프랑스 왕은 도저히 그냥 넘어갈 수 없었다. 그래서 프랑스 왕은 귀엔느Guienne(현재 프랑스 남서부 아키텐Aquitaine 주에 해당하는 지역_옮긴이) 공작이기도 한 에드워드를 파리로 소환하여 잉글랜드 해군이 노르망디에 입힌 손실에 대해 책임지라고 요구했다.

에드워드 1세는 처음에는 런던 주교를 대표로 파견했고, 다음에는 프랑스 왕비의 친어머니와 결혼했던 동생 에드먼드Edmund Crouchback (1245~1296)[21]를 보냈다. 내 생각에 순진한 남자인 에드먼드는 프랑스 궁정 귀부인이기도 한 매력적인 친척들의 손바닥에서 놀아나지 않았나 싶다. 왜냐하면 에드워드가 귀엔느 공국의 통치권을 40일 안에 내놓으라는 그들의 술책에 넘어갔기 때문이다. 물론 프랑스의 필리프 3세는 에드먼드의 체면을 생각해서 그저 형식적인 절차일 뿐이라고 귀띔해주었다. 하지만 40일이 지난 뒤에도 공국을 돌려줄 마음이 전혀 없다는 걸 알고 에드먼드는 매우 놀랐다. 이 사건이 그의 명을 재촉하지 않았나 싶다. 그 후 얼마 지나지 않아 갑작스럽게 죽었기 때문이다.

에드워드 1세는 귀엔느 공국을 다시 손에 넣고 싶었다. 그래서 대규모 군대를 소집하고 귀엔느 공작으로서 프랑스 왕에 대한 충성을 포기한다고 선언한 다음, 바다 건너 프랑스를 침공했다. 하지만 본격적으로 전투를 시작하기도 전에 2년간의 휴전협정이 체결되었고, 그러는 동안 교황이 나서서 두 왕을 화해시켰다. 당시 다정하고 헌신적이었던 엘레오노르 왕비와 사별하고 홀아비 신세였던 에드워드는 필리프 3세의 여동생 마거릿과 결혼했다. 그의 왕세자도 필리프의 딸 이사벨라와 약혼했다.

전쟁 준비를 하다 보면 돈이 많이 들기 때문에 에드워드 1세는 늘 돈에 목말라했다. 그래서 그는 마음 내키는 대로 돈을 거둬들였고, 그 탓에 귀족들의 반대가 차츰 거세졌다. 그중에서도 특히 헤리퍼드 백작 험프리 분 Humphrey de Bohun, 3rd Earl of Hereford(1249~1298)과 노퍽 백작 로저 비고드Roger Bigod, 5th Earl of Norfolk(1245~1306)가 유독 완강했다. 그들은 에드워드가 귀엔느 공국으로 출병하라고 명령하자 왕에게는 그럴 권한이 없다며 단호히 거부했다. 에드워드는 노발대발하여 헤리퍼드 백작에게 이렇게 말했다.

"맹세하건대, 귀엔느에 가지 않으면 목을 매달겠다!"

그러자 백작은 이렇게 응수했다.

"맹세하건대 전하, 귀엔느에 가지도 않고 목매달리지도 않을 겁니다!"

그러고 나서 노퍽 백작과 함께 씩씩하게 궁정을 나와 많은 귀족들과 합류했다. 에드워드 1세는 전쟁 비용을 마련하기 위해 온갖 수단을 동원했다. 교황의 완강한 반대에도 성직자에게 세금을 부과하기도 했다. 그러자 성직자들이 납세를 거부하고 나섰고, 에드워드는 이제부터 국가가 성직자를 보호하지 않을 것이며, 그러면 누구나 그들을 약탈할 수 있게 될 것이라는 말로 위협하여 항복을 받아냈다. 사실 당장이라도 성직자를 약탈하려는 사람들은 얼마든지 많았기 때문에 성직자들은 결국 지는 게임이라는 것을 잘 알고 있었다.

또한 에드워드 1세는 상인들에게서 양털과 가죽을 모두 압수하고는 형편이 좋아지면 돈을 주겠다고 약속했다. 그리고 양모 수출에 세금을 부과했는데, 무역업자들 사이에서 '악마세The evil toll'라 불리며 악명을 떨쳤다. 하지만 모두 그저 당하고만 있지는 않았다. 헤리퍼드 백작과 노퍽 백작을 대표로 하는 귀족들은 의회의 동의 없이 부과되는 세금은 모두 불법이라고 규정했다.

의회에서도 왕이 대헌장과 옥스퍼드 조례를 재차 승인하고 잉글랜드에서 세금을 부과할 수 있는 권한은 오직 백성의 대표인 의회에만 있다고 서면으로 엄숙히 공포해야 세금을 부과할 수 있다고 주장했다. 에드워드 1세는 의회에 이런 특권을 허용해줌으로써 왕의 권력이 약화되는 상황을 매우 꺼렸지만, 달리 뾰족한 방법이 없었으므로 결국 동의하고 말았다. 앞으로 우리는 에드워드의 사례에서 교훈을 얻었다면 목이 잘리는 사태는 피했을지도 모르는 또 다른 왕을 만나보게 될 것이다.

백성들은 의회를 통해 분별력 있고 현명한 에드워드 1세에게서 다른 혜택도 얻어냈다. 많은 법률이 비약적으로 개선된 덕분에 여행자는 훨씬 더 안전해졌으며 도둑이나 살인범을 만날 위험도 크게 낮아졌다. 사제들의 과다한 토지 보유를 금지해 성당 세력이 비대해지지 못하게 했으며, 처음에는 다른 명칭을 사용하긴 했지만 여러 지역에서 치안판사Justice of the Peace가 처음으로 임명되었다.

스코틀랜드와의 분쟁

이제 에드워드 1세 통치기간 중 문제가 훨씬 크고 오래갔던 스코틀랜드로 가보자.

에드워드 1세가 왕위에 오르고 나서 13년이 지났을 무렵, 스코틀랜드 왕 알렉산더 3세Alexander III of Scotland(1241~1286)가 말에서 떨어지는 바람에 갑작스럽게 세상을 뜨고 말았다. 그는 에드워드 1세의 여동생 마거릿의 남편이기도 했다. 알렉산더 3세의 자식들은 이미 다 죽고 없었기 때문에 스코틀랜드 왕위 계승자는 노르웨이 왕 에릭 2세Eric II of

Norway(1268~1299)가 알렉산더 3세의 딸과 결혼해서 얻은 여덟 살배기 어린 딸밖에 없었다.

에드워드 1세는 '노르웨이 소녀(사람들은 어린 공주를 이렇게 불렀다)'를 맏아들과 결혼시키려고 먼저 약혼을 제안했다. 하지만 불행하게도 어린 공주는 잉글랜드로 오는 길에 병에 걸려 오크니 제도Orkney Islands의 어느 섬에 도착한 다음 죽고 말았다. 스코틀랜드인들은 크게 동요하기 시작했다. 비어 있는 왕위를 놓고 왕권을 주장하는 사람이 13명이나 나오는 바람에 일대 혼란이 벌어졌다.

에드워드 1세는 현명하고 공명정대한 왕으로 명성이 높았으므로 스코틀랜드에서 그에게 정식으로 분쟁 조정을 요청해왔다. 에드워드는 그 요청을 받아들였으며, 즉각 군대를 이끌고 국경 지역으로 갔다. 그리고 트위드 강Tweed River의 잉글랜드 쪽 강변에 있는 노럼 성Norham Castle으로 스코틀랜드 귀족들을 소환했다.

스코틀랜드 귀족들이 오자 에드워드 1세는 분쟁 조정을 시작하기 전에 먼저 자신에게 신하의 예를 올리라고 요구했다. 그들이 주저하며 신하의 예를 올리지 않자 에드워드는 이렇게 말했다.

"성스러운 고해왕 에드워드의 왕관을 쓰고 있는 나 에드워드에게는 그럴 권리가 있으며 목숨을 걸고 그 권리를 지키겠다!"

스코틀랜드 귀족들은 예상 밖의 일에 당황하면서 3주 동안 생각할 시간을 달라고 했다.

3주가 지난 후 에드워드 1세와 스코틀랜드 귀족이 다시 모였다. 이번에는 트위드 강의 스코틀랜드 쪽 강변에 있는 너른 평원에서였다. 왕위를 노리는 여러 경쟁자 중에서 왕의 일가친척으로서 실제 자격이 있는 사람은 단둘뿐이었는데, 바로 존 베일리얼과 로버트 브루스였다.

내 생각에 왕위 계승권은 분명 존 베일리얼에게 있었다. 하지만 당시 회의에는 로버트 브루스만 참석했다. 에드워드 1세는 로버트 브루스에게 공식적으로 잉글랜드 왕의 신하임을 인정하겠느냐고 물었다. 로버트는 한 치의 망설임도 없이 당연히 그렇다고 대답했다. 다음 날 회의에 참석한 존 베일리얼도 로버트처럼 에드워드의 신하임을 인정했다. 왕위 계승권을 결정하는 문제는 좀 더 조사가 필요하다는 쪽으로 의견이 모아졌다.

조사는 1년 넘게 진행되었다. 조사가 진행되는 동안 에드워드 1세는 기회가 닿는 대로 스코틀랜드를 여행하면서 각 계층의 사람들을 만나 신하의 예를 요구하고 거부하는 사람을 옥에 가두었다. 한편 왕위 계승권을 조사할 위원들이 임명되고 베릭Berwick에서 회의가 열려 후보자 두 명에게 상세한 진술을 듣고 수많은 토론이 이루어졌다.

마침내 베릭 성의 웅장한 홀에서 에드워드 1세는 존 베일리얼을 후계자로 지명했다. 베일리얼은 잉글랜드 왕의 은혜와 승인 덕분에 왕위에 올랐다는 것에 동의하고 '스콘의 돌Stone of Scone'에서 왕관을 썼다. 스콘의 돌은 직사각형의 오래된 돌의자로, 그곳 수도원에서 오랫동안 스코틀랜드 왕의 대관식에 사용되었다. 에드워드는 알렉산더 3세가 죽은 다음부터 사용되던 스코틀랜드의 커다란 국새를 네 조각으로 부수어 잉글랜드 왕궁 보물창고에 넣었다. 이제 스코틀랜드가 완전히 정복되었다고 생각했다.

하지만 스코틀랜드인들의 의지는 여전히 굳건했다. 에드워드 1세는 스코틀랜드 왕이 자신의 봉신이라는 점을 잊지 않도록 스코틀랜드 재판소에서 상소가 올라올 때마다 그를 소환했다. 그리고 의회에서 스코틀랜드 왕이 스스로를 변호하고 사건에 대한 의견을 밝히게 했다.

존 베일리얼은 위대한 인물은 아니었지만 스코틀랜드인들의 용맹한 기상에 영향을 받아 마침내 에드워드 1세의 요구에 따를 수 없다고 선언했다. 그러자 에드워드는 한술 더 떠서 자신이 외국에서 벌여놓은 전쟁을 지원하고, 앞으로도 고분고분 따르겠다는 징표로 스코틀랜드 영토에 있는 제드버러Jedburgh, 록스버러Roxburgh, 베릭 등 세 곳의 성을 내놓으라고 요구했다. 하지만 스코틀랜드인들은 그 요구를 무시하고 베일리얼 왕을 하일랜드Highlands의 산악지역에 숨긴 다음, 확고한 저항 의지를 천명했다.

에드워드 1세는 보병 3만 명과 기병 4,000명을 이끌고 베릭 성에 가서 수비군은 물론 마을 주민까지 남녀노소 가리지 않고 모두 학살했다. 그보다 앞서 서리 백작 워런 경John de Warrenne, 6th Earl of Surrey(1231~1304)이 이미 던바 성Dunbar Castle을 함락했던 터라 스코틀랜드군은 거의 궤멸한 셈이었다.

완벽한 승리를 거둔 잉글랜드군은 서리 백작을 후견인으로 스코틀랜드에 남겨두었다. 잉글랜드인이 스코틀랜드의 주요 공직을 독점하고 스코틀랜드의 많은 유력 귀족들이 잉글랜드로 이주해야 했다. 스코틀랜드 왕의 왕관과 홀笏(서양에서 통치자들이 공식적인 행사가 있을 때 권위와 통치권의 상징으로 지니던 장식용 봉 또는 지팡이_옮긴이)은 잉글랜드로 옮겨졌고, 스콘의 돌마저 웨스트민스터 대성당으로 옮겨져 지금도 그곳에 남아 있다.[22]

존 베일리얼은 런던탑에 갇혀 살면서 사방 30킬로미터 지역을 벗어날 수 없는 처지가 되었으며, 3년이 지나서야 왕의 허가를 받아 사유지가 있는 노르망디로 갔다. 베일리얼은 노르망디에서 6년을 더 살다 죽었는데, 아마도 스코틀랜드에서 눈에 핏발을 세우고 살던 긴 세월보다 몇 곱절 행복하지 않았을까 싶다.

윌리엄 윌리스, 반 잉글랜드 전쟁의 선봉에 서다

당시 스코틀랜드 서부 지역에 스코틀랜드 기사의 둘째 아들이며 부유한 귀족인 윌리엄 윌리스William Wallace(1270~1305)가 있었다. 그는 배포가 크고 힘이 장사였으며 용맹하고 대담한 인물이었다. 동족을 모아놓고 연설이라도 할라치면 어찌나 설득력 있게 말을 잘하는지 듣는 사람마다 그의 말에 푹 빠져들곤 했다.

윌리스는 스코틀랜드를 마음 깊이 사랑했으며, 온 힘을 다해 잉글랜드를 증오했다. 스코틀랜드를 통치하는 잉글랜드인들이 예전에 웨일스를 점령하고 나서 했던 대로 지배자 행세를 하며 횡포를 부리자 자긍심 높은 스코틀랜드인들은 그냥 두고 볼 수 없었다. 그중에서도 가장 치를 떨었던 사람이 윌리엄 윌리스였다.

하루는 어떤 잉글랜드 관리가 윌리스의 얼굴을 알아보지 못하고 심한 모욕을 주었다. 윌리스는 그 자리에서 관리를 때려죽이고 험준한 산악지대로 도피한 뒤 에드워드 1세에 저항하며 무장봉기한 동료 윌리엄 더글러스 경Sir William Douglas과 합류했다. 그렇게 윌리엄 윌리스는 독립을 위해 싸우는 스코틀랜드인들 사이에서 가장 단호하고 굳건한 투사가 되었다.

스코틀랜드에 남아 있던 잉글랜드의 후견인 서리 백작이 윌리스에 쫓겨 달아나자 사기가 오른 스코틀랜드인은 산지사방에서 반란을 일으켜 잉글랜드인을 습격했다. 서리 백작은 에드워드 왕의 명령을 받아 국경 지역 병사를 모두 징발한 다음, 두 갈래로 나누어 스코틀랜드로 진격했다.

윌리엄 윌리스는 스털링Stirling에서 3킬로미터 정도 떨어진 포스Forth 강변에서 다른 지휘관 한 명과 함께 4만 명의 스코틀랜드군의 선두에 서서 잉글랜드군을 기다렸다. 강에는 '킬딘Kildean'이라는 이름의 볼품없는 나무다리가 놓여 있었는데, 두 명이 나란히 건널 정도의 너비였다. 다리를 바라보던 월리스는 병력 대부분을 주변 언덕에 매복시킨 다음 조용히 기다렸다.

잉글랜드군이 강 건너편에 나타났을 무렵, 적의 전령들이 와서 요구 조건을 전했지만, 월리스는 스코틀랜드의 자유를 내세우며 모두 거부하고 전령을 돌려보냈다. 잉글랜드군을 지휘하는 서리 백작의 부관들도 다리를 살피고 나서 백작에게 서두르지 말고 신중해야 한다고 조언했다. 하지만 백작은 몇몇 장교에게 당장 공격하라고 명령했다. 그중에서도 에드워드 1세의 재무상이자 경솔한 인물이었던 휴 드 크레싱엄Hugh de Cressingham을 선두에 세웠다.

1,000명의 잉글랜드 병사들이 두 줄로 다리를 건넜다. 스코틀랜드군은 마치 석상처럼 꿈쩍도 하지 않았다. 2,000명의 잉글랜드 병사들이 다리를 건넜다. 3,000명, 4,000명, 5,000명. 그때까지 조금도 움직이지 않던 스코틀랜드 병사들의 모자에 달린 깃털이 일제히 움직였다.

"진격! 한 부대는 교각 쪽으로 가서 잉글랜드군이 넘어오지 못하게 하라! 나머지는 나와 함께 다리를 건너온 5,000명을 박살내자!"

월리스가 소리쳤고, 그 명령은 그대로 시행되었다. 강 건너편에 남은 잉글랜드군은 강을 건너간 5,000명의 잉글랜드 병사들이 전멸당하는 모습을 속수무책으로 지켜볼 수밖에 없었다. 크레싱엄은 전사했고, 스코틀랜드인들은 크레싱엄의 가죽을 벗겨 말채찍으로 사용했다.

스털링 전투가 벌어지던 당시 에드워드 1세는 외국에 있었다. 그 후 이어진 몇 차례의 전투에서 스코틀랜드군이 승승장구하면서 용맹한 월리스는 예전 영토를 회복하고 잉글랜드 국경까지 짓밟기에 이르렀다. 하지만 추운 겨울이 지난 다음 에드워드가 돌아와서 훨씬 더 의욕적으로 스코틀랜드 땅을 집어삼키기 시작했다.

어느 날 밤, 에드워드 1세가 말과 함께 넘어지는 바람에 말발굽에 채여 갈비뼈 두 개가 부러지는 사고가 발생했다. 사방에서 왕이 살해되었다는 외침이 들려오자 에드워드는 극심한 고통을 참고 다시 말안장 위로 뛰어올라 힘차게 내달렸다. 날이 밝자 왕은 다친 부위에서 여전히 극심한 통증을 느꼈지만 병사들에게 진격 명령을 내리고 폴커크Falkirk 인근까지 진군했다.

▲ 윌리엄 월리스
©Bencha Stewart/Shutterstock.com

그곳에는 스코틀랜드군이 늪지대 뒤쪽의 자갈밭에 정렬해 있었다.

에드워드 1세의 군대는 폴커크에서 월리스가 지휘하는 부대를 격파하고 스코틀랜드 병사 1만 5,000명을 죽였다. 월리스는 남은 병력을 모아 스털링으로 후퇴했다가 잉글랜드군이 추격해오자 마을을 이용하지 못하게 불을 놓고 달아났다. 나중에 퍼스Perth의 주민들도 같은 이유로 집에 불을 놓았고, 식량을 구할 수 없었던 에드워드는 어쩔 수 없이 퇴각할 수밖에 없었다.

존 베일리얼과 스코틀랜드 왕위를 다투었던 로버트 브루스의 손자이며 할아버지와 이름이 같은 로버트 브루스가 죽은 형을 대신해 에드워드에게 반기를 들었다. 베일리얼의 조카 존 코민도 반란을 일으켰다. 이두 청년은 에드워드 1세에게 저항한다는 것에는 동의할지 몰라도 그 외에는 전혀 의견 일치를 볼 수 없었다. 스코틀랜드 왕위를 놓고 서로 경쟁하는 사이였기 때문이다. 스코틀랜드 지배층의 눈에는 둘 사이가 원만하지 않아서 설사 위대한 잉글랜드 왕 에드워드 1세를 무찌른다 해도 그다음 일이 어떻게 흘러갈지 뻔히 보였던 것 같다. 그래서 그들은 교황에게 스코틀랜드 왕위 계승 문제를 중재해달라고 요청했다. 교황은 밑져야 본전이라는 생각으로 태연하게 스코틀랜드의 소유권을 요구하고 나섰다. 하지만 그 요구가 조금 지나치다고 판단한 스코틀랜드 의회는 교황의 말을 정중하게 거절했다.

1303년 봄에 에드워드 1세는 존 시그레이브John Segrave, 2nd Baron Segrave(1256~1325)를 스코틀랜드 총독에 임명하고 병사 2만 명을 주어 반란을 진압하게 했다. 조심성이 부족했던 시그레이브는 에든버러 인근 로슬린Roslin에서 병력을 셋으로 나누어 진지를 꾸렸다. 기회를 포착한 스코틀랜드군은 진지 세 곳을 따로따로 습격해 모두 격파한 뒤 포로를 모두 처형했다.

그러자 에드워드 1세는 곧바로 대병력을 소집해 직접 공격해 왔다. 그는 스코틀랜드 북부를 가로지르며 눈에 보이는 것은 모두 폐허로 만든 다음, 동부 지방의 던펌린Dunfermline에 머물며 겨울을 지냈다. 이제 스코틀랜드에는 희망이 없다고 생각한 코민과 다른 귀족들은 에드워드에게 항복하고 사면을 받았다.

결국 월리스 혼자 남았다. 에드워드 1세는 그에게 목숨을 살려준다는 보장은 못하지만 항복하라고 권유했다. 하지만 월리스는 분노에 찬 에드워드에게 계속 저항하며 하일랜드 계곡의 깎아지른 듯한 바위틈에서 지냈다. 독수리가 둥지를 틀고, 급류가 요란하게 흐르고, 흰 눈이 두껍게 쌓여 있고, 매서운 바람이 휘몰아치는 곳이었다. 그곳에서 월리스는 타

탄 무늬 천으로 몸을 감싸고 칠흑처럼 어두운 밤을 수없이 보냈다. 그 무엇에도 월리스의 의지는 꺾이지 않았고 용기는 사라지지 않았다. 그 어떤 시련에도 월리스는 조국에 닥친 불행을 잊거나 그냥 넘길 수 없었다.

잉글랜드군이 오랫동안 저항하던 스털링 성을 포위 공격할 때도, 공성무기로 사용하기 위해 대성당 지붕에 덮인 납을 뜯어낼 때도, 늙은 에드워드 1세가 반드시 정복하겠다는 굳은 결심에 마치 청년처럼 포위 명령을 내릴 때도, (놀랍게도 여자 몇 명을 포함해 채 200명이 되지 않는) 스코틀랜드의 용감한 수비대가 굶주리고 만신창이가 되어 결국 항복한 다음 온갖 굴욕에 시달리며 몇 배 큰 고통을 겪을 때도, 스코틀랜드에 희망의 빛이 전혀 비치지 않을 때도, 윌리엄 월리스는 그 위세 높고 냉혹한 에드워드 1세가 마치 발밑에 죽어 있는 모습이라도 본 것처럼 당당한 모습으로 전혀 흔들리지 않았다.

월리스의 비극적 죽음

끝에 가서 결국 누가 윌리엄 월리스를 배반했는지는 확실하지 않지만 일행으로 짐작되는 사람이 그를 배반한 것만은 분명한 사실이다. 월리스는 존 멘타이스John de Menteith(1275~1323)에게 붙잡혀 덤바턴 성Dumbarton Castle을 거쳐 런던으로 호송되었다. 용맹과 불굴의 의지로 명성이 자자했던 그를 보기 위해 구름 떼 같은 군중이 모여들었다.

월리스는 웨스트민스터 홀에서 머리에 월계관을 쓴 채 재판을 받았다. 월계관을 씌운 이유는 그가 웨스트민스터에서 왕위에 오르려 했다는 사실을 부각시키고 조롱하기 위해서였던 것 같다. 재판에서 월리스는 강

▲ 런던의 웨스트민스터 사원. 월리스는 이곳에서 월계관을 쓰고 재판을 받았다.
©crazychris84/Shutterstock.com

도와 살인, 반역죄로 유죄 판결을 받았다. 그는 판결을 내린 사람들에게
이렇게 말했다.

"당신들은 내가 왕의 신하들이 약탈해간 물건을 뺏은 것을 보고 강도
질이라 하고, 무례한 잉글랜드인을 죽인 것을 살인이라고 하며, 왕에게
충성을 맹세한 적이 없는 내가 왕에게 충성하지 않고 충성하는 자들을
비웃었다며 반역이라고 한다."

월리스는 말 뒤에 질질 끌려서 스미스필드 서쪽으로 갔다. 그곳에서
높은 교수대에 목매달린 다음 숨이 끊어지기 직전에 내려져서 내장이
끄집어내지고 머리가 잘렸으며, 사지가 네 조각으로 나뉘었다. 월리스의
머리는 런던교에 효수되었고, 오른팔은 뉴캐슬로 왼팔은 베릭으로 보내
졌으며, 두 다리는 각각 퍼스와 에버딘으로 보내졌다.

238

하지만 에드워드 1세가 윌리스의 몸을 아무리 잘게 잘라서 전국 방방 곡곡에 보낸다 해도 윌리스의 명성은 그보다 갑절은 더 넓은 곳까지 퍼져 나갈 것이다. 영어로 된 노래와 이야기가 지속되는 한 윌리스에 관한 노래와 이야기도 계속될 것이며, 스코틀랜드인들은 조국의 호수와 산이 없어지지 않는 한 윌리스를 영원히 사랑할 것이다.

상대하기 버거웠던 적이 사라지자 에드워드 1세는 스코틀랜드를 좀 더 온건하게 다스리기로 마음먹었다. 스코틀랜드 귀족과 잉글랜드 귀족을 모두 관직에 등용하고 과거의 적들을 사면해주었다. 그리고 백발이 성성한 나이가 되어 마침내 스코틀랜드를 완전히 정복했다고 생각했다.

하지만 그것은 오산이었다. 존 코민과 로버트 브루스가 음모를 꾸몄다. 두 사람은 덤프리스Dumfries에 있는 프란체스코회 수도원에서 만나기로 했다. 그런데 이와 관련해서 전해지는 이야기가 있다. 당시 코민이 브루스를 배반하고 에드워드 1세에게 정보를 흘렸다는 말도 있고, 브루스가 어느 날 밤 저녁을 먹다가 위험에 처했으니 어서 도망가라는 표시인 12페니와 박차 한 쌍을 친구인 글로스터 백작에게 전달받았다는 말도 있다. 분노한 브루스는 추적을 피하기 위해 말발굽을 거꾸로 달고 눈보라를 헤치며 프란체스코회 수도원으로 달려갔다. 가는 도중에 마주친 인상이 험악한 코민의 하인을 죽이고 옷을 뒤져보니 코민의 배신을 증명하는 편지가 나왔다고 한다.

이야기가 사실인지 아닌지는 잘 모르겠지만 어쨌든 두 사람 모두 성격이 급한 데다 경쟁관계였으므로 서로 다툴 일이 많았을 것이다. 그리고 이유가 무엇이었든 간에 수도원에서 만나 싸웠다는 것은 분명한 사실이다. 브루스는 단검을 뽑아 코민을 찔렀고, 코민은 바닥에 쓰러졌다.

브루스가 창백해진 얼굴로 휘청거리며 수도원 밖으로 나오자 기다리고 있던 그의 동료들이 무슨 일이냐고 물었다. 브루스는 "내가 코민을 죽인 것 같아"라고 말했다. 누군가 브루스에게 "죽인 것 같다고? 그럼 내가 끝장을 내지!"라고 말하고는 안으로 들어가 아직 숨이 붙어 있는 그의 몸을 여러 번 칼로 찔렀다. 에드워드 1세가 이 잔혹한 살인 행위를 용서할 리 없었으므로 일행은 브루스를 스코틀랜드 왕으로 선언하며, 다시 한 번 반란의 기치를 높이 올렸다.

이 소식을 들은 에드워드 1세는 그 어느 때보다 길길이 날뛰며 화를 냈다. 에드워드는 왕세자를 비롯한 270명의 젊은 귀족들에게 기사 작위를 수여했고, 관습에 따라 템플 가든의 나무를 베어 귀족들이 천막을 칠 수 있게 자리를 마련했으며, 젊은 기사들은 밤새워 각자의 무기를 지켰다. 일부는 템플 교회에, 또 다른 일부는 웨스트민스터 대성당에 자리를 잡았다.

공개적으로 마련한 연회에서 에드워드 1세는 시인들이 탁자에 올려 놓은 황금 그물 속 백조 두 마리와 하늘에 대고 억울하게 죽은 코민의 복수를 하고 불의한 브루스를 벌하겠다고 맹세했다. 그리고 왕세자에게 자신이 맹세를 지키기 전에 죽으면 맹세가 완수될 때까지 매장하지 말라고 명령했다.

다음 날 아침, 왕자와 젊은 기사들은 국경지대로 달려가 그곳의 잉글랜드군과 합류했다. 에드워드 1세는 이미 쇠약하고 병든 상태라 말 가마를 타고 갔다. 브루스는 한 차례 전투에서 패하고 나서 수많은 위험과 역경을 헤치고 아일랜드로 도망쳐 겨울 동안 숨어 살았다. 그해 겨울 에드워드는 추격을 계속하여 브루스의 친척과 추종자들을 남녀노소 구분 없이 잔혹하게 처형했다.

이듬해 봄이 되자 브루스가 스코틀랜드에 다시 나타나 몇 차례의 전투에서 승리를 거두었다. 이렇게 전쟁을 치르면서 양쪽 군대는 매우 잔혹한 면모를 드러냈다. 예컨대 브루스의 두 형제가 치명상을 입고 포로로 잡히자 에드워드 1세는 두 사람을 그 자리에서 처형해버렸다. 브루스의 동료인 존 더글러스 경은 자신의 더글러스 성을 잉글랜드 귀족에게서 되찾은 다음 수비군의 시체를 한데 모아 불태웠다. 그리고 누구든 움직이는 적 병사가 있으면 모두 불 속에 던져 넣었다. 더글러스의 병사들은 그 무시무시한 시체더미를 '더글러스의 고깃간Douglas Larder'이라고 불렀다. 여전히 승승장구하던 브루스는 펨브로크 백작과 글로스터 백작을 에어 성Ayr Castle에 몰아넣고 성을 포위했다.

겨우내 병석에 누워 있던 에드워드 1세는 병석에서 군대를 지휘하며 칼라일Carlisle까지 갔다. 그곳 대성당에 자신이 타던 말 가마를 공물로 바친 다음 다시 (그리고 마지막으로) 말에 올랐다. 당시 에드워드의 나이는 예순아홉이었으며, 왕위에 오른 지 35년째였다. 몸이 병들어 나흘 동안 고작 10킬로미터를 전진할 뿐이었지만 그래도 멈추지 않고 엄숙한 얼굴로 국경을 향해 계속 나아갔다.

마침내 에드워드 1세는 칼라일 인근 버그온샌즈Burgh-on-Sands라는 마을에 누워 주위 사람들에게 유언을 남겼다. 아버지의 목표를 명심하고 스코틀랜드를 완전히 정복할 때까지 공세를 멈춰서는 안 된다고 왕세자에게 전하라는 말이었다. 그러고 나서 에드워드는 숨을 거두었다.

제17장

에드워드 2세, 총신으로 망하다

트러블메이커 가베스통

초대 웨일스 공인 에드워드 2세Edward II(생몰연도: 1284~1327, 재위기간: 1307~1327)는 부왕이 숨을 거두었을 때 스물세 살이었다. 당시 왕세자의 총신으로 가스코뉴 출신의 피에르 가베스통Piers Gaveston, 1st Earl of Cornwall(1284~1312)이라는 청년이 있었다. 에드워드 1세는 생전에 가베스통을 탐탁지 않게 생각해서 나라 밖으로 추방했고, 임종 직전 병석에 누워서도 곧 왕위를 물려받게 될 에드워드 왕자에게 절대로 그를 다시 불러들이지 않겠다는 맹세를 받기도 했다. 하지만 에드워드는 왕위에 오르자마자 맹세를 헌신짝처럼 여기는 수많은 다른 왕자나 왕들처럼 아버지 앞에서 한 맹세를 깨뜨리고 총애하는 신하를 즉시 불러들였다.

피에르 가베스통은 용모는 수려하나 무모하고 오만하며 안하무인이었다. 자존심 강한 잉글랜드 귀족들은 가베스통이라면 치를 떨었다. 그가 에드워드 2세에게 영향력을 행사하고 궁정 분위기를 방탕하게 만들었을 뿐 아니라, 마상시합에서 누구보다 탁월한 기량으로 귀족들을 농락하고 무례하게도 귀족들에게 질 나쁜 농담을 던지곤 했기 때문이다. 그는 귀족들을 보고 '늙은 돼지'라거나 '연극배우', '유대인', '아르덴Ardennes의 검은 개'라는

▲ 잉글랜드 왕 에드워드 2세
©Georgios Kollidas/Shutterstock.com

식으로 불렀다. 지나친 농담이라고 할 정도는 아니었지만 귀족들은 노발대발했다. '검은 개'라는 조롱 섞인 말을 들었던 워릭 백작10th Earl of Warwick(1273~1315)은 때가 되면 가베스통에게 검은 개의 이빨 맛을 보여주겠다며 이를 갈았다.

하지만 아직 때가 되지 않았을 뿐 아니라 때가 무르익고 있는 것 같지도 않았다. 피에르 가베스통이 콘월 백작에 임명되고 왕에게 막대한 재산까지 하사받았기 때문이다. 더구나 에드워드 2세는 필리프 4세Philip le Bel, Philip IV(1268~1314)의 딸이며 절세미인으로 유명한 프랑스 공주 이사벨라Isabella of France(1295~1358)와 결혼하기 위해 프랑스에 건너가 있는 동안 가베스통을 잉글랜드 왕국의 섭정으로 임명하기까지 했다.

불로뉴의 성당에서 거행된 에드워드 2세의 성대한 결혼식에는 네 명의 주변국 군주와 세 명의 왕비가 참석했다. 그곳에는 왕과 왕비들도 참

석했지만 분명 정직하지 못한 악당들도 있었을 것이다. 결혼식이 끝날 무렵 에드워드 2세는 아름다운 아내는 거들떠보지 않고 가베스통이 보고 싶다며 안달복달했다.

잉글랜드에 돌아온 에드워드 2세는 사람들로 북적대는 중앙 홀에서 주위 시선은 아랑곳하지 않고 피에르 가베스통의 품 안에 뛰어들어 키스하면서 '형제'라고 불렀다. 곧이어 열린 대관식에서 가베스통은 누구보다 돋보이는 모습으로 왕관을 직접 옮기는 영광을 누렸다. 이에 자존심 강한 귀족들은 분통을 터뜨렸고, 백성들도 가베스통을 경멸하여 콘월 백작이라는 작위로 불러주지 않았다. 가베스통은 왕에게 자신을 콘월 백작으로 부르지 않는 사람을 처벌해달라고 애원했지만, 사람들은 꿋꿋하게 피에르 가베스통이라고 불렀다. 귀족들은 에드워드 2세에게 가베스통의 안하무인을 참고 견딜 수 없으니 나라 밖으로 추방하라고 요구했다. 궁지에 몰린 가베스통은 잉글랜드를 떠나 절대 돌아오지 않겠다고 맹세할 수밖에 없었다(지키지도 않을 맹세를 또 하다니!).

그런데 곧 불명예스럽게 추방되리라 생각했던 피에르 가베스통이 아일랜드 총독에 임명되었다는 소식이 들려왔다. 더구나 아직 정신을 못 차린 에드워드 2세는 그것만으로 부족했는지 1년 뒤 가베스통을 다시 잉글랜드로 불러들였다. 맹목적인 사랑에 눈이 멀어버린 에드워드의 어리석은 행동은 궁정과 백성의 혐오를 불러일으켰을 뿐 아니라 아름다운 이사벨라 왕비의 기분도 매우 불쾌하게 만들었다. 그때부터 이사벨라는 에드워드에 대한 애정을 거두었다.

에드워드 2세는 예전 왕들처럼 돈이 필요했지만, 귀족들에게는 왕이 돈을 걷지 못하게 막을 권한이 새로 생겼다. 에드워드가 요크에서 의회를 소집하자 귀족들은 피에르 가베스통이 왕의 곁에 있는 한 의회에 참석하지 않겠다는 말을 전했다. 에드워드는 가베스통을 멀리 보내고 나서 웨스트민스터에서 다시 한 번 의회를 소집했다. 그제야 귀족들은 완전무장하고 의회에 나와 왕이 나라와 왕실의 재정을 멋대로 사용하는 버릇을 뜯어고치겠다며 위원회를 꾸렸다.

에드워드 2세는 귀족들이 내민 조건에 동의하고 돈을 얻어낸 다음, 곧바로 피에르 가베스통과 함께 국경 지역으로 가서 빈둥거리며 탕진했다. 그러는 동안 스코틀랜드에서 로버트 브루스는 잉글랜드군을 몰아낼 채비를 하고 있었다. 선왕 에드워드 1세가 눈을 감으면서 이 보잘것없고 허약한 왕에게 당부한 말이 있었다. 자신의 뼈를 절대 매장하지 말고 가마솥에서 끓인 다음, 스코틀랜드를 완전히 굴복시킬 때까지 잉글랜드군 선두에 세우라는 것이었다. 하지만 에드워드 2세는 아버지와 달리 무능했고, 그사이 로버트 브루스의 세력은 날이 갈수록 강해지고 있었다.

의회 위원회에서 몇 달간 신중하게 토의한 끝에 이제부터 왕이 1년에 한 번, 필요할 때는 두 번 의회를 의무적으로 소집해야 한다는 법률을 만들었다. 지금처럼 왕이 내킬 때만 의회를 소집해서는 안 된다는 말이었다. 그러고는 피에르 가베스통을 다시 추방하고, 추후에 또 돌아오면 처형해버린다는 조건을 달았다. 에드워드 2세가 눈물을 보였지만 귀족들이 들은 척도 하지 않았으므로 결국 가베스통은 플랑드르로 떠나야 했다. 하지만 에드워드는 가베스통을 보내자마자 잔꾀를 부려 의회를 해산한 다음 귀족들을 제압할 군사를 모으기 위해 잉글랜드 북부로 갔다. 그리고 가베스통을 불러 귀족들이 박탈해버린 작위를 하사하고, 재물을 잔뜩 안겼다.

이제 귀족들 생각에는 피에르 가베스통을 죽이는 것 외에는 대안이 없었다. 귀족들은 예전에 그를 추방할 때 내걸었던 조건에 따라 합법적으로 죽일 수도 있었는데, 유감스럽게도 비열한 방법을 선택했다. 그들은 에드워드 2세의 사촌인 랭커스터 백작Thomas, 2nd Earl of Lancaster (1278~1322)을 앞세워 뉴캐슬에 있는 왕과 가베스통을 공격했다. 에드워드 2세는 피에르 가베스통을 데리고 바다로 탈출하면서 이사벨라 왕비는 내팽개치고 갔다. 위기가 지나자 두 사람은 서로 떨어져서 에드워드는 병력을 모으기 위해 요크로 갔고, 가베스통은 바다가 내다보이는 스카보로 성Scarborough Castle에 숨었다. 바로 귀족들이 원하던 대로였다. 귀족들은 스카보로 성에서는 오래 버틸 수 없다는 것을 알고는 즉시 공격하여 가베스통을 사로잡았다. 가베스통은 예전에 자신이 '유대인'이라 부르며 무시했던 펨브로크 백작에게 보내졌는데, 백작은 가베스통을 해치지 않고 어떤 폭력도 행사하지 않겠다며 자신의 신앙과 기사도를 걸고 맹세했다.

귀족들은 피에르 가베스통을 월링퍼드 성으로 옮겨 감금하고 신사적으로 대해주기로 했다. 가베스통을 호송하는 귀족 일행은 밴버리Banbury 인근 데딩턴Deddington에 이르러 하룻밤 묵어가기 위해 인근 성에 들렀다. 그곳에서 펨브로크 백작은 가베스통을 남겨두고 자리를 비웠다. 무슨 일이 벌어질지 미리 알았는지, 아니면 전혀 위험하지 않다고 봤는지, 그래서 근처에 있는 아내를 보러 가는 척했는지 어쨌는지는 알 수 없다. 어쨌든 백작은 명예를 아는 신사로서 죄수를 보호하겠다는 맹세를 지키지 않은 꼴이 되었다.

다음 날 아침, 아직 잠자리에 있던 피에르 가베스통은 옷을 입고 마당으로 내려오라는 말을 들었다. 가베스통은 한 치의 의심도 없이 마당으로 내려갔다. 거기엔 중무장한 낯선 사람들이 서 있었다. 가베스통은 얼굴이 백지장처럼 하얘졌다. 무장한 사람들의 우두머리가 가베스통에게 물었다.

"나를 알아보겠나? 내가 바로 아르덴의 검은 개다!"

마침내 피에르 가베스통에게 검은 개의 이빨 맛을 보여줄 때가 왔던 것이다. 그들은 가베스통을 당나귀에 태운 다음 '검은 개'의 집인 워릭 성으로 향했는데, 그 과정에서 군악을 연주하며 조롱했다. 그리고 몇몇 유력 귀족들을 급히 소집하여 가베스통의 처리 방안을 논의했다. 관용을 베풀어 그를 살려주자는 사람도 있었지만, 화근을 뿌리 뽑는 차원에서 반드시 죽여야 한다는 사람이 더 많았다. 그때 한 사람의 우레와 같은 목소리가 연회장 안에 쩌렁쩌렁 울려 퍼졌다. 아마도 '검은 개'가 짖는 소리였을 것이다.

"우리는 지금 여우를 잡았소. 그런데 지금 풀어주면 틀림없이 다시 사냥해야 할 거요."

귀족들은 피에르 가베스통에게 사형을 선고했다. 가베스통은 '늙은 돼지' 랭커스터 백작 앞에 납작 엎드려 빌어봤지만 그는 검은 개와 마찬가지로 단호했다. 귀족들은 워릭에서 코번트리Coventry로 이어지는 멋진 길로 가베스통을 끌고 나갔다. 길옆으로 5월의 눈부신 풍경 속에서 아름다운 에이번 강Avon River이 반짝이며 흐르고 있었다. 그 지역(현재의 스트랫퍼드어폰에이번Stratford-upon-Avon)은 먼 훗날 윌리엄 셰익스피어가 태어나서 자란 곳이고, 지금도 묻혀 있는 곳이다. 귀족들은 그곳에서 가베스통을 참수했다.

운명을 바꿀 로저 모티머의 등장

끔찍한 소식을 전해 들은 에드워드 2세는 분개하여 귀족들에게 전쟁을 선포했다. 이후 전쟁은 반년 남짓 계속되었다. 하지만 곧 로버트 브루스를 견제하기 위해 협력해야 했다. 잉글랜드에서 왕과 귀족이 반목하는 동안 착실하게 힘을 키웠던 브루스는 이제 스코틀랜드에서 큰 세력을 형성한 상태였다.

로버트 브루스가 스털링 성을 공격하고 있으며 하루빨리 지원군이 도착하지 않으면 항복할 수밖에 없다는 첩보가 전해졌다. 이에 에드워드 2세는 귀족들에게 병력을 이끌고 베릭에 모이라고 명령했다. 하지만 귀족들은 왕의 명령을 따르지 않았고, 하릴없이 시간만 흘렀다. 결국 에드워드는 스털링 성의 사령관이 항복하기 하루 전에야 그곳에 도착했는데, 함께 온 병력은 기대에 훨씬 못 미치는 수준이었다. 그래도 에드워드의 병력은 모두 합해 10만 명에 이르렀던 반면 브루스의 병력은 기껏해야 4만 명 정도였다. 하지만 스코틀랜드군은 배녁 개울Bannock Creek과 스털링 성벽 사이에서 세 무리로 나뉘어 각각 정사각형 모양으로 군건하게 자리 잡고 있었다.

바로 그날 저녁 에드워드 2세가 도착할 무렵, 로버트 브루스는 잉글랜드 기사 한 명을 꺾어 병사들의 사기를 드높였다. 황금 왕관을 쓴 브루스가 작은 말에 올라 가벼운 전투 도끼를 들고 선두에서 병사를 이끌고 있는데, 잉글랜드 기사 헨리 드 분Henry de Bohun이 다가온 것이다. 강철 갑옷을 입고 중무장을 한 채 튼튼한 전투용 말 위에 앉아 있던 이 기사는 브루스의 모습을 보고 한 방에 꺾을 수 있겠다고 생각했다. 그래서 말에 박차를 가해 달려가서는 브루스를 향해 창을 뻗었다. 하지만 브루스는 창을 슬쩍 피한 다음 전투 도끼 한 방으로 기사의 머리를 박살 냈다.

스코틀랜드 병사들은 다음 날 전투 때까지 로버트 브루스의 용맹한 모습을 기억하고 있었다. 브루스의 용감한 조카 랜돌프Randolph는 병사 몇 명을 이끌고 잉글랜드군 속으로 뛰어들었다. 잉글랜드 병사들의 갑옷이 햇빛에 번쩍번쩍 빛나고 있어서 랜돌프와 병사들은 마치 바닷속으로 뛰어드는 것처럼 순식간에 사라져버렸다. 하지만 그들은 용감하게 싸웠으며, 어찌나 무시무시한 기세로 적군을 베었던지 잉글랜드 병사들은 크게 동요했다.

그러자 로버트 브루스는 나머지 병사들을 이끌고 랜돌프 쪽으로 진격했다. 잉글랜드군이 곤경에 빠져 당황하고 있을 때, 엎친 데 덮친 격으로 언덕 위에서 스코틀랜드 지원군으로 보이는 부대가 나타났다. 사실 그 부대는 군인이 아니라 1만 5,000명가량의 군속軍屬이었는데, 브루스가 시간에 맞춰 그곳에서 뛰어나오라고 미리 명령해둔 터였다. 잉글랜드 기병을 지휘하던 글로스터 백작은 마지막 공세를 퍼부어 전세를 뒤집으려 했다. 하지만 브루스는 민화에 나오는 '거인을 죽인 잭Jack the Giant Killer'**23**처럼 미리 땅에 함정을 파고 그 위에 잔디와 막대기를 덮어두었다. 말의 무게 탓에 이 함정에 빠진 잉글랜드 기병과 말의 수만 해도 수백에 이르렀다.

결국 잉글랜드군은 전투에서 대패했고, 모든 재물과 전쟁물자, 무기를 스코틀랜드군에게 빼앗겼다. 잉글랜드군에게서 빼앗은 짐마차나 다른 운송수단도 얼마나 많았던지 일렬로 세우면 그 길이가 300킬로미터에 달할 것이라는 말이 나올 정도였다. 그때부터 스코틀랜드의 국운은 크게 융성해졌다. 그리고 이 위대한 배넉번 전투Battle of Bannockburn는 스코틀랜드에서 벌어진 모든 전투를 통틀어 가장 유명하고 성공적인 전투가 되었다.

잉글랜드에 역병과 기근이 창궐했다. 무력한 왕과 그런 왕을 업신여기는 귀족들이 늘 벌이는 논쟁도 여전했다. 그때 아일랜드의 사나운 족장 몇 명이 브루스에게 아일랜드 통치권을 넘기고 싶다고 제안했다. 브루스는 동생 에드워드를 보내 아일랜드 왕으로 삼았다. 나중에 아일랜드에서 전쟁이 일어나자 브루스는 직접 건너가서 동생을 돕기도 했지만, 결국 에드워드는 그 전쟁에서 패하고 전사했다. 브루스는 스코틀랜드로 돌아와 계속 힘을 키웠다.

에드워드 2세의 몰락은 한 사람의 총신에서 시작되었고, 또 다른 총신에 의해 종지부를 찍게 될 것처럼 보였다. 너무도 보잘것없는 인물이라 혼자 힘으로는 버텨낼 수 없었던 에드워드는 유서 깊은 귀족 가문 출신인 휴 르 데스펜서Hugh le Despenser, 1st Earl of Winchester(1261~1326)를 새로운 측근으로 삼았다. 그는 잘생기고 용감한 사람이었지만 아무도 돌아보지 않는 무력한 왕의 총신이었다. 그런 왕의 총신이라는 자리는 목숨을 위협받는 자리이기도 했다. 귀족들이 연합하여 데스펜서에게 대항했던 이유도 그가 왕의 총신이었기 때문이다. 그렇게 귀족들은 데스펜서와 그의 아버지가 몰락할 때를 간절히 기다렸다. 그때 에드워드는 이미 사망한 글로스터 공작의 딸과 데스펜서를 결혼시킨 다음 데스펜서 부자에게 웨일스의 넓은 영지를 하사했다. 그런데 그들은 에드워드에게 받은 그 땅에 만족하지 못하고 더 많은 땅을 얻으려 욕심내다가 존 드 모브레이John de Mowbray라는 웨일스 귀족의 분노를 사서 거센 공격을 받게 되었다. 분노한 다른 웨일스 귀족들도 잇달아 전쟁에 가담하는 바람에 데스펜서 부자는 결국 웨일스의 성과 영지를 모두 빼앗기고 말았다.

못난 친척 데스펜서를 처음 궁정에 소개했던 랭커스터 백작은 예기치 않게 그가 왕의 총애를 받고 명성을 얻자 자신이 가진 특권과 명예가 침해당해 위신이 땅에 떨어졌다고 생각했다. 그래서 그는 가까운 귀족들과 함께 웨일스인과 연합하여 런던까지 진군한 다음, 데스펜서 부자를 추방하라고 에드워드 2세에게 요구했다. 처음에 에드워드는 무슨 이유에서였는지 몰라도 의연하게 대처할 생각으로 대담한 답신을 보냈다. 하지만 백작의 연합군이 홀번Holborn과 클러큰웰Clerkenwell에 진을 치고 무장한 채 웨스트민스터 의회로 향하자 두 손 들고 귀족들의 주장을 따르기로 했다.

하지만 얼마 못 가 에드워드 2세는 생각보다 빨리 전세를 뒤집을 수 있었는데, 우연히 발생한 사건이 계기가 되었다. 에드워드의 아름다운 이사벨라 왕비가 여행길에 올라 어느 날 밤 왕실 소유의 성에 당도했다. 이사벨라는 성주에게 다음 날 아침까지 숙소를 제공하고 일행을 대접할 것을 요청했다. 그 성에는 데스펜서 부자의 추방을 요구했던 귀족 한 명이 성주로 있었는데, 마침 성을 비운 상태였다. 그 대신 성주의 부인이 나와 왕비의 요청을 거절한다며 성에 들이지 않았다.

양쪽의 평민들 사이에서 실랑이가 벌어졌고, 그 와중에 왕실 시종 몇 명이 목숨을 잃었다. 에드워드 2세를 싫어하는 백성들도 아름다운 이사벨라 왕비가 자신의 왕국에서 그런 수모를 겪는 모습에 크게 분노했다. 민심에 힘을 얻은 에드워드는 그 일을 꼬투리 삼아 성을 공격하여 손에 넣은 다음, 데스펜서 부자를 잉글랜드로 불러들였다. 이 사건을 계기로 귀족과 웨일스인 연합은 브루스와 손을 잡았다. 하지만 버러브리지Boroughbridge의 어느 마을에서 귀족 연합군과 맞붙은 에드워드는 승리를 거두었고 유력 귀족들 다수를 포로로 사로잡았다. 그중에는 왕을 파멸시키겠다고 맹세했던 늙은 랭커스터 백작도 있었다.

랭커스터 백작은 자신이 소유한 폰테프랙트 성Pontefract Castle으로 끌려가 노골적으로 불공정하게 진행된 재판에서 유죄 선고를 받았다. 백작에게는 자신을 변호할 기회조차 주어지지 않았다. 그리고 안장이나 굴레조차 없는 야윈 조랑말에 앉아 갖은 모욕을 받고 돌팔매질당하며 호송된 다음 참수되었다. 28명의 기사가 교수척장분지형에 처해졌다. 이런 피의 학살을 자행하고 나서 에드워드 2세는 브루스와 새롭게 장기간의 평화협정을 체결했다. 또한 데스펜서를 그 어느 때보다 더 아꼈으며, 그의 아버지를 윈체스터 백작에 봉했다.

하지만 버러브리지에서 사로잡은 포로들 중에서 아주 중요한 인물 한 명이 탈출하여 왕에게 유리하던 전세를 단번에 뒤집어놓았다. 이 사람의 이름은 로저 모티머Roger Mortimer, 1st Earl of March(1287~1330)였다. 그는 한결같이 에드워드 2세의 반대편에서 저항하다가 붙잡혀 사형선고를 받고 런던탑에 구금된 상태였다. 모티머는 포도주에 수면제를 타서 간수들에게 먹이고는 그들이 곯아떨어진 사이에 지하감옥을 탈출했다.

부엌으로 들어간 모티머는 굴뚝 속을 기어올라가 지붕 꼭대기에서 줄사다리를 내린 다음, 보초들의 눈을 피해 강가로 내려갔다. 그리고 작은 배를 타고 시종이 말과 함께 기다리고 있는 곳으로 갔다. 그러고는 마침내 아름다운 이사벨라 왕비의 오빠 샤를 4세Charles IV of France(1294~1328)가 있는 프랑스로 도망쳤다.

에드워드 2세의 비참한 최후

당시 샤를 4세는 자신의 대관식에 에드워드 2세가 참석하지 않았다는 이유로 호시탐탐 잉글랜드를 넘보고 있었다. 잉글랜드에서는 아름다운 이사벨라 왕비가 프랑스로 가서 중재해야 한다는 말이 나왔다. 그래서 이사벨라는 프랑스로 건너가 남편에게 편지를 썼다. '당신은 몸이 아파 프랑스에 올 수 없으니 (당시 나이가 불과 열두 살이었던) 어린 왕자를 대신 보내 프랑스 왕에게 경의를 표하는 것이 좋겠다'는 내용이었다. 그런다음 즉시 에드워드 왕자와 함께 잉글랜드로 돌아가겠다는 말도 덧붙였다. 에드워드 2세는 그 요청을 받아들여 왕자를 보냈지만 왕자와 왕비는모두 프랑스 궁정에 남은 채 돌아가지 않았다. 그리고 로저 모티머는 이사벨라의 연인이 되었다.

에드워드 2세가 거듭 이사벨라 왕비의 귀국을 촉구하는 서신을 띄우자 그녀는 데스펜서 부자가 두려워서 돌아갈 수 없다고 회신했다. 하지만 실상은 너무도 혐오스러운 왕과 살고 싶지 않았기 때문이었다. 한마디로 이사벨라의 속셈은 그 두 총신과 함께 에드워드를 권좌에서 끌어내리는 것이었고, 그럴 목적으로 잉글랜드 침공 계획을 꾸몄다.

그로부터 채 1년이 지나지 않아 이사벨라 왕비는 프랑스 병사 2만 명을 확보한 다음, 당시 프랑스에 망명해 있던 잉글랜드인을 끌어들여 서쪽 지방의 오웰Orwell에 상륙했다. 그곳에서 곧바로 에드워드 2세의 두형제인 켄트 백작과 노퍽 백작이 합류했고, 다른 유력 귀족들도 모여들었다. 마지막으로, 왕비를 감시하는 임무를 띠고 맨 처음 파견되었던 잉글랜드 장군이 휘하의 모든 병사를 이끌고 대열에 합류했다. 이 소식을들은 런던 시민들은 런던탑을 개방하여 죄수를 전부 풀어준 다음, 이사

▲ 이사벨라 왕비가 2만의 프랑스 군사를 데리고 귀국했던 영국 서퍽 지방의 오웰 강변
©Dariusz Gora/Shutterstock.com

벨라 왕비를 칭송하며 만세를 불렀다.

　에드워드 2세는 데스펜서 부자와 함께 브리스틀로 달아났다. 그곳에서 에드워드는 데스펜서의 아버지에게 마을과 성을 맡기고 데스펜서와 함께 웨일스로 갔다. 마을 사람 모두 왕을 반대하고 방벽 안에도 적이 우글대는 곳을 더 이상 지켜낼 수 없었던 데스펜서의 아버지는 3일째 되는 날 항복하고 말았다. 그런 뒤 역심을 품고 이른바 '왕의 마음'을 좌지우지했다는 죄로 재판을 받았다.

　곧이어 내가 보기에 이사벨라 왕비에게 과연 마음이라는 것이 있기나 한 것인지 의아스러운 일이 벌어졌다. 데스펜서의 아버지는 아흔 살이 넘은 고령이었지만 어떤 자비도 고려되지 않았다. 그는 목매달렸고, 아직 숨이 끊어지지 않은 상태에서 내장이 뽑히고 사지가 잘린 채로 개의 먹이로 던져졌다.

　데스펜서도 곧 붙잡혀 헤리퍼드에서 재판을 받았다. 오래전부터 어처구니없는 판결을 일삼았으며, 앞서 데스펜서의 아버지를 재판하기도 했던 판사는 그에게도 유죄를 선고했다. 데스펜서는 머리에 쐐기풀 화관[24]을 쓴 채 15미터 높이의 교수대에 목매달렸다. 불쌍한 늙은 아버지와 데스펜서는 왕의 총신이었다는 죄 말고는 다른 죄가 없는 사람들이다. 에드워드 2세가 왕이 아니었다면 체면 불구하고 그렇게 잘 보이려 하지도 않았을 것이다. 물론 데스펜서 부자의 행동을 옳다고 할 수 없지만, 그 정도는 잉글랜드의 많은 귀족과 상류층, 더구나 내 기억이 맞는다면 일부 귀부인들도 하던 짓이었는데, 그렇다고 그들이 개의 먹이가 되거나 15미터 교수대에 목매달린 적은 없었다.

왕은 잠시도 쉬지 않고 이곳저곳을 바쁘게 뛰어다니며 대책을 세우려 했지만 별 소득이 없었다. 그리고 마침내 자포자기한 상태로 케닐워스 성에 갔다. 에드워드 2세가 그곳에서 안전하게 머물고 있는 동안 이사벨라 왕비는 런던에서 열린 의회에 나갔다. 이사벨라의 측근 중에서 가장 꾀가 많은 헤리퍼드 주교가 의원들 앞에서 말했다.

"이제 우리는 무엇을 해야 할까요? 바보천치에 게으르고 아주 형편없는 왕이 아직 왕위에 있는데, 그의 왕관을 벗겨 아들에게 씌워주는 게 좋지 않겠습니까?"

이 와중에 에드워드 2세를 정말 동정해서 그랬는지는 모르겠지만 이사벨라 왕비가 울음을 터뜨렸다. 그러자 주교가 말을 계속했다.

"의원님들, 케닐워스 성에 사람을 보내 왕이 순순히 왕위를 내줄지 확인해보면 어떨까요? 부디 우리가 강제로 왕을 폐위시키는 일은 없기를 바랍니다!"

의원들은 좋은 생각이라며 대표를 뽑아 케닐워스 성으로 보냈다. 에드워드 2세는 허름한 검은색 평상복 차림으로 성의 웅장한 연회장으로 들어왔고, 일행 중 한 주교를 보더니 그 자리에 털썩 주저앉았다. 기력이

다한 듯 불쌍한 모습이었다. 누군가가 에드워드를 일으켜 세웠다. 그리고 하원의 대변인인 윌리엄 트루셀 경Sir William Trussel이 에드워드 2세는 더 이상 왕이 아니며 모두 왕에 대한 충성을 포기한다는 중대 발표를 했다.

발표가 끝난 뒤 왕실의 궁내대신Steward of the King's Household 토머스 블런트 경Sir Thomas Blount이 앞으로 나와 왕의 흰 지팡이를 부러뜨리는 것으로 절차를 마무리했다. 왕이 죽었을 때만 거행하는 의식이었다. 이렇게 위압적인 태도로 사임을 촉구하자 에드워드 2세는 그러는 것이 자신이 할 수 있는 최선책인 것 같다고 대답했다. 에드워드는 그렇게 왕위를 넘겼고, 의원들은 다음 날 왕세자를 왕으로 선포했다.

에드워드 2세가 별 탈 없이 케닐워스 성의 정원에서 총신과 함께 먹고 마시면서 부족함 없이 오랫동안 잘 살았다고 이야기를 마무리할 수 있다면 얼마나 좋을까? 하지만 에드워드는 아주 수치스러운 굴욕을 당했다. 온갖 학대와 모욕을 당했고, 시궁창에서 퍼온 구정물로 면도해야 하는 처지가 되었다. 그는 깨끗한 온수를 달라고 울면서 사정하기도 했다. 한마디로 아주 비참한 생활을 했다.

에드워드 2세는 이 성에서 저 성으로, 저 성에서 또 다른 성으로 옮겨 다녔다. 영주들이 오죽 친절하게 대했으면 그랬을까? 그러다가 그는 결국 세번 강Severn River 인근의 버클리 성Berkeley Castle에 갔다. 성주인 버클리 경은 병에 걸려 자리를 비운 상태였다. 에드워드 2세는 그곳에서 토머스 구르네Thomas Gournay와 윌리엄 오글William Ogle이라는 사악한 무뢰배의 손에 넘겨졌다.

1327년 9월 21일 밤, 무시무시한 비명이 들려왔다. 인근 마을 사람들은 그 소리에 깜짝 놀랐다. 비명은 두꺼운 성벽과 깊은 밤의 어둠을 뚫고 멀리 퍼져나갔다. 사람들은 자다가 벌떡 일어나 두려움에 떨며 이렇게 말했다.

"왕에게 신의 자비가 있기를! 저 비명이 음침한 감옥에 갇혀 있는 왕에게 불행이 닥쳤다는 전조가 아니길 바랍니다!"

다음 날 아침, 에드워드 2세의 시신이 발견되었다. 뭔가에 맞은 흔적이나 칼에 찔린 자국은 발견되지 않았지만 얼굴이 심하게 일그러져 있었다. 후세 사람들은 두 악당 구르네와 오글이 빨갛게 달군 쇠꼬챙이를 그의 항문에 집어넣었다고 수군거렸다.

글로스터 인근을 지나다가 아름다운 대성당에 가보면 중앙 탑의 첨탑 네 개가 우뚝 솟아 있는 모습을 볼 수 있다. 그리고 그 오래된 도시의 낡은 수도원에 묻힌 가엾은 에드워드 2세가 떠오를지도 모른다. 그는 너무나 무능했던 19년 반의 통치를 끝내고 마흔세 살의 나이로 그곳에 누웠다.

제18장

에드워드 3세,
스코틀랜드를 정복하다

왕비의 연인 로저 모티머의 몰락

프랑스로 도주했던 이사벨라 왕비의 연인 로저 모티머는 선왕이 총애하던 신하들의 최후를 보고도 전혀 깨우치는 바가 없었다. 이사벨라 덕에 데스펜서 부자의 영지를 손에 넣게 된 모티머는 무척 오만하고 야심만만했는데, 잉글랜드의 실질적인 통치자가 되겠다는 마음까지 먹었다. 엄숙한 분위기 속에서 열다섯 살의 나이로 왕위에 오른 어린 왕 에드워드 3세Edward III(생몰연도: 1312~1377, 재위기간: 1327~1377)는 모티머의 속셈을 두고 볼 수 없다고 판단했고, 얼마 지나지 않아 그를 파멸로 몰아넣었다.

처음부터 백성들은 로저 모티머를 달가워하지 않았다. 그 이유는 첫째, 그가 이사벨라 왕비의 정부情夫였기 때문이고, 둘째, 스코틀랜드와 평화협정을 맺도록 술책을 부렸다고 봤기 때문이었다. 그 평화협정의 결과로 어린 왕의 여동생이자 이제 겨우 일곱 살인 조앤Joan, Queen of Scotland이 역시 다섯 살밖에 되지 않은 로버트 브루스의 아들 데이비드David II of Scotland(1324~1371)와 정혼까지 해야 했다. 귀족들은 오만하고 부유하며 막강한 권력을 휘두르는 모티머를 무척 혐오했다. 그래서 무력으로 대항해보기도 했지만 결국 굴복할 수밖에 없었다. 모티머에 대항했던 사람들 중에서 나중에 그와 이사벨라 편으로 전향한 켄트 백작의 최후를 보면 그의 잔혹한 면모를 엿볼 수 있다.

켄트 백작은 결코 현명하고 노련한 사람은 아니었다. 그런 터라 로저 모티머와 이사벨라 왕비가 보낸 첩자가 아직 에드워드 2세가 살아 있다고 하는 말에 속아서 그의 복권을 주장하는 서신을 작성했다. 이는 대역죄였으므로 백작은 재판에서 유죄 판결을 받고 사형이 선고되었다. 불쌍한 백작은 윈체스터 마을 밖으로 끌려가 망나니를 구할 때까지 3~4시간 동안 두려움에 떨면서 기다려야 했다. 마침내 어떤 죄수가 자신을 사면해준다면 망나니 역할을 하겠다고 나섰다. 그리고 허락이 떨어지자 두려움에 떨던 켄트 백작을 단 한 방에 잠재웠다.

에드워드 3세의 어머니 이사벨라 왕비는 프랑스에 머무는 동안 필리파Philippa of Hainault(1314~1369)라는 젊고 사랑스러운 여인을 만나 며느릿감으로 낙점해두었다. 그리고 에드워드 3세는 왕위에 오르자마자 곧 필리파와 결혼했다. 필리파 왕비의 첫아이인 왕세자 에드워드Edward the Black Prince(1330~1376)는 조만간 등장하겠지만 나중에 '흑태자(연약해 보이는 하얀 얼굴을 보완하기 위해 검은색 갑옷을 입었던 탓에 이런 별명이 붙었다)' 에드워드라는 이름으로 명성을 떨치게 된다.

로저 모티머를 처단할 때가 되었다고 생각한 어린 왕은 몬태큐트 경 William de Montacute, 2nd Earl of Salisbury(1328~1397)과 앞으로의 대처 방법을 논의했다. 몬태큐트 경은 조만간 노팅엄Nottingham에서 의회가 개최될 예정인데, 모티머가 틀림없이 노팅엄 성에 있을 테니 한밤중에 그를 체포하자고 제안할 생각이었다.

그런데 만사가 그렇듯 말보다 실행이 어려운 법이다. 반역에 대비하여 노팅엄 성에서는 성문을 매일 밤 걸어 잠그고, 성 높은 곳에 사는 이사벨라 왕비가 성문 열쇠를 자신의 베개 밑에 두었기 때문이다. 그런데 마침 노팅엄 성의 사령관이 몬태큐트 경의 친구였다. 그 사령관은 성의 지하에 무성한 잡초와 가시덤불로 감춰진 비밀통로가 있다는 사실과 한밤중에 그곳을 지나 곧장 모티머의 방으로 가는 길을 알려주었다.

몬태큐트 경 일행은 그 말에 따라 어느 칠흑 같은 밤에 쥐를 놀라게 하고 올빼미와 박쥐를 겁먹게 하면서 음침한 통로를 지나 성에서 가장 큰 탑의 바닥층에 도착했다. 그들은 그곳에서 어린 왕과 합류하여 한 치 앞도 보이지 않는 계단을 숨죽인 채 걸어 올라갔다. 이윽고 일행의 귀에 몇몇 측근들과 회의 중인 로저 모티머의 목소리가 들려왔다. 일행은 함성을 지르며 뛰어들어가 그를 붙잡았다. 이사벨라 왕비는 침실에서 이렇게 울부짖었다.

"오, 내 사랑스러운 아들아, 내 소중한 아들아, 내 사랑 모티머를 살려다오!"

하지만 에드워드 3세는 모티머를 얼마 후 열린 의회에 세우고, 어린 왕과 어머니 사이를 이간질하고 켄트 백작의 죽음은 물론 선왕의 죽음까지 부추겼다는 혐의를 씌웠다.

알다시피 그 시절에는 누군가를 제거하고 싶다면 구체적인 죄목이 없어도 상관없었다. 로저 모티머는 모든 혐의에 유죄 선고를 받고 타이번Tyburn에서 교수형에 처해졌다. 에드워드 3세는 어머니를 신분에 걸맞은 성에 감금하고 그곳에서 여생을 보내게 했다. 그런 다음 본격적으로 통치를 시작했다.

에드워드 3세의 첫 번째 업적은 스코틀랜드 정복이었다. 스코틀랜드에 영지를 둔 잉글랜드 귀족들은 지난번 스코틀랜드와 평화협상을 하면서 권리를 제대로 인정받지 못했다고

▲ 잉글랜드 왕 에드워드 3세
© Georgios Kollidas / Shutterstock.com

생각한 나머지 저마다 돈을 걸어 전쟁을 시작했다. 그들은 존 베일리얼의 아들 에드워드 베일리얼(1283~1367)을 사령관으로 삼아 스코틀랜드를 공략했는데, 치열한 전투를 벌인 끝에 두 달도 채 안 되어 스코틀랜드 왕국 전체를 장악했다. 그렇게 베일리얼이 성과를 거두자 에드워드와 의회도 전쟁에 힘을 보탰다.

에드워드 3세는 직접 군대를 이끌고 베일리얼과 함께 베릭 성에 있는 스코틀랜드군을 공격했다. 스코틀랜드의 모든 병력이 베릭 성을 지원하러 달려왔으며 이내 치열한 접전이 벌어졌다. 전사자가 무려 3만 명에 달했다. 베일리얼은 이 전투의 승리로 잉글랜드 왕에게 충성을 다짐하며 스코틀랜드 왕위에 올랐다. 그러나 그의 성공은 오래가지 못했다. 얼마 후 스코틀랜드인이 반란을 일으켰고, 로버트 브루스의 아들 데이비드 브루스가 10년 만에 돌아와 베일리얼의 왕국을 차지했기 때문이다.

당시 프랑스는 스코틀랜드보다 훨씬 부유한 나라였으므로 에드워드 3세는 이 나라를 몹시 탐냈다. 그래서 에드워드는 스코틀랜드는 내버려두고 어머니 쪽 혈통을 내세워 자신에게 프랑스 왕위 계승권이 있다는 허위주장을 했다. 그에게는 그럴 권리는 없었지만 당시는 사실 여부가 그다지 중요하지 않던 시절이었다.

아무튼 에드워드 3세는 그럴듯한 명분을 내세워 작은 공국과 왕국의 군주들을 포섭하고 심지어 플랑드르 주민들의 환심까지 샀다. 그들은 일하느라 바쁜 노동자 공동체로 왕에 대한 충성심이 낮았으며 양조업자가 공동체의 대표였다. 에드워드 3세는 이렇게 끌어모은 병력을 이끌고 프랑스를 침공했다.[25] 하지만 전쟁 비용을 대느라 30만 파운드의 빚을 지게 된 것 말고는 별다른 성과가 없었다.

이듬해에는 좀 더 나은 성과를 거두었다. 플랑드르 지방의 슬뢰이스Sluys 항에서 벌어진 대규모 해전에서 승리를 거둔 것이다. 하지만 승전의 기쁨도 오래가지 못했다. 생토메르 마을이 포위되자 겁먹은 플랑드르 사람들이 무기와 물자를 버리고 줄행랑을 쳤기 때문이다. 에드워드 3세는 프랑스의 필리프 6세Philip VI of France(1293~1350)가 군대를 이끌고 오자 당장 결판을 내려는 마음에 왕끼리 일대일로 결투를 벌이거나 양쪽에서 각각 기사 100명씩 뽑아 싸우자고 제안했다. 프랑스 왕은 고마운 말이긴 하지만 자신은 별로 아쉬울 것이 없었으므로 거절했다. 몇 번의 교전과 협상이 오간 뒤 짧은 휴전이 성립되었다.

휴전은 얼마 지나지 않아 에드워드 3세가 프랑스 귀족 몽포르 백작 존John, Count of Montford의 편을 들면서 깨졌다. 몽포르 백작은 자신이 프랑스 왕위에 올라야 한다고 주장했는데, 만일 잉글랜드의 도움으로 프랑스 왕위를 차지하게 되면 에드워드에게 충성하겠다는 밀약이 있었다.

하지만 몽포르 백작은 결국 프랑스 왕자에게 패배하여 파리에 있는 탑에 갇히는 신세가 되었다. 백작에게는 용감하고 아름다운 부인이 있었는데, 사내 같은 용기에 사자의 심장을 가졌다고 알려졌다. 그녀는 자신이 살고 있던 브르타뉴에서 군사를 모은 다음, 젖먹이 아들을 내보이며 자신과 어린 아들을 저버리지 말라고 사람들의 동정심에 호소했다. 이에 브르타뉴 사람들은 열렬하게 호응하여 백작 부인을 도우려고 철벽같은 헤네본Hennebon 성에 모여들었다.

몽포르 백작 부인은 그곳에서 밖으로는 브르타뉴 공작 샤를 드 블루아Charles de Blois, Duke of Bretagne(1319~1364)가 지휘하는 프랑스군에 포위당했고, 안에서는 음침한 늙은 주교 때문에 진퇴양난에 처했다. 늙은 주교는 믿음이 있다면 두려움도 견디고 이겨내야 한다면서, 앞으로 기근이 찾아올 것이며 그다음 불과 칼의 날이 다가올 것이라고 떠들고 다녔다.

하지만 절대 낙심하지 않았던 몽포르 백작 부인은 직접 솔선수범하며 병사들을 격려했다. 그녀는 마치 이름난 장군처럼 병사들의 진지 이곳저곳을 돌아보고 완전무장을 한 채 말을 타고 다녔다. 또한 샛길로 성을 빠져나가 프랑스군 진영을 습격하여 막사에 불을 지르고 적군 진지를 혼란에 몰아넣은 다음 성으로 돌아오기도 했다.

헤네본 성의 수비대는 죽은 줄만 알았던 몽포르 백작 부인이 돌아오자 기쁨의 함성을 지르며 그녀를 맞았다. 하지만 갈수록 성안의 물자가 부족해졌다. 의욕만으로 먹고살 수는 없는 노릇인 데다 늙은 주교가 쉴 새 없이 "이런 일이 닥칠 것이라고 내가 말하지 않았던가!"라고 떠들어 댔으므로 군사들은 하나둘 절망하기 시작했고, 성을 내주자는 말까지 흘러나왔다. 용맹한 백작 부인은 2층 방에 틀어박힌 채 잉글랜드의 지원을 기다리며 비통한 심정으로 바다를 내다봤다.

그런데 바로 그때 바다 저 멀리에서 잉글랜드 지원군의 함선이 보이는 것이 아닌가! 몽포르 백작 부인의 용기를 높이 산 잉글랜드 사령관 월터 매닝 경Sir Walter Manning이 기사들과 함께 병사들을 이끌고 도우러 온 것이다. 매닝 경은 성안의 병사들을 배부르게 먹인 다음 사막을 통해 프랑스군을 습격하여 큰 승리를 거두었다. 매닝 경과 기사들이 싱글벙글하며 성으로 돌아오자 높은 탑에서 전투를 지켜보던 백작 부인은 그들에게 진심 어린 감사를 표하며 모두에게 입맞춤했다.

이 백작 부인은 나중에 잉글랜드에 추가 병력을 요청하러 가는 길에 건지 섬Guernsey Island에서 프랑스군과 대대적인 해전을 벌여 명성을 얻었다. 그녀의 힘찬 기상은 프랑스 왕에게 잔혹하게 살해된 또 다른 프랑스 귀족 부인에게도 용기를 불어넣었다. 이후 그녀 또한 몽포르 백작 부인 못지않은 명성을 떨치게 된다.

한편 왕세자인 '흑태자' 에드워드가 프랑스와 잉글랜드 간의 전쟁에 주역이 되는 시기가 빠르게 다가오고 있었다. 때는 1346년 7월이었다. 에드워드 3세는 3만 명의 군사와 왕세자, 그리고 몇몇 주요 귀족들과 함께 프랑스로 가기 위해 사우샘프턴Southampton에서 배에 올랐다. 노르망디의 라오그La Hogue에 상륙한 잉글랜드군은 하던 대로 가는 곳마다 불을 지르고 쑥대밭을 만들었다. 마침내 1346년 8월 26일, 흑태자 에드워드는 크레시Crecy라는 작은 마을의 센 강 건너편에서 그들을 지켜보고 있던 프랑스군과 마주쳤다. 흑태자는 비록 프랑스군의 숫자가 여덟 배나 많았지만 이번 전투에서 사생결단하겠다고 마음먹었다.

칼레 성의 영웅들

젊은 흑태자는 옥스퍼드 백작John de Vere, 7th Earl of Oxford(1312~1360)과 워릭 백작Thomas de Beauchamp, 11th Earl of Warwick(1313~1369)의 지원을 받으며 첫 번째 부대를 이끌었다. 그리고 또 다른 백작 두 사람이 두 번째 부대를 지휘했으며, 에드워드 3세가 나머지 세 번째 부대를 맡았다. 아침이 밝자 왕은 성찬과 축성을 받은 다음 흰 지팡이를 들고 말 위에 올라 병사들 사이로 말을 달리며 부대장과 병사들을 격려했다. 병사들은 모두 아침식사를 마치고 각자의 위치에서 무기를 매만지며 조용히 앉아 있었다.

이윽고 필리프 6세가 전 병력을 이끌고 모습을 드러냈다. 어두컴컴하고 잔뜩 찌푸린 날이었다. 달이 태양을 가리는 일식 현상이 있었던 데다 천둥이 치고 장대비까지 내렸다. 겁먹은 새들이 날카롭게 울어대며 병사들 머리 위로 날아다녔다. 프랑스군에서 장교 한 명이 나와 기분이 한껏 가라앉아 있는 필리프 6세에게 전투를 내일로 미루자고 건의했다.

필리프 6세가 건의를 받아들여 진군을 멈추게 했다. 하지만 명령을 듣지 못했는지 뒤쪽 병사들은 계속 앞으로 나아갔다. 아주 길게 뻗어 있는 길이 프랑스 대군과 조악한 무기를 든 마을 사람들로 뒤덮여 시끌벅적했다. 프랑스군은 혼란 속에서 앞으로 조금씩 떠밀려 나갔다. 이런 상황에서 프랑스 귀족들이 저마다 멋대로 자기 병사들을 지휘하는 바람에 병사들이 뒤죽박죽 섞여버리고 말았다.

당시 필리프 6세는 이탈리아 제노바에서 온 대규모 석궁부대에 크게 의존하고 있었다. 그는 부대의 진군을 멈출 수 없는 상황임을 깨닫고 석궁부대 궁수들에게 맨 앞줄로 가서 전투를 시작하라고 명령했다. 석궁부대는 잉글랜드 궁수들에게 세 차례 함성을 질러 경고했지만, 잉글랜드군은 3,000번을 경고한다고 해도 소용없다는 듯 제자리에서 꿈쩍도 하지 않았다.

마침내 제노바 석궁부대가 한 발 앞으로 나가 석궁을 쏘기 시작했다. 하지만 이에 맞서 잉글랜드 장궁병이 쏘아대는 화살이 비 오듯 떨어지자 제노바 석궁부대는 황급히 도망쳤다. 석궁은 무거운 데다 재장전하려면 손잡이를 뒤로 당겨야 하므로 화살을 다시 쏘는 데 시간이 걸렸다. 반면 잉글랜드 장궁병은 화살이 날아가는 속도만큼이나 빠르게 화살을 재장전해서 쏠 수 있었다.

제노바 석궁부대가 도망치는 모습을 본 필리프 6세는 도움은커녕 해만 끼치는 악당들이라면서 사살하라고 명령했다. 그런데 이 명령은 병사들을 더욱 우왕좌왕하게 했다. 반면 잉글랜드 장궁병은 계속 빠른 속도로 화살을 날려 프랑스 병사와 기사들을 쓰러뜨렸고, 콘월이나 웨일스 출신 병사들은 살금살금 다가가 장검으로 수많은 프랑스군의 숨통을 끊었다.

흑태자와 병사들이 잠시 프랑스군에 밀릴 때가 있었다. 워릭 백작은 멀리 풍차에서 전투를 관망하던 에드워드 3세에게 전령을 보내 흑태자 쪽으로 병력을 더 보내자고 청했다. 그러자 에드워드가 물었다.

"내 아들이 죽었는가?"

"오, 세상에. 아닙니다, 전하."

전령이 답했다.

"그럼 다쳤는가?"

"그것도 아닙니다, 전하."

"그러면 말에서 떨어졌는가?"

"아닙니다, 전하. 하지만 지금 아주 곤경에 빠지셨습니다."

"그렇다면 백작에게 가서 지원군은 없다고 전하라. 짐은 오늘 왕자가 스스로 용감한 기사임을 증명하길 바란다. 짐의 결심이 그러하니 부디 신의 가호를 받아 왕자에게 승리의 영광이 있기를 바라노라!"

에드워드 3세의 이 대범한 말이 흑태자와 부대원들에게 전해지자 그들은 한층 힘을 내어 더욱 용감하게 싸웠다. 필리프 6세는 늠름한 모습으로 몇 번이고 병사들을 격려했지만 아무런 소용이 없었다. 땅거미가 내려앉을 즈음 필리프가 타고 있던 말이 잉글랜드 병사가 쏜 화살에 맞아 쓰러졌다. 설상가상으로 아침만 해도 왕 주변에 빽빽이 서 있던 기사와 귀족들도 어디론가 흩어지고 없었다.

결국 몇몇 신하들은 후퇴하지 않겠다며 버티는 필리프 6세를 억지로 전장에서 끌어내 아미앵Amiens으로 데려갔다. 승리한 잉글랜드군은 모닥불을 환하게 피우고 떠들썩하게 승리를 즐겼다. 말을 달려 자랑스러운 아들을 만나러 간 에드워드 3세는 아들을 끌어안고 입을 맞추며, 큰일을 해냈고 승리의 주역일 뿐만 아니라 장차 왕위에 오를만한 충분한 자격이 있다고 말했다.

아직 밤이라 얼마나 크게 이겼는지 알 수 없었지만, 다음 날 보니 프랑스군은 11명의 유력 영주와 1,200명의 기사, 3만 명의 병사를 잃었다. 그중에는 늙은 장님인 보헤미아 왕John of Bohemia(1296~1346)도 있었다. 그는 아들이 전투 중에 부상당한 데다 아무도 흑태자를 이길 수 없다는 말을 듣고는 기사 두 명을 불렀다. 그리고 두 기사를 양옆에 서게 한 다음 말 세 마리의 굴레를 단단히 연결하고 잉글랜드 병사들 사이를 내달리다가 죽음을 맞았다. 잉글랜드 병사가 죽은 보헤미아 왕의 몸을 뒤져보니 타조의 흰색 깃털 세 개가 그려져 있고 '신을 섬긴다Ich dien'라

▲ 프랑스 칼레 시에 있는 칼레 시청 전경. 크레시 전투가 벌어진 지 5일 만에 에드워드 3세는 칼레 시를 포위했다. ©Meiqianbao/Shutterstock.com

는 문구가 새겨진 문장이 나왔다. 흑태자는 이날의 전투를 기념하기 위해 그 문장을 가져와서 소중히 보관했다.

크레시 전투Battle of Crécy가 벌어진 지 5일 만에 에드워드 3세는 칼레를 포위했다. 후세 사람들의 기억에 영원히 남은 이 전투는 1년 동안 계속되었다. 성안 사람들이 굶어 죽을 때까지 기다리면서 잉글랜드 병사들이 주둔할 나무 막사를 얼마나 많이 지었던지 칼레 주변에 갑자기 새로운 마을이 생긴 것 같다는 말이 나올 정도였다. 포위 공격 초기에 칼레 성주는 1,700명에 달하는 남녀노소 주민을 '쓸모없는 입'이라고 부르며 성 밖으로 쫓아냈다. 에드워드는 쫓겨난 주민들을 죽이지 않고 음식이나 돈을 줘서 보냈지만, 전투 후반기에는 그럴 수 없었다. 이에 추가로 쫓겨난 500명의 주민은 굶주림에 시달리며 비참하게 죽어갔다. 칼레 수비군은 마침내 너무나 궁금해져서 필리프 6세에게 서신을 보냈다. 말과 개, 쥐 등 눈에 보이는 것은 모두 잡아먹은 상태라 지원군이 오지 않는다면 잉글랜드군에 항복하거나 사람들끼리 잡아먹게 될 것이라는 내용이었다.

필리프 6세는 한 차례 지원군을 보냈지만 즉시 잉글랜드군에 포위되어 격파당하자 칼레를 포기했다. 그 소식을 듣고 칼레 주민들은 잉글랜드 깃발을 높이 내걸고 에드워드 3세에게 항복했다. 성에서 나온 전령에게 에드워드는 이렇게 명령했다.

"가서 사령관에게 전하라. 가장 명망이 높은 시민 여섯 명을 맨발에 윗옷만 입히고 목에 밧줄을 둘러서 보내라. 그리고 그 사람들 편에 성과 마을의 열쇠를 보내도록 하라."

칼레 성주가 마을 시장에 주민들을 모아놓고 에드워드 3세의 말을 전하자 다들 목놓아 울면서 슬퍼했다. 그런데 그중에서 외스타슈 드 생피에르Eustace de Saint Pierre라는 덕망 높은 사람이 일어나 여섯 명이 희생하지 않으면 시민 모두 희생될 테니 자신이 첫 번째 희생자가 되겠다고 나섰다. 이 빛나는 희생정신에 용기를 낸 다섯 명의 시민이 차례로 일어나 그와 함께 자신을 희생하겠다고 나섰다. 심한 부상을 입어 잘 걷지도 못했던 칼레 사령관은 잡아먹지 않고 남겨둔 볼품없는 늙은 말을 타고 여섯 명의 위인을 문까지 안내했다. 그러는 동안 시민들은 모두 눈물 흘리며 여섯 사람을 애도했다.

에드워드 3세는 잔뜩 성난 얼굴로 그들을 맞은 다음, 여섯 명 모두 참수하라고 명령했다. 하지만 착한 필리파 왕비가 나서서 왕 앞에 무릎 꿇고 그 여섯 명의 시민을 자신에게 넘겨달라고 간청했다. 에드워드 3세는 이렇게 대답했다.

"당신을 괜히 이곳에 데리고 온 것 같소. 어쨌거나 왕비의 청이니 거절할 수 없구려."

필리파 왕비는 그들에게 옷을 제대로 차려입힌 다음 맛있는 음식을 대접하고 후한 선물을 주어 돌려보냈다. 잉글랜드 병사들도 다들 크게 기뻐했다. 나는 칼레 사람들이 필리파 왕비의 선행을 칭송하면서 얼마 후 태어난 그녀의 딸에게 아낌없는 사랑을 보냈을 것이라고 믿는다.

영웅 흑태자의 죽음

그 무렵 무서운 전염병인 흑사병the Plague[26]이 유럽에 닥쳤다. 유럽 대륙에 빠르게 전파된 흑사병은 특히 가난하고 불쌍한 사람들의 목숨을 앗아갔다. 어찌나 많은 사람이 죽었던지 잉글랜드 인구의 절반이 흑사병으로 사라졌을 정도였다. 더구나 소까지 엄청나게 많이 죽었다. 일할 수 있는 사람이 별로 남지 않았던 탓에 땅을 경작할 일손이 부족해졌다.

엎친 데 덮친 격으로 양국 간에 의견 충돌로 8년 동안 분쟁이 이어지다가 흑태자가 6만 명의 군사를 이끌고 다시 프랑스를 침공했다. 흑태자는 프랑스 남부를 휩쓸면서 가는 곳마다 방화와 약탈을 일삼았다. 그러는 동안 스코틀랜드와 전쟁을 계속하던 아버지 에드워드 3세도 그곳에서 똑같이 방화와 약탈을 일삼고 있었다. 하지만 그는 스코틀랜드에서 퇴각하는 길에 그동안 받은 피해를 이자까지 쳐서 갚으려고 작정한 스코틀랜드군에 시달렸다.

프랑스에서는 필리프 6세가 죽고 아들 장 2세Jean II of France(1319~1364)가 즉위했다. 흑태자가 여전히 프랑스에서 방화와 약탈을 계속하고 있었으므로 장은 잉글랜드군에 맞서 군사를 일으키기로 했다. 전장에서 흑태자가 얼마나 잔인한 짓을 많이 했으며 프랑스 농민들을 얼마나 혹독하게 괴롭혔던지, 흑태자에게 장이 지금 무엇을 하며 어디에 있는지 (그냥 알려주든 돈을 받고 알려주든 죽기 싫어서 알려주든) 말해주는 사람이 아무도 없었다. 그래서 흑태자는 푸아티에Poitiers의 어느 마을 부근에서 예기치 않게 프랑스군과 마주치게 되었다. 인근 지역 전체가 이미 프랑스 대군에 점령되었음을 알게 된 흑태자는 이렇게 외쳤다.

"신의 가호가 있기를! 죽을힘을 다해 싸우자!"

9월 18일 일요일 아침, 흑태자는 모두 합해 1만 명 남짓으로 줄어든 병력을 이끌고 기병만 6,000명에 달하는 프랑스군과 싸울 준비를 했다. 한창 바삐 움직이던 흑태자에게 프랑스 측에서 추기경이 한 명 찾아왔다. 기독교도 간에 일어날 유혈사태를 막기 위해 장 2세를 설득한 뒤 잉글랜드 측과 협상을 하기 위해 왔던 것이다.

흑태자는 선량한 추기경에게 이렇게 말했다.

"나와 내 병사들의 명예를 지켜주시오. 그럼 합리적인 협상 조건을 제시하겠소."

흑태자는 점령한 모든 마을과 성을 포기하고 억류 중인 모든 죄수를 풀어주며 7년간 프랑스에서 전쟁을 일으키지 않겠다고 제안했다. 하지만 장 2세는 오로지 흑태자가 100명의 정예 기사와 함께 항복하길 원했기 때문에 협상은 결렬되었다. 흑태자는 나지막이 중얼거렸다.

"신께서 옳은 쪽을 지켜주실 테니 내일 적과 맞서 싸우자!"

그렇게 월요일 아침 해가 밝아올 무렵, 양쪽 군대는 전투 준비를 했다. 잉글랜드군은 양옆에 울타리가 있어 좁은 길을 통해서만 접근할 수 있는 중요한 곳에 진을 쳤다. 프랑스군은 그 좁은 길로 공격해 들어가다가 울타리 뒤에서 쏘아대는 잉글랜드군의 화살에 많은 병력을 잃고 퇴각할 수밖에 없었다. 이어 퇴각하는 프랑스군 뒤로 600명의 잉글랜드 장궁병이 소나기처럼 화살을 쏟아부었다. 혼란에 빠진 프랑스 기사들은 깃발을 버리고 사방팔방으로 흩어졌다.

존 챈더스 경Sir John Chandos이 흑태자에게 말했다.

"왕자님, 어서 전진하십시오. 승리는 왕자님 것입니다. 프랑스 왕은 말 그대로 신사이기 때문에 절대 도망가지 않고 붙잡힐 것입니다."

흑태자는 이렇게 답했다.

"신과 성 조지St. George의 이름으로 기수들은 어서 전진하라!"

잉글랜드군은 적군을 계속 몰아붙이던 중 마침내 전투 도끼를 들고 격렬하게 싸우고 있던 장 2세를 발견했다. 주변 귀족들은 모두 달아난 뒤였지만 이제 막 열여섯 살이 된 막내아들 필리프는 아버지 곁을 우직하게 지키고 있었다. 장과 왕자는 둘 다 용감하게 싸웠다. 하지만 그는 이미 얼굴에 두 군데의 상처를 입은 데다 기진맥진한 상태였다. 결국 장은 프랑스에서 추방되어 잉글랜드를 위해 싸우던 어느 기사에게 오른쪽 장갑을 벗어주면서 항복의 뜻을 전했다.

용맹스러울 뿐 아니라 관대하기도 했던 흑태자는 저녁식사에 장 2세를 초대하고 막사의 테이블에 앉아 기다렸다. 그리고 나중에 런던에 개선해서 개선행진을 벌일 때도 장을 멋진 크림색 말에 태우고 양옆에 작은 조랑말을 붙여주었다. 이 모두 정중한 대접이긴 했지만, 내 생각에는 일부 전시 효과를 노리기도 했던 것 같다. 흑태자가 프랑스 왕을 그렇게 대접하는 모습에 사람들이 과분한 찬사를 보냈기 때문이다.

프랑스 왕을 정말 정중하게 대해주고 싶었다면 대중 앞에 모습을 공개하지 말았어야 했다. 어쨌든 장 2세를 정중하게 대우(한다는 분위기를 효과적으로 연출)함으로써 얼마 지나지 않아 전쟁에 대한 혐오가 사그라지고 정복자에 대한 반감도 완화되었다는 사실만은 분명하다. 포로로 잡힌 일반 병사들에게 그런 정중한 대접이 베풀어지기까지는 매우 오랜 세월이 흘러야 했지만 결국 실현되었다. 그러니 워털루 전투Battle of Waterloo나 다른 대규모 전투를 치르던 중에 항복해서 살아남은 병사가 있다면 간접적으로나마 흑태자 에드워드의 덕을 봤다고 할 수 있겠다.

그 무렵 런던의 스트랜드Strand 지역에 사보이 궁Savoy Palace이 있었는데, 포로가 된 장 2세와 왕자는 그 궁전에 머물렀다. 스코틀랜드 왕도 이미 11년째 포로 생활을 하고 있었으므로 에드워드 3세의 과업은 당시 웬만큼 완수된 상태였다. 에드워드는 가둬두고 있던 스코틀랜드 왕을 '스코틀랜드 왕 데이비드 경'이라는 명칭을 쓰는 조건으로 풀어주는 대신 몸값으로 큰돈을 받기로 했다.

반면 프랑스에는 더 가혹한 조건을 제시했다. 당시 프랑스에서는 귀족들의 핍박과 잔혹행위에 맞서 백성들이 봉기하고, 귀족들도 진압을 위해 군사를 일으켜 서로 끔찍한 만행을 주고받고 있었다. 또한 '자크리의 난the insurrection of the Jacquerie'이라 불리는 농민 폭동이 일어나 공포와 증오가 만연해 있었다. 이런 상황에서 에드워드 3세는 정복했던 프랑스 땅 대부분을 포기하고, 장 2세를 풀어주는 조건으로 6년 이내에 금 300만 크라운Crown(왕관의 모양을 박은, 잉글랜드의 5실링짜리 은화_옮긴이)을 내라고 했다. 프랑스의 귀족과 신하들은 도움을 주지도 못했으면서 이런 조건을 수락했다는 이유로 장 2세를 들볶았다. 그 탓에 장은 자기 발로 걸어서 예전에 갇혀 있던 사보이 궁으로 돌아가 그곳에서 죽었다.

그 무렵 스페인 카스티야Castile에 '잔인왕'이라 불리는 페드로 왕 Pedro the Cruel(1334~1369)이 있었다. 별칭과 딱 맞는 왕이었는데, 그가 저질렀던 수많은 잔혹행위 중에는 온갖 종류의 살인도 있었다. 참으로 '상냥'하기 그지없는 이 군주는 범죄행위가 발각되는 바람에 왕위에서 쫓겨나자 프랑스 보르도로 갔다. 당시 그곳에 당고모[27]이자 매력적인 미망인 조앤Joan of Kent(1328~1385)과 결혼해서 살고 있는 흑태자에게 도움을 청하려 했던 것이다.

흑태자는 그런 깡패 같은 군주가 응당 받아야 할 대우보다 훨씬 친절하게 맞아준 다음, 페드로가 제법 괜찮은 제안을 하자 기꺼이 도와주기로 약속했다. 그리고 퇴역 군인들로 구성된 휘하의 용병 부대이자 당시 프랑스 백성을 못살게 굴던 '자유 동지Free Companions' 부대에 몰래 명령하여 페드로를 지원했다. 또한 직접 지원군을 이끌고 스페인에 가서 페드로를 왕위에 복위시키기도 했다. 물론 페드로는 왕위에 복귀하자마자 깡패 같은 본성대로 아무런 부끄러움 없이 한 입으로 두말하며 흑태자와의 약속을 모두 깨뜨렸다.

흑태자는 '잔인왕' 페드로를 지원하느라 많은 돈을 썼다. 페드로에게 넌더리를 내며 보르도로 돌아왔을 때는 건강이 악화되었고 빚도 많았다. 이에 그는 프랑스 백성에게 세금을 부과하기 시작했다. 프랑스 백성들은 샤를 5세Charles V of France(1338~1380)에게 어려움을 호소했고, 그렇게 다시 전쟁이 일어났다.

중요한 돈줄이던 리모주 마을이 프랑스 왕의 편으로 돌아서자 흑태자는 중병에 걸려 말 가마를 타고 다녀야 할 정도였는데도 옛 방식대로 잔혹하게 마을을 불태우고 약탈하며 사람들을 닥치는 대로 죽였다. 한번 눈 밖에 난 리모주 마을 사람에겐 죄수, 남녀노소 할 것 없이 자비를 베풀지 않았다. 흑태자는 고국으로 돌아와 백성과 의회의 열렬한 환영을 받은 뒤 1376년 6월 8일 삼위일체 대축일Trinity Sunday에 마흔여섯의 나이로 눈을 감았다.

잉글랜드 역사상 가장 유명하고 가장 많은 사랑을 받았던 왕자의 죽음을 모든 백성이 애도했다. 흑태자는 백성들의 비탄 속에 캔터베리 대성당에 안장되었다. 지금도 '고해왕' 에드워드의 무덤 곁에 낡은 검은색 갑옷을 입고 똑바로 누워 있는 흑태자의 석상을 볼 수 있다. 그리고 벽에는 오래된 쇠사슬 갑옷과 투구, 장갑이 걸려 있다. 사람들은 그 갑옷이 한때 흑태자가 입었던 것이라고 믿고 싶어 한다.

에드워드 3세는 아들이 죽고 난 다음 그리 오래 살지 못했다. 이미 고령인 데다 앨리스 페러즈Alice Perrers(1348~1400)라는 아름다운 시녀에게 홀려 그녀의 말을 거절하지 못하고 죽은 필리파 왕비의 보석을 주는 등 어리석은 행동을 많이 했다. 결국 그 시녀는 에드워드가 죽은 날 아침에 그의 손가락에서 반지를 빼버리고 그냥 내버려두어 시신이 불충한 시종들에게 약탈당하는 일까지 벌어지게 했다. 선량한 사제 한 사람만이 끝까지 왕을 보필했다.

에드워드 3세는 전장에서 거둔 승리 외에도 훌륭한 업적을 많이 남겼다. 예컨대, 건축을 장려하여 윈저 성을 지었으며, 가난한 교구의 사제인 존 위클리프John Wycliffe(1320?~1384)가 교황은 물론 교황이 수장으로 있는 성당의 부패를 성공적으로 파헤치게 했다. 플랑드르인 한 무리가 잉글랜드에 건너온 시기도 에드워드 3세 통치기간이었다. 이들은 노퍽에 정착해서 그 어느 때보다 뛰어난 품질의 모직물을 생산했다. 겉모습은 나름 멋지지만 국가에 대한 기여도는 품질 좋은 모직물보다 훨씬 못한 '가터 훈장The Order of the Garter '**28**도 이 시기에 생겼다.

하루는 에드워드 왕이 어느 무도회에서 귀부인들이 착용하는 일종의 속옷인 양말대님garter을 바닥에서 주워 들고는 이렇게 말했다고 한다.

"이 양말대님을 보고 흑심을 품는 자에게 재앙이 닥치리라."

궁정 신하들은 보통 왕의 언행을 따라 하곤 했는데, 이 사소한 일에서 가터 훈장이 제정되고 높은 권위를 지니게 되었다고 한다. 어디까지나 사람들 사이에 떠도는 소문이 그렇다는 말이다.

제19장

섭정과 폭정의 늪, 리처드 2세

계속되는 실정과 농민반란

흑태자 에드워드의 아들 리처드Richard of Bordeaux는 열한 살의 어린 나이에 리처드 2세Richard II(생몰연도: 1367~1400, 재위기간: 1377~1399)라는 칭호로 왕위를 물려받았다. 용맹스러운 아버지의 후광 때문에 잉글랜드 전체가 새 왕을 칭송할 준비가 되어 있었다. 궁정의 귀족과 귀부인들에게는 왕실의 자제들을 두고 전 인류를 통틀어 가장 멋지고 지혜롭고 선하다고 칭송하는 관습이 있었는데, 그 가운데 리처드가 단연 으뜸으로 꼽혔다. 한낱 어린 소년에 불과한 왕에게 이런 식으로 입에 발린 아첨을 늘어놓는 행위는 그나마 왕이 가진 좋은 면을 키워주는 데 전혀 도움이 되지 않았고, 결과적으로 바람직하거나 행복한 결말로 이어지지 못했다.

어린 왕의 숙부 랭커스터 공작John of Gaunt, 1st Duke of Lancaster (1340~1399)은 겐트Ghent(지금의 벨기에 서북부)에서 태어났지만 백성들의 발음대로 '곤트의 존John of Gaunt'이라는 별명으로 불리고 있었다. 그도 왕위에 대한 욕심이 조금 있을 법했지만 워낙 인기가 없었고 흑태자에 대한 좋은 평판 때문에 조카에게 왕위가 넘어가는 것에 이견을 달 수 없었다.

프랑스와의 전쟁으로 아직 정세가 불안한 가운데 잉글랜드 정부는 전쟁 비용을 충당하기 위한 돈이 필요했다. 그리하여 선대왕 때에 마련된 인두세를 백성들에게 징수하라는 명령이 떨어졌다. 인두세란 나라 안의 열네 살 이상 남녀에게 매년 3그로트(4펜스 은화 세 닢_옮긴이)를 거두는 세금이었는데, 성직자에게는 더 많이 부과되었고, 거지는 면제였다.

잉글랜드의 백성들이 오랫동안 극심한 억압에 시달려왔다는 사실은 새삼 다시 설명할 필요가 없을 것 같다. 백성들은 여전히 지주의 노예에 불과했고, 대부분의 경우 가혹하고 부당한 대우를 받았다. 그러나 그들은 이번만큼은 참고 견디기만 해서는 안 되겠다고 생각했다. 아마도 앞장에서 언급한 프랑스 봉기 소식을 전해 듣고 용기를 얻은 탓이었을 것이다.

에식스 사람들이 먼저 인두세에 반발해 들고일어났고, 나라에서 보낸 관리들의 가혹한 처사에 시달리다 못해 정부 관리들을 살해하는 사건이 발생했다. 켄트의 다트퍼드Dartford에서 집집마다 돌아다니며 세금을 걷던 관리 한 명이 와트 타일러Wat Tyler(?~1381)라는 기와장이의 집에 왔을 때였다. 그는 타일러의 딸에게 인두세를 물렸고, 마침 집에 있던 아이의 어머니는 딸아이가 아직 열네 살이 되지 않았다고 항변했다. 그러나 그 말을 들은 세리는 잉글랜드 곳곳에서 다른 세리들이 그래왔듯이 난동을 부리며 타일러의 딸을 겁탈했다. 그리 멀지 않은 곳에서 일하고 있던 타일러는 딸과 아내의 비명 소리를 듣고 현장으로 달려왔고, 그런 도발을 당한 상황에서 정상적인 아버지라면 누구라도 그랬겠지만, 세리를 한 방에 때려죽였다.

마을 사람들은 합심하여 들고일어났다. 와트 타일러를 지도자로 내세우고, 잭 스트로Jack Straw라는 성직자의 지휘 아래 무기를 들고 일어선 에식스 사람들과 세력을 합쳤다. 켄트 출신의 급진적 성직자 존 볼John Ball을 감옥에서 구출한 군중은 점점 더 많은 농민들의 합류로 세를 키우면서 블랙히스Blackheath까지 진격했다.

농민군은 사유재산제를 폐지하고 만인의 평등을 주장하려 했던 것으로 알려져 있다. 그러나 그다지 개연성이 높지 않은 얘기다. 왜냐하면 당시 그들은 길에서 여행자들을 가로막고 리처드 2세에게 충성을 다하고, 잉글랜드 백성들에게 의리를 지키겠다고 맹세할 것을 강요했기 때문이다. 농민군은 지체가 높더라도 자신들에게 직접적으로 피해를 주지 않는 사람은 해치지 않았다. 일례로, 리처드의 모친이 런던탑에 피신시켜둔 어린 아들을 만나러 가기 위해 블랙히스에 있던 농민군의 야영지를 지나가야 했는데, 왕족이라면 사족을 못 쓰는 몇몇 사람의 지저분한 털북숭이 얼굴에 입맞춤만 해주고 무사히 통과했다고 한다.

다음 날은 농민군 전체가 런던교까지 진군했다. 런던교에는 중간에 배가 통과할 수 있게 만든 도개 구간이 하나 있었다. 런던 시장 윌리엄 월워스William Walworth는 농민군의 입성을 막기 위해 이 도개교를 들어 올리게 했지만, 군중은 런던 시민들을 위협해 다시 내리게 했고, 엄청난 기세로 시가 안으로 들어와 곳곳으로 흩어졌다. 그들은 감옥 문을 부수어 열었고, 램버스 궁에 있는 공문서를 불살랐으며, 잉글랜드에서 가장 아름답고 수려한 랭커스터 공작의 사보이 궁을 파괴했다.

또 그런가 하면 템플 교회의 책과 문서를 불태우고 난폭하게 굴었다. 이러한 과격행위는 대부분 만취 상태에서 일어났는데, 이는 포도주로 가득한 창고를 소유한 런던 시민들이 나머지 재산을 지키기 위해 기꺼이 저장고를 열어주었기 때문이다. 하지만 농민군은 술 취한 상태에서도 물건을 훔치지 않으려고 무척 조심했다. 어떤 남자가 사보이 궁에서 은잔을 훔쳐서 품 안에 몰래 숨겼다가 발각되었는데, 화가 난 농민들은 그를 은잔과 함께 강물에 수장해버렸다.

이렇게 상황이 걷잡을 수 없는 지경에 이르기 전, 어린 왕이 농민군을 회유해보려고 직접 나섰지만, 그들의 함성에 놀라 황급히 런던탑으로 되돌아왔다. 그러자 농민군은 한층 더 대담해졌고, 리처드 2세와 잉글랜드 백성들에게 충성을 맹세하지 않는 사람들의 목을 베고 마음에 들지 않는 관료들을 적으로 몰아 닥치는 대로 죽였다. 리처드는 결국 마일엔드Mile end에서 농민군을 직접 만나 의견을 수렴하겠노라고 발표했다.

그리하여 6만 명의 농민군이 마일엔드에 집결했고, 리처드 2세에게 네 가지 조건을 제안했다. 첫째, 자신과 자녀들은 물론 그 뒤의 후손들까지 농노 신분에서 벗어나게 해줄 것. 둘째, 토지 임대료는 노역이 아닌 일정한 액수의 금전으로 지불하게 해줄 것. 셋째, 여느 자유인들처럼 모든 시장과 공공장소에서 물건을 사고팔 수 있게 해줄 것. 넷째, 농민군의 위법행위에 대해 관대히 처벌할 것. 하늘을 우러러 불합리한 구석이 전혀 없는 제안이 아닌가! 어린 왕은 교활하게도 동의하는 척하며 30명의 서기들이 밤새도록 그와 같은 내용의 헌장을 작성하게 했다.

그런데 와트 타일러는 그것으로 만족하지 않았다. 산림법의 전면 폐지를 원했다. 그는 다른 사람들이 마일엔드에 가서 왕과 면담하는 동안 런던탑에 침입해 그 전날 민중들이 처단하라고 소리 높여 외쳤던 대주교와 재무대신의 목을 베어버렸다. 타일러와 부하들은 심지어 왕의 모친 웨일스 공 미망인Princess of Wales(왕의 부친 흑태자 에드워드가 웨일스 공으로 사망함에 따라 왕의 모친이 이 칭호를 갖게 되었다_옮긴이)이 누워 있는 침대 안으로 칼을 찔러보아 혹시 누군가가 거기 숨어들지 않았는지까지 확인했다.

그렇게 와트 타일러와 부하들은 계속 도시를 헤집고 돌아다녔다. 다음 날 아침, 리처드 2세는 월워스 시장을 포함해 약 60명의 귀족들로 꾸려진 소규모 수행단을 이끌고 스미스필드로 갔고, 조금 떨어진 곳에서 타일러와 그 일당을 발견했다. 타일러는 부하들에게 말했다.

"저기 왕이 있다. 내가 왕에게 우리가 원하는 바를 전하겠다."

타일러는 곧장 말을 몰고 리처드 2세에게 다가가 입을 열었다.

"왕이시여, 저기 있는 사람들이 보이십니까?"

"그래, 그런데 어인 일이냐?"

리처드가 대답했다.

"저들은 모두 제 부하들이고, 제가 시키는 일이면 뭐든지 하겠다고 맹세한 사람들입니다."

훗날 사람들은 와트 타일러가 이 말을 하면서 리처드 2세가 탄 말의 고삐에 한 손을 얹었다고도 하고, 단도를 만지작거렸다고도 한다. 그러나 내 생각에 타일러는 세련되지 못한 사람인 데다 성난 상태에서 왕과 이야기를 나누느라 다른 어떤 동작도 취하지 못했을 것 같다.

어쨌든 와트 타일러는 상대방의 공격을 전혀 예상치 못했고 반격도 준비하지 않은 상태였는데, 월워스 시장은 비겁하게도 단검을 뽑아 그의 목을 찔렀다. 타일러는 말에서 떨어졌고, 리처드 2세의 수행원 중 한 사람이 재빨리 그의 목숨을 끊어놓았다. 그렇게 타일러는 무너졌다. 아첨꾼과 알랑쇠들은 이 일을 위대한 승리로 미화했고, 그때 만들어진 구호가 오늘날까지도 사람들의 입에 오르내린다. 타일러는 가난하지만 열심히 살았고 부당한 일에 격분할 줄 아는 의협심 있는 인물이었다. 타일러의 패배에 득의양양했던 기생충 같은 인간들에 비하면 훨씬 됨됨이가 훌륭하고 호방한 사람이었을 가능성이 높다.

와트 타일러가 쓰러지는 모습을 본 부하들은 즉시 활을 당겨 복수의 기회를 노렸다. 어린 왕이 위기의 순간에 침착하게 기지를 발휘하지 못했더라면 그와 함께 시장까지도 타일러의 뒤를 이어 저세상으로 갔을 것이다. 그러나 리처드는 말을 몰고 군중에게 다가가 타일러는 반역자였고, 이제 자신이 그들의 지도자가 되어 문제를 해결해주겠다고 말했다. 사람들은 뜻밖의 상황에 어안이 벙벙했지만 함성을 지르며 어린 왕의 뒤를 따랐다. 그런데 웬걸, 이즐링턴Islington에 이르니 대규모의 지원군이 리처드 2세를 기다리고 있었다.

이 폭동은 뻔한 결말로 마무리되었다. 리처드 2세는 신변이 안전해졌다고 판단하자 자신이 했던 약속을 모두 뒤집었다. 약 1,500명의 농민군이 가혹한 고문을 받고 잔인하게 처형당했는데, 에식스인이 대부분이었다. 교수대에 목매달린 시체는 백성들에게 공포감을 주기 위해 그대로 남겨졌다. 비통한 마음에 친구들이 몇 사람의 시신을 거두어 묻어주자 리처드는 나머지 시신들을 쇠사슬로 교수대에 묶어놓으라고 명령했다. 죄수의 시신을 쇠사슬로 묶는 야만적 관습이 여기에서 시작되었다. 리처드 2세는 이 반란의 대응 과정에서 거짓말을 했기 때문에 한심한 인물로 낙인 찍힌 반면, 타일러는 역사 속에 훨씬 진실되고 존경할만한 인물로 남게 되었다는 게 내 생각이다.

폭군 리처드 2세와 선한 왕비 앤

이제 열여섯 살이 된 리처드 2세는 보헤미아의 아름다운 공주 앤Anne of Bohemia(1366~1394)과 결혼했다. 왕비는 '선한 왕비 앤'이라는 별칭으로 불렸을 만큼 리처드 2세의 신붓감으로는 아까운 인물이었다. 왕은 간신들의 아첨과 알랑거림으로 점점 더 간악하고 사치스러우며 무절제하고 질 나쁜 젊은이가 되어가고 있었다.

이 당시에는 (마치 하나로는 부족하다는 듯이!) 교황이 둘이었는데, 두 교황의 싸움으로 유럽 전체가 큰 혼란에 빠져 있었다. 스코틀랜드도 여전히 속을 썩였다. 나라 안으로는 질투와 불신, 모략과 맞불 작전이 끊이질 않았다. 리처드 2세를 따르는 파와 리처드의 숙부인 랭커스터 공작을 따르는 파가 서로 대치했기 때문이었다.

랭커스터 공작이 카스티야 왕국의 왕위 계승 문제로 잉글랜드를 떠난 뒤에도 이 집안싸움은 도통 잠잠해질 기미를 보이지 않았다. 리처드 2세의 또 다른 숙부인 글로스터 공작Thomas of Woodstock, 1st Duke of Gloucester(1355~1397)이 리처드 2세에 반대하고 나서면서 왕의 측근들을 면직하라고 의회에 압력을 넣은 탓이었다.

리처드 2세는 그런 사람들 때문이라면 왕실 주방에서 일하는 제일 비천한 하인이라도 면직하지 않겠다고 대응했다. 그러나 의회가 강경하게 나오면 아무리 국왕이라도 별수 없는 법이다. 리처드는 마침내 뜻을 굽히고, 1년 동안 14명의 귀족이 주축이 된 또 하나의 잉글랜드 정부를 운영하기로 하는 방안에 동의할 수밖에 없었다. 글로스터 숙부는 이 위원회의 수장으로서 위원회의 모든 구성원을 직접 임명했다.

이런 일들이 벌어진 뒤, 리처드 2세는 사실을 밝힐 기회가 생기자 이

모든 일이 자신의 의도가 아니었고 전부 불법이라고 공표했다. 그러고
는 몰래 재판관들을 불러와 그런 취지의 선언문에 서명하게 했다. 비밀
은 즉시 새어나가 글로스터 공작의 귀에까지 들어갔다. 글로스터 공작은
4만 명의 군사를 진두지휘하여 왕권 강화를 위해 런던에 입성하는 왕과
대적하러 나갔다.

리처드 2세는 글로스터 공작 앞에서 속수무책으로 무너졌다. 총애하
는 측근과 각료들이 탄핵을 당해 무자비하게 처형되었다. 처형당한 이들
가운데는 세간의 평이 극명하게 갈린 두 사람이 있었다. 한 명은 '피의
순회재판소the bloody circuit'라는 것을 만들고 농민군을 재판해 미움을
받은 수석재판관 로버트 트레실리안Robert Tresilian(?~1388)이었고, 다른
한 명은 명망 높은 기사로 흑태자의 절친한 친구였으며 왕의 대신이자
후견인인 사이먼 벌리 경Simon de Burley(1336~1388)이었다. 심지어 '선
한 왕비' 앤은 벌리 경의 목숨만은 살려달라고 글로스터 공작 앞에서 무
릎 꿇고 빌기까지 했다.

하지만 글로스터 공작은 무슨 이유에서인지 벌리 경을 두려워하는 동
시에 증오했고, 앤 왕비에게 남편의 왕위를 중요하게 여긴다면 더 이상
애원하지 말라고 말했다. 이 모든 것은 소위 '경이로운 의회'의 이름으로
저질러진 일이었다. '잔인한 의회'라는 또 다른 별명이 더 합당한 듯하지
만 말이다. 그러나 글로스터 공작의 권세는 오래가지 못했다.

그해가 저물어갈 무렵, 리처드 2세는 대회의 도중 갑자기 글로스터 공
작 쪽으로 몸을 돌려 물었다.

"숙부, 내가 올해 몇 살입니까?"

"폐하께서는 올해 스물둘이 되셨습니다."

공작이 대답했다.

"내 나이가 그렇게나 많습니까? 그러면 앞으로 내 일은 내가 알아서 하겠습니다! 그동안 숙부님의 노고에 정말 감사드리지만, 더 이상은 필요 없을 듯하군요."

리처드 2세는 곧이어 대법관과 재무대신을 새로 임명하고 백성들에게 자신이 직접 통치를 시작한다고 발표했다. 이후 8년 동안 반대 세력 없이 정권을 유지했다. 그러나 그 기간 내내 왕은 언젠가 숙부 글로스터에게 직접 복수하리라는 결심을 가슴 깊이 품고 있었다.

'선한 왕비' 앤이 죽고 나자 리처드 2세는 두 번째 아내를 맞아들이기 위해 자문회에 프랑스 샤를 6세의 딸인 이사벨라Isabella of Valois(1389~1409)와 결혼하면 어떻겠느냐고 제안했다. 잉글랜드 조신들이 일찍이 리처드 2세에 관해 호들갑스러운 평가를 늘어놓았던 것과 마찬가지로 프랑스 조신들은 이사벨라가 미모와 재치를 겸비한 경이로운 인물이라고 입이 닳도록 칭찬했다. 다만 신붓감의 나이가 겨우 일곱 살이라는 점이 문제였다.

이 혼사를 놓고 자문회의 의견이 양분되었지만, 결국 강행하는 쪽으로 결정되었다. 그 덕분에 잉글랜드와 프랑스 사이에는 약 25년 동안 평화가 유지되었지만, 지나치게 어린 신부와의 결혼은 잉글랜드 백성들의 상식에 크게 벗어나는 일이었다. 자신의 인기를 높이는 데 여념이 없던 글로스터 공작은 이 일을 빌미로 리처드 2세를 공공연하게 비난했고, 왕은 마침내 벼르고 벼르던 복수를 실행에 옮길 때가 되었다고 판단했다.

리처드 2세는 화려하게 치장한 수행단을 이끌고 에식스에 있는 글로스터 공작의 플레시 성Pleshey Castle을 찾아갔다. 공작은 아무 의심 없이 왕을 응대하려고 안마당으로 나왔다. 리처드 2세가 공작 부인과 담소를 나누는 사이, 공작은 쥐도 새도 모르게 연행되어 칼레행 배

▲ 잉글랜드 왕 리처드 2세
©Georgios Kollidas/Shutterstock.com

에 태워졌고, 그곳 어느 성에 감금되었다. 공작의 친구인 애런들 백작Richard FitzAlan, 11th Earl of Arundel(1346~1397)과 워릭 백작 역시 똑같은 방법으로 붙잡혀 성에 갇혔다.

며칠 뒤 노팅엄에서 두 사람은 대역죄로 심문을 당했다. 애런들 백작은 선고를 받고 참수형에 처해졌고, 워릭 백작은 국외로 추방되었다. 곧이어 재판을 해야 하니 글로스터 공작을 이송해 오라는 내용의 영장이 칼레 총독에게 전달되었다. 3일 뒤

칼레 총독에게서 그럴 수 없겠다는 회신이 돌아왔다. 글로스터 공작이 수감 중 사망했기 때문이다. 공작은 반역자로 공표되었고, 재산도 몰수되었다. 공작이 죽기 전 감옥에서 민사법원 재판관 중 한 명에게 털어놓은 자백 내용이 진실이었는지 알 길은 없으나 본인에게 불리한 내용이었으니 이미 결론은 내려져 있었던 셈이다.

불운한 공작이 어떻게 죽었는지에 대해서는 별로 관심 갖는 사람이 없었다. 그가 정말로 자연사했는지, 스스로 목숨을 끊었는지, 왕의 지시에 따라 누군가의 손에 목 졸려 죽었는지, 그것도 아니면 홀Hall이라는 총독의 하인이 나중에 주장한 대로 겹쳐 쌓은 두 침대 사이에 눌려 질식해 숨졌는지 알아낼 방법이 없다.

글로스터 공작이 어떤 식으로든 조카의 명령에 의해 사망했다는 데는

별 이견이 없어 보인다. 이 소송에 가장 적극적으로 나선 귀족들 가운데는 리처드 2세의 사촌인 헨리 볼링브로크Henry Bolingbroke(리처드 2세의 뒤를 이어 왕위에 오른 헨리 4세_옮긴이)를 비롯해 몇 사람이 있었는데, 리처드는 오랜 집안싸움을 끝내기 위해 볼링브로크에게 헤리퍼드 공작의 칭호를 내린 바 있었다. 이들은 가족을 상대로 계략을 꾸밀 때 자기들도 똑같은 짓을 저질렀으면서 이제 와서 글로스터 공작의 죄를 책망했다. 대단히 비도덕적인 사람들이라 여겨질지 몰라도 당시 궁정에서는 그런 사람들을 쉽게 찾을 수 있었다.

백성들은 이 모든 일을 두고 쑥덕거렸고, 프랑스 공주와의 결혼을 여전히 따가운 시선으로 바라보았다. 귀족들은 리처드 2세가 법 따위는 대수롭지 않게 여기고 교활한 행동을 일삼는 모습을 보고 자기들도 해를 입지나 않을까 두려워했다. 리처드는 연일 만찬을 즐기며 사치스러운 생활을 계속했다. 수행원들은 제일 말단 하인에 이르기까지 가장 값비싼 옷차림을 하고 왕의 식탁에 둘러앉아 술 마시고 흥청거렸는데, 그 수가 1만 명에 이르렀다고 한다. 리처드는 어딜 가든 활을 든 호위병 1만 명을 대동했고, 의회가 종신으로 허락해준 양모 과세권으로 엄청난 부를 누렸다. 어느 때보다도 막강해진 절대 권력을 거침없이 휘둘렀으며, 점점 더 사납고 오만한 왕이 되어갔다.

리처드 2세에게는 오랜 숙적 두 명이 남아 있었다. 헤리퍼드 공작과 노퍽 공작Thomas de Mowbray, 1st Duke of Norfolk(1368~1399)이었다. 두 사람을 눈엣가시처럼 여기던 왕은 헤리퍼드 공작을 살살 꼬드겨 얼마 전 브렌트퍼드Brentford 근처에서 말을 타다가 노퍽 공작에게서 반역을 일으키자는 제안을 받았다고 자문회에서 밝히게 했다. 노퍽 공작이 왕의 서약을 믿지 못하겠다고 말했다는 이야기도 나왔다. 물론 리처드의 서약을 믿을 사람은 아무도 없었을 거라고 나는 생각한다.

어쨌든 이 반역행위에 대해 헤리퍼드 공작은 사면을 받은 반면, 노퍽 공작은 재판에 소환되어 자신을 변론해야 하는 상황에 처했다. 노퍽 공작은 혐의를 부정하고, 이를 고발한 헤리퍼드 공작이야말로 거짓말쟁이이자 반역자라고 말했다. 그리하여 두 귀족은 당시의 관습대로 감옥에 감금되었고, 코번트리에서 열리는 결투 재판으로 진실을 가리라는 명령이 내려졌다. 결투 재판이란 결투에서 이기는 자의 말을 옳은 것으로 간주한다는 뜻이었다. 힘센 자는 틀릴 수 없다는 전제가 깔린 셈이었으니 전혀 논리적이지 않은 처사였다.

재판일이 공휴일로 지정되었고, 엄청난 군중이 몰렸으며, 떠들썩한 행렬과 볼거리가 마련되었다. 두 전사가 각자 창을 들고 상대방을 향해 달려 나가려던 찰나, 결투가 공정하게 진행되는지 보기 위해 정자에 앉아 있던 리처드 2세가 손에 들고 있던 지팡이를 던져 싸움을 중지시켰다. 그러고는 헤리퍼드 공작은 10년 동안, 노퍽 공작은 영원히 잉글랜드 땅에서 추방하라는 명을 내렸다. 이후 헤리퍼드 공작은 프랑스에 머물렀고, 노퍽 공작은 성지순례를 떠났다. 그리고 훗날 비탄에 빠져 괴로워하다 베니스에서 사망했다.

이런 일이 있은 뒤로 리처드 2세는 더욱 거침없이 권력을 휘둘렀다. 헤리퍼드 공작의 아버지인 랭커스터 공작은 아들이 프랑스로 떠난 직후 사망했고, 유배 기간 중이라도 유산 상속을 보장해줄 테니 이 땅을 떠나라고 명령했던 리처드는 강도나 다름없이 헤리퍼드 공작에게 넘어갈 전 재산을 가로챘다. 리처드가 두려웠던 판사들은 치욕스럽게도 이 도적질이 정당하고 적법하다고 선포해버렸다.

리처드 2세의 끝없는 탐욕

리처드 2세의 탐욕은 끝이 없었다. 사소한 핑계를 들어 한꺼번에 17개 자치군을 반란 지역으로 선포하기도 했다. 위법행위에 대해 벌금을 부과하는 방식으로 돈을 뜯어내기 위해서였다. 리처드는 자신이 떠올릴 수 있는 온갖 나쁜 짓을 저질렀다. 심지어 비루하기 짝이 없는 그의 측근들까지 귓속말로 백성과 신하들의 원성이 들끓고 있다고 귀띔해주었지만, 조금도 개의치 않고 오히려 아일랜드 원정 준비에만 골몰했다.

리처드 2세가 또 다른 숙부 요크 공작Edmund of Langley, 1st Duke of York (1341~1402)을 섭정으로 임명하고 잉글랜드를 떠나자마자 사촌인 헤리퍼드 공작 헨리가 무참하게 강탈당한 모든 권리를 되찾기 위해 프랑스에서 돌아왔다. 노섬벌랜드 백작Henry Percy, 1st Earl of Northumberland (1341~1408)과 웨스트모어랜드 백작Ralph Neville, 1st Earl of Westmoreland (1364~1425)이 즉각 헨리 편으로 합류했다. 숙부 요크 공작은 국왕의 명분이 백성들에게 호응을 얻지 못하고 있을 뿐만 아니라 병사들조차 헨리에게 맞설 의지가 전혀 없다는 사실을 깨닫고 관군과 함께 브리스틀 쪽으로 이동했다.

헨리는 또 한 무리의 부대를 이끌고 프랑스에서 요크셔를 거쳐 런던으로 와서 요크 공작의 뒤를 따랐다. 구체적인 방법은 알려져 있지 않지만, 세력을 합친 그들은 브리스틀 성까지 진격했다. 궁정의 다른 귀족 세 사람이 어린 왕후를 피신시켜 놓은 곳이었다. 브리스틀 성이 함락되자 그들은 곧바로 그 세 귀족을 처형했다. 요크 공작은 성에 남았고, 헨리는 체스터로 갔다.

이런 일이 벌어지고 있는 사이, 궂은 날씨 탓에 리처드 2세는 상황이 어떻게 돌아가고 있는지 전갈을 받지 못했다. 마침내 아일랜드에 있는 리처드에게 소식이 당도하자 그는 즉각 솔즈베리 백작John Montacute, 3rd Earl of Salisbury(1350~1400)을 급파했고, 백작은 콘웨이Conway에 도착해 웨일스 사람들을 규합한 다음, 꼬박 2주일 동안 리처드를 기다렸다. 2주일이 지나자 웨일스인들은 처음부터 백작을 탐탁지 않게 여겼는지 시들해져서 집으로 돌아가버렸다.

리처드 2세가 마침내 잉글랜드 해안에 상륙했을 때는 꽤 많은 병력이 있었다. 그러나 병사들은 그를 좋아하지 않아 곧 탈주하고 말았다. 웨일스 군대가 아직 콘웨이에 있을 거라 생각한 리처드는 사제로 변장하고 두 이복형과 얼마 남지 않은 추종자들을 데리고 콘웨이로 향했다. 그러나 그곳에는 웨일스 군대는 온데간데없고 솔즈베리 백작과 100여 명의 병사들만 남아 있었다.

곤경에 처한 리처드 2세의 두 이복형 엑서터 공작John Holland, 1st Duke of Exeter(1352~1400)과 서리 공작Thomas Holland, 1st Duke of Surrey(1374~1400)은 헨리에게 가서 무슨 의도인지 알아보겠다고 했다. 리처드 2세에게 신의를 지킨 서리는 끝내 옥에 갇히는 신세가 되었다. 딴마음을 품고 있던 엑서터는 수사슴 문양인 왕의 휘장을 방패에서 떼어내고 헨리의 휘장인 장미로 바꾸어 달았다. 그제야 리처드 2세는 전령을 더 보내지 않고도 헨리의 의도가 무엇이었는지 분명히 알 수 있었다.

권력을 잃고 버림받은 리처드 2세는 그야말로 사면초가였다. 굶주림을 견디다 못해 말을 타고 이 성 저 성을 돌아다니며 먹을 것을 구하려고 애써보았지만 헛수고였다. 리처드는 비참하게 다시 콘웨이로 돌아와 거기서 노섬벌랜드 백작에게 투항했다. 노섬벌랜드 백작은 헨리를 만나고 돌아오는 길이었는데, 실제로는 왕을 포로로 잡기 위해서였지만 겉으

로는 투항의 조건을 제시하는 척
했다. 헨리의 군대는 멀지 않은 곳
에 잠복해 있었다. 노섬벌랜드 백
작은 왕을 플린트Flint 성으로 안
내했고, 거기서 기다리던 사촌 헨
리는 리처드를 만나 여전히 국왕
을 존경한다는 의미로 무릎을 꿇
었다.

"친애하는 랭커스터의 사촌이
여, 그대를 만나 대단히 반갑소."

리처드 2세는 말했다(분명 대단
히 반가웠을 것이다. 그러나 속으로는
쇠사슬에 묶이거나 참수형에 처해진 모

▲ 웨일스에 있는 플린트 성과 우물
©Steven Paul Pepper/Shutterstock.com

습이었다면 더욱 반가웠을 거라 생각했는지도 모른다).

헨리는 이렇게 답했다.

"폐하, 제가 예정보다 조금 일찍 돌아왔습니다. 황공하옵니다만 그 이
유를 말씀드리겠습니다. 백성들은 지난 23년 동안 폐하의 가혹한 통치
에 괴로워하며 신음해왔습니다. 허락하신다면 앞으로는 폐하께서 국정
을 더욱 잘 보살필 수 있도록 제가 도울 것입니다."

"사촌이여, 그렇게 해서 그대가 좋다면 나도 좋소."

리처드 2세는 절망적인 심정으로 대답했다.

그 뒤에 나팔 소리가 나더니 리처드 2세는 초라한 말에 묶여 수감자
신분으로 체스터로 옮겨졌다. 그곳에서 그는 강압에 못 이겨 성명서를
작성해 의회에 보냈다. 그러고는 체스터에서 다시 런던으로 이송되었다.

리치필드Lichfield에서는 창문을 통해 빠져나온 뒤 정원으로 내려가 탈출을 시도했으나 소용이 없었다. 그는 결국 런던탑에 감금되었고, 그를 동정하는 이는 아무도 없었다. 온 백성이 왕에게 시달리다 인내심이 바닥난 상태였기 때문에 인정사정없는 비난의 목소리만 드높았다. 리처드가 런던탑에 가기 전, 키우던 개마저 그의 곁을 떠나 헨리의 손을 핥았다는 일화도 전해지고 있다.

의회가 열리기 전날, 대표단이 이 몰락한 왕을 찾아가 콘웨이 성에서 노섬벌랜드 백작에게 왕위에서 물러나겠다고 약속했던 일을 상기시켰다. 리처드 2세는 기꺼이 그러겠다고 대답했고, 왕의 권한을 포기하고 백성들도 자신에게 충성을 바칠 필요가 없다는 내용의 각서에 서명했다. 완전히 전의를 상실한 리처드는 자기 손으로 직접 왕의 반지를 빼서 기세등등한 사촌 헨리에게 넘겨주었다. 그러고는 자신이 왕위 계승자를 임명해야 하는 상황이었다 해도 다른 모든 후보자들 가운데서 헨리를 지목했을 거라고 말했다.

다음 날, 웨스트민스터 홀에서 의회가 소집되었고, 헨리는 왕좌 옆자리에 앉았다. 비어 있는 왕좌는 금색 천으로 덮어 놓은 상태였다. 리처드 2세가 서명한 각서가 낭독되자 군중은 기쁨의 환호성을 질렀고, 그 함성은 거리 곳곳에 메아리쳤다. 좌중이 조금 잠잠해지자 리처드 2세의 폐위가 공식적으로 선언되었다. 그런 다음 헨리가 일어나 이마와 가슴에 성호를 그으며 잉글랜드의 통치권을 넘겨받았고 캔터베리와 요크의 대주교가 새 국왕을 왕좌에 앉혔다.

군중은 또 한 번 환호성을 올렸고, 거리 곳곳에 함성이 울려 퍼졌다. 이제 가장 멋지고 지혜롭고 선했던 왕자 리처드를 기억하는 이는 아무도 없었다. 런던탑 안에 갇혀 미래가 없는 딱한 인생을 살게 된 리처드 2

세는 어쩌면 스미스필드에서 왕실 기병대의 말발굽에 밟혀 삶을 마감한 와트 타일러보다도 더 처량한 신세였는지 모른다.

인두세는 와트 타일러의 죽음과 함께 사라졌다. 왕실의 대장장이들은 사람들이 쇠사슬을 보고 민란 지도자 타일러를 떠올리지 않을까 우려해 쇠사슬을 만들지 않았고, 같은 이유로 인두세도 두 번 다시 거두지 않게 되었다.

제 20 장

랭커스터가 최초의 왕, 헨리 4세

리처드 2세를 죽음으로 몰고 간 반란

리처드 2세 재위 시절, 존 위클리프라는 사람이 교황과 그 이하 성
직자들의 오만함과 교활함을 비판하는 설교를 해 잉글랜드 전체가 떠
들썩했던 사건이 있었다. 새롭게 즉위한 헨리 4세Henry IV(생몰연도:
1367~1413, 재위기간: 1399~1413)가 성직자들의 호감을 얻고 싶었던 건지,
아니면 신앙심 깊은 척 가장하여 자신이 왕위 찬탈자라는 사실을 하느
님에게까지 감추고 싶었던 건지는 나도 모른다. 두 가지 모두 충분히 개
연성 있는 추측이다.

아버지인 랭커스터 공작도 이단적 사고를 공공연히 지지했던 사람
이므로 볼링브로크 역시 그와 비슷했을 가능성이 매우 높지만, 어쨌

든 새 왕은 이단으로 불리던 롤라드파Lollards, 즉 위클리프의 추종자들을 강경히 처단하는 것으로 자신의 치세를 시작했다. 그는 자신과 견해가 다른 사람들을 화형으로 처벌하는 혐오스럽고 끔찍한 외국의 관습을 잉글랜드에 처음 들여와 정착시킨 인물로도 널리 알려져 있다.

▲ 잉글랜드의 선구적 종교개혁가 존 위클리프
©Georgios Kollidas/Shutterstock.com

화형은 종교재판Holy Inquisition이라는 이름으로 잉글랜드에 도입된 여러 관행 중 하나였다. 종교재판은 인류 역사에 오점을 남긴 여러 재판 중에서도 가장 불경스럽고 악명 높을 뿐 아니라 인간을 악마에 가까운 존재로 강등시켜버렸다.

잘 알다시피 헨리 4세에게는 왕위를 이을 실질적인 권한이 없었다. 계승 서열로 따지면 마치 백작 에드먼드 모티머Edmund Mortimer, 5th Earl of March(1391~1425)가 진정한 왕위 계승자였다. 당시 여덟 살이나 아홉 살에 불과했던 에드먼드 모티머는 헨리의 큰아버지 리오넬 앤트워프 클래런스 공작Lionel of Antwerp, 1st Duke of Clarence(1338~1368)의 후손이었다. 그러나 헨리 4세는 자신의 아들을 왕세자로 책봉했고, 어린 마치 백작과 남동생의 재산을 전부 빼앗은 다음 윈저 성에 가두었다(가혹행위는 없었다고 한다).

그런 다음 헨리 4세는 폐위된 리처드 2세를 어떻게 처리할 것인지 의회에 결정을 맡겼다. 그때까지 폐위된 왕은 잠자코 지내고 있었고, 사촌 헨리가 자신에게도 '자비로운 군주'이길 바란다고 이야기할 뿐이었다.

마침내 의회는 사람들이 찾지 못할 은밀한 장소에 폐위된 왕을 숨겨놓고 측근에게도 면회를 허락하지 말아야 한다는 결정을 내렸다. 그래서 헨리 4세는 이 같은 형을 선고했고, 온 나라 사람들은 리처드가 그리 오래 살지는 못할 것이라고 생각했다.

그런가 하면 의회는 원칙 없이 제멋대로였고, 하루도 잠잠한 날이 없었다. 의회의 귀족들은 누가 충성스럽네, 누가 지조가 없네, 따져가며 격렬한 싸움을 벌였다. 워낙 결투 신청이 잦다 보니 바닥에 내동댕이쳐진 철장갑이 어느 때는 40개에 달했다고 한다. 사실 귀족들은 하나같이 위선적이고 비열한 인간들이라 예전 왕이나 새 왕, 그 어느 왕에게도 일정 기간 이상 의리를 지키는 일이 드물었다.

그들은 얼마 지나지 않아 또다시 계략을 꾸미기 시작했다. 옥스퍼드에서 열리는 마상시합에 헨리 4세를 초대한 다음 기습 공격해 살해하자는 것이었다. 이 암살 계획은 웨스트민스터 수도원장의 집에서 열린 비밀모임에서 합의되었는데, 음모에 가담했던 사람들 중에서 러틀랜드 요크 공작Edward of Norwich, 2nd Duke of York(1373~1415)이 계획을 누설해버렸다.

음모자들은 계획이 들통 난 것을 알고 헨리 4세를 붙잡을 생각에 윈저 성을 급습했다. 그러나 그는 마상시합에 가지도, 윈저 성에 머무르지도 않고 런던으로 피신했다. 헨리는 음모 가담자 모두를 반역자로 규정하고 맹렬한 기세로 추격했다. 음모자들은 잉글랜드 서쪽 지방으로 몸을 숨기고 리처드 2세를 왕으로 선포했지만, 민심을 얻지 못해 전부 살해되었다.

이들의 반역은 결과적으로 폐위된 군주의 죽음만 앞당기는 역효과를 가져왔다. 리처드 2세가 청부 살인자에게 죽임을 당했는지, 굶어 죽었는지, 아니면 음모에 가담했던 형제들이 죽었다는 소식에 절망한 나머지 스스로 식음을 전폐하다 숨졌는지는 정확히 알 수 없다. 어쨌든 그는 죽음을 맞이했고, 시신은 얼굴 아랫부분만 드러낸 상태로 세인트 폴 대성당에 공개되었다. 왕의 명령에 의해 살해된 것으로 확신할 수밖에 없는 대목이다.

비참하게 최후를 맞이한 리처드 2세의 프랑스인 아내는 당시 겨우 열 살이었다. 이웃 나라로 시집보낸 어린 딸이 그곳에서 불운한 일을 당해 의지할 사람 하나 없이 지낸다는 소식을 들은 프랑스 국왕 샤를 6세는 그만 실성해버렸다. 그는 지난 5~6년 동안에도 몇 차례 정신병 발작을 일으킨 적이 있었다. 프랑스의 부르고뉴Bourgogne 공작과 부르봉Bourbon 공작이 이 가엾은 왕실 자제를 위해 발 벗고 나섰다. 그러나 사실은 그녀의 딱한 처지를 불쌍히 여겨서가 아니라 잉글랜드에서 뭘 좀 뜯어낼 게 없을까 해서였다.

보르도에서 태어났다는 이유로 리처드 2세에 대해 미신에 가까운 애착을 지니고 있던 보르도 사람들은 (다소 지나친 감이 없지 않지만) 그가 잉글랜드 왕국 전체를 통틀어 최고의 인물이었다고 굳게 믿었으며, 그를 왕위에서 내몰고 죽인 잉글랜드인에게 맞서는 일이라면 무슨 일이든 하겠다고 맹세할 정도였다. 그러나 보르도 사람들은 물론이고 프랑스 백성 전체의 삶이 자국의 귀족들 때문에 피폐해지고 있는 현실을 돌아보고 그래도 잉글랜드의 통치자가 한결 낫다는 판단이 서자 다시금 냉정을 되찾았다.

대단한 세력가였던 두 공작도 백성들의 지지 없이는 아무것도 할 수 없었다. 그리하여 가엾은 어린 왕비 이사벨라와 그녀 소유의 모든 보석, 그리고 그녀의 재산인 20만 프랑 상당의 금을 파리로 되돌려보내는 문제를 놓고 프랑스와 잉글랜드 사이에 협상이 시작되었다.

헨리 4세는 어린 왕비 이사벨라는 물론 보석까지 흔쾌히 되돌려주겠다고 했지만 돈은 내놓을 수 없다고 말했다. 마침내 이사벨라는 재산을 포기하고 파리로 안전하게 귀국했지만, 이때부터 프랑스 왕의 사촌인 부르고뉴 공작과 프랑스 왕의 동생인 오를레앙 공작 사이에 이 모든 문제를 둘러싼 싸움이 벌어지기 시작했다. 이 두 공작의 다툼으로 프랑스 정국은 어느 때보다도 어수선해졌다.

▲ 잉글랜드 왕 헨리 4세
©Georgios Kollidas/Shutterstock.com

한편, 스코틀랜드를 정복하자는 의견은 여전히 잉글랜드 대중의 호응을 얻고 있었다. 그래서 헨리 4세는 타인 강까지 행군해 스코틀랜드 왕에게 군신의 예를 갖추라고 요구했다. 이 요구가 받아들여지지 않자 헨리는 에든버러까지 진격해 들어갔지만, 거기서 더이상 어쩌지 못했다. 군대의 식량이 떨어져가고 있는 데다 스코틀랜드인이 전투는 벌이지 않고 잉글랜드군을 조심스럽게 견제만 하고 있었기 때문에 퇴각할 수밖에 없었다. 이 출정 과정에서 부대가 마을을 불태우거나 사람을 학살하는 일이 한 건도 발생하지 않았다는 것은 분명 칭찬할만한 점이다. 헨리는 오히려 인정을 베풀고 민간에 해를 입히지 말라며 병사들에게 특별히 주의를 주었는데, 무자비한 살육이 아무렇지도 않게 자행되던 시대에 아주 훌륭한 본보기였다.

오웬 글렌다워의 봉기

잉글랜드와 스코틀랜드 접경 지역의 전쟁은 12개월 동안 계속되었다. 그 무렵, 헨리 4세가 왕위에 앉을 수 있도록 도왔던 노섬벌랜드 백작이 반역을 도모했다. 아마도 헨리 4세가 그 무엇으로도 충족시켜줄 수 없을 만큼 백작의 기대가 컸기 때문이 아닌가 싶다.

당시 오웬 글렌다워Owen Glendower(1349?~1415)라는 웨일스 출신의 귀족이 있었다. 그는 원래 런던 법학원Inns of Court에서 법률을 공부하다가 나중에 리처드 2세 밑에서 군복무한 사람인데, 헨리 4세와 친척 관계에 있는 힘 있는 이웃 귀족이 웨일스에 있는 그의 땅을 가로채는 사건이 발생했다. 시정을 요구했지만 아무런 응답도 얻지 못하자 그는 무기를 들고 반란을 일으켜 스스로를 웨일스의 군주라 선포했다. 그는 마법사인 척 가장했는데, 어리석게도 웨일스 백성들뿐 아니라 헨리 4세까지 그가 진짜 마법사라고 믿었다. 웨일스로 세 차례 원정을 떠났던 헨리 4세는 황량한 지형, 험악한 날씨, 글렌다워의 지략 때문에 세 차례 모두 패하고 물러나야 했는데, 이것이 그 웨일스인이 마법을 부린 탓이라고 생각했다.

레지널드 그레이 경Reginald Grey, 3rd Baron Grey de Ruthyn(1362~1440)과 에드먼드 모티머 경이 오웬 글렌다워에게 포로로 잡히자 그레이 경은 친지들이 대신 몸값을 지불해주어 풀려나올 수 있었던 반면, 헨리 4세는 모티머 경에 대해 그러한 호의를 베풀지 않았다(모티머 경의 조카인 마치 백작 에드먼드 모티머가 헨리 4세보다 왕위 계승 서열이 앞서기 때문에 일부러 석방을 서두르지 않았다는 말이 있다_옮긴이).

한편, 홋스퍼Hotspur('성급한 사람'이라는 뜻_옮긴이)라 불리던 노섬벌랜드 백작의 아들 헨리 퍼시Henry Percy(1364~1403)는 에드먼드 모티머의 누이와 혼인한 사이로, 이 일에 앙심을 품었던 것으로 보인다. 그래서 아버지를 비롯한 몇몇 사람을 규합해 오웬 글렌다워 편에 합류했고, 헨리 4세에게 반기를 들었다. 물론 이것이 역모의 실제 이유였는지는 명확하지 않지만 하나의 구실이 되었던 것만은 사실인 것 같다.

어쨌든 역모 계획이 꾸며졌고, 요크 대주교 스크롭Richard le Scrope (1350~1405)과 영향력 있고 용감한 스코틀랜드 귀족 아치볼드 더글러스 백작Archibald Douglas, 4th Earl of Douglas(1372~1424)까지 가담하면서 세력이 강해졌다. 하지만 헨리 4세도 발 빠르게 대처했고, 얼마 후 양측 군대가 슈루즈베리에서 맞닥뜨렸다.

양측 군대는 각각 1만 4,000명 정도였다. 고령인 노섬벌랜드 백작의 건강이 좋지 않아 그 아들이 반란군을 통솔하게 되었다. 헨리 4세는 적의 눈을 속이기 위해 일반 병사의 갑옷을 입었고, 네 명의 귀족이 왕실의 갑옷을 입었다. 반란군의 돌격은 아주 맹렬해서 그 귀족 네 명 모두 목숨을 잃었고, 왕실 깃발도 찢겨나갔으며, 어린 왕세자도 얼굴에 치명적인 부상을 입었다. 그러나 왕세자는 역사상 가장 용감하고 훌륭한 군인답게 아주 잘 싸웠다. 헨리 4세의 병사들은 그의 이런 대담한 모습을 보고 용기를 얻어 즉시 전열을 가다듬은 다음 적군을 무찔렀다. 홋스퍼가 머리에 화살을 맞고 죽자 반란군 전체가 단번에 와해되었다. 노섬벌랜드 백작은 아들의 사망 소식을 들은 직후 투항했고, 모든 죄를 사면받았다.

반란의 기운은 아직 남아 있었다. 오웬 글렌다워가 웨일스로 퇴각한 뒤 무지한 백성들 사이에서 리처드 2세가 아직 살아 있다는 터무니없는 소문이 떠돌았다. 어떻게 그런 말도 안 되는 이야기를 믿을 수 있었는지는 의문이지만, 백성들은 죽은 왕과 닮은 왕실의 광대를 리처드로 오인했던 듯하다.

그뿐만이 아니었다. 누군가가 어린 마치 백작과 남동생을 윈저 성에서 빼돌리는 사건이 벌어졌다. 나중에 알고 보니 레이디 스펜서Lady Spencer라는 여자가 이들을 유괴한 것이었는데, 그녀의 자백에 따르면 앞서 음모에 가담했던 자신의 오빠 러틀랜드 백작이 배후에 있었다고 한다. 백작은 이 일로 목숨을 잃지는 않았으나 재산을 몰수당해 거의 파산 지경에 이르렀다.

그 후 노섬벌랜드 백작과 몇몇 다른 귀족들, 그리고 앞서 반란군에 동조했던 요크 대주교 스크롭은 또다시 계략을 꾸몄다. 이 역모자들은 헨리 4세의 다양한 죄목을 고발하는 내용의 방을 여러 성당 문에 붙였다. 그러나 헨리 4세는 집요하게 추적하여 이들을 모두 잡아들였으며, 대주교를 처형했다. 잉글랜드에서 법의 심판에 따라 고위 성직자가 처형된 것은 이때가 처음이었다. 처형해야 한다는 헨리의 결심이 워낙 굳건했기에 강행된 일이었다.

이 무렵에 일어난 일 가운데 그다음으로 주목할만한 사건은 헨리 4세가 당시 아홉 살이었던 스코틀랜드 왕위 계승자 제임스James I of Scotland(1394~1437)를 포로로 잡은 일이었다. 스코틀랜드의 국왕 로버트 3세Robert III of Scotland(1337~1406)는 동생의 계략으로부터 아들을 보호하기 위해 배에 태워 해외로 피신시키는 중이었는데, 이 배가 프랑스로 가던 도중 뜻하지 않게 잉글랜드의 순시선을 만난 것이다. 제임스는 무려 19년 동안 잉글랜드에서 포로 생활을 했고, 수감 중에도 열심히 실력을 갈고닦아 유명한 시인이 되었다.

웨일스나 프랑스와 어쩌다 겪는 갈등을 제외하면 헨리 4세의 나머지 치세 동안 잉글랜드는 평온한 편이었다. 그러나 헨리는 조금도 행복하지 않았다. 아마도 자신이 왕위를 가로챘고 사촌의 비참한 죽음에 원인을 제공했다는 사실에 양심의 가책을 느껴서였을 것이다. 더구나 아들인 왕세자는 비록 대담하고 관대한 면이 있지만 행동거지가 제멋대로인 데다 방탕했다.

한번은 왕세자가 똑같이 방탕한 친구들 중 한 명에게 유리한 판결을 내리지 않았다는 이유로 왕좌재판소Court of King's Bench의 수석재판관 개스코인Gascoigne을 향해 칼을 빼 든 적도 있었다. 이에 수석재판관은 왕세자를 즉각 투옥하라고 명령했고, 왕세자는 순순히 명령에 복종했다. 이 일을 두고 헨리 4세는 "그토록 공정한 재판관과 그토록 기꺼이 법의 명을 받드는 아들을 둔 군주는 행복하도다!"라며 감탄했다고 전해진다. 그러나 이것은 전부 진위가 의심스러운 내용이고, (셰익스피어가 작품에서 아름답게 각색했듯이) 왕자가 아버지가 잠든 틈을 타 방에서 왕관을 가지고 나와 자기 머리에 써보았다는 이야기 역시 진위 여부를 알 수 없다.

헨리 4세의 건강은 나날이 악화되었다. 얼굴에 심한 발진이 일어나고, 지독한 간질 발작에 시달리는 등 하루가 다르게 쇠약해졌다. 결국 왕은 웨스트민스터 사원의 고해왕 에드워드 묘실 앞에서 기도를 드리다가 심한 발작을 일으켜 수도원장의 방으로 옮겨졌으나 그 자리에서 숨을 거두었다. 오래전부터 민간에는 왕이 예루살렘에서 서거할 거라는 예언이 있었지만, 한 번도 웨스트민스터에서 죽는다는 이야기는 없었다. 하지만 수도원장의 방은 예로부터 '예루살렘실Jerusalem Chamber'이라고 불렸기 때문에 사람들은 그게 예루살렘이나 마찬가지라며 딱 들어맞은 예언에 놀라워했다.

헨리 4세는 재위 14년 되던 1413년 3월 20일에 마흔여섯 살의 나이로 서거했다. 시신은 캔터베리 대성당에 안치되었다. 헨리는 두 번 결혼했고, 첫째 부인과의 사이에 네 명의 아들과 두 명의 딸을 두었다. 왕위에 오르기 전 표리부동한 면이 있었고, 부당한 방법으로 왕위를 찬탈했으며, 무엇보다도 성직자들이 이단으로 지목한 사람들을 화형에 처하는 극악한 법을 만들었지만, 그는 잉글랜드의 여러 왕들 가운데서 비교적 괜찮은 왕이었다.

제21장

헨리 5세, 권력의 정점에서 죽다

롤라드파의 반란

헨리 4세의 뒤를 이어 왕위에 오른 헨리 5세Henry V(생몰연도: 1386~1422, 재위기간: 1413~1422)는 인자하고 공정하게 통치를 시작했다. 어린 마치 백작을 자유의 몸으로 풀어주었고, 부친 헨리 4세에 대한 반역으로 퍼시 일가가 잃었던 토지와 관직을 회복시켜주었다. 또한 실정으로 불행한 죽음을 맞았던 리처드 2세가 다른 잉글랜드 왕들 틈에 영예롭게 안장될 수 있도록 조치했다. 왕세자 시절의 방탕한 친구들은 변함없이 신의와 충직함을 지키겠노라 의지를 보였지만, 그들을 곁에 두어서는 안 되겠다고 판단해 친구 관계도 모두 정리했다.

사람을 불태우기는 쉬워도 생각을 불태우기는 어려운 법이어서 롤라드파의 사상은 나날이 번져나가고 있었다. 대부분 꾸며낸 이야기이긴 하지만, 성직자들은 롤라드파가 새 왕에 대한 반역에 야심을 품고 있다고 주장했다. 이러한 이야기를 그대로 믿고 괴로워하던 헨리 5세는 친구인 코브햄Cobham의 영주 존 올드캐슬 경Sir John Oldcastle(?~1417)을 설득해 개종시키려다 실패하자 결국 그를 희생양으로 내주고 말았다.

　존 올드캐슬 경은 롤라드파의 지도자로 유죄를 선고받고 당장 화형에 처해질 운명이었지만, 헨리 5세가 직접 나서서 50일의 집행유예를 허락한 덕분에 런던탑에 감금되었다. 그는 처형 전날 탈출해 롤라드파에게 모월 모일에 런던 근처에서 만나자는 소집장을 보냈다. 적어도 성직자들이 헨리에게 보고한 내용에 따르면 그랬다. 그러나 성직자들에게 고용된 첩자들이 캐낸 정보 이상의 반역 음모가 있었다고 보기는 어려울 것 같다. 제보된 날짜에 헨리가 직접 세인트 자일스 평원에 나가보았더니 올드캐슬 경이 이끌고 나타날 거라던 2만 5,000명의 반란군 병사들은 어

▼ 존 올드캐슬 경이 감금되었던 런던탑 ©Marek Stefunko/Shutterstock.com

디에도 보이지 않았기 때문이다. 겨우 80명 정도의 롤라드파뿐이었으며, 올드캐슬 경은 아예 보이지도 않았다.

또 다른 장소에는 그다음 날 존 올드캐슬 경으로부터 기사 작위를 받는다는 기대에 부풀어 말에 황금 마구를 채우고 금색 박차 한 벌을 소중히 가슴에 품고 나타난 정신이 약간 이상한 양조업자가 있었지만, 역시 올드캐슬 경은 눈에 띄지 않았다. 헨리 5세는 올드캐슬 경의 행방을 제보하는 자에게 막대한 상금을 내리겠다고 약속했으나 그에 관한 정보를 가져오는 자는 아무도 없었다.

이런 가운데 운 나쁜 롤라드파 30명이 그 자리에서 처형당했다. 목매달고 내장을 발라낸 다음 불에 태우고 목을 잘라 내거는 잔혹한 형벌이었다. 런던 안팎의 감옥 여러 곳이 죄수들로 넘쳐났다. 이 가엾은 사람들중 몇몇은 여러 가지 반역 계획을 자백했지만, 고문에 대한 두려움 때문에 아무렇게나 꾸며댄 것이어서 거의 신빙성이 없었다.

존 올드캐슬 경의 슬픈 이야기를 간단하게 마무리 짓자면 다음과 같다. 그는 웨일스에 은신했고, 거기서 4년 동안 무사히 지내다가 포위스경Lord Powis에게 발각되었다. 만약 어느 초라한 행색의 노파가 그의 뒤를 몰래 밟다가 의자를 내리쳐 두 다리를 부러뜨리지 않았더라면 나이는 많아도 용감한 군인이었던 그가 산 채로 붙잡히는 일은 없었을지도 모른다. 결국 그는 말 가마에 실려 런던으로 압송되었고, 쇠사슬로 교수대에 결박된 채 화형에 처해졌다.

그사이 프랑스의 상황을 간결하게 요약하자면 다음과 같다. 오를레앙 공작과 '두려움 없는 장Jean sans peur'이라 불리던 부르고뉴 공작은 선대왕의 치세 동안 통 크게 화해하고 평화롭게 지내고 있는 듯했다. 그런데 어느 일요일, 파리 시내 대로변에서 오를레앙 공작이 20명의 자객단으로부터 습격을 받아 살해되는 일이 발생했다. 부르고뉴 공작은 정치적 계산 끝에 자신이 그 자객단을 보냈다고 자백했다. 리처드 2세의 미망인 이사벨라는 프랑스로 돌아와 오를레앙 공작의 장남과 재혼한 상태였다. 앞에서 언급한 대로 당시 그녀의 아버지 샤를 6세는 실성해서 딸을 도울 여력조차 없었고, 부르고뉴 공작이 실질적인 프랑스의 권력을 장악했다.

이사벨라가 죽은 뒤, 아버지의 갑작스러운 별세로 오를레앙 공작 작위를 물려받은 그녀의 남편은 아르마냑 백작Bernard VII, Count of Armagnac의 딸과 재혼했다. 아르마냑 백작은 젊은 사위보다 훨씬 유능한 사람으로, 당시 자신의 이름을 딴 아르마냑파라는 세력을 이끌고 있었다. 그리하여 프랑스는 왕세자 루이Louis가 이끄는 일파, 부르고뉴 공작(왕세자에게 학대당하던 왕세자비의 친정아버지)이 주도하는 일파, 거기다가 아르마냑파까지 세 파가 경쟁하는 형국이었다. 세 파벌은 모두 상대방을 증오했고, 서로 싸우기 바빴으며, 극도로 부패한 귀족들이 끼리끼리 모인 터라 프랑스를 갈기갈기 찢어놓고 있었다.

선왕 헨리 4세는 잉글랜드에서 비슷한 일들을 익히 보아온 터라 외부의 적보다 프랑스의 지배층, 즉 귀족이 나라를 더 심각하게 망칠 수 있음을 잘 알고 있었다. 그리고 그 사실을 프랑스 백성들도 명확히 인식하고 있었다.

그런데 이번에는 현왕 헨리 5세가 프랑스 왕위 계승권을 주장하고 나섰다. 그는 그 요구가 일언지하에 거절당하자 한발 물러서서 프랑스 영토 중 상당 부분을 떼어줄 것과 프랑스 공주 카트린Catherine of Valois(1401~1437)과 결혼할 테니 금화 200만 크라운을 지참금으로 보내줄 것을 요구했다. 하지만 프랑스 측에서 자신이 요구한 것보다 훨씬 좁은 영토와 적은 액수의 금화를 제시하고 공주도 보낼 수 없다고 맞서자 헨리 5세는 프랑스에 나가 있던 잉글랜드 대사들을 불러들이고 전쟁 준비에 돌입했다. 그러고 나서 100만 크라운에 공주를 데려오겠다고 다시 한 번 제안했다. 이에 프랑스 궁정은 거기서 20만 크라운 깎은 80만 크라운을 줄 테니 공주를 데려가라고 대답했다.

헨리 5세는 그 정도로는 어림도 없다며 사우샘프턴에 군대를 집결시켰다. 그 무렵 잉글랜드에서는 헨리를 폐위시키고 마치 백작을 왕으로 올리려는 모의가 잠깐 있었지만, 헨리는 속전속결로 음모자 전원에게 유죄를 선고하고 이들을 처형한 후 프랑스를 향해 출정했다.

나쁜 선례가 오래 답습되는 걸 지켜보기란 괴로운 일이지만, 좋은 본보기가 오래 기억되는 모습을 확인하면 기분이 좋아진다. 헨리 5세가 아르플뢰르Harfleur에서 5킬로미터 떨어진 센 강 어귀에 닻을 내리고 가장 먼저 취한 행동은 아버지의 전례를 재연한 것이었다. 그는 양순한 백성들의 생명과 재산을 존중하지 않는 병사는 죽음을 각오하라고 엄중히 선포했다. 프랑스 저술가들의 기록에 따르면, 잉글랜드 병사들은 식량 부족으로 극도의 고충을 겪으면서도 이 명령을 철저히 따라 헨리 5세의 명성이 오래도록 이어졌다고 한다.

헨리 5세는 총 3만의 군대를 이끌고 5주 동안 수륙 양동 작전으로 아르플뢰르 마을을 포위했다. 결국 5주 만에 마을은 함락되었고, 주민들은 1인당 5펜스와 일부 옷가지만 챙겨 마을을 떠날 수 있게 허락되었다. 나머지 소유물은 잉글랜드 병사들이 골고루 나누어 가졌다.

이렇게 작전은 성공했지만 잉글랜드군은 질병과 물자 부족에 시달린 나머지 수가 이미 절반으로 줄어든 상태였다. 그래도 헨리 5세는 더 확실한 일격을 가하기 전까지는 퇴각하지 않을 작정이었다. 그리하여 참모들의 만류를 뒤로하고 얼마 남지 않은 병력을 데리고 칼레를 향해 이동을 계속했다.

솜Somme 강에 다다르니 튼튼한 요새 때문에 강을 건널 수 없는 상황이었다. 잉글랜드 군대가 얕은 여울을 물색하며 왼쪽 강기슭을 따라 이동하는 동안, 이미 다리를 전부 파괴해버린 프랑스 군대는 잉글랜드 군대의 동정을 살피며 오른쪽 강기슭을 따라 올라갔다. 때를 기다렸다가 적군이 강을 건너려 하면 공격을 개시할 생각이었던 것이다.

마침내 잉글랜드 군대는 횡단 지점을 찾았고, 무사히 강을 건넜다. 프랑스 진영은 루앙에서 참모회의를 열고 잉글랜드군을 상대로 본격적인 전투를 벌이기로 하고 헨리 5세에게 전령을 보내 어느 길로 들어올 것인지 알아내기로 했다. 헨리는 "당연히 칼레로 가는 제일 빠른 길이지!"라고 대답하면서 전령들에게 100크라운씩을 쥐여주어 돌려보냈다(프랑스 측은 병력 모집에 시간이 걸려 아르플뢰르 사수에 실패했으나, 그사이 대규모의 병력을 모았고 잉글랜드군이 칼레에 들어가기 전에 격파하려고 추격 중이었다. 무리한 공성전으로 병력 및 물자의 열세에 몰린 잉글랜드 측에 항복을 요구하기 위해 전령을 보냈으나 헨리 5세가 이토록 자신만만한 태도로 대응한 결과 전투가 개시된 것이다_옮긴이).

계속 이동하던 잉글랜드 군대는 마침내 프랑스 군대를 발견했고, 왕은 전열을 갖추라고 지시했다. 프랑스 군대가 먼저 움직이지 않자 잉글랜드 군대는 계속 유지하던 전투 대형을 밤이 되어서야 해체했고, 인근 마을에서 충분히 휴식을 취했으며, 배불리 먹었다. 그러는 사이 프랑스 군대는 잉글랜드 군대가 반드시 통과하리라 예측되는 다른 마을로 이동해 대기했다. 그들은 잉글랜드 군대가 선제공격을 해오리라 확신하고 있었다. 잉글랜드 왕은 철수하고 싶어도 철수할 방법이 없었기 때문이다. 그렇게 두 군대는 근거리에서 대치하며 그날 밤을 보냈다.

양측 군대를 제대로 이해하려면 그 구성에 주목할 필요가 있다. 엄청난 규모의 프랑스군은 나라를 피폐하게 만든 방탕하고 사악한 귀족들이 요직을 대부분 장악하고 있었다. 귀족들은 자만심으로 똘똘 뭉쳐 자기 분수를 모르고 평민들을 얕잡아 보았다. 활은 기사에게 어울리는 무기가 아니고, 프랑스라는 나라는 귀족들의 힘으로만 지켜져야 한다는 게 이 콧대 높은 멍청이들의 생각이었다. 그래서 잉글랜드 군대에 비해 적어도 여섯 배나 많은 어마어마한 숫자의 전체 병력 가운데 장궁병은 거의 없었다. 우리는 잠시 후 그 귀족들이 어떤 신세가 되는지 확인하게 될 것이다.

반면 잉글랜드 진영은 얼마 안 되는 병력 가운데 어느 모로 보아도 상류층 출신은 아니지만 활솜씨가 뛰어난 자들이 상당수 포함되어 있었다. 아침이 밝자, 흥청거리며 승리를 호언장담하는 프랑스 병사들 때문에 밤새 거의 잠을 못 이룬 잉글랜드 병사들 사이로 헨리 5세가 회색 말을 타고 나타났다. 머리에는 빛나는 강철 투구를 쓰고 그 위에 보석으로 반짝이는 황금 왕관을 얹었으며, 갑옷에는 잉글랜드의 문장과 프랑스의 문장을 함께 수놓은 모습이었다. 장궁병들은 빛나는 투구와 황금 왕관, 반짝이는 보석을 보고 감탄했다.

그러나 그들이 더욱 감탄해 마지않았던 것은 그의 생기 넘치는 얼굴과 맑고 푸른 눈빛이었다. 헨리 5세는 앞에 나와서 자신은 저곳을 정복하지 못하면 저곳에서 죽기로 마음을 먹었으니 잉글랜드가 자신의 몸값을 지불하는 일이 있어서는 절대 안 된다고 말했다.

아쟁쿠르 전투에서 승리하다

그때 한 용감한 기사가 고국 잉글랜드에 있는 여러 용맹한 귀족과 훌륭한 군인들도 같이 왔더라면 병력 증강에 크게 도움이 되었을 거라는 말로 아쉬움을 표현했다. 하지만 헨리 5세는 그에게 단 한 명도 더 필요치 않다면서 "우리의 숫자가 적을수록 더 큰 영예를 얻게 되리라!"라고 외쳤다.

이 말을 듣고 사기가 충천해진 병사들은 빵과 포도주로 가볍게 식사를 하고 기도를 드린 다음 차분히 프랑스군을 기다렸다. 헨리 5세가 프랑스군을 기다린 이유는 움직이기 어렵고 질척거리는 지형에서 잉글랜드군은 겨우 3열인 데 반해 적군은 30열로 정렬해 있었으므로 일단 이동하기 시작하면 적군 병사들 사이에서 틀림없이 큰 혼란이 생길 것을 예상했기 때문이다.

하지만 프랑스군이 움직이지 않자 왕은 두 무리의 병사를 보내 한 무리에게는 프랑스군의 왼편 숲 속에 잠복해 있게 하고, 다른 한 무리에게는 전투가 시작되면 프랑스군 뒤편의 민가 몇 채에 불을 지르라고 지시했다. 그 말을 마치기가 무섭게 비천한 농민의 도움 없이 나라를 지키겠다고 나선 거만한 프랑스 귀족 세 명이 말을 타고 앞으로 나오더니 잉글랜드 측에 항복을 요구했다.

헨리 5세는 그 귀족들에게 목숨이 귀한 줄 알거든 즉각 물러서라고 경고한 뒤 잉글랜드 깃발을 든 기수들에게 진격을 명령했다. 곧이어 장궁병들을 통솔하던 잉글랜드의 명장 토머스 어핑엄 경Sir Thomas Erpingham(1355~1428)이 지휘봉을 경쾌하게 공중으로 던져 공격의 시작을 알리자 바닥에 무릎을 꿇고 결의를 다지며 흙을 움켜쥐고 있던 잉글랜드 병사들이 큰 함성과 함께 우르르 일어나 프랑스군을 급습했다.

모든 잉글랜드 장궁병들은 끝이 쇠로 덮인 커다란 나무 말뚝을 하나씩 가지고 있었다. 장군의 명령은 이 말뚝의 뾰족한 끝이 적군 쪽으로 향하게 땅에다 비스듬히 박아놓고 프랑스 기마병들이 다가오면 활을 쏜 다음 뒤로 물러서라는 것이었다. 기사답게 창으로 잉글랜드 장궁병들을 쓰러뜨려서 완전히 궤멸시키겠다고 마음먹은 거만한 프랑스 귀족들은 앞을 분간할 수 없이 쏟아지는 화살 세례를 받고 깜짝 놀라 허둥지둥 말머리를 돌렸다. 말과 사람이 한데 쓰러져 뒤엉키니 혼란은 이루 말할 수 없었다.

겨우 기운을 차리고 장궁병들을 추격해 오는 자들은 미끄럽고 질퍽거리는 땅에 비스듬히 박아놓은 말뚝에 걸려 이리저리 넘어졌다. 그렇게 상대편이 당황해 우왕좌왕하는 사이 기동력을 위해 갑옷도 입지 않고 가죽으로 된 겉옷까지 벗어젖힌 잉글랜드 장궁병들이 칼로 적군을 난도질했다. 세 명의 프랑스 기마병만이 겨우 말뚝을 피해 돌진해 왔지만 바로 죽임을 당했다. 그 와중에 갑옷까지 갖춰 입고 밀집 대형으로 서 있던 프랑스 병사들은 발이 무릎까지 진창에 빠져 허우적댔다. 반면 웃통을 벗어버린 잉글랜드 장궁병들은 마치 대리석 위에서 전투를 벌이듯 몸놀림이 가볍고 날쌨다.

그런데 이번에는 프랑스 군대의 2진이 1진을 구출하러 떼 지어 몰려왔다. 잉글랜드군은 그들을 맞아 공격에 나섰고, 이 전투에서 가장 치열한 싸움이 시작되었다. 헨리 5세의 동생 클래런스 공작Thomas of Lancaster, 1st Duke of Clarence(1387~1421)이 적의 공격으로 쓰러지고 프랑스 병사 여럿이 그를 에워싸며 달려들었지만, 헨리는 사자처럼 싸워서 그들을 모두 물리쳤고 동생을 지켜냈다.

곧이어 18명의 프랑스 기사단이 어느 프랑스 영주의 깃발을 앞세우고 다가왔다. 그 프랑스 영주는 잉글랜드 왕을 죽이거나 생포하기로 맹세한 터였다. 그들 가운데 한 명이 전투 도끼로 헨리 5세에게 일격을 가하자 왕은 비틀거리며 무릎을 꿇고 주저앉았다. 그러나 헨리 5세의 충직한 부하들은 순식간에 그를 둘러싼 다음 18명의 기사를 한 명씩 모두 처치해버렸다. 결국 그 프랑스 영주의 맹세는 지켜지지 못했다.

이 모습을 지켜보던 프랑스의 알랑송 공작Jean I, Duke of Alençon (1385~1415)은 마지막 발악이라도 하듯 돌격해 잉글랜드 왕실 깃발 근처까지 쳐들어왔다. 그러고는 근처에 서 있던 요크 공작을 쳐서 쓰러뜨렸다. 헨리 5세가 공작을 구하려고 가까이 다가서자 알랑송은 그를 공격해 칼로 머리에 쓰고 있던 왕관의 일부를 베어버리기까지 했다. 하지만 알랑송은 이 세상에서 두 번 다시 칼을 휘두르지 못했다. 왜냐하면 그가 관등성명을 밝히고 투항 의사를 전한 뒤 헨리가 손을 내밀어 안전하고 영예롭게 그의 투항을 받아들이려는 순간, 격투 끝에 생긴 무수한 상처로 더 이상 버티지 못하고 쓰러져 숨졌기 때문이다.

이 귀족의 죽음을 기점으로 전투의 승패가 갈렸다. 잉글랜드 병력을 모두 합친 숫자보다 두 배 이상 많은 프랑스군의 3진은 공격 한 번 제대로 해보지도 못하고 뿔뿔이 흩어져 달아났다. 이 시점까지 포로 한 명 잡히지 않은 잉글랜드군은 엄청난 숫자의 적병을 뒤쫓기 시작했다.

잉글랜드 병사들이 추격을 계속하거나 항복하지 않는 자들을 죽이는 사이, 프랑스군의 후미에서 굉음이 들렸다. 바람에 날리던 깃발도 흠칫 멈출 만큼 큰 소리였다. 이를 엄청난 수의 지원군이 도착하는 소리라고 착각한 헨리 5세가 포로들을 전부 죽이라고 명령했다. 그러나 알고 보니 농민들이 약탈을 벌이는 과정에서 나온 소음이었고, 이 사실이 밝혀지자마자 끔찍한 살육은 중단되었다.

헨리 5세는 프랑스 전령을 가까이 불러서 승리가 누구의 것이냐고 물었다. 전령이 대답했다.

"잉글랜드 왕의 것이옵니다."

"이 혼란을 일으키고 학살을 자행한 것은 우리가 아니다. 이것은 프랑스가 스스로 저지른 죄악에 대한 하늘의 분노다. 저기 있는 성의 이름이 무엇이냐?"

"아쟁쿠르Azincourt 성이라 하옵니다, 폐하."

"그럼 이제부터 이 전투는 아쟁쿠르 전투Battle of Agincourt라는 이름으로 후세에 알려지리라."

잉글랜드 사학자들은 이를 '아진코트Agincourt'라 표기했고, 잉글랜드

▲ 백년전쟁 전투 중 하나인 아쟁쿠르 전투 장면 ⓒGeorgios Kollidas/Shutterstock.com

사료에는 아진코트라는 이름으로 길이길이 기억될 것이다.

프랑스 측의 손실은 엄청났다. 공작 세 명과 백작 일곱 명이 사망했고, 두 명의 공작과 세 명의 백작이 포로로 잡혔으며, 그 밖에도 1만 명의 기사와 귀족이 전장에서 죽었다. 잉글랜드 측은 요크 공작Edward of Norwich, 2nd Duke of York(1373~1415)과 서퍽 백작Michael de la Pole, 3rd Earl of Suffolk(1394~1415)을 포함해 총 1,600명의 인명 피해를 입었다.

전쟁은 참혹한 것이다. 떠올리기만 해도 간담이 서늘해지는 광경이지만, 다음 날 아침 잉글랜드 병사들은 치명적인 부상을 입고 바닥에 누워 고통스럽게 몸을 비트는 포로들을 죽일 수밖에 없었다. 프랑스 농민들은 자국의 전사자 시신에서 옷을 벗기고는 커다란 구덩이를 파서 묻었다. 잉글랜드 측도 죽은 사람들을 커다란 헛간에 쌓아두었다가 시신과 헛간을 한꺼번에 불태웠다.

이런 일화들이나 그보다 훨씬 더 끔찍해서 언급하기조차 쉽지 않은 여러 사건들에서 우리는 전쟁의 황폐함과 야만스러움을 엿볼 수 있다. 끔찍하지 않은 전쟁이란 존재하지 않는다. 그러나 전쟁의 어두운 측면은 쉽게 간과되고 곧잘 잊혔으며, 전투에서 친구나 친척을 잃은 사람들을 제외한 일반 백성들은 전쟁을 그리 심각한 문제로 받아들이지 않았다.

백성들은 기쁨의 환호성으로 귀국하는 헨리 5세를 환영했고, 기꺼이 바닷물에 뛰어들어 헨리를 어깨 가마에 태운 다음 뭍으로 올라왔다. 지나는 마을마다 무리 지어 나와 헨리를 맞이하는가 하면, 창문마다 값비싼 양탄자와 벽걸이 융단을 내걸거나 꽃을 흩뿌려 거리를 장식하고, 분수에는 포도주가 넘쳐흐르게 해 피로 흘러넘친 드넓은 아쟁쿠르 평원에서의 승리를 축하했다.

전쟁의 판도를 바꾼 카트린 공주의 미인계

나라를 파멸의 길로 이끌던 오만하고 사악한 프랑스 귀족들은 날이 가고 해가 거듭될수록 백성들의 마음속에 더욱더 깊은 증오와 혐오의 대상으로 자리 잡았다. 그들은 아쟁쿠르 전투에서 패하고도 전혀 깨달은 바가 없었다. 공동의 적에 대항해 단결하기는커녕 예전보다 더 심하게 (어떻게 더 심해질 수 있는지도 의문이지만) 자기들끼리 싸웠고, 짙은 피비린 내를 풍겼으며, 거짓말을 일삼았다.

아르마냐 백작은 프랑스 왕 샤를 6세를 꼬드겨 이자보 왕비Isabeau of Bavière(1370~1435)에게서 재산을 강탈한 뒤 그녀를 옥에 가두었다. 그러 자 왕비는 복수를 위해 그때까지 숙적 관계였던 부르고뉴 공작에게 결탁을 제안했다. 부르고뉴 공작이 왕비를 감옥에서 빼내 트루아Troyes로 도피시켰고, 거기서 왕비는 자신을 프랑스의 섭정으로 선포하고 부르고뉴 공작을 부관으로 삼았다. 당시 파리는 아르마냐파가 장악하고 있었다.

그러던 어느 날 밤, 누군가가 부르고뉴 공작이 보낸 사람들에게 파리 의 관문 중 하나를 몰래 열어주었다. 파리에 들어온 그들은 아르마냐파 사람들을 닥치는 대로 잡아 감옥에 집어넣었고, 며칠 후에는 6만 명의 성난 군중과 합세하여 감옥 문을 부수고 갇혀 있던 아르마냐파 사람들 을 전부 죽여버렸다.

이 무렵에는 예전 왕세자가 죽어서 샤를 6세의 셋째 아들이 왕세자직 을 물려받은 상태였다. 이 끔찍한 살인극이 정점에 다다른 시점에 프랑 스 기사 한 명이 잠자던 왕세자를 급히 깨워 이불로 감싼 다음 푸아티에 로 피신시켰다. 그리하여 복수심에 불타던 이자보 왕비와 부르고뉴 공작 이 적들을 전부 해치우고 승리감에 도취하여 파리에 입성할 무렵, 왕세자가 푸아티에에서 진정한 섭정으로 선포되었다.

한편, 헨리 5세는 아쟁쿠르에서의 승리 이후에도 한가로이 쉬지 않았다. 아르플뢰르를 되찾으려는 프랑스인들의 대담한 도발을 물리쳤고, 노르망디 정벌을 서서히 완료해나갔으며, 그 와중에 반년 동안 포위전을 펼쳐 거점 도시인 루앙을 손에 넣었다. 이와 같은 큰 손실에 프랑스 측은 깜짝 놀랐고, 부르고뉴 공작은 프랑스 왕과 잉글랜드 왕이 평화협정 체결을 위해 센 강 인근의 평원에서 만날 것을 제안했다.

약속한 날짜가 되자 헨리 5세는 동생 클래런스와 글로스터, 1,000명의 군사를 대동하고 그곳에 갔다. 그러나 딱하게도 프랑스의 샤를 6세는 그날 평소보다 정신병 증세가 심해져 그 자리에 올 수 없었고, 왕비가 카트린 공주를 데리고 대신 나왔다. 카트린 공주는 아주 빼어난 미인이어서 그날 처음으로 공주의 얼굴을 본 헨리는 그만 흠뻑 빠져들고 말았다. 이것은 그날 회담의 향방을 판가름 지을 가장 결정적인 열쇠였다.

당시의 프랑스 귀족들은 자신이 명예를 걸고 한 말을 충실히 지키는 게 불가능했었나 보다. 이를 입증해 보이기라도 하듯 부르고뉴 공작은 바로 그 순간에도 프랑스 왕세자와 비밀협정을 맺은 상태였고, 그 사실을 알게 된 헨리 5세는 교섭을 중단했다.

부르고뉴 공작과 프랑스 왕세자는 일이 이렇게 되자 당황했다. 두 사람은 상대방을 귀족이라는 이름을 내세운 깡패 집단이라 여길 정도로 불신했지만, 마침내 욘Yonne 강 다리 위에서 만나기로 합의했다. 다리 양쪽에는 튼튼한 문 두 개를 세우고 그 사이를 비워두기로 했다. 부르고뉴 공작이 열 명의 부하만 데리고 한쪽 문을 통해 들어오고, 왕세자 역시 딱 열 명의 부하만 데리고 반대쪽 문을 통해 들어오기로 약속했다.

프랑스 왕세자는 약속을 지켰지만 딱 거기까지였다. 부르고뉴 공작이 왕세자 앞에 한쪽 무릎을 꿇고 말을 꺼내려는 순간, 왕세자의 깡패 같은 귀족 한 명이 작은 도끼로 공작을 내리쳤고, 나머지 사람들이 순식간에 죽여버린 것이다.

프랑스 왕세자가 자신은 이 치졸한 살인을 인가하지 않았다고 아무리 변명해도 소용이 없었다. 이것은 아무리 프랑스를 대상으로 한 일이라 해도 너무나 악독한 행위여서 모두를 경악시켰다. 부르고뉴 공작의 아들은 헨리 5세와의 조약을 서둘렀고, 프랑스 왕비는 그 내용이 무엇이건 남편의 동의를 얻어내겠다고 약속했다.

마침내 헨리 5세는 카트린 공주와 결혼하고 샤를 6세의 여생 동안 프랑스의 섭정 역할을 하다가 왕이 죽으면 프랑스 왕위를 계승한다는 조건으로 평화협정을 맺었다(트루아 조약Treaty of Troyes, 1420). 그는 곧바로 아름다운 공주와 결혼했고, 위풍당당하게 모국 잉글랜드로 돌아왔으며, 공주는 큰 영예와 칭송 속에 왕비로 책봉되었다.

'영구적 평화협정Perpetual Peace'이라고 불린 이 협정이 얼마나 오래 지속되었는지는 곧 살펴보게 될 것이다. 프랑스 백성들은 이 협정을 크게 환영했다. 물론 너무나 궁핍하고 비참한 처지여서 왕실의 혼인을 축하하는 그 순간에도 수많은 사람들이 파리 시내의 길가 거름더미 위에서 굶어 죽어갈 정도였지만. 프랑스 일부 지역에서 왕세자 편에 선 자들의 저항이 있었으나 헨리 5세는 이를 모두 제압했다. 프랑스에서 막강한 권한과 막대한 재산을 확보하고, 곁에서 힘이 되어줄 아름다운 아내를 얻은 데다 때마침 대를 이을 아들까지 태어나 더할 나위 없이 기뻤던 헨리 5세의 앞날은 희망차 보였다. 그러나 승리의 만족감이 가득하고 권력이 정점에 다다른 순간, 죽음이 다가왔다.

뱅센Vincennes에서 병으로 자리에 누운 뒤 죽음을 예감한 헨리 5세는 침착하고 조용한 태도를 잃지 않은 채 침대 주변에서 눈물 흘리는 사람들에게 차분한 어조로 유언을 남겼다. 먼저 동생 베드퍼드 공작John of Lancaster, 1st Duke of Bedford과 다른 충직한 귀족들에게 왕비와 왕자를 애정으로 보살펴달라고 당부했다. 아울러 잉글랜드는 새 부르고뉴 공작과 우호 관계를 정립해야 하니 그에게 프랑스 섭정 자리를 제안하라고 조언했다. 아쟁쿠르에서 체포한 프랑스 왕자들을 풀어주어서는 안 되고, 어떤 갈등이 빚어지든 잉글랜드는 노르망디를 확보하지 않은 상태에서 프랑스와 절대로 평화협정을 맺어서는 안 된다고도 이야기했다. 그런 다음 반듯하게 누워서 임종을 지키던 신부들에게 통회의 시편을 읊어달라고 부탁했다. 1422년 8월 31일, 헨리 5세는 재위 10년째 되는 해에 불과 서른여섯 살의 나이로 엄숙한 시편 낭독 소리와 함께 영면했다.

슬픔에 잠긴 사람들은 향유를 바른 왕의 시신을 파리까지, 그리고 다시 왕비가 있는 루앙까지 운구했다. 서거 후 한동안 왕비에게는 남편의 죽음을 알리지 않고 있었다. 머리에는 황금 왕관을 쓰고 핏기 없는 손에는 금구와 홀을 든 채 진홍색과 황금색으로 장식된 침대에 누워 있는 고인을 칼레까지 옮기는 사이, 그 뒤를 따르는 수행원의 수는 상복이 길을 온통 새까맣게 물들일 정도로 많았다.

스코틀랜드 왕(포로로 잡혀 있던 제임스)을 상주로 하여 왕실의 모든 일가친척이 그 뒤를 따랐고, 기사들은 검은 갑옷 차림에 검은 깃털을 꽂았으며, 군중은 횃불을 들어 밤을 대낮같이 밝혔다. 마지막으로, 미망인이 된 왕비가 맨 뒤에서 행렬을 따랐다. 장례 행렬을 도버까지 데려다줄 선박들이 칼레에 정박해 있었다. 배들은 진혼곡이 울려 퍼지는 런던교 밑을 통과했고, 시신은 웨스트민스터 사원으로 옮겨져 정중한 의식에 따라 안치되었다.

제22장

헨리 6세와 장미전쟁

위기에 빠진 오를레앙

선왕은 이제 겨우 9개월 된 아들 헨리 6세Henry VI(생몰연도: 1421~1471, 재위기간: 1422~1461, 1470~1471)가 성년이 되기 전까지 글로스터 공작이 섭정을 맡아주기를 바랐다. 그러나 잉글랜드 의회는 베드퍼드 공작을 의장으로 하는 섭정위원회를 구성하고, 베드퍼드 공작이 부재한 경우에만 글로스터 공작이 이를 대표하는 방식을 선호했다. 의회의 이런 판단은 현명했던 것으로 보인다. 글로스터 공작이 권력욕을 드러내 말썽을 일으켰기 때문이다. 개인적 욕심을 채우기 위해 부르고뉴 공작에게 위험한 발언을 했다가 간신히 무마된 사건도 있었다.

한편, 부르고뉴 공작이 프랑스의 섭정 자리를 거절하자 샤를 6세는 베드퍼드 공작을 섭정으로 임명했다. 그러나 2개월도 못 되어 프랑스 왕이 서거하자 왕세자가 즉각 친정親政을 선포한 후 샤를 7세Charles VII of France(1403~1461)라는 칭호로 왕위에 올랐다. 베드퍼드 공작은 샤를 7세에 대항하기 위해 부르고뉴 공작, 브르타뉴 공작과 우호동맹을 체결했고, 두 여동생까지 그들과 결혼시켰다. 프랑스와의 전쟁이 즉각 재개되었고, 영구적 평화협정은 이로써 일찌감치 파기되었다.

잉글랜드는 우호동맹의 도움으로 첫 번째 전투에서 가볍게 승리를 쟁취했다. 하지만 스코틀랜드가 이미 프랑스에 5,000명의 지원군을 보낸 상태였고, 추가 병력을 파견하거나 잉글랜드가 프랑스와의 전쟁에 신경 쓰는 틈을 타 잉글랜드 북부를 침공할 가능성도 배제할 수 없는 상황이었다. 따라서 오랫동안 수감되어 있던 스코틀랜드의 왕 제임스 1세의 석방을 제안하는 방법이 묘안으로 받아들여졌다. 19년 동안의 숙식 비용으로 4만 파운드를 잉글랜드에 지불할 것과 스코틀랜드 귀족들이 프랑스 편에 서서 전쟁에 참전하지 않도록 막는다는 조건이 붙었다.

기분 좋은 일은 잉글랜드에 우호적인 이 포로가 위와 같은 조건으로 마침내 자유의 몸이 되었을 뿐만 아니라 오랫동안 사랑하는 사이였던 잉글랜드의 귀족 여성과 결혼을 하고 스코틀랜드로 가서 선정을 베풀었다는 사실이다. 유감스럽게도, 잉글랜드 역사에서 우리가 이미 만나보았거나 앞으로 만날 왕들 가운데는 본인을 위해서나 세상의 행복을 위해 차라리 19년 동안 감금해두는 편이 더 나았을 사람들이 제법 많은 것 같다.

두 번째 출정지인 베르뇌유Verneuil에서도 잉글랜드는 큰 승리를 거두었다. 이 전투에서 가장 특기할만한 부분은 짐 싣는 말들의 머리와 꼬리를 묶은 다음 거기에 얼기설기 짐을 올리는 기상천외한 전술을 사용했다는 점이었다. 말을 일종의 살아 있는 요새로 전환시킨 이 방법은 병사들에게는 유용했을지 몰라도 말들에게는 고역이지 않았을까 싶다.

이후 3년 동안 전쟁에 별다른 진전이 없었다. 양쪽 모두 너무나 궁핍하다 보니 막대한 돈이 드는 전쟁을 치를 여력이 없었기 때문이다. 그러다가 마침내 파리에서 참모회의가 열렸고, 프랑스 샤를 왕세자의 중요한 거점인 오를레앙이라는 마을을 포위, 공격하기로 결정했다.

명장 솔즈베리 백작Thomas Montacute, 4th Earl of Salisbury(1338~1428)의 지휘 아래 1만 명의 병력으로 구성된 잉글랜드군이 파견되었다. 그러나 안타깝게도 솔즈베리 백작은 포위전 초기에 전사하고, 서퍽 공작 William de la Pole, 1st Duke of Suffolk(1396~1450)이 그 자리를 대신했다. 공작은 오를레앙을 완벽하게 에워쌌다(그럴 수 있었던 데는 400대의 짐마차에 소금에 절인 청어와 다른 군수품들을 운반해 온 존 팔스타프 경Sir John Falstaff의 도움도 컸다. 그는 마차를 가로채려는 프랑스인과 치열한 접전을 벌여 승리하고

▼ 프랑스 루아르 강 북쪽에 있는 오를레앙 시. 이곳은 프랑스 샤를 왕세자의 중요한 거점이었다.

돌아왔는데, 사람들은 훗날 이를 가리켜 농담으로 '청어 전투Battle of Herrings'라고 부르기도 했다).

포위를 견디다 못한 오를레앙의 부대는 같은 프랑스인인 부르고뉴 공작에게 마을을 넘겨주겠다고 제안했다. 그러나 잉글랜드 장군 서퍽 공작은 이제껏 잉글랜드 병사들이 피와 땀으로 얻은 땅이니 오를레앙은 잉글랜드 병사들의 차지가 되어야 한다고 주장했다. 오를레앙 사람들에게도 샤를 왕세자에게도 아무런 희망이 없어 보였다. 낙담한 샤를이 스코틀랜드나 스페인으로 도주하는 방안할 궁리할 즈음, 한 시골 처녀가 나타나 전세를 완전히 뒤집어놓았다.

신의 음성을 듣는 처녀

프랑스 로렌Lorraine 지방, 야산으로 둘러싸인 어느 외진 마을에 자크 다르크Jacques d'Arc라는 이름의 농부가 살고 있었다. 그에게는 잔 다르크Joan of Arc(1412~1431)라는 스무 살짜리 딸이 하나 있었다. 잔은 어릴 때부터 혼자서도 잘 노는 아이였다. 온종일 사람이라고는 그림자도 보이지 않고 목소리도 들리지 않는 곳에서 양과 소를 돌보며 지내곤 했다. 그리고 어둑어둑하고 텅 빈 작은 시골 성당에서 몇 시간이고 무릎을 꿇고 제단 위에서 타고 있는 희미한 등잔불을 올려다보며 기도를 드렸다.

그러다 보면 저만치 서 있는 어슴푸레한 형상을 보거나 심지어 그 형상이 자신에게 말을 건다는 착각에 빠지기도 했다. 이 지역에 사는 프랑스 사람들은 무지하고 미신에 집착하는 습관이 있어서 꿈에서 본 광경이나 구름과 안개가 자욱할 때 아무도 없는 산속에서 본 풍경을 으스스한 귀신 이야기처럼 떠들고 다녔다. 그래서 잔 다르크가 이상한 환영을 보았다고 말해도 쉽게 믿었고, 천사와 영혼들이 잔에게 말을 걸었다더라며 자기들끼리 소곤거리기도 했다.

마침내 잔 다르크는 아버지에게 자신이 체험한 것을 털어놓았다. 어느 날 하늘에서 내려온 기이한 광채를 보고 놀라움에 휩싸여 있는데, 그 뒤에 자신을 미카엘 대천사라고 밝힌 근엄한 목소리가 들렸고, "네가 가서 샤를 왕세자를 도와야 한다"라고 지시했다는 것이었다. 잔의 말로는 곧이어 성녀 카타리나St. Catherine와 성녀 마르가리타St. Margaret가 머리에 번쩍이는 왕관을 쓰고 나타나 의롭고 굳세어지라며 자신에게 용기를 북돋아주었다고 한다. 환영은 가끔씩 되풀이되었지만 음성은 굉장히 자주 들려왔는데, 매번 "잔, 너는 샤를 왕세자를 도우라고 하느님이 정하신 사람이다!"라고 이야기했다. 잔은 성당의 종이 울릴 때면 거의 언제나 그 음성을 들었다.

잔 다르크가 보고 들은 모든 것을 그대로 믿었다는 데는 의심의 여지가 없다. 하지만 그런 환영을 보는 증상은 비교적 흔한 질병의 하나로 잘 알려져 있다. 작은 성당 안에는 틀림없이 머리 위에 빛나는 왕관을 쓴 미카엘 대천사, 성녀 카타리나, 성녀 마르가리타의 상이 있었을 테고, 처음에 잔 다르크가 그 세 개의 상을 보고 세 명의 인물을 연상했을 가능성이 높다. 잔은 오래전부터 혼자 지내며 공상을 즐기던 소녀였으므로 심성은 착해도 조금은 허황된 구석이 있는 사람이 아니었을까 짐작해본다.

동네 사람들에 비해 좀 더 슬기로웠던 아버지는 이렇게 말했다.

"잔, 그건 너의 환상일 뿐이다. 얼른 너를 아껴주고 네 마음을 잡아줄 착한 남편감을 만나는 게 좋겠구나!"

하지만 잔 다르크는 진작부터 결혼을 하지 않겠다고 맹세했고, 하느님께서 명하신 대로 샤를 왕세자를 도우러 가겠다고 대답했다. 마침 그때 아버지의 설득을 수포로 만들고 잔 다르크 본인에게도 무척 당혹스러운 사건이 일어났다. 샤를 왕세자의 적들이 마을에 쳐들어와 성당을 불사르고 주민들을 몰아낸 것이다. 그들이 저지른 끔찍한 만행을 목격한 잔은 깨닫는 바가 있었고, 마음속 결심을 굳혔다. 설상가상으로 증세마저 더욱 악화되었다. 잔은 이제 음성과 형상이 곁에서 떠나지 않는다고 말했다. 그 음성은 오랜 예언에 따라 잔이 프랑스를 구할 여인이니, 어서 가서 왕세자에게 힘이 되어주고 그가 랭스Rheims에서 왕위에 오를 때까지 곁을 지킬 것을 주문했다. 또한 먼 길을 떠나 보드리코르Robert de Baudricourt(1400~1454)라는 영주가 사는 곳까지 찾아가면 그가 잔 다르크를 왕세자에게 안내해줄 거라고도 말해주었다.

여전히 그게 모두 잔 다르크의 환상에 불과하다고 말하는 아버지를 뒤로하고, 잔은 마침내 이 영주를 찾으러 길을 나섰다. 마을에서 수레를 만드는 가난한 목수였던 삼촌이 잔의 환영이 사실일 거라 믿고 동행해주었다. 두 사람은 부르고뉴 공작의 부하들이 득실거리고 강도와 약탈자들이 우글거리는 험한 지역을 지나 먼 길을 여행했고, 마침내 영주가 살고 있는 곳에 당도했다.

영주의 하인들은 잔 다르크라는 이름의 가난한 시골 처녀가 늙은 수레 목수 한 명만 대동하고 찾아와 샤를 왕세자를 보필해 프랑스를 구하라는 부름을 받았다면서 영주를 만나고 싶어 한다고 아뢰었다. 보드리코르 영주는 한바탕 폭소를 터뜨리고는 처녀를 돌려보내라고 일렀다.

그러나 얼마 후 영주는 그 처녀가 마을에 계속 머물며 성당에서 기도를 하고, 환영을 보지만 누구에게도 해를 입히지 않고 있다는 이야기를 전해 들었다. 그제야 그는 잔 다르크를 불러 자초지종을 물어보았다. 성수를 뿌리기 전이나 뿌린 다음이나 잔이 똑같은 이야기만을 되풀이하자 보드리코르는 특별한 무언가가 있을지도 모른다고 생각했다.

보드리코르 영주는 잔 다르크를 샤를 왕세자가 머물고 있는 시농 마을로 보내보는 게 좋겠다고 판단했다. 그래서 그녀에게 말 한 필과 칼 한 자루를 내어주고 길을 안내할 수행원 두 명을 붙여주었다. 남자 복장을 해야 한다고 지시한 하늘의 음성대로, 잔은 남장을 하고 옆구리에 칼을 차고 뒤꿈치에 박차를 두르고 말에 올라 두 수행원과 함께 길을 떠났다. 수레 목수 삼촌은 달라진 조카의 모습에 깜짝 놀라 일행이 시야에서 사라져 보이지 않을 때까지 멍하니 서 있다가 고향으로 되돌아갔다.

잔 다르크와 두 수행원은 쉬지 않고 말을 달려 시농에 이르렀고, 약간 의심을 받긴 했지만 마침내 샤를 왕세자를 알현하게 되었다. 여러 신하들 사이에 뒤섞여 있던 초라한 차림의 왕세자를 즉각 알아본 잔은 왕세자 앞으로 나아갔다. 그런 다음 자신은 왕세자가 적군을 제압하고 랭스에서 대관식을 치를 수 있도록 보좌하라는 하늘의 계시를 받고 왔다고 말했다. 또한 왕세자 본인만 알고 있는 여러 가지 비밀을 이야기하기도 했고, 피에르부아Fierbois의 성 카타리나 성당에 가면 칼날에 다섯 개의 십자가가 그려진 아주 오래된 칼이 있을 텐데, 성녀 카타리나가 자신에게 그 칼을 차도록 직접 지시했다고도 말했다.

사실 이 오래된 칼에 대해 알고 있는 사람은 아무도 없었다. 그래서 즉시 성당을 수색해보니 과연 칼이 한 자루 나오는 것이 아닌가! 이쯤되자 샤를 왕세자는 고위급 성직자와 주교들을 불러 잔 다르크가 성령과 악령 중 어느 쪽 영향을 받은 사람인지 의견을 물었다.

엄청나게 긴 토론이 시작되었다. 학식이 높다는 성직자들 중 몇몇은 깊은 잠에 빠져 큰 소리로 코를 골 정도로 길고 긴 토론이었다. 마침내 어느 나이 많은 귀족 하나가 걸걸한 목소리로 퉁명스럽게 물었다.

"네가 들은 그 음성이 어떠했느냐?"

잔 다르크가 "선생님보다는 듣기 좋은 음성이었습니다"라고 대답하자 일동은 과연 옳다고 맞장구쳤다. 지루한 토론과 검증 끝에 성직자들은 여러 정황으로 미루어 잔이 하늘의 계시를 받은 사람이라고 결론 내렸다. 이 경이로운 소식에 샤를 왕세자의 병사들은 새로운 용기를 얻었고, 잔 다르크가 마녀임에 틀림없다고 생각했던 잉글랜드군은 사기가 꺾였다.

그리하여 잔 다르크는 다시 말에 올라 오를레앙을 향해 먼 길을 떠났다. 이번에 말 위에 올라탄 그녀의 모습에서는 시골 처녀의 흔적은 찾아볼

▲ 프랑스 파리의 성 어거스틴 교회 앞에 있는 잔 다르크 동상 ⓒPHOTOCREO Michal Bednarek/Shutterstock.com

수 없었다. 번쩍이는 갑옷을 입고 새하얀 군마 위에 올라탄 잔은 성당에서 찾아낸 오래된 칼을 광이 나도록 닦은 다음 허리에 찼다. 신의 형상과 '예수, 마리아'라는 글씨가 들어간 흰 깃발도 앞세웠다. 이렇게 위풍당당한 모습으로 잔은 적의 포위로 굶주린 오를레앙 사람들에게 가져다줄 갖가지 식량을 실은 대부대를 이끌고 오를레앙 마을 앞에 나타났다.

오를레앙 사람들은 성벽에 기어올라 잔 다르크를 보고 외쳤다.

"저기 그 처녀가 온다! 예언에서 말한 처녀가 우리를 구하러 온다!"

선두에 서서 전투를 지휘하는 잔의 모습에 프랑스군은 한층 더 기세가 등등해진 반면, 잉글랜드 병사들은 잔뜩 겁을 집어먹었다. 결국 잉글랜드의 방어선이 무너졌다. 프랑스 부대는 마을로 진입해 식량을 전달했고, 마침내 오를레앙을 탈환했다.

이때부터 '오를레앙의 처녀'라고 불리게 된 잔 다르크는 며칠 동안 성내에 머물렀다. 그리고 서퍽 공작과 잉글랜드 부대에 '하늘의 뜻에 따라 이 마을에서 철수하라'라는 내용의 서신을 성벽 너머로 날려 보냈다. 이 잉글랜드 장군은 잔이 하늘의 뜻을 받은 사람이라는 사실을 절대 믿으려 하지 않았다. 그렇지만 그가 잉글랜드 병사들의 생각까지 바꿀 수는 없었다. 어리석게도 사병들은 잔 다르크가 하늘의 계시를 받은 사람이 아니라면 마녀를 상대로 싸우는 것이므로 그 또한 소용없는 일이라고 생각하고 있었으니까. 잉글랜드군이 물러날 기색이 없자 잔은 다시 백마에 올라탔고, 흰 깃발을 든 기수에게 진격을 명령했다.

포위군은 다리와 그 위에 세워진 튼튼한 탑 몇 개를 점령하고 있었는데, 오를레앙의 처녀는 이곳을 공격하기 시작했다. 14시간이나 전투가 이어졌다. 잔 다르크는 자기 손으로 직접 성곽에 사다리를 대고 탑 벽을 기어올랐지만, 잉글랜드군이 쏜 화살을 목에 맞고 해자로 떨어졌다. 후송되어 화살을 제거하는 처치를 받는 동안 잔은 보통 여자들처럼 비명을 질렀고, 극심한 통증을 견디다 못해 눈물을 흘렸다.

하지만 이내 하늘의 음성이 들렸고, 그 소리가 마음을 진정시켜 평온을 되찾았다. 잠시 후 잔 다르크는 자리에서 일어나 다시 전투의 선봉에 섰다. 잔이 떨어지는 모습을 보고 죽었다고 생각했던 잉글랜드군은 다시 나타난 그녀의 모습을 보고 묘한 두려움에 휩싸였다. 몇몇 병사들은 백마에 탄 미카엘 대천사가 프랑스군을 위해 싸우는 모습을 보았다고 소리치기도 했다. 아마 잔을 잘못 본 것이었을 것이다. 결국 잉글랜드 측은 다리와 탑을 포기하고 다음 날 보루에 불을 지른 뒤 그 곳을 떠났다.

그러나 서퍽 공작은 겨우 몇 킬로미터 떨어진 자르고Jargeau의 한 마을까지밖에 물러나지 않은 상태였기 때문에 오를레앙의 처녀는 거기서 공작을 포위했고 결국 포로로 붙잡았다. 흰 깃발을 들고 성벽을 기어오르던 잔 다르크는 머리에 돌을 맞았고 다시 한 번 도랑으로 곤두박질쳤지만 물에 빠져서도 더욱 큰 소리로 외쳤다.

"전진, 전진하라, 동포들이여! 아무것도 두려워할 것이 없다. 주님이 저들을 우리 손에 넘기셨다!"

오를레앙의 처녀가 이렇게 승리를 거둔 이후, 잉글랜드 측은 예전에 샤를 왕세자에게서 빼앗은 몇 개의 다른 요새와 점령지를 전투 없이 프랑스 측에 넘겨주었다. 파타이Patay에서는 잔 다르크가 잉글랜드 부대의 잔존 세력을 깨끗이 물리쳤고, 잉글랜드 병사 1,200명의 시신이 널브러진 전장에 승리의 깃발을 꽂았다.

'성녀'에서 '마녀'로

샤를 왕세자는 싸움이 있을 때마다 뒤로 물러서 있었다. 잔 다르크는 이제 사명의 첫 부분이 완수되었으니 왕세자에게 랭스로 가자고 재촉했다. 거기서 대관식을 치러 사명을 완수하기 위해서였다. 그런데 왕세자는 굳이 서두르고 싶어 하지 않았다. 랭스까지의 거리가 상당한 데다 가는 길목마다 여전히 위력을 떨치고 있는 잉글랜드군 및 부르고뉴 공작의 세력과 맞서야 했기 때문이다.

그래도 어쨌든 샤를 왕세자는 1만 명의 병사를 이끌고 길을 나섰다. 이번에도 오를레앙의 처녀는 빛나는 갑옷 차림에 새하얀 군마를 타고 쉼 없이 나아갔다. 프랑스 병사들은 쉽사리 항복하는 마을을 만나면 잔 다르크를 믿었지만, 조금이라도 애먹이는 마을에 이르면 그녀가 사기꾼 아니냐며 수군거렸다.

트루아가 대표적으로 애를 먹인 마을이었다. 트루아의 적군은 결국 리샤르Richard라는 그 지역 수사의 설득으로 물러났다. 리샤르 수사는 원래 오를레앙의 처녀에게 의심을 품고 있었다. 그런데 잔 다르크에게 성수를 뿌려보고 그녀가 진입하는 성문 문턱에도 성수를 뿌려본 결과 잔에게도 성문에도 아무런 변화가 없음을 확인했다. 그 후 그는 이전의 나이 많은 귀족과 마찬가지로 뒤늦게 잔의 든든한 협력자가 되어주었다.

그렇게 오를레앙의 처녀와 샤를 왕세자는 의심 많은 1만 명의 군사를 이끌고 쉬지 않고 말을 달린 끝에 드디어 랭스에 도착했다. 왕세자는 수많은 사람들이 모인 랭스의 대성당 안에서 샤를 7세에 즉위했다. 그 환희의 순간, 흰 깃발을 들고 곁을 지켰던 잔 다르크는 대관식이 끝나자마자 그의 발아래 무릎을 꿇고 눈물을 흘리면서 간청했다. 신의 계시를 받고 맡은 바 임무를 완수했으니 이제 유일한 바람은 고향으로 돌아가 고집스럽게도 자신을 믿어주지 않던 아버지와 먼 길을 동행해준 수레 목수 삼촌을 다시 만나는 것뿐이라고 아뢰었다. 하지만 샤를은 이 청을 단호히 거절하면서 잔과 그 가족에게 귀족 작위를 하사하고 백작의 소득을 책정해주었다.

아, 오를레앙의 처녀가 그날 다시 시골 처녀의 옷으로 갈아입고 작은 성당과 야산이 있는 고향으로 돌아갔다면 얼마나 좋았을까? 그동안에 있었던 일을 깨끗이 잊고 좋은 남자를 만나 평범한 여성으로 살았더라면 얼마나 좋았을까? 이상한 음성 대신 어린아이들의 목소리를 듣는 것이 훨씬 행복했을 텐데!

그러나 일은 그렇게 되지 않았다. 잔 다르크는 계속해서 샤를 7세를 보필했고, 리샤르 수사와 연합하여 큰 힘이 되어주었다. 병사들의 열악한 생활환경을 개선하기 위해 노력하는 한편, 자신은 굳은 신앙심을 바탕으로 사심 없이 겸손하게 생활했다. 그러면서도 여러 차례 집으로 돌아가게 해달라고 샤를에게 애원했고, 한번은 빛나는 갑옷을 벗어서 두 번 다시 입지 않겠다는 뜻으로 성당에 걸어두기까지 했다. 하지만 샤를은 혹여 자신에게 도움이 될까 싶어 매번 잔 다르크의 마음을 돌려세웠고, 그렇게 그녀는 점점 더 불운을 향해 나아갔다.

한편 굉장한 수완가였던 베드퍼드 공작은 잉글랜드에 유리한 상황을 조성하기 위해 적극적으로 움직이고 있었다. 프랑스에 다시 전쟁을 일으키고 부르고뉴 공작을 자기편으로 끌어들이는 등 샤를 7세의 심기를 불편하게 만들었다. 그러자 샤를은 오를레앙의 처녀에게 하늘의 음성이 이 상황에 대해 뭐라고 이야기하는지 물어보는 일이 잦아졌다. 하지만 혼란의 시기에는 보통 사람들의 음성도 그렇듯 하늘의 음성 역시 앞뒤가 맞지 않고 갈팡질팡했다. 한번은 이렇게 이야기했다가 다음에는 저렇게 이야기하는 바람에 오를레앙의 처녀는 하루가 다르게 신뢰를 잃어갔다.

샤를 7세는 반대파가 점령한 파리로 진격해 생토노레Saint-Honoré 외곽을 공격했다. 이 전투에서 잔 다르크는 다시 도랑으로 떨어졌지만, 이번에는 아무도 그녀를 거들떠보지 않았다. 그녀는 구조도 받지 못한 채 시체 더미 사이에 쓰러져 있다가 간신히 기어 나왔다.

그 무렵에는 잔 다르크를 믿던 사람들 중 일부가 때마침 등장한 가짜 예언자 라 로셸의 카트린Catherine of La Rochelle 편으로 넘어간 상태였다. 카트린은 보물이 묻혀 있는 곳을 계시받았다고 말하고 다녔지만, 거기가 어디인지 말해주지는 않았다. 설상가상으로 잔의 오래된 칼이 부러져버렸고, 사람들은 부러진 칼과 함께 그녀의 힘도 두 동강이 났다고 수군거렸다. 마지막으로 잔은 부르고뉴 공작에게 포위당한 콩피에뉴Compiègne에서도 용감하게 싸웠다. 야비하게도 퇴각군이 먼저 떠나고 혼자 남겨진 그녀는 항복을 거부하고 끝까지 싸우다가 적군의 화살을 맞고 말에서 떨어졌다.

이 가엾은 시골 처녀 한 명을 포로로 붙잡아놓고 얼마나 큰 환호성이 터져 나오고 얼마나 많은 감사의 노래가 울려 퍼졌던지! 잔 다르크가 마녀이며 이단인지 여부를 확인한답시고 프랑스 종교재판소장을 비롯해 이런저런 명사들은 또 얼마나 줄줄이 심문에 나섰던지! 결국 잔 다르크는 1만 프랑에 보베Beauvais 주교의 손에 넘겨졌고, 비좁은 감방에 갇혔다. 거기에는 평범한 시골 처녀 잔 다르크뿐, 오를레앙의 처녀는 더 이상 없었다.

그들이 잔 다르크를 데려다 어찌나 들들 볶았는지는 말로 다 표현할 수 없을 정도였다. 심문, 반대 심문, 재심문을 반복하면서 뭐든 전부 다 털어놓으라며 윽박질렀다. 온갖 학자와 박사들이 던지는 지겨운 질문 세례로 잔은 완전히 질려버렸다. 감방에서 끌려나왔다 다시 갇히기를 16번이나 되풀이하면서 괴롭힘당하고, 유도신문에 걸려들고, 언쟁 속에 빠져 있다 보니 몸과 마음이 피폐해졌다.

마지막 심문을 마친 뒤 잔 다르크는 급기야 무시무시한 교수대, 화형대와 땔감, 사형집행인이 대기하고 있는 루앙의 어느 매장지로 끌려갔다. 수사 한 명이 설교단에 서서 끔찍한 내용의 설교도 했다. 생각해보면 참으로 애처로운 일이지만, 일이 이 지경에 이르도록 이 가엾은 처녀는 목적을 위해서만 자신을 이용하다 버린 야비한 왕에 대한 공경심을 잃지 않았고, 자신에게 쏟아지는 비난에도 아랑곳없이 대담하게 그를 두둔했다.

그렇게 새파란 처녀가 삶에 집착하는 것은 어쩌면 당연한 일이었다. 잔 다르크는 자신의 목숨을 구하기 위해 준비된 진술서에 서명했다. 글을 쓸 줄 몰랐기 때문에 서명은 십자 표시로 대신했다. 진술서는 모든 환영과 음성이 악령에게서 왔음을 인정하는 내용이었다. 과거에 했던 말들을 철회하고 앞으로는 절대 남자의 옷을 입지 않겠다고 맹세한 잔은 '빵과 물을 죽지 않을 만큼만 먹으며'((열왕기) 상권 22장 27절 인용_옮긴이) 잘못을 속죄하는 종신형을 선고받았다.

그런데 그렇게 빵도 물도 제대로 먹지 못하고 견디다 보니 곧 환영과 음성이 되돌아왔다. 당연한 결과였다. 그런 질병은 굶주림, 외로움, 마음의 불안으로 크게 악화될 수 있기 때문이다. 잔 다르크는 환영과 음성에 휩싸여 다시 계시를 받았다고 착각했을 뿐만 아니라 그녀를 옭아매려고 감방 안에 가져다둔 남자 옷을 혼자 있을 때 다시 입어보기도 했다. 과거의 영광을 기억하기 위해서였을 수도 있고, 상상 속의 음성이 지시해서였을 수도 있다.

이렇게 마녀 같은 행동이 다시 나타나자 잔 다르크는 결국 화형 선고를 받았다. 루앙의 장터에서, 구경거리가 되라고 수사들이 흉측한 모양으로 고안한 옷을 입은 채 잔의 화형식이 치러졌다. 몇몇 사람들은 그 끔찍한 광경을 도저히 견딜 수 없어 멀리 피하는 자비심이라도 있었지만, 사제와 주교들은 자리에 앉아 화형 장면을 지켜보았다.

연기와 화염 속에 마지막으로 보인 건 두 손에 십자가를 쥐고 비명을 지르는 잔 다르크의 모습이었다. 그리스도를 부르는 소리를 마지막으로 잔은 잿더미가 되었다. 사람들은 재를 센 강에 뿌렸지만, 그 재는 최후의 심판일에 살인자들의 발목을 잡을 것이다.

잔 다르크가 포로로 잡힌 순간부터 프랑스 왕을 비롯한 궁정의 어느 누구도 그녀를 구하기 위해 손가락 하나 까딱하지 않았다. 어쩌면 그들은 처음부터 잔을 믿지 않았거나 자신들의 용맹함 덕에 그녀가 승리를 쟁취할 수 있었다고 생각했는지도 모른다. 아무튼 그들이 잔을 믿어주는 척할수록 그녀는 자신을 더욱 굳게 믿었다. 그녀는 끝까지 신의를 지켰고, 용기 있게 전쟁에 나섰으며, 고귀하게 헌신했다. 그러나 뼛속까지 위선적인 그들이 무력한 시골 처녀에게 그처럼 배은망덕하게 신의를 저버렸다는 것은 사실 그리 놀랄 일도 아니다.

한 폭의 그림 같은 옛 도시 루앙에 가보면 잡초와 풀이 높은 성당 탑 위까지 무성하고, 고색창연한 노르만풍의 거리가 평화로운 햇살을 받아 여전히 따뜻하다. 한때 그 길 위에 타올랐던 종교재판의 무시무시한 불길은 차갑게 식은 지 오래지만, 잔 다르크의 이름을 딴 마을 광장에는 최후의 고통 속에 몸부림치는 그녀의 동상이 서 있다. 나는 세계 곳곳의 대도시에 세워져 있는 수많은 동상 중에는 잔 다르크에 비해 지조도 없고 진실하지도 않고 세상 사람들이 관심을 기울일 가치도 없는 한심한 자들을 기리는 동상도 꽤 많은 걸로 알고 있다.

글로스터 백작의 미스터리한 죽음

악을 일삼는 자가 흥하는 법이 드물다는 건 인류를 위해 다행스러운 일이다. 잔 다르크를 잔혹하게 살해한 잉글랜드도 그로 인해 얻은 이득은 거의 없었다. 전쟁은 오랫동안 지겹도록 이어졌다. 베드퍼드 공작이 죽자 부르고뉴 공작과 맺었던 우호동맹도 와해되었으며, 탤벗 경Lord Talbot이 새로이 지휘권을 받아 프랑스에 나가 있던 잉글랜드군을 이끌었다.

그러나 전쟁의 결과는 기근과 역병, 두 가지뿐이었다. 평화롭게 땅을 일굴 수 없었기에 사람들이 굶주렸고, 물자 부족과 곤궁에 시달리다 보니 역병이 들끓었다. 기근과 역병이라는 재난은 프랑스와 잉글랜드 양국에 똑같이 들이닥쳤고, 비참한 상황이 2년 동안 계속되었다. 그 후 또다시 전쟁이 이어졌지만, 잉글랜드 정부가 잘못된 판단을 거듭하는 바람에 오를레앙의 처녀가 처형된 후 20년도 안 되어 그 드넓던 프랑스 점령지 가운데 잉글랜드 영토로 남은 것은 칼레뿐이었다.

승리와 패배가 반복되는 동안 잉글랜드에서는 기이한 일이 많이 벌어졌다. 어린 왕 헨리 6세는 훌륭했던 아버지와 딴판으로 별볼일없는 인물이었고, 성장한 뒤에도 전혀 나아지지 않았다. 피 흘리는 것을 극도로 싫어했던 그는 나약하고 어리석은 데다 무기력해서 궁정 귀족들에게 늘 맥없이 휘둘렸다.

헨리 6세의 집권 초반에 정쟁을 주도한 핵심인물로는 보퍼트 추기경Henry Beaufort(1377~1447)과 글로스터 공작Humphrey of Lancaster, 1st Duke of Gloucester(1390~1447)을 들 수 있다. 글로스터 공작에게는 마녀의 누명을 쓴 부인이 있었다. 유력한 왕위 계승자 중 한 사람인 남편을 왕좌에 앉히기 위해 마법을 써서 헨리의 죽음을 도모했다는 말도 안 되는 누명이었다. 역시 마녀로 알려진 마저리Margery라는 엉터리 노파의 도움으로 왕을 닮은 밀랍인형을 만들고, 그 인형을 약한 불길 앞에 세워두어 서서히 녹아 없어지게 했다는 게 구체적인 혐의였다.

당시 사람들은 이렇게 하면 인형으로 본뜬 인물이 틀림없이 죽게 된다고 믿었다. 공작 부인도 다른 사람들처럼 무지해서 정말로 그런 의도로 인형을 만들었는지는 알 수 없다. 분명한 것은 어리석게도 그녀가 그 말을 곧이듣고 밀랍인형을 수천 개 만들어 녹인다 해도 어느 누구도 해칠 수 없다는 사실이다.

어쨌든 공작 부인과 마저리, 그리고 이들을 도와준 죄목으로 기소된 공작의 담당 사제 한 명까지 이 일로 재판을 받았다. 결국 사제와 마저리는 처형당했고, 공작 부인은 속죄의 의미로 촛불을 들고 맨발로 런던 시내를 세 바퀴 돈 다음 평생을 감방에서 보내는 형벌을 선고받았다. 놀랍게도 글로스터 공작은 이 모든 소동을 차분히 받아들였을 뿐 아니라 부인을 떼어내게 되어 오히려 후련하다는 듯 전혀 이의를 제기하지 않았다.

하지만 글로스터 공작은 그리 오랫동안 화를 면할 운명이 아니었다. 왕실의 꼭두각시였던 헨리 6세가 스물세 살이 되자 그의 혼인을 둘러싼 알력이 한층 더 격렬해졌다. 글로스터 공작은 헨리가 아르마냑 백작의 딸과 결혼하기를 바랐다. 그러나 보퍼트 추기경과 서퍽 공작은 시칠리아 왕의 딸인 마거릿Margaret of Anjou(1430~1482)을 왕비감으로 전폭 지지했다. 마거릿이 단호하고 야망 있는 여성임을 알고, 왕비가 되면 왕을 마음대로 주무를 수 있으리라 생각했던 것이다.

중매차 시칠리아에 건너갔던 서퍽 공작은 이 귀족 여성과의 우호 관계 형성을 위해 지참금 한 푼 없이 그녀를 왕비로 받아들인다는 조건에 동의했고, 심지어는 잉글랜드가 당시 프랑스 땅에 보유하고 있던 귀중한 점령지 세 곳까지 내주기로 했다. 그리하여 마거릿에게 유리한 조건으로 혼담이 성사되었고, 공작은 마거릿을 잉글랜드로 데려와 웨스트민스터에서 헨리 6세와 결혼시켰다.

2년 뒤 마거릿 왕비와 측근들이 무슨 죄목을 들어 글로스터 공작에게 대역죄를 뒤집어씌웠는지 제대로 파악하기는 불가능하다. 상황이 그만큼 혼란스러웠던 것이다. 어쨌든 그들은 헨리 6세가 생명의 위협을 받고 있는 척 가장하여 공작을 감옥에 집어넣어버렸다. 2주 뒤 그들은 글로스터 공작이 침대에서 숨진 채 발견되었다고 밝히고 시신을 일반에 공개했다. 서퍽 공작이 글로스터 공작의 재산 대부분을 넘겨받았다. 오늘날이라면 당시의 죄수들이 어째서 그렇게 툭하면 돌연사하곤 했는지 그 이유를 충분히 짐작할 수 있을 것이다.

▲ 잉글랜드 왕 헨리 6세
©Georgios Kollidas/Shutterstock.com

만약 보퍼트 추기경이 글로스터 공작의 죽음에 관여했던 게 사실이라 해도 이 일로 그가 딱히 이득을 본 것은 없었다. 6주가 채 지나지 않아 그 역시 사망했기 때문이다. 고령에 지나치게 권력욕을 부린 탓인지 결국 그는 교황은 되지 못한 채 눈을 감았다.

이 무렵 잉글랜드는 그 많던 프랑스 점령지를 전부 잃은 상태였다. 사람들은 이러한 손실의 주요 원인이 서퍽 공작에게 있다고 여겼다. 이제 공작의 지위에 오른 그가 너무 가벼운 조건으로 왕실 결혼을 성사시킨 데다 심지어 프랑스 측에 매수당했다고 믿는 사람들도 있었다.

결국 반역자라는 의혹이 제기되었다. 여러 혐의가 있었지만 그중에서도 가장 큰 혐의는 프랑스 왕에게 협력했으며 자기 아들을 잉글랜드 왕으로 만들고자 일을 도모했다는 것이었다. 하원과 백성들 사이에서 여론이 악화되자 그의 친구들은 서퍽 공작을 5년 동안 추방하고 의회를 휴회하도록 간언하여 그의 목숨을 구해주었다.

서퍽 공작은 세인트 자일스 평원에서 자신을 노리며 매복해 있던 2,000여 명의 성난 런던 군중 속을 빠져나오느라 한바탕 소동을 겪었다. 어쨌든 그는 서퍽에 있는 자신의 영지에 무사히 도착했고, 입스위치 Ipswich 항을 통해 배를 타고 잉글랜드를 빠져나왔다.

해협을 건너면서 그는 칼레에 사람을 보내 상륙 가능성을 타진하게 했다. 그러나 칼레 사람들은 서퍽 공작의 배와 부하들을 나포해 항구에 억류해놓고 150명의 병사들을 태운 잉글랜드 군함 '탑의 니컬러스 Nicholas of the Tower' 호가 올 때까지 기다렸다. 큰 배의 선장은 공작의 작은 배에 접안하더니 올라오라고 지시했다.

"어서 오시오, 반역자 양반."

선장은 단호하면서도 조롱 섞인 인사를 건넸다.

서퍽 공작이 잉글랜드 배에 감금된 후 48시간이 지나자 작은 배 한 척이 나타나 이쪽으로 노를 저어왔다. 점점 더 가까이 다가오는 그 배 위에 참수대, 녹슨 칼, 검은 복면을 쓴 사형집행인이 보였다. 공작은 그 배로 인계되었고, 녹슨 칼을 여섯 번 내리친 끝에 머리가 잘려나갔다. 작은 배는 다시 도버 해안을 향해 노를 저어가 해변에 시신을 내버렸다. 공작 부인이 찾으러 올 때까지 시신은 그 자리에 그대로 있었다. 높은 직위에 있는 누군가가 이 살인을 지시했는지는 끝내 밝혀지지 않았다. 이 일로 처벌받은 자도 없었다.

그 무렵 켄트 지방에 모티머라는 아일랜드인의 세력이 부상하고 있었다. 그의 본명은 잭 케이드Jack Cade였다. 와트 타일러와는 인품이 전혀 딴판이고 역량도 부족한 사람이었지만, 그는 타일러를 흉내 내어 켄트 사람들에게 사악한 잉글랜드 정부의 만행을 성토했다. 궁정에서 벌어지고 있는 무수한 알력과 꼭두각시 왕에 대한 이야기도 빼놓지 않았다.

결국 2만 명의 켄트인이 들고일어났다. 집회 장소는 블랙히스였다. 잭 케이드를 필두로 한 반란군은 '켄트 시민들의 불만 사항'과 '켄트 대집회 의장의 요청 사항'이라는 두 가지 성명을 발표한 뒤 세븐오크스 Sevenoaks로 물러났다. 반란군은 여기까지 추격해 온 헨리 6세의 군대를 물리치고 장군을 처단했다. 케이드는 죽은 장군의 갑옷으로 갈아입은 다음 부하들을 이끌고 런던으로 향했다.

잭 케이드는 서더크 방향에서 다리를 통과해 런던 시 진입을 시도했고, 결국 당당히 입성에 성공했다. 부하들에게는 절대 약탈하지 말라고 단단히 일러두었다. 시민들이 조용히 지켜보는 가운데 시내에서 한바탕 무력시위를 벌인 케이드는 질서정연하게 서더크로 돌아가 그날 밤을 보냈다.

다음 날 그는 다시 돌아와 평판이 좋지 않던 귀족 세이 경Lord Say을 붙잡았다. 케이드는 런던 시장과 판사들에게 말했다.

"길드홀에 재판소를 마련하고 이 귀족의 재판을 진행해주시겠소?"

부랴부랴 법정이 꾸려져, 세이 경은 유죄 판결을 받았으며, 케이드와 부하들은 콘힐Cornhill에서 그의 목을 쳤다. 반란군은 세이 경의 사위까지 목을 친 다음 다시 질서정연하게 서더크로 돌아갔다.

런던 시민들은 자신이 좋아하지 않는 귀족의 목이 달아나는 것쯤이야 기꺼이 참아줄 수 있었지만 자기 집이 침탈당하는 것은 견딜 수 없었던 모양이다. 어느 날 케이드는 저녁식사 후 아마도 술이 과했던 탓인지 자신이 묵고 있던 집을 약탈하기 시작했다. 그러자 부하들도 당연히 그를 따라 약탈을 시작했다. 런던 시민들은 런던탑에 병사 1,000여 명을 거느리고 있던 스케일스 경Thomas de Scales, 7th Baron Scales(1397~1460)에게 도움을 청했고, 런던교를 방어하면서 케이드와 그 부하들을 저지했다. 일단 우위가 확보되자, 수많은 귀족들이 케이드의 군대를 분열시키기 위해 고전적인 수법을 들고 나왔다. 정부의 이름을 내걸고 지킬 마음도 없는 갖가지 솔깃한 공약을 내놓으면서 회유하는 방법이었다.

그런데 이 방법은 실제로 효과가 있어서 반란군의 분열을 가져왔다. 케이드의 부하들 중 일부는 제안된 조건을 받아들여야 한다고 주장했고, 일부는 그건 덫에 불과하니 절대로 받아들여서는 안 된다고 반박했다. 당장 집에 돌아가는 사람이 있었는가 하면, 그 자리에 남아 있는 사람도 있었다. 모두 서로를 의심하고 자기들끼리 싸우느라 바빴다.

잭 케이드는 계속 싸울 것인지 말 것인지를 놓고 오랜 시간 동안 망설이고 있었다. 그러다 마침내 부하들에게서 기대할 수 있는 게 아무것도 없고, 그중 몇 명은 자신을 붙잡아 적에게 넘기고 1,000마르크mark(10세기에 데인족의 영향으로 잉글랜드에 들어온 자산 평가 단위. 화폐로 사용된 적은 없었다_옮긴이)의 현상금을 챙길 가능성도 매우 높다고 판단했다. 그래서 서더크에서 블랙히스까지, 그리고 다시 블랙히스에서 로체스터까지 이동하는 내내 옥신각신하다가 좋은 말을 하나 골라 타고 서식스 방향으로 달아났다. 하지만 알렉산더 이든Alexander Iden이라는 자가 더 좋은 말을 타고 케이드를 따라잡았고, 거친 싸움을 벌인 끝에 그를 죽였다. 케이드의 머리는 런던교 위에 높이 걸렸다. 얼굴은 그가 처음에 깃발을 들었던 블랙히스 방향이었다. 알렉산더 이든은 1,000마르크의 주인이 되었다.

일각에서는 요크 공작 리처드 플랜태저넷Richard Plantagenet, 3rd Duke of York(1411~1460)이 케이드와 반란군 봉기의 배후 세력이었을 거라는 이야기가 나왔다. 마거릿 왕비의 영향력으로 높은 자리에서 쫓겨나다시피 해 아일랜드 총독으로 물러나 있던 요크 공작이 잉글랜드 정부를 애먹이고자 했을 거라는 추측이었다. 요크 공작은 공공연히 표명한 적은 없었으나 자신이 헨리 4세가 밀어낸 마치 백작 가문의 일원으로서 랭커스터 가문의 헨리보다 더 적법한 왕위 계승자라고 주장했다. 모계 혈통에 근거한 그의 주장은 통상적인 계승 원칙에 부합하지 않았다. 따라서 잉글랜드 백성들과 의회는 헨리 4세를 자발적으로 선택했으며, 이후 그의 가문(랭커스터)이 60년 동안 별다른 논란 없이 나라를 통치해왔다고 말해도 무리는 아닐 것이다.

장미전쟁의 시작

선왕인 헨리 5세에 대한 기억이 워낙 좋게 남아 있고 잉글랜드인이 그를 무척 아꼈으므로 한동안 아무도 요크 공작의 주장에 귀를 기울이지 않았다. 그러나 이 무렵에는 헨리 6세가 거의 얼간이 취급을 받는 딱한 처지인 데다 나라 돌아가는 꼴도 엉망진창이었다. 이 두 가지 여건이 절묘하게 맞아떨어져 운 좋게도 요크 공작은 권력을 손에 쥐게 되었다.

요크 공작은 잭 케이드의 소문을 들었는지 못 들었는지 그의 머리가 런던교에 걸려 있는 동안 아일랜드에서 귀국했다. 정적인 서머싯 공작 Edmund Beaufort, 4th Duke of Somerset(1438?~1471)에게 마거릿 왕비가 힘을 실어주고 있다는 첩보를 입수했기 때문이다. 그는 4,000명의 병사를 이끌고 웨스트민스터로 가서 헨리 6세 앞에 무릎을 꿇었다. 악화일로에 있는 나라 상황에 대해 고하면서 의회를 소집해달라고 청원했다. 헨리는 그러겠다고 약속했다. 그러나 막상 의회가 소집되자 요크 공작과 서머싯 공작은 서로에게 비난의 화살을 돌리기 바빴다. 그리고 의회 안팎에서 양편의 추종자들이 서로에게 폭력을 휘두르며 증오를 표출했다.

마침내 요크 공작이 소작농들로 이루어진 대규모 병력을 동원하여 정부의 개혁을 요구하기에 이르렀다. 그는 런던에 진입하지 못해 다트퍼드에 진을 쳤고, 왕의 군대는 블랙히스에 진을 쳤다. 그야말로 일촉즉발의 상황이었다. 그러나 갈등은 잠시 일단락되었고, 요크 공작은 다시 한 번 충성을 맹세한 후 자신의 성으로 조용히 물러섰다.

6개월 뒤 마거릿 왕비가 아들을 낳았는데, 백성들은 그 아기가 왕의 친자가 아니라고 여겨 탐탁지 않아 했다. 요크 공작은 그 일을 빌미로 백성의 불만을 이용하여 왕위를 노릴 수도 있었지만 그렇게 하지 않았다. 잉글랜드를 또다시 곤경에 빠뜨리고 싶지 않았기 때문이다. 그는 공익을 위해 자신의 이익을 포기할 줄 아는 사람이었다.

요크 공작은 내각의 각료로 임명되었다. 이 무렵 헨리 6세의 증세가 악화되어 백성들 앞에서 품위를 지키면서 정무를 수행할 수 없는 지경에 이르자(외할아버지인 프랑스의 샤를 6세에게 물려받은 것으로 보이는 정신병이 있었다_옮긴이), 왕이 회복되거나 왕자가 성년에 이를 때까지 요크 공작이 잉글랜드 왕국의 호국경 직책을 맡기로 했다. 동시에 서머싯 공작은 런던탑에 감금되었다. 서머싯 공작이 내리막길에 들어서고 요크 공작이 정상에 떠오르는 형국이었다.

그러나 그해 말에 헨리 6세의 기억력과 분별력이 어느 정도 돌아오자, 이 틈을 타 마거릿 왕비는 왕의 권력을 등에 업은 채 호국경을 밀어내고 자기 측근인 서머싯 공작을 풀어주었다. 이렇게 해서 이번에는 요크 공작이 하락세를 타고 서머싯 공작이 상승세에 접어들었다.

이와 같이 두 공작이 엎치락뒤치락 힘겨루기를 하는 동안 온 나라가 서서히 요크파와 랭커스터파로 양분되었고, 이는 끔찍한 내란으로 이어졌다. 붉은 장미는 랭커스터 가문의 문장이고 백장미는 요크 가문의 문장이었기 때문에 이 내란은 두고두고 '붉은 장미와 백장미의 전쟁' 혹은 '장미전쟁'으로 불리게 되었다.

요크 공작은 백장미파의 유력한 귀족들 몇 명과 결탁하여 소규모의 군대를 이끌고 세인트올번스St. Alban's로 나갔다. 그러고는 역시 소규모의 군대를 거느리고 나온 헨리 6세에게 서머싯 공작을 내놓으라고 요구했다. 가엾은 헨리가 사주받은 대로 그러느니 차라리 내가 죽고 말겠다고 대답하자 즉각 공격이 시작되었다.

결국 서머싯 공작은 사망했고, 헨리 6세는 목에 부상을 입은 채 어느 가난한 무두장이의 집으로 피신했다. 그러자 요크 공작은 헨리를 찾아가 정중히 웨스트민스터 사원까지 모시고 가서 그간의 일에 대해 깊이 사죄했다. 왕을 손아귀에 넣은 요크 공작은 의회를 소집했고 다시 한 번 호국경의 자리에 올랐지만, 그것도 몇 달뿐이었다. 헨리가 정신을 차리자 마거릿 왕비와 그 일파가 다시금 그를 손아귀에 넣고 요크 공작을 또 한 번 실각시켰기 때문이다. 이렇게 해서 요크 공작은 다시 내리막길에 들어섰다.

이 끊임없는 정국 불안의 위험성을 인식한 몇몇 힘 있는 원로들이 그제야 붉은 장미와 백장미의 전쟁을 막아보겠다고 나섰다. 그들은 두 파벌의 갈등을 중재하기 위해 런던에서 대회의를 소집했다. 백장미파는 블랙프라이어스Blackfriars(도미니크회) 수도원에, 붉은 장미파는 화이트프라이어스Whitefriars(가르멜회) 수도원에 소집해 있었다. 그리고 몇 명의 사제들이 두 파벌 사이의 연락책을 맡아 저녁에 헨리 6세와 판사들에게 진행 상황을 전달했다.

결국 두 파벌은 더 이상 싸움을 하지 말고 평화롭게 지내기로 합의했다. 잘 지내기로 했음을 백성들에게 보여주기 위해 왕비가 과거의 정적 요크 공작과 팔짱을 끼고 세인트 폴 대성당까지 걷는 행사도 진행되었다. 하지만 이 평화 상태는 6개월을 넘기지 못했다. 공작의 유력한 측근 중 한 명인 워릭 백작과 궁정 신하 몇 명 사이에 사소한 말다툼이 일어났고, 이것이 백장미파인 백작에 대한 공격으로 이어지면서 애써 눌러놓았던 감정이 일시에 폭발해버린 것이다. 이렇게 해서 전보다 더 큰 권력의 부침이 시작되었다.

머지않아 부침의 폭은 더욱더 커졌다. 여러 차례 전투를 치른 끝에 요크 공작은 아일랜드로, 아들 마치 백작은 칼레로 피신했으며, 이들의 측근 솔즈베리 백작과 워릭 백작도 어디론가 몸을 숨겼다. 의회는 그들 모두를 반역자로 선포했다. 그러자 워릭 백작은 곧 발걸음을 돌려 켄트로 들어왔고, 캔터베리 대주교를 비롯한 다른 힘 있는 귀족 및 상류층과 힘을 합쳐 노샘프턴에서 헨리 6세의 군대와 교전을 벌였다. 관군을 보기 좋게 격파한 워릭 백작은 막사에 숨어 있던 왕까지 포로로 잡았다. 워릭 백작은 왕비와 왕자까지 사로잡고 싶었겠지만 두 사람은 이미 웨일스를 거쳐 스코틀랜드로 달아나버린 상태였다.

승전군은 왕을 앞세우고 곧장 런던으로 들어와 새 의회를 소집했다. 새 의회는 즉각 요크 공작과 그에 동조한 귀족들이 반역자가 아니라 충성스러운 신하들이라고 선포했다. 그때 요크 공작이 500명의 기마병을 이끌고 아일랜드에서 돌아와 런던에서 웨스트민스터까지 말을 타고 와서는 상원 회의장에 들어왔다. 그는 비어 있는 왕좌가 탐나는 듯 덮어놓은 황금색 천에 손을 댔지만, 앉지는 않았다.

캔터베리 대주교가 가까운 궁에 머물고 있는 헨리 6세를 알현하겠느냐고 묻자 그는 대답했다.

"이 나라에서 나를 알현할 사람이 있다면 누구라도 만나주겠소."

자리에 있던 상원의원 그 누구도 아무 말이 없었다. 그렇게 요크 공작은 들어왔던 기세 그대로 회의장을 나갔고, 당당히 왕궁에 자리를 잡았으며, 6일 뒤 상원에 자신의 왕위를 주장하는 공식 서한을 전달했다. 상원은 이 중대 사안을 헨리 6세에게 올리고 장시간 논의를 벌였다. 판사 및 나머지 법무관들도 어느 한쪽의 손을 들어주기를 주저하는 가운데 절충안이 나왔다. 현왕이 살아 있는 동안에는 왕위를 유지하고 이후에는 요크 공작과 그의 상속자에게 왕위를 넘기기로 합의한 것이다.

그러나 마거릿 왕비는 자기 아들에게 왕위를 물려주어야 한다고 단호히 주장하며 그런 합의 사항 따위는 들은 척도 하지 않았다. 그러고는 스코틀랜드에서 돌아오자마자 잉글랜드 북부로 가서 자신의 뜻에 동조하는 몇몇 힘 있는 귀족들의 세력을 모았다. 이에 요크 공작도 5,000여 명의 병사를 이끌고 1460년 성탄절을 며칠 앞둔 어느 날 왕비와의 전투를 위해 출발했다.

요크 공작이 웨이크필드Wakefield 근처의 샌들 성Sandal Castle에 머물고 있는데, 붉은 장미파가 웨이크필드 초원으로 나와 당장 맞붙어보자며 그를 부추겼다. 장군들은 용맹한 아들 마치 백작이 군사를 거느리고 올 때까지 기다리는 게 좋겠다고 말했다. 그러나 공작은 그 조언에 따르지 않고 붉은 장미파의 도전을 받아주기로 결심을 굳혔다.

그러나 행운은 따라주지 않았다. 공작은 사방에서 심한 압박을 받은 끝에 웨이크필드 초원에서 병사 2,000명을 잃었으며 자신 역시 포로로 붙잡혔다. 붉은 장미파는 요크 공작을 조롱하기 위해 개밋둑 위에 앉히고 잡초를 꼬아 머리에 얹은 다음 무릎을 꿇고 경의를 표하는 척하며 말했다.

"오, 나라 없는 왕이시여! 백성 없는 군주시여! 소인들은 폐하가 기쁘

▲ 요크 공작이 머물렀던 잉글랜드 웨이크필드에 있는 샌들 성 잔해 ©Andrzej Sowa/Shutterstock.com

고 행복하시기를 기원하옵니다!"

그게 다가 아니었다. 그들은 요크 공작의 목을 벤 다음 장대에 꽂아 마거릿 왕비에게 건넸다. 그걸 본 왕비는 좋다고 웃으며 종이 왕관을 만들어 머리에 씌운 다음 요크의 성벽에 걸어놓게 했다. 과연 그토록 경건하고 다정한 모습을 연출하며 세인트 폴 대성당까지 함께 걸었던 두 사람이 맞는지!

솔즈베리 백작도 참수를 당했다. 스승과 함께 웨이크필드 다리를 넘어 황급히 달려오던 요크 공작의 잘생긴 둘째 아들은 어느 살기등등한 귀족의 칼에 가슴을 맞고 죽었다. 클리퍼드 경Lord Clifford이라는 이 귀족은 세인트올번스 전투에서 백장미파의 손에 아버지를 잃은 사람이었다.

세인트올번스 전투에서는 많은 인명이 희생되었다. 목숨만이라도 살려주는 아량은 전혀 없었고 마거릿 왕비는 복수심에 불타고 있었기 때문이었다. 묘하게도 사람들은 항상 동족을 상대로 싸울 때 다른 어떤 적을 맞아 전투를 벌일 때보다도 더 비정상적으로 잔인하고 분노에 휩싸인 모습을 보여주곤 한다.

요크 공작의 둘째 아들이 살해될 때 장남인 마치 백작 에드워드는 글로스터에 있었다. 아버지, 동생, 충직한 친구들의 죽음에 대해 복수를 다짐한 그는 마거릿 왕비의 군대와 싸우기 위해 행군을 시작했다. 그러나 진격을 방해하는 엄청난 규모의 웨일스군과 아일랜드군을 먼저 상대해야 했다.

그는 헤리퍼드 근처의 모티머스 크로스에서 벌어진 큰 전투Battle of Mortimer's Cross에서 이들을 물리쳤다. 그는 웨이크필드에서 참수된 백장미파 사람들의 복수를 위해 포로로 붙잡은 붉은 장미파 여럿의 목을 베어버렸다. 다음은 마거릿 왕비의 목을 칠 차례였다.

한편 같은 백장미파인 워릭 백작과 노퍽 공작은 런던을 향해 이동하다가 세인트올번스와 바넷Barnet 사이의 어느 지점에서 군대를 점검하고 있었다. 그들은 마거릿 왕비에 대항할 군대를 모아 대기 중이었으며, 헨리 6세까지 데려다놓은 상태였다. 결국 마거릿 왕비는 백장미파에게 큰 손실을 안기며 승리를 거두었고 중요한 포로 두 명의 목을 베어버렸다. 두 사람은 헨리 6세의 막사에 함께 있었는데, 왕은 그들에게 안전을 보장해주기로 약속했으나 그 약속이 지켜지지 않은 것이다.

그러나 마거릿 왕비의 승리는 오래가지 못했다. 왕비는 재물이 없었기 때문에 약탈로 근근이 군대를 유지하던 중이었고, 그래서 사람들은 왕비의 병사들을 몹시 싫어하고 무서워했다. 특히 부유한 런던 시민들이 더욱 그랬다. 런던 시민들은 마치 백작 에드워드가 워릭 백작과 세력을 합쳐 런던을 향해 진격 중이라는 소식을 듣자마자 왕비에게 물자 공급을 끊었고 내심 쾌재를 불렀다.

마거릿 왕비와 그 군대는 전속력으로 퇴각했다. 에드워드와 워릭이 나타나자 사방팔방에서 시민들이 큰 환호로 그들을 맞이했다. 온 백성들이 젊은 에드워드의 용기, 용모, 품행을 입에 침이 마르도록 칭찬했다. 그는 정복자처럼 말을 타고 런던에 입성했고, 열광적인 환영을 받았다.

며칠 뒤, 포콘브리지 경Lord Fauconbridge과 엑서터 주교는 시민들을 세인트 존스St. John's 평원에 모아놓고 랭커스터 가문의 헨리를 왕으로 앉히고 싶은지 물었다. 이 질문에 사람들은 다 같이 소리쳤다.

"아니오, 절대로 아니 되오!"

"에드워드를 왕으로! 에드워드를 왕으로!"

그러자 두 귀족은 다시 물었다.

"그럼 젊은 에드워드를 기꺼이 왕으로 모시겠소?"

이 말에 사람들은 입을 모아 외쳤다.

"그렇소! 그렇소!"

그러고는 모자를 하늘 높이 던지고 손뼉을 치며 한없이 기뻐했다. 그렇게 해서 왕비에게 동조했을 뿐 아니라 중요한 포로 두 명을 보호하지 못한 죄로 랭커스터 가문의 헨리는 왕위를 박탈당했고, 요크 가문의 에드워드가 왕으로 선포되었다. 에드워드는 훌륭한 연설로 웨스트민스터에 모인 사람들의 박수갈채를 받았고, 잉글랜드의 군주가 되어 아버지가 황금색 덮개에 손을 얹었던 바로 그 왕좌에 앉았다. 사실 그의 부친도 잉글랜드에서 그렇게 오랜 세월에 걸쳐 그토록 많은 이들의 목숨을 끊어놓은 피투성이 도끼를 맞고 죽기에는 아까운 인물이었다.

제23장

피도 눈물도 없는 폭군,
에드워드 4세

혼란 속에서 왕위에 오르다

에드워드 4세Edward Ⅳ(생몰연도: 1442~1483, 재위기간: 1461~1470, 1471~1483)가 그 어수선한 정국 속에서 잉글랜드 왕위에 앉았을 때는 이제 막 열아홉 살이 되던 해였다. 당시 랭커스터 가문의 붉은 장미파가 요크 주변에 대거 결집해 있어서 즉각 전투를 개시해야 하는 상황이었다. 용감한 워릭 백작이 왕을 이끌고, 왕도 워릭 백작을 바짝 따르며, 잉글랜드 백성들이 왕실 깃발 아래 구름같이 모인 가운데, 백장미파와 붉은 장미파는 폭설이 쏟아지던 3월의 어느 날 토우턴Towton에서 맞닥뜨렸다.

두 파벌 사이에 격렬한 전투가 시작되었고, 잉글랜드 땅에서 잉글랜드인끼리 싸움을 벌인 끝에 총 4만 명이 넘는 사람이 목숨을 잃었다. 젊은 왕은 그날 전투에서 승리를 거두어 요크의 성벽에 걸렸던 아버지와 동생의 머리를 내렸고, 전투에 가담한 상대편의 귀족 중에서 가장 유명한 몇 사람의 머리를 베어 대신 걸어놓았다. 그런 다음 런던으로 가서 화려한 대관식을 치렀다.

의회가 새로이 소집되었다. 랭커스터파의 유력 귀족과 상류층이 150명이나 반역자로 공표되었다. 에드워드 4세는 용모가 출중하고 예의범절이 몸에 밴 사람이었지만 자비심이 조금도 없었다. 무슨 수를 써서든 붉은 장미의 뿌리와 가지를 통째로 뽑아버리겠다고 작정한 것 같았다.

그 와중에도 마거릿 왕비는 여전히 어린 아들을 위해서라면 무슨 짓이든 할 기세였다. 왕비는 스코틀랜드와 노르망디에서 지지자들의 도움을 얻어 잉글랜드의 중요한 성 몇 채를 손에 넣었다. 그러나 워릭 백작에게 곧 그 성들을 도로 빼앗겼고, 큰 풍랑을 맞아 배에 실은 보물을 몽땅 잃기도 했다. 왕비와 아들에게는 불운이 끊이지 않았다.

한번은 겨울에 말을 몰고 숲 속을 통과하다가 강도의 습격을 받아 가진 것을 모두 빼앗기는 일까지 있었다. 강도들에게서 간신히 도망쳐 컴컴하고 빽빽한 숲 속을 맨발로 헤매다 또 다른 강도를 만났다. 마거릿 왕비는 용감하게 어린 왕자의 손을 잡고 강도에게 다가가 말했다.

"이보게, 이 아이는 합법적인 잉글랜드 왕의 아들이라네! 자네가 아이를 해치지 않으리라 믿고 알려주는 거야."

깜짝 놀란 강도는 소년을 두 팔로 껴안아보고는 왕자와 왕비를 고이 일행에게 돌려보냈다. 그러나 결국 병사들이 전투에서 패하고 여기저기 흩어져버리자 왕비는 다시 국외로 나갈 수밖에 없었고 당분간 잠잠히 지냈다.

이 무렵, 폐위된 헨리 6세는 어느 웨일스 기사의 보호를 받으며 성에 숨어 지내고 있었다. 이듬해 전의를 되찾은 랭커스터파가 대규모 병력을 동원했고, 왕위에서 물러나 있던 헨리 6세를 끌어내 선두에 세웠다. 새로운 왕에게 충성을 맹세했던 힘센 귀족들 몇 명도 맹세를 깨뜨리고 가세했다. 늘 그렇듯이 언제든 빌미가 생기면 서약을 깰 준비가 되어 있는 인물들이었다.

장미전쟁의 역사에서 최악의 사실은 백성들에게 본보기를 보여야 할 귀족들이 여차하면 자기편을 배신하고, 기대만큼 탐욕이 채워지지 않으면 신의를 헌신짝 버리듯 했다는 점이다. 하지만 웬걸! 얼마 지나지 않아 워릭 백작의 동생은 랭커스터파를 일망타진했고, 신의를 저버린 귀족들을 붙잡아 잠시의 망설임도 없이 목을 베어버렸다.

폐위된 헨리 6세는 구사일생으로 탈출에 성공했다. 헨리의 신하 세 명이 붙잡혔는데, 그 가운데 한 명은 진주가 박히고 두 개의 황금 왕관이 수놓인 왕의 모자를 쓰고 있었다. 그러나 그 모자의 진짜 주인은 랭커셔 Lancashire에 무사히 도착했고, 거기서 1년 넘게 조용히 지냈다. 비밀을 알고 있는 사람들이 의리를 지킨 덕분이었다.

그러나 결국은 늙은 수도사 한 명의 첩보로 워딩턴 홀Waddington Hall 이라는 곳에서 식사 중이던 헨리 6세는 적의 손에 사로잡혔다. 그는 즉시 런던으로 보내졌고, 이즐링턴에서 워릭 백작 앞에 붙들려 나왔다. 백작의 명령에 따라 왕은 말 등에 태워져 두 다리를 아래쪽에서 묶였는가 하면, 공시대pillory(목과 손목을 결박한 채 대중의 모욕을 받게 하던 형틀_옮긴이)에 서는 수모를 세 차례나 겪었다. 그런 다음 런던탑으로 이송되었고, 거기서는 그런대로 괜찮은 대우를 받았다.

백장미파가 득세하자 젊은 왕은 향락에 빠져 지냈다. 그러나 이 안락해 보이는 장미 화단 아래로 가시들이 돋아나고 있었고, 에드워드

4세도 곧 그걸 깨달았다. 사실 에드워드는 엘리자베스 우드빌Elizabeth Woodville(1437~1492)이라는 대단히 아름답고 매력적인 젊은 과부와 몰래 결혼한 사이였다. 마침내 에드워드가 비밀을 공개하고 정식으로 그녀를 왕비로 맞겠다고 하자 워릭 백작은 이를 매우 못마땅하게 생각했다.

워릭 백작은 당시 막강한 힘을 지니고 있었고 에드워드를 왕위에 올리기까지 큰 도움을 주었기 때문에 '킹메이커'라 불리고 있었다. 워릭 백작의 가문인 네빌Neville가 사람들이 우드빌 가문의 지위 상승을 시기했기에 백작의 분노는 더더욱 수그러들지 않았다.

젊은 왕비는 일가친척의 뒷바라지에 여념이 없었다. 친정아버지를 백작으로 임명하고 요직에 앉혔으며, 다섯 자매를 차례로 높은 신분의 젊은 귀족들과 결혼시켰는가 하면, 스무 살밖에 안 된 남동생을 엄청나게 돈 많은 여든 살의 공작 부인과 결혼시켰다. 워릭 백작은 자존심 강한 성격을 억누르고 이 모든 일을 담담히 받아들였으나, 에드워드 4세의 누이인 마거릿의 결혼 문제가 대두되면서 상황이 심각해졌다.

워릭 백작은 프랑스 왕의 아들 중 한 명과 결혼시켜야 한다는 의견을 분명히 했다. 그러고는 혼담을 제의해도 좋다는 허락을 받고 프랑스로 건너가 양국의 동맹 관계 수립을 위해 프랑스 왕과 다각도로 논의를 진행했다. 그런데 백작이 그 일에 열중해 있는 사이, 우드빌가 사람들이 마거릿을 그만 부르고뉴 공작에게 시집보내버린 게 아니겠는가! 에드워드 4세의 처사와 이 모든 어처구니없는 일에 격노한 워릭 백작은 모멸감 속에 귀국해 불만 가득한 상태로 본인의 미들햄 성Middleham Castle에 틀어박혔다.

비록 진심이 깃들었다고 볼 수는 없어도 워릭 백작과 에드워드 4세 사이에 화해의 자리가 마련되었고, 그럭저럭 사건이 무마되었다. 그러나 워릭 백작이 에드워드의 반대를 무릅쓰고 자기 딸을 그의 동생 클래런스 공작과 결혼시키자 둘 사이는 다시 틀어졌다. 이 결혼식이 칼레에서 진행되고 있는 동안, 네빌 가문의 영향력이 가장 강했던 잉글랜드 북부 사람들이 폭동을 일으켰다. 그들은 잉글랜드가 우드빌 가문의 압제와 약탈에 시달리고 있다고 불만을 토로하며 우드빌가 사람들에게 정치에서 물러날 것을 요구했다.

점점 더 많은 사람들이 폭동에 합류한 데다 워릭 백작이 이들을 지원하고 있다는 사실까지 밝혀지자 에드워드 4세는 어찌할 바를 몰랐다. 결국 그는 백작에게 도움을 청하는 편지를 보냈지만, 백작은 새로 맞이한 사위와 함께 잉글랜드로 들어와 요크 대주교의 보호 아래 왕을 미들햄 성에 감금하는 것으로 사태를 수습하기 시작했다. 이렇게 해서 잉글랜드는 실질적으로 두 명의 왕(헨리 6세와 에드워드 4세)이 존재할 뿐 아니라 둘 다 포로 신세인 괴이한 상황에 빠져버렸다.

킹메이커는 그때까지도 아직은 에드워드 4세에 대한 신의를 완전히 잃지 않은 상태여서 새로 일어난 랭커스터파 세력을 제압했고, 그 우두머리를 잡아 왕 앞에 대령했다. 에드워드 4세는 즉시 처형을 명했다. 곧이어 워릭 백작은 에드워드가 런던으로 돌아올 수 있도록 허가했고, 런던에서 두 사람은 물론이고 네빌 가문과 우드빌 가문의 모든 사람들이 셀 수 없이 많은 용서와 우정의 서약을 주고받았다. 에드워드 4세의 장녀와 네빌 가문의 상속자 사이에 결혼 약속까지 이루어지자 양측은 이 책에 다 적을 수도 없이 많은 우정의 맹세와 친선 서약을 교환했다.

하지만 그것도 고작 3개월뿐이었다. 석 달이 지난 어느 날, 요크 대주교는 하트퍼드셔에 있는 자택 '무어Moor'로 왕, 워릭 백작, 클래런스 공작을 초대해 연회를 베풀었다. 왕이 식사 전 손을 씻고 있는데, 누군가가 집 밖에 병사 100명이 잠복해 있다고 귀띔해주었다. 이 정보가 사실인지 아닌지 모르겠지만, 왕은 기겁을 해서 말에 올랐고 원저 성까지 컴컴한 밤길을 내달렸다.

왕과 킹메이커 사이에 다시 한 번 화해의 자리가 마련되었지만 오래 가지 못했고, 두 사람은 그 후로 완전히 틀어졌다. 링컨셔 지방에서 새로이 봉기가 일어나자 에드워드 4세는 급히 가서 이를 제압한 후 워릭 백작과 클래런스 공작을 반역자로 공표했다. 두 사람이 비밀리에 봉기를 돕고 그 이튿날 공개적으로 봉기에 가담할 준비를 하고 있었기 때문이다. 이런 위기가 닥치자 두 사람은 배를 타고 프랑스 궁정으로 도피했다.

킹메이커 워릭 백작의 최후

프랑스에서 워릭 백작은 옛 숙적인 마거릿 왕비를 만났다. 아버지를 참수시킨 마거릿 왕비는 워릭 백작에게 원수나 다름없었다. 하지만 그는 이제 배은망덕한 요크의 에드워드에게 완전히 질려버렸다면서 폐위된 그녀의 남편 헨리 6세와 어린 아들 편에 서서 랭커스터 가문의 재건을 위해 헌신하겠노라고 이야기했다.

이에 마거릿 왕비는 마치 둘도 없는 친구라도 다시 만난 것처럼 그를 포옹했다. 왕비는 한술 더 떠서 자기 아들을 워릭 백작의 둘째 딸 레이디 앤Lady Anne Neville(1456~1485)과 결혼시켰다. 이 혼인이 새로운 우호 관계를 다지는 데는 도움이 되었는지 몰라도 클래런스 공작은 장인인 킹메이커가 이제 자신을 왕으로 만들어주지는 않겠구나 생각해 이를 마뜩잖게 여겼다. 이 앞뒤 분간 못하는 풋내기 반역자는 어느 간교한 귀족

부인의 꾐에 빠져 적당한 기회가 찾아오면 다시 한 번 배신하여 형 에드워드 4세 편에 붙기로 약속했다.

워릭 백작은 이 사실을 전혀 모르는 상태에서 마거릿 왕비에게 한 약속을 실천에 옮겼다. 플리머스Plymouth 항구를 통해 잉글랜드에 상륙한 다음 즉각 헨리 6세의 왕위 복권을 선언하고, 이를 지지하는 열여섯에서 예순 살 사이의 잉글랜드 장정들을 모집했다. 북쪽으로 진군할수록 군대의 규모는 점점 더 커져갔다.

마침내 워릭 백작의 군대가 에드워드 4세가 머무르는 지역 가까이에 당도했고, 에드워드는 노퍽 해안가로 힘껏 말을 달려 아무 배나 잡아타고 네덜란드로 피신할 수밖에 없었다. 승리를 쟁취한 킹메이커와 딴마음을 품은 사위 클래런스 공작은 런던으로 돌아갔다. 그러고는 런던탑에서 옛 왕을 구출해 머리에 왕관을 씌워주고 세인트 폴 대성당까지 대대적인 행진을 벌이게 했다.

클래런스 공작은 자신이 왕위에서 한층 더 멀어졌다는 생각에 심기가 불편했지만 내색하지 않았다. 네빌 가문은 예전의 명예를 되찾았고, 우드빌 가문과 그 밖의 사람들은 불명예 속에 퇴진했다. 자신의 손에 피를 묻히기 싫어했던 킹메이커는 '도살자'라는 별칭을 얻을 정도로 사람들을 잔인하게 살해했던 우스터 백작John Tiptoft, 1st Earl of Worcester (1427~1470)을 처단한 일을 제외하고는 아무도 죽이지 않았다. 우스터 백작은 나무 사이에 숨어 있다가 사람들에게 발각되어 재판에 회부되었고 이후 처형당했다. 킹메이커의 승리는 더 이상 피로 얼룩지지 않았다.

이듬해, 에드워드 4세가 패배에 굴복하지 않고 레이븐스퍼Ravenspur 항구를 통해 요크에 돌아왔다. 그는 위장을 위해 병사들에게 "헨리 국왕 만세!"를 외치게 했고, 제단 앞에서 얼굴 한 번 붉히지 않으며 자신은 왕

▲ 잉글랜드 왕 에드워드 4세
©Georgios Kollidas/Shutterstock.com

위를 찬탈하러 온 게 아니라고 거짓 맹세했다.

이제 클래런스 공작이 나설 차례였다. 그는 부하들에게 백장미파의 편에 서서 형 에드워드 4세에 대한 지지를 표명하라고 지시했다. 한편, 몬터규 후작Marquis of Montague, John Neville(1431~1471)은 워릭 백작의 남동생이어서 오해를 살 소지가 있었지만 에드워드에 맞설 의사가 없다는 거짓말과 동생 요크 대주교의 도움으로 런던 입성에 성공했다.

런던에서는 에드워드 4세를 지지하는 사람들이 대대적인 시위를 벌였다. 사람들이 에드워드를 지지한 데는 네 가지 이유가 있었다. 첫째, 런던 곳곳에 숨어서 때를 기다리는 에드워드의 추종자들이 많았다. 둘째, 에드워드가 추종자들에게 거액의 돈을 빌렸으므로 실각할 경우 그 돈을 돌려받을 길이 없어지는 셈이었다. 셋째, 에드워드에게는 왕위를 이을 어린 왕자가 있었다. 넷째, 에드워드는 성격이 쾌활하고 용모가 출중해 런던의 귀족 여성들에게 인기가 있었다. 이 지지자들과 겨우 이틀을 머문 뒤 에드워드는 워릭 백작과 전투를 벌이기 위해 바넷 공유지까지 전진했다. 이제 왕이 이기든 킹메이커가 이기든 마지막으로 승부를 가를 시간이었다.

전투가 임박하자 겁 많은 클래런스 공작이 슬슬 후회하기 시작했고,

장인에게 밀서를 보내 자신이 장인과 에드워드 4세의 중재에 나서겠다고 전했다. 워릭 백작은 코웃음 치며 이 제안을 거절했고, 클래런스 공작이 자신을 기만하고 서약을 어겼으니 칼로써 분란을 마무리 짓겠다고 회신했다.

전투는 새벽 4시에 시작되어 아침 10시까지 이어졌다. 이 시간 내내 사방에 안개가 자욱했는데, 어이없게도 사람들은 그게 마법사가 일으킨 안개라고 생각했다. 상대방에 대한 증오가 컸던 만큼 인명 피해도 엄청났다. 결국 킹메이커가 패하고 에드워드 4세가 승리했다. 워릭 백작과 그의 동생 몬터규 후작은 죽임을 당했고, 시신은 사람들의 구경거리로 세인트 폴 대성당에 며칠간 전시되었다.

이렇게 큰 타격을 입고도 마거릿 왕비의 전의는 꺾이지 않았다. 5일 안에 왕비는 다시 전열을 가다듬고 바스Bath에서 깃발을 올린 다음, 군대를 이끌고 출발했다. 웨일스에 병력을 가지고 있던 펨브로크 경이 도중에 합류했다. 에드워드 4세는 튜크스베리Tewkesbury라는 마을 외곽에서 마거릿 왕비를 바짝 따라붙는 한편, 용맹한 군인인 동생 글로스터 공작Duke of Gloucester(1452~1485)에게 왕비의 군대를 치라고 지시했다.

마거릿 왕비는 완패했고, 당시 겨우 열여덟 살이었던 아들과 함께 포로 신세가 되었다. 에드워드 4세가 이 가엾은 젊은이에게 한 처사를 보면 그의 잔인한 성품을 알 수 있다. 에드워드는 그를 막사로 데려오라고 명한 다음 물었다.

"너는 무슨 일로 잉글랜드에 왔느냐?"

그런 처지에서는 도저히 나올 것 같지 않은 의연한 목소리로 젊은이가 대답했다.

"내 아버지가 정당한 권한으로 물려받았고, 아버지가 나에게 정당한 권한으로 물려준 잉글랜드 왕국을 되찾으러 왔습니다."

왕은 철장갑을 벗어 젊은이의 얼굴을 후려쳤고, 클래런스 공작을 비롯해 그 자리에 있던 몇몇 귀족들이 칼을 뽑아 그를 살해했다.

마거릿 왕비는 겨우 목숨을 건져 5년간 포로로 지냈고, 친척인 프랑스 국왕이 몸값을 지불해 풀려난 뒤에도 6년을 더 살았다. 왕비의 아들이 살해되고 나서 3주 후 헨리 6세는 당시 런던탑에서 비일비재하게 일어나곤 했던 갑작스러운 죽음을 맞았다. 쉽게 말하자면 에드워드 4세의 명으로 살해되었다는 뜻이다.

랭커스터파를 완전히 물리친 후 딱히 재미있는 소일거리를 찾지 못했던 건지, 아니면 몸에 쌓인 군살을 조금 떨쳐내고 싶었던 건지(그 사이 왕은 예전의 잘생겼던 모습은 온데간데없이 과도하게 비대해진 상태였다), 에드워드 4세는 프랑스에 선전포고해야겠다고 생각했다.

전쟁을 일으키기 위해서는 돈이 필요했다. 하지만 그가 의회에 요구한 금액은 여차하면 전쟁에 뛰어들 준비가 되어 있는 의회라도 감당하기 벅찬 수준이었다. 그래서 에드워드 4세는 새로운 자금 마련 방법을 고안해냈다. 런던의 유력 인사들에게 사람을 보내 어두운 표정으로 지금 급전이 필요한 상황인데 조금만 빌려주면 정말 감사하겠다고 전하는 방법이었다.

이 말을 들은 사람들은 거절할 경우 신변의 안전을 장담할 수 없었으므로 협조할 수밖에 없었고, 그렇게 강제 모금된 돈은 공짜 선물이라는 뜻으로 '덕세德稅, Benevolences'라는 이름으로 불렸다. 에드워드 4세와 궁정 사람들은 틀림없이 이 이름을 아주 재미있어했을 것이다.

의회에서 받은 보조금과 덕세로 에드워드는 군사를 일으켜 칼레로 건너갔다. 그러나 아무도 전쟁을 원하지 않았기에 프랑스 왕이 제의한 평화안이 받아들여졌고 7년간 휴전협정이 체결되었다. 모든 절차는 매우 우호적이고 차분한 분위기 속에서 진행되었지만, 프랑스 왕과 잉글랜드 왕은 여전히 서로를 믿지 못했다. 솜 강 위에 임시로 놓은 다리 위에서 만난 두 왕은 마치 사자 우리처럼 튼튼한 나무로 엮은 격자 틈으로 두 팔을 뻗어 포옹하고는 연거푸 절을 하고 입에 발린 말을 하면서 회담을 마무리 지었다.

이제 클래런스 공작이 배반에 대한 죗값을 치를 때가 다가왔다. 운명이 그의 처벌을 준비해놓고 있었다. 그는 형인 에드워드 4세에게 신뢰를 얻지 못했고(그의 진면목을 아는 사람이라면 누군들 신뢰할 수 있었겠는가!), 동생 글로스터 공작 리처드에게도 눈엣가시 같은 존재였다.

탐욕스럽고 야심 많은 글로스터 공작은 칼레에서 마거릿 왕비의 어린 아들과 결혼식을 올렸다가 때 이른 죽음으로 미망인이 된 워릭 백작의 둘째 딸 레이디 앤과 결혼하기를 원했다. 하지만 가족의 재산을 독차지하고 싶었던 클래런스 공작이 이 미망인을 어디론가 빼돌려 숨겨두었다. 글로스터 공작은 런던 시에서 하녀로 변장해 있던 그녀를 찾아 결혼식을 올렸다. 그러자 에드워드 4세가 임명한 중재자들이 두 형제에게 재산을 분배해주었고, 이 일은 두 사람 사이에 원한과 불신의 싹이 되었다.

클래런스 공작은 아내가 죽자 재혼을 하고 싶어 했고, 에드워드 4세는 이 일을 몹시 괘씸하게 여겼다. 그리고 그 때문에 공작은 더욱 빠른 속도로 몰락할 수밖에 없었다. 처음에 궁정이 표적으로 삼은 것은 공작의 가신과 식솔들이었다. 주술과 마법 또는 이와 비슷한 터무니없는 혐의로 몇 사람이 모함을 당했다. 작은 사냥감에 대한 공격이 성공을 거두자 그다음은 공작이 타깃이 되었다. 형인 에드워드 4세가 몸소 여러 가지 혐의를 들어 공작을 고발한 것이었다. 그는 유죄 판결을 받았고 공개처형을 집행하라는 명이 떨어졌다.

실제로 공개처형을 당하지는 않았지만 그는 런던탑에서 비참한 죽음을 맞았다. 아마도 에드워드 4세나 동생 글로스터 혹은 둘이서 합심해 고용한 첩자의 소행이었을 것이다. 당시에 돌던 소문으로는 그에게 어떻게 죽고 싶은지 선택하라고 했더니 달콤한 포도주통에 빠져 죽는 방법을 선택했다고 한다. 나는 그 소문이 사실이기를 바란다. 그처럼 가련한 영혼에게 딱 어울리는 죽음이었을 것이기 때문이다.

에드워드 4세는 그보다 약 5년을 더 살았다. 그는 즉위 22년째이던 1483년, 마흔한 살의 나이로 사망했다. 그는 재능이 출중하고 몇 가지 장점도 있었지만 이기적이고 경솔한 데다 음탕하고 잔인한 사람이었다. 눈에 띄는 용모와 태도로 대중의 사랑을 받았고, 백성들의 한결같은 애정은 변함없는 지조란 무엇인가를 그에게 보여준 좋은 본보기였다. 그는 임종을 앞두고 덕세를 비롯한 수탈행위들을 뉘우치고 그로 인해 고통당한 사람들에게 배상해줄 것을 지시했다. 또한 융성해진 우드빌 가문과 과거의 영예를 잃은 자존심 높은 귀족들을 침대 가까이로 불러 이들을 서로 화해시키려고 애썼다. 모두 아들의 평화로운 왕위 계승과 잉글랜드의 안정을 위해서였다.

어린 조카의 왕위를 빼앗은 리처드 3세

소년 왕과 삼촌의 싸움

선왕의 장남은 아버지와 이름이 같은 에드워드Edward V(생몰연도: 1470~1483, 재위기간: 1483~1483)였는데, 아버지를 여의었을 때 겨우 열세 살에 불과했다. 왕세자는 외삼촌 리버스 백작Antony Woodville, 2nd Earl of Rivers(1440~1483)과 함께 러들로 성에 머물고 있었다. 열한 살이던 왕세자의 남동생 요크 공작은 어머니와 함께 런던에 있었다.

당시 잉글랜드에서 가장 대담하고 술책이 뛰어나며 모두 두려워했던 귀족은 이 두 왕자의 작은아버지인 글로스터 공작 리처드Richard Plantagenet였다. 사람들은 이 딱한 두 소년이 장차 그런 숙부와 친구로 지내게 될지 원수로 지내게 될지 궁금히 여겼다.

왕비 엘리자베스 우드빌도 어머니 입장에서 이 부분을 극도로 우려해, 동생 리버스 경에게 지시를 내려 어린 왕을 런던까지 안전하게 경호할 병사들을 모집하라고 해야 하는 건 아닐까 생각하며 애를 태웠다. 그러나 우드빌가에 다소 반감이 있어 그런 병력을 붙여주기 싫어했던 궁정파의 일원 헤이스팅스 경Lord Hastings은 왕비의 제안에 반대 의견을 피력했고, 왕비에게 말 2,000마리의 호위로 만족하라고 강요했다.

글로스터 공작은 처음에 사람들의 의심이 옳았음을 입증할만한 짓은 전혀 하지 않았다. 스코틀랜드에서 군대를 지휘하다가 요크로 돌아온 그는 서둘러 조카에 대한 충성을 맹세했다. 그런 다음 왕비에게 위로의 서한을 전달하고 대관식에 참석하기 위해 런던으로 출발했다.

이 무렵 어린 왕도 리버스 경, 그레이 경Lord Gray과 함께 런던을 향하고 있었다. 일행이 스토니 스트랫퍼드Stony Stratford에 이르렀을 때 숙부는 약 16킬로미터 떨어진 노샘프턴에 와 있었다. 두 귀족은 글로스터 공작이 가까이 있다는 소식을 접하자 되돌아가서 숙부님께 인사를 드리는 게 좋지 않겠느냐고 어린 왕에게 제안했다.

에드워드 5세가 흔쾌히 그게 좋겠다고 대답하자 일행은 말을 몰아 길을 나섰고, 글로스터 공작은 이들을 극진히 환대하며 거기서 자신과 함께 묵고 식사를 하자고 청했다. 저녁에 모두 즐거운 시간을 보내고 있는 사이, 버킹엄 공작Henry Stafford, 2nd Duke of Buckingham(1455~1483)이 기병 300명을 이끌고 나타나 그들과 합류했다.

이튿날 아침 두 귀족과 두 공작, 그리고 기병 300명은 왕과 함께 다시 길을 떠났다. 스토니 스트랫퍼드에 진입할 즈음, 글로스터 공작이 고삐를 잡아당겨 말을 멈추더니 갑자기 두 귀족을 향해 몸을 돌렸다. 그리고는 그들이 자신과 사랑스러운 조카 사이를 이간질했다며 기병들에게 두 사람을 체포해 구금하라고 명령했다. 그런 다음 버킹엄 공작과 함께 곧장 (이제 자신들의 손아귀에 들어온) 에드워드 5세에게 달려가 무릎을 꿇은 채 애정을 표시하고 충성을 다짐했다. 그러고는 왕의 수행원들에게 모두 물러나라 명하고 어린 왕만 데리고 노샘프턴으로 갔다.

며칠 뒤 그들은 에드워드 5세를 런던으로 데려가 주교 관저에 머물게 했다. 하지만 에드워드는 거기에 오래 머물지 못했다. 버킹엄 공작이 순한 양의 얼굴을 하고 자신이 어린 왕의 안위를 얼마나 걱정하고 있는지 이야기하며 대관식 전까지는 다른 어느 곳보다도 런던탑에 머무는 게 훨씬 안전하다고 사람들을 설득했기 때문이다. 그리하여 에드워드는 아주 조심스럽게 런던탑으로 옮겨졌고, 글로스터 공작이 호국경에 임명되었다.

글로스터 공작은 시종일관 부드러운 표정을 유지했다. 그는 영리한 사람이었고, 말투가 온화했으며, 비록 한쪽 어깨가 다른 쪽 어깨보다 높아 늘 자세가 조금 뻐딱하긴 했지만 혐오스러운 인상은 아니었다. 에드워드 5세 옆에서 모자를 벗은 채 말을 타고 런던에 들어올 때도 왕을 대단히 아끼는 것처럼 보였다. 그래도 에드워드의 모친은 점점 더 불안해했고, 어린 왕이 런던탑으로 거처를 옮기자 너무나 놀란 나머지 다섯 명의 딸을 데리고 웨스트민스터 사원의 성역으로 몸을 숨겼다.

모후의 판단은 옳았다. 귀족들이 우드빌 가문에 반대하면서도 어린 왕에게 충성을 다하는 모습을 본 글로스터 공작이 자기가 먼저 수를 써야겠다고 재빨리 결심했던 것이다. 그에 따라 귀족들이 런던탑에 모여 회의를 하는 동안 글로스터 공작과 그를 지지하는 세력들은 비숍스게이트Bishopsgate 거리에 있는 공작의 저택 크로스비 궁Crosby Palace에 따로 모여 회의를 했다.

마침내 준비가 갖추어지자 그는 런던탑의 자문회의 자리에 예고도 없이 불쑥 나타났다. 무슨 일 때문인지 아주 신나고 즐거워 보이는 모습이었다. 그는 엘리 주교를 보고 특히 반가워했다. 그러고는 홀번 힐Holborn Hill의 정원에서 주교가 키우고 있는 딸기 맛을 칭찬하면서 저녁때 먹을 수 있게 조금 따다 줄 수 있겠는지 물었다.

칭찬에 우쭐해진 주교는 하인을 불러서 딸기를 좀 가져오라고 심부름을 시켰다. 글로스터 공작은 여전히 기분 좋고 쾌활해 보이는 모습으로 회의장을 나갔다. 참 호감 가는 인물이라며 자문회의에 참석한 사람들의 칭찬이 어찌나 자자했던지! 그러나 잠시 후 다시 나타난 그는 완전히 다른 사람이 되어 있었다. 쾌활함은 온데간데없이 찌푸린 얼굴과 험상궂은 표정으로 그는 입을 열었다.

"왕의 합법적·혈연적 보호자로서 묻겠소. 나의 몰락을 사주한 자들은 어떻게 처벌받아야 마땅하오?"

이 해괴한 질문에 헤이스팅스 경이 대답했다.

"누가 됐든 그런 자들은 죽음을 면치 못할 것입니다."

그러자 공작이 말을 이었다.

"그렇다면 내가 말하겠소. 그 마녀들은 바로 내 형수(모후를 의미)와 제인 쇼어Jane Shore요. 보다시피 그들은 마법을 써서 내 몸을 시들게 하고, 내 팔을 오그라붙게 만들었소."

그는 소매를 걷어 오그라든 팔을 보여주었다. 팔이 오그라든 건 사실이었지만, 모두 익히 알다시피 원래부터 그렇게 타고난 팔이었다.

제인 쇼어는 전에 선왕의 정부였지만 당시에는 헤이스팅스 경의 정부였다. 공격의 화살이 자신에게 겨누어졌음을 안 헤이스팅스는 약간 혼란스러워하더니 대답했다.

"물론입니다, 호국경. 만약 그들이 그런 짓을 저질렀다면 마땅히 처벌을 받아야지요."

"만약? 당신이 지금 나한테 '만약'이라고 말했소? 그들이 그런 짓을 저질렀다고 내가 말했으면 저지른 게 틀림없지 않겠소, 이 반역자 양반아!"

그 말과 함께 그는 주먹으로 탁자를 쾅 내리쳤다. 이 소리를 신호 삼아 "반역이다!"를 외치도록 바깥에 있던 심복 몇 명과 약속이 되어 있었다. 그들은 약속대로 "반역이다!"라고 외쳤고, 수많은 무장병들이 회의실로 들이닥쳐 순식간에 방 안을 가득 채웠다.

글로스터 공작이 헤이스팅스 경을 향해 말했다.

"우선 나는 네놈부터 반역자로 체포해야겠다!"

그러고는 그를 끌고 나가는 무장병들에게 한마디 덧붙였다.

"당장 신부를 불러와 고해성사를 보게 하라. 내 맹세코 그놈의 머리가 떨어지기 전까지는 절대 식사를 하지 않을 테니!"

헤이스팅스 경은 런던탑 예배당 옆의 잔디밭으로 끌려나왔고, 마침 바닥에 놓여 있던 통나무 위에서 참수를 당했다. 그러자 글로스터 공작은 맛있게 저녁식사를 즐겼고, 식후에 주요 인사들을 불러 모아 주목하게 한 다음 입을 열었다. 헤이스팅스 경과 그 일당이 자신과 버킹엄 공작을 둘 다 살해하려 했으나 마침 곁에 서 있던 버킹엄 공작이 천우신조로 그들의 계략을 알아낸 덕분에 목숨을 건질 수 있었다는 이야기였다. 그는 자기가 방금 전한 진실을 주위 시민들에게 적극 알리는 데 협조해주었으면 좋겠다고 당부하면서, 바로 이 목적으로 미리 준비해서 깔끔하게 필사해놓은 성명서까지 발표했다.

글로스터 공작이 런던탑에서 이런 짓거리를 하고 있던 바로 그날,

그의 부하들 중 가장 대범하고 거침이 없는 리처드 래트클리프 경Sir Richard Ratcliffe이 폰테프랙트로 내려가서 리버스 경, 그레이 경과 다른 두 귀족을 체포했다. 그러고는 글로스터 공작을 살해하려 했다며 재판도 없이 교수대에 매달아 공개처형했다.

사흘 뒤 글로스터 공작은 한시도 지체하지 않기 위해 바지선을 타고 뱃길로 웨스트민스터로 갔다. 여러 명의 주교, 영주, 병사들을 대동한 그는 왕비에게 자신이 안전하게 보호할 테니 둘째 아들 요크 공작을 넘기라고 요구했다. 이 말을 따를 수밖에 없었던 처지의 왕비는 아들을 끌어안고 한참을 울다가 결국 넘겨주고 말았다.

글로스터 공작은 그 아이를 형이 있는 런던탑으로 보냈다. 다음은 제인 쇼어의 차례였다. 그녀는 선왕의 정부였다는 이유로 재산을 몰수당했고, 사람들이 보는 앞에서 공개 참회하라는 형을 받았다. 옷도 신발도 제대로 걸치지 않고 촛불을 든 채 런던 시에서 가장 붐비는 지역을 가로질러 세인트 폴 대성당까지 걷는 형벌이었다.

최고 권력을 차지하기 위한 모든 준비를 마친 글로스터 공작은 어느 사제를 시켜 세인트 폴 대성당 앞에 세워놓은 십자가 밑에서 설교를 하게 했다. 사제는 선왕의 방탕함과 최근 수치스러운 형벌을 받은 제인 쇼어 사건을 들먹이며 왕자들이 그의 친자식이 아니라는 암시를 넌지시 비쳤다. 쇼Shaw라는 이름의 이 사제는 다음과 같이 말했다.

"이에 반해 여러분, 우리의 친애하는 호국경 각하 글로스터 공작께서는 사랑스러운 왕자님이시고, 숭고한 덕을 모두 갖추셨고, 완벽함의 표본이시며, 선친을 쏙 빼다 박으셨습니다."

글로스터 공작과 사제는 사람들이 "리처드 국왕 만세!"를 외칠 거라 예상되는 시점에 공작이 군중 속에 모습을 드러내기로 미리 각본을 짜둔 터였다. 하지만 사제가 말을 너무 빨리 끝낸 건지, 공작이 너무 늦게 나타난 건지, 공작의 등장 시점과 설교가 일치하지 않았다. 사람들은 그 저 웃기만 했고, 사제는 낯부끄러워하며 슬그머니 자리를 빠져나왔다.

버킹엄 공작은 다음 날 재빨리 길드홀에 가서 시민들에게 호국경을 지지하는 연설을 했다. 연설이 끝나자 돈을 주고 미리 심어둔 소수의 비 열한 사람들이 "신이여, 리처드 국왕을 구하소서!"라고 외쳤고, 버킹엄 공작은 큰절을 하면서 감사를 표했다.

다음 날, 일을 완벽히 마무리 짓기 위해 버킹엄 공작은 런던 시장과 몇몇 귀족, 시민들과 함께 강가에 위치한 베이어드 성Bayard Castle으로 갔다. 그가 당시 머물고 있던 그 성에서 서한을 낭독한 뒤 잉글랜드의 왕 위를 수락해달라고 간곡히 청했다.

창문으로 밖을 내려다보던 글로스터 공작은 크게 당황하고 놀란 척 하면서 자신은 절대 왕위를 바라지 않으며 조카들에 대한 깊은 애정 때 문에 그런 일은 감히 생각해본 적도 없다고 말했다. 이에 버킹엄 공작은 짐짓 온화한 미소를 지으며 잉글랜드의 자유민들이 조카의 통치에 절대 굴복하지 않으려 할 텐데, 합당한 계승자인 글로스터 공작이 왕위를 거 부한다면 다른 사람을 찾을 수밖에 없다고 대답했다. 이 말에 글로스터 공작은 버킹엄 공작이 그토록 강경하게 주장하니 더 이상 본인의 입장 만 생각할 게 아니라 왕위를 수락하는 것이 도리에 맞겠다고 대꾸했다.

이 말에 사람들은 환호성을 지르며 해산했다. 글로스터 공작과 버킹 엄 공작은 유쾌한 저녁을 보냈다. 두 사람은 연극이 대단히 성공적이었 고 준비했던 대사를 한 마디도 빼놓지 않고 끝냈다며 밤늦도록 이야기 꽃을 피웠다.

플랜태저넷 가문의 마지막 왕

리처드 3세Richard III(생몰연도: 1452~1485, 재위기간: 1483~1485)는 아침 일찍 일어나 웨스트민스터 홀로 갔다. 홀에는 대리석 의자가 하나 놓여 있었다. 그는 두 거물급 귀족을 양옆에 두고 의자에 앉은 다음, 군주의 첫 번째 의무는 모든 이에게 법을 동등하게 집행하고 정의를 세우는 일이니 바로 그 자리에서 새로운 통치를 시작하겠노라고 말했다. 그러고는 말을 타고 런던 시로 돌아가 자신에게 정말 왕위 계승권이 있고 자신이 정말 의로운 사람이라는 듯 성직자와 군중의 환영을 받았다. 그처럼 사악한 불한당에게 동조하다니, 내 생각엔 성직자와 군중도 속으로는 부끄러움을 느끼지 않았을까 싶다.

새 왕과 왕비는 곧 화려하고 시끌벅적하게 대관식을 치렀고, 백성들은 이를 대단히 마음에 들어 했다. 그러고 나서 리처드 3세는 영토를 순례하는 행차를 시작했다. 요크에서는 다시 한 번 대관식을 치렀다. 요크 사람들도 화려함과 시끌벅적함을 충분히 즐길 수 있도록 하기 위해서였다.

가는 곳마다 환호가 터져 나왔다. 물론, 폐활량 좋은 사람들 여러 명을 매수해서 목청이 터져라 "신이여, 리처드 국왕을 구하소서!"를 외치게 한 덕분이었다. 이 계획은 대단히 성공적이어서, 이후 왕위 찬탈자들이 영토를 순례하는 행차를 벌일 때마다 이 방법을 따라 했다.

이 행차 도중 리처드 3세는 워릭에서 일주일간 머물렀다. 그리고 사악하기로는 역대 최고로 꼽힐만한 살인을 배후 조종했다. 런던탑에 유폐한 어린 왕자들, 곧 자신의 조카들을 죽이라고 명령한 것이었다.

로버트 브라켄베리 경Sir Robert Brackenbury이 당시 런던탑의 책임자였다. 리처드 3세는 존 그린John Green이라는 전령을 통해 그에게 무슨

수를 써서든 반드시 두 왕자를 죽이라
는 내용의 편지를 전했다. 하지만 로버
트 경은 흙먼짓길을 황급히 달려온 존
그린 편에 자신은 도저히 그런 끔찍한
일을 저지를 수 없다는 회신을 들려 보
냈다. 그에게도 사랑하는 자녀들이 있
었기 때문에 그렇게 답하지 않았을까?

리처드 3세는 찌푸린 얼굴로 조
금 생각해보더니 사마관Master of the
Horse(말을 관리하던 왕실 제3위의 고관_옮
긴이) 제임스 티렐 경을 불렀다. 그러고
는 그에게 런던탑을 24시간 지휘하고
그 시간 동안 런던탑의 모든 열쇠를 손
에 넣을 권한을 부여해주었다.

▲ 잉글랜드 왕 리처드 3세
©Georgios Kollidas/Shutterstock.com

리처드 3세가 원하는 바가 무엇인지 정확히 알았던 티렐은 피도 눈물
도 없는 악당 두 명을 물색했다. 그렇게 해서 뽑힌 사람이 부하 중 하나
인 존 다이튼John Dighton과 청부 살인업자 마일스 포레스트Miles Forest
였다. 이렇게 두 조력자를 확보한 그는 8월의 어느 날 런던탑에 가서 왕
이 부여한 허가증을 보여주고, 24시간 동안 지휘권을 확보한 다음 열쇠
를 손에 넣었다.

깜깜한 밤이 되자 그는 범행을 도모하는 악한답게 어두운 나선형 돌
계단을 살금살금 걸어 끝도 없이 올라갔다. 어두운 석조 복도를 따라 걸
어가다 마침내 어린 두 왕자가 머물고 있는 방문 앞에 다다랐다. 아이들
은 취침기도를 올리고 자리에 누워 서로 꼭 껴안은 채 깊이 잠들어 있었

다. 티렐은 문밖에서 동정을 살피며 그 소리를 엿듣고 있다가 두 악마를 들여보냈다.

존 다이튼과 마일스 포레스트는 두 왕자를 이불과 베개로 덮어 질식시켜 죽인 다음, 계단을 통해 시신을 가지고 내려와 돌계단 발치에 쌓여 있던 돌무더기 밑에 묻어버렸다. 날이 밝자 티렐은 런던탑의 지휘권을 반납하고 열쇠를 제자리에 갖다 놓은 다음 뒤도 돌아보지 않고 황급히 자리를 떴다. 로버트 브라켄베리 경은 두려움과 슬픔 속에 왕자들이 머물던 방에 가보았지만, 왕자들은 영영 자취를 감춘 뒤였다.

알다시피 잉글랜드 역사에서 반역자들이 끝까지 충절을 지킨 적은 단 한 번도 없었다. 아니나 다를까, 버킹엄 공작 역시 리처드 3세에게 등을 돌렸다. 리처드를 퇴위시키고 합법적인 왕권 소유자에게 왕위를 되돌려주고자 중대한 음모에 가담한 것이었다. 리처드 3세는 원래 조카들의 죽음을 비밀에 부칠 생각이었다. 그러나 첩자들을 통해 이런 음모가 꾸며지고 있다는 사실을 전해 들은 데다 많은 영주와 귀족들이 술자리에서 비밀리에 런던탑에 갇혀 있는 어린 두 왕자의 건강을 위해 건배하고 있다는 소식까지 접하게 되자 하는 수 없이 그들의 사망 소식을 공식 발표했다.

음모자들은 잠시 좌절했지만, 곧 살인마 리처드 대신 카트린의 손자인 리치먼드 백작Earl of Richmond 헨리를 왕으로 추대하기로 결의했다. 헨리 5세의 미망인 카트린이 오웬 튜더Owen Tudor(1400~1461)와 재혼한 뒤 그 아들에게서 나온 후손이었다. 헨리는 랭커스터 가문의 일원이었기 때문에 음모자들은 헨리에게 선왕 에드워드 4세의 장녀인 엘리자베스 공주Elizabeth of York(1466~1503)와 혼인할 것을 제안했다.

엘리자베스 공주는 요크 가문의 상속녀이므로 결혼을 통해 두 라이벌

▲ 장미전쟁을 재연한 장면. 랭커스터가와 요크가의 싸움은 백성들의 삶을 피폐하게 했다.
©i4lcocl2/Shutterstock.com

가문을 결합시킴으로써 붉은 장미와 백장미의 지긋지긋한 전쟁을 종식 시켜보자는 속셈이었다. 모든 일이 확정되었고, 헨리가 브르타뉴에서 잉 글랜드로 넘어올 시점도 정해졌다. 이와 동시에 잉글랜드 몇몇 지역에서 리처드 3세에 대항하는 대규모 봉기를 일으키기로 예정되었다. 그리하 여 10월의 어느 날 반란이 일어났지만 성공을 거두지는 못했다. 낌새를 눈치 챈 리처드 3세가 봉기에 대비하고 있었기 때문이다. 헨리는 폭풍우 때문에 발이 묶여 꼼짝하지 못했고, 잉글랜드에 있는 그의 추종자들은 뿔뿔이 흩어졌으며, 버킹엄 공작은 붙잡혀 솔즈베리의 시장에서 즉각 참 수당했다.

리처드 3세는 성공적으로 반란을 진압한 지금이 의회를 소집해 돈을 뜯어내기 좋을 때라고 판단했다. 그리하여 의회가 소집되었고, 귀족들은 그가 바라던 바 이상으로 아첨하고 알랑거리느라 정신이 없었다. 그들은 리처드 3세를 잉글랜드의 적법한 왕으로, 열한 살이던 그의 외아들 에드워드를 다음 왕위 계승자로 선포하기까지 했다.

리처드 3세는 의회가 뭐라 말하든 사람들이 엘리자베스 공주를 요크 가문의 상속녀로 기억하고 있음을 잘 알고 있었다. 그리고 정확한 첩보를 통해 음모자들이 엘리자베스 공주를 리치먼드의 헨리와 결혼시키려 했다는 사실도 알고 있었다. 그래서 자신의 힘을 한층 더 강화하고 그들의 세력을 약화시키기 위해 선수를 쳐서 엘리자베스 공주를 자기 아들과 결혼시켜야겠다고 생각했다.

이런 생각으로 리처드 3세는 선왕의 미망인과 그 딸이 여전히 머물고 있는 웨스트민스터의 성역으로 가서 궁정으로 돌아와달라고 부탁했다. 궁정에 돌아오면 신변의 안전과 영예로운 대접을 보장해주겠다고 온갖 사탕발림으로 꾀어낸 것이다. 그리하여 그들은 궁정으로 돌아왔지만, 채 한 달도 못 되어 갑자기 아들이 죽는 바람에(혹은 독살되는 바람에) 그의 계획은 물거품으로 돌아갔다.

이렇게 궁지에 몰리자, 언제나 적극적인 리처드 3세는 '제2의 계획'이 필요하다고 생각했다. 그러고는 자기가 직접 조카인 엘리자베스 공주와 결혼하기로 계획을 세웠다. 물론 여기에는 한 가지 장애물이 있었다. 앤 왕비Anne Neville가 아직 살아 있다는 사실이었다. 하지만 두 조카들의 일을 기억하는 리처드는 그 장애물을 치우는 방법도 잘 알고 있었다.

그는 왕비가 2월에 틀림없이 사망할 것 같은 예감이 든다고 말하며 엘리자베스 공주에게 적극적으로 구애했다. 엘리자베스는 그리 양심적인 숙녀가 아니었다. 자기 남동생들을 죽인 살인마의 구애에 경멸과 증오로 거부감을 나타내는 대신, 자신도 왕을 끔찍이 사랑한다고 공개적으로 선언해버린 것이다. 그리고 2월이 와도 왕비가 죽지 않자 그녀가 얼른 죽었으면 좋겠다는 조급한 속마음까지 내비쳤다.

그래도 리처드 3세의 예언이 완전히 틀리지는 않아서 왕비는 3월에 죽었다. 왕비의 장례를 정성껏 치러준 다음, 이 귀하신 두 연인은 서둘러 결혼식을 올리고 싶어 했다. 그러나 두 사람은 낙담했다. 잉글랜드 백성들에게 숙부와 조카의 결혼을 인정받을 수 없었기 때문이었다. 러처드의 수석 자문 래트클리프와 케이츠비Catesby도 그 결혼을 결코 용납할 수 없다며, 그런 일은 생각해본 적도 없다는 내용의 대국민 발표를 강제로 하게 했다.

이 무렵 리처드 3세는 각계각층의 백성들에게 두려움과 증오의 대상이었다. 휘하의 귀족들도 하루가 멀다 하고 헨리 쪽으로 합류했다. 그는 자신이 그동안 저지른 악행을 고발당할까 두려워 감히 의회를 소집하지 못했다. 돈이 부족해지자 백성들에게 덕세를 걸을 수밖에 없었는데, 그로 인해 백성들 사이에서 왕에 대한 반감은 더욱 커져만 갔다. 양심의 가책을 느낀 리처드 3세는 밤마다 악몽에 시달리거나, 공포와 회한으로 자다가 벌떡 일어나는 경우가 잦았다고 전해진다. 리치먼드의 헨리와 그의 추종자들이 자신에게 반기를 들기 위해 프랑스에서 함선을 이끌고 다가오고 있다는 소식을 접하자 그는 마지막까지 적극적인 자세로 이를 강경하게 지탄하는 선언서를 발표했다. 그러고는 자신의 방패에 그려진 멧돼지처럼 거칠고 사납게 전투에 나섰다.

리치먼드의 헨리는 6,000명의 병사를 이끌고 밀퍼드 헤이븐Milford Haven에 상륙했다. 그 무렵 리처드 3세는 그보다 두 배 많은 대규모의 병력을 거느리고 북웨일스를 통과해 레스터에 진을 치고 있었다. 두 군대는 보즈워스 필드Bosworth Field에서 맞닥뜨렸다. 리처드 3세는 헨리의 참모들을 훑어보다가 자신을 저버린 잉글랜드 귀족들이 숱하게 많음을 발견했다. 그중에서도 그가 열심히 붙잡으려 애썼던 영향력 있는 귀족 토머스 스탠리 경Thomas Stanley, 1st Earl of Derby(1435~1504)과 그 아들을 보고는 새하얗게 질려버렸다.

그러나 못된 만큼 용감하기도 했던 리처드 3세는 치열한 전장 한가운데로 뛰어들었다. 이리저리로 말을 달리며 사방으로 공격을 펼쳐보았지만 얼마 남지 않은 동맹 중 하나인 노섬벌랜드 백작이 가만히 제자리에 서 있고 그가 이끄는 본대도 공격을 망설이고 있는 것이 눈에 들어왔다.

바로 그 순간, 리처드 3세의 절박한 눈에 몇몇 기사들 사이에 서 있는 리치먼드의 헨리가 잡혔다. 그는 "반역자!"라고 외치며 헨리를 향해 힘차게 말을 달렸다. 먼저 기수를 죽이고, 맹렬한 기세로 또 다른 귀족 한 명을 말에서 떨어뜨린 다음, 헨리를 겨냥해 회심의 일격을 날렸다. 하지만 토머스 스탠리 경이 그 칼날을 막아냈다. 리처드 3세는 다시 팔을 들기도 전에 몰려든 기사들에게 제압당하고 말에서 떨어져 전사했다. 스탠리 경은 온통 흠이 나고 짓밟힌 데다 피까지 얼룩진 왕관을 집어 올려 리치먼드의 머리에 얹어주었다.

"헨리 국왕 만세!"

우렁찬 기쁨의 환호성이 울려 퍼졌다.

그날 밤, 레스터에 있는 그레이 프라이어스Greyfriars(프란체스코 수도회) 수도원 성당에 누군가가 말 한 마리를 이끌고 나타났다. 말 등에는 쓸모없는 부대 자루처럼 벌거벗은 시신 하나가 걸쳐져 있었는데, 매장하기 위해 그리로 가져온 것이었다. 그것은 바로 플랜태저넷 가문의 마지막 왕 리처드 3세의 시신이었다. 왕위 찬탈자이자 살인마였던 그는 즉위 2년째이던 서른세 살의 나이에 보즈워스 필드 전투에서 최후를 맞았다.

제25장

헨리 7세, 장미전쟁을 끝내다

괴상망측한 사기극

헨리 7세Henry VII(생몰연도: 1457~1509, 재위기간: 1485~1509)는 리처드 3세의 압제에서 해방된 기쁨에 휩싸여 있던 귀족과 민중들이 기대했던 만큼 훌륭한 인물은 아니었다. 냉정하고 간교하며 계산적이어서 자신이 좋아하는 돈을 위해서라면 무슨 짓이든 할 사람이었다. 군이 그의 장점을 꼽아본다면, 그다지 득이 될 게 없다고 판단될 경우에는 무자비하게 굴지 않았다는 점 정도가 아닐까 싶다.

새 왕은 자신을 지지해준 귀족들에게 엘리자베스 공주와의 결혼을 약속했었다. 그래서 그가 가장 먼저 한 일은 리처드 3세에 의해 요크셔의 셰리프 허튼 성Sheriff Hutton Castle에 갇혀 있던 엘리자베스 공주를 풀

▲ 잉글랜드 왕 헨리 7세
©Georgios Kollidas/Shutterstock.com

어주도록 지시해 런던에 있는 어머니에게로 되돌려보낸 것이었다.

고인이 된 클래런스 공작의 아들이자 상속자인 어린 워릭 백작 에드워드 플랜태저넷Edward Plantagenet, 17th Earl of Worwick(1475~1499)도 엘리자베스 공주와 같이 요크셔의 그 고성에 갇혀 있었다. 새 왕은 안전을 이유로 이제 열다섯 살이 된 이 소년을 런던탑으로 옮겨놓았다. 그런 다음 위엄 있게 런던으로 돌아와서 성대한 행렬로 사람들을 흐뭇하게 했다.

그는 그 후로도 종종 사람들을 기분 좋게 하려고 이런 행사를 벌이곤 했다. 그런데 그때마다 함께 열린 운동 경기와 연회의 열기가 너무나 뜨거워서 엄청난 수의 사람들이 발한병Sweating Sickness(1485, 1506, 1517, 1528, 1551, 1578년, 여섯 차례에 걸쳐 잉글랜드에서 유행했던 원인을 알 수 없는 질환_옮긴이)으로 사망했다. 런던의 시장과 부시장도 이 병의 희생자가 되었다. 그들이 원래 과식하는 습관이 있어서 그랬던 건지, 런던 시의 공중 위생 관리를 게을리한 탓인지 그건 나도 모른다(그 후로도 고위 관료들의 게으름은 마찬가지였지만).

전염병을 이유로 대관식이 차일피일 미뤄지자 헨리 7세는 애당초 별 기대를 하지 않았다는 듯 결혼식도 연기해버렸다. 그러더니 결혼식 후에는 엘리자베스 왕비의 대관식까지 차일피일 미뤄서 요크파를 분노하게 만들었다. 하지만 그는 결국 상황을 하나씩 수습해나갔다. 몇몇 사람들을 교수형에 처하거나 부자들의 재산을 몰수하기도 하고, 처음 예상과 달리 선왕의 추종자들에게 통 크게 사면을 베푸는가 하면, 선왕 시절에 봉직했던 양심적인 인사들을 자신의 궁정에 재기용하기도 했다. 이 정권은 희대의 사기꾼 두 명 때문에 유명해졌다. 역사에 이름을 남긴 그 두 사람의 이야기를 지금부터 풀어보려고 한다.

옥스퍼드에 시몬스Simons라는 신부가 있었다. 그의 제자 램버트 심넬Lambert Simnel은 빵집 주인의 아들로 외모가 수려했다. 개인적인 야망을 이루려는 마음 반, 헨리 7세에 반대하는 비밀단체의 음모를 도와 실현시키려는 마음 반으로 시몬스 신부는 자신의 제자인 이 소년이 사실은 모두 런던탑에 갇혀 있는 줄로만 알고 있던 어린 워릭 백작이라고 주장했다.

시몬스 신부와 램버트 심넬은 아일랜드로 건너가 더블린에서 자신들의 대의를 지지하는 온갖 부류의 사람들을 모병했다. 다들 마음만 후했지 터무니없이 비이성적이었다. 심지어 아일랜드의 총독 킬데어 백작Earl of Kildare까지 그 소년이 신부의 말대로 워릭 백작이 틀림없다고 선언할 정도였다. 시몬스에게 잘 교육받은 심넬은 사람들에게 자신의 어린 시절 이야기를 하면서 왕실의 여러 가지 일화를 상세히 소개했다.

사람들은 열광적으로 환호하고, 만세를 부르고, 램버트 심넬의 건강을 위해 축배를 들고, 떠들썩하게 술을 마시며 소년에 대한 신뢰를 표현했다. 이러한 분위기는 아일랜드에만 국한되지 않았다. 죽은 왕위 찬탈자 리처드 3세가 후계자로 지명했던 링컨 백작John de la Pole, Earl of Lincoln(1462~1487)까지 이 젊은 왕위 사칭자를 찾아갔을 정도였다. 그는 부르고뉴 공작의 미망인Margaret of York(에드워드 4세의 누이로 헨리 7세와 그 집안을 아주 싫어했다)과 비밀리에 서신을 교환한 뒤, 미망인이 내어준 신성로마제국의 병사 2,000명을 데리고 더블린으로 향했다.

램버트 심넬의 창창한 앞날에 고무되었던지 더블린 사람들은 이 소년에게 성모 마리아 조각상의 머리에서 떼어낸 왕관으로 대관식까지 치러주었다. 그런 다음, 당시 아일랜드의 풍습에 따라 지력보다 체력이 출중한 거구의 족장이 양어깨에 소년을 짊어지고 거처까지 데려다주었다. 짐작할 수 있다시피 시몬스 신부는 대관식 준비로 굉장히 바빴을 것이다.

열흘 뒤 신성로마제국의 병사들, 아일랜드 사람들, 시몬스 신부, 램버트 심넬, 링컨 백작 모두 잉글랜드 침공을 위해 랭커셔에 상륙했다. 첩보를 통해 이들의 움직임을 전해 듣고 있던 헨리 7세는 노팅엄에 왕기를 세웠다. 엄청난 수의 사람들이 매일같이 헨리의 편으로 몰려든 반면, 링컨 백작 편은 극소수였다. 링컨 백작은 소수의 병력을 데리고 뉴어크 Newark 마을로 향했으나 헨리의 군대가 길목을 가로막는 바람에 스토크 Stoke에서 일전을 벌일 수밖에 없었다.

왕위 사칭자 측의 완패로 상황은 이내 종결되었다. 병력의 절반이 사망했으며 링컨 백작 본인도 전사했다. 시몬스 신부와 심넬은 포로 신세가 되었다. 시몬스는 사기 혐의를 인정한 뒤 옥에 갇혔다가 그 후에 사망했다. 아마도 원인 모를 돌연사를 당했을 것이다. 램버트 심넬은 왕실 주방에서 꼬챙이에 고기를 꽂아 굽는 일을 하다가 나중에는 헨리 7세의 매 조련사 지위로까지 승진했다. 이 괴상한 사기극은 그렇게 끝을 맺었다.

늘 가만히 있질 못하고 바쁘게 움직였던 선왕의 미망인(엘리자베스 우드빌)이 빵집 아들의 교육에 어느 정도 관여했다고 보는 게 합당할 듯하다. 헨리 7세는 진위 여부를 떠나서 장모이기도 한 선왕의 미망인에게 불같이 화를 냈다. 그러고는 재산을 몰수하고 버몬지Bermondsey에 있는 수녀원에 감금해버렸다.

혹자는 이 이야기의 결말을 보고 아일랜드인이 경각심을 갖게 되었겠구나 생각할 것이다. 그러나 아일랜드인은 첫 번째와 마찬가지로 두 번째 사기꾼도 의심 없이 받아들였다. 이번에도 사건의 중심에는 문제의 그 부르고뉴 공작 미망인이 있었다.

어느 날 갑자기 포르투갈에서부터 배 한 척을 타고 코크Cork에 당도한 젊은이가 있었다. 그는 능력이 뛰어나고 외모가 준수하여 호감이 가는 사람이었는데, 자신을 에드워드 4세의 둘째 아들인 요크 공작 리처드라고 소개했다. 잘 속아 넘어가는 아일랜드 사람들이었지만 몇 명이 이렇게 되물었다.

"아! 그런데 그 어린 왕자는 런던탑에서 숙부의 손에 살해되지 않았소?"

그러자 사람을 끄는 매력이 있는 그 젊은이는 대답했다.

"흔히들 그렇게 알고 있죠. 하지만 형은 그 암울한 감옥에서 죽고 저는 가까스로 살아남았습니다. 그 뒤로 저는 7년 동안 온 세상을 헤매고 다녔습니다."

많은 아일랜드 사람들이 이 설명을 꽤 흡족하게 받아들였다. 또다시 환호하고, 만세를 부르고, 그 청년의 건강을 위해 축배를 들고, 떠들썩하게 술을 마시는 등 지난번과 똑같은 모습을 보였다. 물론 더블린의 덩치 큰 족장도 또 한 차례의 대관식을 치른 다음 또 한 명의 젊은 왕을 어깨에 짊어지고 거처까지 데려다줄 준비를 하기 시작했다.

이 무렵, 헨리 7세는 프랑스와 사이가 좋지 않았다. 그래서 프랑스 국왕 샤를 8세는 그 잘생긴 젊은이를 믿어주는 척하면 잉글랜드 왕의 심기를 몹시 불편하게 만들 수 있겠다고 생각했다. 샤를은 이 젊은이를 프랑스 궁정으로 초대했고, 그에게 경호원을 붙여주면서 진짜 요크 공작이라도 되는 것처럼 모든 면에서 최고의 대우를 해주었다. 그러나 머지않아 두 왕 사이에 평화협정이 체결되자 가짜 공작은 낙동강 오리알 신세가 되어버렸고, 이리저리 눈치를 살피다 부르고뉴 공작 부인에게 보호를 청했다.

부르고뉴 공작 부인은 사실 여부를 심문하는 척하더니 그 젊은이가 세상을 떠난 자기 오빠(에드워드 4세)를 빼닮았다고 말했다. 그러고는 미늘창병 30명으로 구성된 궁정의 호위대를 붙여주고, 그에게 '잉글랜드의 백장미'라는 다소 요란스러운 직함을 내렸다.

잉글랜드에 있던 백장미파의 주요 인사들은 로버트 클리퍼드 경Sir Robert Clifford이라는 첩자를 보내 그 백장미의 주장이 사실인지 확인해보게 했다. 헨리 7세 역시 백장미의 과거를 캘 첩보원들을 풀었다. 백장미파는 그 젊은이가 정말로 요크 공작이 맞는다고 주장했다.

반면 헨리 7세는 그가 퍼킨 워벡Perkin Warbeck(1474~1499)이라는 자로, 투르네Tournay라는 도시에서 활동하던 상인의 아들이고, 플랑드르에서 무역을 하는 잉글랜드 상인들에게서 잉글랜드에 관한 지식, 언어, 풍속을 습득했다고 주장했다. 또한 헨리의 첩보원들은 그가 추방당한 잉글랜드 귀족의 부인인 레이디 브롬프턴Lady Brompton의 수하로 일하고 있으며, 부르고뉴 공작 부인이 전적으로 이 사기극을 위해 그를 훈련시키고 가르치도록 지시했다고 진술했다. 그리하여 헨리 7세는 부르고뉴 공국의 군주인 필리프 대공Archduke Philip에게 이 새로운 왕위 사칭자를 추방하거나 그의 신병을 넘겨달라고 요구했다. 하지만 대공은 공작 부인의 영지 안에서 일어난 일에 대해서는 자신도 어쩌지 못한다고 대답했다.

그러자 헨리 7세는 이에 대한 보복으로 앤트워프Antwerp에 형성되어 있던 잉글랜드 옷감 시장을 전면 폐쇄하고, 두 나라 사이의 모든 통상을 중단시켜버렸다. 또한 헨리는 술책과 뇌물로 백장미파의 첩자 로버트 클리퍼드 경을 종용해 그가 백장미파에게서 등을 돌리게 했다. 아울러 몇몇 유명한 잉글랜드 귀족들이 비밀리에 퍼킨 워벡과 내통하고 있음을 폭로하게 해 주동자급 세 명을 한꺼번에 처단했다.

헨리 7세가 나머지 사람들을 사면해준 이유가 그들이 가난했기 때문이었는지는 확실치 않다. 하지만 클리퍼드가 곧이어 별도로 제보한 한 유명 귀족은 부자였기 때문에 사면을 거부했을 가능성이 매우 높다. 그는 다름이 아니라 보즈워스 필드 전투에서 헨리의 목숨을 구해준 윌리엄 스탠리 경이었다. 만일 그 젊은이(퍼킨 워벡)가 요크 공작이라는 확신이 서면 자신은 그에게 무기를 들지 않겠다고 말한 것 이외에 스탠리 경이 특별히 반역 행위를 했다고 보기에는 상당히 무리가 있다. 그럼에도 스탠리 경은 자신의 모든 말과 행동을 솔직히 인정했다. 그 대가로 그는 목이 달아났고, 재산은 모두 탐욕스러운 왕의 차지가 되었다.

왕위 사칭자의 화려한 부활

퍼킨 워벡은 3년 동안 조용히 지냈다. 그러나 워벡 때문에 앤트워프 시장이 폐쇄되고 거래처를 잃어버린 플랑드르 사람들의 불만이 커지기 시작했다. 심하면 그들이 목숨을 노리거나 밀고할 가능성도 아주 없지 않았기에 워벡은 뭔가 행동을 취해야겠다고 판단했다. 이에 따라 절박한 심정으로 기습 공격에 나섰고, 겨우 수백 명 정도의 병사들을 데리고 켄트의 딜Deal 해안에 상륙했다. 그러나 내심 기쁘게도 출발했던 곳으로 되돌아올 수밖에 없었다. 그 지방 사람들이 워벡의 추종자들에 반발하여 수없이 많은 사람을 죽이고 150명을 포로로 붙잡는 사건이 일어났기 때문이다.

포로들은 모두 팔려가는 소떼처럼 밧줄로 결박되어 런던으로 이송되었다. 그리고 결국 한 명도 남김없이 전부 이곳저곳의 해변에서 교수형을 당했다. 혹시라도 더 많은 사람들이 퍼킨 워벡과 함께 잉글랜드로 건너올 경우, 육지에 닿기도 전에 그 시신을 보고 경각심을 느끼게 하려는 목적이었다.

용의주도한 헨리 7세는 플랑드르 사람들과 통상협정을 맺음으로써 퍼킨 워벡을 플랑드르에서 내쫓아버렸다. 그리고 아일랜드인을 자기편으로 완벽하게 포섭하여 아일랜드로의 망명 가능성도 차단했다. 워벡은 별수 없이 스코틀랜드를 한동안 떠돌다가 결국 스코틀랜드 궁정에 가서 사정을 하소연했다.

스코틀랜드의 국왕 제임스 4세James IV of Scotland(1473~1513)는 헨리 7세의 편이 아니었고, 딱히 친하게 지내야 할 이유도 없는 상황이었다. 왜냐하면 헨리 7세가 스코틀랜드 귀족들에게 뇌물을 먹여 그를 배반하게 하려다가 실패한 적이 몇 번 있었기 때문이다. 그런 까닭에 제임스 4세는 퍼킨 워벡을 환대하고, 사촌이라 부르며, 스튜어트 왕가의 혈통인 아름답고 매혹적인 여성 레이디 캐서린 고든Lady Catherine Gordon(1473~1537)과의 결혼까지 주선해주었다.

왕위 사칭자의 화려한 부활에 깜짝 놀란 헨리 7세는 암암리에 계속해서 스코틀랜드 귀족들을 매수하고 뇌물을 먹이는 한편, 자신의 이러한 대처 방식이나 퍼킨 워벡에 관한 이야기를 비밀로 덮어두었다. 오히려 이 문제를 잉글랜드 전역에 명백히 공개해두는 편이 더 나았을지도 모른다. 스코틀랜드 왕의 궁정에 있는 귀족들에게 이렇게 뇌물을 줘줘봤자 왕위 사칭자를 발 앞에 데려오는 이는 아무도 없었기 때문이다.

제임스 4세는 여러 면에서 그다지 특별한 사람은 아니었지만, 퍼킨 워벡을 넘겨줄 생각이 없었다. 더구나 늘 분주한 부르고뉴 공작 부인이 워벡에게 무기와 정예 병사, 자금을 대주었다. 그러다 보니 곧 이런저런 나라에서 모인 1,500명 규모의 병력이 꾸려졌다. 여기에다 스코틀랜드 왕의 개인적인 도움을 받아 워벡은 국경을 넘어 잉글랜드로 들어왔고, 국민들에게 성명서를 발표했다.

이 성명서에서 그는 헨리 7세를 '헨리 튜더Henry Tudor'라 칭하면서 그자를 처치하거나 궁지로 모는 사람에게 거액의 보상금을 제공하겠다고 밝혔다. 또 자신은 국왕 리처드 4세로서 충성스러운 백성들의 경의를 받으러 왔다고 말했다. 그러나 정작 그 충성스러운 백성들은 그를 전혀 개의치 않았고, 그의 충성스러운 군대를 혐오했다. 다양한 국적의 사람들이 뒤섞여 있다 보니 자기들끼리 싸우는 일이 잦았고, 설상가상으로 잉글랜드 백성들을 약탈하기 시작했기 때문이다. 그러자 백장미파는 잉글랜드 백성들의 불행을 통해 자기 병사들을 배불리느니 차라리 자신이 왕위 계승권을 포기하겠노라고 말하며 꼬리를 내렸다. 스코틀랜드 왕은 그의 양심선언을 비웃었지만 결국 퍼킨 워벡의 군대는 전투를 벌이지 않고 다시 물러갔다.

이번 시도로 인한 최악의 결과는 콘월 지방에서 일어난 봉기였다. 퍼킨 워벡의 소동이 있은 뒤 콘월 사람들은 혹시 일어날지 모를 전쟁에 대비한다는 명목으로 정부가 자신들에게 너무 많은 세금을 뜯어가고 있다고 생각했다. 플래목Flammock이라는 변호사와 조지프라는 대장장이, 그리고 오들리 경Lord Audley과 몇몇 시골 귀족들에게 자극받은 콘월 사

람들은 뎃퍼드 다리Deptford Bridge까지 진격했고, 거기서 헨리 7세의
군대와 한바탕 일전을 벌였다.

콘월 사람들은 용감하게 싸웠지만 패배했고, 오들리 경은 참수를 당
했으며, 변호사와 대장장이는 교수척장분지형을 당했다. 그리고 나머지
는 모두 사면을 받았다. 헨리 7세는 모든 인간이 자신처럼 탐욕스러우며
돈이면 뭐든지 해결할 수 있다고 생각했기 때문에 포로들이 병사들과
목숨 값을 흥정할 수 있도록 허락했다.

퍼킨 워벡은 정처 없는 방랑객 팔자를 타고난 건지 어디서도 안식을
찾지 못했다. 왕위 사칭에 대한 충분한 처벌이 될 수 있을 정도로 슬픈
운명이었다. 그는 이 무렵 자기 말의 절반 정도는 사실로 믿기 시작했던
것 같다. 어쨌든 그는 잉글랜드와 스코틀랜드의 두 왕 사이에 휴전협정
이 체결됨과 동시에 스코틀랜드라는 피신처를 잃어버렸다. 그리하여 또
다시 발 뻗고 누울 나라 없는 신세가 되었다.

하지만 제임스 4세는 워벡이 스코틀랜드 영토를 안전하게 빠져나가
기 전까지는 조약을 서둘러 마무리 짓지 않았다(제임스 4세는 언제나 한결
같이 존중과 신의로 워벡을 대해주었다. 워벡이 병사들에게 줄 봉급을 마련하려고
자신의 금은 접시나 자신이 오랫동안 착용하던 금목걸이를 녹였을 때도 그랬고, 이
번에 명분을 잃고 희망이 사라진 순간에도 마찬가지였다). 워벡은 생활의 편의
와 신변 보호에 필요한 물품을 실은 배를 타고 아일랜드를 향해 떠났다.
어떤 역경 속에서도 남편에 대한 신뢰를 잃지 않고 남편의 불운을 따라
조국과 고향을 등진 아리따운 아내와 함께였다.

그러나 아일랜드인들은 줄줄이 나타난 가짜 워릭 백작들과 가짜 요크
공작들에 신물이 난 상태여서 백장미파에게 어떠한 도움도 주려 하지
않았다. 그래서 워벡은 아름다운 아내를 데리고 아무 의지할 곳 없는 콘

월에 가기로 마음먹었다. 바로 얼마
전 단호하게 봉기를 일으키고 뎃퍼
드 다리에서 그토록 용맹하게 싸웠
던 콘월 사람들이 어떻게 나올지
보기로 한 것이다.

그리하여 퍼킨 워벡과 그의 아내
는 콘월의 휘트샌드 베이Whitsand
Bay에 당도했다. 그는 성 미가엘 산
의 성에 사랑하는 아내를 안전하
게 데려다 놓은 다음 3,000명의 콘
월 병사들을 이끌고 데번셔를 향해
진격했다. 엑서터에 도착할 즈음 그
수는 6,000명으로 불어났다.

하지만 엑서터 사람들의 반발이

▲ 잉글랜드 서머싯 주의 주도 톤턴 시의 다리와 운하
©Mike Charles/Shutterstock.com

완강해 톤턴Taunton으로 방향을 틀었고, 거기서 헨리 7세의 군대를 만
났다. 다부진 콘월 사람들은 숫자도 적고 무기도 변변치 않았지만 대단
히 용감해서 후퇴할 생각은 조금도 하지 않았고, 의연하게 다음 날의 전
투를 준비했다. 하지만 불행하게도 그렇게 많은 매력을 지니고 있었고
딱히 의도하지 않아도 그토록 많은 이들을 자기편으로 끌어들였던 퍼킨
워벡은 정작 그들만큼 용감하지 못했다.

밤이 깊어 양측이 서로 대치하고 있는 사이, 워벡은 날쌘 말을 한 마
리 잡아타고 도주했다. 먼동이 트자 그를 믿어주었던 콘월 사람들은 지
도자가 사라진 사실을 알고는 헨리 7세에게 항복했다. 몇 사람은 교수형
에 처해졌고, 나머지는 사면을 받아 풀 죽은 모습으로 고향에 돌아갔다.

헨리 7세는 퍼킨 워벡이 피신했다고 알려진 뉴 포레스트의 볼리외Beaulieu 성역까지 그를 뒤쫓았다. 하지만 그 전에 성 미가엘 산으로 기병대를 보내 그의 아내를 체포해 오게 했다. 쉽사리 붙잡힌 워벡의 아내는 포로가 되어 헨리 앞에 끌려나왔다. 하지만 그녀가 너무나 아름답고 착한 데다 남편에게 매우 헌신적이었기 때문에 헨리는 측은한 마음이 들었다. 그래서 예의를 갖추어 그녀를 대했을 뿐만 아니라 궁정에 거처를 마련해주고 엘리자베스 왕비 주위에 머물게 해주었다. 여러 해가 흘러 워벡이 세상을 떠나고 그에 관한 괴담도 전설 같은 이야기가 되었을 때 사람들은 그녀를 '백장미'라고 불러 그 아름다움을 기억했다.

한편, 볼리외 성역은 곧 헨리 7세의 병사들에 의해 포위되었다. 헨리는 평소의 그 음흉하고 간교한 수법대로 친구인 척하는 사람들을 퍼킨 워벡에게 보냈다. 항복하라고 설득하기 위해서였다. 그는 순순히 항복했다. 헨리는 소문으로만 듣던 워벡을 멀찍이서 유심히 바라보다가 그를 말에 태운 다음, 약간 거리를 두고 자기 뒤를 따르게 했다. 주위에 경호원들이 있기는 했지만 결박은 하지 않은 상태였다. 그런 모습으로 그들은 헨리가 좋아하는 행렬을 벌이며 런던에 입성했다.

왕위 사칭자가 천천히 말을 타고 시내를 통과해 런던탑으로 향하는 동안 폭소를 터뜨리며 야유하는 사람들도 있었다. 하지만 대부분은 호기심 어린 눈길로 조용히 그를 바라보았다. 그는 런던탑에서 웨스트민스터 궁으로 옮겨졌고, 가까이서 감시하는 사람들은 있었지만 귀족처럼 생활했다. 때때로 불려가 사기 행각에 대해 심문을 받기도 했다. 그러나 헨리 7세는 모든 면에서 비밀스러운 사람이었기 때문에 워벡과 관련한 일 역시 은밀하게 처리했다. 과연 그렇게까지 신중을 기해야 할 일이었는지는 의문이다.

수수께끼 같은 인물 퍼킨 워벡

퍼킨 워벡은 기어이 도망쳐 서리의 리치먼드 근처에 있는 또 다른 성역으로 숨어들었으나, 이번에도 설득을 당해 자수했다. 그리고 런던으로 이송되어 웨스트민스터 홀 바깥에서 발목에 족쇄를 찬 채 온종일 서 있는 수모를 당했다. 그 자리에서 그는 모든 죄를 인정하는 취지의 문서를 낭독했고, 헨리 7세의 첩보원이 처음에 기술한 내용 그대로 자신의 과거사를 공개했다. 그러고 나서 다시 런던탑에 갇혔다.

워릭 백작도 14년째 런던탑에 유폐되어 있었다. 그는 요크셔에서 붙잡힌 이후 빵집 주인 아들의 사칭 행위를 사람들에게 입증하기 위해 헨리 7세가 진짜 워릭 백작을 궁정으로 데려와 보여주라고 했을 때를 제외하고는 줄곧 런던탑에 갇혀 있었다. 헨리의 간교한 성격을 감안할 때 이 두 사람을 한 곳에 가두어놓은 것은 잔인한 일을 도모하기 위해서였을 가능성이 높다.

얼마 후 두 사람이 간수들과 짜고 런던탑 책임자를 살해한 다음 열쇠를 손에 넣었고, 퍼킨 워벡을 리처드 4세 국왕으로 선포하자는 음모를 꾸민 사실이 발각되었다. 실제로 그런 음모가 있었을 가능성이 크다. 가담자들이 그 음모에 유혹을 느꼈을 가능성도 적지 않다. 불운한 워릭 백작은 플랜태저넷 왕가의 마지막 인물로, 세상 경험이 많지 않고 순진무구해서 무엇이든 의심 없이 믿었을 것이다. 헨리 7세는 그를 제거하는 것이 자신에게 유리하다고 판단했을 것이다. 결국 백작은 타워힐Tower Hill에서 참수당했고, 워벡은 타이번에서 교수형에 처해졌다.

요크 공작 사칭 사건은 이렇게 끝이 났다. 잘 알려져 있지 않던 퍼킨 워벡의 역사는 헨리 7세의 신비주의와 술책으로 인해 더욱더 베일에 가려졌다. 만약 워벡이 타고난 장점을 조금 더 정직한 일을 하는 데 썼더라면 그 시대에도 행복하고 존경 받는 삶을 살 수 있었을 것이다. 그러나 그는 타이번의 교수대 위에서 생을 마감했다.

남편을 지극히 사랑했던 스코틀랜드 여인은 홀로 남겨졌지만 다행히도 왕비의 궁정에서 보호받으며 지냈다. 어느 정도 시간이 흐른 뒤, 그녀도 세월의 힘으로 옛사랑과 아픔을 잊고 어느 웨일스 귀족과 재혼했다. 두 번째 남편 매튜 크래덕 경Sir Matthew Cradoc은 첫 남편보다 정직하고 밝은 사람이었다. 두 사람은 지금 스완지Swansea의 오래된 성당 무덤에 나란히 묻혀 있다.

헨리 7세 치하에서 프랑스와 잉글랜드 사이의 불화는 부르고뉴 공작 부인이 끊임없이 꾸며내는 음모 이외에도 브르타뉴를 둘러싼 분쟁에서 비롯된 것이었다. 헨리는 애국심으로 분개하며 전쟁을 불사할 것처럼 행동했지만, 실제로는 어떻게든 전쟁을 피하면서 백성들에게서 돈을 뜯어내는 데만 골몰했다.

프랑스와의 전쟁을 빌미로 헨리 7세가 세금을 걷어대는 통에 한번은 민란이 일어나 상황이 아주 위태로워진 적이 있었다. 존 에그리먼트 경Sir John Egremont과 존 아 샹브르John à Chambre라는 평민이 이 민란을 주도했다. 그러나 이들은 서리 백작이 지휘하는 관군에게 곧바로 제압당했다.

귀족 존은 헨리 7세를 애먹이게 만든 사람은 누구든 기꺼이 받아들였던 부르고뉴 공작 부인에게 피신했고, 평민 존은 요크에서 교수형을 당했다. 여러 명이 함께 처형당했지만 죄질이 나쁜 반역자라는 이유로 훨씬 더 높은 교수대에 매달렸다. 하지만 높게 매달리든 낮게 매달리든 매달리는 사람 입장에서 무슨 차이가 있겠는가?

한편, 엘리자베스 왕비는 결혼 후 1년이 채 지나지 않아 아들을 출산했다. 아기 이름은 전설 속에 등장하는 고대 브리튼의 왕자 이름을 따 '아서'라고 지었다. 그리고 이 모든 사건이 벌어지는 와중에 어느덧 열다섯 살이 된 아서 왕자는 스페인 군주의 딸 카트린Catherine of Aragon (1485~1536)과 결혼식을 올렸다.

축복과 희망 가득한 결혼이었지만 몇 달 뒤 아서 왕자는 병을 얻어 죽고 말았다. 헨리 7세는 슬픔이 진정되자마자 20만 크라운에 달하는 스페인 공주의 재산이 자기 가문에서 빠져나가야 한다는 생각에 속이 쓰렸다. 그래서 당시 열두 살이었던 둘째 아들 헨리가 열다섯 살이 되면 이 어린 과부에게 장가를 들이기로 계획해놓았다.

성직자들은 이 결혼을 반대했다. 하지만 교황 클레멘트 7세Pope Clement VII(1478~1534)를 자기편으로 만드는 데 성공해 일단은 그렇게 하기로 합의를 보았다. 교황은 절대 그르침이 없고 매사에 올바른 사람으로 모든 사람의 존경을 받고 있었다. 아무튼 오랫동안 지속되었던 스코틀랜드와의 분쟁도 헨리 7세의 장녀가 스코틀랜드 국왕과 결혼함으로써 진정되었다.

그런데 이번에는 엘리자베스 왕비가 세상을 떠났다. 헨리 7세는 다시 한 번 슬픔을 극복하자마자 맨 먼저 조의금으로 들어온 소중한 돈에 관심을 돌렸다. 그리고 엄청난 부자였던 나폴리 국왕의 미망인과 결혼해야 겠다고 생각했다. 하지만 어찌어찌 그 미망인의 마음을 자기 것으로 만든다고 치더라도 그녀의 재산을 자기 것으로 만들기가 그다지 녹록지 않을 것으로 밝혀지자 이 생각을 포기했다. 얼마 후에는 별로 좋아하지도 않는 사보이 공작의 미망인에게 청혼하더니, 다시 얼마 후에는 완전히 실성해버린 카스티야 왕의 미망인에게도 청혼했다. 하지만 헨리 7세의 주 관심사는 재산 흥정에 있었으므로 결국 어느 결혼도 성사되지 못했다.

부르고뉴 공작 부인이 피신처를 제공해준 잉글랜드의 불만 세력들 가운데는 에드먼드 드 라 폴Edmund de la Pole, 3rd Duke of Suffolk(1471?~1513)도 있었다. 스토크 전투에서 전사한 링컨 백작John de la Pole, 1st Earl of Lincoln(1462?~1487)의 남동생인 그는 이제 서픽 백작이 되어 있었다. 헨리 7세는 아서 왕자의 결혼식 참석을 이유로 잉글랜드 복귀를 종용했지만, 그는 얼마 지나지 않아 다시 도망쳤다.

음모를 의심한 헨리 7세는 늘 하던 방식대로 그에게 가짜 친구들을 몇 명 붙였다. 그러고는 그 악당들을 매수해 기밀을 캐냈다. 캐냈는지 꾸며냈는지 모를 정보였다. 그 결과로 몇 명은 체포되고 몇 명은 처형되었다. 결국 헨리는 목숨만은 살려두겠다는 조건으로 에드먼드 드 라 폴의 신병을 확보한 다음 그를 런던탑에 가두어버렸다.

에드먼드 드 라 폴은 그의 마지막 적이었다. 그가 더 오래 살았더라면 더 많은 적이 생겨났을 것이다. 백성들에게 끝도 없이 세금을 뜯어냈으며 각종 자금 마련 업무를 담당했던 두 명의 총신 에드먼드 더들리Edmund Dudley와 리처드 엠프슨Richard Empson이 폭군처럼 날뛰었던 탓이다. 그러나 죽음은 돈으로 매수할 수도 속일 수도 없는 적이며 죽음 앞에서는 어떤 돈도 어떤 배반도 아무 효력을 발휘하지 못하는 법이다.

때마침 나타난 죽음이라는 적이 헨리 7세의 통치를 종결시켰다. 그는 왕위에 오른 지 24년이 지난 1509년 4월 22일, 쉰셋의 나이에 통풍으로 사망했다. 시신은 본인이 직접 기초를 세우고 건립한 웨스트민스터 사원의 아름다운 예배당에 안치되었다. 이곳은 지금도 '헨리 7세 예배당'이라 불린다.

위대한 탐험가 크리스토퍼 콜럼버스Christopher Columbus가 스페인을 대표해 당시에 '신세계The New World'라고 불리던 지역을 발견한 것도 이 무렵의 일이었다. 그로 인해 잉글랜드에서는 경이로움, 호기심, 부에 대한 희망이 한껏 부풀어 올랐다. 헨리 7세는 런던, 브리스틀의 상인들과 힘을 모아 신세계의 신문물 발견을 위한 잉글랜드 원정대를 꾸렸고, 브리스틀에서 활동하던 베네치아 도선사의 아들 세바스티안 캐벗Sebastian Cabot에게 이 원정대를 위임했다. 그는 대단히 성공적인 항해를 마치고 돌아와 자신과 잉글랜드의 명성을 드높였다.

· 제4부 ·

대영제국을
이루다

제26장

스캔들 메이커, 헨리 8세

프랑스와의 전쟁에서 승리하다

드디어 헨리 8세Henry VIII(생몰연도: 1491~1547, 재위기간: 1509~1547) 이야기를 할 때가 되었다. 그에게는 늘 '허세왕 할'이라든지 '덩치왕 해리' 같은 여러 가지 별명들이 따라다닌다. 하지만 나는 그를 '역사상 가장 혐오스러운 악당'이라 칭하고 싶다. 헨리의 삶을 끝까지 살펴보기도 전에 그가 과연 그런 호칭에 마땅한 인간인지 아닌지 판단할 수 있을 것이다.

헨리 8세는 열여덟 살의 비교적 어린 나이로 왕위에 올랐다. 사람들은 그가 당시에 잘생긴 모습이었다고 이야기하지만, 나는 그 말을 믿지 못하겠다. 기골이 장대했으며, 작은 눈에 너부데데한 얼굴, 턱까지 두 겹이라 만년에는 영락없는 돼지의 모습이었다. 유명한 신성로마제국의 화가 한스 홀바인Hans Holbein이 그린 초상화를 떠올려보기 바란다. 그토록 고약한 성격은 외모에 고스란히 배어나올 수밖에 없다.

헨리 8세는 대중적인 인기에 안달하는 인물이었다. 선왕의 악정에 시달릴 대로 시달려 온 백성들도 웬만하면 새 왕에게 애정을 주고 싶어 했다. 그는 허세와 과시를 극도로 좋아했으며, 이러한 성격은 대중의 속성과 부합했다. 그래서 헨리가 캐서린 공주와 결혼하고 나란히 대관식을 치렀을 때 백성들은 크게 기뻐했다. 또 마상시합에 참가할 때마다 신하들이 미리 손을 써둔 덕에 매번 우승을 거머쥐었고, 대중은 왕이 굉장한 사람이라며 환호를 보냈다.

한편, 선왕의 총신 엠프슨과 더들리, 그리고 그 지지자들은 자신이 저지르지도 않은 갖가지 죄목으로 고발당했다. 그들은 공시대에 올라 사람들의 웃음거리가 되었고, 말 등에 거꾸로 태워져 이리저리 끌려다니다가 결국 참수당했다. 이로 인해 대중은 만족감을 얻었고, 헨리 8세는 그들의 재산을 가로채 주머니를 불렸다.

당시 유럽에서는 예측불허의 상황이 전개되고 있었다. 지칠 줄 모르고 세상을 혼돈 속으로 몰아넣던 교황은 이 무렵 유럽 대륙에서 벌어진 전쟁에 깊숙이 개입되어 있었다. 전쟁의 발단은 이탈리아 여러 소국의 군주들이 정략결혼으로 다른 왕실들과 얽히고설키게 되자 이탈리아 소국 정부에 대한 각자의 몫을 주장하며 다툰 데서 비롯되었다.

교황을 지지했던 헨리 8세는 프랑스 왕에게 전령을 보내 모든 기독교인의 아버지인 신성한 그분을 상대로 전쟁을 일으키지 말라고 경고했다. 프랑스 왕은 그 말에 눈썹 하나 까딱하지 않았을뿐더러 헨리가 프랑스의 일부 영토에 대해 주장한 권리도 인정하기를 거부했다. 그로 인해 잉글랜드와 프랑스 사이에 전쟁이 시작되었다.

▲ 잉글랜드 왕 헨리 8세 ©Pete Spiro/Shutterstock.com

이 전쟁에 개입한 모든 군주들의 술수와 계략을 일일이 설명하자면 이야기만 복잡해질 뿐이니 다음과 같이 정리하기로 하자. 잉글랜드는 어설프게도 스페인에게 동맹을 제안했고, 스페인은 어리석게도 이 제안을 받아들였다. 스페인은 프랑스와 별도로 협정을 맺은 상태였기 때문에 언제든지 잉글랜드를 저버릴 수 있었고 실제로 그런 일이 일어났다.

서리 백작의 아들인 용감한 장군 에드워드 하워드 경 Sir Edward Howard(1476?~1513)은 이 일과 관련해 벌어진 프랑스군과의 싸움에서 큰 공을 세웠다. 그러나 안타깝게도 하워드 경은 용맹할 뿐 지혜롭지는 못했다. 몇 척의 배를 이끌고 프랑스의 브레스트Brest 항구를 정찰하던 그는 또 다른 잉글랜드 장군인 토머스 니벳 경Sir Thomas Knyvett(1558~1622)의 패배와 죽음에 대한 복수심에 대포로 무장한 프랑스 전함 몇 척에 접근을 시도했다. 하지만 탄약이 바닥 나는 바람에 불과 10여 명의 부하들과 함께 배에 고립되었고, 결국 바다에 빠져 익사했다. 적군에게 자랑거리를 만들어주지 않으려고 자기 가슴에서 지휘권을 상징하는 금목걸이와 금 호루라기를 벗어 바다로 던져버린 뒤였다.

하워드 경은 패배했지만 용기 있고 명예를 지킨 장군이었다. 이 일이 있은 뒤 헨리 8세는 프랑스를 직접 침공해야겠다는 생각을 품었다. 그에 앞서 선친 헨리 7세가 런던탑에 남겨둔 위험인물 서퍽 백작을 처형하고, 자신의 부재중 잉글랜드 통치권을 캐서린 왕비의 손에 맡겼다. 왕은 배를 타고 칼레로 항해한 다음, 거기서 신성로마제국의 황제 막시밀리안 1세Maximilian I(1459~1519)의 군대와 세력을 합쳤다.

막시밀리안 황제는 사병인 척 행동하여 복무에 대한 보수를 받는가 하면 허세왕의 허영심을 채워주기 위해 아첨을 하는 등 어처구니없는 행동을 많이 했다. 헨리 8세는 실전에 대비해 모의 전투를 해보았는데, 그 결과가 흡족했던 듯하다. 하지만 그가 생각하는 실전이란 화려한 빛깔의 비단 천막을 세워 바람에 나부끼게 하고 어마어마한 개수의 형형색색 깃발과 황금색 휘장을 과시하는 것에 지나지 않았다.

그러나 운명의 여신은 과분하게도 헨리 8세의 편이 되어주었다. 그는 앙기느가트Enguinegatte라는 곳에 천막을 세우고, 황금색 휘장을 드리우고, 깃발을 바람에 나부끼게 하는 등 여러 가지 사소하지만 번거로운 일들에 많은 시간을 허비한 후 마침내 프랑스군과 일전을 벌였다. 그런데 프랑스군이 그 광경에 두려움을 느낀 나머지 순식간에 도주해버렸다. 어찌나 빠른 속도로 내뺐는지 나중에 이 전투는 '박차 전투Battle of Spurs'라는 별명으로 불리게 되었다. 우연치 않게 거둔 승리에 헨리는 진짜 전투를 충분히 경험했다고 생각하며 잉글랜드로 돌아왔다.

스코틀랜드의 국왕 제임스 4세는 결혼으로 헨리 8세와 인척 관계가 되었지만 이 전쟁에서 적군 편에 가담했다. 잉글랜드 장군 서리 백작이 스코틀랜드 왕과 대적하러 진격할 때 그는 자기 영토를 벗어나 트위드 강을 건너고 있었다. 두 군대가 맞붙은 것은 스코틀랜드 왕이 틸 강Till River 건너 플로든 평원Flodden Field이라 불리는 체비엇 힐스Cheviot Hills(잉글랜드와 스코틀랜드 경계의 구릉지대)의 마지막 언덕에 진을 쳤을 때였다.

전투가 시작되자 그 아래 평원을 따라 잉글랜드 군대가 진격해왔다. 스코틀랜드 군대는 5열로 정렬해 침묵 속에 서서히 언덕을 내려왔다. 그러고 나서 때가 되자 일렬종대로 다가오는 잉글랜드군과의 대결을 위해 전진했다. 홈 경Lord Home의 지휘 아래 창병들이 잉글랜드군을 공격했다.

처음에는 전황이 스코틀랜드군에 우세했다. 하지만 잉글랜드군은 곧 사기를 회복했고, 용맹하게 싸웠다. 스코틀랜드 왕은 잉글랜드의 왕기에 거의 다가갔으나 전사했고, 그와 동시에 스코틀랜드 병력 전체가 궤멸되었다. 그날 플로든 평원에는 스코틀랜드 병사 1만 명의 시신이 나뒹굴었는데, 그중에는 귀족과 지주층의 시신도 다수 포함되어 있었다.

잉글랜드 병사들은 스코틀랜드 왕이 불효막심한 아들로 살아온 죄를 속죄하는 의미로 항상 허리에 차고 다녔던 철 허리띠를 발견하지 못했다. 그래서 이후 오랫동안 스코틀랜드 농민들 사이에서는 자신들의 왕이 실은 이 전투에서 전사한 게 아니라는 소문이 떠돌았다. 하지만 왕의 허리띠가 어찌 되었든 잉글랜드군은 그의 칼과 단검, 손가락에 끼었던 반지, 상처로 만신창이가 된 시신까지 확보한 상태였다. 이 부분에는 의심의 여지가 없었다. 스코틀랜드 왕을 잘 알던 잉글랜드 귀족들이 시신을 보고 그가 맞다고 확인해주었기 때문이다.

황금천 들판 회담

헨리 8세가 프랑스와의 전쟁을 재개하기 위한 준비로 한창 바쁠 때 프랑스 국왕 루이 12세는 평화협정을 맺는 방안을 고심 중이었다. 그

연장선상에서 그는 50대 후반의 나이에 헨리 8세의 여동생 메리 공주Mary Tudor(1496~1533)에게 청혼했다. 메리 공주는 겨우 열여섯 살의 어린 나이였지만, 서퍽 공작과 이미 결혼을 약속한 사이였다. 그러나 그런 문제를 결정할 때 어린 공주들의 의사는 그다지 고려되지 않았기 때문에 정략결혼은 확정되었고, 가엾은 공주는 잉글랜드 시녀 한 명과 함께 프랑스로 가서 왕의 신부가 되었다. 그 시녀는 앤 불린Anne Boleyn(1501~1536)이라는 아리따운 아가씨로, 플로든 평원에서의 승리 이후 노퍽 공작으로 승진한 서리 백작의 조카딸이었다. 왜 그런지 곧 알게 되겠지만, 앤 불린이라는 이름을 기억해두는 게 좋을 것이다.

어린 아내를 맞아들여 기분이 좋았던 루이 12세는 앞으로 펼쳐질 행복한 삶을 기대하고 있었다. 반면 어린 아내는 아마도 앞으로 펼쳐질 비참한 삶을 예감하고 있었을 것이다. 실제로 그 후 3개월도 못 되어 루이가 갑자기 숨을 거두는 바람에 메리 왕비는 청상과부 신세가 되었다.

프랑스의 새 군주 프랑수아 1세François I(1494~1547)는 선왕 루이 12세의 왕비가 두 번째 남편으로 반드시 잉글랜드인을 택해야 자신에게 이익이 된다는 사실을 간파했다. 그래서 프랑수아는 헨리 8세가 첫 약혼자였던 서퍽 공작을 프랑스로 보내 왕비를 잉글랜드로 데려오게 했을 때 왕비와 결혼하라고 그에게 권유했다. 서퍽 공작을 무척 좋아했던 왕비 역시 그에게 지금 결혼하지 않으면 영원히 헤어지게 될 것이라고 이야기했고, 결국 두 사람은 결혼식을 올렸다.

헨리 8세도 나중에 그들을 용서했다. 서퍽 공작이 헨리에게 압력을 행사하기 위해 천거한 사람이 바로 토머스 울지Thomas Wolsey(1475~1530)다. 울지는 잉글랜드 역사에서 화려한 상승과 가파른 몰락으로 유명해진 인물이다.

▲ 로마 가톨릭교회의 추기경이자
노련한 정치가였던 토머스 울지
© Georgios Kollidas / Shutterstock.com

토머스 울지는 서퍽의 입스위치 출신으로 푸줏간 주인의 아들이었다. 훌륭한 교육을 받은 그는 도싯 후작Marquis of Dorset 집안의 가정교사가 되었다. 도싯 후작은 나중에 선왕 헨리 7세의 궁정 사제로 울지를 천거한다. 헨리 8세가 왕위를 잇자 그도 함께 지위가 높아져 왕의 총애를 받았다. 종교적으로는 요크 대주교 자리에 올랐고, 교황은 그를 추기경으로 임명했다. 외국의 군주든 잉글랜드의 귀족이든 잉글랜드에서 영향력을 떨치고 싶거나 왕에게 호감을 얻고자 하는 사람은 권력의 실세 울지 추기경과 친하게 지내야만 했다.

토머스 울지는 활달한 성격으로 음주가무와 농담에 능했다. 그리고 그런 면모는 헨리 8세의 마음을 얻는 데 큰 힘이 되었다. 화려하고 거창한 의식을 열광적으로 좋아했고, 그런 점에서 헨리와 죽이 잘 맞았다. 도리에 어긋나는 일에 대해 기가 막힌 핑곗거리와 구실을 찾아내고, 검은 것을 희다고, 아니면 다른 색이라고 우기는 게 대부분이었지만. 어쨌든 울지는 교회에 관한 상식이 풍부했다. 이런 면모는 헨리 8세의 비위를 맞추는 데도 제격이었다. 이상의 여러 가지 이유들로 추기경은 헨리에게 높은 평가를 받았다. 더구나 헨리보다 훨씬 유능한 사람이었기에 그를 어떻게 다루어야 하는지도 잘 알고 있었다. 마치 유능한 조련사가 늑대나 호랑이를 다루듯, 고분고분하다가도 뒤돌아서면 언제든 조련사를 갈기갈기 찢어놓을 수 있는 사납고 변덕스러운 '맹수'를 잘 다루었다.

토머스 울지만큼 잉글랜드를 자기 마음대로 주무른 사람은 일찍이 없었다. 재산도 어마어마해 왕실과 맞먹는다는 평가까지 있을 정도였다. 울지의 궁은 왕궁만큼 휘황찬란했고, 수행단도 800명에 이르렀다. 그는 공무 수행 중 머리끝에서 발끝까지 불타는 진홍색으로 차려입고, 보석이 박힌 황금색 신발을 신었다. 시종들도 순종 말을 탔다. 그렇게 화려하게 치장한 울지는 몹시 겸손한 체하며 붉은 벨벳 안장과 고삐, 황금색 등자를 얹은 노새 위에 올라 느릿느릿 행차했다.

이 위엄 있는 사제의 영향력에 힘입어 프랑스 왕과 잉글랜드 왕의 공식 회담이 추진되었고, 양국의 친선을 과시하기 위해 떠들썩한 축제를 벌이기로 했다. 그리하여 유럽의 모든 주요 도시에 파견된 사절들은 나팔을 불면서 모월 모일에 동지애와 형제애의 상징으로 프랑스 왕과 잉글랜드의 왕이 각각 18명의 시종을 거느리고 마상시합을 벌일 예정이니 참가를 희망하는 기사는 누구든지 참가하라고 알리고 다녔다.

선왕 막시밀리안 1세가 세상을 떠나 새로 등극한 신성로마제국 황제 카를 5세Karl V(1500~1558)는 두 군주의 사이가 지나치게 가까워지는 걸 원치 않았기 때문에 헨리 8세가 회담 장소로 떠나기 전에 잉글랜드로 건너왔다. 그러고는 잉글랜드 왕에게 좋은 인상을 남기려고 노력하는 한편, 토머스 울지에게는 다음에 공석이 생길 경우 그가 교황이 될 수 있도록 힘써보겠다고 이야기해 귀를 솔깃하게 했다.

카를 5세가 잉글랜드를 떠나던 날, 왕과 모든 궁정 대신들은 칼레를 거쳐 회담 장소로 갔다. 아르드르Ardres와 귀스네Guisnes 사이, 흔히 황금천 들판Field of the Cloth of Gold이라고 알려진 곳이었다. 회담 장소는 행사 준비를 위한 온갖 사치와 낭비가 절정에 달해 있었다. 많은 기사와 귀족들이 워낙 화려하게 치장하고 있어 전 재산을 몸에 두르고 다닌 다는 이야기가 나돌 정도였다.

장식을 위한 가짜 궁전이 세워지고 임시 예배당이 마련되었다. 포도 주가 흐르는 분수를 비롯해 커다란 포도주 창고에는 누구나 물처럼 마음껏 마시고도 남을 어마어마한 양의 포도주가 저장되어 있었다. 비단 천막, 황금색 레이스와 은박 장식, 도금한 사자상 등등 그 화려함을 일일이 열거하자면 끝이 없었다.

그러한 가운데 토머스 울지는 거기 모인 모든 귀족과 상류층을 통틀어 누구보다도 더 돋보이고 휘황찬란한 모습이었다. 양국의 왕이 정말 지킬 생각이 있다는 듯 엄숙하게 조약을 체결한 후 길이 270미터, 폭 100미터의 경기장에서 마상시합이 시작되었다. 프랑스 왕비와 잉글랜드 왕비는 엄청난 숫자의 남녀 귀족들과 함께 줄지어 앉아 경기를 구경했다.

10일 동안 두 국왕은 매일 다섯 차례씩 시합을 벌였고, 예의를 지켜 적당히 져주는 시합 상대들을 어김없이 물리쳤다. 물론 어떤 기록에 의하면, 어느 날 잉글랜드 왕이 프랑스 왕에게 밀려 말에서 떨어졌는데, 왕의 체면이나 혈맹 간의 우정은 온데간데없이 발끈하는 바람에 자칫하면 심각한 몸싸움이 일어날 뻔한 일도 있었다고 한다.

그런가 하면 이 황금천 들판 회담과 관련해 전해 내려오는 훈훈한 이야기도 있다. 그때까지 잉글랜드인과 프랑스인은 서로를 불신하는 분위기였다. 그런데 어느 날 아침 프랑수아 1세가 혼자서 말을 타고 헨리 8세의 막사를 찾아왔다. 그리고 헨리가 침대에서 나오기 전 막사에 들어가 농담으로 자신이 이제 그의 포로가 되었다고 말했다. 그러자 헨리는 침대를 박차고 뛰어나와 프랑수아를 포옹했다. 헨리가 옷 입는 걸 프랑수아가 도와주었다는 이야기도 있고, 잠자리를 따뜻한 체온으로 덮혀주었다는 이야기도 있다. 헨리가 프랑수아에게 화려한 보석이 박힌 목깃을 선물하자 프랑수아가 답례로 그에게 값비싼 팔찌를 주었다고도 한다. 이상의 일화들을 비롯해 황금천 들판 회담과 관련해 전해 내려오는 글과 노래, 이야기가 하도 많아서 온 세상 사람들이 진저리를 칠 지경이었다.

물론 이런 우호적인 분위기와 무관하게 잉글랜드와 프랑스 사이에 곧 전쟁이 재개되었고, 동지이자 혈맹임을 내세웠던 두 왕은 상대방에게 치명적인 타격을 입히기 위해 온갖 노력을 기울였다.

한편, 전쟁이 다시 발발하기 전에 버킹엄 공작 에드워드 스태퍼드 Edward Stafford, 3rd Duke of Buckingham(1478~1521)가 해고된 하인의 밀고로 타워힐에서 처형당하는 사건이 있었다. 정말 아무것도 아닌 이유에서였다. 홉킨스Hopkins라는 수사가 예언가인 척하며 공작의 아들이 잉글랜드 땅에서 큰 인물이 될 운명을 타고났다고 웅얼웅얼 떠들고 다니는 소리를 믿은 죄밖에 없었다.

그러나 사람들은 불운한 공작이 위대한 추기경의 심기를 거스른 이유는 따로 있다고 생각했다. 그가 황금천 들판에서 진행된 회담의 불합리한 비용 지출에 대해 자기 생각을 거침없이 이야기했기 때문이었다. 어쨌거나 그는 아무 죄도 없이 참수를 당했다. 그 광경을 본 사람들은 크게 분노했으며, "푸줏간집 아들이 배후에 있다!"고 외쳐댔다.

헨리 8세와 캐서린 왕비의 이혼 재판

서리 백작이 다시 프랑스를 침공해 약간의 피해를 입히긴 했지만 새로 시작된 전쟁은 그리 오래가지 않았다. 두 왕국 간에 또 한 차례의 평화협정이 맺어진 것이다. 결국 신성로마제국 황제는 겉보기보다 잉글랜드에 우호적인 인물이 아니라는 사실도 드러났다. 잉글랜드 왕의 재촉에도 불구하고 토머스 울지 추기경을 교황에 앉히겠다는 약속도 지켜지지 않았다.

그사이에 두 명의 교황이 잇따라 사망했지만 외국 신부들도 여간내기가 아니어서 토머스 울지 추기경을 일찌감치 교황 후보 명단에서 빼버렸다. 그렇게 해서 울지와 헨리 8세 둘 다 신성로마제국 황제가 신의를 지키는 사람이 아님을 깨닫게 되었다. 그래서 헨리의 딸 웨일스 공주 메리와 신성로마제국 황제 사이의 결혼 약속을 파기하고, 이 공주를 프랑수아 1세나 그의 장남 중 어느 쪽에 시집보내는 게 좋을까 따져보기 시작했다.

이 무렵 신성로마제국의 비텐베르크Wittenberg에서는 위대한 지도자가 한 명 등장해 대변혁을 일으키고 있었다. 종교개혁이라는 이름의 변화의 물결은 잉글랜드로 넘어왔고, 사제들에게 예속되어 노예처럼 살아야 했던 백성들을 해방시켰다. 마르틴 루터Martin Luther(1483~1546)라는 이 박식한 학자는 신부이자 수사로 살았기 때문에 가톨릭교의 속사정을 훤히 꿰고 있었다. 때마침 잉글랜드에서는 위클리프의 설교와 저술의 영향 등으로 교회의 개혁 문제에 대해 대중 사이에 공감대가 형성되고 있었다.

어느 날 루터는 사제들이 대중에게 감추고 싶어 하는 진실이 담긴 신약성서의 외경을 발견하고 깜짝 놀랐다. 그러고는 교황을 위시한 교회 조직 전체에 적극적으로 반기를 들기 시작했다. 루터가 그렇게 민중을 각성시키는 위대한 과업을 시작하고 있는 가운데, 테첼Tetzel이라는 평판 나쁜 탁발수도사가 루터가 사는 동네에 와서 면죄부라는 것을 도매

▲ 성 베드로 대성당의 외관을 꾸미는 데 필요한 돈을 마련하기 위해 '면죄부'를 파는 일이 생겼다.
©Feliks/Shutterstock.com

로 팔아넘기는 사건이 발생했다. 로마 성 베드로 대성당의 외관을 꾸미는 데 필요한 기금을 마련하기 위해서였다. 교황이 발행한 면죄부를 사는 사람은 누구나 자신이 저지른 죄에 대해 하늘의 심판을 면제받게 된다고 알려졌다. 하지만 루터는 사람들에게 이 면죄부라는 것이 하느님 앞에서는 쓸모없는 종잇조각에 불과하며, 그것을 파는 테첼과 그 일당은 전부 사기꾼이라고 반박했다.

헨리 8세와 토머스 울지는 루터의 이 주제넘은 행동에 노발대발했다. 헨리는 학식이 높은 토머스 모어 경Sir Thomas More(1478~1535)의 도움으로 마르틴 루터를 비판하는 책까지 집필했고(나중에 헨리 8세는 토머스 모어 경의 목을 베어 은혜를 원수로 갚았다), 교황은 이 책에 대단히 흡족해하며 헨리에게 '신앙의 옹호자Defender of the Faith'라는 칭호까지 내렸다.

또한 헨리와 울지는 파문이 두렵거든 루터의 책을 읽지 말라고 불같이 화를 내며 경고했다. 하지만 사람들은 그래도 책을 읽었고, 그 내용에 관한 소문이 일파만파로 퍼져 나갔다.

▲ 앤 불린
©AISA - Everett/Shutterstock.com

이렇게 커다란 변화의 물결이 이는 가운데 헨리 8세는 본색을 드러내기 시작했다. 헨리의 누이를 따라 프랑스로 건너갔던 어여쁜 소녀 앤 불린은 이 무렵 굉장히 아름다운 처녀로 성장해 캐서린 왕비의 시중을 드는 시녀로 일하고 있었다. 이제 왕비는 더 이상 젊지도 아름답지도 않았다. 더구나 왕에게 그다지 사근사근하지 않았을 가능성도 높다. 네 명의 자녀를 아주 어릴 때 차례로 잃으면서 그렇지 않아도 침울했던 성격이 더더욱 침울해진 것이다. 그래서 헨리는 아름다운 앤 불린에게 마음을 빼앗겼고, 속으로 궁리했다.

'어떻게 하면 이 지긋지긋한 골칫덩어리 마누라를 깔끔하게 떼어내버리고 앤과 결혼할 수 있을까?'

기억하겠지만 캐서린 왕비는 원래 헨리 8세의 형수였다. 그는 곰곰이 생각해보다가 측근 사제들을 불러 이렇게 말했다.

"아! 내가 왕비와 결혼한 것이 도리에 어긋나는 짓 같아서 영 마음이 찜찜하고 몹시 뒤숭숭하도다!"

사제들 중 헨리 8세가 왜 지금까지 그런 생각을 하지 않다가 이제 와서 새삼 그러는지 물어볼 용기가 있는 자는 아무도 없었다. 그는 그토록 오랜 세월 동안 이 문제로 고민 한 번 해본 적 없이 비교적 즐겁게 지내왔다. 하지만 사제들은 입을 모아 말했다.

"아! 지당하신 말씀입니다. 진지하게 생각해볼 문제지요. 아마도 이걸 바로잡을 최선의 방법은 폐하께서 이혼하시는 게 아닐까 하옵니다!"

헨리 8세가 대답했다.

"그렇지. 그거야말로 최선의 방법일 것이야!"

그렇게 해서 모두 작업에 착수했다.

내가 만약 이 이혼을 성사시키기 위해 동원된 음모와 계략을 여기에 일일이 언급하려고 든다면 잉글랜드 역사책은 세상에서 가장 짜증스러운 책이라는 생각이 절로 들 것이다. 그래서 다음과 같은 내용만 밝혀두려고 한다. 수차례의 협상과 책임 회피 끝에 교황은 토머스 울지 추기경과 로렌조 캄페지오Lorenzo Campeggio(1474~1539) 추기경에게 잉글랜드에서 제기된 혼인 무효 소송의 심리에 대한 전권을 일임했다(캄페지오 추기경은 이 일의 처리를 위해 교황이 이탈리아에서 직접 파견한 사람이다). 캐서린 왕비가 울지의 오만하고 사치스러운 생활 방식을 예전부터 비판해왔기 때문에 그가 왕비 퇴출에 적극적이었다는 이야기도 있다. 나도 이 주장에 일리가 있다고 생각한다. 하지만 처음에는 울지도 헨리 8세가 앤 불린과 결혼하고 싶어 한다는 사실을 눈치 채지 못했다. 그리고 본심을 알게 된 뒤에는 무릎까지 꿇고 그의 뜻을 꺾기 위해 온갖 노력을 기울였다.

추기경들은 블랙프라이어스 수도원에 법정을 마련했다. 지금도 런던에 가보면 그 근처에 '블랙프라이어스'라는 이름의 다리가 놓여 있다. 헨리 8세와 캐서린 왕비는 법정 근처에 있으려고 브라이드웰Bridewell이라는 이름의 가까운 궁을 숙소로 정했다. 지금 그 자리에는 흉물스러운 감옥 외에는 아무것도 남아 있지 않다.

재판이 열리던 날, 헨리 8세와 캐서린 왕비는 법정 출석을 요청받았다. 헨리에게 버림받게 된 가엾은 왕비는 위엄 있고 단호하게, 그러나 길이길이 기억되어도 좋을 여자다운 따뜻함을 잃지 않고 그 앞에 무릎 꿇고 말했다. 자신은 낯선 땅 잉글랜드에 건너와 20년 동안 헨리 8세의 충실한 아내로 살았는데, 그 오랜 세월이 지난 뒤 이제 와서 자신이 왕의 아내로 인정받을지 내팽개쳐질지 결정할 권한을 저 추기경들이 가지고 있다는 사실을 인정할 수 없다는 내용이었다. 말을 마친 왕비는 일어나서 법정을 떠났고, 두 번 다시 돌아오지 않았다.

헨리 8세는 감정이 북받친 척하며 말했다.

"오, 여러분! 왕비는 정말 훌륭한 여인이오! 이 지독한 의구심이 나를 번민하게 만들지만 않는다면 그녀와 백년해로하는 것이 그 얼마나 기쁜 일이겠소!"

그렇게 재판은 계속되었고, 두 달 동안 지루한 공방이 이어졌다. 교황의 대리자 캄페지오 추기경은 판단을 계속 유보하려고만 하면서 두 달간 재판을 휴회했다. 그러더니 두 달이 경과하기 전에 교황이 직접 재판을 무기한 휴회해버렸고, 헨리 8세와 캐서린 왕비에게 로마로 와서 재판받을 것을 요청했다.

그런데 헨리 8세의 입장에서는 참으로 운 좋게도, 몇몇 측근들이 식사 자리에서 우연히 만난 케임브리지의 박사 이야기를 들려주었다. 토머스 크랜머Thomas Cranmer(1489~1556)라는 자가 이곳저곳의 모든 학자와 주교들에게 이 재판의 내막을 알리고 헨리 8세의 결혼이 적법하지 않다는 의견을 모아 교황에게 조속한 조치를 촉구하자고 제안했다는 소식이었다.

앤 불린과 서둘러 결혼하고 싶어 안달이 난 헨리 8세는 너무나 좋은 아이디어라고 생각해 급히 토머스 크랜머에게 전갈을 보내는 한편, 앤 불린의 아버지 로치포트 경Lord Rochfort에게 이렇게 말했다.

"박사를 경의 시골 저택으로 데리고 가 좋은 방 하나를 서재로 내어주시오. 그리고 내가 경의 딸과 결혼해도 괜찮다는 증거를 입증할 수 있도록 아낌없이 책을 찾아주시오."

로치포트 경은 조금의 망설임도 없이 크랜머 박사를 최대한 편안하게 모셨다. 그리고 크랜머는 헨리 8세의 주장을 입증하는 작업에 몰두했다. 그러는 사이에 헨리와 앤 불린은 얼른 판결이 내려졌으면 좋겠다는 조급함에 매일같이 편지를 주고받았다. 앤 불린은 나중에 자신에게 닥칠 운명이 자업자득이었음을 이때부터 스스로 입증해 보이고 있었던 것 같다.

울지 추기경의 몰락

토머스 크랜머가 헨리 8세의 조력자 역할을 하도록 내버려둔 건 토머스 울지의 실수였다. 설상가상으로 그는 앤 불린과의 결혼을 막으려고 헨리를 설득하려 하지 않았던가? 헨리 같은 국왕을 모시는 울지 같은 신하라면 어떻게든 나락으로 떨어지게 되어 있는지도 모른다. 어쨌거나 그는 예전 왕비의 측근들과 왕비가 될 여자의 측근들 사이에서 증오를 한 몸에 받는 처지가 되어 일순간 걷잡을 수 없이 추락해버렸다.

어느 날 토머스 울지는 당시 자신이 대법관으로 있던 형평법 법원 Court of Chancery에 가던 중 그를 기다리던 노퍽 공작과 서퍽 공작을 만났다. 그들은 추기경에게 대법관직을 사임하고 서리의 이셔Esher에 있는 자택으로 조용히 물러나 있으라는 명령이 내려졌다고 전했다. 울지가 이 명령에 불응하자 두 사람은 그길로 말을 달려 헨리 8세에게 돌아갔다가 다음 날 그의 서신을 가지고 돌아왔다. 친서를 읽은 울지는 굴복하지 않을 수 없었다. 요크 궁York Place(지금의 화이트홀 자리)에 있는 울지 추기경의 모든 재산은 조목조목 목록으로 작성된 후 헨리의 소유로 넘어갔고, 그는 슬픔에 잠겨 바지선을 타고 강을 따라 이셔를 향해 출발했다.

토머스 울지는 자부심 강한 사람이었지만 비굴하기도 했다. 요크 궁에서 쫓겨나 이셔로 가는 길에 헨리 8세의 시종 한 명이 뒤따라와 왕이 보낸 서한과 반지를 전해주자 그는 타고 있던 노새에서 내려 모자를 벗고 흙바닥에 무릎을 꿇었다. 오히려 이때만큼은 잘나가던 시절 궁에서 항상 곁에 두고 지냈던 그의 광대가 울지보다 훨씬 더 돋보이는 행동을 했다. 왜냐하면 울지가 시종에게 자신은 주군에게 보낼 선물이 재주가 빼어난 그 광대 말고는 아무것도 없다고 말하자 그 충직한 광대가 자기 주인에게서 떨어지지 않으려고 버티는 바람에 장정 여섯 명이 힘을 합쳐야 했기 때문이다.

한때 자존심 드높았던 토머스 울지의 명예는 갈수록 땅에 떨어졌고, 그는 악독한 군주 헨리 8세에게 비굴한 편지를 보냈다. 헨리는 기분에 따라 하루는 울지를 구박했다가 다음 날은 치켜세우다가 하더니 결국 요크 교구에 가서 지내라고 명했다. 울지는 자신의 처지가 너무도 딱하게 됐다고 말했다. 하지만 그의 입에서 어떻게 그런 소리가 나왔는지 모르겠다. 여전히 160명의 하인을 부리고 수레 72대 분량의 가구와 식량, 포도주를 소유하고 있었기 때문이다.

토머스 울지는 그해의 대부분을 요크에서 보내면서 불운을 딛고 훨씬 나아진 모습을 보여주었다. 온화하고 포용적인 태도로 많은 사람의 마음을 얻기도 했다. 콧대 높던 시절에도 울지가 학문과 교육 분야에서 큰 공을 세운 것은 사실이었다. 하지만 결국 그는 대역죄로 체포되었다. 그리고 런던을 향해 서서히 이동하던 중 레스터에 이르렀다. 해가 저물어 레스터 수도원에 도착한 그는 햇불을 들고 일행을 맞으러 문밖에 나온 수사들에게 그곳에 뼈를 묻으러 왔다고 이야기했다. 그 말은 사실이 되었다. 중병을 앓고 있던 울지는 침대에 누운 뒤 두 번 다시 일어나지 못했던 것이다.

그가 마지막으로 남긴 말은 이랬다.

"내가 왕을 섬긴 것만큼 부지런히 하느님을 섬겼더라면 이렇게 늙은 뒤 하느님이 나를 저버리시는 일은 없었을 텐데. 하지만 하느님을 섬기지 않고 군주에 대한 의무를 다하느라 쏟은 수고와 성실의 대가가 이것이라면 딱히 할 말은 없도다."

토머스 울지의 사망 소식은 즉각 헨리 8세의 귀에 들어갔다. 헨리는 울지가 선물해준 햄프턴 코트 궁전Hampton Court palace의 화려한 정원에서 활쏘기 놀이를 하던 중이었다. 그토록 충성스러웠으나 나락으로 떨어진 신하의 사망 소식에 그는 슬퍼하기는커녕 울지가 어딘가 감추어두었다고 알려진 1,500파운드를 어떻게 하면 손에 넣을 수 있을까 하는 욕심을 내비쳤을 뿐이다.

헨리 8세의 이혼과 관련해 박식한 학자들과 주교 및 다른 여러 사람들의 의견이 마침내 수렴되었다. 대체로 그에게 유리한 이 의견은 탄원서와 함께 교황에게 전달되었다. 소심한 성품이었던 교황은 정신이 혼란스러워졌다. 자신이 이 탄원을 들어주지 않으면 잉글랜드에서 교황의 권위가 땅에 떨어지지 않을까 두려웠고, 탄원을 들어주면 캐서린 왕비의 조카인 신성로마제국 황제의 심기를 건드리지 않을까 겁이 났던 것이다.

이런 상황이다 보니 교황은 계속 회피만 하고 아무런 결정도 내리지 않았다. 그러자 한때 토머스 울지의 충직한 시종이었고 그가 몰락하는 와중에도 곁을 지켰던 토머스 크롬웰Thomas Cromwell, 1st Earl of Essex(1485~1540)이 헨리 8세에게 스스로 잉글랜드 성당의 수장이 되어 그 일을 직접 해결하라고 조언했다.

헨리 8세는 여러 가지 간교한 방법을 동원해 물밑 작업에 나섰다. 대신 신부들에게는 루터의 사상을 받아들인 사람들을 마음대로 불태워 죽일 수 있도록 허락해주었다. 참고로, 이때는 헨리의 책 집필을 도와준 현자 모어 경이 토머스 울지를 대신해 대법관에 임명된 상태였다. 하지만 그는 폐단에 찌들어 있더라도 가톨릭교회에 진심으로 애착이 있는 사람이었으므로 시국이 이렇게 돌아가자 결국 사임하고 말았다.

캐서린 왕비를 없애버리고 더 이상 지체 없이 앤 불린과 결혼해야겠다고 굳게 마음먹은 헨리 8세는 토머스 크랜머를 캔터베리 대주교 자리에 앉히고 왕비에게 궁정을 떠나라고 지시했다. 그녀는 두말없이 지시에 따랐다. 하지만 자신이 어디에 있든 여전히 잉글랜드의 왕비이며 마지막까지 그럴 것이라는 말을 남겼다. 왕비가 떠난 후 헨리 8세는 앤 불린과 비공개로 결혼식을 올렸다. 그리고 반년 안에 새로 부임한 캔터베리 대주교가 캐서린 왕비와의 결혼을 무효 선언하고 앤 불린을 왕비로 책봉했다.

앤 불린은 악에서 선을 기대할 수 없으며, 조강지처에게 그토록 신의 없고 잔인하게 구는 살찐 야수가 두 번째 아내라고 해서 더 신의 없고 잔인하게 대하지 말란 법이 없으리라는 사실을 알았어야 했다. 또한 헨리 8세가 처음부터 비열하고 이기적인 겁쟁이라는 사실을 알았어야 했다.

앤 불린의 집안과 지인들 사이에 위험한 돌림병이 발생해 불린도 그 병에 걸려 죽을 가능성이 생기자 헨리 8세는 한창 사랑에 빠져 있을 때였음에도 겁먹은 똥개처럼 내뺀 인간이었다. 하지만 불린은 이 모든 사실을 너무 늦게 알았고, 덕분에 값비싼 대가를 치러야 했다. 나쁜 남자와의 잘못된 결혼은 자연스럽게 끝이 났다. 곧 살펴보겠지만 자연스러운 끝이 불린의 자연사는 아니었다.

토머스 모어와 존 피셔의 억울한 죽음

교황은 헨리 8세의 결혼 소식을 듣고 머리끝까지 화가 나서 씩씩댔다. 잉글랜드의 대다수 수도자와 수사들도 기존 질서가 위협받았다고 인식해 마찬가지로 분노했다. 어떤 이들은 헨리 8세의 면전에서 맹렬히 규탄했고, 헨리 8세가 직접 "닥치시오!"라고 고함치기 전까지 항의를 계속하기도 했다. 헨리는 이 상황을 대수롭지 않게 받아들였다. 그리고 새 왕비가 딸을 낳자 대단히 기뻐했다. 이 아기는 엘리자베스라는 이름으로 세례를 받았고, 이복 언니 메리에게 이미 부여되었던 웨일스 공주의 작위를 받았다.

이 정권의 가장 극악무도한 면모 가운데 하나는 헨리 8세가 개혁파 종교(신교)와 비개혁파 종교(구교) 사이에서 끊임없이 줄타기를 했다는 점이다. 그는 교황과의 갈등이 심해질수록 교황의 견해를 받아들이지 않았다는 죄를 물어 더 많은 자기 백성들을 불태워 죽였다. 존 프리스John Frith라는 불운한 학생과 앤드류 휴이트Andrew Hewet라는 가난한 재단사도 이런 이유로 스미스필드에서 화형을 당했다. 앤드류 휴이트는 존 프리스가 믿는 거라면 뭐든지 자신도 믿는다고 말할 정도로 그를 대단히 아끼고 좋아했다. 헨리는 이런 방법으로 자신이 얼마나 독실한 기독교인인지를 입증해 보이려고 했다.

곧이어 훨씬 더 저명한 인물들이 희생되었다. 토머스 모어 경과 로체스터 주교 존 피셔John Fisher였다. 존 피셔는 선하고 온화한 성품의 노인이었는데, 켄트의 처녀Maid of Kent라 불리던 엘리자베스 바턴Elizabeth Barton을 믿은 죄밖에 별다른 잘못이 없었다. 켄트의 처녀 역시 신에게 영감을 받은 척 행동하면서 갖가지 하늘의 계시를 늘어놓았지만, 실은 말도 안 되는 저주를 퍼붓는 터무니없는 여자들 중 한 명이었다. 그는 명목상 이 죄로 문제에 휘말렸고, 감옥에 갇혔다. 하지만 실제 이유는 왕이 교회의 수장임을 부인했기 때문이었다.

켄트의 처녀와 주요 추종자들에 대한 처형이 속전속결로 끝난 뒤였으니, 그때쯤 존 피셔도 옥고를 치르고 자연스럽게 생을 마감할 수도 있었을 것이다. 그러나 교황은 헨리 8세의 심기를 불편하게 하고자 굳이 피셔를 추기경에 임명했다. 이에 헨리는 교황이 피셔에게 빨간 모자를 보낼 수는 있으나(추기경은 통상 빨간 모자를 쓴다) 그걸 쓸 머리가 달아나고 없을 것이라는 무시무시한 농담을 했다.

존 피셔는 부당하고 공정하지 않은 재판 끝에 사형을 선고받았으며, 고결하고 덕망 있는 노인답게 죽었고 존귀한 이름을 남겼다. 헨리 8세는 토머스 모어 경이 이 본보기에 겁을 먹을 거라고 생각했던 것 같다. 하지만 그는 두려움에 꺾이지 않았고, 철저하게 교황의 권위를 신봉하면서 왕이 교회의 수장이 될 수 없다는 신념을 굽히지 않았다. 이 죄목으로 그 역시 1년을 감옥에서 보낸 뒤 재판과 선고를 받았다.

토머스 모어 경은 사형을 선고받고 사형집행인의 도끼날을 목에 갖다 댄 상태로 재판정에서 돌아왔다. 당시에는 국사범이 최후통첩을 받으면 그렇게 하는 것이 관례였다. 그는 담담하게 상황을 받아들였고, 아들이 웨스트민스터 홀에 몰려든 군중 틈을 헤치고 아버지 앞에 나와 무릎을 꿇자 마지막 축복을 내렸다.

그러나 감옥으로 돌아가는 도중 타워 워프Tower Wharf에 이르렀을 때 끔찍이 아끼는 딸 마거릿 로퍼Margaret Roper가 경비대를 힘겹게 뚫고 다가와서 토머스 모어 경에게 입 맞추면서 목을 끌어안고 눈물을 흘리자 마침내 그도 감정이 북받쳤다. 하지만 곧바로 평정을 되찾았고, 유쾌함과 대담함 이외에 더 이상 어떠한 감정도 드러내지 않았다.

토머스 모어 경은 처형대의 계단을 오를 때 계단이 약해 발밑이 흔들리는 것을 보더니 런던탑의 부장관에게 농담을 건넸다.

"부장관 양반, 내가 안전하게 저 위까지 올라가는지 지켜봐주시오. 내려올 때는 나 혼자 할 수 있을 거요."

또 교수대에 머리를 댄 후 사형집행인에게는 이렇게 말했다.

"수염을 좀 치웁시다. 적어도 내 수염은 반역을 저지른 일이 없으니까."

다음 순간 토머스 모어 경의 머리는 단칼에 날아갔다. 이 두 사람의 처형은 헨리 8세가 어떤 인간이었는지를 잘 보여준다. 모어 경은 잉글랜드에서 가장 덕망 있는 사람이었고, 존 피셔 주교는 가장 오래고 참된 친구였다. 하지만 헨리의 친구가 되는 것은 그의 아내가 되는 것 못지않게 위험한 일이었다.

두 사람의 사형 소식이 로마에 전해지자 교황은 개벽 이래 어느 교황도 그런 적이 없을 만큼 격노했다. 그러고는 살인마 왕에 맞서 싸우고 그를 왕위에서 쫓아내라고 지

▲ 탁월한 문사文士이자 법조인이며 유능한 정치가 토머스 모어 경
©Georgios Kollidas/Shutterstock.com

시하는 내용의 교서를 준비했다. 헨리 8세는 가능한 모든 조치를 동원해 그 문서가 잉글랜드 영토 안으로 들어오지 못하게 막는 한편, 이에 대한 앙갚음으로 엄청난 수의 잉글랜드 수도원과 수녀원을 탄압했다.

헨리 8세의 총애를 받던 토머스 크롬웰이 이끄는 위원회가 이 탄압을 주도했다. 탄압은 완전히 종료되기까지 몇 해에 걸쳐 계속되었다. 이 종교 시설들 대다수는 이름만 수도원, 수녀원이었지 게으르고 음탕한 수도자들이 들끓는 곳이었음에 의심의 여지가 없다. 그들이 온갖 수단을 동원해서 백성을 괴롭혔다는 점도 의심의 여지가 없다.

그들은 철사에 연결시킨 성상이 마치 하늘의 뜻으로 기적같이 움직이는 것처럼 꾸며서 사람들을 속였다. 또한 수도원마다 이빨이 가득 든 통을 하나씩 마련해놓고 전부 한 명의 성인에게서 나온 것이라고 주장했다. 실제로 그렇게 어금니가 많은 사람이라면 꼭 성인이 아니라도 굉장히 특별한 인물이었을 것이다. 또한 성 라우렌시오St. Lawrence를 불에 태워 고문할 때 쓴 석탄 조각이 있다고 이야기하는가 하면, 다른 유명한 성인들의 발톱 조각도 있다고 말했다. 다른 성인들의 주머니칼, 장화, 허리띠를 비롯해 이른바 '유물'이라 불리는 쓰레기 쪼가리들이 많았고, 무지한 사람들은 그런 것들을 숭배했다.

그러나 정반대로 헨리 8세의 장교와 병사들이 선한 수도사들을 악마로 몰아 처단하는 일도 물론 있었다. 그들은 부당한 짓을 일삼았고, 아름다운 건물들과 귀중한 도서관들을 수도 없이 허물었으며, 수많은 그림과 스테인드글라스 유리창, 아름다운 모자이크 바닥장식, 조각상을 파괴했다. 그리고 온 궁정이 이 멋진 전리품을 서로 나누어 가지려고 게걸스럽게 덤벼들었다.

헨리 8세는 약탈에 혈안이 되어 있었다. 심지어 아주 오래전에 죽은 토머스 베켓을 반역자로 선포하고 무덤에서 시신을 끄집어내기까지 했다. 수도사들이 베켓에 관해 떠들고 다닌 말이 진실이었다면 그는 정말 기적을 행하는 사람이었음이 틀림없었다. 무덤에서 시신을 파보니 어깨에 머리가 붙은 채였는데, 수도사들은 베켓이 죽은 후 줄곧 엉뚱한 두개골을 보여주면서 진짜 성인의 두개골이 틀림없다고 주장해왔기 때문이다.

토머스 베켓의 두개골은 수도사들의 돈벌이에 큰 보탬이 되었다. 베켓의 성지에 있는 금은보화는 커다란 상자 두 개를 가득 채웠으며, 여덟 명의 장정이 비틀거리며 운반해야 할 정도로 무거웠다. 당시 수도원이 얼마나 부유했던지 헨리 8세가 이들을 쥐어짜서 긁어모은 돈이 1년에 13만 파운드에 달했다. 당시로서는 어마어마한 금액이었다.

이러한 일들이 사람들의 불만 없이 조용히 이루어졌을 리 만무하다. 수도사들은 본래 마음씨 좋은 지주였고 모든 여행자를 극진히 대접했을 뿐만 아니라 사람들에게 많은 양의 곡식, 과일, 고기 등을 나누어 주는 생활 방식에 익숙해져 있었다. 당시에는 도로 여건이 나쁜 데다 수레나 마차의 상태도 열악해서 물품을 현금화하기가 쉽지 않았다. 그래서 수도원들이 대량으로 보유하고 있던 물품 일부를 나누어 주지 않으면 어차피 상하고 썩어서 골칫거리가 되기 십상이었다.

공짜로 얻을 수 있던 물건들을 열심히 일해야 얻을 수 있게 되니 많은 사람들이 그 시절을 그리워했다. 수도원에서 쫓겨나 방랑하는 수도사들도 그러한 불만을 부추겼다. 결국 링컨셔와 요크셔에서 대규모 봉기가 일어났다. 봉기는 무시무시한 처형에 의해 차츰 진압되었다. 수도사들도 그 칼날을 피할 수 없었고, 헨리 8세는 왕실의 짐승처럼 계속 꿀꿀대고 으르렁거렸다.

또다시 사랑에 빠지다

한때 잉글랜드의 수도원에서 일어났던 이야기들은 이 정도로 간략하게 마무리 짓고 다시 헨리 8세의 집안 문제로 돌아가보자.

비운의 캐서린 왕비는 이 무렵 세상을 떠났다. 그리고 헨리 8세는 첫 번째 왕비 때와 마찬가지로 두 번째 왕비에게 싫증을 느끼고 있었다. 왕비의 시녀인 앤과 사랑에 빠졌던 것처럼 이번에는 앤의 시중을 드는 시녀와 사랑에 빠진 것이다. 이런 걸 두고 사필귀정이라고 하는 걸까? 앤 불린 자신이 그 자리에 오르기 위해 저질렀던 짓을 얼마나 비통한 심정으로 자책했을지 생각해보기 바란다.

헨리 8세의 새 연인은 레이디 제인 시모어Lady Jane Seymour(1541~1561)라는 여자였다. 헨리 8세는 그녀를 마음에 두자마자 앤 불린의 목을 베기로 작정했다. 그래서 불린에게 여러 가지 죄목을 끌어다 붙이기 시작했다. 저지른 적도 없는 끔찍한 죄목을 들이대면서 그녀의 남동생과 주변의 몇몇 측근들까지 연루시켰다. 그 가운데는 노리스Norris라는 사람과 악사인 마크 스미턴Mark Smeaton(1512~1536)이 가장 잘 알려져 있다.

귀족과 각료들은 헨리 8세를 두려워했고, 그 앞에서는 잉글랜드에서 가장 비천한 소작농처럼 비굴하게 처신했으므로 앤 불린은 유죄 판결을 받았다. 그리고 운 나쁘게 함께 기소된 다른 이들도 모두 유죄를 선고받았다. 그들은 모두 남자답게 죽음을 맞이했지만, 스미턴만은 예외였다.

그는 자백하면 살려준다는 헨리 8세의 꼬임에 넘어가 거짓 자백을 했으므로 사면을 기대했다. 그러나 고소하게도 그 약속은 지켜지지 않았다. 마침내 앤 불린 왕비를 처리할 차례가 왔다. 왕비는 헨리 8세의 첩자 노릇을 하는 시녀들이 사방에 득실거리는 런던탑에 갇혔다. 극심한 핍박과 중상모략을 당했으며 부당한 대우를 받았다.

하지만 고난 속에서도 정신을 바짝 차렸다. 감동적인 편지를 써서 헨리 8세의 마음을 돌려보려 시도도 해보았다. 그러나 소용이 없자 모든 것을 체념하고 운명을 받아들이기로 했다. '런던탑의 쓸쓸한 감방에서'라는 구절이 들어가는 이 편지는 지금까지 전해 내려오고 있다. 앤 불린은 주위 사람들에게 밝은 표정으로 사형집행인이 솜씨 좋은 사람이라는 이야기를 들었다면서 자신은 목이 가늘어서 통증도 금방 사라질 거라고 이야기했다. 이 말을 할 때 소리 내어 웃으며 양손으로 자기 목을 움켜잡았다. 가엾은 불린은 런던탑 잔디밭에서 목이 잘려 영원히 고통에서 벗어났고, 시신은 낡은 상자에 아무렇게나 넣어져 예배당 지하로 치워졌다.

헨리 8세는 궁에 앉아서 이 사형이 집행되는 순간을 알리는 대포 소리를 초조하게 기다렸다는 이야기가 있다. 그리고 허공에 펑 하는 소리가 들리자 기분이 좋아져서 개들을 데리고 사냥을 나갔다고 한다. 헨리는 그러고도 남을 작자였다. 진짜 그랬는지 어쨌는지는 몰라도 바로 그다음 날 제인 시모어와 결혼식을 올린 것은 틀림없는 사실이다.

기록으로 남기기에 그리 유쾌한 내용은 아니지만, 제인 시모어는 아들을 낳아 에드워드라는 이름으로 세례를 받게 했으나 결국 산욕열로 죽었다. 얼마나 많은 무고한 이들의 피를 손에 묻혔는지 알면서도 그런 악당과 결혼하는 여자라면 도끼를 맞아도 싸다는 게 나의 생각이다. 제인 시모어가 더 오래 살았다 한들 헨리 8세의 도끼를 맞고 죽었을 게 틀림이 없어서 하는 이야기다.

한편, 캔터베리 대주교 토머스 크랜머는 종교와 교육을 위해 성당의 재산을 지키려고 최선을 다했다. 하지만 쟁쟁한 가문들이 서로 그걸 차지하겠다고 덤비는 바람에 자금이 거의 남지 않게 되었다. 백성들을 위해 성경을 영어로 옮기는 대단한 공(가톨릭은 성경 번역을 절대 허용하지 않았다)을 세운 마일스 커버데일Miles Coverdale(1488~1569)조차 쟁쟁한 가문들이 교회의 땅과 돈을 움켜쥐고 놓지 않아 가난을 면치 못했다.

헨리 8세는 자신이 그 재산을 손에 넣으면 백성들에게 세금을 물릴 필요가 없어진다고 구슬렸다. 하지만 곧바로 새로운 세금이 부과되었다. 사실 그렇게 많은 귀족들이 이 재산을 탐낸다는 건 백성들 입장에서 보면 퍽 다행스러운 일이었다. 만약 재산이 계속 왕의 소유로 남아 있을 경우, 폭정이 수백 년 동안 끝나지 않을 수도 있기 때문이다. 헨리에 맞서 교회의 입장을 가장 적극적으로 대변한 저술가는 묘하게도 그와 한집안 사람이었다. 먼 사촌뻘인 레지널드 폴Reginald Pole(1500~1558)이라는 이 사람은 헨리를 가장 격렬하게 공격했으며, 그에게 연금을 받고 있으면서도 밤낮으로 글을 쓰며 교회를 위해 싸웠다.

레지널드 폴은 헨리 8세의 영향력이 미치지 않는 이탈리아에 살고 있었는데 헨리는 이 문제를 논의하자며 정중하게 그를 초대했다. 하지만 가지 않는 편이 더 낫겠다고 판단한 폴이 꿈쩍도 하지 않자 그의 형 몬터규 경, 엑서터 후작과 몇몇 다른 귀족에게 분노를 발산했다. 이들은 폴과 서신을 주고받으며 도움을 주었다 하여 반역죄로 재판을 받았다. 실제로 그랬을 가능성이 있지만 어쨌든 그들은 모두 처형되었다.

교황은 당사자의 반대를 무릅쓰고 레지널드 폴을 추기경으로 서임했다. 그가 극구 사양했던 이유가 내심 잉글랜드의 다음 왕위를 노렸고 메리 공주와 결혼하기를 바랐기 때문이 아니냐는 의혹이 있다. 하지만 그를 고위직 사제 자리에 앉힘으로써 모든 야망은 자연스럽게 끝이 났다.

레지널드 폴의 어머니 솔즈베리 백작 부인은 덕망 있는 여인으로 유감스럽게도 폭군의 손이 닿는 곳에 살고 있었다. 그 바람에 일가친척 가운데 마지막으로 분노의 불똥이 튀었다. 사형집행인이 은발 머리를 교수대 위에 올려놓으라고 지시하자 백작 부인은 대답했다.

"싫소! 내 머리는 반역을 저지른 적이 없어요. 내 머리를 원한다면 붙잡아보시오."

솔즈베리 백작 부인은 형장 주위를 뛰어다니기 시작했고, 사형집행인이 그녀를 내리쳐 은발 머리는 온통 피투성이가 되었다. 급기야 교수대 위에 강제로 묶인 뒤에도 이 야만스러운 살인에 절대 동조하지 않겠다는 듯 마지막까지 머리를 이리저리 피했다. 백성들은 언제나처럼 이 모든 일을 묵묵히 참고 견뎠다.

백성들이 묵묵히 참고 견딘 것은 그게 다가 아니었다. 스미스필드에서는 뭉근한 불길이 계속해서 타올랐고, 사람들이 불에 타 죽어가고 있었다. 여전히 목적은 헨리 8세가 얼마나 독실한 기독교인인지를 보여주기 위해서였다. 그는 교황을 부정했고, 이제 막 발부되어 잉글랜드로 들어온 교서도 거부했다.

하지만 그와 동시에 교황과 종교적 견해가 다르다는 이유로 수없이 많은 사람들을 불태워 죽이는 이율배반적인 행동을 했다. 그중에 램버트라는 가엾은 사람이 있었다. 그는 헨리 8세 앞에서 종교 문제로 재판을 받았고, 그다음에는 여섯 명의 주교에게 차례로 심문을 당했다. 여섯 명의 주교들과의 심문 끝에 완전히 지쳐버린 그는 헨리에게 자비를 구했다. 하지만 헨리는 이단자에게는 자비를 베풀 수 없다고 고함을 쳤다. 그렇게 그도 화형장의 불쏘시개로 사라졌다.

백성들은 이 모든 일과 그 밖의 더 많은 일들을 묵묵히 참고 견뎠다. 이 무렵의 잉글랜드 왕국에 민족정신 따위는 완전히 사라져버린 듯했다. 놀랍게도 반역죄로 처형당한 사람들, '허세왕'의 아내와 친구들은 처형대 위에서까지 그가 얼마나 훌륭하고 온화한 군주인지 칭찬했다. 동방의 술탄과 벼슬아치들, 혹은 러시아의 난폭한 폭군들이 끓는 물과 차가운 물을 번갈아 부으며 비슷한 처지의 농노들을 죽도록 고문할 때 그 농노들이 보였던 행동과 비슷했다. 의회조차 형편없기는 매한가지여서 헨리 8세가 원하는 건 무엇이든 다 내주었다.

여러 가지 비도덕적인 타협이 이루어졌지만 의회는 헨리 8세가 제멋대로 반역자로 규정한 사람을 마음껏 죽일 수 있도록 새로운 권한을 부여해주었다. 하지만 그들이 통과시킨 최악의 법안은 바로 '6개 조항 법Act of Six Articles'이었다(여섯 개 조항은 다음과 같다: ① 빵과 포도주의 외형은 변하지 않지만 그리스도의 살과 피가 현존한다는 화체설 지지 ② 영성체에서 빵과 포도주를 모두 사용할 필요는 없음 ③ 성직자는 독신을 지킬 것 ④ 순결 서약은 남녀 모두 준수할 것 ⑤ 분향과 주악이 없는 평미사를 허용함 ⑥ 고해성사를 지킬 것_옮긴이). 당시에 흔히 '여섯 가닥의 끈이 달린 채찍'이라 불린 이 법은 교황의 견해에 반대하는 범죄자를 자비 없이 처벌할 수 있도록 한 법으로, 구교의 폐단을 그대로 답습했다.

토머스 크랜머는 할 수 있다면 이 법을 바꾸었겠지만 가톨릭 세력에 압도당해 전혀 힘을 쓸 수 없었다. 여섯 개 조항 중 하나는 성직자가 결혼을 해서는 안 된다는 내용이었다. 크랜머는 기혼자의 몸이었기 때문에 부인과 아이들을 신성로마제국으로 보내고 자신에게 불똥이 튈까 봐 두려움에 떨었다. 하지만 오래전부터 헨리 8세의 측근이었던 그에게는 아무 일도 일어나지 않았다. 여섯 가닥의 끈이 달린 이 채찍은 헨리가 직접 지켜보는 가운데 만들어졌다. 헨리 8세와 관련해 절대 잊지 말아야 할 사실은 그가 반대해서 얻을 게 아무것도 없을 때는 가톨릭 최악의 교리라도 옹호하는 잔인한 사람이었다는 점이다.

마침내 다가온 마지막 순간

이 여성 편력 화려한 군주는 또다시 새 아내를 맞이할 생각이었다. 그래서 자신이 왕비감을 고를 수 있도록 프랑스 왕에게 왕실의 귀족 여성 몇 명을 소개해달라고 부탁했다. 그러나 프랑스 왕은 시장에 말을 내놓듯 자기 나라 여자들을 선보일 생각이 없다며 그 청을 거절했다.

헨리 8세는 밀라노 공작 부인 미망인에게도 청혼했다. 그러나 부인은 하나밖에 없는 머리를 안전하게 지키고 싶다며 거절 의사를 명확히 했다. 급기야 토머스 크롬웰이 프로테스탄트교를 믿는 신성로마제국 공주 클레페의 앤Anne of Cleves(1515~1557)이 아름답고 왕비감으로 제격일 듯하다고 제안했다.

헨리 8세는 앤 공주의 체격이 큰지 물었다. 자기 체격에 맞게 몸집 좋은 아내가 필요했던 것이다.

"아, 물론입니다. 아주 크시죠. 딱 어울리실 겁니다."

토머스 크롬웰이 대답했다. 이 말을 듣고 헨리 8세는 유명한 화가 한스 홀바인을 보내 공주의 초상화를 그려 오게 했다. 홀바인이 공주를 썩 괜찮게 그려 헨리는 만족스러워했고 중매가 성사되었다. 누군가가 홀바인에게 뇌물을 주고 그림을 다듬게 했는지, 아니면 홀바인도 몇몇 다른 화가들이 관례상 그랬듯이 공주를 돋보이게 그려주었는지는 나도 확인할 길이 없다. 확실한 건 앤 공주가 잉글랜드에 건너오고 헨리가 로체스터로 앤 공주를 만나러 갔는데, 그녀를 보자마자 '거대한 플랑드르산 암말'인 줄 알았다며 저 여자와는 절대 결혼하지 않겠다고 선언했다는 사실이다. 하지만 혼담이 너무 많이 진척되어 어쩔 수 없이 결혼해야 했던 헨리는 준비했던 선물을 건네지도, 공주에게 두 번 다시 눈길을 주지도 않았다. 그는 이 일로 크롬웰을 끝내 용서하지 않았다. 그의 몰락은 이때부터 시작된 것이었다.

정적들이 구교의 이익을 위해 서둘러 움직인 결과 토머스 크롬웰의 몰락에 가속도가 붙었다. 그들은 공식 만찬에서 헨리 8세가 지나가는 길목에 노퍽 공작의 질녀인 캐서린 하워드Catherine Howard(1523~1542)를 세워놓았다. 키가 자그마하고 빼어나게 아름답지는 않았지만 매혹적인 자태가 돋보이는 아가씨였다.

첫눈에 반한 헨리 8세는 당장 클레페의 앤과 이혼한 후 캐서린과 결혼했다. 앤 왕비에게 전에 결혼을 약속한 다른 사람이 있었다고 트집을 잡아 악랄한 입소문에 시달리게 한 뒤였다. 그런 전력은 왕의 존엄에 결코 용납할 수 없는 일이었을 것이다. 그리고 헨리는 하고많은 날 중 하필이면 결혼식 날 충신 토머스 크롬웰을 처형대로 보내 목을 베게 했다. 더 나아가 프로테스탄트 죄수들은 교황의 교리를 부인한 죄로, 로마 가톨릭 죄수들은 왕의 수장권을 부인한 죄로, 신고 간 수레째 한꺼번에 불에 처넣었다. 여전히 백성들은 묵묵히 참고 견뎠고, 잉글랜드 신사들 중 누구 하나 이의를 제기하지 않았다.

하지만 정의의 소심한 응징이었을까? 캐서린 하워드는 헨리 8세가 두 번째 아내 앤 불린에게 허위로 갖다 붙인 것과 동일한 죄목(간통)에 대해 실제로 죄가 있었던 것으로 밝혀졌다. 그래서 다시 한 번 무시무시한 도끼가 헨리를 홀아비로 만들었다.

이 와중에 헨리 8세는 《기독교인이라면 반드시 알아야 할 교리A Necessary Doctrine for any Christian Man》라는 종교 서적의 편찬을 지휘하는 데 전념했다. 그는 말년에 접어든 이 무렵 정신이 약간 오락가락했던 것 같다. 본래의 품성답지 않게 진실된 모습을 보여주었기 때문이다.

노퍽 공작을 비롯한 다른 정적들이 무너뜨리려고 애를 썼던 토머스 크랜머의 경우가 대표적인 사례다. 헨리는 크랜머를 변함없이 대했고, 어느 날 밤 반지를 빼주었다가도 다음 날 제정신이 돌아오면 그가 그 반지를 의회에 보였다는 이유로 추궁하며 반역죄를 뒤집어씌웠다. 이런 행동은 크랜머의 정적들에게 혼란을 안겨주었다. 내가 보기에 헨리는 크랜머를 조금 더 오래 곁에 두고 싶었던 것 같다.

헨리 8세는 다시 한 번 결혼했다. 참으로 희한하게도 잉글랜드에서 그의 아내가 되겠다고 자청한 또 다른 여인을 찾은 것이다. 래티머 경John Neville II, 3rd Baron Latimer(1493~1543)의 미망인 캐서린 파Catherine Parr (1512~1548)였다. 그녀는 신교에 대한 관심이 지대한 사람이었다.

다소 위안이 될지 모르겠지만, 새 왕비는 기회가 닿는 대로 헨리 8세와 다양한 교리에 관해 논쟁을 벌임으로써 그를 상당히 성가시게 했다. 정도가 지나쳐 하마터면 목숨을 잃을 뻔한 적도 있었다. 한번은 격한 종교 논쟁을 벌이고 몹시 기분이 언짢아진 헨리가 가톨릭적 견해를 옹호하는 주교 스티븐 가디너Stephen Gardiner(1483~1555)에게 캐서린 파 왕비에 대한 고소장을 작성하라고 지시했다. 그럴 경우 왕비가 전임 왕비들이 유명을 달리했던 처형대에 오르리라는 것은 불을 보듯 뻔했다.

하지만 캐서린 파 왕비의 측근 한 사람이 헨리 8세의 지시가 적힌 문서가 궁 안에 떨어진 것을 우연히 주웠고, 왕비에게 이 사실을 적기에 알려주었다. 왕비는 공포심으로 정신이 혼미해졌다. 하지만 헨리를 다루는 법을 아주 잘 알았던 그녀는 헨리가 다른 말로 자신을 옭아매기 전에 그의 정신을 분산시킬만한 다른 이야기를 계속하면서 왕의 비범한 지혜에서 지식을 얻고 싶다고 말했다. 헨리는 왕비에게 입 맞추며 '내 사랑'이라고 불렀다. 그래서 다음 날 대법관이 실제로 왕비를 런던탑으로 데려가려고 나타나자 헨리는 가서 볼일이나 보라며 되돌려 보냈고, 짐승이라 느니, 악당이라느니, 천치라느니 하며 욕설을 퍼부었다. 처형대 근처까지 간 왕비가 아슬아슬하게 탈출에 성공한 순간이었다!

헨리 8세 치세 중 스코틀랜드와 전쟁이 있었고, 스코틀랜드를 도왔다는 이유로 프랑스와도 한 차례 짧고 어정쩡한 전쟁이 있었다. 하지만 국내에서 벌어지고 있는 사건들이 너무나 끔찍했고 나라에 지워지지 않는 오점을 남겼기 때문에 나라 밖에서 일어난 일들에 대해서는 더 이상 언급할 필요가 없을 것 같다.

경악스러운 사건들이 몇 차례 더 일어났고, 마침내 이 정권도 끝이 났다. 링컨셔에 앤 애스큐Anne Askew라는 프로테스탄트 귀족 여성이 있었다. 그녀의 남편은 열렬한 가톨릭 신자여서 자신의 아내를 집에서 내쫓아버렸다. 부인은 런던에 왔지만 6개 조항법을 위반한 것으로 간주되어 런던탑에 끌려가 고문을 당했다. 고문의 고통 속에서 다른 혐의자들의 이름을 발설하기를 바랐기 때문이었을 것이다. 거짓으로 둘러댄다 해도 상관 없었다. 하지만 그녀는 비명 한 번 지르지 않고 고문을 견뎌냈고, 결국 런던탑의 부장관은 고문을 중단하라고 지시했다. 그런데 그 자리에 있던 신부 두 명이 사제복을 걷어붙이고 나서서 직접 고문대의 바퀴를 돌렸다. 부인은 살갗이 찢어지고 몸이 뒤틀리고 뼈가 부러진 뒤에야 의자에 앉은 채로 화형대의 불 위에 올려졌다. 어느 신사와 성직자, 재단사, 이렇게 다른 세 사람과 함께 불에 타 죽었고, 세상은 또 그렇게 흘러갔다.

한편 헨리 8세는 노퍽 공작과 그 아들 서리 백작의 권력이 커지는 게 두려웠는지, 아니면 두 사람이 어떤 일로 자신을 기분 나쁘게 했는지 두 부자를 끌어내려 다른 정적들과 같은 길을 가게 하리라 마음먹었다. 아들은 아무 죄도 없이 먼저 재판을 받았고 용감하게 자신을 변호했다. 하지만 당연하게 유죄 판결을 받았고 처형당했다. 그다음은 그의 아버지 차례였고, 마찬가지로 세상을 떠났다.

그러나 이번에는 훨씬 더 위대하신 하늘의 왕이 헨리 8세를 데려갔고, 마침내 그가 없는 세상이 찾아오게 되었다. 헨리는 몸이 불어서 보기에도 흉측한 모습이었다. 다리에는 제때 치료하지 않은 상처가 큰 구멍으로 남아 냄새가 진동했으며, 가까이 가기 싫을 정도로 혐오스러웠다. 토머스 크랜머는 헨리가 사경을 헤매고 있다는 전갈을 받고 급히 달려왔으나 그는 이미 말이 없었다. 바로 그 시각에 세상을 뜬 것이었다. 그의 나이 쉰여섯 살, 재위 38년 되던 때의 일이었다.

어떤 프로테스탄트 저술가들은 그의 시대에 종교개혁이 완성되었다는 이유로 헨리 8세를 옹호해왔다. 하지만 종교개혁의 공은 다른 사람들에게 있지 헨리에게 있는 것이 아니다. 종교개혁은 이 괴물의 범죄행위와 그것을 옹호하는 세력이 없었더라도 이루어졌을 일이다. 자명한 사실은 헨리 8세가 도저히 참아줄 수 없는 악당이었고, 인간 본성에 먹칠을 했으며, 잉글랜드 역사에 튄 피와 기름덩어리 같은 존재였다는 점이다.

제27장

열렬한 신교도, 에드워드 6세

스스로 호국경의 지위에 오른 하트퍼드 백작

헨리 8세는 유언장을 작성하여 겨우 열 살의 어린 나이인 에드워드 왕자가 성년이 될 때까지 16명으로 구성된 섭정위원회가 나라를 다스리고, 또 다른 12명으로 이루어진 위원회가 그들을 돕게 했다. 섭정위원회에서 가장 세력이 강했던 사람은 어린 왕의 외숙부인 하트퍼드 백작 Edward Seymour, Earl of Hertford, 1st Duke of Somerset(1500~1552)이었다. 백작은 즉시 위풍당당한 모습으로 조카를 엔필드Enfield로 데려갔다가 다시 런던탑으로 데려갔다. 당시 어린 왕이 선왕의 죽음을 애석해했다는 말이 있지만, 그것은 아들로서 지켜야 할 당연한 도리이므로 더 이상 거론하지는 않겠다.

선왕의 유언장에는 미묘한 부분이 있었는데, 유언 집행인에게 자신이 했던 모든 약속을 빠짐없이 이행하라고 명령했던 부분이었다. 하트퍼드 백작과 다른 귀족들은 그것이 자신들의 지위를 높여주고 부자로 만들어주겠다는 약속일 거라고 짐작했다. 그래서 백작은 스스로 서머싯 공작에 올랐고, 동생 토머스 시모어Thomas Seymour, 1st Baron Seymour of Sudeley(1508~1549)는 남작이 되었다. 누이 좋고 매부 좋은 식으로 백작들 중에서는 그렇게 신분이 상승된 사람이 많았다. 다들 그것이 선왕의 유지를 충실하게 따르는 것이라고 믿어 의심치 않았다. 그 연장선상에서 그들은 교회의 땅을 빼앗아 더욱 부유하고 편안하게 살았다. 새로운 서머싯 공작은 스스로 왕국의 호국경 자리에 올라 실질적인 왕이 되었다.

어린 에드워드 6세Edward VI(생몰연도: 1537~1553, 재위기간: 1547~1553)가 개신교 교리에 따라 키워졌기 때문에 사람들은 개신교가 그대로 유지될 것으로 생각했다. 하지만 백성에게 신망이 두터웠던 토머스 크랜머 대주교는 개신교를 온건한 방법으로 천천히 확산시키고자 했다. 미신적이고 어처구니없는 수많은 관행이 폐지되었지만 해가 되지 않는 관행은 그냥 유지되었다.

호국경인 서머싯 공작은 스코틀랜드의 어린 여왕이 다른 강대국과 동맹을 맺지 못하도록 어린 에드워드 6세와 결혼시키려고 애를 썼다. 하지만 스코틀랜드에서 많은 귀족이 공작의 계획에 반대하자 스코틀랜드를 침공했

▲ 잉글랜드 왕 에드워드 6세
©Georgios Kollidas/Shutterstock.com

다. 그러면서 공작이 밝혔던 침공의 구실은 잉글랜드와 스코틀랜드가 공동 관리하는 국경 지역의 스코틀랜드인이 잉글랜드에 피해를 준다는 것이었다.

하지만 이 문제를 보는 양국의 관점은 서로 달랐다. 잉글랜드인 국경 관리인도 스코틀랜드에 피해를 주고 있었기 때문이다. 더구나 그 지역은 오래전부터 분쟁이 끊이지 않아 그에 얽힌 수많은 옛이야기와 노래들이 전해지고 있는 곳이었다. 어쨌거나 호국경은 그런 구실로 스코틀랜드를 침공했고, 이에 스코틀랜드의 섭정 애런Arran은 호국경의 두 배에 이르는 군사를 이끌고 맞섰다.

양국의 군대는 에든버러에서 몇 킬로미터 떨어진 에스크Esk 강변에서 만나 몇 차례 접전을 치렀다. 호국경이 스코틀랜드 공주를 다른 외국 왕자와 결혼시키지 않겠다는 약속만 하면 바로 퇴각하겠다고 제안하자 애런은 잉글랜드군이 겁을 먹었다고 생각했다. 하지만 그것은 애런의 결정적인 오판이었다.

잉글랜드 육군과 해군은 육지와 바다에서 스코틀랜드를 습격했고, 스코틀랜드군은 참패하고 뿔뿔이 흩어졌다. 스코틀랜드군 전사자 수만 해도 1만 명이 넘었다. 도망가는 스코틀랜드인까지 추격하며 무자비하게 살해한 끔찍한 전투였다. 에든버러까지 이어지는 6킬로미터 넘는 길에는 병사들의 시신과 조각난 팔다리, 머리가 넘쳐났다. 개울로 몸을 숨겼던 사람들은 물에 빠져 죽었고, 갑옷을 벗어 던지고 도망갔던 사람들은 거의 알몸인 채로 살해당했다. 하지만 바로 이 핑키 전투Battle of Pinkey에서 잉글랜드군 사망자는 200~300명에 불과했다. 스코틀랜드 병사들보다 갑옷이 훨씬 훌륭했던 잉글랜드 병사들은 스코틀랜드 병사들의 차림이 허름한 데 놀랐고, 스코틀랜드의 가난한 모습에 또 한 번 놀랐다.

서머싯 공작이 전쟁에서 돌아온 다음 의회가 소집되었다. 의회에서는 6개 조항법을 철폐하고 좋은 일도 한두 가지 했다. 하지만 불행하게도 정부가 반드시 믿어야 한다고 공표했던 종교 교리를 최소한 믿는 척이라도 하지 않으면 화형에 처한다는 처벌은 유지했다. 더구나 거지를 없앤다는 목적으로, 3일 넘게 놀고먹거나 빈둥거리는 사람은 불에 달군 쇠로 지지고, 노예로 만들어 강철 족쇄를 채운다는 어처구니없는 법도 만들었다. 하지만 이렇게 야만적이고 어리석은 법률은 얼마 못 가 폐지되었다. 그동안 나왔다가 사라졌던 수많은 엉터리 법률과 같은 길을 갔던 것이다.

호국경 서머싯 공작은 기세등등하게 의회에서 왕좌의 오른쪽 바로 옆자리, 그러니까 귀족들 중에서 가장 상석에 앉았다. 그러나 호시탐탐 공작의 자리를 노리던 많은 귀족은 당연히 그에게 등을 돌렸다.

그런데 서머싯 공작이 스코틀랜드에서 갑자기 돌아온 이유는 무엇이었을까? 동생인 토머스 시모어 경이 자신에게 위험한 존재가 되었다는 소식을 들었기 때문인 것으로 보인다. 시모어 경은 당시 잉글랜드군 총사령관으로 빼어난 외모 덕에 궁정 귀부인 사이에서 인기가 높았다. 심지어 어린 엘리자베스 공주도 그를 좋아해서 공주들과 어울리기보다 시모어 경과 뛰어놀기를 즐겼다. 당시 사별한 상태이긴 했지만 시모어 경은 선왕의 미망인 캐서린 파와 결혼하기도 했고, 세력을 키우기 위해 어린 에드워드 6세에게 남몰래 돈을 갖다 바치기도 했다. 또한 형 서머싯 공작의 적들과 내통하여 왕을 빼돌리려는 음모에 가담하기까지 했다.

어쨌든 이런저런 죄목으로 토머스 시모어 경은 런던탑에 갇혀야 했고, 재판에서 유죄 판결을 받았다. 냉혹하면서 서글프게도 시모어 경의 사형집행 영장에서 가장 윗줄에 있는 서명은 그의 형 서머싯 공작의 것이었다. 시모어 경은 타워힐에서 죽는 순간까지 반역죄를 부인하다가 형장의 이슬로 사라졌다.

토머스 시모어 경은 세상을 뜨기 전에 마지막으로 편지 두 통을 썼는데, 각각 엘리자베스 공주와 메리 공주에게 보내는 편지였다. 당시 시모어를 돌보던 하인이 편지를 건네받아 신발 속에 숨겼다. 아마도 서머싯 공작과 맞서 싸워 자신의 복수를 해달라고 촉구하는 내용이었을 것이다. 편지의 정확한 사연은 알 수 없지만 시모어가 한때 엘리자베스에게 큰 영향을 미친 것은 분명하다.

그런 와중에 신교도의 숫자는 계속 늘어났다. 점점 늘어가던 우상들이 성당에서 사라졌고, 백성들은 내키지 않을 때는 사제들에게 고해하지 않아도 된다는 말을 들었다. 백성들이 이해할 수 있도록 영어로 된 공통 기도문이 만들어졌고, 그 외에도 많은 부분이 개선되었다. 그런 개선은 아직 온건한 방법으로 진행되었다.

토머스 크랜머 대주교는 온건한 인물이었으며, 개신교 사제들이 폭력을 동원하여 구교를 박해하는 일이 없도록 조치했다. 실제로 그런 경우가 빈번하게 발생하여 악영향을 끼치고 있었다. 더구나 당시 백성들은 도탄에 빠져 있었다. 교회의 땅을 차지하게 된 탐욕스러운 귀족들은 양을 키운다는 명분을 내세워 광활한 목초지에 울타리를 둘러쳤다.[29] 농사를 짓는 것보다 양을 치는 편이 수익이 훨씬 높았기 때문이다. 그 탓에 일반 백성의 삶은 더욱 어려워졌다. 주변에서 무슨 일이 벌어지고 있는지 무지했던 데다 (좋은 시절에는 다들 백성의 좋은 친구였던) 탁발수도사의 말에 쉽게 넘어갔던 백성들은 이 모든 문제가 신교도 탓이라 믿고 전국 곳곳에서 들고일어났다.

가장 큰 규모의 봉기가 일어난 곳은 데번셔와 노퍽이었다. 데번셔에서는 반군의 세력이 워낙 강력해서 며칠 만에 1만여 명의 사람들이 모여 엑서터를 공격하기도 했다. 하지만 엑서터를 방어하는 시민들을 지원하러 온 러셀 경Lord Russell이 봉기를 제압했다. 봉기에 가담한 시장이 교수형에 처해졌고, 교구 목사가 성당 첨탑에 목매달리기도 했다. 데번셔 한 곳에서만 4만 명의 백성이 교수형을 당하거나 참수형에 처해졌던 것으로 추정된다.

종교개혁이 아니라 목초지에 울타리를 치는 행위에 반기를 들고 봉기한

▲ 16세기 잉글랜드의 걸출한 정치가 존 러셀 경
©Georgios Kollidas/Shutterstock.com

노퍽에서는 와이몬덤Wymondham의 무두장이인 로버트 케트Robert Kett 라는 사람이 지도자로서 인기를 얻었다. 애초에는 케트에게 원한을 품은 존 플라워듀John Flowerdew라는 지방 귀족이 케트를 공격하기 위해 백성을 선동했는데, 케트는 플라워듀보다 뛰어난 수완을 발휘하여 그들을 자기편으로 끌어들인 다음, 노리치 인근에서 대규모 병력을 이끄는 지도자로 자리 잡았다.

갑작스러운 죽음을 맞다

노리치 인근 마우스홀드 히스Mousehold Heath라는 곳에 로버트 케트가 '개혁의 나무Tree of Reformation'로 이름 붙인 아름드리 참나무가 있

었다. 한여름에 케트는 일행과 참나무 가지 밑에 앉아 재판도 하고 지역의 현안도 논의했다. 케트 일행은 매우 공정해서 다소 성가신 대중 연설가들이 개혁의 나무에 올라 한참 동안 자신들의 실수를 지적해도 그냥 두었으며, 아래쪽 그늘에 누워 그 말을 듣다가 가끔 불만을 표시하며 투덜거리기도 했다.

마침내 7월의 어느 화창한 날, 나무 밑에 한 전령이 나타나 로버트 케트와 그 일당이 당장 흩어져 집에 돌아간다면 죄를 용서받겠지만 그렇지 않으면 반역죄를 면하지 못할 것이라고 공표했다. 하지만 케트와 일행은 전령의 말을 무시하고 어느 때보다도 강력한 저항 의지를 다졌다.

그러자 워릭 백작이 많은 병력을 이끌고 쳐들어와 로버트 케트 일행을 일망타진했다. 일부 사람들은 반역죄를 물어 교수척장분지형에 처한 뒤 백성들에게 경각심을 주기 위해 팔다리를 전국 방방곡곡에 보냈다. 아홉 명이 개혁의 나무에 목매달렸고, 사람들은 나무가 곧 시들어버릴지도 모른다고 수군거렸다.

호국경 서머싯 공작은 거만하기는 했지만 핍박받는 평민들을 동정했으며 진정으로 도와주고자 하는 마음을 가지고 있었다. 하지만 워낙 잘난 체를 많이 하고 신분도 높았기 때문에 지속적으로 백성의 지지를 받기는 어려웠다. 다른 귀족들은 공작에 못지않게 거만하면서도 신분은 미치지 못했던 까닭에 공작을 부러워하면서도 한편으로는 증오했다.

그 무렵 서머싯 공작은 스트랜드에 짓고 있던 웅장한 궁전에 사용할 돌을 구하기 위해 화약으로 성당의 첨탑을 폭파하고 주교들의 집을 허물어 사람들의 원성이 높았다. 마침내 최대 정적인 워릭 백작(이름이 존더들리였으며, 헨리 7세 통치 시절에 리처드 엠프슨과 함께 추악한 짓을 많이 했던 에드먼드 더들리의 아들이었다)은 다른 위원 일곱 명과 공작에게 공동 대항하기 위해 별도의 위원회를 조직했다.

불과 며칠 만에 세력이 커진 백작 위원회는 29개의 죄목을 들어 서머싯 공작을 런던탑에 가두었다. 위원회는 공작의 모든 관직과 토지를 몰수했고, 공작이 자존심을 꺾고 항복을 선언하자 사면하고 풀어주었다. 서머싯 공작은 권좌에서 밀려난 상실감에 괴로워하다가 딸인 레이디 앤 시모어Anne Dudley, Countess of Warwick(1538~1588)를 워릭 백작의 장남과 결혼시킨 후 다시 위원회로 복귀할 수 있었다. 하지만 그런 식의 화해는 오래가지 못하는 법이라 백작과의 밀월 관계도 1년을 넘기지 못했다.

워릭 백작은 스스로 노섬벌랜드 공작Duke of Northumberland에 올랐고, 서머싯 공작과 그의 일파인 그레이 경과 잔당들을 잡아들임으로써 공작과의 얄궂은 관계에 종지부를 찍었다. 노섬벌랜드 공작은 서머싯 공작 일파에게 에드워드 6세를 붙잡아 왕위에서 몰아내려 했다는 반역죄를 뒤집어씌웠다. 또한 자신을 포함해서 친구 노샘프턴 경과 펨브로크 경을 살해하고 런던에서 반란을 일으키려 했다는 죄도 추가했다.

몰락한 서머싯 공작은 모든 혐의를 단호한 어조로 부정했다. 다만 노섬벌랜드 공작과 두 귀족을 죽이겠다는 말을 한 적은 있지만 실행에 옮기지는 않았다고 자백했다. 서머싯 공작은 반역 혐의에 대해서는 무죄 선고를 받고 다른 혐의는 모두 유죄 판결을 받았다. 한때 백성에게 선정을 베풀었지만 이제 불명예를 안고 위험에 빠진 서머싯 공작이 재판에서 목숨을 부지하고 걸어 나오자 백성들은 모든 혐의에 대해 무죄 선고를 받은 줄 알고 기쁨의 함성을 질렀다.

하지만 아침 8시에 타워힐에서 서머싯 공작을 참수하라는 명령이 떨어졌으며, 시민들에게는 10시까지 집에서 나오지 말라는 포고령이 내려졌다. 그래도 시민들은 날이 밝자마자 거리로 쏟아져 나와 처형장을 가득 채웠고, 한때 위세를 떨쳤던 호국경이 무시무시한 처형대에 머리를 올리는 모습을 슬픈 표정과 애통한 심정으로 지켜보았다. 공작은 남자답게 마지막 유언을 남기면서 종교개혁을 진행하는 동안 백성들의 지지가 큰 힘이 되었다고 말했다.

처형이 진행되려는 순간, 위원회 위원 한 사람이 말을 타고 달려오는 모습이 보였다. 백성들은 그가 형 집행 취소를 알리는 전갈을 들고 와 서머싯 공작의 목숨을 구해줄 것으로 오해하고 또 한 번 기쁨의 환호성을 질렀다. 하지만 공작은 사람들에게 오해하지 말라고 말하고는 처형대에 머리를 올렸다. 그의 목은 단칼에 떨어졌다.

수많은 구경꾼이 앞다투어 달려가 애정의 표시로 손수건에 서머싯 공작의 피를 묻혔다. 실제로 공작은 선행을 베풀만한 인물이었고, 그 선행 중 하나가 사후에 밝혀지기도 했다. 공작이 권력을 잡고 있을 때 누군가 더럼 주교를 위원회에 밀고한 적이 있었다. 종교개혁에 반대하는 반란을 일으키라고 쓰인 역모 편지에 회신했다는 혐의였다. 당시에는 주교의 회신이 발견되지 않았으므로 유죄 판결을 내릴 수 없었다. 그런데 서머싯 공작이 죽은 뒤 그의 개인 편지 속에서 주교의 회신이 발견되었다. 공작이 회신을 감추어줌으로써 고귀한 주교에게 호의를 베풀었던 것이다. 어쨌든 서신이 발견되고 나서 주교는 성당에서 쫓겨난 다음 재산을 몰수당했다.

숙부인 서머싯 공작이 사형선고를 받고 감옥에 갇혀 있는 사이, 어린 왕은 연극을 보고 춤을 추고 전쟁놀이를 하며 즐거워했다고 하니 참으로 언짢은 노릇이다. 하지만 에드워드 6세가 직접 쓴 일기에 나와 있으니 틀림없는 사실이다. 반면 에드워드 통치기간에 가톨릭을 고집하다 화형에 처해진 사람이 단 한 명도 없었다는 것은 꽤 흐뭇한 이야기다. 다만 이단으로 몰려 희생된 두 사람은 예외였다. 한 사람은 도대체 알아들을 수 없는 말을 지껄이며 의견을 피력했던 조앤 보처Joan Bocher라는 여인이었고, 또 한 사람은 폰 파리스Von Paris라는 네덜란드 남자로 런던에서 일하는 외과의사였다.

평판에 신경을 썼던 에드워드 6세는 보처의 사형집행 영장에 한사코 서명하지 않았다. 하지만 결국 눈물을 흘리면서 서명했고, 서명을 독촉하던 토머스 크랜머 대주교에게 사형에 대한 책임은 자기가 아니라 서명을 독촉한 자에게 있다는 말을 남겼다. 사실 크랜머도 처음에는 여인을 살려주려 했지만, 여인이 워낙 고집스럽게 뜻을 굽히지 않는 바람에 어쩔 도리가 없었다. 우리는 이제 곧 크랜머가 슬픔과 회한에 빠져 이 일을 떠올리는 모습을 보게 될 것이다.

토머스 크랜머 대주교와 처음에는 로체스터 주교였다가 나중에 런던 주교가 된 니콜라스 리들리Nicholas Ridley(1500~1555) 주교는 에드워드 6세 시절에 가장 힘 있는 성직자였다. 다른 주교들은 가톨릭을 계속 고집한 탓에 옥에 갇히고 재산을 몰수당했는데, 그중 유력한 인물로는 윈체스터 주교 스티븐 가디너Stephen Gardiner(1483~1555), 우스터 주교 니콜라스 히스Nicholas Heath(1519~1578), 치체스터 주교 조지 데이George Day(1501~1556), 리들리에게 직위를 빼앗긴 런던 주교 에드먼드 보너Edmund Bonner(1500~1569) 등이 있었다.

어머니의 음울한 기질을 물려받은 메리 공주는 어머니가 부당한 대우를 받고 서글픈 처지에 빠지게 된 것을 모두 종교개혁 탓으로 돌리며 증오심을 표출했다. 그리고 어머니와 관련된 사건의 실체가 담긴 책은 거들떠보지도 않고, 어머니를 따라서 가톨릭을 믿었다.

메리 공주는 왕국에서 가톨릭 미사를 할 수 있도록 허가받은 유일한 사람이었다. 어린 왕이 누나 메리 공주에게 그런 예외를 허용한 것은 누나를 위해서가 아니라 토머스 크랜머 대주교와 니콜라스 리들리 주교가 적극적으로 설득했기 때문이다. 에드워드 6세는 누나가 가톨릭을 믿는 것에 늘 두려움을 느꼈다. 홍역과 천연두에 걸려 병석에 눕게 되자 에드워드의 걱정은 커졌다. 자기가 죽고 메리 공주가 왕위를 이어받으면 잉글랜드에서 다시 가톨릭을 부흥시킬까 봐 두려웠다.

이런 우려에 노섬벌랜드 공작은 서둘러 대책을 세우지 않을 수 없었다. 자신도 개신교도라서 메리 공주가 왕위에 오르면 자리에서 쫓겨날 것이 분명했기 때문이다. 그래서 노섬벌랜드 공작은 아들 길퍼드 더들리 경Lord Guilford Dudley(1535~1554)을 헨리 7세의 후손인 서퍽 공작 부인의 딸 레이디 제인 그레이와 결혼시켰고, 메리 공주가 가톨릭을 부흥시킬지 모른다는 두려움에 빠져 있는 왕에게 메리 공주나 엘리자베스 공주 이외의 다른 후계자를 찾아보라고 설득했다.

어린 왕은 왕실 변호사들에게 여섯 차례에 걸쳐 직접 서명한 문서를 건네주었는데, 문서의 내용은 헨리 7세의 증손녀인 레이디 제인 그레이에게 왕위를 넘기며, 자기 뜻을 법률에 따라 문서로 만들라는 것이었다. 처음에는 많은 변호사가 에드워드 6세의 뜻에 완강히 반대했지만, 노섬벌랜드 공작이 길길이 날뛰는 바람에 폭행당하지나 않을까 두려웠고, 공작이 셔츠까지 벗어젖히며 대판 싸워보자고 공언하자 두 손을 들고 말았다. 토머스 크랜머 대주교도 처음에는 메리 공주가 왕위에 오르는 데 힘을 보태기로 맹세했다며 망설였지만, 결국 다른 위원들과 함께 문서에 서명하고 말았다.

그러자 마치 이 일이 마무리되기를 기다리기라도 했던 것처럼 에드워드 6세의 건강이 급속히 악화되었다. 병을 고칠 수 있다고 허언을 남발하던 여의사에게도 맡겨봤지만, 그의 건강은 급속도로 나빠질 뿐이었다. 에드워드는 1553년 7월 6일 아주 평온하고 경건하게 신교를 지켜달라고 신에게 기도한 후 숨을 거두었다.

그때 에드워드 6세의 나이 열여섯 살이었고, 재위 7년째 되던 해였다. 그렇게 어린 왕이 그렇게 악랄하고 야심만만하며 싸움을 일삼던 귀족들 틈바구니에서 더 오래 살았다면 어떻게 되었을지 판단하기는 어렵다. 하지만 에드워드 6세는 자질이 매우 뛰어난 소년이었고, 천성이 야비하거나 잔인하거나 야만적이지 않았다. 헨리 8세 같은 아버지에게서 그런 아들이 나왔다는 것은 참으로 놀라운 일이다.

제28장

난폭한 군주, 메리 1세

신교를 탄압하다

　노섬벌랜드 공작은 어린 왕의 죽음을 비밀에 부치려고 애를 썼다. 공주 두 명을 손아귀에 넣고 주무를 수 있지 않을까 싶어서였다. 하지만 메리 공주를 지지하는 애런들 백작이 그녀에게 에드워드 6세가 죽었다는 서신을 보냈고, 병문안을 위해 런던으로 가던 메리 공주는 소식을 듣고 노퍽으로 발길을 돌렸다.

　비밀이 새어나가자 노섬벌랜드 공작과 추밀원은 런던 시장과 시의원 몇 명을 불러 에드워드가 죽었다는 사실을 알렸다. 그러고는 백성들에게도 에드워드의 죽음을 공표하고, 레이디 제인 그레이에게 여왕이 될 준비를 하라는 말을 전했다. 제인 그레이는 갓 열여섯 살이 된 어여쁜 소녀였는데, 쾌활하고 학구적이며 영리했다. 귀족들이 와서 무릎을 꿇고 왕위를 계승하라는 공작의 말을 전하자 그녀는 깜짝 놀라 실신했다. 그녀는 정신을 차린 뒤 자신이 왕국을 다스리기에 부적합하다고 말했다. 하지만 자신이 여왕이 되어야만 할 운명이라면 부디 자신을 잘 이끌어 달라고 신에게 기도했다. 그레이는 당시 브렌트퍼드 인근 사이언 하우스Sion House에 살았는데, 귀족들은 그녀를 템스 강 하류 쪽에 있는 런던탑으로 데려갔다. 그녀는 아마 그곳에서 관례에 따라 왕위에 오를 때까지 계속 머물렀을 것이다.

하지만 백성들은 메리 공주를 적법한 계승자로 여겨 제인 그레이에게 호의적이지 않았고, 특히 노섬벌랜드 공작을 끔찍이도 싫어했다. 이에 공작이 가브리엘 포트Gabriel Pot라는 포도주 상인의 하인을 붙잡아 공시대에 귀를 못 박은 다음 잘라버림으로써 불편한 심기를 내보였지만 민심은 가라앉을 줄 몰랐다. 귀족들 중에서도 일부 권세가들은 메리를 지지하여 군사를 일으켰고, 노리치에서 그녀를 여왕의 자리에 올렸다. 메리 공주의 신변이 안전하지 않다고 생각한 그들은 안전을 도모할 수 있는 장소를 물색했고, 해안에 있는 노퍽 공작 소유의 프램링엄 성Framlingham Castle을 골랐다. 그곳에서는 여차하면 바로 배를 띄워 외국으로 도망칠 수 있었다.

추밀원은 메리 공주의 세력과 맞서기 위해 제인 그레이의 아버지인 서퍽 공작을 사령관으로 삼으려 했다. 하지만 그녀가 아버지와 함께 있고 싶다며 간청한 데다 서퍽 공작 자체도 유약한 사람으로 유명했던 터라 위원회는 노섬벌랜드 공작을 지휘관으로 임명했다. 공작은 추밀원을 믿지 못했기에 전혀 내키지 않았지만, 수락하지 않을 도리가 없었다. 무거운 마음으로 병력을 이끌고 나선 공작은 선두에서 한 귀족과 나란히

▲ 잉글랜드 서퍽의 프램링엄 성. 메리 1세는 안전상 입지가 좋은 이 성을 거처로 골랐다.
©Paul Wishart/Shutterstock.com

말을 타고 가면서 쇼어디치Shoreditch를 지나갔다. 많은 백성이 몰려들었지만 공작과 병사들은 숨소리조차 내지 않는 듯 조용하기만 했다.

노섬벌랜드 공작의 찜찜한 기분은 현실로 나타났다. 공작이 케임브리지에서 추가 지원을 기다리는 사이, 추밀원은 레이디 제인 그레이에게 등을 돌리고 메리 공주의 편으로 돌아섰다. 이 사태의 주역은 앞서 언급했던 애런들 백작이었다. 그는 영리한 시장 및 시의원들과의 두 번째 면담에서 신교가 그렇게 치명적인 위험에 빠져 있는 상황은 아니라고 말했다. 그의 곁에서는 펨브로크 경이 설득 방법의 하나로 칼을 내보이고 있었다.

사태를 파악한 시장과 시의원들은 당연히 메리 공주가 여왕이 되어야 한다고 말했다. 결국 메리는 세인트 폴 대성당에서 여왕으로 공표되었다. 백성들은 배급된 포도주를 마시고 잔뜩 취해 모닥불 주변에서 춤을 추었다. 불쌍한 백성들은 곧 메리 1세Mary I(생몰연도: 1516~1558, 재위기간: 1553~1558)의 이름으로 또 다른 불꽃이 타오르리라고는 전혀 짐작하지 못했다.

열흘 동안 왕의 꿈을 꾸고 난 다음, 레이디 제인 그레이는 단지 부모님의 뜻에 따랐을 뿐이라고 말하며 흔쾌히 왕위를 포기했다. 그러고는 원래 살던 강가의 안락한 집으로 돌아가 책 속에 파묻혔다. 메리 1세는 런던으로 향했다. 도중에 에식스 지방의 원스테드Wanstead에서 이복 자매인 엘리자베스 공주가 합류했다. 두 사람은 런던 시내를 지나 런던탑에 가서 갇혀 있던 죄인 몇 사람을 만나 입맞춤을 하고 풀어줬다. 풀려난 사람 중에는 선왕 시절 구교를 고수한 탓에 감옥에 갇혔던 윈체스터 주교 스티븐 가디너도 있었다. 그는 곧 대법관 자리에 올랐다.

노섬벌랜드 공작은 감옥에 갇혔고, 아들을 비롯한 다섯 명의 죄수와 함께 추밀원에 회부되었다. 공작은 당연히 자신을 변호하며, 국새가 찍힌 명령에 복종한 것이 과연 반역죄가 되느냐고 따졌다. 그리고 만일 죄가 된다면 국새가 찍힌 명령에 따랐던 다른 사람들도 자신처럼 반역죄를 받아야 하는 것 아니냐고 물었다. 하지만 추밀원에서는 그 말을 무시하고 공작을 끌어낸 다음 사형선고를 내렸다.

다른 사람을 죽이고 권력을 잡았던 노섬벌랜드 공작은 죽음이 다가오자 보고 있기에도 낯 뜨거운 작태를 보였다. 쥐덫에라도 간힌 것처럼 목숨을 구걸하며 가디너에게 매달렸던 것이다. 그리고 타워힐의 처형대에 올라서는 구차하게도 백성들에게 자신은 모략에 빠진 희생자이자 독실한 구교 신자이며 백성들 모두 구교를 다시 믿어야 한다고 말했다. 공작은 마치 고해성사를 하듯 그렇게 고백을 하면 죄를 사면받을 수 있을 것으로 생각했던 모양이다. 하지만 아무런 소용도 없이 공작의 목은 처형대에서 베어졌다.

이제 메리 공주는 여왕이 되었다. 나이는 서른일곱 살이었고, 작달막하고 마른 몸에 얼굴엔 주름이 많았으며, 건강도 좋지 않았다. 하지만 몸치장에 관심이 많았으며, 특히 밝은색을 좋아했다. 궁중 귀부인들도 온통 휘황찬란한 차림으로 다녔다. 옛 관습을 좋아했지만 식견은 높지 못해서 대관식을 거행할 때도 케케묵은 방식에 따라 기름을 바르고 축성을 받았으며, 온갖 종류의 절차를 구식으로 치렀다. 나는 그렇게 해서 여왕이 조금이라도 더 돋보였기를 바랄 뿐이다.

메리 1세는 집권 초기부터 신교를 탄압하고 구교를 되살리려는 의지를 보였다. 당시 백성들은 예전보다 의식이 깨어 있어서 메리가 마음대로 하기에는 아직 위험한 상황이었다. 백성들은 대중 설교 자리에서 신교를 공격하는 궁정 사제에게 돌팔매질을 하거나 단검을 던지기도 했다. 하지만 메리와 그녀의 사제들은 차근차근 일을 진행했다. 선왕 시절에 위세가 높았던 니콜라스 리들리 주교는 체포되어 런던탑에 갇혔다. 선왕 시절에 가장 유명한 성직자였던 휴 래티머Hugh Latimer(1487~1555)도 런던탑에 갇혔고, 토머스 크랜머 대주교도 얼마 못 가 런던탑으로 끌려갔다.

당시 휴 래티머는 고령의 나이였다. 간수가 래티머를 데리고 스미스필드 처형장을 지나가자 그는 주위를 둘러보면서 이렇게 말했다.

"오랫동안 나를 애타게 기다리던 곳이군."

그곳에서 곧 어떤 모닥불이 타오를지 휴 래티머는 잘 알고 있었다. 앞으로 어떤 일이 벌어질지 예견하는 사람이 비단 래티머만은 아니었다. 감옥은 곧 신교 지도자들로 빠르게 채워졌다. 그들은 다른 신교도들과

격리된 채 어둠 속에서 굶주림과 오물에 시달리며 하루하루 쇠약해져갔다. 도망칠 여유가 있었던 사람들은 왕국을 빠져나갔지만, 상황 파악이 늦었던 사람은 앞으로 일어날 일을 감당해야 했다.

일은 빠르게 진행되었다. 의회가 소집되었고, 여기저기서 부당하다는 의혹이 강하게 제기되었다. 의회는 앞서 토머스 크랜머 대주교가 공표했던 메리 1세의 어머니와 헨리 8세의 이혼 선언을 무효로 하고, 선왕 에드워드 6세 시절에 제정했던 종교 관련 법률을 모두 폐지했다. 그런 다음 법을 어기면서까지 옛 방식대로 미사를 라틴어로 진행했고, 굴복하지 않는 주교는 추방했다. 또한 레이디 제인 그레이가 왕좌를 넘봤다며 반역죄를 선고했으며, 그녀의 남편까지도 단지 제인 그레이의 남편이라는 이유로 반역죄로 다스렸다. 크랜머 대주교에게는 앞에서 언급한 옛 방식대로 미사를 진행하지 않는다며 반역죄를 선고했다. 그러고 나서 의회는 하루빨리 남편감을 고르라고 간청하면서 메리를 위해 자비롭게 기도했다.

메리 1세의 남편감을 두고 많은 논의가 일어났으며, 몇몇 의견이 경쟁을 벌였다. 일부에서는 레지널드 폴 추기경이 적임자라는 말이 있었지만, 메리는 그가 너무 늙었고 책만 좋아한다며 적임자가 아니라고 했다. 메리 1세가 데번셔 백작으로 봉한 젊고 위풍당당한 에드워드 코트니 Edward Courtenay, 1st Earl of Devon(1527~1556)가 거론되자 메리도 한동안 솔깃했지만 이내 마음이 바뀌었다. 마침내 스페인 왕자 펠리페 Felipe II(1527~1598)가 확실한 남편감으로 떠올랐다. 하지만 그는 백성들의 입장에서는 적임자가 아니었다. 백성들은 메리 1세의 결혼이 애초부터 달갑지 않았던 데다 스페인 왕자가 외국 군대를 동원하여 로마 가톨릭을 강요하는 최악의 상황이 올 것이며, 결국 끔찍한 종교재판이 시행

될 것이라고 수군거렸다.

　백성들의 이런 불만은 젊은 에드워드 코트니와 엘리자베스 공주를 결혼시키려는 음모로 이어졌다. 실제로 왕국 전역이 메리 1세를 반대하는 목소리로 소란스러워지면서 음모가 실제로 추진되기도 했다. 가디너가 이 음모를 적시에 알아내 대처했지만, 예로부터 주민들이 대담무쌍했던 켄트 지방에서는 반란이 일어났다. 용감한 토머스 와이엇 경Sir Thomas Wyat(1503~1542)이 지도자였다. 그는 메이드스톤에서 반란의 기치를 올리고 로체스터로 진군해 고성을 점거한 후 노퍽 공작의 군사와 맞설 준비를 했다. 노퍽 공작은 메리의 호위병과 500명의 런던 시민을 이끌고 반란군을 진압하기 위해 왔다. 하지만 500명의 런던 시민들 모두 메리가 아니라 엘리자베스 공주를 지지하는 사람들이었다. 시민들은 성벽 아래에서 와이엇 경을 지지한다고 선언했다. 노퍽 공작은 물러났고, 와이엇 경은 1만 5,000명의 군사를 이끌고 런던 인근 뎃퍼드에 이르렀다.

　하지만 와이엇 경의 군사는 차츰 줄어들었고, 서더크를 지날 무렵 남아 있는 병사는 겨우 2,000명에 불과했다. 반란군을 발견한 런던 시민들은 놀라지 않고 런던탑 위에서 대포 등으로 무장한 채 반란군이 강을 건너지 못하도록 저지했다. 와이엇 경은 미리 위치를 파악해둔 다리로 강을 건너기 위해 킹스턴어폰템스Kingston-upon-Thames로 가서 런던의 오래된 관문인 러드게이트Ludgate 인근까지 진군하려 했다. 하지만 다리가 부서져 있었고, 와이엇 경은 다리를 보수한 후 건너가 용맹스럽게 싸우면서 플리트 스트리트Fleet Street에서 러드게이트 힐Ludgate Hill까지 진출했다.

　러드게이트가 굳게 닫혀 있는 모습을 본 와이엇 경은 치열한 전투를 벌이며 템플바Temple Bar까지 후퇴했다. 하지만 바로 그곳에서 수적 열세를 극복하지 못한 채 항복을 선언하고 말았다. 100여 명의 병사가 죽고 300~400명의 병사가 포로로 붙잡혔다. 와이엇 경은 나중에 마음이 약해졌을 때(아마도 고문을 받던 중이었을 것이다) 엘리자베스 공주를 공범으로 고발하기도 했다. 하지만 이내 원래의 용맹한 태도를 되찾아 더 이상 허위자백으로 목숨을 부지하지 않겠다고 마음먹었다. 와이엇의 시신은 예전의 잔인한 방식대로 팔다리가 잘려 곳곳에 보내졌고, 수하의 병사 50~100명도 교수형에 처해졌다. 나머지 병사들도 목에 고삐를 묶고 사면을 구걸하며 끌려다녔고, 거리를 행진하면서 이렇게 외쳤다.

"신이시여, 메리 여왕을 지켜주소서!"

이런 폭동의 위협 속에서 메리 1세는 여성의 몸으로 용기와 기백이 넘치는 모습을 보였다. 안전한 곳으로 피신하는 행동을 수치로 여기고, 홀을 든 채 길드홀에 가서 런던 시장과 시민들에게 당당한 모습으로 연설했다. 하지만 와이엇 경의 군대를 격파한 바로 그날 더없이 잔인한 짓을 저질렀다. 바로 레이디 제인 그레이의 사형집행 영장에 서명했던 것이다.

엘리자베스 공주의 시련

레이디 제인 그레이는 구교로 개종하라는 설득을 완강히 거부했다. 사형집행일 아침, 그녀는 창밖으로 목이 잘린 남편의 시신이 수레에 실린 채 피를 쏟으며 타워힐의 처형대에서 옮겨지는 모습을 바라보았다. 그레이는 의지가 꺾여 마지막으로 좋은 모습을 남기지 못할까 봐 남편이 처형되기 전에 면회를 가지 않았다. 그래서 제인 그레이는 지금까지도 지조 있고 침착한 모습으로 기억되고 있다.

레이디 제인 그레이는 차분한 얼굴로 꿋꿋하게 처형대 계단을 올라가 결연한 목소리로 구경꾼들에게 연설했다. 구경꾼 숫자는 많지 않았다. 바로 직전에 죽은 남편처럼 타워힐의 백성들 앞에서 처형하기에는 그녀가 너무 어리고 결백하고 고와서 런던탑 안에서 형이 집행되었기 때문이다.

그녀는 자신이 메리 1세의 권리를 침해하긴 했지만 나쁜 의도는 없었으며, 그저 겸손한 기독교인으로 죽고 싶다고 말했다. 그리고 망나니에게 빨리 숨을 끊어달라고 간청하면서 이렇게 물었다.

"목을 처형대 위에 올리기 전에 베어줄 수는 없나요?"

망나니가 대답했다.

"그럴 수는 없습니다, 부인."

레이디 제인 그레이는 눈에 천이 둘러지는 동안 조용히 있었다. 이제 앞이 보이지 않아 어느 곳에 목을 올려야 하는지 알 수 없었으므로 그녀는 정확한 위치를 찾기 위해 손으로 더듬거리면서 당황한 듯 이렇게 말했다.

"아, 어쩌면 좋지? 도대체 어디에 있는 거야?"

사람들이 레이디 제인 그레이를 도와 목을 처형대 위에 올려주었고, 망나니가 목을 베었다. 여러분은 너무도 잘 알고 있을 것이다. 잉글랜드에서 지금까지 오랜 세월에 걸쳐 망나니가 얼마나 끔찍한 짓을 많이 저질렀으며, 망나니의 도끼가 그 혐오스러운 처형대에 박히며 세상에서 가장 용감하고 현명하고 훌륭한 사람들의 목을 어떻게 베었는지를. 그중에서도 제인 그레이의 목을 벤 일은 가장 잔인하고 비도덕적인 처사였다. 그녀의 아버지도 곧 딸의 뒤를 따라갔지만, 딸과는 달리 전혀 동정받지 못했다.

　메리 1세의 다음 목표는 엘리자베스 공주를 감금하는 것이었다. 메리는 이 일에 대단한 열의를 보였다. 메리는 공주가 칩거하고 있는 버컴스테드Berkhamstead 인근 애쉬리지Ashridge로 500명의 사람을 보내 죽이든 살리든 공주를 잡아 오라고 명령했다. 사람들이 밤 10시에 공주의 집에 들이닥쳤을 때 공주는 몸이 아파 병석에 누워 있었다. 하지만 사람들은 아랑곳하지 않고 침실에 들어가 함께 있다가 다음 날 아침, 공주를 가마에 태워 런던으로 압송했다.

　엘리자베스 공주는 5일간 가마를 타고 이동하면서 약해질 대로 약해져서 앓아누웠다. 그런 와중에 엘리자베스는 사람들이 자신의 모습을 봐주기를 바라면서 가마의 커튼을 열어두었다. 그렇게 그녀는 가마에서 창백하고 병약한 모습을 드러낸 채 거리를 지나갔다. 엘리자베스는 언니인 메리 1세에게 서신을 띄워 자신은 아무런 죄가 없는데 왜 감옥에 갇혀야 하느냐고 물었다. 하지만 메리는 아무런 대답도 없이 엘리자베스를 런던탑에 가두라고 명령했다.

　사람들이 엘리자베스 공주를 데리고 런던탑에 있는 '반역자의 문Traitor's Gate'[30]을 지나갔다. 엘리자베스는 문으로 들어가지 않으려 한사코 거부했지만 아무 소용이 없었다. 그 와중에 빗방울이 떨어지자 엘리자베스를 호송하던 귀족 한 명이 옷으로 비를 막아주었다. 하지만 그녀는 깔보는 듯 오만하게 그 옷을 치워버리고 런던탑으로 들어가 안마당의 돌 위에 앉았다. 사람들이 비를 피해 안으로 들어가라고 간청했지만, 엘리자베스는 저런 끔찍한 곳에 들어가는 것보다 여기 앉아 있는 편이 낫다고 말했다. 하지만 결국 갇히는 신세가 되었다. 그래도 나중에 이송된 우드스톡보다는 시설이 좋은 편이었다.

당시 험악하고 음울했던 사제 중에서도 첫손에 꼽혔던 가디너는 공주를 죽이고 싶다는 말을 공공연히 내뱉고 다녔다. 이단의 나무는 뿌리째 뽑아야지, 잎을 떨어뜨리고 가지를 잘라봐야 아무 소용이 없으며, 반역이 일어날 가능성은 여전히 남는다고 주장했던 것이다. 하지만 가디너의 계획은 결국 실현되지 못했다. 엘리자베스 공주는 마침내 풀려나 토머스 포프 경Sir Thomas Pope(1507~1559)의 감독하에 해트필드Hatfield 저택에 거주하게 되었다.

엘리자베스 공주가 운 좋게 풀려나게 된 것은 스페인 왕자 펠리페 덕분이었던 듯하다. 메리 1세와 결혼하기 위해 잉글랜드에 온 펠리페 왕자는 오만하고 고압적이며 음침한 인물이었다. 하지만 펠리페 왕자와 수행 귀족들은 분명 엘리자베스에게 폭력이 가해지는 것을 원하지 않았던 것 같다. 이해타산에서 나온 행동일 수도 있지만, 남자답고 명예로운 마음에서 우러나왔기를 바란다.

메리 1세는 애타게 기다린 끝에 마침내 남편감을 만나게 되었던 터라 크게 기뻐했다. 문제는 그 남편감이 메리에게 무관심했다는 점이다. 두 사람은 가디너 주교가 주관하여 윈체스터에서 결혼식을 올렸고, 백성들은 떠들썩하게 행사를 즐겼지만 스페인 왕자와의 결혼을 의심스러운 눈초리로 바라보았다. 의심이 들기는 의회도 마찬가지였다. 의회 의원들은 워낙 정직과는 거리가 먼 데다 스페인에 매수되었다는 강한 의혹도 받았지만, 어쨌든 메리가 엘리자베스 공주를 제쳐놓고 멋대로 후계자를 정하게 하는 법안은 통과시키지 않을 작정이었다.

가디너는 메리 1세가 다른 후계자를 고르게 하는 법안을 통과시키지 못했고, 엘리자베스 공주를 처형대로 보내려는 좀 더 사악한 목표도 이루지 못했지만, 구교를 부활시키는 일만큼은 큰 진전을 보았다. 새롭게 구성된 의회에는 개신교도 의원이 단 한 명도 없었다.

잉글랜드에서 레지널드 폴 추기경을 교황의 전령 자격으로 접견하기 위한 준비가 진행되었다. 폴 추기경은 교회의 재산을 취득한 귀족들은 그 재산을 그대로 가져도 된다는 교황의 선언문을 갖고 있었는데, 이는 귀족들의 사욕을 채워 교황의 편으로 끌어들이려는 속셈이었다.

이후 엄청난 사건이 일어났다. 메리 1세의 계획을 성공적으로 완수해 낸 사건이었다. 레지널드 폴 추기경은 위풍당당하고 위엄 있는 모습으로 도착했고, 거창한 환대를 받았다. 의회는 그동안 국교가 바뀌었던 것에 유감을 표시하고, 나라를 다시 교황의 품에 받아달라고 기도했다. 메리 1세가 왕좌에 앉고, 폴 추기경과 의원들이 함께 참석한 자리에서 가디너는 청원서를 크게 읽었다. 그리고 폴 추기경이 일어나 과거의 일은 모두 잊고 용서할 것이며, 이제 왕국의 국교는 다시 로마 가톨릭으로 돌아간다는 장중한 연설을 했다.

화형장에 거센 불길을 피워 올릴 모든 준비가 끝났다. 메리 1세는 추밀원에 문서를 보내 의원들이 참석하지 않는 자리에서는 백성을 화형에 처하지 않을 것이며, 화형을 집행할 때는 항상 제대로 예배를 올리겠다는 말을 전했다. 추밀원에서는 다음에 어떤 일이 벌어지게 될지 너무 잘 알고 있었다. 그래서 레지널드 폴 추기경이 화형의 전조로 모든 주교를 축성한 다음, 가디너 대법관이 런던교의 서더크 방향에 있는 세인트 메리 오버리St. Mary Overy의 고등법원에서 이단자 재판을 열었다.

이곳에서 글로스터 주교 존 후퍼John Hooper(1495~1555)와 세인트 폴 대성당의 명예 성직자 존 로저스John Rodgers(1500~1555) 등 신교 사제 두 명이 재판을 받았다. 우선 후퍼가 성직자 신분임에도 불구하고 결혼을 했으며 가톨릭 미사를 인정하지 않았다는 혐의로 재판을 받았다. 그는 두 가지 혐의를 모두 인정했으며, 가톨릭 미사는 아주 못돼먹은 사기라고 재차 말했다. 이어서 재판을 받은 로저스도 똑같은 말을 했다.

다음 날 아침, 두 사람은 형을 선고받기 위해 끌려 나왔다. 존 로저스는 죽기 전에 아내가 보고 싶다고 간청했다. 신성로마제국인으로서 낯선 땅에 와서 이방인으로 사는 가여운 아내였다. 하지만 비인간적인 가디너는 그녀가 로저스의 아내가 아니라고 말했다. 로저스는 이렇게 말했다.

"그런가요? 하지만 그녀는 제 아내입니다. 18년 동안 제 아내였습니다."

그래도 존 로저스의 부탁은 받아들여지지 않았다.

존 후퍼와 로저스는 뉴게이트 감옥Newgate Prison으로 이송되었고, 거리에 있던 상인들에게 두 사람의 모습을 백성들이 보지 못하도록 불을 끄라는 명령이 떨어졌다. 하지만 사람들은 촛불을 들고 문 앞에 서서 두 사람이 지나가는 동안 기도해주었다. 얼마 후 로저스는 감옥을 나와 스미스필드 화형장으로 옮겨졌다. 그는 무리 속에 섞여 있는 불쌍한 아내와 열 명의 자식을 보았다. 당시 가장 어린 자식은 갓난아기였다. 로저스는 그렇게 불길 속에서 목숨을 잃었다.

후퍼 주교와 크랜머 대주교의 화형식

다음 날, 글로스터에서 처형될 예정이었던 존 후퍼는 감옥을 나와 마지막 길을 떠났다. 사람들이 알아보지 못하도록 얼굴에 두건을 씌웠지만 길을 가는 동안 사람들은 후퍼를 알아봤으며, 글로스터에 가까워지자 많은 사람이 길에 줄지어 서서 기도하고 애통해했다. 호송인이 데려간 숙소에서 후퍼는 단잠을 잤다. 하지만 밤새 감기에 걸려 몸상태가 좋지 않았고, 다음 날 아침 9시에 형장으로 가면서 호송인의 부축을 받아야 했다.

사람들은 성당 앞의 탁 트인 들판에 있는 느릅나무 옆에 쇠로 된 화형대를 세우고 쇠사슬로 존 후퍼를 화형대에 묶었다. 그곳 성당은 후퍼가 글로스터 주교였을 때 평화로운 일요일마다 사람들에게 설교하고 기도를 올리던 곳이었다. 2월이어서 가지만 앙상한 느릅나무 주변에 많은 사람이 모여들었다. 글로스터 신학교의 사제들은 흐뭇한 표정으로 창문 너머 처형장을 쳐다보았고, 끔찍한 광경을 조금이나마 볼 수 있는 곳이면 어디에나 수많은 구경꾼이 몰려들었다.

늙은 존 후퍼는 화형대 발치에 있는 작은 연단에 무릎을 꿇은 채 큰소리로 기도했다. 가까이 있는 구경꾼들은 그의 기도에 귀를 기울이다가 뒤로 물러서라는 호통을 듣기도 했다. 로마 가톨릭을 믿는 사람이 그런 개신교식 기도문을 듣는 것은 적절하지 않다는 이유에서였다.

존 후퍼는 기도를 마친 다음 화형대에 올라갔다. 후퍼의 웃옷이 벗겨지고 불을 붙이기 전에 쇠사슬이 채워졌다. 집행인 한 명이 후퍼를 측은하게 여기고 고통을 줄여주기 위해 화약 주머니 몇 개를 그의 몸에 묶었다. 그런 다음 나무와 밀짚, 갈대를 높이 쌓아 모든 준비를 마쳤다.

하지만 불행하게도 나무가 완전히 마르지 않아 축축했고, 바람이 불어 불꽃이 수그러들었다. 그렇게 불꽃이 타오르다가 수그러들기를 반복했던 탓에 존 후퍼는 45분 동안이나 불에 타고 그슬리고 연기를 마셔야 했다. 그러는 내내 사람들의 눈에는 후퍼가 불에 타면서도 입술을 움직여 기도하고, 한쪽 팔이 불에 타 떨어졌는데도 남은 팔로 가슴을 치는 모습이 보였다.

토머스 크랜머 대주교와 니콜라스 리들리, 휴 래티머는 옥스퍼드로 이송되어 사제와 박사들로 구성된 위원회와 미사를 두고 논쟁을 벌였다.

세 사람은 위원회에서 온갖 치욕을 당했는데, 기록을 보면 옥스퍼드 학자들은 야유를 보내고 아우성치고 욕설을 퍼부으면서 차마 학자라고는 할 수 없는 못된 짓을 저질렀다고 한다. 세 사람은 다시 감옥으로 돌아가 나중에 세인트 메리 성당St. Mary's Cathedral에서 재판을 받은 뒤 유죄 판결을 받았다. 10월 16일 리들리와 래티머는 또 다른 화형식의 희생자가 되기 위해 감옥에서 끌려 나왔다.

이 선량한 신교도 두 사람이 화형이라는 끔찍한 형벌을 받은 곳은 옥스퍼드의 베일리얼 대학Balliol College 인근 배수로였다. 이 무시무시한 자리에 도착한 두 사람은 화형대에 입을 맞추고 나서 서로 부둥켜안았다. 학식 높은 어떤 박사가 그곳에 마련된 연단에 올라 성서를 인용하며 이렇게 설교했다.

"내 몸을 불사르게 내어줄지라도 사랑이 없으면 내게 아무 유익이 없느니라."(고린도전서 13장 3절)

사람을 산 채로 불태우면서 사랑을 입에 담는 모습을 생각해보면, 이 학식 높은 박사의 얼굴 가죽이 얼마나 두꺼운지 짐작하고도 남을 것이다.

니콜라스 리들리는 설교가 끝나자 뭔가 답변을 하려고 했지만 제지당하고 말았다. 휴 래티머의 옷이 벗겨지자 옷 속에 받쳐 입었던 새 수의가 드러났다. 래티머는 수의 차림으로 사람들 앞에 섰던 그 모습으로 유명해졌고, 오랫동안 사람들의 뇌리에 남았다. 불과 몇 분 전까지만 해도 구부정하고 기력 없는 모습이었지만, 이제는 정의와 대의를 위해 죽는다는 생각에 당당하게 곧은 자세로 버티고 있었다.

당시 그곳에 니콜라스 리들리의 친척이 화약 주머니를 들고 있었다. 휴 래티머와 리들리가 쇠사슬에 묶여 있을 때 그 친척은 화약 주머니를 두 사람의 몸에 걸쳐주었다. 이내 장작더미에 불이 붙었다. 래티머는 그

▲ 옥스퍼드 대학의 단과대학 중 하나인 베일리얼 대학. 당시 인근 배수로에서 신교도의 화형식이 거행되었다.
©BasPhoto/Shutterstock.com

공포의 순간에 리들리에게 이렇게 말했다.

"편히 가시오, 리들리 주교. 그리고 남자답게 행동합시다. 오늘의 일은 신의 은총으로 촛불처럼 타올라 잉글랜드에서 절대 꺼지지 않을 것이라 믿소이다."

그리고 나서 휴 래티머는 불꽃 속에서 두 손을 씻는 시늉을 한 다음, 주름진 얼굴을 두드리면서 이렇게 소리쳤다고 한다.

"하늘에 계신 신이시여, 제 영혼을 받아주소서!"

휴 래티머는 금방 숨이 끊어졌지만, 불은 니콜라스 리들리의 두 다리를 태우고 나서야 잦아들었다. 아직 숨이 끊어지지 않은 리들리는 화형대에 묶인 채 소리 질렀다.

"불이 꺼졌소! 제발 나를 태워주시오!"

니콜라스 리들리의 친척이 장작을 더 쌓아주었지만, 자욱한 연기로 앞이 보이지 않는 가운데 리들리의 끔찍한 비명은 계속되었다.

"불이 꺼졌소! 나를 태워주시오!"

결국 몸에 걸쳐진 화약에 불이 옮겨붙으면서 리들리의 끔찍한 고통도 끝이 났다.

이렇게 끔찍한 처형이 있은 지 5일 만에 가디너는 피로 얼룩진 삶을 마감했다. 생전에 저질렀던 수많은 잔혹행위의 대가를 치른 것이다. 토머스 크랜머 대주교는 아직 목숨을 부지한 채 감옥에 갇혀 있었다. 그는 2월에 다시 끌려 나와 런던 주교 보너에게 자세한 조사를 받고 재판에 넘겨졌다. 보너 주교는 가디너가 살아 있을 때 그가 더 이상 손에 피를 묻히지 않으려 하자 그의 후임이 되어 많은 사람을 피 흘리게 했다.

토머스 크랜머 대주교는 평사제로 강등되어 죽을 날만 기다리고 있었다. 하지만 메리 1세는 세상에서 가장 증오하는 사람 하나를 꼽으라면 크랜머를 꼽을 정도로 그를 미워했으므로 끝까지 그를 파멸시키고 치욕을 안겨주고 싶어 했다. 그렇게 볼 때 여왕 부부가 의회에 서신을 보내 화형장의 불꽃을 좀 더 무섭게 피워 올리라고 독촉했던 것은 사실인 듯하다.

토머스 크랜머는 확고한 신념을 가진 사람이 아니었으므로 그의 주변에 교활한 사람들을 풀어 신교에 대한 지지를 철회하게 만들자는 계획이 세워졌다. 주임 사제와 수사들이 크랜머를 방문하여 이런저런 관심을 보이고 대화로 잘 설득하는 한편, 돈을 줘서 편하게 감옥 생활을 할 수 있게 도왔다. 그 결과 크랜머는 신교를 포기한다는 서명을 여섯 번이나 했다. 하지만 그도 결국 화형장에 서게 되자 고귀한 본연의 모습으로 돌아가 명예롭게 죽음을 맞았다.

토머스 크랜머의 사형이 집행되던 날, 설교 담당자였던 콜 박사는 기도를 올리고 설교를 마친 뒤 크랜머를 백성들 앞에 세우고 신앙고백을 하게 했다. 크랜머 스스로 로마 가톨릭 신자라는 선언을 하리라고 기대했기 때문이다. 하지만 크랜머는 이렇게 말을 시작했다.

"어디까지나 선의에서 우러난 저의 신앙을 고백합니다."

그런 다음 크랜머는 일어서더니 소맷자락에서 기도문을 꺼내 큰 소리로 읽었다. 낭독이 끝나자 무릎을 꿇고 주기도문을 암송했다. 형장 주변의 백성들도 따라 외웠다. 크랜머는 다시 일어나 백성들에게 자신은 성경을 믿으며, 최근에 자신이 신교를 포기한다는 서명을 했는데 그건 진심이 아니었다고 말했다. 그리고 오른손으로 그 서명을 했으므로 화형을 당할 때 그 오른손부터 불태우겠다고도 했다. 또한 자신은 교황을 거부하며 교황은 하늘의 적이라고 맹렬히 비난했다. 뜻하지 않은 사태에 독실한 구교 신자였던 콜 박사는 보초병에게 "저 이단자의 입을 막고 어서 처형하라!"라고 소리쳤다.

보초병들이 토머스 크랜머를 데려가 화형대에 묶고 서둘러 옷을 벗긴 뒤 불붙일 준비를 했다. 벗겨진 머리에 흰 수염이 치렁치렁했던 크랜머는 화형대에 묶인 채 사람들 앞에 서 있었다. 그는 최악의 순간이 다가오자 매우 굳건한 모습으로 신교를 포기한다고 했던 서명은 거짓이었다는 말을 되풀이했다. 또한 화형을 집행하는 귀족에게 매우 인상적이고 담대한 모습으로 "빨리 서두르시오!"라고 말하기도 했다. 화형대에 불이 붙자 크랜머는 오른손을 뻗어 불꽃 속에 넣으며 "이 손은 죄를 지었도다!"라고 소리치고는 불에 탈 때까지 그냥 두었다. 다 타고 남은 잿더미 속에서도 그의 심장은 온전히 남아 있었으며, 그는 잉글랜드 역사에 길이 이름을 남기게 되었다. 레지널드 폴 추기경은 첫 미사에서 크랜머가 화형당한 그날을 축복했고, 바로 다음 날 크랜머의 뒤를 이어 캔터베리 대주교가 되었다.

메리 1세의 남편 펠리페 2세는 대부분의 시간을 해외에 있는 자신의 왕국에서 보내며 아내보다 더 친한 궁정 신하들에게 아내에 대한 짓궂은 농담을 늘어놓곤 했다. 그런 펠리페가 한번은 프랑스와 전쟁을 하다가 도움을 청하기 위해 잉글랜드에 왔던 적이 있다. 잉글랜드에서는 프랑스와의 전쟁에 관여하고 싶지 않았지만, 바로 그 무렵 프랑스 왕이 잉글랜드 해안을 급습하는 일이 발생했다.

잉글랜드에서도 프랑스에 전쟁을 선언했고, 펠리페 2세는 크게 기뻐했다. 메리 1세는 온갖 부정한 방법을 동원해 전쟁 자금을 끌어모았다. 하지만 아무것도 얻지 못한 전쟁이었다. 칼레를 급습한 프랑스의 기즈 공작Francis, Duke of Guise(1519~1563)에게 잉글랜드군이 완패했기 때문이다. 칼레에서의 패배로 잉글랜드의 위신은 땅에 떨어졌고, 메리는 그 타격에서 헤어 나오지 못했다.

당시 잉글랜드에는 지독한 열병이 맹위를 떨치고 있었다. 그런데 참으로 다행스럽게도 메리 1세가 그 병에 걸려 목숨이 경각에 달려 있었다. 여왕은 신하들에게 이렇게 말했다.

"내가 죽은 다음 몸을 열어보면 심장에 '칼레'라고 쓰여 있을 것이다."

내 생각에는 심장에 뭐라도 쓰여 있었다면 '레이디 제인 그레이, 존 후퍼, 존 로저스, 니콜라스 리들리, 휴 래티머, 토머스 크랜머, 그리고 나의 통치기간에 산 채로 불태워진 300명, 특히 그중에서도 60명의 여인과 40명의 아이들'이라고 쓰여 있었을 것이다. 하지만 그들의 죽음은 어디까지나 천국에 기록된 것으로 충분하다.

메리 1세는 1558년 11월 17일 열병으로 숨을 거두었다. 왕위에 오른 지 5년 반이 채 되지 않았고, 마흔두 살 되던 해였다. 레지널드 폴 추기경도 바로 다음 날 같은 병으로 눈을 감았다.

이 여인은 '피의 여왕 메리Bloody Queen Mary'라는 이름으로 유명하다. 그리고 그녀는 '피의 여왕 메리'답게 잉글랜드에서 공포와 혐오의 대명사로 영원히 기억될 것이다. 메리 1세에 대한 기억이 얼마나 혐오 일색이었던지 훗날 일부러 그녀를 일컬어 대체로 상냥하고 쾌활한 군주였다고 쓰는 작가들이 나올 정도였다. 우리 구세주께서는 "너희는 그들의 열매로 그들을 알게 되리라"(마태복음 7장 16절)라고 하셨다. 메리 1세의 열매는 화형대와 화염이었으며, 여왕을 평가할 때 그 외의 다른 잣대를 찾기는 어려울 것이다.

엘리자베스 1세 대 메리 스튜어트

엘리자베스, 왕위에 오르다

추밀원 의원들이 엘리자베스 공주를 잉글랜드 여왕으로 옹립하기 위해 해트필드로 내려가자 온 나라가 환호성으로 들끓었다. 메리 1세의 폭정에 진저리가 난 민중은 새로운 군주에 대한 희망과 기쁨으로 들떠 있었다. 나라가 참혹한 악몽에서 깨어나는 듯했고, 남녀 가리지 않고 태워 죽이던 화형식의 연기에 오랫동안 가려 있던 하늘이 다시 한 번 밝게 빛났다.

왕위에 즉위하려 런던탑에서 웨스트민스터 사원에 이르는 도로를 말을 타고 지날 때 엘리자베스 1세Elizabeth I(생몰연도: 1533~1603, 재위기간: 1558~1603)는 스물다섯 살이었다. 드센 인상이었지만 전체적으로 위엄 있고 기품 있는 표정이었다. 머리카락은 붉은색이었으며, 코가 여자치고 는 다소 길고 날카로웠다. 조신들 말처럼 아름다운 용모는 아니었지만 그런대로 괜찮은 편이었고, 어둡고 음울한 메리 뒤를 이으니 훨씬 더 좋 게 보인 것도 분명했다. 학식이 높고 글은 완곡했으나, 입은 다소 거칠고 욕을 잘하는 편이었다. 영리했지만 교활하고 위선적이었으며, 아버지를 많이 닮아 폭력적이었다. 굳이 이런 사실을 밝히는 이유는 엘리자베스 1 세가 과대평가된 면도 있는 반면, 과소평가된 면도 있어 실제 성격을 알 지 못하면 그녀가 통치하던 시대 대부분을 이해할 수 없기 때문이다.

어쨌든 대관식 행렬이 거리를 지날 때 민중이 전에 없이 환호한 이유 도 충분했고, 행복한 이유도 타당했다. 온갖 볼거리가 준비되었고, 템플 바 꼭대기에는 런던 시를 수호하는 곡과 마곡Gog and Magog 상이 내걸 렸다. 시 자치단체는 엘리자베스 1세가 두 손으로 받아 마차에 실어야 할 정도로 무거운 1,000마르크 상당의 금을 공손히 바쳤는데, 행사의 큰 목적도 여기에 있었다.

대관식은 대성공이었다. 다음 날 신하 한 명이 새 여왕에게 청원서 를 제출하여 대관식이 치러지면 죄수를 사면하는 게 관례이니 여왕께 서도 덕을 베푸시라고 청했다. 사면 대상자는 네 명의 복음전도사 마태 Matthew, 마가Mark, 누가Luke, 요한John, 그리고 사도 바울St. Paul이었 다. 모두 한동안 번역이 금지되어 민중이 다가가지 못했던 인물들이었다.

엘리자베스 1세는 먼저 그들에게 풀려나길 원하는지 묻는 게 순서라 고 대답했다. 그러자 두 종교의 대표들이 웨스트민스터 사원에서 대대적 인 공개 토론회를 열어 그 대답을 찾기로 약속했다. 일종의 종교대회였 던 셈이다. 예상하는 대로, 민중이 암송하고 읽어서 복을 받으려면 이해 되는 언어로 쓰여야 하는 것이 지극히 상식적이라는 결론이 내려졌다.

따라서 영어로 쉽게 진행되는 교회 예배가 정착되었고, 종교개혁의 위업을 완성하는 기타 법률과 규제들이 제정되었다. 모든 점을 고려해볼 때 로마 가톨릭의 주교와 옹호자들이 모진 대접을 받은 것은 아니었으며, 엘리자베스의 각료들은 사려 깊고 인정이 많았다. 특히 사려 깊고 현명한 윌리엄 세실 경Sir William Cecil, 1st Baron Burghley(1520~1598)이 장관으로 있었던 게 엘리자베스 1세 통치 초기의 큰 행운이었다. 나중에 엘리자베스는 세실을 벌리 경Lord Burleigh으로 임명했다.

스코틀랜드 여왕 메리 스튜어트Mary, Queen of Scots(1542~1587)는 엘리자베스 1세에게 가장 큰 골칫거리 중 하나였으며, 소요와 유혈사태의 주요 원인이 되었다. 메리 여왕은 어떤 사람이었고 어떻게 엘리자베스의 눈엣가시가 되었는지 간략히 살펴보자.

메리 스튜어트는 스코틀랜드의 섭정이었던 마리 드 기즈Marie de Guise(1515~1560) 왕비의 딸이었다. 어릴 적에 이미 프랑스 왕의 아들이며 상속자인 왕세자와 결혼한 몸이었다. 당시 교황은 자신의 은혜로운 허락 없이는 그 누구도 잉글랜드의 적법한 왕이 될 수 없다는 듯 거만하게 굴었다. 따라서 자기에게 은혜로운 허락을 구하지 않았다는 이유로 교황은 엘리자베스가 왕위에 오르는 걸 한사코 반대했다. 그리고 잉글랜드 의회가 왕위 계승자를 바꾸지 않았다면 출생의 권리에 따라 스코틀랜드의 메리 여왕이 잉글랜드의 왕위를 계승했을 것이기 때문에 교황과 교황을 따르는 불만 세력들은 그녀가 적법한 잉글랜드의 여왕이고 엘리자베스는 불법적인 여왕이라고 주장했다.

문제는 메리 스튜어트가 프랑스와 밀접한 관계를 유지하고 있었고, 프랑스가 잉글랜드를 시기한다는 것이었다. 그녀가 강대국과 동맹을 맺고 있기 때문에 잉글랜드는 훨씬 더 위험한 상황이었다. 더구나 메리의 젊은 남편이 사망한 아버지의 뒤를 이어 프랑수아 2세François II of France(1544~1560)로 프랑스 왕위에 오르자 상황은 더욱 심각해졌다. 젊은 메리 부부는 잉글랜드의 여왕과 국서國壻라 자칭했고, 교황은 어떤 악행이라도 저질러 이들을 도울 태세였다.

그때 스코틀랜드에서는 존 녹스John Knox(1514~1572)라는 전도사와 몇몇 사람의 엄격하고 강력한 지도로 종교개혁이 활발히 진행되고 있었다. 스코틀랜드는 아직 미개한 상태를 벗어나지 못한 나라

▲ 스코틀랜드 여왕 메리 스튜어트
©Georgios Kollidas/Shutterstock.com

여서 살인과 폭동이 끊임없이 발생하고 있었다. 종교개혁가들은 이런 악행을 개혁하기보다는 원래 사나운 스코틀랜드인의 기질을 발휘해 여기저기에서 교회와 예배당을 파괴하고, 성화와 제단을 무너뜨렸으며, 가르멜회 수사든 프란체스코회 수사든 도미니크회 수사든 가리지 않고 수사란 수사는 모두 때려잡았다.

가톨릭을 믿는 프랑스 왕실은 스코틀랜드 종교개혁가들의 완고하고 가혹한 기질(스코틀랜드인은 종교 문제라면 늘 무뚝뚝하고 험상궂은 편이었다)에 노발대발했고, 수도회에 상관없이 모든 수사를 다시 일으켜 세우겠다는 희망으로 스코틀랜드에 군대를 파병했다. 먼저 스코틀랜드를 정복한 다음 잉글랜드도 정복해 종교개혁 운동을 깨부수겠다는 야심이었다.

이미 '주의 회중Congregation of the Lord'이라는 대연합을 결성했던 스코틀랜드 종교개혁가들은 비밀리에 엘리자베스 1세에게 전갈을 보내

스코틀랜드의 종교개혁이 실패하면 잉글랜드도 비슷한 상황에 놓이게 될 것이라는 의견을 전달했다. 그러자 엘리자베스는 왕이나 왕비의 절대 권력을 인정하면서도 어쩔 수 없이 군주에 대항해 무기를 들고 봉기한 종교개혁가들을 돕기 위해 스코틀랜드에 군대를 파병했다. 마침내 에든 버러에서 평화협정이 체결되었고, 프랑스는 스코틀랜드에서 철수하기로 동의했다. 동시에 메리 여왕과 그 젊은 남편은 잉글랜드의 여왕과 국서라 자칭하는 행위를 중단한다는 별도의 협정이 체결되었지만, 이 협정은 전혀 지켜지지 않았다.

사태가 이렇게 수습된 직후 갑자기 프랑스의 젊은 왕이 사망했고, 메리는 청상과부가 되었다. 그러자 스코틀랜드의 신하들이 메리에게 스코틀랜드로 돌아와 왕위에 오를 것을 요청했고, 이제 프랑스에서 행복하게 지낼 희망이 사라진 메리가 그 요청을 받아들였다.

국가와 결혼한 여왕

엘리자베스 1세가 왕위에 오른 지 3년, 스코틀랜드 여왕 메리는 칼레에서 배에 올라 거칠고 소란스러운 조국으로 향했다. 항구를 막 빠져나오는데, 배 한 척이 눈앞에서 사라지자 메리가 탄식했다.

"아, 세상에! 항해를 시작하는데 이 무슨 조짐이란 말인가!"

프랑스를 정말 사랑했던 메리 여왕은 밤이 이슥하도록 갑판에 앉아 프랑스를 돌아보며 흐느꼈다. 잠자리에 들면서도, 동이 틀 무렵 프랑스 해안이 보이면 마지막으로 보고 싶으니 깨워달라고 지시했다. 맑게 갠 아침, 갑판에 나온 메리는 멀어지는 프랑스가 그리워 다시 흐느끼며 되뇌었다.

"안녕, 프랑스! 잘 있어, 프랑스! 다시는 볼 수 없겠구나!"

그 후로 이 모든 일은 열아홉 살 젊고 아름다운 왕비의 슬프고도 흥미로운 추억으로 오랫동안 기억되었다. 사실 나는 이 모든 일이 메리가 겪은 다른 고통과 합쳐져 점점 분에 넘치는 동정을 일으키게 되지 않았나 싶다.

스코틀랜드에 도착해 에든버러 홀리루드 궁Holyrood Palace에 거처를 잡은 메리 여왕은 주위에 무례한 이방인들뿐이고, 관습도 프랑스 궁과 달리 거칠고 불편하다는 사실을 깨달았다. 사람들이 메리를 위로한다며 연주하는 세레나데는 화음도 맞지 않아 가뜩이나 항해에 지친 머리를 지끈거리게 했다. 모르긴 몰라도 끔찍한 백파이프 연주였을 것이다.

메리 여왕과 그 일행을 궁으로 태우고 가는 스코틀랜드 말들도 볼품없었다. 중요한 종교개혁 지도자들은 메리를 반기지 않았다. 메리가 천진난만하게 즐기는 오락을 신랄하게 비판했으며, 음악과 춤을 악마가 즐기는 놀이라고 비난했다. 존 녹스마저 가끔 거칠게 성을 내며 훈계하는 등 메리의 삶을 불행하게 만드는 데 일조했다. 이 모든 일이 메리가 가톨릭에 대한 예전의 믿음을 확신하는 계기가 됐고, 자신이나 잉글랜드 모두에게 아주 위험하고 경솔한 행동을 하는 원인이 됐다.

메리 여왕은 잉글랜드의 왕위를 계승하면 가톨릭을 재건하겠다고 가톨릭 수장인 교황에게 엄숙히 맹세했다. 메리 여왕의 불행한 역사를 읽을 때 이 점을 늘 염두에 두어야 하며, 메리 여왕이 평생 가톨릭 세력을 대신하여 이런저런 방법으로 끊임없이 엘리자베스 1세에게 맞섰다는 사실을 기억해야 한다.

엘리자베스 1세가 메리를 탐탁지 않아 한 것은 분명하다. 자부심이 강하고 시기 질투가 많았던 엘리자베스는 결혼한 사람을 특히 싫어했다. 참수당한 레이디 제인 그레이의 자매인 레이디 캐서린 그레이Lady Catherine Grey(1540~1568)를 비밀 결혼했다는 이유만으로 혹독하게 다루어 결국 캐서린은 죽고 그 남편은 파산하기도 했다. 그러니 메리 여왕의 재혼 이야기가 나돌자 더 싫어했던 것 같다.

사실 엘리자베스 1세에게 구혼자가 없던 것도 아니었다. 잉글랜드는 물론 스페인과 오스트리아, 스웨덴에서도 구혼자가 밀려들었고, 그녀가 무척 좋아하던 잉글랜드 애인도 있었다. 레스터 백작인 로버트 더들리 경Lord Robert Dudley(1532?~1588)이었는데, 로버트는 잉글랜드 귀족의 딸인 에이미 롭사트Amy Robsart(1532~1560)와 비밀리에 결혼한 사이였으나, 엘리자베스와 결혼하기 위해 버크셔Berkshire에 있는 시골 별장 컴노어 홀Cumnor Hall에서 아내 에이미를 살해했다는 강력한 의심을 받았다. 대문호 월터 스콧 경Sir Walter Scott, 1st Baronet(1771~1832)은 이 이야기를 소재로 유명한 연애소설을 쓰기도 했다.

엘리자베스 1세는 자신의 허영심과 만족을 위해 잘생긴 애인을 유혹할 줄도 알았지만, 자부심을 지키기 위해 절교할 줄도 알았다. 청혼했던 다른 남자들과 마찬가지로 로버트의 사랑도 허사로 끝났다. 엘리자베스는 공들여 준비한 담화에서 절대 결혼하지 않고 처녀 여왕으로 죽겠다고 선언했다. 분명 기특하고 칭찬할만한 선언이었지만, 다른 한편으로는 칭찬과 과시가 지나쳐 신물이 날 지경이다.

잉글랜드 왕실은 메리 여왕에게 구혼하는 왕자들을 경계했지만, 엘리자베스 1세와 결혼하길 염원했던 레스터 백작과 결혼하라고 메리에게 정략적으로 제안하기도 했다. 마침내 스코틀랜드 왕가 출신인 레녹스 백작Matthew Stewart, 4th Earl of Lennox의 아들 단리 경Henry Stewart

Darnley, 1st Duke of Albany(1545~1567)이 엘리자베스 1세의 승낙을 받아 홀리루드로 행운을 잡기 위해 갔다.

단리 경은 키만 컸지 얼간이였다. 고주망태로 취하고, 게걸스럽게 먹고, 여러 가지 비열하고 어리석은 방식으로 경멸받을 짓을 하는 것 외에는 딱히 할 줄 아는 일이 없었다. 단리 경은 메리 여왕에게 큰 영향력을 행사하는 다비드 리초David Rizzio(1533~1566)라는 비서 한 사람을 자기 편으로 끌어들인 덕에 메리 여왕의 마음을 얻었고, 곧 그녀와 결혼했다. 메리로서는 별로 자랑할 게 없는 결혼이지만, 이제 이야기하려는 결혼 후의 일은 더 자랑할 게 없다.

메리 여왕의 오빠인 머리 백작James Stewart, 1st Earl of Moray(1531~1570)은 스코틀랜드 개신교파의 우두머리로서 이 결혼을 반대했다. 종교적인 이유도 있었지만, 신랑이 너무 비열하다는 이유도 있었다. 주위의 힘 있는 귀족들을 자기 쪽으로 끌어들여 결혼이 성사되자 메리는 성가시게 굴었던 오빠를 유배시켜버렸다.

그 후 오빠와 다른 귀족 몇몇이 종교개혁을 지지하며 무장봉기하자 메리 여왕은 결혼 한 달 만에 몸소 무장하고 장전된 권총을 안장에 장착한 채 말을 타고 다니며 반란을 진압했다. 스코틀랜드에서 쫓겨난 이들은 엘리자베스 1세를 알현했고, 여왕은 공식적으로는 이들을 배반자라고 비난하면서 비공식적으로 지원했다.

메리 여왕은 결혼한 지 얼마 지나지 않아 남편 단리를 경멸하기 시작했다. 단리는 메리의 마음을 얻는 데 도움을 준 다비드 리초가 이제 그녀의 애인이라고 의심해 미워했다. 리초를 미워하다 못해 러스벤 경Patrick Ruthven, 3rd Lord Ruthven(1520~1566)을 비롯한 네 명의 귀족과 맹약을 맺어 그를 죽여 없애기로 약속했다.

이들이 엄숙하고 비밀스럽게 맹약을 맺은 날은 1566년 3월 1일이었고, 토요일인 3월 9일 밤, 음모자들과 단리는 메리 여왕이 자매인 레이디 아가일Lady Argyle과 운이 다한 리초와 저녁식사를 하고 있다는 방 근처까지 컴컴하고 가파른 비밀 계단을 이용해 접근했다. 방에 들어서자 단리가 여왕의 허리를 끌어안았고, 병상을 떨치고 일어나 이 살해 음모에 가담한 러스벤 경이 송장처럼 바싹 야윈 모습으로 두 명의 부축을 받으며 들어섰다.

리초는 메리 여왕 뒤로 달려가 몸을 피했다. 러스벤이 말했다.

"그를 방에서 내보내시오."

메리가 대답했다.

"방 밖으로 내보내지 않겠소. 경의 표정을 보니 리초의 목숨이 위태로운 것 같소. 그러니 여기 남게 할 것이오."

그러자 그들은 리초에게 달려들어 식탁을 뒤엎으며 몸싸움을 벌인 끝에 그를 밖으로 끌어냈고, 56차례나 칼로 찔러 살해했다. 리초가 죽었다는 소식을 들은 메리는 복수를 다짐했다.

'더는 울지 않아. 이제 복수만 생각하겠어!'

단리의 죽음

메리 여왕은 키만 큰 얼간이 단리를 회유하여 음모자들을 버리고 자기와 함께 던바로 도망치자고 설득했다. 던바에 도착한 단리는 최근에 일어난 잔인한 살인사건에 관해 아는 바가 없다고 뻔뻔스럽게 거짓 선언문을 발표했다. 던바에서 보스웰 백작James Hepburn, 4th Earl Bothwell

(1534~1578)을 비롯한 귀족들이 합세했고, 이들의 도움으로 8,000명의 병사를 모은 메리 부부는 에든버러로 돌아와 살인자들을 잉글랜드로 쫓아냈다. 그 후 메리는 아들을 출산했지만, 여전히 남편 단리에 대한 복수를 노리고 있었다.

메리 여왕은 비겁하게 배신한 남편을 전보다 더 멸시했을 것이고, 보스웰 백작을 가까이하며 단리를 없앨 계획을 모의한 것도 의심의 여지가 없다. 보스웰이 메리에게 미치는 영향력은 지대했는데, 그의 권유에 따라 리초 살인범들을 사면할 정도였다. 보스웰은 어린 왕자의 세례식 준비를 맡았고, 세례식에 귀빈으로 참석했다. 세례식에서 왕자는 제임스라는 이름을 받았으며, 행사에 참석하지는 않았지만 엘리자베스 1세가 대모였다.

일주일 후 메리 여왕을 떠나 글래스고Glasgow의 아버지 집에 내려가 있던 단리가 천연두에 걸리자 메리는 단리에게 왕실 주치의를 내려보냈다. 이런 행동은 모두 여왕의 가식이고 계산이라고 의심할 만하다. 그로부터 한 달이 지나기 전에 보스웰이 리초 살인범 중 한 명에게 '단리를 제거하는 것이 여왕의 뜻'이라며 그를 살해하라고 말했기 때문이다.

바로 그날 메리 여왕은 프랑스 주재 대사에게 남편을 원망하는 편지를 썼고, 남편을 무척 걱정하고 사랑한다는 듯 즉시 글래스고로 내려갔다. 단리를 수중에 넣는 것이 메리의 목적이었다면 흡족하게 달성된 셈이었다. 단리를 설득해 자기와 함께 에든버러로 돌아가 왕궁 대신 에든버러 외곽의 한적한 커크 오 필드Kirk o' Field라는 집에 머물게 했으니 말이다.

단리가 이 집에 머문 지 일주일 정도 되었을 때였다. 일요일 저녁, 메리는 단리와 10시까지 함께 지낸 뒤 아끼는 시종의 결혼 피로연에 참석한다며 혼자 홀리루드로 떠났다. 그리고 새벽 2시, 에든버러를 뒤흔드는 폭발 소리와 함께 커크 오 필드는 산산조각으로 분해되었다.

다음 날, 멀리 떨어진 나무 밑에서 단리의 시신이 발견되었다. 폭발로 그렇게 멀리까지 날아온 시신이 어떻게 불에 타거나 훼손되지 않았는지, 도대체 어떻게 그렇게 서투르고 묘한 사건이 발생할 수 있었는지 알 수 없는 일이다. 기만적인 성격의 메리 여왕과 위선적인 엘리자베스 1세가 함께 등장하는 역사의 순간은 거의 예외 없이 불확실하고 모호했다. 나는 메리가 분명히 남편 단리의 살해에 관여했다고 의심한다. 그리고 메리가 다짐했던 복수가 그것이 아니었을까 생각한다. 스코틀랜드인은 대부분 그렇게 믿었다.

모두 잠든 한밤중에 에든버러 거리에서 살인자 여왕에게 벌을 내리라는 외침이 메아리쳤다. 공공장소에는 보스웰을 살인자로 지목하고 메리 여왕을 한패로 고발하는 익명의 공고문이 나붙었다. 그 후 보스웰은 기혼남임에도 불구하고 메리와 결혼했다. 결혼 전에 메리를 강제로 감옥에 가두는 가식적인 광경을 연출할 때, 민중의 분노는 하늘을 찔렀다. 특히 여자들이 광분해 길거리 이곳저곳에서 메리를 조롱하며 고함을 질렀다고 전해진다.

이처럼 떳떳치 못한 결합은 성공하기 힘든 법이다. 스코틀랜드 귀족들이 메리 부부에게 반대하고 어린 왕자를 보호하려는 모임을 성공적으로 결성하자 그들의 결혼 생활은 한 달 만에 끝이 났다. 보스웰은 어린 왕자를 손에 넣으려고 했지만 실패했다. 마 백작Earl of Mar이 왕자를 지키겠다는 신의를 명예롭고 굳건하게 지키지 않았다면 보스웰은 틀림없이 왕자를 살해했을 것이다.

보스웰은 마 백작의 분노를 피해 외국으로 달아났고, 그곳에서 죄인 신분에 미치광이가 되어 9년 동안 비참하게 살다가 죽었다. 그때까지 줄곧 속아왔다는 사실을 깨달은 귀족들은 메리를 로치레벤 성Lochleven Castle의 감옥에 가두었다. 로치레벤 성은 호수 한가운데에 있어 접근 수단이 배밖에 없었다. 그곳에서 메리 여왕은 왕위를 포기하고 머리 백작을 스코틀랜드의 섭정으로 봉한다는 문서에 서명했다. 스코틀랜드 귀족들이 그냥 점잖은 사람을 전령으로 보냈으면 좋았을 텐데, 포악한 린지 경Lord Lindsay이 문서를 들고 와 서명을 받았다. 백작도 이곳에서 초라한 몰골로 비탄에 빠진 여동생 메리를 목격했다.

따분하긴 하지만 그래도 호수의 잔물결이 벽에 부딪히는 소리와 호수에 반사되어 벽에 비치는 햇빛을 벗 삼아 로치레벤 성에 머무는 편이 좋았을 텐데, 그곳에서 평온을 찾지 못한 메리 스튜어트는 포기하지 않고 탈출을 시도했다. 세탁부가 입는 옷으로 갈아입고 시도한 첫 탈주는 거의 성공할 뻔했다. 그런데 뱃사공 하나가 메리 스튜어트의 얼굴을 가린 덮개를 걷으려고 하자 손을 올려 제지하는 바람에 하얀 팔이 드러났고, 뱃사공들은 그녀의 하얀 팔을 수상히 여겨 성으로 뱃머리를 돌렸다.

이 일이 있은 지 얼마 후, 메리는 성안에 사는 꼬마 더글러스Little Douglas라는 소년을 매혹적인 몸짓으로 끌어들였다. 더글러스는 가족이 저녁을 먹는 사이 성문 열쇠를 훔쳐내 메리 스튜어트와 함께 조용히 성을 빠져나온 뒤 밖에서 성문을 잠갔다. 성문 열쇠는 그녀를 배에 태워 호수를 건너는 길에 물 속에 던져버렸다. 메리는 호수 건너편에서 더글러스 형제와 귀족 몇 명을 만나 해밀턴Hamilton으로 함께 말을 달렸다. 해밀턴에서 3,000명의 군사를 모은 메리는 감옥에서 서명한 왕위 포기 각서는 불법이며, 섭정은 여왕의 권위에 복종하라는 선언문을 발표했다.

타고난 군인이었던 섭정 머리 백작은 비록 군대는 없었지만 침착하게 대응했다. 메리 스튜어트와 협상하는 척하면서 그녀가 보유한 군대의 절반 정도 병력이 모이자 마침내 전쟁을 개시했다. 전쟁을 시작한 지 15분도 되지 않아 모든 희망이 무너져버렸다. 메리는 또다시 힘들게 말을 타고 100킬로미터를 달려 던드레넌 수도원Dundrennan Abbey으로 피신한 뒤, 그곳에서 엘리자베스 1세 통치 지역으로 달아났다.

자신을 파멸시키고 스코틀랜드 왕국도 어지럽히며 많은 사람을 불행과 죽음으로 몰아넣은 메리 스튜어트가 잉글랜드에 도착한 때는 1568년이었다. 그로부터 19년 후, 메리가 잉글랜드에서 어떻게 세상을 떠났는지 살펴보자.

음모와 불행의 씨앗이 된 메리 여왕

메리 스튜어트는 옷도 걸친 게 전부이고 돈 한 푼 없는 상태로 잉글랜드에 도착했다. 그리고 엘리자베스 1세에게 편지를 써서 무고하게 상처받은 왕실 피붙이인 자기가 스코틀랜드로 다시 돌아가 통치할 수 있도록 스코틀랜드 신하들에게 압력을 행사해달라고 간청했다. 잉글랜드인은 메리 스튜어트의 됨됨이가 겉모습과 다르다는 사실을 잘 알고 있었기에 먼저 자신의 결백을 증명하라고 요구했다. 난감해진 메리는 잉글랜드에 머무는 대신 차라리 스페인이나 프랑스로 가거나 아니면 스코틀랜드로 돌아가려고 했고, 잉글랜드는 메리가 어느 쪽을 선택하든 새로운 문제가 발생할 것이라고 우려하여 그녀를 억류하기로 했다. 메리는 우선 칼라일로 이동했고, 그 후 필요에 따라 이 성 저 성을 옮겨 다녔지만 잉글랜드를 벗어난 적은 없었다.

메리 스튜어트는 자신의 결백을 스스로 증명하는 일을 피하려고 무던히 애를 썼지만, 결국 잉글랜드 내부의 절친한 친구인 헤리스 경Lord Herries의 조언을 따랐다. 메리는 자기를 고소한 스코틀랜드 귀족들이 엘리자베스 1세가 특별히 선출한 잉글랜드 귀족들 앞에서 고소 내용을 밝힌다면 그에 대해 답변하기로 동의했다. 그에 따라 협의회라는 명칭의 분쟁조사위원회 모임이 처음에는 요크에서, 그다음에는 햄프턴 코트에서 열렸다.

모임에 참석한 단리의 아버지 레녹스 경은 메리 스튜어트가 단리를 살해했다고 공개적으로 고발했다. 오빠인 머리 백작이 메리와 보스웰이 주고받았다는 편지와 시가 담긴 상자를 메리의 유죄 증거로 제출하자 메리는 조사위원회를 포기했다. 메리를 옹호하는 사람들이 그녀를 변호하기 위해 무슨 말을 하고 글을 쓰더라도 이는 변하지 않는 사실이었다.

노픽 공작Thomas Howard, 4th Duke of Norfolk(1536~1572)은 상자에서 나온 편지 내용에 살짝 겁을 먹기는 했지만, 스코틀랜드 여왕과 결혼하고 싶다는 생각을 굳혔다. 훌륭한 귀족이지만 다소 심약한 노픽 공작이 그런 마음을 먹은 이유는 메리 스튜어트가 매력적이기도 하고 스스로 야망이 컸기 때문이기도 하지만, 엘리자베스 1세에 반대하는 음모자들의 간계에 속아 넘어갔기 때문이기도 했다.

엘리자베스 1세의 측근인 레스터 백작까지 찬성하자 메리 스튜어트도 결혼을 승낙했다. 프랑스와 스페인의 왕도 찬성했던 것 같다. 그런데 결혼 계획이 떠들썩하게 소문이 나는 바람에 엘리자베스의 귀에까지 들어갔고, 그녀는 노픽 공작에게 "어떤 베개를 베려고 하는지 주의하라"고 경고했다. 공작은 그 자리에서는 고분고분하게 대답했지만, 곧 여왕을 못마땅하게 여겼다. 결국 엘리자베스는 공작을 위험한 인물로 판단해 런던탑으로 보냈다. 한마디로 잉글랜드에 도착한 순간부터 메리는 온갖 음모와 불행의 씨앗이었다.

뒤이어 북부 지역에서 가톨릭교도들에 의한 반란이 일어났고, 수많은 처형과 학살이 벌어진 뒤 겨우 진압되었다. 교황과 유럽의 가톨릭 국가 군주들 사이에 엘리자베스 1세를 폐위하고 메리 스튜어트를 왕위에 올려 가톨릭을 재건하려는 거대한 음모가 진행되었다. 메리가 이 음모를 미리 알고 승인했을 가능성이 매우 농후하다. 이 음모에 적극적이었던 교황은 공개적으로 엘리자베스 1세를 잉글랜드의 '가짜 여왕'이라 칭하는 교서를 발표하여 파문했고, 그녀를 따르는 신하들도 모두 파문했다.

어느 날 아침 이 고약한 교서 사본이 런던까지 흘러 들어와 런던 주교 관사 정문에 나붙자 일대 소란이 벌어졌다. 이 와중에 링컨 법학 기숙사Lincoln's Inn 학생 방에서도 교서 사본이 발견되었다. 이 학생은 고문 끝에 템스 강 건너 서더크 근처에 사는 존 펠턴John Felton(?~1570)이라는 부자 귀족에게서 사본을 입수했다고 실토했다. 펠턴도 체포되어 고문을 받았고, 자기가 주교 관사 정문에 교서 사본을 게시했다고 자백했다. 펠턴은 이 위법행위에 대한 벌로 4일이 지나기 전 세인트 폴 대성당 경내로 끌려가 교수형당했고 사지가 찢겼다. 정작 민중은 교황의 교서에 크게 신경 쓰지 않았다. 종교개혁을 거치며 교황이 민중을 저버렸듯 민중도 교황을 내팽개쳤기 때문이었다. 교황의 교서는 길거리 유행가만큼도 인기를 얻지 못하는 지저분한 종이쪽지에 지나지 않았다.

가련한 노퍽 공작은 펠턴이 재판받던 날 석방되었다. 다시는 런던탑에 갇히는 일이 없도록 유혹을 멀리했으면 좋았으련만 공작은 그 참담한 감옥에서도 메리 스튜어트와 편지를 주고받았고 석방되자마자 또다시 음모를 꾸몄다. 잉글랜드에서 엘리자베스 1세에게 메리와의 결혼 승

낙 및 가톨릭 반대 법률 폐지를
요구하는 반란을 일으킬 목적으
로 교황과 서신을 주고받은 사실
이 발각되어 공작은 다시 런던탑
에 갇히고 재판정에 서게 되었
다. 배심원으로 배석한 상원의원
들이 만장일치로 공작의 유죄를
평결했고, 참수형을 선고했다.

오랜 시간이 흐르고 이러쿵저
러쿵 의견이 분분한 가운데 과
연 당시 엘리자베스 1세가 정말
인간적이었는지, 아니면 인간적
으로 보이고 싶어 했는지, 아니
면 잉글랜드에서 이름 높은 사람

▲ 잉글랜드 여왕 엘리자베스 1세
©Georgios Kollidas/Shutterstock.com

들을 죽이는 게 두려웠는지 판단하기는 어렵다. 엘리자베스가 두 차례나
처형 명령을 뒤집으면서 노퍽 공작의 처형은 재판이 끝나고 5개월이 지
난 후에야 집행되었다. 타워힐에 참수대가 차려졌고, 죽음을 맞이하는 공
작은 남자답게 의연했다. 그는 죽음이 전혀 두렵지 않다며 눈을 가리길
거부했고, 자신에게 내려진 선고가 정당하다고 인정했다. 민중은 그런 그
의 죽음을 안타까워했다.

메리 스튜어트는 유죄를 인정하는 행동을 하지 않도록 무척 조심했
다. 엘리자베스 1세가 메리에게 어떤 식으로든 유죄를 인정해야 억류를
풀어주겠다고 제안했기 때문에 풀려날 가망이 사실상 없었다. 더구나 두
사람 모두 교묘하고 위선적인 데다 서로를 믿지 못했으므로 둘 사이에

합의가 이루어질 가능성은 거의 없었다.

　교황의 행동에 화가 난 의회는 잉글랜드에서 가톨릭의 확산을 막는 강력한 법을 새로 제정했으며, 엘리자베스 1세나 그 후계자가 잉글랜드의 적법한 군주가 아니라고 하는 사람은 누구든 반역자라고 선언했다. 그녀가 직접 나서서 만류하지 않았다면 아마도 상황은 이보다 훨씬 더 심각했을 것이다.

성 바르톨로메오 대학살

　종교개혁 이후 잉글랜드의 자칭 타칭 종교인들은 세 가지 분파, 즉 개신교도, 가톨릭 구교도, 그리고 모든 예배를 청빈하게 한다는 청교도로 나뉘었다. 청교도는 대체로 호감이 가지 않는 사람들이어서 흉측한 옷차림에 코맹맹이 소리로 말하고, 온갖 무해한 오락을 한사코 반대했다. 그들은 만만치 않은 세력을 형성하고 있었고, 언제나 진지했으며, 하나같이 스코틀랜드 여왕을 무척 싫어했다. 프랑스와 네덜란드에서 신교도를 대상으로 벌어진 끔찍한 잔혹행위로 잉글랜드 신교도의 분위기는 한층 격해졌다. 두 나라에서 상상할 수 있는 온갖 잔인한 방법으로 살해된 신교도가 수만 명에 달했고, 결국 1572년 가을 파리에서 역사상 최악의 학살 사건이 일어났다.

　이 사건은 성 바르톨로메오 축일에 발생해 역사적으로 '성 바르톨로메오 대학살Massacre de la Saint-Barthélemy'로 불린다. 8월 23일 토요일이었다. 그날 프랑스에서 위그노Huguenot라고 부르는 신교의 위대한 지도자들이 모두 한자리에 모였다. 위그노의 수장인 나바르(프랑스 남서부에서 스페인 북부에 걸쳐 있던 옛 왕국_옮긴이)의 왕 앙리Henry IV, roi de Navarre(1553~1610)와 샤를 9세Charles IX(1550~1574) 누이와의 결혼을 축복하라는 전갈을 받고 모인 자리였다.

당시 프랑스를 다스리던 불쌍한 샤를 9세는 미련하게도 어머니와 극성 가톨릭교도들의 모함에 넘어가 위그노교도들이 자기를 암살하려 한다고 믿었다. 그는 대규모의 무장 군인들에게 생제르맹 록세루아 교회Church of Saint-Germain l'Auxerrois의 종이 울리면 위그노교도를 기습하여 보이는 대로 학살하라는 비밀 명령을 내렸다.

예정된 시간이 다가오자, 어머니 손에 잡혀 난간으로 끌려 나온 이 불쌍한 바보는 온몸을 덜덜 떨면서 끔찍한 사건의 시작을 목격했다. 종이 울리고 살인자들이 몰려나왔다. 살인자들은 그날 밤부터 내리 이틀간 이집 저 집을 침입해 불을 지르고 신교도는 남녀노소 가릴 것 없이 총으로 쏘고 칼로 찌른 뒤 시신을 거리로 내던졌다. 신교도들은 길을 지나가다 총에 맞았고, 도로 옆 배수로에서는 그들의 피가 흘러내렸다. 파리에서만 1만 명 이상의 신교도가 학살당했고, 프랑스 전역으로 따지면 그 숫자는 4~5배에 이르렀다.

로마의 교황과 그의 추종자들은 이 악마 같은 살인에 대해 하늘에 감사한다며 공식적인 기도 행렬을 가졌고, 부끄럽지도 않은지 기념 메달까지 찍어냈다. 높으신 교황과 일당들은 이 대량 학살에 마음 편했을지 몰라도 꼭두각시 왕은 그리 마음 편하지 않았다. 샤를 9세가 그 후 한순간도 마음의 평화를 누리지 못한 것이 그나마 내게 위안이 된다. 여기저기 찢겨 피범벅인 위그노교도가 자기 앞으로 떨어져 죽는다고 계속 울부짖고 비명 지르고 고함치고 횡설수설하다 1년이 지나기 전에 죽었다. 역사상 모든 교황이 전부 힘을 합쳐도 샤를 9세의 죄책감을 조금도 위로하지 못했을 것이다.

끔찍한 대학살 소식이 알려지자 잉글랜드 민중들은 엄청난 충격을 받았다. 이즈음 잉글랜드 민중이 가톨릭교도에게 다소 과격했다면 피로 물든 메리 1세 시절이 끝나고 얼마 지나지 않아 발생한 이 끔찍한 사건이 원인이 되었다는 사실을 기억해야 할 것이다. 잉글랜드 궁정은 민중들만큼 정직하지 못했다. 잉글랜드의 모든 귀족과 귀부인은 애도를 표하는 차림으로 프랑스 대사를 접견하며 깊은 침묵을 지켰다. 그러면서도 성 바르톨로메오 축일 전야제 이틀 전에 프랑스 대사가 제안한 프랑스 왕의 동생인 열일곱 살의 앙주 공작Francis, Duke of Anjou and Alençon (1555~1584)과 엘리자베스 1세의 결혼이 계속 추진되고 있었다. 교활한 엘리자베스는 비밀리에 위그노교도에게 돈과 무기를 지원했다.

엘리자베스 1세는 처녀 여왕으로 살다 죽겠다는 멋진 연설을 신물이 날 정도로 자주 했지만, 사실 결혼을 '하려고 한' 경우가 적지 않았다. 측근들을 번갈아 격려하기도 하고 욕하거나 벌주기도 하는 등 변덕이 죽 끓듯 하던 처녀 여왕은 프랑스의 앙주 공작과도 수년간이나 밀고 당기며 시간을 끌었다.

마침내 앙주 공작이 잉글랜드로 건너와 결혼약정서가 작성되었으며, 6주 안에 결혼식을 거행하기로 결정되었다. 당시 결혼에 열을 올리고 있던 엘리자베스 1세는 결혼 반대 문서를 인쇄한 스텁스Stubbs라는 가련한 청교도와 페이지Page라는 가난한 인쇄업자를 기소했다. 두 사람은 벌로 오른손이 잘렸는데, 가련한 스텁스는 내가 생각하는 것보다 충성스러웠는지 그런 상황에서도 왼손으로 모자를 벗고 "여왕 만세!"라고 외쳤다.

엘리자베스 1세가 손에서 반지까지 빼주며 앙주 공작에게 서약했지만 결국 그 결혼은 성사되지 않았으니, 스텁스가 받은 처벌은 죄에 비해 너무 가혹했던 셈이다. 10년 넘게 구애만 하던 앙주 공작은 아무 소득 없이 돌아갔고, 약 2년 후 사망했다. 엘리자베스도 공작을 진심으로 좋아했는지 그의 죽음을 애도했다. 좋지 않은 가문의 형편없는 인물을 좋아했다니, 자부심 강한 여왕에게 그리 썩 어울리는 일은 아니었던 것 같다.

가톨릭 구교 이야기로 돌아가자. 두 부류의 사제들이 잉글랜드에서 바쁘게 활동했는데, 아주 두려운 존재들이었다. 변장을 하고 전국을 활보하는 예수회 수사들과 대신학교大神學校(사제 양성을 목적으로 하는 학교_옮긴이) 사제들이 그들이었다. 민중이 예수회 수사를 두려워하는 이유는 그들이 예수회를 찬성하는 목적으로 저지르는 살인은 합법이라고 가르치는 것으로 알려져 있었기 때문이다. 민중이 대신학교 사제를 두려워한 이유는 그들이 구교를 전도했기 때문이며, 아직도 잉글랜드를 떠돈다고 알려진 '메리 1세의 사제들'이 죽어 사라지면 그 후계자가 되겠다고 했기 때문이다.

이들을 탄압하는 가혹한 법률이 제정되어 무자비하게 집행되었다. 인도적으로 이들을 집에 숨겨준 사람들도 가혹하게 처벌받았다. 사지를 찢는 잔인한 고문이 끊임없이 자행되었다. 이 불행한 사람들의 자백 혹은 어느 누군가 고통을 견디다 못해 자백한 내용은 절대 모두 믿으면 안 된다. 끔찍한 고통에서 벗어나려고 터무니없고 말도 안 되는 죄를 고백할 게 틀림없기 때문이다. 그렇지만 예수회 수사들과 프랑스, 스코틀랜드, 스페인 사이에 엘리자베스 1세를 폐위하고 메리 스튜어트를 잉글랜드 왕위에 앉혀 가톨릭을 재건하려는 음모가 많았다는 것은 실제 문서로 증명된 의심할 수 없는 사실이다.

잉글랜드 민중이 그런 음모를 너무 쉽게 믿어버린 데는 다 그럴만한 이유가 있었다. 성 바르톨로메오 대학살 사건에 대한 기억이 아직도 생생한 와중에 위대한 네덜란드 신교도 영웅인 오렌지공이 암살자의 총에 맞는 사건이 발생했다. 암살자는 예수회 수사 단체에서 암살 훈련을 받았다고 자백했다.

이에 놀라고 비탄에 빠진 네덜란드 민중은 엘리자베스 1세에게 오렌지 공국의 군주가 되어달라고 요청했다. 그녀는 정중히 거절한 뒤, 그 대신 레스터 백작이 지휘하는 소규모 부대를 네덜란드에 파견했다. 백작은 왕실의 총애를 받는 측근이긴 했지만 장군감은 아니었다. 백작이 네덜란드에서 펼친 활동은 미미하여 연배가 엇비슷한 점잖은 귀족의 사망 사건 빼고는 별로 기억할만한 일이 없다.

이 귀족은 훌륭한 작가이자 기사였던 필립 시드니 경Sir Philip Sidney(1554~1586)이었는데, 자기가 부리던 말이 죽어 새로운 말에 오르던 중 머스킷 장총에서 총알이 발사되어 허벅지에 부상을 당했다. 시드니 경은 부상당한 몸으로 먼 길을 말을 타고 돌아가야만 했고, 출혈과 피로로 쓰러질 지경에 이르러 애타게 찾던 물을 조금 얻었다. 시드니 경은 그런 상황에서도 선하고 너그러웠다. 중상을 당해 바닥에 누운 사병이 애타는 눈으로 물을 바라보자 "물이 필요한 사람은 나보다 자네군" 하며 사병에게 물을 양보했다. 이 고귀하고 감동적인 행동은 역사상 그 어떤 사건 못지않게 유명한 일화가 되었으며, 도끼와 단두대, 무수한 처형으로 피범벅된 런던탑보다 훨씬 널리 알려졌다.

메리 여왕, 형장의 이슬로 사라지다

잉글랜드에서는 음모에 대한 첩보가 날이 갈수록 늘어갔다. 당시 사람들이 정말 가톨릭 반란과 방화, 독살 등 끊임없이 공포에 시달리며 살았다고는 생각하지 않는다. 그러나 반드시 기억해야 할 사실이 있다. 그들이 살아낸 현실이 거의 그 정도에 버금가게 끔찍했다는 사실, 그리고 그랬기에 그들이 어떤 극악무도한 범죄행위도 쉽게 믿었다는 사실이다. 정부도 범죄의 혐의가 있는 사람들을 고문하거나 돈을 위해서라면 어떤 거짓말도 서슴지 않는 첩자들을 돈을 주고 고용할 뿐, 사실 확인을 위한 최선의 대책을 세우지는 않았다. 음모를 조작하기도 했는데, 반정부 인사들이 솔깃해할만한 가짜 음모에 초대하는 가짜 편지를 보냈던 것으로 밝혀졌다.

마침내 정말 대단한 음모 하나가 사실로 밝혀졌고, 한때 스코틀랜드 여왕이었던 메리 스튜어트의 인생 역정도 끝이 났다. 프랑스 사제들의 꼬임에 넘어간 대신학교 사제 발라드Ballard와 스페인 군인 세비지Savage가 안토니 배빙턴Antony Babington(1561~1586)이라는 자에게 엘리자베스 1세 암살 음모를 전달했다. 한동안 메리의 첩자 노릇을 하기도 했던 더비셔Derbyshire의 부유한 상류층 배빙턴은 함께 어울리던 가톨릭교도 상류층 자제들에게 계획을 털어놓았고, 모두 적극적으로 음모에 가담했다. 그들은 허영심 많고 줏대 없는 젊은이들로서, 자기들이 세운 계획을 터무니없이 확신했고 자랑스러워했다. 배빙턴을 중심으로 여섯 명의 엘리자베스 1세 암살 정예 요원들은 조잡한 기념 초상화까지 그렸을 정도였다.

그런데 그들 중 사제를 포함한 두 사람이 엘리자베스 내각의 장관인 영악한 프랜시스 월싱엄 경Sir Francis Walsingham(1532~1590)에게 처음부터 그 음모를 발설했다. 배빙턴이 엘리자베스 1세를 암살할 때 새 옷을 사 입으라며 협수룩한 차림의 세비지에게 반지를 빼주고 지갑에서 돈을 꺼내주는 마지막 순간까지도 음모자들은 전혀 아무것도 몰랐다.

음모자들에 대한 증거를 모두 확보하고 메리 스튜어트의 편지 두 통까지 손에 넣은 프랜시스 월싱엄 경은 이들을 체포하기로 결심했다. 음모자들이 무언가 이상한 눈치를 채고 하나둘 도시를 빠져나가 세인트 존스 숲St. John's Forest이나 다른 은신처로 숨어들었지만, 결국 모두 체포되어 처형되었다. 음모자들이 체포되자 법원은 메리에게 사람을 보내 체포 소식과 함께 그녀도 연루되었음이 밝혀졌다고 알렸다. 그날 아침에도 메리가 사냥을 나갔던 것을 보면 그녀를 지지하는 사람들의 항변처럼 메리가 삼엄하고 엄중하게 구금되지는 않았던 것 같다.

엘리자베스 1세는 프랑스 내 비밀 정보에 밝은 사람에게 메리 스튜어트를 살려두면 '늑대처럼 당신을 잡아먹을 것'이라는 경고를 오래전에 받은 적이 있었다. 최근에는 런던 주교가 엘리자베스와 가까운 장관에게 조언하며 '스코틀랜드 여왕을 당장 참수하라'는 쪽지를 전한 일도 있었다.

이제 메리 스튜어트를 어떻게 처리할지가 문제였다. 레스터 백작은 네덜란드에서 전갈을 보내 메리를 은밀히 독살하라고 조언했다. 엘리자베스 1세의 측근인 백작이 그런 식의 대처에 익숙한 것도 이해할 만하지만 백작의 흉악한 조언은 채택되지 않았다. 메리는 노샘프턴셔Northamptonshire에 있는 포서링게이 성Fotheringay Castle으로 옮겨져 신교 구교 양쪽에서 선발된 40명의 재판관 앞에서 재판을 받았다.

그곳에서 웨스트민스터의 성실청Star Chamber으로 옮겨진 메리 스튜어트의 재판은 2주간 이어졌다. 메리가 제아무리 수완을 발휘해 자신을 변호했다고는 하지만, 배빙턴과 그 일당의 자백을 부인하거나 메리의 비서가 유죄 증거로 제출한 편지가 위조라고 부인하는 정도였다. 한마디로 모든 것을 부인하는 것 외에는 아무 일도 할 수 없었다. 메리는 유죄로 판명되었고, 사형이 선고되었다. 뒤이어 소집된 의회도 판결을 승인했고, 엘리자베스 1세에게 형 집행을 간곡히 요구했다.

엘리자베스 1세는 자기 목숨이 위태롭지 않은 한에서 메리 스튜어트를 살릴 방도가 있는지 찾아보라고 의회에 요청했다. 의회는 살릴 방법이 없다고 답변했다. 시민들은 스코틀랜드 여왕의 죽음과 함께 모든 음모와 고통이 끝나리라 생각하여 집에 등불을 밝히고 거리에 모닥불을 피워 축하했다.

메리 스튜어트는 자신의 운이 다했음을 확신하고 세 가지 요구사항을 적은 편지를 엘리자베스 1세에게 보냈다. 첫째, 프랑스에 묻어줄 것, 둘째, 비공개로 처형하지 말고 시종들과 사람들이 보는 앞에서 처형할 것, 그리고 마지막으로, 자신이 죽은 뒤 시종들을 괴롭히지 말고 유산을 받아 고향으로 돌아가도록 허락할 것. 편지 내용이 감동적이어서 엘리자베스는 눈물을 흘렸지만 답신을 보내지는 않았다. 메리의 목숨을 구하기 위해 프랑스와 스코틀랜드에서 특별 대사들이 건너왔지만, 잉글랜드에서는 그녀의 처형을 요구하는 목소리가 점점 더 높아졌다. 당시 엘리자베스 1세의 본심이나 진짜 의도가 무엇이었는지는 현재 알 길이 없다. 그녀가 간절히 원했던 것이 메리 스튜어트의 사형 외에 한 가지 더 있었다는 의심을 떨치기 어려운데, 바로 메리를 죽였다는 비난에서 벗어나는 것이었다.

1587년 2월 1일 벌리 경이 사형집행장 작성을 마치자 엘리자베스는 비서 데이비슨에게 집행장을 가져오게 한 뒤 서명 여부를 검토했다. 그리고 집행장에 서명했다. 그런데 다음 날 데이비슨이 집행장 날인이 끝났다고 보고하자 엘리자베스 1세는 화를 내며 그렇게 서두를 필요가 있었느냐고 물었다. 이틀 뒤에는 처형에 관한 농담도 하고 불경한 말도 입에 올렸다. 그리고 또 이틀 뒤에는 드러내놓고 불평하지는 않았지만 처형이 아직 집행되지 않아 불만인 듯한 표정이었다. 마침내 2월 7일 켄트 백작과 슈루즈베리 백작George Talbot, 6th Earl of Shrewsbury(1528~1590), 노샘프턴셔 주 장관이 집행장을 들고 포서링게이 성으로 가 스코틀랜드 여왕에게 시간이 되었음을 알렸다.

전령들이 흉보를 전하고 돌아가자 메리 스튜어트는 저녁식사를 간단히 마친 뒤 시종들을 위해 축배를 들고 유언장 문구를 다시 확인한 후 잠자리에 들었다. 몇 시간 눈을 붙이고 일어나 기도를 올리며 남은 밤을 보낸 메리는 아침이 되자 가장 좋은 옷으로 차려입고, 8시에 주 장관이 예배당으로 데리러 오자 같이 모여 기도하던 시종들에게 작별인사를 한 뒤 한 손엔 성경을 다른 손엔 십자가를 들고 계단을 내려갔다.

여자 시종 두 명과 남자 시종 네 명이 사형 참관을 허락받았다. 강당에는 바닥에서 겨우 60센티미터 높이로 낮게 설치된 참수대가 검은 천으로 덮여 있었으며, 런던탑에서 파견된 사형집행인과 조수가 검은 벨벳 옷을 입고 서 있었다. 강당은 인파로 가득했다. 판결문이 낭독되는 동안 메리 스튜어트는 등받이가 없는 의자에 앉아 있다가 낭독이 끝나자 전처럼 자기 죄를 또다시 부인했다.

개신교를 향한 열정이 넘치는 켄트 백작과 피터버러 지역 주임 사제 Dean of Peterborough가 메리 스튜어트에게 쓸데없이 개종 운운하는 말을 늘어놓았고, 메리는 가톨릭교를 지키며 죽을 것이니 그 문제로 괜한 헛수고하지 말라고 대답했다. 사형집행관이 메리의 머리와 목을 드러내려고 하자 메리는 그렇게 많은 사람 앞에서 그렇게 거친 손길로 옷을 벗은 적이 없다며 거부했다. 결국 시녀 한 명이 메리 스튜어트의 얼굴에 천을 두르자 그녀는 참수대에 목을 올리고 라틴어 기도를 여러 번 중얼거렸다.

"주여, 주님 손에 제 영혼을 맡기나이다."

도끼질 두 번에 머리가 떨어졌다는 사람도 있고, 세 번째 도끼질에 머리가 떨어졌다고 하는 사람도 있다. 도끼질이 두 번이든 세 번이든 형이 집행되고 피가 철철 흐르는 메리의 머리를 들어 올렸을 때 오랫동안 착용해온 가발 아래 메리 스튜어트의 본래 머리카락이 드러났다. 당시 메리의 나이 겨우 마흔여섯 살이었으나 머리카락은 70대 노파의 머리카락처럼 회색빛이었다. 이미 아름다움이 사라진 뒤였다.

그러나 메리 스튜어트의 치마폭 아래 웅크리고 있던 강아지에게는 그녀의 미모가 여전히 변함없었다. 메리가 참수대로 올라갈 때 강아지도 놀란 듯 움찔하더니 그녀를 따라 참수대로 올라갔고, 목이 잘려 이승의 모든 슬픔을 벗어버린 메리의 시신 곁에 엎드렸다.

위대한 잉글랜드를 만들다

스코틀랜드 여왕의 사형집행이 끝났다는 공식 보고를 받자 엘리자베스 1세는 극도의 슬픔과 분노에 싸여 발광하듯 측근들을 쫓아냈고, 비서 데이비슨을 런던탑에 가두었다. 데이비슨은 완전히 파산할 정도로 막대한 벌금을 물고 나서야 겨우 풀려났다. 엘리자베스의 가식적 행동은 지나친 구석이 있었을 뿐만 아니라 명령에 복종한 죄밖에 없는 충직한 신하를 파멸시킨 비열한 짓이었다.

메리 스튜어트의 아들이자 스코틀랜드 왕인 제임스도 마찬가지로 메리의 처형에 대해 분노했다. 그러나 제임스는 잉글랜드에서 매년 5,000파운드의 연금을 받고 있었고, 어머니에게 정이 별로 없었다. 더구나 제임스는 자신의 어머니가 아버지를 살해했다고 믿었는지 곧 조용히 그 사건을 받아들였다.

그러나 스페인 왕 펠리페 2세는 가톨릭교를 바로 세우고 신교 국가인 잉글랜드를 벌하겠다며 전에 없이 협박의 강도를 높였다. 펠리페가 이탈리아 파르마Parma 공국의 군주와 함께 대대적인 공격을 준비한다는 정보를 입수한 엘리자베스 1세는 선수를 쳐서 프랜시스 드레이크Francis Drake(1540~1596) 제독을 스페인의 카디스Cádiz 항으로 급파했다.

전 세계를 항해한 유명한 항해사이자 이미 스페인을 크게 약탈했던 경험이 있는 드레이크 제독은 군수품을 가득 싣고 카디스 항에 정박 중인 100여 척의 배를 불태웠다. 엄청난 손실을 본 스페인은 잉글랜드 공격을 1년간 미룰 수밖에 없었다. 막대한 손실에도 불구하고 스페인은 여전히 막강했다. 전함이 130척에 이르고, 1만 9,000명의 병사와 8,000명의 선원, 2,000명의 노예를 거느렸으며, 대포는 2,000~3,000문이나 되었다.

잉글랜드도 막강한 적을 대적하기 위해 준비를 게을리하지 않았다. 열여섯에서 예순 살 사이의 남자는 모두 군사 교육과 훈련을 받았고, 처음에 34척에 불과했던 전함도 국민 모금으로 늘어났으며, 귀족들은 장비를 갖춘 개인 함선들을 기부했다. 런던 시는 할당된 양보다 두 배나 많은 함선과 군사를 자발적으로 제공했다.

잉글랜드의 민족정기가 높아지기라도 한 듯 전국에서 스페인에 대항하려는 기상이 드높았다. 엘리자베스 1세에게 잉글랜드 내 가톨릭 주요

인사를 체포해 처단하자고 조언하는
사람도 있었다. 명예를 아는 엘리자베
스는 부모가 자식을 의심하지 않는 것
처럼 자기도 신하를 결코 의심한 적이
없다고 말하며 그 제안을 거절했고, 가
장 의심이 가는 사람 몇 명만 추려 링
컨셔의 늪지대에 가뒀다. 가톨릭교도
대부분은 아주 충성스럽고 고귀하며
용감하게 행동했기 때문에 여왕의 신
뢰를 받을 자격이 있었다.

▲ 엘리자베스 1세 시대의 위대한 항해가이자
해군 제독 프랜시스 드레이크 경
©ian woolcock/Shutterstock.com

　템스 강변에 요새를 높이 쌓아올리
고, 병사들은 단단히 무장을 하고, 선
원들은 배에 올라타 대기하는 등 잉글랜드인이 하나로 단단히 뭉쳐 자
만심에 빠진 스페인의 무적함대를 기다렸다. 엘리자베스 1세도 무장
하고 백마에 올라탔다. 에식스 백작Robert Devereux, 2nd Earl of Essex
(1566~1601)과 레스터 백작이 좌우에서 말고삐를 잡고 있는 동안 엘리자
베스는 그레이브젠드 맞은편 틸버리 항구Port of Tilbury에 대기 중인 군
대를 향해 용기를 북돋우는 멋진 연설을 했고 열광적인 환호를 받았다.

　그때 스페인 함대가 잉글랜드 해협에 나타나 11킬로미터가 넘게 펼쳐
진 학익진 대형으로 서서히 접근했다. 잉글랜드는 즉각 대응했다. 그리
고 스페인 함대에 몰아닥친 재난! 학익진 대열에서 조금이라도 이탈한
스페인 함선들은 모조리 잉글랜드의 즉각적인 공격을 받았다. 용감무쌍
한 드레이크가 한여름밤에 불타는 화선(적의 배를 불사르기 위해 가연성 물
질이나 화약을 가득 싣고 불을 붙여 바람 방향으로 적을 향해 띄워 보내는 배_옮긴

이) 여덟 척을 적진 한가운데로 진격시키자 위대한 스페인 함대는 한순간 전혀 무적이 아닌 것으로 드러났다.

경악한 스페인 함대는 넓은 바다로 빠져나가려 사분오열 흩어져버렸고, 잉글랜드 함대는 훨씬 우세한 조건에서 그들을 추격했다. 스페인 함선들은 때마침 몰아닥친 폭풍우에 휘말려 암초와 여울목 사이로 떠밀렸으며, 무적함대는 순식간에 파국을 맞았다. 스페인 함대는 거대한 함선 30척과 1만여 명의 병사를 잃었으며, 톡톡히 망신을 당한 뒤 스페인으로 돌아갔다. 잉글랜드 해협을 다시 지나기 두려운 듯 그들은 스코틀랜드와 아일랜드를 빙 돌아 항해했다. 일부 함선은 악천후로 아일랜드 해안에 표류하여 거칠고 난폭한 아일랜드인들에게 약탈당했고, 선원들은 모두 목숨을 잃었다. 이것이 잉글랜드를 침략해 정복하려던 대단한 도전의 결과였다. 앞으로 오랫동안 그 어떤 무적함대라도 같은 목적으로 잉글랜드를 침략하면 스페인 함대 이상의 대가를 치러야 할 것이다.

스페인 왕은 용맹한 잉글랜드에 쓴맛을 봤지만 아직도 정신을 못 차리고 불손한 옛날 계획을 다시금 행동으로 옮기려 했다. 심지어 자기 딸을 잉글랜드 왕위에 앉히려는 생각까지 했다. 그러나 에식스 백작, 월터 롤리 경Sir Walter Raleigh(1554~1618), 토머스 하워드 경Thomas Howard, 4th Duke of Norfolk(1536~1572), 그리고 뛰어난 지휘관들이 플리머스를 출항해 카디스 항으로 재진입한 다음 그곳에 정박 중인 함대를 상대로 대승을 거두고 카디스를 점령했다.

카디스를 점령한 그들은 엘리자베스 1세의 단호한 명령에 따라 인도주의적으로 행동했으며, 스페인은 엄청난 돈을 배상금으로 지급하여 막대한 손실을 보았다. 카디스의 성과는 엘리자베스의 통치 중 바다에서 이룬 수많은 업적 중 하나에 불과했다. 궁녀와 결혼하여 처녀 여왕의 분노를 산 월터 롤리 경은 황금을 찾아 이미 남아메리카로 출항한 후였다.

시간이 흘러 레스터 백작도 세상을 떴고, 프랜시스 월싱엄 경도 이 세상 사람이 아니었으며, 뒤이어 벌리 경도 고인이 되었다. 이제 여왕의 최측근은 기백이 넘치고 잘생긴 에식스 백작뿐이었다. 백작은 칭찬할만한 장점이 많아 엘리자베스 1세뿐만 아니라 백성도 좋아하는 인물이었다. 스페인과 휴전협상을 맺을 것인가에 관한 논쟁으로 잉글랜드 궁이 시끌시끌했는데, 백작은 당장 전쟁을 해야 한다는 의견이었다. 백작은 아일랜드를 담당할 부지사 선임 문제에서도 고집을 부렸다.

하루는 부지사 선임 문제를 두고 논쟁을 벌이던 중 갑자기 에식스 백작이 화를 벌컥 내더니 엘리자베스 1세에게 등을 돌렸다. 무례한 행동에 화가 난 엘리자베스가 백작의 뺨을 세게 때리며 지옥으로 꺼지라고 욕했다. 백작은 그길로 지옥 대신 집으로 돌아가 반년 정도 궁에 나타나지 않다가 그녀와 화해했지만 사람들의 생각처럼 완전한 화해는 아니었다.

이때부터 에식스 백작과 엘리자베스 1세의 운명이 엇갈리기 시작했다. 백작은 여전히 내분이 계속되고 있는 아일랜드 총독으로 부임했다. 백작이 아일랜드로 떠나자 정적들이 쾌재를 불렀는데, 누구보다 반긴 사람이 월터 롤리 경이었다. 그 뒤 아일랜드에서는 아무리 해도 성공할 수 없고, 더군다나 자기가 없는 틈을 타 정적들이 엘리자베스에게 자신을 음해하리란 사실을 잘 알고 있던 백작은 여왕의 귀환 명령이 없었음에도 불구하고 제 마음대로 잉글랜드로 돌아왔다.

에식스 백작이 갑자기 나타나자 엘리자베스 1세는 깜짝 놀랐다. 그녀는 이제 아름다운 시절이 다 지난 손을 백작에게 내밀었고, 그는 엘리자베스의 손등에 입 맞추며 예를 표했다. 바로 그날 엘리자베스는 에식스 백작에게 방에서 나오지 말라고 명령했고, 2~3일 후에는 그를 감금했다. 누구나 그 정도 나이 먹으면 변덕스러워지는 것이 당연하지만, 엘리자베스는 백작이 불안증으로 몸져눕자 자신의 식탁에 올라온 죽을 보내며 그를 염려해 눈물도 흘리는 등 변덕을 부렸다.

에식스 백작은 책을 읽으면 마음 편하게 몰입할 수 있어서 한동안 책에 빠져 지냈다. 아마 그 시절이 가장 행복했을 것이다. 그런데 고급 포도주의 독점 판매권이 백작에게 있었고, 누구든 포도주를 팔고자 하는 사람은 그에게 돈을 지불하고 판매권을 사야만 했다. 독점권의 유효기한이 만료되자 백작은 독점권 연장을 신청했지만, 엘리자베스 1세는 다소 강한 어조로 거절했다. 엘리자베스는 실제 '제멋대로 날뛰는 짐승에게는 먹을 것을 줄여야 한다'는 독한 표현을 사용했다. 이미 여러 공직에서 쫓겨난 상태이던 백작은 여왕의 처사에 분노했다.

완전히 파산할 위험에 처한 에식스 백작은 엘리자베스 1세와 등졌고, '외모만큼 속도 비뚤어진 허영덩어리 노파'라고 여왕을 욕했다. 이 무례한 언사를 주워들은 왕실의 귀부인들이 여왕에게 냉큼 일러바쳤고, 엘리자베스는 당연히 더 기분이 상했을 것이다. 그 왕실의 귀부인들이란 아름다운 검은 머리카락을 갖고 있으면서도 여왕과 같아지려고 빨간 가발을 뒤집어쓰고 다니던 사람들이었다. 요컨대 지위만 높았지 그리 고상한 사람들은 아니었다.

에식스 백작은 사우샘프턴 경 집에서 모이던 친구들과 함께 엘리자베스 1세에게 장관들을 해직시키고 측근들을 교체하라고 압력을 행사하려 했다. 백작이 계획한 최악의 사건이었다. 백작을 의심한 국무회의는 1601년 2월 7일 토요일 그를 소환했다. 병을 핑계로 소환에 불응한 백작은 친구들과 대책을 의논했고, 일요일인 다음 날 백작이 세인트 폴 대성당 십자가상 앞에 모이는 시민들을 대담하게 선동해 궁으로 몰려가기로 의견을 모았다.

드디어 일요일 아침 에식스 백작과 소수의 지지자들은 에식스 저택이라 불리던 스트랜드 거리의 백작 자택을 나와 템스 강 쪽으로 걸어갔다. 백작을 조사하기 위해 찾아온 국무위원들은 이미 집에 가둬놓은 뒤였다. 백작은 일행을 이끌고 선두에 서서 "여왕 만세! 여왕 만세! 내 목숨을 노리는 음모가 있다!"라고 외치며 서둘러 런던 시내로 들어갔다.

그런데 에식스 백작의 친구 한 사람이 에식스 저택에 갇혀 있던 국무위원들을 풀어주었다. 런던 시는 즉시 백작을 반역자로 선포했고, 군인들이 마차로 도로를 폐쇄하고 경계를 섰다. 백작은 천신만고 끝에 강을 이용해 집으로 돌아왔고, 곧바로 자택을 포위한 군인들과 대포에 맞서 한 차례 대항했으나, 결국 그 밤을 넘기지 못하고 항복했다.

에식스 백작은 19일에 열린 재판에서 유죄 판결을 받고 25일 타워힐에서 처형당했다. 회한의 눈물을 흘리며 당당하게 죽음을 맞이한 백작은 당시 서른다섯 살이었다. 백작의 계부도 같이 처형당했다. 언제든 참수당할 운명이었던 정적 월터 롤리 경은 다행히 이번만큼은 참화를 비켜 갔다. 롤리 경 이야기는 차차 하기로 하자.

엘리자베스 1세는 노퍽 공작이나 스코틀랜드 여왕 메리 스튜어트의 경우처럼 에식스 백작의 처형도 집행 명령과 취소를 반복했다. 그녀는 자질이 뛰어난 젊고 멋진 청년을 한창나이에 죽였다는 자책에서 벗어나지 못했던 것 같긴 하지만, 그 뒤로도 1년간 변함없이 허영심 많고 완고하며 변덕스러운 여자였다. 공식 회합이 열리면 신하들 앞에서 춤을 추기도 했는데, 일흔 살의 나이에 가발을 쓰고 커다란 목깃과 가슴 장식을 치렁거리며 춤을 추었다니 가관이었을 것이다. 그리고 또 1년을 살았는데, 이제 춤은 추지 않았고 침울하고 비탄에 잠겨 낙담한 삶이었다.

마침내 1603년 3월 10일 심한 독감에 걸려 고생하던 엘리자베스 1세는 절친한 친구였던 노팅엄 백작 부인의 죽음에 상심하여 혼수상태에 빠졌고 회복할 수 없을 것 같았다. 그런데 다시 의식을 회복한 엘리자베스는 이제 누우면 결코 다시는 일어날 수 없다면서 막무가내로 침대에 누우려 하지 않았다. 엘리자베스는 바닥에 방석을 깔고 기대어 음식도 먹지 않고 열흘을 버텼다. 보다 못한 해군 사령관이 설득도 하고 협박도 하여 겨우겨우 그녀를 침대로 옮겼다.

신하들이 누구를 후계자로 삼겠느냐고 묻자 엘리자베스 1세는 "그 자리는 왕들의 자리였으니 천민의 아들이 아니라 왕의 아들이 후계자가 되어야 한다"고 대답했다. 그 자리에 있던 귀족들은 의아한 듯 서로 멀뚱멀뚱 바라보다가 무례를 무릅쓰고 누구를 염두에 둔 말인지 엘리자베스에게 물었다.

엘리자베스가 대답했다

"누구를 말하겠는가, 스코틀랜드의 사촌밖에 없지 않은가!"

3월 23일의 일이었다. 그날 귀족들은 말도 하지 못할 지경이 된 엘리자베스 1세에게 생각이 바뀌지 않았는지 재차 물었다. 엘리자베스는 힘겹게 침대에서 몸을 일으키더니 두 손을 머리 위로 올려 왕관 모양을 만들었다. 이것이 그녀가 할 수 있었던 유일한 대답이었다. 다음 날 새벽 3시, 엘리자베스는 왕위에 오른 지 45년 만에 조용히 숨을 거두었다.

엘리자베스 1세가 통치하던 시기는 뛰어난 인물이 넘쳐난 영광스러운 시대로 영원히 기억될 것이다. 이 시기에 배출된 위대한 탐험가, 정치인, 학자 외에도 프랜시스 베이컨Francis Bacon(1561~1626), 에드먼드 스펜서Edmund Spencer(1552?~1599), 윌리엄 셰익스피어의 이름은 문명 세계의 자랑거리로 존경받으며 길이 남을 것이고, 딱히 그럴만한 이유는 없겠지만 이들이 받는 영광 덕분에 엘리자베스 1세의 이름도 빛날 것이다.

이 시기는 지리적 발견과 무역, 잉글랜드 기백이 빛난 위대한 시대였다. 이 위대한 시기에 신교와 종교개혁은 잉글랜드를 자유로운 나라로 만들었다. 엘리자베스 1세는 대중의 사랑을 듬뿍 받아 공식 행차건 여행이건 잉글랜드 전역에서 국민의 열렬한 환호를 받았다. 사실 세상에 알려진 엘리자베스의 장점이나 단점 모두 절반도 되지 않는 것 같다. 자질은 뛰어났지만 거칠고 변덕스러운 데다 위선적이었으며, 나이 먹어서도 젊은 아가씨처럼 허영심이 심했다. 전체적으로 나는 자기 아버지를 쏙 빼닮은 엘리자베스가 마음에 들지는 않는다.

엘리자베스 1세의 치세 45년 동안 일상생활 방식이 상당히 개선되었다. 화려한 문물도 도입되었지만, 닭싸움, 소 골리기(개를 부추겨 황소를 물어뜯게 하는 놀이_옮긴이), 곰 골리기(개를 자극하여 쇠사슬에 묶어 놓은 곰에게 덤비게 하는 놀이_옮긴이)가 여전히 국민 오락거리였다. 당시 마차는 보기 힘들었고, 간혹 눈에 띄더라도 촌스럽고 번거로운 물건 취급을 받아 엘리자베스 자신도 국가적인 중대 행사에서 대법관이 기수로 앉은 말의 뒷자리에 타는 경우가 많았다.

제30장

스튜어트가 최초의 영국 왕,
제임스 1세

엘리자베스의 골칫덩이 사촌, 왕위에 오르다

엘리자베스 1세가 후계자로 지목한 '스코틀랜드의 사촌, 제임스 1세
Charles James Stuart, James I(생몰연도: 1566~1625, 재위기간: 1603~1625)'는
못생기고 다루기 힘든 데다 사고방식이나 성격이 제멋대로였다. 혀 짧은
소리를 하고 하체 부실이었으며, 휘둥그런 두 눈은 멍하니 한 곳을 바라
보거나 바보처럼 희번덕거렸다. 교활하고 탐욕적이고 낭비벽이 심한 데
다 게을렀으며 술주정뱅이에 식탐도 많았다. 더구나 지저분하고 비열했
으며 허풍쟁이에 건방은 하늘을 찔렀다. 날 때부터 몸이 허약했으며, 옷
차림은 몹시 우스꽝스러웠다.

그는 평생 칼에 찔리는 공포에서 벗어나지 못하여 자객을 막는 갑옷

인 양 두껍게 덧댄 연두색 옷을 머리부터 발끝까지 둘렀고, 옆구리에는 칼 대신 사냥나팔을 대롱대롱 차고 있었다. 깃털 장식 모자는 한쪽 눈이 찔리게 내려쓰거나 뒤통수에 아무렇게나 걸치고 다녔다. 총애하는 신하가 있으면 목을 핥아댔고, 온통 침을 발라 얼굴에 키스를 퍼부었으며, 뺨에 키스하거나 꼬집곤 했다. 가장 총애를 받던 신하는 제임스 1세에게 보내는 편지에서 '폐하의 충견이자 노예'라고 서명했으며, 폐하를 '돼지 전하'라고 부르곤 했다.

그 폐하는 말 타는 실력이 형편없었지만 자신이 최고라고 믿었다. 스코틀랜드를 통틀어 엉뚱한 소리를 가장 잘하는 사람이었으며, 논쟁을 벌일 때마다 우기기로 유명했다. 자기 글재주가 천재적이라고 믿어 아주 짜증스러운 논문을 몇 편 작성했고, 본인이 열렬히 신봉하는 마법에 관한 책도 한 권 썼다. 그의 생각이나 글이나 말에서 모두 공통으로 드러나는 사실은, 왕은 마음대로 법을 세우고 없앨 수 있으며 그 누구에게도 해명할 필요가 없다는 것이다. 그 훌륭하다는 위인들이 궁정 안팎에서 칭송하고 치켜세운 인물의 실체가 이러했으니 역사상 인간의 본성이 이보다 부끄러운 경우도 없지 싶다.

제임스 1세는 아주 수월하게 잉글랜드의 왕위에 올랐다. 후계자를 둘러싼 분쟁으로 빚어진 고통이 너무 길고 끔찍했던 탓에 잉글랜드 민중은 엘리자베스 1세가 죽은 뒤 몇 시간 만에 그를 왕으로 승인하고 선포했다. 선정을 베풀고 불만으로 들끓는 민심을 바로잡겠다는 서약도 생략했다.

제임스 1세가 스코틀랜드의 에든버러에서 런던까지 오는 데는 한 달이 걸렸다. 그는 새로 얻은 권력을 시험하기라도 하듯 도중에 만난 소매치기범을 재판도 없이 교수형에 처하거나 되는대로 기사 작위를 남발했

▲ 스코틀랜드의 수도 에든버러의 항구 ©m. letschert/Shutterstock.com

다. 런던의 왕궁에 도착하기도 전에 기사 작위를 준 사람이 200명이었고, 왕궁에 도착하고 3개월이 지나지 않아 그 수는 700명으로 늘었다. 또한 62명의 귀족을 새로 상원에 집어넣었으니, 그중 스코틀랜드인이 상당수 끼어 있었음은 당연한 일이다.

돼지 전하(가장 총애하던 신하가 폐하를 부르던 말이니 나도 어쩔 수 없다)의 수상이었던 로버트 세실Robert Cecil, 1st Earl of Salisbury(1563?~1612)은 월터 롤리 경, 그리고 그의 정치적 동지인 코브햄 경Henry Brooke, 11th Baron Cobham(1564~1618)과 정적 관계였다. 돼지 전하의 첫 난관은 이두 사람이 꾸민 음모였다.

이후 다른 사람들도 음모에 가담했는데, 각료들을 교체할 때까지만 왕을 붙잡아 옥에 가두려는 흔한 음모였다. 가톨릭 사제들이 음모에 가담했고, 청교도 귀족들도 참여했다. 서로 심하게 반목하던 가톨릭과 청교도가 연합하여 돼지 전하에게 맞선 데는 이유가 있었다. 돼지 전하가 가톨릭과 청교도 모두에게 친한 척하지만 속으로는 양쪽 모두에게 불리한 계획을 세우고 있다는 사실을 알게 되었기 때문이다.

돼지 전하의 계획은 개신교를 존엄하고 정당한 유일 종교로 삼아 싫든 좋든 모든 국민이 이 종교를 믿게 하려는 것이었다. 여기에 또 다른 음모가 더해졌다. 때가 되면 레이디 아라벨라 스튜어트Lady Arabella Stuart(1575~1615)를 왕위에 올리니 마니 하는 음모였다. 하지만 불행히도 돼지 전하 작은아버지의 딸로 태어난 죄뿐, 레이디 아라벨라 스튜어트는 그 음모와 전혀 무관했다.

코브햄 경의 자백으로 월터 롤리 경이 기소되었다. 코브햄 경은 수시로 말을 바꾸는 전혀 믿을 수 없는 비열한 인물이었다. 롤리 경의 재판은 아침 8시부터 자정까지 이어졌다. 당시 관례대로 모질게 퍼붓는 법무장관 코크Coke의 모욕과 온갖 혐의에 맞서 그는 심금을 울리는 비범한 웅변으로 자신을 변론했다. 법정에 갈 때 롤리 경을 혐오했던 사람들이 그를 칭송하며 돌아올 정도였다. 그리고 그토록 훌륭하고 심금을 울리는 변론은 들어본 적이 없다고 떠들어댔다. 그럼에도 롤리 경은 유죄 판결을 받고 사형을 선고받았다.

다행히 처형이 미뤄지고, 롤리 경은 런던탑에 갇혔다. 운이 없던 가톨릭 사제 두 명은 평소대로 잔인하게 처형되었다. 코브햄 경과 다른 두 사람은 처형 직전에 사면을 받았다. 돼지 전하는 참수 직전에 세 사람을 사면하여 국민을 놀라게 하는 것이 빈틈없는 조치라고 생각했다.

그런데 늘 서투르고 엉성한 돼지 전하가 하마터면 일을 그르칠 뻔했다. 말을 타고 사면령을 전하는 전령이 너무 늦게 도착했기 때문이다. 전령은 군중에 밀려 앞으로 나가지 못하고, 멀리서 사면령을 전하러 왔다고 고래고래 소리쳐야 했다. 가련한 코브햄은 그날 목숨은 건졌으나 많은 것을 잃었다. 그는 13년간 죄인이자 빈털터리 신세로 모진 멸시와 가난을 겪으며 비참하게 살다가 옛날 하인의 허름한 헛간에서 생을 마쳤다.

음모도 해결하고 월터 롤리 경도 안전하게 런던탑에 감금한 뒤 돼지 전하는 청교도가 제출한 청원서에 관해 청교도들과 일대 논쟁을 벌였다. 그리고 썩 훌륭하진 않지만 자기 말만 하고 남의 말은 듣지 않는 방식으로 모든 일을 뜻대로 처리하자 주교들은 감탄해 마지않았다. 단 하나의 종교만 있어야 하고 모든 사람의 생각이 똑같아야 한다는 결정은 거침없었다. 아무리 250년 전에 정해졌고 수많은 사람을 벌금형에 처하고 투옥하며 지켰다고 할지라도 나는 지금도 이것이 잘한 결정이라고는 생각하지 않는다.

돼지 전하는 왕의 권한을 유난히 높이 평가했고, 무례하게도 왕을 통제하려는 의회의 권한은 아주 낮게 보았다. 의회보다 자신이 훨씬 우위에 있다고 생각한 돼지 전하는 왕이 되고 1년 후 소집한 첫 의회에서 자신이 '절대 군주'로서 의회를 통제한다고 밝혔다. 의회는 돼지 전하의 강한 어조를 곰곰이 생각해보고는 의회의 권한을 지킬 필요성을 깨달았다.

돼지 전하는 헨리 왕자Henry, Prince of Wales(1594~1612), 찰스 왕자 Charles I(1600~1649), 엘리자베스 공주Elizabeth(1596~1662), 이렇게 세 명의 자녀를 두었다. 자녀 중 한 명이 독불장군 아버지를 보고 의회를 대하는 지혜를 조금이나마 배웠으면 좋았을 텐데, 누가 그런 인물인지는 곧 알게 될 것이다.

한편, 국민이 여전히 가톨릭교에 대한 예전의 두려움에서 벗어나지 못하자 의회는 가톨릭교를 혹독하게 탄압하는 법을 부활시키고 강화했다. 유서 깊은 가문 출신으로 가톨릭교 귀족인 로버트 케이츠비Robert

Catesby(1572~1605)가 이에 격분해 인간이 생각할 수 있는 가장 무모하고 끔찍한 계획을 세우게 된다. 이것이 바로 '화약음모사건Gunpowder Plot'이다. 다음 의회가 열리는 날에 어마어마한 양의 화약을 터뜨려 왕과 상원, 하원을 모두 일거에 날려버리려는 계획이었다. 케이츠비는 토머스 윈투어Thomas Wintour(1571~1606)에게 이 무시무시한 계획을 처음으로 털어놓았다. 우스터셔 귀족인 윈투어는 해외에서 군인으로 복무했으며, 은밀히 가톨릭교의 활동에 참여하고 있었다.

토머스 윈투어는 마음의 결정을 내리지 못하고 네덜란드로 건너갔다. 스페인 국왕이 돼지 전하를 중재하여 가톨릭교도를 살릴 희망이 있는지 스페인 대사를 만나 알아보려는 의도였다. 그런데 오스텐드Ostend에서 키가 크고 얼굴이 가무잡잡하며 배포가 두둑한 인물을 만났다. 해외에서 함께 군복무를 하며 알게 된 사람인데, 이름이 귀도 포크스Guido Fawkes 혹은 가이 포크스Guy Fawkes(1570~1606)였다.

마침내 음모에 가담하기로 결심한 토머스 윈투어는 어떤 위험한 일도 능히 해낼 가이 포크스에게 계획을 전달했고, 두 사람은 함께 잉글랜드로 돌아왔다. 이때 가담한 사람이 두 명 더 있었다. 노섬벌랜드 백작의 친척인 토머스 퍼시Thomas Percy(1560~1605)와 그의 처남 존 라이트John Wright(1568~1605)였다.

공모자들은 지금은 런던 시내에서 봉쇄된 지역이지만 당시에는 클레멘트 법학 기숙사Clement's Inn가 근처에 있던 너른 벌판의 외딴집에 모두 모였다. 엄숙한 비밀 서약을 맺은 뒤 케이츠비가 계획을 설명했다. 그리고 계단을 타고 다락으로 올라가 존 제라드 신부John Gerard(1564~1637)에게 성찬을 받았다. 예수회 소속의 제라드 신부는 사실 화약음모사건에 대해 몰랐다고들 하지만, 내 생각엔 신부도 뭔가 위험한 일이 벌어질 거라는 눈치는 챘을 것 같다.

토머스 퍼시는 왕실근위병으로 이따금 궁정 안팎에서 임무를 수행하기도 하고 화이트홀 지역(런던 관청 소재 지역_옮긴이)에서 근무를 서기도 했으므로 웨스트민스터 구역에 살아도 전혀 의심받지 않았다. 퍼시는 주변을 샅샅이 살펴 국회의사당과 맞붙은 집을 발견하고 페리스라는 사람에게 세를 얻었다. 그 집에서 의사당 벽 밑으로 땅굴을 팔 계획이었다.

이 집을 빌린 뒤 공모자들은 템스 강변 램버스 지역에 집을 하나 더 얻어 나무와 화약, 기타 인화물질 등을 보관하는 창고로 사용했다. 공모자들은 밤을 틈타 웨스트민스터 구역의 집으로 이 물건들을 조금씩 옮겼다. 램버스의 창고를 지킬 믿을만한 사람이 필요했던 공모자들은 로버트 케이즈Robert Keyes(1565~1605)라는 가난한 가톨릭 귀족을 음모에 추가로 가담시켰다.

몇 달이 걸려 모든 준비를 마쳤다. 어둡고 추운 12월의 어느 겨울밤, 그동안 사람들의 이목을 피해 서로 흩어져 지내던 공모자들이 마침내 웨스트민스터에 얻은 집으로 모여들었다. 들고 날 필요가 없도록 식량을 충분히 마련한 그들은 아주 열정적으로 땅을 파나갔다.

엄청나게 두꺼운 벽 때문에 작업이 몹시 더디게 진행되자, 그들은 존 라이트의 동생 크리스토퍼 라이트Christopher Wright(1570?~1605)를 음모에 가담시켜 작업을 거들게 했다. 몸이 튼튼하고 힘이 센 라이트가 작업에 착수했고, 모두 밤낮으로 땅파기를 멈추지 않았다. 가이 포크스는 보초를 도맡았다. 그리고 누군가 의지가 약해지는 기미가 보이면 결의를 다지며 이렇게 말했다.

"여러분, 화약과 총알은 충분합니다. 발각되더라도 산 채로 잡힐 염려는 없습니다."

보초를 맡아 여기저기를 끊임없이 어슬렁거리던 가이 포크스가 정보를 가져왔다. 돼지 전하가 원래 2월 7일로 정해진 개회 일자를 다시 10월 3일까지 연기한다는 정보였다. 정보를 입수한 공모자들은 크리스마스 휴가가 끝날 때까지 흩어지기로 의견을 모으고, 다시 모일 때까지 서로 아는 체하지도 말고 절대 편지도 주고받지 않기로 약속했다. 이렇게 웨스트민스터의 집은 다시 문이 굳게 닫혔다. 이웃들은 침울한 얼굴로 집에만 틀어박혀 지내던 이상한 사람들이 크리스마스를 즐기러 여행이라도 간 줄 알았을 것이다.

미수에 그친 상원의사당 폭파 사건

1605년 2월 초, 로버트 케이츠비는 웨스트민스터 집에서 동지들을 다시 만났다. 음모에 가담한 사람이 세 명 더 있었다. 스트랫퍼드어폰에이번Stratford-upon-Avon 부근 음침한 집에서 해자를 깊게 파고 사방으로 담을 높이 두른 채 암울하게 살던 워릭셔 귀족 존 그랜트John Grant (1570~1606)와 토머스 윈투어의 큰 형 로버트 윈투어Robert Wintour (1568~1606), 그리고 음모를 눈치 챈 것 같아 데려온 케이츠비의 하인 토머스 베이츠Thomas Bates(1567~1606)였다. 세 사람 모두 엘리자베스 1세 시절 종교 문제로 다소 고통을 겪은 사람들이었다. 이렇게 모인 사람들이 다시 땅을 파기 시작했다. 밤낮없이 땅을 팠다.

수많은 사람을 살해하려는 끔찍한 비밀을 가슴에 품고 지하에서 몰래 작업을 하다 보니 다들 음산한 기분이 들었다. 환각이 끊이질 않았다. 의사당 지하 깊숙한 곳에서 커다란 종이 울린다고 생각한 때도 있었고, 사람들이 화약음모사건 어쩌고저쩌고 숨 죽여 중얼거리는 소리가 들리는 것 같은 때도 있었다.

그러던 어느 날 아침, 갱 속에서 땀을 뻘뻘 흘리며 땅을 파고 있는데, 머리 위에서 우르릉거리는 소리가 크게 들렸다. 모두 흠칫 놀라 일을 멈추고 무슨 일인지 주위를 두리번거렸다. 그때 용감하게 보초를 서며 밖을 살피던 포크스가 돌아왔다. 그리고 의사당 건물 지하창고를 임대한 석탄 상인이 보관 중이던 석탄을 밖으로 옮기는 소리라고 안심시켰다.

이 소식을 듣고 그동안 아무리 땅을 파고 또 파도 엄청나게 두꺼운 의사당 벽을 뚫지 못한 공모자들은 계획을 변경했다. 그들은 상원의사당 바로 밑에 있는 그 지하창고를 임대한 뒤 화약 36통을 옮기고, 그 위에 장작더미와 석탄을 덮어 위장했다. 그리고 새로운 인물이 음모에 참여하는 9월까지 다시 흩어졌다.

9월에 가담한 사람은 글로스터셔 출신의 에드워드 베인햄 경Sir Edward Baynham, 러틀랜드셔Rutlandshire 출신의 에버라드 딕비 경 Everard Digby(1578~1606), 서퍽에서 온 앰브로즈 루크우드Ambrose Rookwood(1578~1606), 그리고 노샘프턴셔에서 온 프랜시스 트레섬 Francis Tresham(1567~1605)이었다. 대부분 부유한 사람들이었는데, 음모를 지원해 자금을 대기로 한 사람도 있었고, 말을 준비하기로 한 사람도 있었다. 공모자들은 의사당을 폭파한 후 준비된 말을 타고 전국을 다니며 가톨릭교도들을 선동할 계획이었다.

의회 개원이 10월 3일에서 11월 5일로 다시 연기되자 공모자들은 계획이 발각된 것은 아닌지 불안했다. 그러자 토머스 윈투어가 상원의사당에 올라가 상황을 살펴보겠다고 말했다. 상황은 더없이 좋았다. 아무것도 모르는 각료들이 잡담을 나누며 화약통 위를 거닐고 있었다. 이런 상황을 전해 들은 공모자들은 계획을 계속 진행했다. 배도 한 척 빌려 템스 강에 정박시켰다. 포크스가 화약을 터뜨릴 도화선에 불을 붙인 후 플랑드르까지 타고 갈 배였다.

운명의 날, 에버라드 딕비 경은 사냥 대회를 핑계로 가톨릭교 귀족 여러 명을 던처치Dunchurch로 초대했다. 비밀스러운 계획은 아직 모르지만 음모에 동조할만한 사람들이었다. 이로써 만반의 준비가 끝났다.

그런데 그 무렵, 음모가 시작될 때부터 도사리고 있던 '악마'가 마침내 모습을 드러냈다. 대다수 공모자들은 11월 5일 상원의사당 의회 개원 행사에 참석할 친척이나 친구가 있었는데, 거사일이 다가올수록 아무도 모르게 귀띔해주어 위험을 피하게 해야 한다는 생각이 들었다. 음모가 발각될 절체절명의 위기가 닥쳐오고 있었다. 대의명분을 위해서라면 자식의 죽음도 감수해야 한다는 케이츠비의 다짐도 마음을 다잡는 데 별 도움이 되지 못했다.

그날 참석할 것이 분명한 상원의원 몬티글William Parker, 4th Baron Monteagle(1575~1622)은 바로 트레셤의 처남이었다. 트레셤은 친척이나 친구들을 살릴 방도를 마련하자고 동지들을 설득했지만 허사였다. 그러자 그는 해 질 무렵 상원의원의 숙소로 찾아가 뜻 모를 편지를 한 통 남겼다. 편지에는 의회 개원식을 피하라는 말과 함께 "이 시대의 악을 벌하려고 신과 인간이 뜻을 모았습니다"라고 쓰여 있었다. "의회는 끔찍한 폭발을 겪을 테지만 누구 소행인지 알지 못할 것입니다"라는 말도 있었다. 아울러 이렇게 적혀 있었다.

"이 편지를 불태워 없애버린다면 위험을 막을 수 없을 것입니다."

각료와 신하들은 돼지 전하가 하늘의 계시를 받아 편지를 해독했다고 아부했다. 사실 신하들도 즉각 편지의 의미를 알아차렸다. 누구나 다 알만한 내용이었기 때문이다. 그들은 의회 개원 전날까지 공모자들을 내버려두기로 했다. 공모자들이 두려움에 떨고 있음은 분명했다. 트레셤 스스로 동지들에게 자기들은 모두 죽은 목숨이라고 말했을 정도였다. 그리고 도망치지는 않았지만 트레셤이 몬티글 상원의원 외에 다른 사람들에게도 언질을 주었다고 믿을만한 근거도 있었다.

그렇지만 모두 확고했다. 강철 같은 사나이 가이 포크스는 평소와 다름없이 매일 밤낮으로 지하창고에 내려가 보초를 섰다. 11월 4일 오후 2시경 포크스가 지하창고에 있는데, 상원의원 체임벌린Chamberlain과 몬티글이 문을 벌컥 열어젖히더니 안을 들여다보며 물었다.

"자네는 누군가?"

당황한 포크스가 대답했다.

"아! 저는 퍼시 씨의 하인인데, 석탄 창고를 살피는 중입니다."

"자네 주인은 참 훌륭한 창고를 가지고 있군."

두 사람은 이렇게 말하더니 문을 닫고 나가버렸다. 포크스는 동지들에게 급히 달려가 모든 일이 순조롭다고 전했다.

어두컴컴한 지하창고로 다시 돌아와 문을 닫으니 12시를 알리는 시계탑 종소리가 들렸다. 11월 5일이 시작되고 있었다. 두 시간 정도 지났을까? 가이 포크스가 주위를 살피려고 천천히 문을 열고 살금살금 걸어 나왔다. 그 순간 토머스 니벳 경이 거느린 군인들이 그를 붙잡아 묶었다. 포크스의 몸에서 시계와 부싯깃, 불쏘시개, 화약심지가 나왔고, 문 뒤에서는 빛이 새어나가지 않도록 뚜껑으로 가리고 촛불을 켜놓은 등불이 발견되었다. 포크스는 박차가 달린 장화를 신고 있었다. 배가 정박한 곳까지 말을 타고 달아날 생각이었던 모양이다. 군인들로서는 그를 바로 체포해서 다행이었다. 화약심지에 불을 붙일 겨를만 있었다면 포크스는 분명 화약통에 심지를 던져 군인들과 함께 폭사했을 것이었다.

그들은 가이 포크스를 돼지 전하의 침실로 끌고 갔다. 포크스를 단단히 묶어 멀찍이 세워두게 한 뒤 돼지 전하는 그렇게 많은 무고한 사람들을 살해하려 한 이유가 무엇인지 물었다. 포크스는 이렇게 대답했다.

"병이 나을 가망이 없으니 극약 처방을 쓸 수밖에 없었습니다!"

돼지 전하의 총애를 받는 스코틀랜드 출신 신하가 그다지 슬기롭지 않은 질문을 했다. 얼굴이 요크셔테리어처럼 생기고 체구가 작은 사람이었다.

"그렇게 많은 화약을 모은 이유는 무엇인가?"

포크스는 스코틀랜드인을 다시 스코틀랜드로 날려 보내려면 화약이 그만큼 필요했다고 대답했다.

다음 날 가이 포크스는 런던탑으로 이송되었지만 자백하지 않았다. 모진 고문을 당하면서도 정부가 이미 알고 있는 정보 외에 아무것도 실토하지 않았다. 그가 당시 끔찍한 고문을 받았음은 분명하다. 현재까지 보존된 포크스의 서명을 보면 무시무시한 고문대에 묶이기 전의 자연스러운 필체와 대조적으로 서명이 아주 엉망이었다. 포크스와 딴판인 토머스 베이츠는 예수회 수사들도 음모에 가담했다고 실토했다. 그는 고문을 당한다면 무슨 말이든 기꺼이 할 사람이었다. 함께 체포되어 런던탑에 갇힌 트레셤은 자백과 부인을 반복하다 고문을 견디지 못하고 사망했다.

엠브로즈 루크우드는 자기 말들을 던처치까지 이어 달릴 파발마로 준비시켜 두었는데, 화약 음모 소식이 온 런던에 퍼진 한낮이 되어서야 겨우 말을 타고 도망쳤다. 도중에 라이트 형제와 로버트 케이츠비, 헨리 퍼시를 만나 노샘프턴셔로 함께 말을 달렸다. 거기서 다시 말을 달려 던처치에 도착하니 계획대로 사람들이 모여 있었다. 그러나 음모를 계획했다

발각되었다는 사실을 알고는 에버라드 딕비 경과 네 사람만 남겨둔 채 밤사이 모두 달아나버렸다.

다섯 명의 공모자들은 말을 타고 워릭셔와 우스터셔 주를 지나 스태 퍼드셔Staffordshire 주 경계에 있는 홀비치Holbeach라는 곳으로 갔다. 도중에 가톨릭교도들을 선동하려 했지만, 화를 내는 교도들에 의해 쫓겨 나고 말았다. 이러는 내내 우스터셔 주 장관과 추격대가 그들을 맹추격 했다. 말을 타고 뒤쫓는 추격대의 수는 빠르게 늘고 있었다. 공모자들은 홀비치에서 방어전을 펼치기로 하고 집으로 들어가 문을 걸어 잠근 뒤 젖은 화약을 불 앞에 펼쳐놓고 말리기 시작했다.

그런데 화약이 폭발했다. 폭발에 검게 그을린 로버트 케이츠비는 거 의 죽을 지경이었고, 심하게 부상을 당한 사람도 있었다. 최후를 예감한 공모자들은 그곳에서 죽기를 각오했고, 유일하게 남은 무기인 칼을 들고 창가로 다가갔다. 오른팔에 총을 맞고 힘없이 팔을 떨구는 토머스에게 케이츠비가 말했다.

"톰, 내 곁에 서시오. 우리 함께 죽읍시다!"

두 사람은 정말 함께 죽었다. 같은 총에서 발사된 두 발의 총알이 두 사람의 몸통을 관통했다. 존 라이트와 크리스토퍼 라이트, 퍼시도 총에 맞았다. 루크우드와 딕비는 체포되었는데, 루크우드는 팔이 부러지고 몸 통에 총상을 입은 상태였다.

1월 15일 가이 포크스와 나머지 살아남은 공모자들의 재판이 시작되 었다. 모두 유죄 판결을 받았고, 교수형을 당한 뒤 말에 묶여 사지가 찢 겼다. 러드게이트 언덕Ludgate Hill의 세인트 폴 대성당 묘지에서 처형된 사람도 있었고, 의사당 앞에서 처형된 사람도 있었다. 헨리 가넷Henry Garnet(1555~1606)이라는 예수회 수사가 끔찍한 음모를 사전에 알고 있

▲ 다섯 명의 공모자들이 화약으로 폭발시키려 했던 잉글랜드 의사당 ©Marzolino/Shutterstock.com

었다는 혐의로 체포되어 재판을 받았다. 함께 잡혀온 불쌍한 수사 한 사람과 가넷 수사의 하인 두 명은 무자비한 고문을 당했다.

헨리 가넷 수사는 고문을 당하지는 않았지만 위조범과 반역자들에 둘러싸여 런던탑에 갇혔고, 자신의 죄를 순순히 인정했다. 재판정에서 가넷 수사는 음모를 막기 위해 온갖 노력을 다했으며, 고해성사에서 들은 내용이라 사람들에게 알릴 수 없었다고 진술했지만, 내 생각엔 가넷 수사가 다른 방식으로 음모를 알았던 것 같다. 가넷 수사는 남자답게 변론을 폈지만 유죄 판결을 받고 처형당했다. 가톨릭교회는 가넷 수사를 성인으로 추대했다.

그 일과 아무 관계도 없는 일부 부유하고 영향력 있는 인물들도 성실청 형사 법원에서 공모죄로 벌금형이나 징역형을 받았다. 흉악한 모략에 휘말릴까 봐 겁을 먹고 물러선 가톨릭교도들은 부당하게도 전보다 더 심한 법의 지배를 받게 되었다. 화약음모사건은 이렇게 막을 내렸다.

계속되는 의회와의 갈등

어쩌면 돼지 전하 스스로 의사당을 폭파하고 싶지 않았을까? 재위기간 동안 하원에 대한 돼지 전하의 두려움과 질투는 한도 끝도 없었다. 자금 압박이 심해지자 돼지 전하도 어쩔 수 없이 하원 의회를 소집했다. 하원의 동의 없이는 자금을 구할 수 없었기 때문이었다. 그런데 하원이 먼저 국민이 큰 고통을 겪고 있는 생필품의 전매권을 폐지하고 다른 공적 권리 침해도 해결하라고 요구하자 돼지 전하는 격분하여 의회를 다시 해산해버렸다.

잉글랜드와 스코틀랜드의 합병을 위해 의회의 동의가 필요한 적이 있었는데, 이 문제를 놓고 돼지 전하는 마찬가지로 의회와 언쟁을 벌였다. 의회가 교회 탄압으로 악명 높은 특설고등법원High Commission Court의 폐지를 요구할 때도 돼지 전하는 의회와 옥신각신 다투었다. 그리고 의회가 입에 올리기도 부끄러운 설교로 돼지 전하를 칭송하고 다니는 대주교와 주교들만 감싸고돌지 말고, 자기 방식대로 소신껏 설교했다고 박해받는 불쌍한 청교도 목사들도 배려해달라고 호소할 때도 돼지 전하는 의회와 다투기만 했다.

돼지 전하는 하원을 증오하면서도 안 그런 척 끊임없이 연기했다. 그는 자신에게 대항하는 하원의원들을 뉴게이트 감옥이나 런던탑에 가두고 나머지 의원들에게는 관련도 없는 사회 문제를 떠들고 다닐 생각은 하지도 말라고 위협하면서도 한편으론 두려워했다. 한마디로 그에게 하원은 사사건건 방해하고 귀찮게 하는 걸림돌에 지나지 않았다. 의회는 물러서지 않고 의회의 권리를 지켰다. 법률은 의회가 제정하는 것이 마땅하며, 왕이 그렇게 하고 싶다고 멋대로 선포해서는 안 된다는 주장을 굽히지 않았다. 그 결과, 자금 압박에 자주 시달리던 돼지 전하는 온갖 종류의 작위와 관직을 물건처럼 팔아댔다. 심지어 준남작이라는 작위를 새로 만들어 1,000파운드씩 받고 아무에게나 팔았다.

의회와 다투고, 사냥하고, 술 마시고, 지독한 게으름뱅이답게 침대에 누워 지내는 일이 돼지 전하 일상의 대부분이었다. 그리고 시간이 남으면 총애하는 신하를 껴안고 침을 질질 흘리며 키스하는 게 고작이었다. 그렇게 총애했던 첫 번째 신하가 개와 말, 사냥 외에는 아무것도 모르는 필립 허버트 경Sir Philip Herbert(1584~1650)이었다.

돼지 전하는 얼마 지나지 않아 필립 허버트 경을 몽고메리 백작1st Earl of Montgomery으로 삼았다. 그다음으로 총애했던 측근이 더 유명한데, 잉글랜드와 스코틀랜드 국경 지방 출신이었다. 로버트 카Robert Carr (1570~1650)인지 로버트 커Robert Ker인지 이름은 확실치 않으나, 곧 로체스터 자작Viscount Rochester 작위를 받고 그 후 서머싯 백작Earl of Somerset까지 된 인물이다.

돼지 전하가 이 잘생긴 청년에게 홀딱 빠진 꼴이라니, 그 잘난 잉글랜드의 위인들이 그 앞에서 굽실거리던 것보다 훨씬 더 꼴불견이었다. 로버트 카의 막역한 친구가 토머스 오버베리 경Sir Thomas Overbury (1581~1613)이라는 사람이었는데, 연애편지도 대신 쓰고 여러 가지 고위직의 업무도 보조하여 이 무지한 친구가 파면되지 않도록 도와주었다.

그렇지만 토머스 오버베리 경이 나름대로 인품을 갖춘 사람이었던지 아름다운 에식스 백작 부인Countess of Essex과 로버트 카의 부도덕한 결혼을 만류했다. 그러자 남편과 이혼하고 카와 결혼하려던 백작 부인이 분노하여 오버베리 경을 런던탑에 가두고 독살해버렸다. 그리고 이 사악한 여자와 카는 지상에서 최고로 훌륭한 남녀인 듯 왕의 '애완견'인 주교의 주례로 야단법석 요란하게 정식 결혼식을 올렸다.

예상외로 길게 7년 정도 따스한 햇볕을 즐겼을까? 또 다른 젊은 미남이 나타나 서머싯 백작의 빛을 가리기 시작했다. 레스터셔 귀족의 막내아들인 조지 빌리어즈George Villiers, 1st Duke of Buckingham(1592~1628)였는데, 파리에서 유행하는 옷을 온통 휘감고 궁에 들어와 그 어떤 광대보다 멋진 춤 솜씨를 뽐냈다. 춤 솜씨로 곧장 돼지 전하의 크나큰 은총을 입었고, 다른 측근들을 찬밥 신세로 만들었다.

그때 마침 서머싯 백작 부부가 그토록 엄청난 신분 상승의 기쁨을 누릴 자격이 없음이 드러났고, 토머스 오버베리 경 살인죄와 다른 죄목으로 각각 재판을 받았다. 돼지 전하는 예전 측근이 혹시라도 자신의 추잡한 면을 발설할까 두려웠고, 또 은연중에 그런 협박을 받기도 했다. 그래서 그는 서머싯 백작을 조사할 때 망토를 든 두 사람을 백작 좌우에 세워놓았다. 서머싯 백작이 앙심을 품고 발설할 기미가 보이면 망토를 머리에 뒤집어씌우고 입을 막을 요량이었다. 이런 상황이니 제대로 된 재판은 기대할 수 없었다. 서머싯 백작은 거의 아무런 처벌도 받지 않았으며 그의 부인도 사면되었다. 하지만 이쯤 되자 두 사람은 서로 증오했고, 몇 년을 서로 매도하고 괴롭히며 살았다.

이런 일이 벌어지는 동안에도 돼지 전하는 날이면 날마다 돼지우리에서도 좀처럼 보기 어려운 추잡한 짓을 일삼았고, 잉글랜드에서 주목할만한 죽음이 세 건이나 발생했다. 첫 번째가 솔즈베리 백작이며 각료였던 로버트 세실의 죽음이었다. 나이가 예순 살이 넘었고, 기형으로 태어나한 번도 건강한 적이 없던 사람이었다. 세실은 살고 싶은 소망이 없다고말했다. 그토록 비열하고 사악한 치욕의 시기에 각료로 살았으니 더 살고 싶은 욕심이 없다 해도 이상한 일은 아니었을 것이다.

두 번째는 레이디 아라벨라 스튜어트의 죽음이었다. 그녀는 선왕 헨리 7세의 후손인 보챔프 경Lord Beauchamp의 아들 윌리엄 시모어William Seymour, 2nd Duke of Somerset(1588~1660)와 몰래 결혼하여 돼지 전하를 깜짝 놀라게 했었다. 돼지 전하는 시모어가 언젠가는 아라벨라가 왕좌에 올라야 한다고 강하게 주장하리라 믿고 있었다. 아라벨라의 남편은 런던탑에 갇혔고, 그녀는 남편과 떨어져 더럼으로 끌려가 배에 갇혔다. 남자로 변장하고 탈출한 그녀는 런던탑을 빠져나온 남편을 그레이브젠드에서 만나 배를 타고 프랑스로 달아나려고 계획했다. 그러나 불행히도 남편을 만나지 못했고, 곧 체포되었다. 그녀는 처참하게 런던탑에 갇혀 완전히 미쳐버렸고, 4년이 지난 뒤 옥사했다.

마지막으로 가장 중요한 세 번째 죽음은 바로 왕위를 계승할 헨리 왕자의 죽음이었다. 그의 나이 열여덟 살이었고, 전도유망한 젊은 왕자로 많은 사랑을 받았다. 그는 조용하고 행실이 바른 젊은이였는데, 아주 재미있는 사실 두 가지가 전해온다. 첫째, 아버지인 돼지 전하가 그를 질투했다는 사실이다. 둘째, 그 오랜 세월을 런던탑에 갇혀 지내던 월터 롤리 경과 친구였다는 사실이다. 헨리 왕자는 그렇게 훌륭한 사람을 좁은 감옥에 가둘 수 있는 사람은 자기 아버지 외에는 아무도 없다고 말하곤 했다.

불행하게 끝나긴 했지만 누이인 엘리자베스 공주가 외국의 왕자와 결혼을 준비하자, 헨리 왕자는 중병 요양차 머물던 리치먼드에서 화이트홀궁으로 돌아와 매제가 될 사람을 환영했다. 추운 날씨에도 불구하고 셔츠 차림으로 궁에서 한바탕 테니스 시합을 치른 왕자는 심상치 않은 병에 걸렸고, 결국 발진티푸스로 2주를 넘기지 못하고 사망했다. 런던탑의 감옥에 갇혀 있던 월터 롤리 경은 이 젊은 왕자를 기려《세계사History of the World)를 저술하기 시작했다. 돼지 전하가 위인의 육체를 아무리 감옥에 가두어도 정신까지 가둘 수는 없음을 보여주는 훌륭한 사례이다.

왕세자와 스페인 공주의 혼인 협상

단점이 많았지만 역경과 고난에 맞서 많은 장점을 보여준 월터 롤리 경 이야기가 나왔으니 그의 슬픈 최후에 관해 이야기하지 않을 수 없다. 12년간 런던탑에 갇혀 지내던 롤리 경은 예전처럼 항해를 다시 시작해 남미로 가서 황금을 찾아오겠다고 말했다. 롤리 경이 항해를 하려면 반드시 스페인 영토를 통과해야 하는데, 돼지 전하는 한편으로는 오랫동안 바랐던 헨리 왕자와 스페인 공주의 결혼 성사를 위해 스페인 사람들과 우호관계를 유지하고 싶은 소망도 있고, 다른 한편으로는 황금을 얻고 싶은 탐욕스러운 욕심도 생겨 어찌해야 할지 결정을 내리지 못했다. 하지만 결국 돼지 전하는 돌아오겠다는 보증을 받고 롤리 경을 풀어주었다.

월터 롤리 경은 자기 돈으로 탐험대를 꾸렸다. 1617년 3월 28일, 롤리 경은 지휘선에 올라 선단을 이끌고 출항했다. 롤리 경이 지휘선에 붙인 이름은 불길하게도 '운명'이었다. 탐험은 실패로 끝났다. 기대했던 황금을 찾지 못하자 선원들이 반란을 일으켰다. 예전에 롤리 경에게 패한 일로 원한을 갖고 있던 스페인 사람들과 롤리 경 사이에 싸움이 벌어졌다. 롤리 경은 세인트 토머스St. Thomas라는 작은 마을을 점령해 불태웠다.

이런 일이 발생하자 돼지 전하를 찾아온 스페인 대사는 월터 롤리 경을 해적이라고 맹비난했다. 희망도 재산도 날리고, 친구들도 사라지고, 같이 탐험에 나섰던 용감한 아들도 죽는 등 가슴이 찢어지는 슬픔을 안고 돌아온 롤리 경은 바로 체포되었다. 롤리 경은 해군 중장이자 가까운 친척인 불한당 같은 루이스 스터클리 경Sir Lewis Stukeley(1552~1620)의 배신으로 체포되어 오랫동안 집처럼 지낸 감옥에 다시 갇히게 되었다.

돼지 전하는 황금을 얻지 못해 말할 수 없이 실망했다. 월터 롤리 경은 그런 왕 밑에서 으레 그렇듯이 판사와 법무관, 성당 책임자, 행정부 관리 모두의 거짓말과 얼버무리기가 난무하는 불공정한 재판을 받았다. 롤리 경을 제외한 모든 사람이 수없이 얼버무린 끝에 이미 15년이나 지난 옛날 판결에 따라 롤리 경을 사형에 처해야 한다는 선고가 내려졌다. 그리하여 롤리 경은 1618년 10월 28일 웨스트민스터의 성문 다락에 갇혀 이승에서의 마지막 밤을 보내며 자기 때문에 고생한 착하고 정숙한 부인과 마지막 작별인사를 나누었다.

다음 날 아침 8시, 즐겁게 아침식사를 마치고, 파이프 담배도 피우고 맛 좋은 포도주도 한 잔 마신 월터 롤리 경은 처형대가 세워진 웨스트민스터 궁의 올드 팰리스 야드Old Palace Yard로 끌려 나왔다. 그의 처형을 보려고 지체 높은 사람들이 하도 많이 모여들어 롤리 경이 군중을 헤치고 나가기 어려울 정도였다. 그의 몸가짐은 당당했다. 다만 한 가지 마음에 걸리는 것이 있다면 자신이 과거에 목격한 에식스 백작의 참수형이었다. 월터 롤리 경은 침통한 표정으로 자신은 에식스 백작의 참수형에 관여한 일이 없으며, 그가 죽을 때 눈물도 흘렸다고 말했다.

아침 날씨가 꽤 쌀쌀했다. 주 장관은 롤리 경에게 잠시 불 옆으로 내려와 몸을 녹이겠느냐고 물었다. 하지만 롤리 경은 "고맙지만 사양합니다. 지금 당장 형을 거행했으면 좋겠군요"라고 대답했다. 자신이 학질에 걸려 15분만 지나면 학질 발작으로 덜덜 떨 텐데, 두려워서 떤다고 적대자들이 오해할 것이라는 이유에서였다. 그리고 바로 무릎을 꿇더니 아주 감동적인 기도를 올렸다. 그는 참수대에 목을 올리기 전 도끼날을 만져 보더니 만면에 미소를 띠고는, 아주 쓴 약이지만 지독한 학질을 치료할 것이라고 말했다. 몸을 숙여 죽을 준비를 한 롤리 경은 망설이는 사형집 행관을 향해 이렇게 외쳤다.

"무엇을 두려워하는가? 내려치게, 이 사람아!"

도끼날이 내려왔고, 롤리 경의 목이 떨어졌다. 그의 나이 예순여섯 살 이었다.

새로운 측근 조지 빌리어즈는 승승장구했다. 자작이 되더니 버킹엄 공작이 되고 후작이 되어 사마관Master of the Horse으로 임명되었다. 마 침내 해군 사령관Lord High Admiral에 올랐고, 스페인 무적함대를 물리 친 용맹한 잉글랜드군의 총사령관 자리까지 차지했다. 그는 왕국 전체를 떡 주무르듯 했고, 그의 모친은 가게라도 차린 듯 국가수익사업과 작위 를 몽땅 팔아치웠다.

조지 빌리어즈는 모자 띠와 귀걸이부터 신발까지 다이아몬드와 값비 싼 보석으로 번쩍번쩍 치장했다. 하지만 그는 무식하고 시건방진 사람이 었다. 자랑할 거라곤 잘생긴 외모와 춤 솜씨밖에 없는 인물로 파렴치하고 멍청한 허풍덩어리였다. 자신을 폐하의 충견이자 노예라고 부르며 폐하 를 돼지 전하라 부른 귀족이 바로 이 사람이었다. 돼지 전하는 그를 '스티 니Steenie'라고 불렀는데, 성 스테판St. Stephen이 보통 잘생긴 성인으로 그려지기 때문에 스티븐Stephen의 애칭인 '스티니'로 불렀던 것이다.

돼지 전하는 국내의 가톨릭교를 무조건 혐오하는 마음과 외국의 가 톨릭교에 아부하고 싶은 욕망 사이에서 어떻게 균형을 잡아야 할지 몰 라 이따금 갈팡질팡했다. 부자 공주를 며느리로 맞아 그 재산 일부를 착 복할 유일한 방법이 외국 가톨릭교에 아첨하는 일이었기 때문이다. 찰스 왕자(돼지 전하는 '아기 찰스'라 불렸다)가 잉글랜드 왕세자로 책봉되자 스페인 왕의 딸과 혼인시키려는 돼지 전하의 오랜 숙원이 이루어지게 되었다. 그러나 스페인 공주는 교황이 허락하지 않으면 결혼할 수 없으므로 돼지 전하는 야비하게도 교황에게 허락을 구하는 편지를 비밀리에 손수 작성했다.

훌륭한 책들이 상상 외로 많은 지면을 할애해 찰스 왕자와 스페인 공주의 혼인 협상 과정을 설명하고 있지만, 그 모든 일의 결말은 다음과 같다. 스페인 왕실이 협상을 장기간 미루자 찰스 왕자와 조지 빌리어즈는 토머스 스미스와 존 스미스로 신분을 위장하고 스페인 공주를 만나기 위해 출발했다. 찰스 왕자는 죽기 살기로 사랑하는 듯 담을 뛰어넘어 공주를 만나고, 잉글랜드 왕세자비라고 부르는 등 바보 같은 짓거리들을 무던히도 하고 다녔다. 공주를 위해서라면 거의 죽을 수도 있다는 찰스의 장담을 스페인 왕실 사람 모두 곧이듣게 되었다.

그 후 찰스 왕자와 조지 빌리어즈는 잉글랜드의 축복이라도 되는 듯 열렬한 환대를 받으며 잉글랜드로 돌아왔다. 하지만 사실 찰스는 파리에서 만난 프랑스 국왕의 누이 앙리에타 마리아Henrietta Maria of France (1609~1669)와 사랑에 빠져 있었다. 그리고 스페인 사람들을 줄곧 속여넘긴 일은 정말 훌륭하고 왕자다운 행동이라고 생각했다. 잉글랜드에 무사히 돌아온 찰스는 스페인 사람들이 어리석게도 자기 말을 곧이곧대로 믿더라고 공공연히 떠들며 낄낄댔다.

부정직한 사람들이 대개 그렇듯 찰스 왕자와 조지 빌리어즈도 자기들이 속인 사람이 오히려 부정직했다고 불평했다. 두 사람이 스페인 공주 혼인과 관련해 스페인 사람들이 배신했다고 거짓말을 하고 다닌 탓에 잉글랜드 국민 전체가 스페인과의 전쟁을 열망하게 되었다.

진지한 스페인 국민은 전쟁도 불사하겠다는 태도로 나오는 돼지 전하를 비웃었지만, 잉글랜드 의회는 전쟁을 시작하는 데 필요한 자금 마련을 승인했다. 그리고 스페인과의 협약 종료를 공식 선언했다. 런던 주재 스페인 대사는 돼지 전하와의 면담 기회를 얻지 못하자 그에게 슬쩍 편지를 전달했다. 아마 쫓겨난 측근 서머싯 백작의 도움을 받았을 것이다.

편지에서 스페인 대사는 자기가 죄인처럼 집에 갇혔고 버킹엄 공작과 그 일당에게 완전히 통제당한다고 호소했다. 편지를 보자마자 돼지 전하는 울고불고하더니 찰스 왕자를 조지 빌리어즈에게서 떼어냈고, 온갖 헛소리를 지껄이며 별궁이 있는 윈저로 내려가버렸다. 결말은 돼지 전하가 자신의 충견이자 노예를 껴안고 아주 만족스럽다고 말하는 것으로 끝났다.

돼지 전하는 스페인 공주 결혼 문제에 관해 교황과 협상을 벌이는 찰스 왕자와 측근에게 거의 전권을 위임했다. 그런데 이제 프랑스 공주와의 혼인이 기대되자 돼지 전하는 잉글랜드의 모든 가톨릭 신자가 자유롭게 종교 활동을 하고, 신을 부인하는 어떤 맹세도 해서는 안 된다는 조약에 서명했다. 이 일과 그 밖의 소소한 양보에 대한 보상으로 앙리에타 마리아가 왕세자비로 예정되었고, 80만 크라운의 재산이 돼지 전하의 손에 들어오기로 되어 있었다.

탐욕스러운 삶을 끝낼 무렵, 돈을 너무 밝힌 돼지 전하는 두 눈이 빨갛게 변해가고 있었다. 그리고 2주일간 앓아눕더니, 1625년 3월 27일 사망했다. 왕위에 오른 지 22년, 그의 나이 쉰아홉 살이었다. 제임스 1세에게 쏟아진 아첨, 뻔뻔한 거짓말로 그의 궁에서 자행된 악과 부패. 내가 알기로 역사상 이보다 더 끔찍한 경우는 없었다.

사람의 도리를 아는 한 남자가 돼지 전하 곁에서 과연 자신의 명예를 완전히 더럽히지 않고 제 본분을 지켰을지 심히 의심스럽다. 바로 프랜시스 베이컨 경이다. 돼지 전하 재위 시절 잉글랜드 왕국의 대법관이었던 이 유능하고 현명한 철학자는 부정부패로 대중의 웃음거리가 되었다. 베이컨 경은 돼지 전하에게 야비하게 아첨하고, 그의 충견이자 노예에게 설설 기며 굴종함으로써 자신을 훨씬 더 욕보였다. 하지만 돼지 전하 같은 사람이 왕위에 오르면 전염병처럼 모든 사람에게 병을 퍼뜨리는 법이다.

제31장

찰스 1세,
의회파와 내전을 벌이다

실패로 끝난 스페인 카디스 원정

찰스는 스물다섯 살의 나이로 잉글랜드 국왕 찰스 1세Charles I(생몰연도: 1600~1649, 재위기간: 1625~1649)가 되었다. 찰스 1세는 아버지와 달리 대체로 쾌활한 성격이었으며, 태도가 진지하고 위엄이 있었다. 하지만 아버지와 마찬가지로 그도 왕의 권리를 허무맹랑하게 과장해 생각했으며, 교활하고 믿을 수 없는 인물이었다. 만일 신의 있는 인물이었다면 그의 역사도 결말이 달라졌을 것이다.

찰스 1세가 첫 번째로 한 일은 그 건방지고 무례한 버킹엄 공작을 파리로 보내 앙리에타 마리아 공주를 왕비로 맞아들이는 일이었다. 그 기회를 이용해 뻔뻔한 버킹엄 공작은 오스트리아의 젊은 왕비에게 구애했고, 프랑스 공사 리슐리외 추기경Cardinal Richelieu(1585~1642)이 이를 방해하자 불같이 화를 냈다.

잉글랜드 사람들은 새로운 왕비를 기꺼이 반겼고, 낯선 왕비가 걸어오는 모습을 보고 열렬히 환영했다. 하지만 개신교를 극도로 싫어하는 앙리에타 마리아 왕비는 무례한 가톨릭 신부들을 한 무리 데리고 왔다. 이 가톨릭 신부들이 왕비에게 아주 우스꽝스러운 일들을 시켰고, 여러 가지 불쾌한 공고를 붙여 이를 강요했다.

▲ 잉글랜드 왕 찰스 1세
©Georgios Kollidas/Shutterstock.com

얼마 지나지 않아 사람들은 앙리에타 마리아 왕비를 싫어하게 되었고, 왕비도 사람들을 미워했다. 또한 왕비는 찰스 1세의 통치기간 내내 자기를 맹목적으로 사랑하는 왕과 신하들 사이를 벌려놓기 위해 갖은 노력을 다했으니, 왕비가 없는 편이 찰스를 위해 훨씬 더 나았을 것이다.

아무런 책임도 지지 않는 오만방자한 왕이 되려고 결심한 데다 곁에서 부추기는 앙리에타 마리아 왕비까지 있었으니 찰스 1세가 의도적으로 의회를 깔아뭉개고 자신을 높이 세우려고 노력한 것도 어찌 보면 당연하다. 그리고 찰스가 정도를 걷지 않고 부정직한 방법을 사용하며 그 자체로 어떤 왕이든 망칠만한 그릇된 생각을 실행에 옮긴 것도 잊지 말아야 한다.

찰스 1세는 스페인과의 전쟁에 열을 올렸다. 스페인 공주와 결혼한 일 때문에 왕을 의심하기 시작한 하원이나 국민은 전쟁의 정당성을 확신하지 못했다. 하지만 찰스는 성급하게 전쟁에 뛰어들었고, 불법적인 수단

▲ 스페인 남서부의 항구 도시 카디스. 스페인과의 전쟁에 열을 올린 찰스 1세는 재위 첫해 이곳에서 패배의 쓴맛을 보았다. ©Josemaria Toscano/Shutterstock.com

으로 전쟁 비용을 마련했다. 그리고 재위 첫해 스페인 카디스에서 패배의 쓴맛을 보았다.

약탈을 노리고 감행된 카디스 원정이 실패로 끝났으니 의회에서 보조금을 얻어내야 했다. 의회가 소집되자 찰스 1세는 거들먹거리며 이렇게 말했다.

"서둘러 돈을 마련하시오. 그러지 않으면 의회가 더 곤란해질 것이오."

의회는 찰스 1세의 협박에 고분고분해지기는커녕 오히려 그의 측근인 버킹엄 공작을 엄청난 국민의 원성과 위법의 원인으로 탄핵했다. 버킹엄 공작이 원성과 위법의 원인인 것은 의심의 여지가 없었다. 찰스 1세는 버킹엄 공작을 구하기 위해 바라던 보조금도 얻지 못한 채 의회를 해산해버렸다. 상원에서 시간을 달라고 간청했지만 찰스는 "단 1분도 안 되오"라고 딱 잘라 거절한 뒤 스스로 돈을 마련했다. 그 방법은 이랬다.

찰스 1세는 톤세tonnage와 파운드세poundage라는 세금을 부과했는데, 의회에서 승인을 받은 적도 없고 그 어떤 권력도 합법적으로 부과할 수 없는 세금이었다. 찰스는 항구 도시들이 전투함대의 보급을 책임지고 석 달간 필요한 비용을 모두 내라고 요구했다. 그리고 국민들에게 거액을 빌려달라고 요구했지만 상환 여부는 아주 의심스러웠다. 이 요구에 따르지 않을 경우, 가난한 사람은 군인이나 선원으로 강제 징집했고 지주 계층은 감옥에 가두었다.

토머스 다르넬 경Sir Thomas Darnel, 1st Baronet(?~1638), 존 코베John Corbet, 1st Baronet(1594~1662), 월터 얼Walter Earl, 존 헤브닝엄John Heveningham(1577~1633), 그리고 에버라드 햄던Everard Hampden, 이렇게 다섯 명의 귀족이 반대했다는 이유로 추밀원에서 발행된 영장에 의해 체포되었다. 그리고 제멋대로 투옥하라는 찰스 1세의 말에 따라 아무 근거도 없이 감옥에 갇혔다.

그러자 이러한 행위가 대헌장에 어긋나지 않는지, 또 잉글랜드 국민의 존엄한 권리를 왕이 침해하지 않는지를 가리기 위해 재판이 열렸다. 찰스 1세의 변호사들은 아니라고 주장했다. 잉글랜드 국민의 권리 침해는 잘못된 행위인데, 왕이 그런 일을 할 리가 없다는 것이 그 이유였다. 부화뇌동하는 판사들은 이런 헛소리에 찬성하는 판결을 내렸고, 왕과 국민은 돌이킬 수 없이 분열되었다.

이런 상황에서 새로운 의회 소집이 필요했다. 국민은 자유가 위협받고 있음을 감지해 찰스 1세와 단호히 맞선다고 알려진 사람들을 의원으로 선출했다. 하지만 찰스는 거침없이 나가겠다는 투지에 여전히 눈이 멀어 의회가 모인 날 오만한 태도로 연설했다. 그의 연설은 단지 자기가 돈이 필요해서 의회를 소집했다는 말뿐이었다. 의회는 강력하고 단호한 의지로 찰스의 기를 꺾어놓기로 결의했고, 역사상 가장 위대한 문서를 그에게 제출했다.

권리청원Petition of Right이 바로 그것인데, 요구사항은 다음과 같았다. '잉글랜드의 자유민은 왕에게 돈을 빌려주라는 요구를 더는 받지 않을 것이며, 이를 거부한다고 강제 징집되거나 투옥되는 일이 없어야 한다. 또한 잉글랜드 자유민은 왕의 특별권한이나 영장에 의해 더 이상 체포되지 않아야 하는데, 이는 국민의 권리와 자유에 반하는 일이고 잉글랜드 헌법에도 위배되기 때문이다.' 처음에 찰스 1세는 이 청원을 모두 거부하는 답신을 보냈다. 하지만 하원이 버킹엄 공작을 탄핵하겠다는 결심을 내비치자 깜짝 놀라 서둘러 모든 요구사항에 동의한다는 답신을 보냈다. 그러나 이후 그는 자신의 약속과 도리를 계속해서 저버린 것은 물론이고 한결같이 야비하고 가식적으로 행동했다. 게다가 그는 자기가 의회에 보낸 첫 번째 답신만 발표하고 두 번째 답신은 발표하지 않았다. 혹시라도 국민들이 의회가 왕을 이겼다고 생각할까 하는 염려에서였다.

버킹엄 공작은 상처받은 자존심을 달래려고 스페인은 물론 프랑스와도 전쟁을 벌였다. 이렇게 형편없는 인물과 치사한 명분 때문에 전쟁이 일어나는 일이 인류 역사에는 종종 있다. 하지만 세상에 해를 끼치는 그의 운명도 여기까지였던 모양이다.

어느 날 아침이었다. 마차에 오르려고 집을 나서던 버킹엄 공작이 곁에 있던 프라이어Fryer라는 이름의 대령에게 말을 건네기 위해 몸을 돌리려는 순간이었다. 버킹엄은 거칠게 들어오는 단검에 찔렸고, 살인범이 찌른 단검이 그의 심장에 박혔다. 그야말로 눈 깜짝할 사이에 벌어진 일이었다. 사건이 일어나기 전 버킹엄이 프랑스 귀족들과 말다툼을 벌였기에 하인들은 즉시 그 프랑스 귀족들을 의심했다.

프랑스 귀족들은 가까스로 공격을 피해 목숨을 건졌다. 이런 소란이 벌어지는 사이, 부엌으로 가서 쉽게 달아날 수 있었을 진짜 살인범이 칼을 빼 들고 소리쳤다.

"내가 범인이다!"

범인의 이름은 존 펠턴John Felton(1595~1628)이었고, 개신교를 믿는 퇴역 군인이었다. 펠턴은 개인적인 원한은 없으나 버킹엄 공작이 국가에 암적 존재이므로 죽이는 것이라고 말했다. 치명상을 입었는지 공작은 겨우 "악당!"이라고만 외친 뒤 단검을 뽑더니 탁자에 쓰러졌다. 그러고는 숨을 거두었다.

누가 보아도 단순한 사건이었지만, 추밀원은 존 펠턴을 대대적으로 조사했다. 펠턴은 범행을 위해 110킬로미터를 왔고, 앞서 밝힌 이유로 살인을 저질렀다고 진술했다. 펠턴은 앞에 서 있는 선량한 도싯 후작에게 자신을 고문하면 공범으로 고발하겠다고 협박했다. 그런데도 심술궂은 찰스 1세는 그를 고문하려고 안달이었다.

그때 판사들은 고문이 잉글랜드 국법을 위반하는 행위라는 사실을 깨달았다. 좀 더 일찍 깨닫지 못한 게 유감이지만 아무튼 존 펠턴은 고문당하지 않고 자신이 저지른 살인죄로만 처형되었다. 조금도 변론의 여지가 없는 명백한 살인죄였다. 그러나 펠턴 덕분에 잉글랜드는 방탕하고 경멸스럽고 야비한 궁정 측근에게서 해방되었다.

그때 이전과는 전혀 다른 인물이 나타났다. 요크셔 귀족인 토머스 웬트워스Thomas Wentworth, 1st Earl of Stafford(1593~1641)였다. 의회에 오래 몸담았던 사람으로 독단적이고 오만한 신념의 소유자인데, 버킹엄에게 모욕을 당하자 국민 편으로 돌아섰던 인물이다. 왕의 명분에 호의적일 뿐만 아니라 수완도 뛰어난 인물이 필요했던 찰스 1세는 처음에 남작의 작위를 내리더니 그다음 자작으로 올리고 높은 직위를 주어 그의 마음을 완전히 사로잡았다.

그러나 의회는 여전히 건재했고 호락호락한 상대도 아니었다. 1629년 1월 20일, 권리청원 사건에 적극적이었던 존 엘리엇 경Sir John Eliot(1592~1632)은 찰스 1세의 하수인들에게 반대하는 또 다른 강력한 결의안을 제출하며 의장에게 투표에 부칠 것을 요구했다. 의장은 왕에게 다른 지시를 받았다며 자리에서 일어나 나가려고 했다. 하원 규칙에 따르면 의장이 의장석을 떠날 경우 바로 일정을 중단하고 휴회하도록 정해져 있었다. 그런데 그때 홀리스Hollis와 밸런타인Valentine이라는 두 의원이 의장을 제압해 주저앉혔다. 의원들 사이에 한바탕 소동이 일었다. 여기저기서 칼을 빼 들고 휘두르는 동안 모든 상황을 보고받아 알고 있던 찰스 1세가 경호대장에게 하원에 가서 강제로 문을 열라고 명령했다. 하지만 그때는 이미 결의안이 투표에 부쳐지고 하원은 휴회한 후였다.

의장을 제압한 두 명의 의원과 존 엘리엇 경은 곧바로 추밀원으로 소환되었다. 그들은 의회에서 행한 발언에 대해 의회 밖에서 책임지지 않을 특권이 있다고 주장했지만 결국 런던탑에 갇혔다. 그리고 찰스 1세는 하원으로 내려가 의원들을 '독사들'이라고 부르며 의회를 해산했다. 독사들 때문에 왕이 많은 해를 입었는지 나는 금시초문이다.

12년간의 의회 없는 통치

세 사람은 자신들의 행동을 사과하고 풀려나기를 거부했고, 결코 관대하지 않은 찰스 1세는 그들의 모욕을 그대로 보아 넘기지 않았다. 그들이 왕좌재판소에 회부되길 요구하자 찰스는 그들을 이 감옥 저 감옥으로 옮기며 왕좌재판소 회부 영장을 적법하게 받지 못하도록 야비한 수를 썼다.

마침내 법정에 서게 된 그들은 무거운 벌금형을 받았고, 더불어 찰스 1세가 마음대로 정한 기간 동안 징역형을 선고받았다. 건강이 몹시 나빠진 존 엘리엇 경이 요양이 간절하다며 석방을 청원했으나 찰스는 청원서가 겸손하지 않다는 답변을 보냈다. 돼지 전하에 버금가는 행동이었다. 엘리엇 경이 요양을 위해 석방되면 건강이 회복되는 대로 감옥으로 돌아오겠다고 간절히 애원하는 청원서를 어린 아들 편에 다시 보냈지만, 찰스는 여전히 무시했다. 엘리엇 경이 런던탑에서 옥사한 후 자식들이 아버지의 시신을 콘월에 있는 가족묘에 모시게 해달라고 청원했을 때도 찰스는 시신을 고인이 사망한 교구의 성당에 매장하라고 대답했다. 정말이지 소인배 왕의 전형적인 행동이 아닐 수 없었다.

자신은 높이고 국민은 깔아뭉개는 계획을 꾸준히 실행해온 찰스 1세는 그때까지 12년 동안이나 의회를 소집하지 않았다. 의회 없는 통치였다. 찰스의 공적을 칭송한 책이 지금까지 자그마치 1만 2,000권이나 쏟아져 나왔지만, 그 12년 동안 찰스가 잉글랜드를 불법적·독재적으로 다스렸고, 국민의 돈과 재산을 마음대로 착복했으며, 감히 왕에게 반대하려는 사람을 제멋대로 처벌했다는 것은 여전히 부인할 수 없는 사실로 남을 것이다. 찰스의 치세가 짧았다고 말하는 사람들도 있지만 아주 긴 통치였다는 내 생각을 밝히지 않을 수 없다.

캔터베리 대주교인 윌리엄 로드William Laud(1573~1645)는 찰스 1세의 오른팔로서 국민의 종교 자유를 억압했다. 성실한 인물이었던 로드는 지식은 많으나 판단력은 떨어졌다. 지식과 판단력이 크게 차이 나는 경우가 가끔 있는 법이다. 로드는 개신교도였지만 견해가 가톨릭과 아주 가까워 본인만 원한다면 교황이 그를 추기경으로 삼고 싶어 할 정도였다.

윌리엄 로드는 서원, 예복, 촛불 점화, 성상 등을 종교의식에서 더없이 중요하게 생각해 쉴 새 없이 절을 하고 촛불을 밝히게 했다. 또한 대주교나 주교를 기적을 행하는 사람으로 여겼는데, 그 의견에 반대하는 사람에게는 깊은 적개심을 보였다. 그런 터라 그는 라이튼Leighton이라는 스코틀랜드 성직자가 주교를 인간이 지어낸 허상이라고 부른 죄로 목에 칼을 차고, 채찍질을 당하고, 볼에 낙인이 찍히고, 귀 한쪽이 잘리고, 콧구멍 하나가 찢길 때 하늘에 감사 기도를 올리고 크나큰 종교적 기쁨을 누렸다.

윌리엄 로드는 어느 일요일 아침 라이튼과 의견이 비슷한 법정 변호사 윌리엄 프린William Prynne(1600~1669)을 고발했다. 프린은 1,000파운드의 벌금형과 더불어 목에 칼을 차고 공시대에 섰고, 두 귀가 모두 잘렸으며, 종신형을 선고받았다. 로드는 청교도 의사였던 바스트윅Bastwick (1593~1654)의 처벌에도 적극적이었다. 바스트윅도 1,000파운드의 벌금형을 받았으며, 그 후 양쪽 귀가 잘리고 종신형에 처해졌다. 이런 처벌이 부드러운 설득 방법이었다고 말하는 사람도 있을 테지만, 나는 국민을 겁주려는 의도에 지나지 않는다고 생각한다.

국민의 경제적 자유를 억압하는 측면에서도 찰스 1세가 부드러웠다고 말하는 사람이 있겠지만, 마찬가지로 나는 공포정치에 가까웠다고 생각한다. 찰스는 톤세와 파운드세를 부과하며 마음대로 세금을 인상했다. 독점 문제로 수년간 원성이 높았지만 찰스는 아랑곳없이 돈을 받고 상인 조합들에 독점권을 주었다. 돼지 전하가 예전에 불법적으로 발표한 성명을 어기는 사람에게 벌금을 물렸고, 끔찍한 산림법을 부활시킨 뒤 개인 재산을 빼앗았다.

찰스 1세는 선박세Ship Money라는 세금도 추가하기로 결정했다. 한 때 잉글랜드의 모든 자치구가 선박세를 냈다는 사실을 알아낸 뒤 해군 함대를 유지하는 비용을 항구뿐만 아니라 모든 잉글랜드 자치구에서 걷 기로 한 것이다. 백성의 불만이 들끓었고, 존 체임버스John Chambers라 는 런던 시민이 선박세 납부를 거부했다. 그러자 런던 시장이 체임버스 를 감옥에 가두라고 명령했고, 그에 대해 체임버스는 런던 시장을 상 대로 소송을 제기했다. 귀족으로 처신이 바른 세이 경Lord Say, William Fiennes(1582~1662)도 선박세를 내지 않겠다고 선언했다.

누구보다 완강하게 선박세에 반대했던 사람은 버킹엄셔Buckinghamshire 의 귀족 존 햄던John Hampden(1595~1643)이었다. 찰스 1세가 의원들을 '독사들'이라고 부른 사건이 벌어지던 날 하원에 있었던 인물로 존 엘리 엇 경과 절친한 사이였다. 재무재판소Court of Exchequer의 판사 12명이 이 재판을 심리했다. 이번에도 변호인들은 찰스 1세가 잘못할 리가 없으 므로 선박세도 잘못일 리 없다는 변론을 폈다. 사실 찰스 1세는 재위 12 년간 나쁜 짓을 하려고 무던히 애를 썼다.

일곱 명의 판사가 선박세는 잘못이 아니니 햄던 의원은 세금 납부의 의무가 있다고 판결했고, 다섯 명의 판사는 선박세가 잘못이니 햄던 의 원은 세금 납부의 의무가 없다고 판결했다. 찰스 1세는 자기가 이겼다고 생각했지만, 햄던은 잉글랜드에서 가장 유명한 인물이 되었다.

당시 나라 형편이 이 지경에 이르자, 수많은 잉글랜드인이 조국을 버 리고 바다를 건너가 미국 매사추세츠 만에 식민지를 세웠다. 들리는 말 로는 친척인 올리버 크롬웰Oliver Cromwell(1599~1658)과 함께 존 햄던 도 미국으로 향하는 여행객에 섞여 배에 올랐지만, 선장이 찰스 1세의 허락 없이는 배에 태울 수 없다고 거부해 할 수 없이 배에서 내렸다고 한다. 아뿔싸! 찰스 1세가 그때 그들을 보냈다면 좋았을 것을!

당시 잉글랜드의 상황이 이랬다. 잉글랜드에서 윌리엄 로드의 행태는 탈출한 미치광이 같았지만 그가 스코틀랜드에서 벌인 악행에 비하면 약과였다. 로드는 찰스 1세의 후원도 받고 개인적으로 그럴 권한도 있다고 생각해 스코틀랜드인에게 자신의 주교관과 종교 형식, 종교의식을 강요함으로써 스코틀랜드를 완전히 광란의 상태로 몰아넣었다. 스코틀랜드인들은 '언약The Covenant'이란 이름의 엄숙동맹Solemn League을 맺어 고유의 종교 형식을 지키기로 했다.

나라 전체에서 스코틀랜드인이 무기를 들고 일어섰다. 그들은 매일 두 차례씩 북을 울려 함께 모인 뒤 기도를 하고 설교를 들었다. 적군을 온갖 악마에 비유하는 찬송가도 불렀다. 그리고 적군을 칼로 벌하겠다고 엄숙하게 맹세했다. 처음에 찰스 1세는 무력을 사용했고, 그다음에는 협약을 제시하기도 했다. 그래도 안 되자 스코틀랜드 의회와 협상을 하려고 했지만 의회는 답변이 없었다. 그러자 찰스는 스트래퍼드 백작Earl of Strafford으로 출세한 토머스 웬트워스 경을 이용하기로 했다. 아일랜드를 다스리고 있던 웬트워스 경도 마찬가지로 그곳을 강압적으로 통치했지만 어디까지나 아일랜드의 이익과 번영을 위해서였다.

스트래퍼드 백작과 윌리엄 로드 대주교는 스코틀랜드인을 무력으로 제압하고 싶어 했다. 하지만 자문을 위해 모인 다른 상원의원들이 결국 의회 소집을 추천했고, 찰스 1세는 마지못해 동의했다. 그래서 1640년 4월 13일 웨스트민스터에서 의회가 열리는 보기 드문 광경이 벌어졌다. 아주 잠깐 열렸기 때문에 '단기 의회'라고 부른다.

의원들이 감히 입을 열지 못하고 서로 멀뚱멀뚱 쳐다보고만 있자, 존 핌John Pym(1584~1643) 의원이 일어서서 지난 12년간 찰스 1세가 저지른 불법행위들이 무엇이며 잉글랜드가 얼마나 쇠락했는지 진술했다. 그러자 이 훌륭한 본보기에 용기를 얻은 다른 의원들도 절제되고 온건한 표현이나마 자유롭게 진실을 말했다. 이에 놀란 찰스는 의회에서 일정 조건에 일정 금액의 보조금을 승인하면 선박세를 더 이상 인상하지 않겠다는 통지를 보냈다. 의회는 그 문제를 놓고 이틀간 토론했다. 그 결과, 왕의 불법행위에 대한 조사와 선박세를 인상하지 않겠다는 약속이 없으면 찰스의 청을 들어줄 수 없다는 결론을 내렸다. 그러자 찰스는 의회를 해산해버렸다.

하지만 의회는 찰스 1세에게 당장 의회가 필요하다는 사실을 잘 알고 있었고, 뒤늦게나마 찰스도 그 사실을 깨달았다. 9월 24일 국민들만큼 침울하고 불만에 가득 찬 군대를 이끌고 스코틀랜드인을 공격하기 위해 요크에 주둔하던 찰스는 상원 대회의를 그곳으로 불러들여 11월 3일에 의회를 소집하겠다고 전했다. 그때 스코틀랜드의 '언약군대'가 잉글랜드로 진격해 석탄 산지인 북부 자치주들을 점령했다. 석탄이 없으면 버틸 수도 없는 데다 찰스의 군대가 음산하고 열정적인 언약군대를 당해내지 못하자 휴전이 성사되었고, 스코틀랜드와의 협정이 거론되었다. 한편 북부 자치주들은 석탄을 건드리지 않고 비밀을 지키는 조건으로 언약군대에 돈을 지급했다.

지금까지 단기 의회 이야기였다. 이제 '장기 의회'는 어떤 기억할만한 일들을 했는지 살펴보자.

의회, 왕의 권력 남용에 제동을 걸다

장기 의회는 1641년 11월 3일에 소집되었다. 일주일 전 요크에서 돌아온 스트래퍼드 백작은 예민해졌다. 민의를 무시했을 뿐만 아니라 항상 국민의 자유에 반대했던 자신에게 적대적인 인물들로 의회가 구성되었기 때문이다. 찰스 1세는 의회가 털끝 하나도 건드리지 못하게 하겠다고 안심시켰다. 하지만 바로 다음 날 존 핌 하원의원이 백작을 반역자로 탄핵했다. 그는 즉시 구금되었고, 드높던 자존심도 무너져 내렸다.

3월 22일 웨스트민스터 홀에서 스트래퍼드 백작의 재판이 열렸다. 백작은 병이 들어 고통에 시달렸음에도 워낙 힘 있고 당당하게 변론을 펼쳐 패소가 의심스러울 정도였다. 재판 13일째 되던 날, 존 핌 의원이 회의록 사본 하나를 하원에 제출했다. 스트래퍼드 백작과 함께 회의에 참석한 헨리 베인Henry Vane, Secretary Vane(1589~1655) 장관의 아들 해리 베인 경Sir Harry Vane(1613~1662)이 아버지의 장롱에서 발견한 문서였다.

회의록에는 스트래퍼드 백작이 "왕은 정부의 온갖 규칙과 의무에서 자유로우며 국민을 마음대로 해도 된다"라고 분명히 찰스 1세에게 말한 것으로 기록되어 있었다. 또한 "이 왕국을 굴복시킬 폐하의 군대가 아일랜드에 있습니다"라는 발언도 기록되어 있었다. '이 왕국'이란 단어가 잉글랜드를 가리키는지 스코틀랜드를 가리키는지는 분명하지 않다. 하지만 의회는 스트래퍼드가 잉글랜드를 지칭하고 있으며, 따라서 명백한 반역죄라고 의견을 모았다. 더불어 하원은 반역죄 증명이 필요한 탄핵 재판 진행에 앞서 명백한 반역죄임을 천명하는 사권박탈법안bill of attainder(반역죄나 중죄의 혐의를 받은 사람에게 사법재판 없이 민사상 권리와 정치적 권리를 박탈하는 입법부의 행위를 말한다_옮긴이)을 제출하기로 결정했다.

즉시 법안이 제출되었고, 대다수의 찬성으로 하원을 통과하여 상원으로 상정되었다. 상원이 그 법안을 통과시킬지, 또 찰스 1세가 법안을 승인할지 아직 불확실한 상황에서 존 핌 의원은 왕과 왕비가 육군 장교들과 공모하여 의회를 장악하고 군인 200명을 런던탑으로 들여보내 백작을 탈출시킬 음모를 세우고 있다고 하원에 폭로했다.

육군과의 음모를 누설한 사람은 조지 고링George Goring(1585~1663)이라는 자였다. 귀족의 아들로 아버지와 이름이 같고 원래 음모에 가담한 몹쓸 친구였는데 배반한 것이었다. 찰스 1세가 진입명령서를 발급한 상태였으니 밸푸어Balfour라는 스코틀랜드인 소장이 단호하게 막지 않았으면 200명의 군인이 런던탑에 진입했을 것이다.

이 일이 알려지자 수많은 사람이 의사당 밖에 몰려들었고, 국민을 탄압하는 찰스 1세의 하수인 스트래퍼드 백작의 처형을 요구했다. 국민이 시위하는 사이 상원을 통과한 사권박탈법안이 찰스의 재가를 기다리고 있었다. 당시 소집된 의회를 의회의 동의 없이는 해산하거나 휴회하지 못한다는 법안도 함께였다. 스트래퍼드에 대한 애착이 크진 않았지만 충직한 신하를 구하고도 싶었던 찰스는 어찌해야 할지 몰랐다.

찰스 1세는 스트래퍼드를 처벌하는 법안이 불법이고 부당하다고 믿었지만 두 법안 모두 재가했다. 스트래퍼드 백작은 찰스 1세를 위해 기꺼이 죽겠노라는 편지를 그에게 보냈다. 그러나 그는 왕이 그렇게 즉각적으로 자기 말을 믿을 거라고는 기대하지 않았던 모양이다. 자신에게 내려진 판결을 전해 듣자 가슴에 손을 얹고 "군주들을 믿지 말지어다!"라고 탄식한 걸 보면.

단 하루도, 단 한 장의 서류도 결코 진솔한 적이 없던 찰스 1세가 편지를 써서 어린 왕세자 편에 상원에 전달했다. '그 불행한 남자가 좁은 감옥에서 여생을 보내도록' 하원을 설득해달라고 간청하는 편지였다. '만일 그가 죽어야만 한다면 자비를 베풀어 토요일까지 사형집행을 연기해달라'는 추신도 덧붙였다. 이 비열한 편지가 스트래퍼드 백작의 운명에남아 있었을지 모를 일말의 의구심을 없애버렸을 것이다. 바로 다음 날인 5월 12일, 백작은 런던탑 북동쪽에 있는 타워힐로 끌려가 참수형을당했다.

죄인의 귀를 자르고 코를 베기 좋아했던 윌리엄 로드 대주교도 당시런던탑에 갇혀 있었다. 스트래퍼드 백작이 처형장으로 끌려가며 로드 대주교의 감방 앞을 지나갈 때 그의 요청으로 로드 대주교가 감방 창문을통해 축복 기도를 해주었다. 두 사람은 찰스 1세의 명분을 따르는 절친한 사이였다. 권력을 잡았던 시절 스트래퍼드 백작은 존 햄던 의원이 선박세를 거부한 죄를 물어 공개적으로 채찍질해야 마땅하다는 편지를 로드 대주교에게 보내기도 했었다.

하지만 이제 그렇게 오만방자했던 처신도 끝나고, 스트래퍼드 백작은품위 있고 용감하게 사형장으로 걸어갔다. 사람들이 백작을 갈기갈기 찢어버릴까 두려워한 소장이 런던탑 정문에서 마차에 타라고 했으나, 그는사람들 손에 죽으나 도끼에 죽으나 매한가지라고 대답했다. 그러고는 흔들림 없는 눈빛으로 가끔 모자를 벗어 인사를 하며 군중 사이로 당당하게 걸어갔다. 사람들은 쥐 죽은 듯 조용했다. 백작은 참수대 위에서 미리준비한 연설을 했다. 그리고 도끼질 한 번으로 마흔여덟 살의 나이에 죽음을 맞았다. 그가 참수된 뒤 처형대에는 연설 원고가 떨어져 있었다.

의회가 다른 훌륭한 조치들과 함께 이토록 대담하고 과격한 행동을하게 된 이유는 모두 찰스 1세가 너무 오랫동안 권력을 남용했기 때문이었다. 선박세나 다른 세금을 불법적으로 거두는 일에 관계된 모든 주 장관이나 관리에게 범법자의 오명이 붙었다.

햄던 판결은 완전히 뒤집혔다. 존 햄던에게 불리한 판결을 내렸던 판사들은 의회가 그들에게 어떤 결론을 내리든 감수하겠다는 서약을 했고, 고등법원의 판사 한 명은 체포되어 감옥으로 보내졌다. 윌리엄 로드 대주교는 탄핵당했으며, 귀가 잘리고 코가 베인 불행한 희생자들은 감옥에서 석방되어 승리를 만끽했다. 그리고 3년마다 의회를 소집하고, 왕이나 관료가 소집하지 않으면 국민이 스스로 모여 국민의 권리이자 권한으로 의회를 소집한다는 법안이 통과되었다.

이 모든 일이 소문으로 퍼져 나가며 환호성이 일었고, 온 나라가 열광의 도가니에 휩싸였다. 의회가 이런 열띤 분위기를 이용하고 온갖 방법으로 국민을 부추긴 것도 의심의 여지가 없는 사실이다. 하지만 잊지 말아야 할 것은 잘못을 저지를 리 없는 존재라는 그 왕이 12년 동안 잘못을 저지르려고 무던히 애를 썼다는 사실이다.

그때까지 줄곧 주교의 의회 참석권을 놓고 종교적으로 거센 항의가 끊이지 않았다. 특히 스코틀랜드인의 반대가 심했다. 이 문제에 대해 잉글랜드인 사이에서는 의견이 갈렸다. 주교의 의회 참석권 때문이기도 하지만, 한편으로는 어리석게도 의회가 거의 모든 세금을 폐지하리라고 믿었기 때문에 많은 잉글랜드인이 동요하여 찰스 1세 편을 드는 일이 있었다. 나는 그때 혹은 찰스 1세의 생애를 통틀어 단 한 명이라도 진심으로 그를 믿는 사람이 있었다면 자신의 목숨도 구하고 왕위도 지켰을 것이라고 확신한다.

하지만 잉글랜드 육군이 해산하자 찰스는 다시 전처럼 장교들과 음모를 꾸몄고, 의회 지도자들에 반대하는 몇몇 장교가 작성한 탄원서에 찬성 서명을 함으로써 그 같은 사실을 명백히 입증했다. 스코틀랜드 육군이 해산했을 때도 그 당시로는 엄청나게 빠른 시간인 4일 만에 에든버러에 도착해 음모를 꾸몄다. 그 음모가 워낙 비밀스러워 찰스의 목적이 무엇이었는지 지금도 규정하기 어렵다.

찰스 1세가 스코틀랜드 의회를 자기편으로 끌어들이려 했다고 짐작하는 사람들이 있다. 찰스가 선물과 특혜를 베풀어 많은 스코틀랜드 귀족과 세력가들을 자기편으로 끌어들인 것도 사실이다. 또 어떤 사람들은 잉글랜드 의회 지도자들이 스코틀랜드인을 끌어들여 도움을 받았다는 반역의 증거를 확보하기 위한 것이었다고 생각한다. 찰스가 스코틀랜드에 간 목적이 무엇이었든지 별 도움은 되지 못했다.

그런데 찰스 1세가 도망친 스코틀랜드 귀족 세 명을 납치하려 한 사건이 발생했다. 음모에 가담한 죄로 감옥에 갇혀 자포자기 상태에 있던 몽로즈 백작Earl of Montrose의 사주를 받은 것이었다. 그를 뒤따르며 감시하던 잉글랜드 의회 위원회가 규정대로 이 사건의 정황을 의회에 보고했고, 의회에 다시 한바탕 소란이 일었다. 진짜인지 연극인지는 모르겠으나 자신들의 신변을 염려한 의회는 총사령관인 에식스 백작에게 편지를 보내 보호를 요청했다.

찰스 1세가 아일랜드에서도 음모를 꾸몄는지 명백히 증명되지는 않았지만 그럴 개연성은 충분하다. 앙리에타 마리아 왕비가 그랬을 수도 있고, 찰스가 아일랜드인을 자기편으로 끌어들이고 싶은 간절한 소망에 아일랜드에서 발생한 폭동을 지원했을 개연성도 충분하다. 이유야 어찌 됐든 아일랜드에서 아주 잔인하고 야만적인 폭동이 일어났다. 가톨릭 사제들의 부추김을 받은 아일랜드인은 나이와 성별을 불문하고 수많은 잉글랜드인을 학살했는데, 목격자들의 증언이 없었다면 믿지 못할 정도였다. 이 폭동으로 살해된 개신교도가 10만 명인지 20만 명인지는 불분명하다. 하지만 야만인들이나 벌일 만큼 무자비하고 잔혹한 폭동이었다는 것은 분명하다.

왕과 의회의 전쟁

스코틀랜드에서 돌아온 찰스 1세는 각고의 노력으로 잃어버린 권력을 되찾겠다고 결심했다. 그 연장선상에서 선물과 특혜를 베풀었으니 스코틀랜드가 자기에게 반대하지는 않을 것이라고 생각했다. 그리고 런던 시장에게 융숭한 저녁식사 대접을 받자 잉글랜드에서 자신의 인기가 다시 올라갔다고 믿었다. 그러나 찰스를 반기는 사람은 시장뿐이었고, 그도 곧 자기가 착각했음을 깨달았다.

하지만 의회의 강력한 반대가 없었더라면 그렇게 빨리 깨닫지 못했을 것이다. 존 핌과 존 햄던, 그리고 다른 의원들은 그 유명한 '대간의서 Grand Remonstrance'를 제출했다. 대간의서는 찰스 1세가 지금까지 행한 불법행위를 낱낱이 밝히는 한편, 그의 부도덕한 조언자들을 점잖게 질책하는 문서였다. 대간의서가 통과되어 본인에게 제출되었을 때도 찰스는 자기 명령이면 런던탑의 밸푸어 소장을 해임하고 평판 나쁜 인물을 그 자리에 앉힐 수 있을 것으로 생각했다.

하지만 하원은 찰스 1세가 추천한 인물을 즉각 거부했고, 결국 그도 포기할 수밖에 없었다. 이때 주교들에 대한 항의의 목소리가 전에 없이 커졌고, 늙은 요크 대주교Archbishop of York가 상원으로 내려가던 중 살해당할 뻔한 일이 발생했다. "주교들은 물러가라!"라고 소리 높여 외치는 소년을 어리석게 꾸짖은 일로 군중에게 잡혀 뭇매를 맞은 것이었다.

그러자 요크 대주교는 시내에 있는 주교를 모두 불러 모아 목숨이 위험해 의회에 참석할 수 없으며 자기들이 출석하지 않은 채 결정된 모든 것의 합법성을 부인한다는 성명서에 서명하게 했다. 주교들의 부탁을 받은 찰스 1세가 이 성명서를 상원에 전달했다. 그러자 하원은 전체 주교를 탄핵해서 런던탑으로 보내버렸다. 찰스는 이 사건을 경고로 받아들이지 않고 이런 과격한 조치에 반대하는 온건파도 의회에 있다는 사실에 고무되어 1642년 1월 3일 인간으로서 저지를 수 있는 가장 경솔한 짓을 저지르고 말았다.

찰스 1세는 누구의 조언도 없이 자기 마음대로 법무장관을 상원에 보내 몇몇 의원을 반역죄로 기소했다. 국민의 사랑을 받는 지도자들로 찰스 1세에게는 눈엣가시 같은 맨체스터 백작Edward Montagu, 2nd Earl of Manchester(1602~1671)과 아서 하셀릭 경Sir Arthur Haselrig, 2nd Baronet(1601~1661), 덴질 홀리스Denzil Hollis(1599~1680), 영향력이 막강하고 커 보여서 '킹 핌'이라 불리던 존 핌, 존 햄던, 윌리엄 스트로드William Strode(1598~1645) 등이었다. 찰스 1세는 이 의원들의 집을 수색하고 서류를 봉인하라고 명령했다. 동시에 하원에 전령을 보내 하원의원 다섯 명을 즉시 인도할 것을 요구했다. 이에 하원은 그 의원들이 합법적인 고발이 있으면 출두할 것이라는 답변을 보내고 바로 휴회했다.

다음 날 하원은 런던 시에 사람을 보내 찰스 1세가 의원의 특권을 침해했고, 그 어떤 것도 그 누구도 안전하지 않다고 시장에게 전했다. 그리고 다섯 의원이 나타나지 않자 찰스가 친히 의회로 내려왔다. 무장한 200~300명의 귀족과 군인 이외의 경비병들도 모두 따라왔다. 찰스는 이들을 현관에서 잠시 대기하도록 지시하고, 조카만 대동한 채 하원에 들어가 모자를 벗고 의장석으로 올라갔다.

하원의장이 자리에서 일어섰고, 찰스가 의장석 앞에 서서 주위를 잠시 훑어본 다음 다섯 의원을 데리러 왔다고 말했다. 아무 말도 없자 찰스 1세가 존 핌 의원을 호명했지만 대답이 없었다. 그러자 찰스 1세는 덴질 홀리스 의원을 호명했다. 역시 대답이 없자 찰스 1세는 다섯 의원이 어디 갔느냐고 의장에게 물었다. 의장이 무릎을 꿇어 예를 표하면서 당당하게 대답했다.

"저는 하원의 종으로서 하원의 명령 없이는 눈이 있어도 보지 못하고 입이 있어도 말하지 못합니다."

의장의 답변을 듣고 당황한 찰스는 반역자들을 자기가 직접 찾아내겠다고 대꾸하고, 모자 쓰는 것도 잊어버린 채 성큼성큼 걸어 나갔다. 주위에서 의원들이 웅성거렸다.

이 모든 일이 알려지자 밖에서는 일대 혼란이 벌어졌다. 사람들은 다섯 의원을 런던 시내 콜맨 가에 있는 한 집으로 피신시키고 밤새 경비를 세웠다. 정말이지 도시 전체가 군대처럼 무기를 들고 지켰다. 아침 10시, 자기가 저지른 일에 지레 겁을 먹은 찰스 1세는 상원의원 여섯 명만 대동한 채 길드홀에 나타나 반역죄로 고발된 의원들을 숨기지 말고 내놓으라고 요구했다.

다음 날 찰스 1세는 의원 다섯 명의 체포 포고문을 발표했다. 의회는 포고문에 아랑곳없이 5일 후 다섯 의원을 당당하게 웨스트민스터로 옮긴다는 대담한 결정을 내렸다. 그러자 자신이 경솔했음에 놀랐는지, 아니면 신변에 위협을 느꼈는지 찰스는 화이트홀 궁을 나와 앙리에타 마리아 왕비와 자녀들을 데리고 햄프턴 코트 궁으로 떠났다.

5월 11일, 다섯 의원은 위풍당당하게 웨스트민스터로 이동했다. 강으로 이동했는데, 배가 너무 많아 강이 보이지 않을 정도였다. 다섯 의원이 탄 배를 호위하는 바지선에는 커다란 총을 든 사람들이 가득했는데, 그들은 무슨 일이 있어도 의원들을 지키겠다는 듯 결연한 의지를 보였다. 스트랜드 가에서는 필립 스키폰Philip Skippon(1600~1660)이 지휘하는 대규모 런던 민병대가 이 작은 선단을 지원할 만반의 태세를 갖추고 행군했다. 민병대 뒤에는 군중이 길을 가득 메운 채 쉴 새 없이 주교와 가톨릭교도들을 성토했고, 화이트홀을 지날 때는 경멸에 가득 차서 "왕은 어디 갔나?"라고 외쳐댔다.

하원 밖에서 이렇게 큰 소란이 벌어지는 동안 하원 내부는 아주 조용했다. 존 핌 의원이 일어서서 런던 시에서 환대를 받았다고 하원에 보고했다. 그러자 하원은 주 장관들을 불러 감사를 전한 다음, 스키폰 대장이 이끄는 민병대에 하원을 지켜달라고 요청했다. 그때 민병대와 함께 하원을 지키겠다며 버킹엄셔에서 4,000명이 말을 타고 도착했는데, 고향에서 큰 사랑과 존경을 받던 존 햄던 의원이 부상을 당했다고 찰스 1세에게 탄원하는 서류를 가지고 왔다.

찰스 1세가 햄프턴 코트 궁으로 떠날 때 동행했던 귀족과 군인들은 시 외곽 킹스턴어폰템스까지 수행했다. 다음 날 찰스가 머무르는 햄프턴 코트 궁에서 딕비 경이 여섯 필의 말이 끄는 마차를 타고 의회로 와서 왕을 보호해줄 것을 요청했다. 의회가 그것은 잉글랜드 백성을 상대로 전쟁을 선포하는 행위나 마찬가지라고 경고하자 딕비 경은 해외로 도주했다. 그 즉시 의회는 잉글랜드 군대 장악에 착수했다. 찰스가 이미 의회를 상대로 전쟁을 일으키려 하고 있으며 무기와 화약이 보관된 중요한 무기고를 확보하기 위해 뉴캐슬 백작Earl of Newcastle을 비밀리에 헐Hull 시로 보낸 것을 알게 되었기 때문이다.

당시 모든 자치주에는 민병대나 의용군이 사용할 무기와 화약을 보관하는 무기고가 있었고, 주지사가 민병대를 통솔했다. 그래서 의회는 그때까지 찰스 1세가 행사한 주지사 임명권을 의회로 넘기는 법안을 도입했다. 법안에는 왕국 내 모든 요새, 성채, 보루를 의회가 신뢰하는 주지사에게 맡기는 방안도 포함되어 있었다. 주교의 투표권을 박탈하는 법률도 통과되었다.

찰스 1세는 그 법안을 재가했지만 주지사 임명권은 포기하지 않으려했다. 그러면서 의회에서 승인할만한 인물을 지명하겠다고 말했다. 펨브로크 백작이 주지사 임명권을 잠시 양보할 의사가 없느냐고 물었으나 찰스는 "절대, 한 시간도 양보할 수 없다!"고 대답했고, 이로써 왕과 의회의 전쟁이 시작되었다.

앙리에타 마리아 왕비는 오렌지 공국의 왕자와 약혼한 어린 딸을 미래의 남편이 있는 나라로 데려다준다는 핑계로 이미 안전하게 네덜란드로 피신한 상태였고, 그곳에서 왕실 보석을 저당잡힌 돈으로 왕을 도울 군대를 모집하고 있었다. 그때 해군 사령관이 병이 들자 하원은 워릭 백작을 1년 임기로 지명했지만, 찰스 1세는 다른 귀족을 지명했다. 하원은 물러서지 않았고, 결국 찰스 1세의 동의 없이 워릭 백작이 해군 사령관이 되었다. 의회는 무기고를 런던으로 옮기라고 헐 시에 명령했다. 그러자 찰스가 직접 무기고를 장악하기 위해 헐 시로 내려갔다. 시민들이 그를 도시에 들이려 하지 않았고, 주지사도 성에 들이려 하지 않았다.

의회는 왕이 동의하지 않더라도 양원을 통과한 사항은 법령이라 부르며 왕이 동의한 법률과 같은 효력을 가진다고 결의했다. 찰스 1세는 이 결정에 반대하며 이런 법령은 따를 수 없다고 통보했다. 그는 귀족원House of Peers 대다수와 많은 하원의원과 함께 요크에 자리를 잡았다. 대법관이 국새를 들고 찰스에게 가자 의회는 국새를 새로 만들었다.

앙리에타 마리아 왕비가 무기와 탄약을 한 배 가득 실어 보냈고, 찰스는 높은 이자로 돈을 빌린다는 문서를 발부했다.

의회는 20개의 보병 연대와 75개 기병대를 모았다. 국민들은 기꺼이 돈이나 금은 식기, 보석, 장신구 등을 내놓았고, 결혼한 여자들은 결혼반지까지 내놓으며 힘을 보탰다. 자기 지역에서 기병대나 보병 연대를 모집할 수 있었던 의원은 모두 각자 취향대로 고유 색상의 군복을 입혀 지휘했다. 그중에서 올리버 크롬웰이 조직한 기마부대가 무장도 철저했고 열성적이었다. 아마 역사상 가장 훌륭한 군대였을 것이다.

이 훌륭한 의회도 기존 법률이나 관습의 한계를 뛰어넘는 조치를 몇 차례 취한 적이 있었고, 폭도들을 부추기거나 힘을 빌리기도 했으며, 민중 지도자들과 생각이 다른 사람들을 무자비하게 투옥하기도 했다. 그러나 다시 말하지만 잊지 말아야 할 것이 있다. 그 전에 찰스 1세가 제멋대로 다스린 12년이다. 그리고 그 12년을 완전히 청산하지 못한다면 시대를 바로잡지 못한다는 사실이다.

내전에서 포로가 되다

찰스 1세와 장기 의회 사이에 거의 4년간 이어진 이 대단한 내전을 세세하게 거론하지는 않겠다. 다 이야기하려면 두꺼운 책으로 여러 권이 될 것이다. 잉글랜드 땅에서 또다시 잉글랜드 사람들끼리 싸워야만 했던 것은 비극이지만, 양쪽 모두 대단히 인간적이었고 관대했으며 명예를 지켰다는 점에서 어느 정도 위안으로 삼는다.

이런 관점에서 보면, 상당수가 대의명분보다 단지 돈 때문에 싸움에 참여한 찰스 1세의 군사보다 의회의 군사가 훨씬 더 훌륭했다. 찰스를 편들었던 귀족이나 지주 계층 군사들도 용감했고, 그에게 충성을 바쳤기 때문에 그들의 행위 또한 높이 평가하지 않을 수 없다. 많은 가톨릭교도가 왕실 편에 서서 찰스의 군대에 가담한 이유는 앙리에타 마리아 왕비가 독실한 가톨릭교도였기 때문이었다.

너그러운 왕이라면 용감한 인물 중에서 적임자를 선발해 군대 지휘권을 맡겼을 것이다. 그러나 예전부터 왕족을 높이 평가하는 구습에 젖어 있던 찰스 1세는 조카인 루퍼트 왕자Prince Rupert(1619~1682)와 모리스 왕자Prince Maurice(1620~1652)에게 군대 지휘권을 맡겼다. 두 왕자는 왕실 혈통으로 찰스를 돕기 위해 외국에서 건너왔는데, 오지 않는 편이 더 좋았을 것이다. 그들은 성급하고 욱하는 성미가 있는 데다 자나깨나 전장으로 돌격해 공격할 생각만 하는 인물들이었다.

의회군의 사령관인 에식스 백작은 존경받는 귀족이자 훌륭한 군인이었다. 전쟁이 일어나기 얼마 전, 웨스트민스터에서 일부 주제넘은 법대 학생들과 군인들, 상점 주인과 도제들, 길 가던 일반인들이 몇 차례 봉기를 일으킨 적이 있었다. 당시 찰스 1세를 지지하는 세력은 봉기를 일으킨 사람들을 라운드헤드Roundhead(도제들의 머리가 짧았기 때문에 붙여진 이름이었다_옮긴이), 즉 '원두당'이라고 불렀고, 그들은 찰스를 지지하는 세력을 '기사당Cavalier'이라고 불렀다. 마치 군인이라도 되는 듯 거들먹거린다는 의미였다. 이제 이 두 단어가 내전의 양편을 구분하는 말이 되었다. 왕당파(기사당)는 의회파(원두당)를 '반란자'나 '불한당'이라고 불렀고, 의회파는 왕당파를 '악성 세력'이라 부르며 스스로를 '경건한 자', '정직한 자' 등으로 불렀다.

전쟁은 포츠머스Portsmouth에서 일어났다. 이 전쟁에서 다시 찰스

1세의 편으로 넘어간 이중 스파이 고링이 의회파 군대에 포위되었다. 찰스는 에식스 백작과 휘하 장교들을 반역자라고 선언한 뒤 자신을 따르는 신하들에게 무장하고 8월 25일 노팅엄으로 모이라고 요구했다. 하지만 모인 충신들의 수는 얼마 되지 않았고, 바람 불고 음산한 날씨에 왕의 깃발마저 넘어지는 등 모든 상황이 우울했다.

이후 주요 교전이 벌어진 곳은 밴버리 인근의 레드호스Red Horse 계곡, 브렌트퍼드, 데비즈Devizes, 찰그레이브Chalgrave, 뉴버리Newbury, 레스터, 네이즈비Naseby, 윈체스터, 요크 인근의 마스턴 무어Marston Moor, 뉴캐슬, 그리고 잉글랜드와 스코틀랜드의 여러 지역이었다. 찰그레이브에서는 존 햄던 의원이 부대를 지휘하며 앞장서 싸우다 심한 부상을 당한 뒤 일주일도 넘기지 못하고 사망했고, 뉴버리 전투에서는 왕당파의 핵심 귀족이었던 포클랜드 경Lucius Cary, 2nd Viscount Falkland(1610~1643)이 전사했다.

전투는 밀고 밀리는 공방전 양상으로 전개되었다. 왕이 한 번 승리하면, 다음엔 의회가 승리했다. 거의 모든 주요 대도시들은 찰스 1세에게 등을 돌렸다. 런던 시에 요새를 쌓을 일이 생기자 노동자부터 귀족까지 온갖 계층의 사람들이 남녀 할 것 없이 순전한 호의로 힘을 합쳐 성실하게 일했다. 의회파를 이끈 지도자들 중 가장 두드러진 인물은 존 햄던, 토머스 페어팩스 경Thomas Fairfax, 3rd Lord Fairfax of Cameron (1612~1671)(1612~1671), 누구보다 훌륭한 올리버 크롬웰, 그리고 그의 사위 헨리 아이어튼Henry Ireton(1611~1651)이었다.

값비싼 희생이 따르는 전쟁에 진저리를 치던 사람들은 거의 모든 집안에서 가족들이 양편으로 나뉘어 대치하는 더욱 힘든 상황이 이어지자 내전을 치르는 내내 계속해서 평화를 갈망했다. 지도자 중에도 나름

대로 그런 열망을 품은 사람들이 있었다. 그에 따라 의회 위원들이 찰스 1세와 평화협정을 논의했다. 요크, 억스브리지Uxbridge, 그리고 찰스가 자체적으로 소규모 의회를 이끌던 옥스퍼드에서 협상을 벌였지만 성과는 없었다.

심각한 곤경에 처한 상황에서 협상에 임한 찰스 1세는 진가를 발휘했다. 그는 매우 용기 있고 냉정했으며 침착하고 영리했다. 하지만 예전 기질을 버리지는 못해 여전히 단 한 순간도 신뢰할 수 없는 사람이었다. 찰스를 높이 평가하는 역사학자 클래런던 경Edward Hyde, 1st Earl of Clarendon(1609~1674)은 불행히도 찰스가 앙리에타 마리아 왕비의 동의 없이는 화해하지 않겠다고 약속했기 때문일 것이니 너그럽게 이해해야 한다고 생각했다.

그러나 찰스 1세는 조변석개하는 사람이었다. 그는 더러운 피를 묻힌 아일랜드 반란군들에게 돈을 주고 휴전협정을 맺은 뒤 의회와의 싸움에서 자기편에 서도록 아일랜드 연대에 도움을 요청했다. 네이즈비 전투에서 찰스의 문서함이 탈취되었는데, 그 안에서 앙리에타 마리아 왕비와 주고받은 편지가 발견되었다. 편지에서 찰스는 예전에 독사라고 불렀던 것보다는 나아졌지만 의회를 잡종견이라 부르며, 자신이 마치 그 의회를 인정하고 대우하는 것처럼 속였다고 분명히 적고 있었다. 그뿐만 아니라 찰스가 외국 군대 1만 명을 부르기 위해 프랑스 로렌 공작Duke of Lorraine과 오래전부터 비밀 교섭을 벌이고 있다는 내용도 편지에서 드러났다.

이런 사실이 들통 나자 낙담한 찰스 1세는 가장 헌신적인 친구인 우스터 후작Edward Somerset, 2nd Marquess of Worcester(1601~1667)을 아일랜드로 보내 아일랜드 군대 1만 명을 들여오는 비밀 조약을 가톨릭 세력과 체결하게 했다. 그 보답으로 찰스는 가톨릭교에 큰 혜택을 주기로 했다.

그런데 그 당시 흔하게 벌어지던 소규모 전투에서 싸우다 죽은 아일 랜드 대주교의 마차에서 그 비밀 조약 문서가 발견되자 찰스 1세는 대역 죄로 기소된 사랑하는 친구 글라모건 백작을 비겁하게 부인하고 저버렸 다. 이보다 더 야비한 일은 왕으로서 친히 백작에게 내린 비밀 명령서에 서명하지 않았다는 사실이다. 분명히 자기 목숨을 보전하려는 요량이었 을 것이다.

마침내 1646년 4월 27일, 옥스퍼드에 고립된 찰스 1세는 의회파 군대 가 사방에서 조여오자 더 늦기 전에 빠져나가야 한다고 생각했다. 그날 밤 머리와 수염 모양을 바꾸고 하인 복장으로 갈아입은 찰스는 망토까 지 둘러쓰고 말에 올랐다. 그리고 도로 사정을 잘 아는 그 지역 성직자를 길잡이 삼아 충복 한 명을 앞세우고 도시를 빠져나갔다.

런던을 향해 말을 달리던 찰스 1세가 해로우Harrow에 이르러 돌연 계 획을 변경했다. 스코틀랜드 주둔지로 가기로 결정했던 것 같다. 당시 잉 글랜드에는 의회파 군대를 돕기 위해 스코틀랜드 군대가 많이 들어와 있었다. 찰스는 매사가 무슨 꿍꿍이속인지 알 수 없어서 정확히 어떤 생 각으로 이런 행보를 했는지는 지금도 불확실하다. 어쨌든 찰스는 스코틀 랜드 사령관인 리벤 백작Alexander Lesile, 1st Earl of Leven(1582~1661)에 게 갔고, 포로지만 정중하게 맞이했다. 잉글랜드 의회와 스코틀랜드 당 국은 찰스의 처리 방안을 두고 그 이듬해 2월까지 협상을 벌였다. 그런 데 찰스가 의회가 요구한 민병대 통솔권 포기도 거부하고 스코틀랜드가 요구한 엄숙동맹 '언약'을 인정하는 것도 거부하자 스코틀랜드는 지원 군에 대해 큰 보상을 받고 잉글랜드에 그를 넘겼다. 의회의 인수위원들 은 찰스를 인도받아 노샘프턴셔 올소프Althorpe 인근에 있는 그의 사가 홈비 하우스Holmby House로 데려갔다.

　내전이 한창 진행 중일 때 존 핌이 사망했고, 큰 존경을 받으며 웨스트민스터 사원에 묻혔다. 잉글랜드인들이 핌과 존 햄던 덕분에 자유를 얻은 것을 생각하면 당연히 받아야 할 존경이었다. 그리고 내전이 끝나고 얼마 지나지 않아 에식스 백작이 사망했다. 윈저 숲에서 열린 사슴 사냥대회에서 무리하여 생긴 병이 화근이었다. 백작도 장엄한 장례식을 치르고 웨스트민스터 사원에 안장되었다.

　입에 올리기는 싫지만 윌리엄 로드 대주교는 내란이 끝나기 전 참수되었다. 거의 1년간 재판이 진행되었다. 반역죄에 해당되지 않는지, 사악한 왕의 끔찍한 음모를 돕지 않았는지까지 의심받았고, 결국 로드 대주교는 사제의 권한이 박탈되었다. 로드 대주교는 지독한 편견에 사로잡혀 화를 부르는 사람이었다. 잘 알다시피 사람들의 귀를 자르고 코를 베는 것을 무척 좋아했으며 엄청난 해악을 끼쳤지만, 죽음을 맞을 땐 용기 있는 노인처럼 평온했다.

올리버 크롬웰의 등장

　찰스 1세를 손에 넣은 의회는 점점 더 강력해지는 올리버 크롬웰의 군대를 무력화시키기 위해 노심초사했다. 크롬웰의 용기와 출중한 능력이 겁나기도 했지만, 그가 당시 군인들 사이에서 폭발적인 인기를 얻던 스코틀랜드식 청교도를 독실하게 믿었기 때문이기도 했다. 청교도 군인들은 교황은 물론 주교도 반대했다. 일반 사병, 고수, 나팔수까지 한 번 설교를 시작하면 장황하게 이어졌는데, 나라면 무슨 일이 있어도 그런 군대에는 들어가고 싶지 않다.

할 일이 없어진 군대가 청교도 교리를 전도하며 싸움을 걸어오지 않을까 우려한 의회는 대부분의 군대를 해산하고 그 나머지를 아일랜드 반군을 진압하러 보내 잉글랜드에는 소수의 병력만 남기는 안을 내놓았다. 군대는 스스로 내린 결정이 아니라며 해산에 동의하지 않았다. 그리고 의회가 강제로 해산할 의도를 보이자 돌발적인 행동을 취했다.

어느 날 밤 400명의 기병이 홈비 하우스에 도착했다. 조이스Joice라는 이름의 기병대 기수가 한 손에 모자를 벗어 들고 다른 손에는 권총을 든 채 찰스 1세의 방으로 걸어 들어가 왕을 모시러 왔다고 말했다. 찰스는 당장에라도 따라나서고 싶었지만 아침에 공식적으로 요청하라는 조건을 붙였다.

다음 날 아침, 의회에서 배치한 경비병들과 측근들을 거느리고 계단 꼭대기에 나타난 찰스 1세는 조이스에게 무슨 권한으로 자기를 데리러 왔느냐고 물었다. 조이스가 대답했다.

"군대의 권한입니다."

찰스가 물었다.

"위임장은 있는가?"

조이스가 말을 타고 있는 400명의 기수를 가리켰다.

"저들이 제 위임장입니다."

찰스 1세가 만족한 듯 미소 지으며 대답했다.

"지금까지 그런 위임장은 본 적이 없지만 공정하고 분명한 위임장이구나. 여기 모인 사람들은 내가 이제껏 보아온 귀족들처럼 당당하고 훌륭하도다."

어디에서 거처하고 싶으냐는 물음에 찰스 1세는 뉴마켓Newmarket이라고 대답했다. 찰스와 조이스, 그리고 400명의 기병은 뉴마켓으로 말을 달렸다. 찰스는 자신도 조이스나 다른 기병들처럼 쉬지 않고 말을 탈 수 있다고 말하며 미소 지었다.

찰스 1세는 군대가 자기편이라고 믿었던 것 같다. 올리버 크롬웰 장군과 헨리 아이어튼이 찰스에게 의회의 보호를 받으라고 설득하러 왔을 때 토머스 페어팩스에게 실제로 그렇게 말하기도 했다. 찰스는 군대의 보호 아래 있는 것이 낫다고 결정했다. 찰스를 대동하고 점점 런던으로 접근하는 군대는 자기들의 요구에 응하라고 의회를 압박했다.

잉글랜드가 수많은 무장 군인의 손에 떨어지다니 통탄할 일이었다. 찰스 1세는 목숨이 걸린 중대 시점을 맞아 자신을 통제하려는 합법적인 세력보다는 군대에 마음이 끌렸던 것이 분명하다. 여기서 빼놓을 수 없는 것은 그때까지 군대가 의회보다 더 공손하고 친절하게 찰스를 대했다는 사실이다. 군대는 그가 하인들의 시중을 받도록 허락했으며, 훌륭한 저택에서 융숭하게 대접도 했고, 레딩 근처의 저택에서 이틀간 자녀들을 만나게도 했다. 반면에 의회는 겨우 말을 타고 나가거나 구주희(중세 유럽에서 시작된 볼링 경기로 아홉 개의 핀을 세워 놓고 일정한 거리에서 공을 굴려 쓰러뜨린다_옮긴이)를 즐기게 하는 정도로 찰스에게 가혹했다.

이때만 해도 찰스 1세가 신의를 지켰으면 목숨을 건질 수도 있었다. 올리버 크롬웰조차 국민이 아무 일 없이 자신의 재산을 지키려면 왕의 권한을 보장해주어야 한다고 공공연히 말했을 정도였다. 크롬웰은 찰스에게 적의를 갖고 있지 않았다. 찰스가 자녀들을 맞을 때 현장에 있던 크롬웰은 그 애처로운 모습에 연민을 느꼈고, 그를 자주 찾아가 만났다. 군에 대한 자신의 영향력이 어느 정도 줄어들 위험이 있다는 것을 알면서도 이제는 쫓겨난 햄프턴 코트 궁의 쾌적한 정원이나 긴 회랑을 찰스와 함께 걸으며 이야기를 나누는 일이 많았다.

하지만 찰스 1세는 남몰래 스코틀랜드인의 도움을 기대했다. 스코틀랜드인이 합류를 권유하는 순간, 그는 새로운 후원자인 군대를 차갑게 대하며 장교들에게 자기가 없으면 아무 일도 할 수 없을 것이라고 말했다. 또한 자신이 권력을 찾도록 도와주면 귀족으로 만들어주겠다고 올리버 크롬웰과 헨리 아이어튼에게 약속하는 순간에도 두 사람을 교수형에 처할 생각이라고 앙리에타 마리아 왕비에게 편지를 쓰고 있었다.

올리버 크롬웰과 헨리 아이어튼이 나중에 밝힌 내용에 따르면, 어느 날 밤 찰스 1세가 그 편지를 말안장에 넣고 꿰매 홀번에 있는 블루 보어Blue Boar라는 여인숙을 거쳐 도버로 전달할 것이라는 첩보를 은밀히 입수했다고 한다. 사병으로 변장한 두 사람은 블루 보어 여인숙 마당에서 술을 마시고 있다가 한 남자가 들고 오는 안장을 빼앗아 칼로 안장을 뜯고 그 안에 숨겨진 편지를 찾아냈다.

신빙성 있는 이야기다. 올리버 크롬웰이 찰스 1세의 충복 한 사람에게 왕은 믿을 수 없는 사람이며, 그에게 무언가 잘못된 일이 생겨도 자기 책임은 아니라고 말한 것은 분명한 사실이다. 하지만 크롬웰은 그런 일이 있은 후에도 찰스에게 한 약속을 지켰고, 일부 군인들 사이에 찰스를 체포하려는 음모가 있었음을 알렸다. 내 생각에 사실 크롬웰은 찰스가 해외로 탈출해 더 이상 문제나 위험이 생기지 않길 원했던 것 같다. 당시 부대 일부가 크롬웰과 동조자들에게 반항하자 불가피하게 부대원들 앞에서 한 명을 사살하여 나머지 부대원들을 위협한 걸 보면 크롬웰이 군대를 장악하기 위해 애쓴 것도 분명하다.

찰스 1세는 크롬웰의 경고를 받고 햄프턴 코트 궁을 탈출했다. 그는 한동안 갈 곳을 정하지 못하고 망설인 끝에 와이트 섬에 있는 캐리스브

룩 성Carisbrooke Castle으로 향했다. 처음에는 꽤나 한가했지만 그곳에서도 찰스는 의회와 협정을 맺는 척하며 실제로는 스코틀랜드의 군대를 잉글랜드로 데려와 자기 자리를 찾으려고 스코틀랜드 위원들과 협상을 벌이고 있었다. 찰스는 스코틀랜드와 협상을 맺은 상태에서 의회와의 협상을 파기하고 포로 신세로 전락했지만, 이는 모두 사전에 계산된 일이었다. 왜냐하면 바로 그날 밤 앙리에타 마리아 왕비가 섬 외곽에 준비해 놓은 배를 타고 탈출 계획을 세웠기 때문이다.

찰스 1세가 스코틀랜드에 걸었던 기대는 깨지게 되어 있었다. 스코틀랜드 위원들과 그가 맺은 협약 내용이 스코틀랜드의 종교에 그다지 유리하지 않았기에 이에 만족하지 못한 스코틀랜드의 사제들이 이 협정에 반대하는 강론을 펼쳤던 것이다. 그 결과 스코틀랜드 정부는 터무니없이 적은 수의 군대를 모집해 찰스에게 보냈다.

잉글랜드 내부의 왕당파가 봉기하고 아일랜드에서 온 정예병의 도움을 받았지만, 찰스 1세는 올리버 크롬웰과 토머스 페어팩스 같은 인물이 지휘하는 의회파 군대에 맞설 수는 없었다. 네덜란드에 머무르고 있던 왕세자는 자기 휘하의 잉글랜드 함대 19척을 이끌고 아버지를 돕기 위해 건너왔지만 의회파 군대의 기세에 압도되어 바로 돌아갔다.

이 두 번째 내전 중 벌어진 가장 놀라운 사건은 의회파 장군이 찰스 루카스 경Sir Charles Lucas(1613~1648)과 조지 라일 경Sir George Lisle (1610~1648)이라는 두 명의 왕당파 장군을 잔인하게 처형한 일이었다. 두 사람은 굶주리고 지친 불리한 상황에서도 근 3개월간이나 콜체스터 Colchester를 용감하게 방어한 위대한 장군들이었다. 찰스 루카스 경이 총에 맞자, 조지 라일 경은 그의 몸에 입을 맞춘 뒤 자신을 조준하고 있는 병사들에게 말했다.

"더 가까이 와서 나를 확실하게 맞히게."

그러자 한 병사가 대답했다.

"약속합니다, 조지 경. 명중시키겠습니다."

그러자 조지 경은 미소를 띠고 대답했다.

"그래? 지금보다 더 가까이 간 적이 수없이 많았는데, 자네들은 나를 맞히지 못하더군."

그렇게 라일 경도 최후를 맞았다.

비우호적인 의원 일곱 명을 넘기라는 군대의 요구에 심하게 시달린 의회는 투표를 통해 더 이상 찰스 1세를 상대하지 않기로 결정했다. 하지만 6개월이 못 되어 두 번째 내전이 끝나자 의회는 위원들을 지명해 찰스 1세와 협상을 벌였다. 당시 다시 풀려나 와이트 섬의 뉴포트에 있는 사가에 기거하고 있던 찰스 1세는 의회에서 제시한 모든 요구 조건을 받아들이기로 했다. 그때까지 계속 거부해왔던 주교직의 일시 폐지 및 주교들의 토지를 몰수하는 일까지 승인했다.

그러나 찰스 1세는 치명적인 악습을 버리지 못했다. 막역한 친구들이 위원회에 포함되자 섬을 탈출할 계획을 세웠던 것이다. 그는 아일랜드의 친구들 및 가톨릭 세력과 꾸준히 연락을 주고받고 있었는데, 자신이 의회에 양보한 이유는 오로지 탈출할 시간을 벌기 위해서였다는 편지를 직접 작성하기도 했다.

일이 이렇게 진행될 무렵, 의회에 항거하기로 결심한 군대가 런던으로 행군했다. 의회는 이제 군대를 두려워하지 않았고, 잉글랜드 왕국에 평화를 정착시키려면 찰스 1세의 양보가 필요하다는 투표를 홀리스의 주도로 대담하게 가결했다. 리치 대령Colonel Rich과 프라이드 대령Colonel Pride이 기병 한 개 연대와 보병 한 개 연대를 데리고 하원으로 내려갔다. 프라이드 대령은 군대의 심기를 건드린 의원들 명단을 손에 들고 서서 복도를 지나가는 해당 의원들을 지목해 모두 감금했다. 나중에 사람들은 농담 삼아 이 일을 '프라이드의 숙청Pride's Purge'이라고 불렀다. 당시 북부에서 군대를 지휘하고 있던 올리버 크롬웰도 나중에 잉글랜드에 돌아와서 이 사건을 승인했다.

군대가 일부 의원은 감금하고 일부는 내쫓아 하원은 이제 50여 명밖에 남지 않게 되었다. 하원은 의회와 국민을 상대로 전쟁을 벌인 왕의 행위를 반역죄로 규정 짓고, 찰스 1세를 반역자로 재판해 처벌하는 문제를 상원에 상정했다. 그러나 16명으로 구성된 상원은 만장일치로 안건을 기각했다. 그러자 하원 의원들은 하원이 국가의 최고 정부라는 하원 조례를 만들어 직접 왕을 재판하려 했다.

안전을 위해 찰스 1세는 허스트 성Hurst Castle으로 옮겨졌다. 바닷가 암벽 위에 외따로 떨어진 집이었는데, 썰물 때는 햄프셔 해안에 닿는 3킬로미터 정도의 자갈길이 드러났다. 그 후 찰스는 하원의 명령에 따라 윈저 성으로 옮겨졌다가 다시 런던에 있는 세인트 제임스 궁St. James's Palace으로 옮겨졌다. 그곳에 도착하자마자 그는 재판이 다음 날로 정해졌다는 소식을 들었다.

찰스 1세의 최후

1649년 1월 20일 토요일, 역사적인 재판이 시작되었다. 하원은 군대 장교와 변호사, 그리고 일반 시민까지 포함된 135명의 배심원단을 구성하기로 결정했다. 재판장은 최고위 법정변호사serjeant-at-law인 존 브래드쇼John Bradshaw(1602~1659)였고, 재판이 열리는 장소는 웨스트민스터 홀이었다. 재판장이 안전을 위해 철판을 안에 댄 모자를 쓰고 맨 위 빨간 벨벳 의자에 앉았다. 나머지 배심원들도 모자를 쓰고 옆으로 길게 늘어선 의자에 앉았고, 벨벳이 덮인 왕의 의자가 재판장석을 향해 놓여 있었다. 찰스 1세는 세인트 제임스 궁에서 화이트홀로 옮겨진 뒤 배를 타고 법정으로 이동했다.

법정에 들어선 찰스 1세는 흔들림 없는 시선으로 배심원단을 훑어보았다. 그러고는 수많은 방청객을 둘러보았고, 자리에 앉았다가 곧 일어나 다시 주위를 둘러보았다. '피고 찰스 스튜어트, 대역죄'라는 기소장이 낭독되자 찰스는 몇 차례 미소를 지었고, 의회에 상원이 있는데 배심원에는 상원의원이 없다며 배심원단의 권위를 인정할 수 없다고 말했다. 또한 왕도 참석해야 하는데, 왕이 제자리에 없다고도 말했다.

브래드쇼는 신과 잉글랜드 왕국이 배심원단에 권위를 부여했으므로 모든 조건은 충족되었다고 말했다. 그리고 다음 주 월요일까지 재판을 연기했다. 월요일에 재개된 재판은 일주일 내내 진행되었다. 토요일, 찰스 1세가 홀에 마련된 자기 자리로 걸어가는데, 몇몇 군인들과 방청객이 "정의!"라고 외치며 처형을 요구했다. 그날 브래드쇼는 전에 입었던 검은 법복 대신 빨간 법복을 입고 나타났다.

찰스 1세에게 사형이 선고되었다. 그가 법정을 나서는데, 혼자 서 있던 병사가 말했다.

"신의 가호를 빕니다."

이 말을 들은 장교가 그 병사를 매질하자 찰스 1세는 죄에 비해 과한 처벌이라며 병사를 두둔했다. 재판 도중 한번은 지팡이에 몸을 기대는데 은으로 만든 지팡이 머리가 부서져 바닥에 떨어지는 일이 있었다. 찰스는 그 사건이 내내 마음에 걸렸다. 자신이 참수형에 처해질 불길한 징조라고 여기는 것 같았다. 결국 그는 모든 상황을 담담히 받아들였다. 이제모두 지난 일이었다.

찰스 1세는 화이트홀로 돌아와 하원에 전갈을 보냈다. 머지않아 자신의 사형이 집행될 테니 사랑하는 자녀들을 만나게 해달라는 간청이었다. 하원은 그의 청을 받아들였다. 월요일에 그는 세인트 제임스 궁으로 이동했다. 당시 잉글랜드에 남아 있던 두 자녀인 열세 살 엘리자베스 공주와 아홉 살 글로스터 공작이 아버지를 찾아왔고, 곧 가슴 뭉클한 장면이 펼쳐졌다.

찰스 1세가 가여운 아이들에게 입을 맞추고 머리를 쓰다듬었다. 그런 다음 공주에게 다이아몬드 인장 두 개를 선물로 주었고, 앙리에타 마리아 왕비에게 전하는 다정한 말도 남겼다. 왕비는 그때 이미 애인이 생겨얼마 후 바로 결혼해버렸으니 그런 다정한 말을 들을 자격도 없는 사람이었다. 그리고 찰스는 아이들에게 자신이 '잉글랜드의 법과 자유를 수호하기 위해' 죽는다고 말했다. 나는 찰스가 잉글랜드의 법과 자유를 수호하기 위해 죽었다고 생각하지 않지만 그는 그렇게 믿었던 것 같다.

그날 네덜란드에서 불행한 왕을 선처해달라고 탄원하는 사절단이 도착했다. 의회가 찰스 1세의 목숨을 살려주길 바라는 마음은 여러분이나나나 마찬가지지만, 사절단의 요청은 받아들여지지 않았다. 스코틀랜드의 의원들도 선처를 호소했다. 왕세자도 왕위 후계자로서 의회의 모든조건을 받아들이겠다는 편지를 보내며 선처를 호소했고, 앙리에타 마리아 왕비도 비슷한 내용으로 선처를 호소하는 편지를 보냈다.

모든 노력에도 불구하고 이날 사형집행 영장이 발부되었다. 전하는이야기로는 올리버 크롬웰이 펜을 들고 영장에 서명하러 가면서 근처에서 있던 의원의 얼굴에 펜을 휘둘러 잉크를 뿌렸다고 한다. 아직 영장에 서명하지 않은 의원이었다. 그 의원이 서명하러 가면서 크롬웰의 얼굴에 똑같이 잉크를 뿌렸다는 이야기도 전해온다.

살아서 보내는 마지막 밤이란 것을 알면서도 숙면을 취한 찰스 1세는 1월 30일 해 뜨기 두 시간 전에 일어나 꼼꼼히 옷을 챙겨입었다. 추위에 떨지 않도록 셔츠를 두 벌 껴입고, 머리도 공들여 빗었다. 영장을 전달받은 장교들은 해커 대령과 헝크스 대령, 페이어 대령이었다. 오전 10시, 해커 대령이 문 앞에 와서 화이트홀로 갈 시간이 되었음을 알렸다. 걸음이 빠른 편이었던 찰스 1세는 평상시 걷는 속도로 세인트 제임스 궁의 정원을 걸어가며 평소와 다름없이 명령조로 경비병에게 소리쳤다.

"속보 행군!"

찰스 1세는 화이트홀에 도착해 아침이 차려진 침실로 들어갔다. 하지만 성찬식을 마친 뒤여서 음식을 더 입에 넣으려고 하지 않았다. 사형 준비가 끝나길 기다리던 그는 교회 종이 12번 울려 정오를 알리자 같이 있던 적슨William Juxon(1582~1663) 주교의 충고에 따라 적포도주 한 잔과 빵을 조금 먹었다. 잠시 후 해커 대령이 영장을 들고 방에 들어와 찰스 스튜어트를 호명했다.

좋았던 시절에는 밝고 화려하고 즐겁고 북적거리던 화이트홀 궁의 긴 복도를 따라 몰락한 왕이 걸어갔다. 마침내 연회장인 방케팅 하우스 Banqueting House, Whitehall에 도착하니 유리창 너머로 검은색 천을 두른 참수대가 눈에 들어왔다. 검은색 옷을 입고 얼굴을 가린 사형집행인 두 명도 보였다. 많은 군인이 말을 타거나 서 있었는데, 군인들 모두 조용히 왕을 쳐다보았다.

찰스 1세는 끝이 보이지 않을 정도로 몰려들어 자신을 바라보는 많은 구경꾼들을 보았다. 자기가 머물던 세인트 제임스의 옛 궁도 바라보았다. 그리고 참수대를 보았다. 참수대가 너무 낮은 것이 신경 쓰였는지 "더 높은 장소는 없었는가?"라고 물었다. 그리고 참수대 위에 있던 사람들에게 이렇게 말했다.

"전쟁을 시작한 쪽은 내가 아니라 의회였다. 하지만 사악한 자들이 우리를 이간질해 생긴 일이니 의회에 죄를 묻고 싶지는 않다. 내가 이런 고통을 당하는 것도 정당하다. 왜냐하면 예전에 다른 사람에게 부당한 형을 내려 처형하도록 허락했기 때문이다."

스트래퍼드 백작을 염두에 두고 한 말이었다.

찰스 1세는 결코 죽음을 두려워하지는 않았으나 처형이 쉽게 끝나길 간절히 원했다. 자신이 연설하는 동안 누군가 도끼를 만지자 그가 버럭 소리쳤다.

"도끼를 간수해라! 도끼를 살펴!"

해커 대령에게 부탁도 빠뜨리지 않았다.

"고통스럽지 않게 처형하라 이르시오."

사형집행인에게는 "잠깐 기도를 드린 뒤 손을 내밀겠네"라고 말했는데, 그걸 신호로 목을 치라는 의미였다.

찰스 1세는 머리를 쓸어 올려 주교가 가져온 하얀 공단 모자를 쓴 뒤 말했다.

"나의 대의는 선하며, 자비로운 신은 내 편이다."

주교는 찰스 1세에게 이 고단한 세상의 마지막 여정이 하나 남아 있는데, 거칠고 힘들지만 짧은 여정이며, 지상에서 하늘로 이어진 위대한 길로 인도하는 여정이라고 말했다.

찰스 1세가 가슴에 달고 있던 조지 훈장과 망토를 주교에게 건네며 남긴 마지막 말은 "기억하라!"였다. 그런 다음 그는 무릎을 꿇고 참수대 위에 머리를 올린 뒤 양손을 펼쳤고, 곧 참수되었다. 군중이 일시에 짧은 탄식을 내뱉었다. 대오를 맞춰 말을 타거나 제자리에 선 채 동상처럼 움직이지 않던 군인들은 갑자기 행동을 개시해 군중을 해산해버렸다.

이로써 찰스 1세는 스트래퍼드 백작과 같은 마흔아홉 살의 나이로 비명에 죽었다. 찰스에 깊은 애도를 표하지만 '국민을 위한 순교자'로 죽었다는 그의 생각에는 동의할 수 없다. 왜냐하면 훨씬 이전에 왕에게, 그리고 그가 생각하는 왕의 권리에 희생당한 순교자들이 바로 국민이기 때문이다. 악명 높은 버킹엄 공작을 '군주를 위해 희생한 순교자'로 불렀던 것을 보면 사실 찰스 1세는 순교자에 대해 그릇된 판단을 하고 있었던 것 같다.

제32장

의회파 영웅, 올리버 크롬웰

도망자가 된 왕세자 찰스

찰스 1세가 처형된 역사적인 날이 저물기 전, 하원은 왕세자나 다른 누군가에게 잉글랜드 왕권이 있다고 주장하는 사람을 모두 반역죄로 처벌한다는 법령을 통과시켰다. 얼마 지나지 않아 하원은 상원이 쓸모없으며 위험한 존재이니 폐지해야 한다고 선언했다. 그리고 런던 시내 상업 거래소 및 모든 공공장소에서 찰스의 동상을 철거하라고 명령했다. 하원은 감옥에서 탈출한 왕당파 유력 인사들을 체포하는 한편, 해밀턴 공작 James Hamilton, 1st Duke of Hamilton과 홀랜드 경 Henry Rich, 1st Earl of Holland(1590~1649), 케이프 경 Lord Cape을 올드 팰리스 야드에서 참수했다. 이들은 모두 아주 용감하게 죽음을 맞이했다. 하원은 국무회의에 국가 통치를 위임했다. 41명으로 구성된 국무회의에 포함된 귀족은 다섯 명뿐이었고 의장은 브래드쇼였다. 또한 찰스 1세의 처형에 반대했던 의원들을 다시 받아들여 하원의원 수는 150여 명으로 늘어났다.

그러나 아직 처리해야 할 군대가 4만 명이 넘었고, 그들을 다루기란 아주 힘든 일이었다. 찰스 1세의 처형이 있기 전에는 장교 몇 명이 의회에 불만을 전달했는데, 이제 사병들이 그 역할을 맡기 시작했다. 아일랜드 파병 명령을 받은 연대들이 반란을 일으켰다. 런던 시내의 한 기병대가 반란의 기치를 세우고 명령을 거부했다. 이 사건의 주모자를 총살했지만 문제가 해결된 것은 아니었다. 동료 군인들과 시민들이 그를 위해 사회장을 치렀고, 장지까지 가는 길은 트럼펫을 연주하며 피에 물든 로즈메리 꽃다발을 든 사람들의 행렬이 이어졌다.

이 문제를 해결할 사람은 올리버 크롬웰뿐이었다. 크롬웰은 반란군이 숨어 있는 솔즈베리 인근의 버포드Burford 마을을 한밤중에 포격하여 진압했고, 400명을 투옥했으며, 그들 중 상당수를 군법에 따라 총살했다. 이내 군인을 비롯한 모든 사람이 크롬웰이 우습게 볼 사람이 아니라는 것을 깨달았다. 이렇게 반란은 끝났다.

스코틀랜드 의회는 아직 올리버 크롬웰을 제대로 파악하지 못하고 있었다. 의회는 찰스 1세의 처형 소식을 듣자 엄숙동맹 '언약'을 인정하는 조건으로 왕세자를 왕으로 선포했다. 당시 찰스는 해외에 있었고, 몽로즈도 마찬가지였다. 찰스가 자신의 아버지처럼 스코틀랜드 위원들과 접촉할 수 있는 길은 몽로즈의 도움뿐이었으나, 이 희망도 곧 사라졌다.

신성로마제국에 머물던 몽로즈가 망명자 수백 명과 함께 스코틀랜드에 왔지만 사람들이 합류하기는커녕 그가 접근하면 자리를 피해버렸다. 몽로즈는 곧 체포되어 에든버러로 이송되었고, 그곳에서 온갖 모욕을 당

한 뒤 마차에 실려 감옥으로 끌려갔다. 마
차 앞 양편으로는 휘하 장교들이 두 명씩
묶여 걸어갔다. 의회에서 그에게 내린 처
벌은 잔혹한 옛 방식을 따라 10미터 높이
의 교수대에 목을 매단 다음, 머리는 에든
버러에 효시하고 사지는 절단하여 각지
로 보내는 것이었다.

몽로즈는 언제나 왕실의 명령에 따라
행동했으며, 자신의 충성심이 널리 알려
지도록 사지를 더 잘게 찢어 기독교 국가
들에 보내주길 바랄 뿐이라고 말했다. 그
는 밝고 화려한 옷차림으로 처형대에 올
랐고, 서른여덟 살의 나이로 담대하게 최

▲ 잉글랜드의 의회파가 배출한 위대한
정치가 올리버 크롬웰
© Awe Inspiring Images/Shutterstock.com

후를 맞았다. 몽로즈가 사망하자마자 찰스는 그를 모르는 체하며 자기를
위해 봉기하라는 명령을 한 적이 없다고 부인했다. 아, 부전자전이 이토
록 심할 줄이야!

올리버 크롬웰은 의회에서 아일랜드 군대의 통수권을 위임받아 피비
린내 나는 반란을 단호하게 응징하며 아일랜드를 아수라장으로 만들었
다. 드로이다Drogheda 포위 작전이 특히 무자비했다. 적어도 1,000명의
주민이 큰 성당에 숨어 버텼는데, '철기군Ironsides'으로 알려진 크롬웰
의 병사들에게 모두 살해되었다. 수사와 신부도 상당수 포함되어 있었는
데, 크롬웰은 다른 사람들과 똑같이 이들의 '머리를 부수었다'는 매몰찬
전갈을 잉글랜드에 보냈다.

찰스가 스코틀랜드에서 엄숙동맹 '언약'의 방침에 따라 장황한 설교

를 듣고 엄숙한 일요일을 보내며 아주 지루한 삶을 사는 동안, 잉글랜드 의회는 왕세자를 내세운 스코틀랜드 사람들의 머리를 부수기 위해 그 무서운 올리버 크롬웰을 본국으로 소환했다. 크롬웰은 사위 헨리 아이어튼을 자기 대신 아일랜드 사령관으로 남겨두었다. 나중에 아이어튼은 아일랜드에서 사망했지만, 아일랜드를 정복해 잉글랜드 의회 앞에 무릎 꿇리겠다는 선한 의도에서 장인 크롬웰의 본보기를 따랐다.

마침내 의회는 아일랜드 사태를 해결할 법률을 통과시켰다. 일반인은 모두 사면하되 반란이나 개신교도 살해에 관련된 부유층과 무기를 버리지 않는 사람은 사면에서 제외한다는 법률이었다. 수많은 아일랜드인이 조국에서 쫓겨나 외국의 가톨릭 세력 밑에서 일했고, 과거 위법행위에 가담한 사람들의 토지는 상당수 몰수되어 전쟁 초기 의회에 돈을 빌려준 사람들에게 분배되었다. 전면적인 조치였다. 만일 올리버 크롬웰이 끝까지 자기 방식을 고수하며 아일랜드에 머물렀다면 이보다 더 심한 조처를 취했을 것이다.

앞서 말했듯이 의회는 올리버 크롬웰이 스코틀랜드로 가길 원했다. 크롬웰은 잉글랜드에 돌아오자 잉글랜드군 총사령관이 되어 3일 만에 1만 6,000명의 군사를 데리고 스코틀랜드인과 싸우러 갔다. 지금도 그렇지만 그때도 무척 신중했던 스코틀랜드인은 자기 군대가 철기군처럼 전쟁에 익숙하지 않아서 정면 승부 시 패배할 것으로 생각했다. 그래서 내린 결론이 군대는 에든버러의 참호에 조용히 숨어 있고 농부들이 모두 경작지를 버리고 마을로 들어가면 철기군은 엄청난 굶주림에 시달려 떠나고 말 거라는 것이었다.

현명한 계획임은 분명했지만, 문제는 전쟁에 대해 전혀 모르는 스코틀랜드 성직자들이 개입한 것이었다. 성직자들이 나가서 싸우라고 촉구하는 긴 설교를 펼쳤고, 병사들은 나가 싸우지 않으면 안 된다고 생각하게 되었다. 결국 그들은 불행하게도 안전한 은신처에서 뛰쳐나왔고, 크롬웰은 즉각 그들을 공격했다. 사망한 스코틀랜드 병사가 3,000명에 포로로 잡힌 병사가 1만 명이었다.

찰스는 스코틀랜드 의회를 만족시키고 호의를 계속 얻기 위해 의회가 내민 성명서에 서명했는데, 부모의 과거 행적을 비난하고 자신이 엄숙동맹 '언약'을 목숨처럼 소중히 여기는 신실한 왕자라고 밝히는 문서였다. 그러나 전혀 본심이 아니었기에 찰스는 그 후 곧 고산지대 하일랜드 사람들과 합류하기 위해 말을 타고 달아났다. 이들은 당시 단검과 날이 넓은 칼을 휘두르며 성가시게 굴던 존재들이었다. 비록 이내 따라잡혀 마음을 돌리고 돌아오긴 했지만, '출발점'이라 불린 이 도주 시도가 큰 효과를 발휘해 찰스는 전처럼 지루한 설교를 듣지 않게 되었다.

1651년 1월 1일, 찰스는 스콘에서 왕위에 올랐고, 즉시 총사령관 자격으로 2만 명의 군대를 이끌고 스털링으로 진격했다. 공포의 대상인 올리버 크롬웰이 학질로 앓아누워 찰스가 희망에 들떴던 것 같다. 하지만 바로 병상을 박차고 일어난 크롬웰은 열정적으로 군대를 인솔해 왕당파 군대를 따라잡고, 스코틀랜드와의 모든 연락책을 끊어버렸다.

잉글랜드로 넘어가는 것 외에 다른 도리가 없던 왕당파 군대는 우스터까지 이동했는데, 그곳 시장과 몇몇 지주가 즉시 찰스 2세Charles II(생몰연도: 1630~1685, 재위기간: 1660~1685)를 왕으로 선포했다. 하지만 찰스를 왕으로 선포해도 별 도움이 되지 못해 모여든 왕당파 인사들은 몇 명 되지 않았다. 바로 그날 타워힐에서는 찰스의 왕권을 지지했다는 이유로 두 사람이 공개 참수되었다. 올리버 크롬웰과 철기군도 급히 우스터로 올라가 왕당파 군대를 대대적으로 공격했다. 맹렬히 저항하는 스코틀랜드 병사들을 맞아 다섯 시간이나 전투가 계속되었지만, 결국 크롬웰은 스코틀랜드 군대를 무찔러 왕당파 군대를 섬멸했다.

찰스 2세는 우스터 전투에서 패해 달아났지만, 이 일은 오히려 그에게 큰 도움이 되었다. 관대한 잉글랜드인이 찰스를 막연히 동경하고 과대평가하는 계기가 되었던 것이다. 찰스는 밤에 60명밖에 안 되는 부하를 거느리고 스태퍼드셔의 가톨릭교도 부인 집으로 도망쳤다. 그곳에서 부하들은 찰스의 안전을 위해 모두 흩어졌다.

찰스 2세는 머리를 깎고 햇볕에 그을린 것처럼 얼굴과 손을 갈색으로 물들인 뒤 시골 일꾼 차림으로 도끼를 손에 들고 길을 나섰다. 나무꾼 4형제가 동행했다. 이 착한 친구들은 궂은 날씨에 찰스를 위해 나무 아래 잠자리를 마련해줬고, 나무꾼 한 명의 아내는 음식을 가져왔다. 나무꾼 4형제의 늙은 노모는 숲으로 와 찰스에게 무릎을 꿇고 자기 아들들이 왕을 살릴 기회를 얻어 하느님께 감사하다고 말했다.

밤이 되자, 찰스는 숲을 나와 세번 강 근처에 있는 다른 집으로 향했다. 강을 건너 웨일스로 갈 작정이었지만, 그곳에는 군인들이 가득했고, 경비병이 다리를 지키고 있었으며, 모든 배가 묶여 있었다. 찰스 2세는 하는 수 없이 건초더미가 쌓인 다락에 들어가 몇 시간 동안 숨어 지낸 뒤 가톨릭 귀족인 케어리스 대령Colonel Careless을 만나 함께 그곳을 빠져나왔다.

다음 날 두 사람은 잎이 무성한 아름드리 참나무에 올라가 종일 숨어 있었다. 다행히 9월이라 아직 잎이 지지 않아 두 사람은 나무에 걸터앉아 말을 타고 돌아다니는 군인들도 언뜻언뜻 지켜보았고, 군인들이 돌아다니며 나뭇가지를 두드리는 소리도 들었다.

그 후 찰스 2세는 발에 온통 물집이 잡히도록 걷고 또 걸었다. 민가에

▲ 잉글랜드에서 가장 긴 세번 강. 우스터 전투에서 패한 찰스 2세는 이 강을 건너 웨일스로 탈출하려 했다.
©David Hughes/Shutterstock.com

서 온종일 숨어 기병대의 수색을 피한 다음, 충직한 지지자인 윌모트 경 Henry Wilmot, 1st Earl of Rochester(1612~1658)과 함께 벤틀리Bentley라는 곳으로 갔다. 거기 사는 레인Lane이라는 개신교도 아가씨가 브리스틀 근처에 사는 친척을 만나러 간다며 말을 타고 경비병을 통과할 수 있는 통행증을 발급받았다.

하인으로 변장한 찰스 2세는 맨 앞에 서서 존 윈투어 경Sir John Wintour(1600~1676)의 집으로 말을 달렸고, 윌모트 경은 대담하게도 평범한 시골 귀족처럼 사냥개들을 데리고 말을 달려 그곳에 도착했다. 우연히도 윈투어 경의 집사가 리치먼드 궁에서 하인으로 일한 적이 있어 첫눈에 찰스를 알아보았지만, 충직한 집사는 비밀을 발설하지 않았다.

하지만 그곳에는 외국으로 타고 갈 배가 없었기 때문에 지금까지 계속 하인으로 변장하고 레인과 함께 여행한 찰스는 도싯셔 주 셔번 Sherborne 마을 인근 트렌트Trent에 있는 다른 집으로 이동하기로 계획을 세웠다. 레인은 함께 말을 타며 줄곧 곁을 지켜준 사촌 라셀레스 Lascelles와 함께 집으로 돌아갔다. 나는 용감하고 친절한 레인이 그 사촌과 결혼했길 바란다. 내가 그 사촌이었다면 레인을 사랑하지 않을 수 없었을 것이다.

찰스 2세가 레인 양과 헤어져 트렌트에 무사히 도착하니 라임 만Lyme Bay에 배 한 척이 정박해 있었다. 귀족 두 명을 프랑스에 데려다주기로 약속한 선장에게 빌린 배였다. 그날 밤 찰스는 또 다른 아가씨의 하인으로 변장하고 차머스Charmouth라는 곳에 있는 한 선술집을 향해 말을 달렸다. 그곳에서 선장을 만나 배를 타기로 되어 있었다.

그런데 남편이 말썽에 개입될까 두려워한 선장 부인이 선장을 방에 가두고 나가지 못하게 했다. 하는 수 없이 찰스 2세와 윌모트 경은 그곳을 떠나 브리드포트Bridport로 가서 여인숙에 들었다. 그 여인숙 마구간 앞마당은 찰스를 찾아 나선 군인들로 가득했고, 술 마시는 군인들은 온통 찰스 이야기뿐이었다.

찰스 2세는 여느 하인처럼 침착하게 일행의 말을 이끌고 마당을 가로지르며 "병사 여러분, 비켜주세요. 지나가게 좀 비켜주세요"라고 소리쳤다. 한 말구종(말을 타고 갈 때 고삐를 잡고 앞에서 끌거나 뒤에서 따르는 하인_옮긴이)이 지나가던 그를 보더니 술이 반쯤 취한 눈을 비비고는 말을 걸었다.

"아, 내가 전에 엑서터의 포터 씨 댁에서 하인으로 일한 적이 있는데, 분명 젊은이를 거기서 몇 번 본 것 같은데?"

찰스가 거기에 머문 적이 있으니 말구종이 한 말은 사실이었다. 찰스는 냉큼 받아쳤다.

"아, 전에 그분 댁에 머문 적이 있어요. 지금은 이야기할 시간이 없으니 나중에 맥주나 함께 마십시다."

네덜란드 해군을 격파한 블레이크 제독

찰스 2세는 이 위험한 여인숙을 빠져나와 트렌트로 돌아가 며칠간 숨어 지냈다. 그리고 솔즈베리 근처의 힐Heale로 도망쳐 어느 미망인의 집에서 5일간 숨어 지냈다. 마침내 서식스 주 쇼어햄Shoreham 인근에 정박 중이던 석탄선의 선장이 귀족 한 사람을 프랑스로 실어 나르는 일을 맡기로 했다. 10월 15일 밤, 찰스는 대령 두 명과 상인 한 명을 대동하고 당시 작은 어촌이던 브라이턴Brighton으로 말을 달렸다. 배를 타기 전 선장에게 저녁을 대접하기 위해서였다.

선장과 집주인 내외는 유명한 찰스 2세를 알아보았다. 찰스가 떠나기 전, 집주인이 의자 뒤로 와서 찰스 손에 입을 맞추더니 살아생전 귀족이 되는 게 꿈이고 자기 부인이 귀부인이 되는 것을 보고 싶다고 말했다. 그 말에 찰스는 웃음을 터뜨렸다. 이때쯤 그들은 저녁도 실컷 먹고 담배도 피우고 술도 충분히 마신 뒤였는데, 이런 일에는 그를 따라올 자가 없었다.

선장은 찰스 2세를 지키겠다고 약속했고, 그 약속을 지켰다. 두 사람은 각본을 짰다. 선장은 딜로 항해하는 것처럼 하고, 찰스는 채권자들을 피해 도망가는 빚쟁이 귀족처럼 연기하기로 했다. 찰스가 선원들에게 선장을 설득해서 자기를 프랑스 해안으로 데려다달라고 사정하기로 했다. 찰스가 자신이 맡은 역할을 아주 훌륭하게 연기하고 선원들에게 술값으로 20실링을 주자 그들은 선장에게 저렇게 훌륭한 귀족의 요구를 들어주라고 간청했다. 선장은 마지못해 선원들의 간청을 따르는 척했고, 찰스는 안전하게 노르망디에 도착했다.

아일랜드도 진압했겠다, 올리버 크롬웰의 군대가 수많은 요새를 세우며 스코틀랜드도 평정했겠다, 의회는 네덜란드 문제만 아니면 외국의 적과 전쟁을 벌이는 일 없이 편히 지냈을 것이다. 하지만 1651년 봄, 밴 트롬프Van Tromp(1598~1653) 제독이 이끄는 네덜란드 함대가 다운스Downs에 들어와 용감한 잉글랜드 제독 로버트 블레이크Robert Blake(1598~1657)에게 항복하라고 요구했다. 그때 블레이크 제독의 함대

▲ 잉글랜드 제독 로버트 블레이크
©Georgios Kollidas/Shutterstock.com

는 네덜란드 함대의 절반밖에 되지 않았다. 블레이크 제독은 한쪽 뱃전의 대포를 모두 열고 일제 사격을 퍼부어 밴 트롬프를 패퇴시켰다. 트롬프는 가을에 70척의 전함을 끌고 다시 돌아와 배짱 좋은 블레이크에게 싸움을 걸었다. 블레이크의 함대는 여전히 네덜란드 병력의 절반이었다.

블레이크는 온종일 전투를 벌였지만 네덜란드 해군의 수가 너무 많음을 깨닫고 밤에 조용히 퇴각했다. 그러자 밴 트롬프가 잉글랜드 사람들을 바다에서 모두 쓸어버리겠다는 듯 돛대 꼭대기에 커다란 네덜란드 빗자루를 달고 와이트 섬과 노스 포어랜드North Foreland 사이의 해협을 우쭐대며 돌아다니는 게 아닌가! 석 달 뒤 블레이크는 트롬프의 코를 납작하게 만들고 빗자루도 떼어냈다. 블레이크는 용맹한 지휘관인 조지 몽크George Monk(1608~1670) 등과 함께 트롬프를 상대로 3일간이나 전투를 벌여 적함 23척을 나포하고 빗자루를 산산조각 내며 승리했다.

좀 조용해지는가 싶더니 군대 내부에서 의회가 나라를 제대로 다스리지 못하고 있으며 자기들이 더 잘할 것 같다는 불만이 일기 시작했다. 올리버 크롬웰은 자신이 국가 원수가 되어야겠다고 결심하며 이런 불만에

동조했다. 그는 장교들과 의회에 있는 친구들을 화이트홀의 자기 숙소로 불러 의회를 없앨 방법을 모의했다.

당시 의회가 성립된 지 12년이 되었는데, 이는 그전에 찰스 1세가 의회 없이 무한한 권력을 휘두른 기간과 같았다. 논의 결과에 따라 올리버 크롬웰은 평소처럼 회색 털양말에 수수한 검은색 복장으로 의회에 내려갔다. 평소와 다른 점은 군인들이 그 뒤를 따랐다는 것이다. 크롬웰은 군인들을 복도에 세워두고 의회에 들어가 자리에 앉았고, 곧 자리에서 일어나 의회를 상대로 하느님이 의회를 저버렸다고 연설했다. 그러고는 마룻바닥을 발로 구르며 외쳤다.

"이건 의회도 아니야. 그들을 들여보내! 진입시켜!"

올리버 크롬웰의 신호에 따라 문이 열렸고, 군인들이 나타났다. 의원인 해리 베인 경이 반발했다.

"옳지 못한 행동이오."

크롬웰이 소리쳤다.

"해리 베인 경! 아, 해리 베인 경! 신이시여, 해리 베인 경에게서 저를 지켜주소서!"

그리고 올리버 크롬웰은 의원 한 명 한 명을 지목했다. 이자는 술주정뱅이고, 저자는 방탕한 친구이며, 저자는 거짓말쟁이고 등등. 그런 다음 크롬웰은 의장에게 자리에서 내려오라고 말했고, 경비병에게 의원들을 밖으로 내보내라고 명령했다. 그러고는 개원 중임을 알리는 탁자 위의 의사봉을 '어릿광대의 지팡이'라고 부르며 소리쳤다.

"이거, 치워버려!"

이 모든 명령이 시행되자 올리버 크롬웰은 조용히 의회 문을 걸어 잠근 뒤 열쇠를 주머니에 넣고 화이트홀로 돌아갔다. 그리고 그곳에서 기다리던 친구들에게 자초지종을 설명했다.

　이 특별한 사건이 있고 나서 올리버 크롬웰과 친구들은 새로 국무회의를 구성하고 자기들의 구미에 맞게 새로운 의회를 소집했다. 크롬웰은 일장 연설로 의회를 개원했으며, 완벽한 지상낙원의 출발이라고 선언했다. 이 의회에 참여한 사람 중에 유명한 가죽 판매업자가 있었는데, 특이하게도 이름이 '신을 찬양하는 말라깽이Praise God Barebones (1598~1679)'였다. 그래서 이 의회가 보통 '작은 의회Little Parliament'라고 불렸지만, 농담 삼아 '말라깽이 의회Barebones's Parliament'라고도 불리게 되었다.

　얼마 지나지 않아 의회가 올리버 크롬웰을 통치자로 추대할 생각도 없고 지상낙원의 출발도 아님이 드러나자 크롬웰은 정말 봐줄 수 없는 의회라며 화를 냈다. 크롬웰은 전과 똑같은 방식으로 의회를 정리했고, 장교 위원회는 잉글랜드 공화국the Commonwealth of England (1649~1660) 호국경의 직함을 주어 크롬웰을 잉글랜드 최고 통치자로 추대하기로 결정했다.

　마침내 1653년 12월 16일, 올리버 크롬웰의 집 앞에서 대단한 행렬이 시작되었다. 검은 벨벳 양복에 긴 장화를 신고 나타난 크롬웰이 마차에 올라 웨스트민스터 궁으로 내려가는데 판사, 시장, 시의원 그리고 잉글랜드의 온갖 대단하고 훌륭한 인물들의 행렬이 뒤를 따랐다. 크롬웰은 웨스트민스터 궁 대법관재판소에서 호국경의 직무를 정식 수락했다. 취임선서를 마치자 런던 시를 상징하는 검이 전달되었고, 인장이 넘겨졌으며, 공식행사에서 왕과 왕비에게 전해지는 온갖 물품이 전달되었다. 크롬웰은 모든 물품을 인수하며 온전한 호국경이 되었다. 일부 철기군은 밤새 장광설을 늘어놓으며 이 일을 기념했다.

잉글랜드를 유럽 최대 강국으로

오랫동안 '늙은 놀Old Noll'이란 별명으로 불리던 올리버 크롬웰이 호국경 직무를 수락하면서 서명한 서류가 하나 있었다. '통치장전Instrument of Government'이라는 문서였는데, 그에 따르면 크롬웰은 400~500명으로 구성된 의회를 소집해야 했고, 왕당파나 가톨릭교도를 의원으로 선출할 수 없었다. 또한 크롬웰은 의회가 구성되고 5개월 안에는 의회의 동의 없이 의회를 해산하지 않겠다고 서약했다.

의회가 소집되자 올리버 크롬웰은 장장 세 시간에 걸친 의회 연설에서 신뢰받고 행복한 국가를 만들려면 어떻게 해야 할 것인지 현명하게 충고했다. 그리고 강경한 의원들을 제압하려는 조치로 의원들에게 통치장전이 규정한 의원 금지사항을 지키겠다는 서명을 받았다. 개인의 권력을 국가 원수에게 집중시키고 군대를 통제하는 것이 주된 목적이었다.

서명이 끝나자 올리버 크롬웰은 생업에나 힘쓰라며 의회를 해산해버렸다. 크롬웰은 야생마처럼 날뛰는 설교자들도 평소처럼 열정적이고 단호하게 처리했다. 자신을 악당이나 독재자라고 부르며 다소 무리한 설교를 하는 사람들을 찾아가 교회를 폐쇄했으며, 일부 설교자들은 감옥으로 보냈다.

그 당시 잉글랜드나 다른 어떤 나라에서도 올리버 크롬웰처럼 국가를 다스릴 수 있는 사람은 없었다. 그는 자신을 암살하려는 음모를 세운 왕당파에게 아주 무거운 세금을 부과했고, 비록 무력으로 다스리긴 했지만 시대의 요구에 따라 현명하게 통치했다.

올리버 크롬웰이 통치하던 잉글랜드는 다른 나라의 존경을 받았다. 이후 왕이나 여왕을 모시고 나라를 다스리던 관료와 귀족들이 크롬웰의 행동을 본받았으면 싶을 정도이다. 크롬웰은 용맹한 로버트 블레이크 제독을 지중해로 보내 잉글랜드 국민에게 상해를 입히고 잉글랜드 상인을 약탈한 죄를 물어 이탈리아의 투스카니 대공Duke of Tuscany에게 6만 파운드를 배상받았다. 더 나아가 블레이크와 함대를 알제Algiers, 튀니스Tunis, 트리폴리Tripoli 항으로 파견해 그 지역에서 해적에게 나포되었던 잉글랜드의 배와 선원을 모두 구출했다. 영광스러운 업적이었다. 그리고 어디에서든 잉글랜드의 이름이 모욕당하거나 무시되는 것을 좌시하지 않는 열정적인 한 사나이가 잉글랜드를 다스린다는 사실을 전 세계에 분명히 각인시켰다.

올리버 크롬웰의 대외 업적은 이것이 전부가 아니었다. 크롬웰은 함대를 보내 네덜란드와 맞섰다. 각각 100척의 전함으로 구성된 두 강대국의 해군은 노스 포어랜드 외곽의 잉글랜드 해협에서 온종일 전투를 벌였다. 교전 중 지휘관 딘이 사망하자 같은 배에 탔던 조지 몽크가 망토를 벗어 딘의 시신을 숨겼다. 지휘관 딘의 죽음을 알아차리지 못한 선원들의 전의는 꺾이지 않았다. 그리고 잉글랜드 함대가 한쪽 뱃전의 대포를 일제히 발사하니 깜짝 놀란 네덜란드 해군은 결국 배를 돌렸다. 밴 트롬프 제독이 직접 대포를 쏘며 무서운 기세로 항복을 막았지만 역부족이었다. 그리고 얼마 지나지 않아 양국 함대는 네덜란드 해안 외곽에서 다시 교전을 벌였다. 이때 용맹한 트롬프 제독이 심장에 총을 맞고 네덜란드가 항복하여 평화가 찾아왔다.

올리버 크롬웰은 스페인의 완고하고 거만한 행태를 묵과하지 않기로 마음먹었다. 스페인은 남미의 금과 은 전체에 대한 소유권을 주장해 그 지역을 찾는 다른 나라의 선박을 해적으로 취급할 뿐만 아니라 잉글랜드 국민을 무시무시한 종교재판소 감옥에 가두고 있었다. 크롬웰은 스페인 대사를 소환해 잉글랜드 선박은 어디든 자유롭게 항해할 수 있어야 하며, 스페인 신부들의 비위를 맞추려 잉글랜드 상인을 함부로 종교재판소 지하감옥에 가두지 말라고 요구했다. 크롬웰의 요구에 대해 스페인 대사는 금은이 나는 나라와 성스러운 종교재판소는 스페인 왕의 두 눈동자와 같이 소중한 존재이므로 어느 것도 포기하라고 아뢸 수 없다고 대답했다. 그러자 크롬웰이 대답했다.

"좋소. 그렇다면 내가 바로 그 두 눈을 상하게 해야 할 것 같소."

펜Penn과 베너블즈Venables가 지휘하는 또 다른 함대가 서인도제도의 히스파니올라Hispaniola 섬을 향해 출항했다. 이번에는 스페인 함대가 우세했다. 잉글랜드 함대는 도중에 자메이카만 점령한 후 다시 돌아왔다. 분개한 올리버 크롬웰은 블레이크 제독만큼 용맹하지 못한 두 지휘관을 감옥에 처넣은 뒤 스페인에 선전포고했다. 그리고 프랑스에게서 찰스 2세와 그 동생 요크 공작을 더 이상 보호하지 않겠다는 협정을 이끌어냈다.

그 후 올리버 크롬웰은 용맹한 블레이크 제독의 함대를 내보냈다. 블레이크 함대는 포르투갈 왕에게 관여하지 말라고 경고했고, 스페인 함대와 교전하여 큰 함선 네 척을 침몰시키고 200만 파운드 상당의 은이 실린 대형 함선 두 척을 나포했다. 이 어마어마한 전리품을 짐마차에 싣고 포츠머스에서 런던으로 옮길 때 마차가 지나는 도시나 마을 주민 모두 있는 힘껏 환호성을 올렸다. 전투를 승리로 이끈 용장 블레이크 제독은 멕시코에서 보물을 싣고 오는 스페인 배들을 나포하기 위해 산타크루즈Santa Cruz Islands 제도를 향해 출범했다.

산타크루즈에 도착하니, 보물을 실은 배가 열 척이었고, 호위선이 일곱 척이었다. 커다란 요새에 설치된 일곱 문의 대포가 블레이크를 향해

미친 듯 포탄을 퍼부었지만, 그에게 대포는 장난감 총이었고, 포탄은 눈
뭉치에 지나지 않았다. 블레이크는 항구로 돌진해 모든 적함을 불태운
뒤, 승리의 잉글랜드 깃발을 돛에 매달고 의기양양하게 항구를 빠져나왔
다. 이것이 이 위대한 함장이 거둔 마지막 승리였다. 연이은 항해와 전투
로 기력이 다한 그는 국민들의 열렬한 환호를 받으며 플리머스 항구에
입항한 뒤 사망했다. 블레이크는 웨스트민스터 사원에 안치되었으나, 그
곳에서 오래 쉬지는 못했다.

올리버 크롬웰은 루체른Lucerne 계곡의 발도파Waldenses(12세기 말 프
랑스에서 발데스가 시작한 그리스도교의 순복음적인 신앙 노선으로, 청빈한 삶과 설
교사 역을 강조했다_옮긴이) 개신교도들이 가톨릭 세력에게 박해받고 있으
며, 심지어 목숨을 바칠 정도로 담대하고 처절하게 신앙을 지킨다는 소
식을 접했다. 그 즉시 크롬웰은 개신교 국가인 잉글랜드는 그런 행위를
묵과하지 않겠다고 가톨릭계에 통보했다. 강력한 크롬웰의 명성 덕분에
일이 신속히 해결되어 발도파 교도들은 고유의 천진한 방식대로 평화롭
게 신을 섬길 권리를 찾았다.

마지막으로, 올리버 크롬웰의 잉글랜드 군대는 프랑스와 연합하여 스
페인과 전쟁을 벌였다. 잉글랜드와 프랑스가 함께 됭케르크Dunkirk 시
를 공격한 뒤 프랑스 왕이 몸소 잉글랜드군에 대한 존경의 의미로 됭케
르크를 잉글랜드에 넘겨주었다. 잉글랜드군의 힘과 용기에 대한 선물이
었던 셈이다.

자칭 '제5왕국파The Fifth Monarchy Men'라고 부르는 광신도들과 낙담
한 공화주의자들 사이에서 올리버 크롬웰을 제거하려는 음모가 잇따랐
다. 왕당파가 두 세력 중 하나와 연합하여 언제든 대항할 수 있었기 때문
에 크롬웰에게는 힘겨운 싸움이었다. 또한 '바다 건너 왕'이라 불린 찰스

는 크롬웰의 목숨을 노리는 사람이라면 누구든 망설이지 않고 작당했다.

그럼에도 불구하고 올리버 크롬웰이 사위로 받아들이기만 한다면 찰스는 기꺼이 그의 딸 중 하나와 결혼했을 것이라는 믿을만한 근거도 있다. 군대에는 색스비Saxby라는 대령이 있었는데, 한때 올리버 크롬웰의 최대 지지자였다가 반대파로 변신한 사람이었다. 색스비 대령은 이후 줄곧 크롬웰을 괴롭혔으며, 프랑스에서 버림받고 스페인과 동맹을 맺은 찰스를 잉글랜드와 스페인의 불만 세력들과 연결했다.

색스비 대령은 결국 감옥에서 죽었지만, 심각한 음모가 이미 발생한 뒤였다. 왕당파와 공화주의자들의 음모였는데, 잉글랜드에서 실제로 반란이 일어났다. 이들은 어느 일요일 저녁 솔즈베리 시내로 난입해 다음 날 그곳에서 순회재판을 열기로 되어 있던 판사들을 붙잡았다. 다행히 온건한 사람들의 반대가 없었더라면 판사들을 교수대에 매달았을 것이다.

올리버 크롬웰은 다른 음모들을 처리한 것과 같이 즉시 단호하고 기민하게 반란을 진압했다. 반란 주모자 한 명이 다행히 도망쳤는데, 도망친 주모자는 로체스터 백작, 즉 예전에 찰스의 탈출을 도왔던 바로 그 윌모트 경이었다. 크롬웰은 곳곳에 눈과 귀가 있는 듯했고, 적들이 꿈도 꾸지 못할 정보원들을 확보하고 있었다. '봉인된 매듭Sealed Knot'이라 불리던 여섯 명의 비밀 조직은 찰스가 비밀을 털어놓을 만큼 신뢰하는 가장 가까운 측근들로 이루어진 조직이었다. 이 중요한 인물 중 한 사람인 리처드 윌리스 경Sir Richard Willis, 1st Baronet(1614~1690)이 1년에 200파운드를 받고 조직 내에서 벌어지는 모든 사항을 크롬웰에게 보고했다.

크롬웰에게 반대하는 음모를 꾸민 사람 중에는 예전에 군대에 있던 마일즈 신다콤Miles Syndarcomb이란 사람도 있었다. 그는 뜻을 같이하는 다른 사람과 함께 크롬웰이 외출할 때 미리 알려주도록 근위병 한 명을 매수했다. 창문에서 크롬웰을 저격하려는 계획이었지만 크롬웰이 운이 좋아서였는지 워낙 조심했던 덕분인지 이들은 기회를 얻지 못했다.

계획이 실패로 돌아가자 이들은 여섯 시간 후에 폭발하도록 도화선을 달아놓은 인화물질 한 바구니를 들고 화이트홀의 예배당에 잠입했다. 화재의 소란과 혼란을 틈타 예배당에서 크롬웰을 죽이려 한 것이었으나, 근위병이 음모를 누설해 두 사람은 체포되었다.

신다콤은 사형집행 명령이 떨어지기 전에 사망했다. 감옥에서 자결했다는 이야기도 있다. 올리버 크롬웰은 이런 음모자 중 일부를 참수했고, 더 많은 수의 음모자들을 교수형에 처했으며, 자신에게 무기를 들고 저항한 사람을 포함해 훨씬 많은 음모자를 서인도제도에 노예로 보내버렸다. 하지만 크롬웰은 공정하게 법을 집행하는 사람이었다. 포르투갈 대사의 동생이 한 런던 시민을 자기와 다투었던 사람으로 오인해 살해하자 그를 잉글랜드 국민과 외국인들로 구성된 배심원단의 재판을 받게 한 뒤 런던 주재 각국 대사의 탄원에도 불구하고 처형하기도 했다.

올리버 크롬웰의 친구인 올덴버그 공작Duke of Oldenburg이 멋진 마차용 말 여섯 마리를 그에게 선물했는데, 하마터면 그 어떤 음모보다 더 큰 기쁨을 왕당파에게 선사할 뻔했다. 어느 날 크롬웰은 여섯 필의 말이 끄는 마차를 타고 하이드 파크Hyde Park 공원에 가서 비서관 및 다른 귀족들과 만찬 모임을 가졌다. 식사 후 기분이 좋아진 크롬웰은 일행을 모두 각자의 집에 데려다주기로 마음먹고 그들을 마차에 태웠다. 그런 다음 관례대로 자기는 선두의 맨 왼쪽 말에 기수로 올라탔다. 그런데 채찍을 너무 세게 휘둘러 깜짝 놀란 말들이 전속력으로 내달리는 바람에 크롬웰은 마차 기둥 쪽으로 미끄러져 마구馬具에 끼었다. 이때 옷과 함께 낀 자신의 권총에서 총알이 발사되어 하마터면 맞을 뻔했다. 한참을 질질 끌려가다 다행히 마차의 넓은 차체 아래로 떨어졌는데, 크게 다친 곳은 없었다. 마차에 타고 있던 귀족들도 찰과상만 입었을 뿐이어서 크롬웰과 의회파에 적개심을 품은 왕당파는 무척 실망했다.

왕위를 노리다

호국경 올리버 크롬웰의 역사 중 이제 남은 것은 의회와 관련된 역사뿐이다. 첫 의회가 마음에 들지 않자 크롬웰은 5개월을 기다린 뒤 의회를 해산했다. 다음 의회는 크롬웰의 뜻을 더 잘 따랐고, 그는 안전이 보장된다면 의회로부터 왕의 칭호를 받고 싶어 했다. 한동안 왕이 될 생각에 사로잡혀 있었는데, 호국경보다 왕의 칭호에 익숙한 잉글랜드 국민들이 더 순종하리라 생각한 때문이었는지, 아니면 크롬웰 자신이 왕이 되어 왕의 칭호를 가문 대대로 물려주고 싶었는지는 분명하지 않다.

크롬웰은 이미 잉글랜드를 포함한 진 세계에서 더할 나위 없이 높은 지위에 있었으므로 단지 왕이라는 칭호를 탐낸 것은 아니라고 생각한다. 그렇지만 하원은 '겸허한 청원과 권고Humble Petition and Advice'라는 이름의 문서를 제출하며 크롬웰에게 왕이라는 최고의 칭호를 받고 후계자를 지명하라고 간청했다. 군대의 강력한 반대가 없었다면 분명 크롬웰은 왕의 칭호를 수락했을 것이다. 그러나 그는 군대의 설득으로 왕의 칭호를 사양하고 문서의 다른 항목들만 승인했다.

이와 관련해 웨스트민스터 홀에서 대단한 볼거리가 또 하나 연출되었다. 하원의장이 공식적으로 올리버 크롬웰에게 하얀 담비 털을 덧댄 보라색 예복을 입히고, 화려하게 제본된 성경을 선물하며, 황금으로 된 왕의 홀을 건네주었던 것이다. 다음 의회가 개회될 때 크롬웰은 문서에 정해진 권한으로 60인 상원위원회를 소집했다. 그러나 의회가 자기 뜻에 따르지도 않고 국정에도 소홀하자, 어느 날 아침 근위병 여섯 명을 데리고 마차를 타고 달려가 즉시 의회를 해산해버렸다. 크롬웰이 의회에 말로만 떠들지 말고 좀 더 생산적인 일을 하라고 경고하는 마음이었길 바란다.

얼마 전 막내아들을 잃은 딸 엘리자베스 클레이폴Elizabeth Claypole 이 1658년 8월 중병으로 앓아눕자 올리버 크롬웰은 몹시 상심했다. 이 세상 누구보다 사랑하는 딸이었다. 다른 딸 하나는 포콘버그 경Thomas Belasyse, 1st Earl of Fauconberg(1627~1700)과 결혼했고, 또 다른 딸은 워릭 백작의 손자와 결혼했다. 아들 리처드는 상원의원이 되었다. 크롬웰은 매우 자상한 아버지이자 훌륭한 남편으로 가족을 깊이 사랑했다. 그중에서도 크롬웰이 가장 사랑했던 사람은 엘리자베스였다.

크롬웰은 햄프턴 코트 궁으로 내려가 딸이 숨을 거둘 때까지 병상을 떠나지 않았다. 크롬웰은 우울한 구석이 있는 종교를 믿었지만 항상 밝은 성격이었다. 가정에서 음악을 즐겨 들었고, 일주일에 한 번씩 부대장급 이상의 군 장교들을 모두 모아 음식을 대접했으며, 집 안에서도 조용하고 품위를 잃지 않았다. 재능 있고 학식 있는 사람들을 격려했으며, 그들과 어울리길 즐겼다. 밀턴과도 절친한 사이였으며, 옷차림이나 관습이 다른 귀족들과도 허물없이 지냈다. 자기가 알고 있는 귀한 정보를 알려주기도 하고, 간혹 귀족들을 집으로 초대해 그들이 최근 어디에서 '바다 건너 왕' 찰스를 위해 건배했는지도 알고 있다고 농담도 하며, 가능하면 다음에는 더 은밀하게 하라고 충고하기도 했다.

올리버 크롬웰은 복잡한 시절을 살았고, 과중한 국정을 떠맡았으며,

생명의 위협을 느낀 적도 많았다. 통풍과 학질을 앓던 크롬웰은 사랑하는 딸의 죽음까지 겹치자 충격으로 쓰러져 회복하지 못했다. 8월 24일, 크롬웰은 하느님께서 자신을 그런 질병으로 죽게 놔두지 않을 것이라고 말씀하셨으니 반드시 회복할 것이라고 주치의에게 말했다. 몸이 아파 생긴 환각이었다.

9월 3일, 올리버 크롬웰은 쉰아홉 살의 나이로 운명했다. 그날은 우스터 대전투 기념일이었고, 크롬웰이 1년 중 가장 운이 좋다고 한 날이었다. 헛소리도 하고 한동안 의식불명이었지만 죽기 하루 전에는 진실한 마음으로 기도를 중얼거리기도 했다. 온 국민이 그의 죽음을 애도했다. 크롬웰이 진정으로 국가를 위해 바친 봉사와 그의 진가를 알고 싶다면 그가 다스리던 잉글랜드와 찰스 2세가 다스리던 잉글랜드를 비교해보는 것 이상 좋은 방법이 없을 것이다.

올리버 크롬웰은 아들 리처드Richard Cromwell(1626~1712)를 후계자로 지명했다. 죽은 뒤에 치르는 허례허식이 다 그렇지만, 스트랜드 가의 서머싯 하우스에서 상식 이상으로 화려하게 크롬웰의 유해를 일반에 공개한 후 리처드는 호국경이 되었다. 리처드는 쾌활한 시골 귀족이었지만 아버지의 뛰어난 재능을 물려받진 못해서 이런저런 파벌들이 소용돌이치는 격동의 시기에 호국경 자리에 어울리는 인물이 아니었다.

리처드 크롬웰이 호국경으로 있었던 1년 반은 군대 장교들과 의회 사이뿐만 아니라 군대 장교들 사이에도 다툼이 있던 시기였다. 또한 국민들은 지루한 설교가 너무 잦고 오락거리가 너무 적어 불만이 팽배했으며, 뭔가 혁명적인 변화를 바라던 시기였다.

마침내 조지 몽크 장군이 군대를 장악한 뒤 올리버 크롬웰의 사망 이후 품어온 비밀 계획을 이행하며 왕정에 대한 지지를 표명했다. 공개적으로 왕정 지지 의사를 표명한 것은 아니었다. 그런데 존 그린빌 경Sir John Greenville이란 의원이 이전부터 비밀리에 접촉해오던 찰스가 네덜란드의 브레다Breda에서 보낸 편지를 하원에 제출하며 왕정을 제안했다. 몽크 장군은 데번셔를 대표하는 하원의원의 한 사람으로서 그 제안을 강력히 지지했다. 계략과 역계략이 난무했고, 예전 장기 의회의 의원들이 복귀했으나 장기 의회가 막을 내리고 곧이어 왕당파가 일어났다.

이런 상황이 이어지자 모두 지쳐버렸고, 위대한 올리버 크롬웰이 죽은 뒤 나라를 이끌 인물이 없자 찰스 스튜어트를 모시자는 의견에 다들 선뜻 동의했다. 몇몇 현명하고 지각 있는 의원들은 브레다에서 보낸 편지에 나라를 잘 다스리겠다는 실질적인 약속이 없으니 왕국의 이익을 위해 무엇을 할 것인지 찰스에게 미리 서약을 받는 게 좋겠다고 제안했다. 하지만 조지 몽크는 찰스가 오기만 하면 잘될 것이고, 한시가 급하다며 반대했다.

사람들은 스튜어트 가문의 누군가가 고맙게도 나라를 다스려준다면 틀림없이 나라가 발전하고 행복해질 것으로 생각했다. 축포를 쏘고, 화톳불을 피워 올리고, 종을 울려대며 모자를 던져 올리는 등 야단법석이었다. 거리에서는 수도 없이 찰스 2세의 건강을 빌며 술을 마셨고 환호성이 이어졌다.

공화국 군대가 물러난 자리에 왕당파 군대가 들어섰고, 공공자금이 집행되었다. 찰스 2세에게 5만 파운드, 동생 요크 공작에게 1만 파운드, 그다음 동생 글로스터 공작에게 5,000파운드가 지급됐다. 교회는 자비로운 스튜어트 형제들의 축복을 비는 기도를 올렸고, 찰스를 잉글랜드로 모셔오기 위한 의원들이 네덜란드로 파견되었다.

네덜란드는 그때 갑자기 찰스 2세가 대단한 인물임을 깨닫고 처음부터 그를 좋아했다며 너스레를 떨었다. 조지 몽크 장군과 켄트 주의 고위층은 도버로 내려가 배에서 내리는 찰스에게 무릎을 꿇었다. 찰스는 몽크를 껴안고 입을 맞춘 뒤 자신과 형제들이 타는 마차에 같이 태워 열렬한 환호성을 받으며 런던으로 출발했다. 그리고 생일인 5월 29일 군대의 사열을 받으며 블랙히스에 도착했다. 이때가 1660년이었다.

나무 아래 성대한 만찬이 차려졌고, 집집마다 온갖 깃발과 융단이 나부꼈다. 거리에는 환호하는 사람들이 넘쳤고, 화려한 옷차림의 귀족과 상류층도 쏟아져 나왔으며, 런던 시 상업조합, 민병대, 나팔수, 위대한 런던 시장과 부시장들도 환영 인파에 섞여 있었다. 이런 환영을 받으며 찰스 2세는 화이트홀로 향했다. 화이트홀에 들어서며 찰스는 모든 사람이 이토록 간절히 자기를 원했는데 좀 더 빨리 돌아오지 못해 미안하다고 농을 쳤다.

제33장

찰스 2세, 왕정복고를 이루다

올리버 크롬웰을 부관참시하다

찰스 2세 때만큼 잉글랜드가 방탕한 시절도 없었다. 얼굴이 거무스름하고 인상이 고약하며 코가 큰 찰스 2세의 초상화를 볼 때마다 화이트홀 궁에서 잉글랜드 최악의 무뢰배인 남녀 귀족에 둘러싸여 술을 퍼마시고, 노름하고, 추잡한 수다나 떨고, 무절제하게 온갖 방탕한 짓을 저지르는 모습이 연상될 것이다. 찰스 2세는 '즐거운 군주'로 불렸다. 이 '즐거운' 양반이 '즐거운' 시절에 '즐거운' 잉글랜드 왕좌에 올라 어떤 '즐거운' 일들을 했는지 이야기해보자.

처음으로 벌어진 '즐거운' 일은 자신을 무지몽매한 세상에 신성한 태양처럼 빛나는 가장 위대하고 현명하며 고귀한 왕이라고 선언한 일이었다. 다음으로 즐겁고 기쁜 일은 의회가 정말 겸손하게 찰스 2세에게 매년 120만 파운드의 돈을 주었고, 국민들이 용감하게 항거했던 말썽 많은 톤세와 파운드세를 평생 걷을 수 있게 결정한 일이었다.

알베말 백작Earl of Albemarle이 된 조지 몽크 장군을 비롯해 비슷한 보상을 받은 왕당파 인사들은 선왕인 찰스 1세 시해범들을 법적으로 어떻게 처리할지 궁리했다. 국왕 시해범 중 열 명이 처형되었는데, 판사 여섯 명, 국무위원 한 명, 해커 대령, 근위병을 지휘한 장교 한 명, 그리고 진심으로 왕에게 반대하는 설교를 한 설교자 휴 피터스Hugh Peters(1598~1660)였다.

이들의 처형은 소름이 끼칠 만큼 잔인했다. 살아 있는 사람의 심장을 잘라내고 내장을 뽑아 그 사람이 보는 앞에서 불에 태웠다. 사형집행인은 먼저 처형한 사람의 피로 범벅이 된 더러운 손을 비비며 다음 희생자를 조롱했다. 먼저 죽은 사람들의 머리는 곧이어 죽을 사람이 썰매에 싣고 처형장으로 끌고 갔다. 그러나 '즐거운 군주'가 무슨 짓을 하든 죽어가는 사람들은 자신이 한 일에 대해 사과하지 않았다. 오히려 그들이 죽어가며 했던 말 중 가장 기억에 남는 것은 '그런 상황이 닥치면 똑같이 하겠다'는 다짐이었다.

가장 확고한 공화주의자로서 스트래퍼드 백작에게 불리한 증거를 제시했던 해리 베인 경도 재판에서 유죄 판결을 받고 사형집행 명령을 받았다. 베인 경은 강력하게 자신의 무죄를 주장한 뒤 타워힐의 처형대로 끌려갔다. 이때 그는 군중에게 연설하려고 준비한 원고를 빼앗겼고, 그의 목소리는 북소리와 나팔 소리에 묻혀버렸다. 국왕 시해범들이 처형당하는 순간 평온하게 내뱉은 말들은 사람들에게 깊은 인상을 남겨서 처형대 아래 북과 나팔을 비치하고 있다가 그들의 말을 막을 준비를 하는 것이 관례가 되었다. 베인 경이 용감하게 죽음을 맞이하며 남긴 말은 이것뿐이었다.

"죽어가는 사람의 유언까지 막는 형편없는 왕정이구나."

이 '즐거운' 장면들에 뒤이어 또 다른 '즐거운' 광경들이 이어졌다. 선왕의 기일을 맞아 웨스트민스터 사원에 묻혀 있던 올리버 크롬웰과 헨리 아이어튼, 브래드쇼의 시신을 파내 타이번 처형장까지 끌고 간 뒤 온종일 교수대에 매달아 놓았다가 참수한 것이다. 장대에 내걸린 크롬웰의 머리를 쳐다보는 짐승 같은 군중을 상상해보라! 그가 살아 있을 때는 감히 그의 눈을 쳐다볼 엄두도 내지 못했던 사람들을 말이다. 찰스 2세의 치세에 대해 다 읽은 다음, 부관참시당한 크롬웰 치하의 잉글랜드와 가롯 유다처럼 나라를 팔아먹은 '즐거운 군주' 치하의 잉글랜드를 두고두고 비교해보라.

물론 올리버 크롬웰의 아내와 딸의 유해도 무사하지 못했다. 훌륭한 여성들이었지만 화를 비껴가지는 못했다. 당시 비열한 성직자들이 사원에 묻힌 그들의 유해를 내주었고, 용감하고 대담한 블레이크 장군과 존 핌의 썩어가는 뼈와 함께 한 구덩이에 버려졌다. 영원히 잉글랜드의 수치로 남을 일이다.

성직자들이 이렇게 수치스러운 일을 한 이유가 있었다. 찰스 2세 통치 기간에 잉글랜드의 국교를 따르지 않거나 반대하는 사람을 완전히 몰아내고 개인 의견에 상관없이 모든 국민에게 단 하나의 기도서와 예배 의식을 권하기 위해서였다. 종교 문제에 관한 한 개인이 자유롭게 생각할 권리가 있기 때문에 가톨릭을 대체한 개신교의 입장에서는 잘된 일이었다고 생각한다. 하지만 너무 강압적이었고, 그들이 합의한 기도서는 윌리엄 로드 대주교의 극단적인 의견이 반영된 것이었다. 국교 반대자는

공직 진출을 금하는 법률도 통과
되었다. 결국 승리를 거둔 국교회
성직자들도 곧 찰스만큼이나 '즐
거웠다.' 군대도 해산했고, 왕권도
차지했으니, 모든 일은 계속 순조
롭게 풀려갔다.

찰스 2세의 가족에 대해 한마디
해야겠다. 찰스 2세가 왕위에 오
르고 얼마 지나지 않아 동생인 글
로스터 공작과 누이인 오렌지 공
국의 공주가 몇 달 사이에 천연두
로 모두 사망했다. 남은 여동생 헨
리에타 공주Henrietta of England

▲ 잉글랜드 왕 찰스 2세
©Georgios Kollidas/Shutterstock.com

(1644~1670)는 프랑스 왕 루이 14세Louis XIV of France(1638~1715)의 동생
오를레앙 공작Philippe I, Duke of Orléans(1640~1701)과 결혼했다. 그리고
요크 공작인 동생 제임스는 해군 사령관이 되었고, 점점 가톨릭교에 심
취했다.

제임스는 우울하고 음침하고 성마른 사람이었는데, 주목할만한 사실
은 그가 아주 못생긴 여자를 유달리 좋아했다는 것이다. 여자관계가 아
주 복잡했던 제임스는 당시 왕의 최측근 각료였던 클래런던 경의 딸 앤
하이드Anne Hyde(1637~1671)와 결혼했다. 클래런던 경도 결코 품위 있
는 각료는 아니어서 추잡한 궁에서 더러운 짓을 많이 저지르고 다녔다.

이제 남은 중요한 문제는 찰스 2세의 결혼이었다. 외국의 여러 군주들
이 사윗감의 됨됨이는 개의치 않고 딸을 주겠다고 제의했다. 포르투갈

의 왕은 딸 브라간자의 캐서린Catherine of Braganza(1638~1705)과 함께 5만 파운드를 제안했다. 프랑스 왕은 사위가 되면 5만 파운드를 빌려주겠다고 제안했고, 스페인 왕은 12명의 공주 중 아무나 데려가도 좋고, 다른 수익도 주겠다고 제안했다. 그러나 현금이 승리했고, 캐서린이 즐거운 결혼을 위해 당당하게 잉글랜드로 건너왔다.

타락한 남자와 부끄러움을 모르는 여자들이 무리 지어 온 궁을 헤집고 다녔다. 캐서린도 남편의 갖은 모욕과 학대에 못 이겨 결국 그 쓸모없는 인사들을 친구로 받아들였고, 그들과 어울리며 타락해갔다. 궁을 활개치고 다니던 가장 나쁜 악녀가 파머 부인Barbara Palmer, 1st Duchess of Cleveland(1654~1708)이었는데, 찰스 2세 치세 내내 큰 영향력을 행사했다. 찰스는 그녀에게 레이디 캐슬마인Lady Castlemaine이라는 작위를 내리더니 나중에는 클리블랜드 공작 부인으로 만들었다.

얼마 후 극장 무희였던 몰 데이비스Moll Davies(1648~1708)가 파머의 적수로 등장했다. 넬 귄Nell Gwyn(1650~1687)이라는 여성도 적수였는데, 오렌지 공국 출신의 배우로 매우 아름다웠다. 내가 알기로 그녀가 저지른 최악의 실수는 찰스 2세를 정말 좋아했다는 것이다. 제1대 세인트 올번스 공작이 넬 귄의 아들이었다. 마찬가지로 찰스는 시녀 하나를 포츠머스 공작 부인으로 삼았고, 그 아들을 리치먼드 공작Duke of Richmond으로 만들었다. 이 모든 걸 감안해볼 때 평민인 것도 그리 나쁜 것만은 아니다.

'즐거운 군주'가 이렇게 여성들, 그리고 마찬가지로 악명 높은 관료나 귀족들과 흥청망청 즐기는 사이, 10만 파운드가 바닥났다. 그러자 '즐거운 군주'는 약간의 푼돈을 마련하기 위해 거래를 벌여 500만 리브르Livre(프랑스의 옛 화폐 단위_옮긴이)를 받고 프랑스 왕에게 됭케르크를 팔았다. 올리버 크롬웰의 잉글랜드가 외국의 존경을 받아 됭케르크를 얻은 일을 생각해볼 때, '즐거운 군주'가 이런 짓을 저지른 대가로 응분의 벌을 받아 아버지처럼 처형되었어야 한다는 생각을 떨칠 수 없다.

찰스 2세는 아버지의 장점은 하나도 닮지 않았지만 신뢰할 수 없는 점은 쏙 빼닮았다. 그는 브레다에서 의회에 편지를 보내 모든 순수한 종교적 신념을 존중하겠다고 분명히 약속했다. 하지만 그는 권력을 잡기 무섭게 의회를 통과한 사상 최악의 법안을 비준했다. 정해진 기일까지 기도서를 정식으로 승인하지 않는 성직자는 자격을 박탈하고 교회를 몰수하겠다는 법률이었다.

그 결과, 2,000명의 정직한 성직자가 신도를 잃었고, 심각한 가난과 고통 속에 살았다. 뒤이어 비밀집회에 관한 법률Conventicles Act이라는 엉터리 법률이 제정되었다. 열일곱 살 이상의 국민 중 기도서를 따르지 않는 종교 집회에 참석하는 사람은 첫 위반 시 3개월, 두 번째 위반 시 6개월의 금고형에 처하고, 세 번째로 위반하면 추방하는 법률이었다. 이 법 하나만으로도 지하감옥이 죄인으로 넘쳐났다.

스코틀랜드 '언약' 지지자들의 상황은 이미 좋지 않았다. 주요 의원들이 멀쩡한 적이 거의 없어 흔히 '술 취한 의회Drunken Parliament'라 불린 부도덕한 의회가 합심하여 '언약' 지지자를 탄압하는 법률을 통과시켰고, 모든 사람이 종교 문제에 관해 일심동체여야 한다고 강요했다. 아가일 후작Archibald Campbell, 1st Marquess of Argyll(1607~1661)이 찰스 2세의 도덕성을 믿고 자수했지만, 불행히도 후작은 부자였고 정적들은 그의 재산을 탐냈다. 즐겁고 종교적인 현왕보다 죽은 호국경의 정부가 더 낫다는 당연한 의견을 피력한 개인적인 편지를 증거로 삼아 후작은 반역죄로 재판을 받았다. 후작은 유명한 '언약' 지지자 두 명과 함께 처형되었다. 한때 장로파의 친구였다가 배신한 배반자 제임스 샤프James Sharp(1613~1679)가 세인트 앤드루스 대주교St. Andrew's Archbishop가 되어 스코틀랜드인들에게 주교를 따르도록 가르쳤다.

역병과 화재로 초토화된 런던

잉글랜드 국내 사정이 이렇게 돌아가자, 찰스 2세는 네덜란드와 전쟁을 시작했다. 요크 공작이 주도적으로 참여하여 사금과 노예를 수입하는 회사를 아프리카에 설립했는데, 네덜란드가 이 회사를 방해했다는 것이 중요한 이유였다. 몇 차례 전초전을 벌인 뒤 요크 공작은 전함 98척과 화선 4척을 거느리고 네덜란드 해안을 향해 출병했다. 그리고 113척이 넘는 네덜란드 함대와 전투에 돌입했다. 두 강대국 사이에 벌어진 대전투에서 네덜란드는 배 18척과 장군 네 명, 병사 7,000명을 잃었다.

그러나 육지의 잉글랜드 사람들은 승전 소식에 환호할 형편이 아니었다. 런던에 대역병이 창궐했기 때문이다. 1664년 겨울 비위생적인 런던 외곽 여기저기에서 몇 사람이 흑사병으로 죽었다는 소문이 떠돌았다. 지금처럼 신문을 발행하던 때가 아니어서 소문을 믿는 사람도 있고 무시하는 사람도 있었지만, 그 소문은 곧 잊혔다.

그런데 1665년 봄 세인트 자일스에서 질병이 대대적으로 발생해 사람이 엄청나게 죽었다는 소문이 온 도시에 떠돌았다. 소문은 틀림없는 사실로 밝혀졌다. 런던에서 외곽으로 나가는 도로는 전염된 도시를 필사적으로 탈출하려는 사람들로 미어터질 지경이었고, 무엇이 되었건 운송수단이 될만한 것은 비용이 엄청났다.

질병의 확산 속도가 아주 빨라 환자
가 있는 집을 폐쇄해 건강한 사람과의
접촉을 차단할 필요가 있었다. 환자가
있는 집은 대문 밖에 붉은색으로 십자
표시를 하고 '신이시여, 우리를 불쌍
히 여기소서!'라는 문구를 적었다. 길
거리는 텅 비었고, 공공도로에는 풀이
자랐으며, 공기 중에는 끔찍한 정적이
감돌았다. 밤이 되어 덜컹거리는 바퀴
소리가 음산하게 들릴 때면 얼굴을 가
리고 옷으로 입을 틀어막은 사람들이
죽은 자들을 마차에 싣고 지나가며 침
통한 목소리로 외쳤다.

▲ 1665년, 런던에 창궐한 흑사병으로
10만 명 이상의 사람들이 죽었다.

　"죽은 가족을 밖에 내놓으시오!"

마차에 실린 시신들은 횃불 아래에서 커다란 구덩이에 매장됐다. 그
들을 위한 예배는 없었다. 섬뜩한 무덤가에 잠시라도 서는 것을 모두 두
려워했다. 두려움이 만연한 가운데 아이들은 부모를 피해 도망쳤고, 부
모는 아이들을 피해 달아났다. 병에 걸린 사람 중에는 아무 도움도 받지
못한 채 쓸쓸히 죽어가는 사람도 있었고, 돈을 받고 고용된 간호사에게
칼에 찔려 죽거나 목 졸려 죽는 사람도 있었다. 간호사들은 죽은 사람들
의 돈을 모두 강탈하고 환자가 누웠던 침대도 훔쳤다. 미쳐서 창문에서
뛰어내리기도 하고, 도로를 내달리기도 하고, 고통으로 광란 상태에 빠
져 강에 뛰어드는 사람도 있었다.

공포는 이것이 전부가 아니었다. 방탕한 자들은 자포자기 상태로 선

술집에서 술 마시고 고래고래 노래 부르다가 발병하면 뛰쳐나가 그대로 죽었다. 겁 많고 미신을 믿는 사람들은 하늘에서 불타는 검이나 거대한 손과 화살 같은 초자연적인 현상을 목격했다고 믿었다. 밤이면 수많은 귀신이 음침한 구덩이 둘레를 무리 지어 돈다고 상상하는 사람도 있었다. 벌거벗은 채 불붙은 석탄이 가득한 화로를 머리에 얹고 거리를 배회하며, 자기는 사악한 런던에 신의 보복이 임박했음을 예고하러 온 예언자라고 외치는 미친 사람도 있었다.

어떤 사람은 계속 왔다 갔다 하며 이렇게 외쳤다.

"40일이 지나면 런던은 파멸하리라!"

음산한 거리에서 밤낮없이 메아리치는 또 다른 사람의 외침은 환자들을 오싹하게 했다. 그 사람은 쉰 목소리로 끊임없이 이렇게 외쳐댔다.

"오, 위대하고 무시무시한 신이시여!"

7월, 8월, 9월을 지나며 대역병은 갈수록 맹위를 떨쳤다. 거리마다 모닥불을 크게 밝히며 전염병이 사라지길 소망했지만 흑사병은 그 소망의 모닥불을 사그라뜨리며 내리는 비와 같았다. 마침내 온 세상의 낮과 밤의 길이가 같아지는 춘분을 맞아 일기 시작한 바람이 참혹한 도시를 정화했다.

사망자가 줄어들고, 붉은색 십자 표시도 점차 사라졌다. 피난 갔던 사람들이 돌아왔고, 창백하고 겁먹은 얼굴의 사람들이 하나둘 거리에 나타나기 시작했다. 흑사병은 잉글랜드 전역에서 발생했지만, 인구밀도가 높고 비위생적인 런던에서 사망한 사람이 10만 명이었다.

이 와중에도 군주는 평소처럼 즐겁고 아무짝에도 쓸모없었다. 온 잉글랜드가 대역병으로 신음하는 내내 방탕한 관료와 귀족, 파렴치한 귀부인들은 그들만의 즐거운 방식대로 춤을 추고, 도박하고, 술을 마시고, 서로 사랑하고 미워했다.

잉글랜드 정부는 얼마 전까지 재앙을 겪고도 자비를 배우지 못했다. 그때까지도 런던에 가기가 두려워 옥스퍼드에서 모인 의회가 맨 먼저 한 일이 '5마일 법Five Mile Act'을 제정한 것이었다. 흑사병이 창궐하던 시기에 용감하게 런던으로 돌아와 불행한 사람들을 위로하던 가여운 성직자들을 정면으로 겨냥한 법률이었다. 이 악법은 용감한 성직자들이 교단에 서는 것을 금지하고, 모든 도시나 읍내, 마을로부터 반경 5마일(8킬로미터) 안에 들어오지 못하게 했다. 이들을 굶겨 죽이겠다는 취지였다.

바다에 나가 있던 함대는 무사했다. 프랑스 왕은 당시 네덜란드와 동맹을 맺은 상태였지만, 프랑스 해군은 잉글랜드와 네덜란드 전쟁을 수수방관했다. 네덜란드가 한 차례 승리했지만, 잉글랜드가 그다음에 더 큰 승리를 거두었다. 1666년 9월 3일 바람이 심하게 불던 밤이었다. 잉글랜드 제독으로 해협에 나가 있던 루퍼트 왕자는 프랑스 해군 대장을 노리고 있었다. 강풍이 태풍으로 바뀌면 바람을 타고 세인트헬렌스Saint Helens 섬으로 가서 프랑스 해군 대장에게 한 수 가르칠 작정이었다. 그런데 그 바람은 런던의 대화재를 거세게 부채질했다.

대화재는 런던교 근처 빵 가게에서 발생했다. 지금 그 자리에는 대화재를 잊지 않기 위해 기념비가 서 있다. 화재는 점점 번져나가 모든 것을 불사르며 3일간이나 계속되었다. 밤이 낮보다 밝았다. 낮에는 연기가 구름처럼 엄청나게 피어올랐고, 밤에는 커다란 불기둥이 하늘로 치솟아 주변을 환하게 밝혔다. 뜨거운 재가 하늘로 날아올라 먼 곳에서 진눈깨비처럼 내려앉았다. 불티는 아주 멀리까지 번져 동시에 20군데에서 새로 화재를 일으켰다. 성당 첨탑은 굉음을 내며 쓰러졌고, 수백 수천 채의 가옥이 잿더미로 스러졌다.

몹시 덥고 건조한 여름이었으며, 도로는 비좁았고, 목재와 회반죽으로 지은 집이 대부분이었다. 모든 집이 다 탈 때까지 기다릴 뿐, 그 무서운 화마를 막을 방법이 없었다. 런던탑에서 템플바에 이르는 모든 도로를 불모지로 만들고, 1만 3,000채의 가옥과 89채의 교회를 잿더미로 만들고 나서야 비로소 불길이 사그라졌다.

런던 대화재는 끔찍한 재앙이었다. 집이 전소하여 커다란 손실과 고통을 당한 20만 명의 이재민들은 짚과 진흙을 대충 이겨 만든 움막이나 허허벌판에서 밤을 지새워야 했다. 골목길과 도로는 살림살이를 싣고 가다 부서진 수레들로 제 기능을 하지 못했다.

그러나 대화재는 오히려 런던의 큰 축복이 되었다. 이 재난을 계기로 런던이 폐허를 딛고 훨씬 더 발전했기 때문이다. 더 반듯하고 넓게, 더 청결하고 세심하게, 당연히 훨씬 더 위생적으로 건설되었다. 지금보다 훨씬 더 건강했을 것이다. 하지만 런던에는 거의 200년이 지난 지금까지 이기적이고 고집 세고 무지한 사람들이 아직 남아 있다. 대화재가 다시 발생한다고 해도 그들이 개과천선하여 의무를 다할지 의심스럽다.

아무튼 가톨릭교도들이 고의로 런던을 불태웠다는 혐의를 뒤집어썼고 원색적인 비난을 받았다. 미친 지 오래된 불쌍한 프랑스 가톨릭교도 하나가 집에 불을 붙여 화재를 일으켰다고 자수한 일도 있었다. 그러나 화재가 사고였음은 의심의 여지가 없다. 기념비에는 가톨릭교도를 범인으로 보는 글이 오랫동안 새겨져 있었지만 지금은 지워졌다. 처음부터 어리석고 악의적인 거짓말에 지나지 않았다.

프랑스 왕의 꼭두각시가 되다

찰스 2세는 국민이 역병과 화재로 고통받는 시절에도 의회가 전쟁에 쓰라고 마련해준 돈을 총애하는 측근들과 술 마시고 노름하느라 전부 탕진했다. 그 결과, 용감한 잉글랜드 해군은 돈이 없어 굶주렸고 거리에서 죽어갔다.

드 비트De Witt와 미힐 더 라위터르Michiel De Ruyter 제독이 이끄는 네덜란드 해군은 템스 강으로 진입해 메드웨이 강Medway River을 거슬러 업노어Upnor까지 진격했다. 그들은 경비함을 불사르고 허약한 포대를 침묵시킨 뒤 6주간이나 잉글랜드 해안을 유린했다. 잉글랜드 전함 대부분은 화약도 포탄도 없었다. 이 왕정에서는 왕이 그렇듯 공무원들도 공금으로 즐겁게 지냈다. 공무원들은 국방비나 예비비로 사용하라고 맡긴 공금을 제멋대로 착복했다.

이때까지 클래런던 경은 형편없는 왕의 부도덕한 각료들이 걷던 길을 오랫동안 답습해왔다. 정적에 의해 고소를 당했지만 위기를 모면했고, 잉글랜드를 떠나 프랑스로 은퇴하라는 찰스 2세의 명령에 따라 자신을 변호하는 글을 남긴 채 프랑스로 떠났다. 클래런던 경이 은퇴해도 잉글랜드는 크게 아쉬울 게 없었고, 그는 7년 후 해외에서 생을 마감했다.

이어 등장한 내각이 카발 내각Cabal Ministry이었다. 내각 구성원인 토머스 클리퍼드 경Thomas Clifford, 1st Baron Clifford of Chudleigh(1630~1673)과 알링턴 백작Henry Bennet, 1st Earl of Arlinton(1618~1685), 가장 강력한 왕의 측근이며 대단한 악당인 버킹엄 공작George Villiers, 2nd Duke of Buckingham(1628~1687), 애슐리 경Anthony Ashley Cooper, 1st Baron Ashley(1621~1683), 로더데일 공작John Maitland, 1st Duke of

Lauderdale(1616~1682)의 이름 첫 글자를 따서 'cabal'이었다.

프랑스가 플랑드르 지방을 점령하자 카발 내각이 처음으로 취한 조치는 스페인과 연합하여 프랑스에 대항하기 위해 네덜란드와 조약을 맺는 일이었다. 그런데 이 조약이 체결되자마자 찰스 2세는 프랑스 왕과 비밀 조약을 맺어버렸다. 항상 의회의 지출 승인 없이 돈을 얻고자 했던 찰스 2세가 네덜란드와의 조약 체결에 자기는 관여한 일이 없다고 프랑스 왕에게 사과한 뒤 수치스럽게 연금을 받는 비밀 조약을 체결했다. 프랑스 왕에게서 계약금으로 200만 리브르를 먼저 받고 1년에 300만 리브르를 추가로 받는 조건이었다. 그리고 스페인을 등지고 네덜란드와 전쟁을 선포하며 적당한 때가 오면 스스로 가톨릭교도라고 선언하겠다고 약속했다.

이 신앙심 깊은 군주는 얼마 전 독실한 가톨릭교도가 되고 싶다는 동생을 고함을 치며 나무란 적이 있었다. 그런데 이제는 스스로 적당한 때가 오면 가톨릭교도가 되겠다고 약속함으로써 자기가 다스리는 나라를 배반하는 음모를 꾸민 것이다. 그의 머리가 열 개라면 망나니가 목 열 개 모두를 도끼로 잘라 마땅한 일이었다.

들통 나면 머리 하나도 무사하지 못할 것을 알기에 이 일들은 철저히 비밀에 부쳐졌다. 프랑스와 잉글랜드는 네덜란드에 선전포고했다. 그때 비범한 남자가 네덜란드에 등장했다. 이후 잉글랜드의 역사에서 매우 중요한 위치를 차지하는 인물, 잉글랜드의 종교와 자유에 지대한 영향을 미쳤으며 아주 오랫동안 프랑스가 세운 계획을 모두 무산시킨 인물이었다. 그는 바로 오렌지 공Prince of Orange인 나소의 윌리엄William III of Nassau이었다. 잉글랜드 왕 찰스 1세의 딸 메리 헨리에타Mary Henrietta, Princess Royal and Princess of Orange(1631~1660)와 결혼한 나소의 윌리엄William II, Prince of Orange(1620~1679)의 아들이었다. 당시 그는 이제 성년이 된 젊은이였지만 용감하고 침착하고 대담하며 현명했다.

네덜란드에서 미움을 받던 그의 아버지가 사망하자 네덜란드인은 당연히 아들에게 돌아갈 총독 자리를 폐지하고, 어린 왕자의 스승인 욘 드 비트John de Witt(1625~1672)에게 최고 권력을 넘겼다. 그러나 이제 사람들은 오렌지 공을 사랑했고, 드 비트의 형 코르넬리우스 드 비트Cornelius de Witt(1623~1672)는 오

▲ 잉글랜드 왕 윌리엄 3세
©Kiev.Victor/Shutterstock.com

렌지 공의 암살을 모의했다는 누명을 쓰고 유배형을 받았다. 드 비트는 형을 감옥에서 빼내 마차에 태워 망명시키려 했지만, 그날 현장에 모여든 군중이 형제를 잔인하게 살해했다.

이제 네덜란드 정권은 오렌지 공의 수중에 들어갔고, 그는 진정으로 국민의 선택을 받았다. 그때부터 오렌지 공은 개신교의 지원을 받으며 그 유명한 콘데Louis, Grand Condé(1621~1686)와 튜렌Henri de la Tour d'Auvergne, Vicomte de Turenne(1611~1675) 장군이 이끄는 프랑스 군대 전체와 전력을 다해 싸웠다. 전쟁은 꼬박 7년을 끌었고, 마침내 나이메헨Nijmegen에서 평화협정이 체결되었다. 그 이야기를 자세하게 하려면 구구절절하겠지만 오렌지 공 윌리엄이 세계적인 명성을 확고히 세웠다

고만 해두자.

한편 비열한 정도가 점점 더해가던 찰스 2세는 꼼짝없이 프랑스 왕의 꼭두각시 노릇을 할 수밖에 없었다. 1년 동안 받는 10만 파운드의 연금에 코가 꿰였기 때문이다. 나중에 연금은 두 배로 올라갔다. 이외에도 프랑스 왕은 부패한 대사를 이용해 잉글랜드 의회 의원들을 마음껏 매수했다. 부패한 대사는 잉글랜드에서의 활약상을 글로 남겼는데, 내가 보기에 하나같이 미심쩍은 것들뿐이다. 아무튼 찰스 2세가 다스리던 상당한 기간 잉글랜드를 실질적으로 다스린 왕은 사실상 프랑스 왕이었다.

하지만 좋은 시절이 오고 있었다. 외삼촌인 찰스 2세는 인정하지 않겠지만 모두 오렌지 공 윌리엄 덕분이었다. 윌리엄은 잉글랜드에 와서 요크 공작의 큰 딸인 메리Mary II of England(1662~1694)를 만나 결혼했다. 그 결혼이 어떻게 되었고, 결코 잊혀서는 안 되는 이유가 무엇인지 곧 알게 될 것이다.

메리는 개신교도였지만 그녀의 어머니 앤 하이드는 가톨릭교도로 살다 죽었다. 여덟 명의 자녀 중 마찬가지로 개신교도인 여동생 앤Anne(1665~1714)과 메리만 살아남았다. 앤은 나중에 덴마크 왕의 동생인 덴마크 왕자 조지Prince George of Denmark(1653~1708)와 결혼했다.

찰스 2세가 모든 것을 자기 마음대로 할 때 외에는 사람이 쾌활하거나 활발하고 훌륭했다고 오판할 수도 있으니 하원의원인 존 코번트리 경Sir John Coventry(1636~1685) 사건을 이야기하겠다.

극장에 세금을 부과하는 문제를 놓고 코번트리 경이 한마디 했는데, 찰스 2세는 그 일을 고깝게 생각했다. 그는 외국에서 태어난 사생아 아들인 몬머스 공작James Scott, 1st Duke of Monmouth(1649~1685)과 뜻을 합쳐 복수하기로 했고, 주머니칼로 무장한 15명의 괴한이 코번트리 경을 급습해 코를 베었다. 그 주인에 그 부하였다.

한편, 자객을 사주해 저녁식사를 마치고 집으로 돌아가는 오몬드 공작James Butler, 1st Duke of Ormonde(1610~1688)을 살해하려 한 혐의로 찰스 2세의 측근인 버킹엄 공작이 의심받았다. 오몬드 공작의 혈기 왕성한 아들인 제임스 버틀러James Butler, 2nd Duke of Ormonde(1665~1745)는 버킹엄 공작의 유죄를 확신하여 궁에서 찰스 2세와 나란히 서 있는 공작에게 이렇게 말했다.

"최근에 있었던 저희 부친 암살 계획의 주모자가 경이라는 사실을 잘 알고 있습니다. 경고하겠습니다. 만일 저희 부친이 비참한 최후를 맞는다면 반드시 경에게 피의 복수를 하겠습니다. 어디서든 경을 만나면 방아쇠를 당길 것입니다. 왕의 의자 뒤로 숨더라도 말입니다. 폐하를 모신 자리에서 드리는 말씀이니 반드시 제가 경고한 대로 실행할 것입니다."

참으로 '즐거운' 시절이었다.

토머스 블러드Thomas Blood(1618~1680)라는 작자가 동료 두 명과 함께 대담하게도 런던탑의 보물 보관소에서 왕관과 금으로 만든 지구본과 홀을 훔치려다 체포되었다. 허풍떠는 건달에 불과한 이 도둑은 자기가 오몬드 공작을 죽이려 했으며 왕도 암살할 계획이었다고 떠들었다. 찰스 2세가 배터시Battersea에서 물놀이하는 동안 충분히 죽일 수 있었지만 그의 위풍당당한 모습에 기가 질려 포기했다고 말했다.

인상 험악한 찰스 2세를 두고 이런 말을 하다니, 나는 한마디도 믿지 않는다. 찰스 2세가 그 아첨에 넘어갔는지, 아니면 버킹엄 공작이 블러드를 사주해 오몬드 공작을 살해하려 한 사실을 알았는지는 확실치 않다. 확실한 것은 찰스 2세가 이 도둑을 용서했을 뿐만 아니라 영광스럽게도 그가 태어난 아일랜드에 있는 땅을 하사했다는 사실이다. 매년 500

파운드 이상의 소득을 거둘 수 있는 땅이었다. 그뿐만 아니라 찰스 2세는 이 도둑을 궁에 있는 방탕한 귀족과 수치심 없는 귀부인들에게 소개했다. 그들은 이 도둑을 높이 평가했다. 아마 왕이 소개했다면 악마라도 찬양했을 사람들이다.

요크 공작과 가톨릭교도들의 음모

부끄러운 연금을 받고 있었지만 여전히 돈이 필요했던 찰스 2세는 어쩔 수 없이 의회를 소집했다. 의회에 있는 개신교도들의 주된 목표는 재혼한 가톨릭교도 요크 공작을 꺾는 일이었다. 요크 공작이 재혼한 부인은 가톨릭을 믿는 모데나 공작Duke of Modena의 여동생으로 겨우 열다섯 살의 어린 아가씨 메리Mary of Modena(1658~1718)였다.

비국교회 개신교도들도 불이익을 무릅쓰고 거들고 나섰다. 그들은 정권에서 가톨릭교도를 몰아내는 일이라면 자신들의 세력도 포기할 각오가 되어 있었다. 즐거운 군주는 사실 가톨릭교도였지만 개신교도인 것처럼 행동하기로 마음먹었다. 프랑스 왕에게 잉글랜드 교회를 팔아먹은 찰스 2세는 충심으로 잉글랜드 국교회를 신봉한다고 주교에게 맹세했다. 그는 주교와 모든 왕족을 속이고 기만하여 강력한 전제군주가 된 다음 자기가 얼마나 대단한 악당인지 밝히기로 마음먹었다. 하지만 즐겁게 연금을 받는 찰스 2세의 됨됨이를 잘 알고 있던 프랑스 왕은 잉글랜드 왕과 그 친구들뿐만 아니라 의회 내에 있는 그의 반대자들과도 일을 꾸미고 있었다.

잉글랜드인은 요크 공작이 왕위에 오르면 가톨릭교가 부활할지 모른다고 두려워했다. 그런데 찰스 2세가 그런 두려움에 공감하는 척 저급한 간계를 쓰는 바람에 아주 끔찍한 일이 벌어졌다. 런던 시의 우둔한 성직자인 이스라엘 톤지 박사Israel Tonge(1621~1680)라는 사람이 티투스 오츠Titus Oates(1649~1705)라는 아주 악명 높은 인물의 손에 놀아난 것이다. 오츠는 해외의 예수회 사람들이 왕을 암살하고 가톨릭을 재건하려는 음모를 꾸민다는 정보를 입수한 것처럼 거짓말을 했다.

재수 없는 톤지 박사의 소개로 위원회에서 진지하게 검증을 받은 오츠는 수도 없이 앞뒤가 맞지 않는 이야기를 하며 터무니없는 소리를 해 댔다. 그리고 요크 공작 부인의 비서인 콜먼을 공범으로 지목했다. 콜먼에 대한 고발이 사실이 아니었고, 진짜 무서운 가톨릭 음모는 찰스 2세가 앞장서고 프랑스 왕이 꾸민 것이라는 사실을 우리 모두 알고 있지만, 콜먼의 서류들 속에서 피로 얼룩졌던 메리 여왕 시절을 찬양하고 개신교를 비방하는 편지가 발견되었다. 오츠로서는 자기 말을 확인받을 수 있는 커다란 행운이었다. 하지만 더 큰 행운이 기다리고 있었다.

오츠를 처음으로 심문했던 치안판사 에드먼드베리 고드프리 경Sir Edmundbury Godfrey(1621~1678)이 뜻밖에 프림로즈 힐Primrose Hill 근처에서 변사체로 발견되었는데, 사람들은 가톨릭교도의 소행이 분명하다고 생각했다. 내 생각에 고드프리 경은 우울증으로 자살했을 가능성이 높다. 하지만 개신교에서 고드프리 경의 장례식을 성대하게 치렀고, 오츠는 구국의 영웅으로 불리며 1,200파운드의 연금을 받았다.

사악한 오츠가 성공을 거두자, 윌리엄 베들로William Bedloe(1650~1680)라는 악당이 등장했다. 고드프리 경 살해범들에게 걸린 현상금 500파운드에 현혹된 베들로는 예수회교도 두 명을 포함한 몇 사람이 캐서린 왕비의 요구에 따라 고드프리를 살해했다고 고발했다.

오츠는 이 새로운 밀고자와 손을 잡고 불쌍한 캐서린 왕비를 대역죄로 고발하는 대담성을 보였다. 그때 두 사람만큼 사악한 세 번째 밀고자가 등장하여 스타일리Styley라는 이름의 가톨릭 은행가를 고발했다. 아주 틀린 말은 아니지만, 찰스 2세가 이 세상 최고의 악당이며, 자기 손으로 그를 죽이겠다고 말했다는 것이다.

이 은행가는 단 한 번의 재판으로 처형되었고, 콜먼과 두 명이 추가로 재판을 받고 처형되었다. 그리고 마일스 프랜스Miles Prance라는 이름의 불쌍한 가톨릭교도 은 세공인이 윌리엄 베들로의 고발로 고문받은 뒤 고드프리 살해에 가담했다고 자백하고 세 명을 공범으로 고발했다.

예수회교도 다섯 명이 티투스 오츠, 윌리엄 베들로, 마일스 프랜스에 의해 고발당한 뒤 앞뒤가 맞지 않는 엉터리 증거에 의해 유죄 판결을 받고 처형되었다. 그다음 재판 차례는 캐서린 왕비의 주치의와 세 명의 수도승이었지만 오츠와 베들로는 일단 그 정도로 만족하기로 했고, 이 네 사람은 무죄 판정을 받았다.

국민들은 가톨릭 음모에 온 신경을 집중했고, 요크 공작에 대한 국민의 반대도 아주 컸다. 요크 공작 제임스는 형 찰스 2세가 문서로 전한 명령에 따라 가족을 데리고 브뤼셀Brussel로 떠나기로 동의했다. 자신이 떠나 있는 동안 제 권리를 몬머스 공작에게 넘기지 않는 조건이었다. 의회는 찰스 2세의 기대와 달리 이러한 조치에 만족하지 못했고, 요크 공작을 왕위 상속에서 제외하는 법안을 가결했다. 그러자 찰스 2세는 의회를 해산했다. 찰스 2세는 오랜 측근이었던 버킹엄 공작을 저버렸으며, 버킹엄 공작은 이제 그의 반대편에 섰다.

이 '즐거운' 통치기간 내내 스코틀랜드가 겪은 불행을 어느 정도라도 이야기하려면 100페이지는 족히 될 것이다. 스코틀랜드 사람들이 주교를 받아들이지 않고 엄숙동맹 '언약'을 지키기로 했기 때문에 그들은 소름이 끼칠 만큼 잔혹한 학대를 받았다. 흉포한 기마병들이 스코틀랜드를 내달리며 국교회 회당을 떠난 농부들을 응징했다. 아버지가 숨은 곳을 자백하지 않는 아들을 아버지 방문에 목매달았고, 남편을 배신하지 않는 아내를 고문해 죽였다. 들판이나 정원에서 사람들을 잡아가 재판도 없이 큰길에서 총살했다. 불붙인 성냥을 죄인의 손가락에 묶었고, '장화'라고 부르는 끔찍한 고문도구를 개발하여 금속 쐐기로 피해자의 다리를 으깨고 부수었다.

죄수들뿐 아니라 목격자들도 고문당했다. 감옥마다 죄인이 들어찼고, 교수대마다 시체가 매달렸다. 살인과 약탈로 스코틀랜드 전체가 파괴되었다. 그럼에도 불구하고 장로교를 지지하는 언약자들은 국교회 회당에 끌려가지 않았으며, 한사코 자기들이 옳다고 믿는 방식대로 신을 섬겼다. 스코틀랜드 산악지대에서 완강히 저항하던 사람들도 클레이버하우스의 존 그레이엄Grahame of Claverhouse(1648~1689)이 이끄는 잉글랜드 기병에 비하면 약과였다. 존 그레이엄은 가장 탐욕스럽고 잔인한 적으로 스코틀랜드 전역에서 영원히 저주받을 것이다.

대주교 제임스 샤프가 이 모든 잔혹행위를 부추기고 도왔지만 결국 무너지고 말았다. 스코틀랜드 사람들의 피해가 극에 달했을 때 대주교 샤프가 말 여섯 필이 끄는 마차를 타고 들판을 건너오고 있었다. 존 밸푸어John Balfour, 3rd Lord Balfour of Burleigh(?~1688)가 지휘하는 무리가 다른 압제자를 노리고 기다리다가 대주교를 발견했다. 그들은 하늘이 주신 기회라고 환호성을 지르며 대주교를 처참하게 살해했다. 나는 대주교 샤프가 그렇게 비참하게 죽어 마땅하다고 생각한다.

그 즉시 엄청난 소동이 일어났다. 스코틀랜드 사람들을 자극했다는 혐의를 받던 찰스 2세는 이 사건을 빌미로 의회가 승인하려던 것보다 훨씬 큰 규모의 군대를 동원했다. 그는 아들 몬머스 공작을 총사령관으로 파견하며 휘그파Whigs라 부르던 스코틀랜드 반군을 보이는 대로 공격하라고 지시했다.

몬머스 공작은 에든버러에서 1만 명의 병사를 이끌고 가던 중 클라이드 만 근처의 보스웰 다리에 진을 친 4,000~5,000명의 스코틀랜드인을 발견했다. 스코틀랜드인은 곧 사방으로 흩어졌다. 몬머스 공작은 주머니칼로 의회 의원의 코를 베라고 사주했을 때보다는 인간적이었다. 하지만 로더데일 공작과 원수지간이었으므로 존 그레이엄을 보내 그들을 끝장냈다.

요크 공작 제임스가 국민의 신임을 잃을수록 몬머스 공작의 인기는 점점 올라갔다. 몬머스 공작으로서는 제임스를 왕위에서 제외하는 개정 법안에 찬성하지 않는 편이 온당했을 것이다. 하지만 몬머스 공작은 법안에 찬성했고, 찰스 2세는 매우 흡족했다. 그는 상원의사당 벽난로 옆에 앉아 상원의 토론을 듣곤 했는데, 토론이 연극만큼 재미있다고 말했다.

하원은 큰 표 차로 법안을 가결했고, 개신교 측의 최고 지도자인 러셀 경William Russell, Lord Russell(1639~1683)이 법안을 상원에 상정했지만 부결됐다. 주교들의 도움을 받아 찰스 2세가 법안을 기각했기 때문이다. 가톨릭 재건 음모에 대한 공포가 다시 고개를 들었다.

뉴게이트 감옥에서 나온 토머스 데인저필드Thomas Dangerfield(1650~1685)라는 자에 의해 또 다른 음모가 부각되었는데, '들통 음모Meal-Tub Plot'라는 이름으로 유명해졌다. 감옥을 제집 드나들듯 하던 데인저필드는 가톨릭 간호사인 셸리에 부인의 도움으로 감옥을 나온 뒤 가톨릭으로 개종했다. 그러고는 장로파가 왕을 암살하려는 것처럼 거짓

말했다.

장로파를 혐오하던 요크 공작은 기뻐하며 데인저필드를 칭찬했다. 상금으로 20기니guinea(잉글랜드에서 1663년에 처음 주조하여 1813년까지 발행한 금화_옮긴이)를 주며, 형인 왕에게 그 사실을 고하라고 보냈다. 하지만 데인저필드는 임무를 완전히 망치고 뉴게이트 감옥에 다시 갇힌 뒤 요크 공작이 깜짝 놀라 기절할만한 일을 저질렀다.

가톨릭 간호사가 자신에게 거짓 음모를 알려주었으며, 사실은 가톨릭 세력이 왕을 암살할 계획이라고 자백한 것이었다. 그리고 셀리에 부인 집의 들통에 숨긴 문서에서 그 증거를 찾을 수 있다고 진술했다. 당연히 데인저필드가 미리 넣어둔 문서가 들통에서 발견되었고, 이 음모에 '들통'이라는 이름이 붙게 되었다. 하지만 간호사는 재판에서 무죄를 인정받았고, 사건은 흐지부지되었다.

의회, '왕위배제법안'을 제정하다

카발 내각의 애슐리 경은 이제 새프츠베리 경Anthony Ashley Cooper, 1st Earl of Shaftesbury(1621~1683)이 되었고, 요크 공작의 왕위 계승을 강력히 반대했다. 찰스 2세가 프랑스 왕과 음모를 꾸몄다는 의혹에 극도로 화가 난 의회는 필사적으로 왕위배제법안을 고집했으며, 가톨릭 전체를 극렬 비판했다. 안타깝지만 비판이 도를 넘어, 칠순이 다 된 덕망 있는 가톨릭 귀족 스태퍼드 경William Howard, 1st Viscount Stafford(1614~1680)을 왕 암살 음모로 고발했다.

극악무도한 오츠와 일당 두 명이 증인으로 나섰다. 스태퍼드 경은 터무니없는 거짓 증거를 기초로 유죄 판결을 받고 타워힐에서 참수되었다. 사람들은 그가 참수대에 모습을 드러내자 처음에는 적대적이었다. 하지만 스태퍼드 경이 결백을 주장하며 사악한 자들에 의해 처형됨을 증명하자 양심을 되찾은 사람들이 이렇게 말했다.

"당신을 믿습니다. 경에게 신의 가호를 빕니다."

하원은 찰스 2세가 왕위배제법안에 동의하기 전까지 모든 자금 집행을 거부했다. 하지만 주인인 프랑스 왕에게 돈을 받았기 때문에 믿는 구석이 있던 찰스 2세는 의회를 무시할 수 있었다. 그는 옥스퍼드에서 의회를 소집한 다음, 생명의 위협을 받고 있다고 시위하듯 대단한 호위군과 무장을 갖추고 옥스퍼드로 내려갔다. 그러자 반대파 의원들도 찰스 2세를 둘러싼 호위병들 상당수가 가톨릭인 것이 두렵다는 듯 호위군과 무장을 갖추고 옥스퍼드에 도착했다.

의회는 왕위배제법안을 열성적으로 밀고 나갔다. 만일 찰스 2세가 부랴부랴 왕관과 예복을 마차에 던져 넣고 올라탄 뒤 상원이 모인 회의실로 내려가 의회 해산 명령을 내리지 않았다면 하원은 법안을 다시 통과시켰을 것이다. 그 후 그는 잽싸게 집으로 내뺐고, 의원들도 앞다투어 집으로 달아났다.

당시 스코틀랜드에 거주하던 요크 공작은 가톨릭교도 공직 금지 법안 때문에 공직에 나올 수 없었다. 그럼에도 그는 공공연히 스코틀랜드 주재 왕의 특사 역할을 했으며, 음침하고 잔인한 본능을 마음껏 발휘하며 '언약' 지지자들을 무자비하게 학대했다. 당시 스코틀랜드에는 보스웰 다리 전투에서 도망친 카길Cargill과 캐머런Cameron이라는 두 명의 성직자가 돌아와 있었다. 두 사람은 비참하지만 여전히 불굴의 용기를 지닌 '언약' 지지자들을 캐머런주의자Cameronians라는 이름으로 새롭게 규합했다. 캐머런이 '왕은 거짓 맹세한 독재자'라는 포고를 공공연히 게시했기 때문에 전투에서 캐머런이 살해된 후 불행한 추종자들은 무자비하게 도륙되었다.

요크 공작은 고문 도구 '장화'를 특히 좋아했고, 장화 고문을 아주 즐거워했다. 그리고 참수대에서 "국왕 폐하 만세!"라고 외치는 사람은 목숨을 살려주겠다고 제안했다. 하지만 추종자들의 친척, 친구, 동포 모두이 왕정에서 하도 잔혹하게 고문을 당하고 살해당한 뒤라 차라리 빨리죽기를 원했고, 그렇게 죽어갔다.

요크 공작은 스코틀랜드 의회를 장악하라는 형의 윤허를 받았다. 스코틀랜드 의회는 정말 파렴치한 사기극을 연출하여, 처음에 가톨릭으로부터 개신교를 보호하는 법률을 확정한 다음, 그 어떤 것도 가톨릭교도 공작의 왕위 계승을 반대할 수 없으며 반대해서도 안 된다고 선언했다.

이렇게 두 얼굴을 가지고 출발한 의회는 신앙의 적법성을 증명하는 증거라며 서약 하나를 확정했는데, 모든 사람이 이해할 수 없지만 어쩔수 없이 받아들여야 하는 서약이었다. 아가일 백작Archibald Campbell, 9th Earl of Argyll(1629~1685)은 자기의 개신교 신앙이나 충성심과 배치되지 않는다면 종교나 국가의 변화를 지원하지 못할 것도 아니라는 단서를 달며 그 서약을 받아들였다.

결국 아가일 백작은 몽로즈 후작이 배심원장인 스코틀랜드 배심원단앞에서 대역죄 재판을 받았고, 유죄 판결을 받았다. 하지만 아가일 백작은 딸인 레이디 소피아 린지Lady Sophia Lindsay의 수행기사로 변장하고달아나 참수형을 면했다. 몇몇 스코틀랜드 추밀원 의원들은 이 아가씨를에든버러 도로로 끌고 가며 태형에 처해야 한다고 강력히 건의했다. 하지만 요크 공작도 그때만큼은 남자다웠는지, 너무 심한 처벌이며 잉글랜드 남자는 그런 식으로 여성을 대하지 않는다고 반대했다. 비슷하게 타락한 잉글랜드인들의 행태를 제외하면 이 즐거운 시절에 스코틀랜드 아첨꾼들의 야만적인 비굴함에 필적할 것은 아무것도 없었다.

이 소소한 사건들을 정리하고 잉글랜드로 돌아온 요크 공작은 곧 추밀원과 해군사령관의 직무를 다시 맡았다. 모두 형의 배려 덕분이었지만 명백히 법률 위반이었다. 가족을 데리러 스코틀랜드로 가던 배가 모래톱에 부딪혀 200명의 선원이 죽을 때 그가 익사했더라도 잉글랜드에 전혀 손해날 일은 없었을 것이다. 하지만 그는 친구 몇 명과 함께 살아남았다. 용감하고 헌신적이었던 선원들은 노를 저어 떠나가는 그를 향해 만세 삼창을 부르며 물속으로 영원히 가라앉았다.

의회를 해산한 찰스 2세는 본격적으로 독재자의 길로 나아갔다. 그는 프랑스 군대를 동원해 가톨릭 재건 음모를 꾀했다는 누명을 씌워 아마 주교Bishop of Armagh인 올리버 플런켓Oliver Plunket(1625~1681)을 처형했다. 그러나 정작 잉글랜드에 가톨릭을 재건하려는 음모를 꾸민 배반자는 왕 자신이었다.

새프츠베리 경을 무너뜨리려는 시도가 실패하자 찰스 2세는 전국의 시 자치단체 통제에 착수했다. 성공하기만 하면 자신이 선택한 사람들로 배심원단을 꾸려 허위 평결을 내리게 할 수 있고, 자신이 선택한 의원들만 의회로 복귀시킬 수 있었다.

당시 왕좌재판소의 수석재판관은 제프리스George Jeffreys(1645~1689)라는 이름의 술주정뱅이 악당이었다. 그는 비만한 몸집에 얼굴이 붉고 거만한 인간이었다. 목소리는 언제나 협박조로 으르렁거렸고, 성격은 역사상 그 어떤 인간보다 더 형편없고 야만적이었다.

이 괴물은 찰스 2세의 특별한 측근이었다. 찰스 2세에 대한 존경의 증거로 자신이 끼고 있던 반지를 바쳤는데, 사람들은 이 반지를 '제프리스의 혈석Jeffrey's Bloodstone'이라 부르곤 했다. 찰스 2세는 그에게 런던을 시작으로 시 자치단체를 돌아다니며 관리들을 괴롭히는 임무를 맡겼다. 제프리스는 이 임무를 고상하게 '야단치는 일'이라고 표현했다. 제프리스가 철저하게 야단친 덕에 시 자치단체들은 곧 왕국에서 가장 비열하고 알랑거리는 단체가 되었다. 워낙 출중해서 접근하기 어려운 옥스퍼드 대학만 예외였다.

호밀집에서의 밀담

새프츠베리 경과 윌리엄 러셀 경, 몬머스 공작, 윌리엄 하워드 경 William Howard(1626~1694), 저지 경Lord Jersey, 앨저넌 시드니Algernon Sidney(1623~1683), 존 햄던John Hampden(위대한 햄던의 손자, 1653~1696) 외 몇몇 사람은 의회 해산 후에 함께 모여 회의를 열곤 했다. 찰스 2세가 가톨릭 재건 음모를 극한까지 몰아갈 경우 어떻게 할지 의논하기 위해서였다.

이 모임에서 가장 격렬하게 발언했던 새프츠베리 경이 과격한 인물 두 명을 비밀회의에 데려왔다. 공화국 군대의 군인이었던 럼지Rumsey와 변호사 웨스트West였다. 이 두 사람과 교분이 있던 사람 중에 리처드 럼볼드Richard Rumbold(1622~1685)라는 크롬웰군 퇴역 장교가 있었는데, 그는 누룩 장수 미망인과 결혼한 덕에 하트퍼드셔의 호데스턴Hoddesdon 근처에 호밀집Rye House이라 불리는 한적한 주택을 소유하고 있었다.

럼볼드는 왕이 뉴마켓을 오가며 그곳을 자주 지나가기 때문에 그 집이 저격하기에 알맞은 장소라고 주장했다. 그들은 쾌재를 부르며 저격을 계획했다. 하지만 그들 중 한 명의 밀고로 주류 판매업자인 셰퍼드Shepherd와 윌리엄 러셀 경, 앨저넌 시드니, 에식스 백작Arthur Capell, 1st Earl of Essex(1631~1683), 윌리엄 하워드 경, 존 햄던 등 관련자 모두 체포되었다.

윌리엄 러셀 경은 쉽게 도망칠 수 있었지만, 잘못한 일도 없는데 도망치는 것은 부끄러운 일이라며 도망치지 않았다. 에식스 백작도 자기가 달아나면 러셀 경이 해를 입을까 봐 움직이지 않았다. 다만 러셀 경이 한사코 싫어하는데도 하워드 경을 모임에 데려온 일이 마음에 걸렸다. 알고 보니 하워드 경이 배반자였던 것이다. 결국, 에식스 백작은 죄책감을 견디지 못해 러셀 경이 중앙형사법원의 재판에 넘겨지기 전 자결하고 말았다.

윌리엄 러셀 경은 왕위를 물려주고 물려받으려는 부정한 형제에 반대하는 개신교적 명분을 고수했으므로 자신이 살아날 가망이 없다는 것을 잘 알고 있었다. 그의 아내 레이첼 러셀Rachel Russell(1636~1723)은 아주 고상하고 훌륭한 여성으로 재판을 도왔고, 감옥에 갇힌 남편을 위로했으며, 남편이 처형되기 전날 밤에는 그와 함께 저녁식사를 했다. 그 사랑과 정절, 헌신으로 그녀는 불멸의 명성을 얻었다.

러셀 경은 당연히 유죄 판결을 받았고, 자기 집에서 멀지 않은 링컨 법학 기숙사 마당에서 참수하도록 결정되었다. 처형 전날 자녀들과 작별할 때 러셀 경의 부인은 저녁 10시까지 남편 곁을 지켰다. 그리고 이승에서 마지막으로 헤어질 시간이 되자 러셀 경은 아내에게 여러 차례 입을 맞추었다. 그 뒤로도 오랫동안 감옥에 앉아 착한 아내를 찬미했다. 주룩주룩 내리는 빗소리가 들리자 차분히 말했다.

"저렇게 비가 오면 내일 큰 구경거리를 망칠 텐데. 비 오는 날 참수는 재미없지."

자정에 잠자리에 들어 새벽 4시까지 잠을 잤고, 하인이 그를 깨웠지만 의복이 준비되는 동안 다시 잠들었다. 유명한 성직자 틸로트슨Tillotson, 버넷Burnett 두 사람과 함께 마차를 타고 참수대로 가는 동안 러셀 경은 나지막이 찬송가를 불렀다. 평소에 마차를 타고 집을 나설 때처럼 조용하고 차분했다. 러셀 경은 사람들이 너무 많이 모여 놀랍다고 말한 뒤 베개를 베듯 참수대에 머리를 올리고 도끼질 두 번에 참수되었다. 그의 부인은 그때도 분주했다. 충실한 부인은 남편이 넘겨준 유언장 사본을 인쇄하여 여기저기 배포했고, 이를 본 정직한 잉글랜드 사람들은 피가 끓어올랐다.

옥스퍼드 대학은 그날 문서를 발표해 윌리엄 러셀 경에 대한 혐의를 사실로 믿는 척했고, 찰스 2세를 '코에 불어넣는 생명의 호흡이며 하느님의 기름 부음을 받은 자'라고 불러 세간의 이목을 끌었다. 나중에 의회가 추천한 사형집행인을 시켜 이 문서를 불살랐는데, 유감스럽다. 이 문서를 유리 액자에 넣고 공공장소에 기념물로 게시하여 인류가 그 비열함을 경멸하게 해야 했는데…….

다음 재판은 앨저넌 시드니 차례였다. 재판을 주재한 제프리스는 분노로 땀을 흘리고 몸이 부풀어 올라 거대한 빨간색 두꺼비 같았다. 수석 재판관은 판결을 마치며 입을 열었다.

"시드니 씨, 아직 준비가 안 된 듯하니 편한 마음으로 다른 세상으로 가게 해달라고 기도하겠소."

그러자 시드니는 침착하게 손을 내밀며 이렇게 대꾸했다.

▲ 윌리엄 러셀 경에 대한 혐의를 인정하는 문서를 발표한 옥스퍼드 대학 ©Kamira/Shutterstock.com

"재판장님, 맥박을 재보시오, 내 마음이 어지러운지. 지금 더없이 평온해서 하늘에 감사할 따름이오."

앨저넌 시드니는 1683년 12월 7일 타워힐에서 처형되었다. 그는 영웅다운 죽음을 맞았다. 그리고 자신의 말마따나 젊어서부터 헌신했고, 신께서도 여러 차례 경이로운 방식으로 지지를 표명하셨던 오랜 대의명분을 위해 목숨을 바쳤다.

몬머스 공작은 왕이라도 되는 듯 전국을 다니며 숙부인 요크 공작의 시기를 사고 있었다. 평민들의 놀이에 참여하기도 하고, 평민 자녀들의 대부가 되어주기도 했다. 심지어 병을 고친다며 연주창에 손을 대거나 환자의 얼굴을 쓰다듬기도 했다. 하지만 병의 치유와 관련해 몬머스 공작이나 찰스 2세나 별 효과는 없었을 것이다.

몬머스 공작은 아버지의 강권에 못 이겨 음모에 참여했다는 편지를 썼다. 그리고 그 편지 때문에 윌리엄 러셀 경은 참수를 당했다. 하지만 천성이 여린 몬머스 공작은 그 편지를 보낸 뒤 곧 부끄럽게 생각해 편지를 회수했고, 이 일로 추방당해 네덜란드로 쫓겨났다. 하지만 곧 다시 돌아와 숙부인 요크 공작 모르게 아버지를 면담했다. 몬머스 공작이 다시 찰스 2세의 지지를 받기 시작하고 요크 공작은 그의 총애를 잃기 시작할 때쯤, 화이트홀의 회랑에 죽음의 그림자가 드리웠다. 방탕한 관료와 귀족, 염치없는 귀부인들이 깜짝 놀랄 일이 벌어졌다.

1685년 2월 2일 월요일, 프랑스 왕의 시종이자 연금 수혜자가 뇌졸중으로 쓰러졌다. 수요일이 될 때까지 차도가 없었고, 목요일에 가망이 없다는 판정을 받았다. 찰스 2세가 개신교도인 바스 주교Bishop of Bath에게 상찬 받길 꺼리자, 요크 공작은 주변 사람을 모두 물리치고 형에게 귓속말로 가톨릭 사제를 부를지 물었다. 그러자 찰스 2세가 말했다.

"동생, 제발 그렇게 해주게!"

요크 공작은 우스터 전투에서 왕의 목숨을 구했던 허들스턴Huddleston이라는 사제를 가발과 법복으로 변장시켜 뒷문 계단으로 몰래 데려왔고, 가발을 쓴 이 귀한 분이 예전에 왕의 육신을 구원하더니 이제는 왕의 영혼을 구원한다며 왕을 위로했다.

찰스 2세는 그 밤은 넘겼으나 다음 날인 2월 6일 목요일 정오가 되기 전에 숨을 거두었다. 그래도 그가 마지막으로 인간적인 두 마디를 남겼으니 선의로 해석해 기억해주길 바란다. 캐서린 왕비가 몸이 너무 좋지 않아 임종을 지킬 수 없음을 용서해달라는 전갈을 보내오자 찰스 2세는 탄식했다.

"아! 가여운 여인이 나에게 용서를 구하는구나! 나도 진심으로 왕비에게 용서를 구한다. 가서 왕비에게 그렇게 전하라."

그리고 넬 귄을 언급하며 이렇게 말했다.

"불쌍한 넬을 굶기지 마라."

찰스 2세는 왕위에 오른 지 25년 만에 쉰다섯 살의 나이로 세상을 떠났다.

제34장

제임스 2세와 명예혁명

가톨릭교 재건에 올인하다

제임스 2세James II(생몰연도: 1633~1701, 재위기간: 1685~1688)는 성미가 아주 고약한 사람이어서 저명한 역사학자들까지 그에 비하면 차라리 쾌활한 성격이라며 형 찰스를 더 좋아할 정도였다. 제임스가 짧은 통치기간 동안 추구한 단 하나의 목표는 잉글랜드의 가톨릭 재건이었다. 어리석게도 그 목표를 너무 고집스럽게 밀어붙여 짧은 통치로 끝마쳤다.

제임스 2세는 맨 처음 자문위원회에서 종교나 정치 등 모든 면에서 법에 정해진 대로 정부를 유지하도록 힘쓰고, 항상 국교회를 보호하고 지원하겠다고 확약했다. 민중은 왕의 감언이설에 환호했고, 왕이 약속을 어기지 않을 것이라며 칭송했다. 제임스가 음흉한 예수회 사제 피터

Sir Edward Petre(1631~1699)를 주축으로 비밀 위원회를 조직해 가톨릭 재건 음모를 꾸미는 줄은 전혀 눈치 채지 못했다.

제임스 2세는 프랑스 왕이 첫 연금으로 50만 리브르를 주자 기쁨의 눈물을 감추지 못했다. 하지만 비열하면서도 오만한 성격의 제임스는 늘 치사하게 돈을 받아 챙기면서 프랑스 왕에게 종속되지 않은 것처럼 보이려 애썼다. 선왕인 형이 작성해 금고에 보관 중이던 시답지 않은 가톨릭 옹호 문서 두 편을 출간하고 가톨릭 미사에도 공공연히 참석했지만 아부하기 바쁜 의회가 오히려 거액을 안겨주자 제임스 2세는 자기 마음대로 통치할 수 있겠다는 확신을 하게 되었다.

제임스 2세의 주요 사건을 말하기 전에 먼저 티투스 오츠 이야기를 마무리 짓자. 오츠는 대관식이 끝나고 2주일 후 위증죄로 재판을 받았고, 무거운 벌금형과 함께 공시대에 두 번 서고 채찍질을 당하는 형벌을 선고받았다. 하루는 올드게이트Oldgate에서 뉴게이트까지 걸어가며 채찍을 맞았고, 이틀 뒤 뉴게이트에서 타이번까지 걸어가며 채찍을 맞았으며, 죽을 때까지 매년 다섯 번씩 공시대에 서야 하는 형벌이었다.

이 악당은 실제로 이 끔찍한 형벌을 받았다. 첫날 채찍을 맞고 일어서지 못하자 뉴게이트에서 타이번까지 썰매에 실려 가며 채찍질을 당했다. 하지만 티투스 오츠는 악당답게 강단이 있어 이 정도 고문으로는 죽지 않았다. 그의 말을 믿어주는 사람이 더는 없었지만 나중에 사면과 보상을 받았다. 일당 중 유일하게 오츠와 함께 목숨을 건진 데인저필드는 운이 좋지 않았다. 뉴게이트에서 타이번까지 거의 죽도록 채찍을 맞았는데, 그걸로 벌이 충분하지 않았던지 그레이스 법학원Gray's Inn의 변호사가 잔인하게 지팡이로 그의 눈을 찔러 상처 입힌 다음 죽여버렸다. 그 잔인한 변호사는 자신이 지은 죄에 합당한 재판을 받아 처형되었다.

제임스가 왕위에 오르자 아가일 백작과 몬머스 공작은 브뤼셀에서 로테르담으로 달려갔다. 그곳에서 열리는 스코틀랜드 망명자 회의에 참석해 잉글랜드에서 봉기를 일으킬 방법을 모색하려는 심산이었다. 아가일 백작이 스코틀랜드에, 몬머스 공작이 잉글랜드에 상륙하기로 의견을 모았고, 배신을 막기 위해 아가일 백작에게는 잉글랜드인 두 명을, 몬머스 공작에게는 스코틀랜드인 두 명을 함께 보내기로 했다.

▲ 잉글랜드 왕 제임스 2세
©BasPhoto/Shutterstock.com

아가일이 협약에 따라 먼저 행동을 개시했다. 하지만 같이 간 잉글랜드인 두 명이 오크니 제도에서 포로로 붙잡히는 바람에 정부에서 그의 의도를 눈치 챘고, 2,000~3,000명의 반란군을 규합하려는 아가일 백작을 제때에 막을 수 있었다. 아가일은 당시 족장이 사나운 부족들을 흥분시킬 때 관례처럼 사용하던 '혈화의 십자가Fiery Cross(스코틀랜드에서 전쟁 개시와 모병의 징표로 사용한 십자가_옮긴이)'를 믿을만한 전령에게 들려 이 부족 저 부족, 골짜기 여기저기로 돌렸지만 허사였다.

소규모의 병사를 이끌고 글래스고로 가는 도중 아가일은 배신한 부하 몇 명에게 체포되고, 뒤로 손이 묶여 에든버러 성내 낡은 감옥으로 끌려갔다. 제임스 2세는 3일 안에 아가일 백작을 처형하라고 명령했다. 과거 그에게 내려진 부당한 판결을 집행하라는 명령이었다. 아가일은 제임스

2세가 예전에 좋아하던 장화 고문으로 발이 으스러질까 두려워했다.

다행히 아가일 백작은 장화 고문을 당하지 않고 간단히 참수되어 에든버러 감옥 위에 효시되었다. 백작과 동행한 두 명의 잉글랜드인 중 한 명이 호밀집 주인인 퇴역 군인 리처드 럼볼드였다. 럼볼드는 심한 부상을 당했지만 미리 죽어서 왕을 맥 빠지게 하는 일이 없도록 백작이 의연하게 처형된 지 일주일도 지나지 않아 재판에 넘겨졌다. 럼볼드도 훌륭하게 자신을 변호한 후 처형되었다. 럼볼드는 대다수의 인간이 소수의 사람에게 지배받거나, 마치 등에 안장을 얹고 입에 재갈을 물린 말처럼 박차에 차이고 채찍질을 당하며 오직 목적을 위해 앞만 보고 내달리도록 신이 인간을 창조했다고는 믿지 않는다고 말했다. 나는 그의 말에 전적으로 동감한다.

몬머스 공작은 본의 아니게 일정이 지체되기도 하고 빈둥거리기도 한 탓에 아가일보다 5~6주 늦게 도싯 주 라임 만에 상륙했다. 그때 공작의 측근이 포드 그레이Ford Grey, 1st Earl of Tankerville(1655~1701)라는 불길한 귀족이었는데, 바로 이 사람이 망치지만 않았으면 정말 기대되는 원정이었다.

몬머스 공작은 도착 즉시 시장에 깃발을 세우고 왕을 독재자이며 가톨릭 강탈자라고 선언했다. 맞는 말이다. 그는 제임스 2세가 실제 저지른 악행을 고발했을 뿐 아니라 사고였던 런던 화재 사건이나 선왕 독살 같은 일도 그가 저질렀다고 주장했다. 몬머스 공작은 이렇게 끌어모은 4,000명의 군중을 이끌고 톤턴으로 행진했다.

가톨릭에 강력히 저항하던 비국교회 개신교들이 많이 모여 사는 톤턴에서는 부자나 가난한 사람 모두 몬머스 공작을 지지했고, 부인들은 거리를 지나는 몬머스를 향해 창문을 열고 손을 흔들어 환영했다. 그가 가는 길마다 꽃이 뿌려졌고, 온갖 찬사와 존경이 쏟아졌다. 예쁜 옷을 입은 젊고 아리따운 아가씨 20명이 손수 장식한 성경 등 여러 가지 선물을 몬머스에게 전하기도 했다.

톤턴 시민들의 충성에 고무된 몬머스 공작은 스스로 왕이라 칭하며 브리지워터Bridgewater로 나아갔지만, 피버샘 백작Louis de Duras, 2nd Earl of Feversham(1641~1709)이 이끄는 정부군이 그곳에서 아주 가까이 진을 치고 있었다. 힘 있는 친구를 몇 명밖에 모으지 못해 의기소침해진 몬머스는 군대를 해산하고 달아나야 할지 고민했다. 하지만 그레이 경의 제안으로 세지무어Sedgemoor 늪 가장자리에 진을 친 제임스 2세의 군대를 밤에 기습하기로 결정했다.

기병대 지휘관이 그 불길한 그레이 경이었는데, 용감한 사람이 아니었다. 그는 첫 번째 난관인 깊은 수렁에서 이미 싸움을 거의 포기했다. 가난한 시골 사람들이 몬머스 공작을 위해 낫, 장대, 쇠스랑 등 보잘것없는 무기를 들고 용감하게 싸웠지만, 이내 훈련된 군인들에 쫓겨 사방으로 달아났다. 혼란 통에 언제 몬머스 공작이 달아났는지 알 수 없었다. 그레이 경은 다음 날 체포되었다.

그 후 체포된 다른 일당이 겨우 네 시간 전에 몬머스 공작과 헤어졌다고 실토했고, 수색대가 대대적인 수색을 벌인 끝에 농부로 위장하고 고사리와 쐐기풀 아래 배수로에 숨어 있는 공작을 찾아냈다. 주머니에는 나중에 먹으려고 들에서 주운 완두콩 몇 개가 들어 있었다. 그 밖에 그가 지닌 것이라곤 서류 몇 장과 작은 책 몇 권이 고작이었다. 그중에는 공작이 부적, 노래, 조리법, 기도문 등을 자필로 뒤죽박죽 적어놓은 생소한 모양의 책도 한 권 있었다.

완전히 풀이 죽은 몬머스 공작은 처량하게도 제임스 2세에게 만나줄 것을 간청하고 애원하는 편지를 썼다. 런던으로 이송되어 결박된 채 끌려갈 때 공작은 무릎으로 기어 왕에게 다가갔고, 그야말로 비열한 꼴을 보였다. 하지만 제임스는 절대 용서하거나 동정하는 법이 없어서 라임만 역모 사건에 대한 분을 삭이지 못했고, 용서를 간청하는 공작에게 죽을 준비나 하라고 쏘아붙였다.

1685년 7월 15일, 민중의 사랑을 받던 이 불행한 남자는 타워힐 사형장으로 끌려 나갔다. 많은 군중이 모였고, 지붕마다 구경꾼들이 빼곡했다. 버클루 공작의 딸 앤 스콧Anne Scott(1651~1732)이 런던탑에 찾아왔을 때 몬머스 공작은 앤보다 훨씬 더 사랑했던 헨리에타 마리아 웬트워스 부인Henrietta Maria Wentworth, 6th Baroness Wentworth(1660~1686) 이야기를 많이 나누었다. 그가 이승에서 마지막으로 기억한 인물이 헨리에타였다.

몬머스 공작은 참수대에 머리를 올리기 전 도끼날을 만지더니 사형집행인에게 날이 너무 무디고 가벼운 것 아니냐고 물었다. 사형집행인이 제대로 된 도끼라고 대답하자 공작이 말했다.

"주의하길 비네. 나도 러셀 공처럼 서투르게 처형하지 않길 바라네."

이 말을 듣고 긴장한 사형집행인은 손이 떨린 나머지 첫 도끼질로 공작의 목에 깊은 상처만 내고 말았다. 그러자 몬머스 공작이 고개를 들어 사형집행인의 얼굴을 원망스러운 눈으로 쳐다보았다. 두 번, 세 번 도끼를 휘두른 사형집행인이 도끼를 내던지더니 목을 자를 수 없다고 겁에 질려 소리쳤다. 하지만 주 장관들이 일을 마치지 못하면 어떤 벌을 받게 될지 아느냐며 위협하자 사형집행인은 다시 도끼를 들고 네 번째 도끼질을 했다. 그리고 다시 다섯 번째로 도끼를 내리쳤다. 마침내 만신창이가 된 머리가 떨어졌고, 몬머스 공작 제임스는 서른여섯의 나이로 생을 마쳤다.

몬머스 공작의 반란에 뒤이은 정부의 잔혹행위는 잉글랜드 역사에서 가장 암울하고 슬픈 사건으로 기록된다. 가련한 농민들은 심각한 타격을 받고 흩어졌으며, 지도자들은 체포되었다. 이 정도면 무자비한 제임스 2세도 만족했으리라 생각할지 모르지만, 그는 그렇지 않았다.

끔찍하고 가증스러운 시대

제임스 2세는 도저히 용서받지 못할 괴물인 커크 대령Colonel Kirk, Percy Kirke(1646~1691)을 풀어 농민들을 공격했다. 커크 대령은 무어인을 끔찍하게 탄압했던 괴물이었는데, 깃발에 기독교의 상징인 양을 그려 넣어 '커크의 양들'이라 불린 그의 병사들도 지휘관 못지않았다.

이 악마들이 인간의 탈을 쓰고 저지른 잔혹행위는 차마 입에 담기도 어려울 지경이었다. 한 가지 예를 들어보면 이렇다. 농민들을 잔혹하게 학살하고, 강탈하고, 목숨을 살려주는 대가로 가진 것을 모두 빼앗아 파산시키는 외에 커크가 즐기던 오락거리가 있었다. 장교들과 함께 저녁식사 자리에서 술을 마시고 제임스 2세를 위해 건배하면서 오락거리 삼아 창문 밖에서 한 무리의 죄수들 목을 매달게 한 것이었다. 그들이 숨이 끊어지는 순간 경련으로 다리를 떨면, 춤추는 데 음악이 없다고 욕을 하며 북과 나팔을 연주하게 했다.

이런 행위를 전해 들은 제임스 2세는 역겹게도 '일 처리가 아주 만족스럽다'는 전갈을 보냈다. 하지만 제임스가 무엇보다 즐거워했던 것은 제프리스의 활동이었다. 귀족이 된 제프리스는 네 명의 판사를 데리고 서부로 내려가 반란에 가담한 혐의가 있는 사람들을 재판했다. 제임스는 이를 '제프리스의 순회공연'이라 부르며 즐거워했지만, 그 지역 주민들은 오늘날까지도 '피의 순회재판Bloody Assize'으로 기억한다.

그 시작은 윈체스터의 얼리셔 라일Alicia Lisle(1617~1685)이라는 노부인이었다. 귀가 들리지 않는 이 불쌍한 노부인은 찰스 1세 시절 해외에서 왕당파 자객에게 암살된 판사의 미망인이었는데, 세지무어에서 도망친 반란군 두 명을 집에 숨겨주었다는 혐의를 받았다. 판사들은 미망인이 무죄라며 세 번씩이나 판결을 거부했지만, 제프리스가 그들을 협박해 기어이 부당한 평결을 이끌어냈다.

부당한 평결을 강제로 이끌어낸 뒤 제프리스는 이렇게 말했다.

"여러분! 내가 판사이고, 이 여인이 내 어머니였다고 해도 나는 이 여인의 유죄를 판결했을 것입니다."

당연히 그럴만한 인물이라고 생각한다. 제프리스는 미망인을 그날 오후 산 채로 화형하라는 판결을 내렸다. 대성당 사제와 몇몇 인사의 중재로 감형된 미망인은 일주일이 지나기 전에 참수되었다.

제임스 2세는 그런 행위를 높이 산다는 증표로 제프리스를 대법관에 임명했고, 제프리스는 계속해서 도체스터Dorchester, 엑서터, 톤턴, 웰스Wells까지 휘젓고 다니며 악행을 저질렀다. 이 야수 같은 인간이 저지른 엄청나게 부당하고 야만적인 행위를 읽다 보면 판사석에 앉아 맞아 죽지 않은 것이 놀라울 따름이다.

원한을 가진 사람이 고발만 하면 제프리스는 남녀를 불문하고 반역죄로 유죄 판결을 내렸다. 어떤 남자가 무죄를 주장하자 제프리스는 즉시 그 남자를 법정 밖으로 끌어내 교수형에 처하라고 명령했다. 그러자 모든 죄수들이 겁에 질려 대부분 즉각 유죄를 인정했다. 도체스터 한 곳에서만 며칠 사이 진행된 재판으로 80명이 교수형을 당했고, 채찍질을 당하거나 유배를 가고 감옥에 갇히고 노예로 팔려나간 사람이 부지기수였다. 제프리스가 처형한 사람은 모두 250명에서 300명 정도였다.

36개 도시와 마을에서 죄인은 이웃이나 친구들이 보는 앞에서 처형당했으며, 엉망이 된 시신은 송진이나 타르가 펄펄 끓는 솥에 담겨 성당 옆 도로에 내걸렸다. 지옥 불처럼 '쉿! 쉿!' 소리를 내며 끓어오르는 솥에 머리와 팔다리가 담긴 모습, 그 냄새, 공포에 울부짖는 사람들로 이루 말할 수 없이 끔찍한 광경이었다.

시신을 검은 솥에 담는 일을 맡은 시골 사람 한 명은 그 후 계속 '삶는 톰Tom Boilman'이라는 별명으로 불렸다. 그리고 이후 교수형 집행인을 '잭 케치Jack Ketch'라고 불렀는데, 제프리스 일당 중 잭 케치라는 사람이 온종일 계속해서 교수형을 집행했기 때문이었다. 프랑스대혁명의 참상에 관한 이야기를 많이 들었을 것이다. 물론 끔찍한 일이 많이 벌어졌을 것이다. 하지만 그 무서운 시기에 광포한 프랑스인이 저지른 어떤 일도 잉글랜드 왕의 분명한 승인 아래 피의 순회재판이라는 이름으로 대법관이 저지른 일보다 끔찍하지는 않았다.

그뿐만이 아니었다. 제프리스는 다른 사람의 고통을 즐기는 만큼 돈 모으는 일도 좋아해서 돈을 받고 대대적으로 사면권을 팔아 주머니를 채웠다. 한번은 제임스 2세가 측근 몇 명에게 죄인 1,000명을 내주며 사면권 가격을 흥정하라고 한 적도 있었다. 몬머스 공작에게 성경을 선물한 톤턴의 아가씨들은 궁녀로 바쳐졌고, 그 고귀한 처녀들은 제임스의 측근들과 정말 힘들게 흥정을 벌였다. 제임스는 피의 순회재판이 너무 참담해 울적해지면 라일 부인이 처형된 장소에서 경마를 즐기며 기분을 전환했다. 제프리스가 한껏 악행을 저지르고 돌아오면 왕실 관보에 그를 칭송하는 기사가 실렸고, 그가 술 마시고 날뛰다가 심하게 앓아눕기라도 하면 역겨운 폐하라는 자는 잉글랜드에서 제프리스만 한 인물을 찾기 어렵다고 걱정했다.

이외에도 전임 런던 시 장관 코니쉬Cornish가 럼지라는 악당의 증언으로 가증스러운 재판을 받고 자택 근처에서 교수형을 당했는데, 호밀집 음모에 가담했다는 죄목이었다. 그런데 럼지가 고백한 억지 증언은 윌리엄 러셀 경 재판 때 했던 증언과 정반대되는 내용이었다.

같은 날, 엘리자베스 곤트Elizabeth Gaunt라는 훌륭한 미망인은 반란군을 숨겨준 죄로 타이번에서 산 채로 화형을 당했는데, 미망인이 숨겨준 그 몹쓸 인간이 불리한 증언을 했기 때문이었다. 그녀는 불이 빨리 번지도록 주변에 손수 기름을 뿌렸고, 마지막 숨을 거두며 당당하게 유언했다. 자기는 신성한 신의 명령을 따라 쫓겨난 자에게 숨을 곳을 주었고, 나그네를 저버리지 않았노라고.

불쌍한 국민들을 이렇듯 교수형에 처하고, 참수하고, 태워 죽이고, 끓여 죽이고, 사지를 자르고, 웃음거리로 만들고, 강탈하고, 유배시키고, 노예로 팔아먹고 나니 제임스 2세는 자연히 무슨 일이든 자기가 하고 싶은 대로 할 수 있다고 생각했다. 그리고 그는 최대한 서둘러서 국교를 바꾸는 일에 돌입했다.

제임스 2세는 우선 가톨릭교도의 공직을 금하는 심사법Test Act을 자신의 사면권을 활용해 무력화하려고 노력했다. 한 재판에서 사면권을 행사했는데, 12명의 판사 중 11명이 찬성하자 다른 재판 세 건에서 사면권을 행사해 가톨릭교도가 된 옥스퍼드 단과대학의 고위관료 세 명이 자리를 보전하고 인가받게 했다. 그리고 자기에게 대담하게 반기를 드는 런던 주교 크럼프턴Crompton을 제거하기 위해 혐오스러운 국교회 교무

위원회Ecclesiastical Commission도 부활시켰다.

제임스 2세는 교황에게 잉글랜드에 교황청 대사를 파견해달라고 간청했고, 당시 분별 있던 교황도 마지못해 대사를 파견했다. 제임스 2세는 기회가 있을 때마다 사람들 앞에서 피터 신부를 두둔하며 런던 몇 곳의 수녀원 설립도 지원했다. 종파에 따라 수도복을 달리 입은 수도승과 수사들이 거리나 궁에 북적거리는 것을 좋아했고, 주변의 개신교도들을 가톨릭으로 개종시키려 끊임없이 노력했다. 공직을 맡은 의원들을 끈질기게 접촉해 자기가 구상하는 계획에 동의하도록 설득했다. 동의하지 않는 의원은 파면되거나 스스로 사임했고, 그 자리는 가톨릭교도에게 돌아갔다.

왕은 모든 권력을 동원해 군대에서 개신교 장교를 몰아내고 가톨릭교도로 그 자리를 채웠다. 시 자치단체도 마찬가지로 바꾸려고 시도했고, 비록 그리 성공적이지는 못했지만 자치주 주지사 교체도 시도했다. 이 모든 조치에 반발하지 않도록 하운즐로우Hounslow 평원에 1만 5,000명의 군사를 주둔시켜 민중을 위협했다. 사제들은 장군의 막사에서 공공연히 미사를 집전했고, 병사들 사이를 돌아다니며 가톨릭 개종을 설득했다.

그런데 존슨이라는 개신교 성직자가 병사들에게 개신교를 충실히 지키라는 문서를 유포한 일이 있었다. 고인이 된 윌리엄 러셀 경의 개인 성직자였던 존슨은 이 일로 세 번 공시대에 매달리는 형을 선고받았고, 실제 뉴게이트에서 타이번까지 걸어가며 채찍질을 당했다. 제임스 2세는 개신교도라는 이유로 처남을 추밀원에서 해임했고, 앞서 말한 피터 신부를 추밀원 의장으로 임명했다.

제임스 2세는 티어코넬 백작1st Earl of Tyrconnell인 리처드 탤벗 Richard Talbot(1630~1691)에게 아일랜드를 맡겼다. 쓸모없고 방탕한 불한당인 탤벗은 아일랜드에서 왕을 대신해 똑같은 일을 저질렀고, 훗날을 위한 대비책으로 아일랜드를 프랑스 왕의 보호 아래 두는 음모까지 꾸몄다. 일이 극단으로 치닫자, 교황부터 문지기까지 사리분별 있는 가톨릭교도들은 모두 왕이 편협한 바보에 불과하며, 자신이 추구하던 명분은 물론이고 자기 자신까지 망치게 되리라는 것을 깨달았다. 하지만 제임스는 이성적인 말은 전혀 듣지 못하는 귀머거리였고, 맹목적으로 밀고 나가다 왕위에서 굴러떨어졌다. 그나마 잉글랜드의 미래를 위해 다행한 일이었다.

폭군에 용감히 맞선 사람들

얼간이처럼 넋 빠진 제임스 2세가 전혀 예상하지 못한 기운이 잉글랜드에서 움트기 시작했다. 그는 케임브리지 대학에서 그 기운을 처음으로 감지했다. 아무 저항 없이 가톨릭교도를 옥스퍼드 단과대학장으로 앉힌 경험이 있어 제임스는 가톨릭 수도승을 케임브리지 예술대학장에 임명하려고 했지만 대학의 반대로 실패했다. 그러자 호의적인 옥스퍼드 대학으로 눈을 돌렸다. 모들린 대학Magdalen College 학장이 사망하자 제임스는 단지 자기와 종교가 같다는 이유로 앤서니 파머Anthony Farmer라는 사람을 학장에 앉히라고 명령했다.

마침내 옥스퍼드 대학은 용기를 내 제임스 2세의 명령을 거부했다. 그가 다른 인물을 천거했지만, 옥스퍼드는 이번에도 거부하고 자체적으로 학장을 선출했다. 덜떨어진 독재 군주는 휴 학장과 25명을 추방하며 그들은 앞으로 성당의 요직에 오르지 못한다고 선언했다. 그리고 가장 홀륭하다고 생각하는 조치를 취했는데, 사실 이 조치는 제임스가 왕위에서 굴러떨어지는 최후의 곤두박질이었다.

제임스 2세는 일찍이 가톨릭교도의 공직 취임을 더 쉽게 하려고 종교 시험이나 형법을 없앤다는 성명을 발표한 바 있었다. 비국교회 개신교도는 국교회와 힘을 합쳐 위험을 무릅쓰고 필사적으로 성명에 반대했다. 그러자 제임스와 피터 신부는 일요일 하루를 정해 모든 성당에서 이 성명서를 낭독하기로 하고, 이를 위해 주교들에게 성명서를 유포하라는 명령을 내렸다.

주교들은 체면을 구긴 캔터베리 대주교와 대책회의를 열어 성명서를 낭독하는 대신 제임스 2세에게 성명서 반대 청원을 제출하기로 결정했다. 대주교가 직접 청원서를 작성하고, 바로 그날 밤 주교 여섯 명이 청원서를 들고 제임스의 침실로 찾아갔다. 전혀 예상하지 못했던 제임스 2세는 소스라치게 놀랐다.

다음 날이 낭독하기로 한 일요일이었는데, 성명서를 낭독한 성직자는 1만 명 중 200명뿐이었다. 제임스 2세는 청원서를 제출한 주교들을 왕좌재판소에 기소하기로 마음먹고, 그 주일이 지나기 전에 주교들을 추밀원으로 소환한 뒤 런던탑에 가뒀다. 주교 여섯 명이 배에 실려 음울한 런던탑으로 끌려갈 때 엄청나게 모인 민중이 무릎을 꿇고 주교들을 위해 눈물로 기도했다.

런던탑에 도착하자, 경비를 서던 장교와 병사들이 주교들에게 축복기도를 청했다. 주교들이 런던탑에 갇혀 있는 동안, 병사들은 매일 큰 소리로 주교 석방을 기원하며 잔을 부딪쳤다. 주교들이 왕좌재판소에서 재판을 받을 때 법무장관은 이들이 정부를 비난하고 국사에 간섭한 중대한 위법행위를 저질렀다고 기소했다.

많은 사람이 같은 혐의로 주교들과 함께 재판을 받았고, 많은 귀족과 신사가 배석했다. 배심원단이 저녁 7시 평결을 상의하려고 재판정을 나서자 사람들은 배심원단이 굶어 죽을지언정 왕의 끄나풀로 참석한 배심원에게 굴복하여 제임스 2세가 원하는 평결을 내리지 않으리라는 것을 알고 있었다. 제임스만 그 사실을 몰랐다.

배심원단이 제임스 2세의 끄나풀과 밤새 다투고 다음 날 아침 법정에 들어서서 무죄 평결을 내리자 웨스트민스터 홀에 환호성이 울려 퍼졌다. 민중의 환호성은 템플바로 퍼졌고, 런던탑으로 이어졌다. 환호성은 동쪽뿐만 아니라 서쪽으로도 퍼져 나가 마침내 1만 5,000명의 병사가 주둔하고 있는 하운즐로우에서도 메아리쳤다. 바보 같은 제임스는 피버샘 경과 함께 큰 함성을 듣고 깜짝 놀라 무슨 일이냐고 물었다. 주교들이 무죄 판결을 받았을 뿐 별것 아니라는 대답을 들었을 때도 제임스는 이렇게 말했다.

"별것 아니라고? 저들에게는 더 안 좋은 일이오."

청원서 제출과 재판이 벌어지는 사이에 마리아 왕비가 아들을 낳았는데, 피터 신부는 성녀 위니프리드St. Winifred의 축복이라고 떠벌렸다. 하지만 그의 생각처럼 왕자 탄생이 성녀 위니프리드의 축복이었을지는 의심스럽다. 제임스 2세의 두 딸이 모두 개신교도라서 안심하고 있다가 이제 가톨릭교도가 왕위를 계승할 수도 있다는 완전히 새로운 가능성이 생기자 슈루즈베리 공작Charles Talbot, 1st Duke of Shrewsbury (1660~1718), 리즈 공작Thomas Osborne, 1st Duke of Leeds(1632~1712), 데번셔 공작William Cavendish, 1st Duke of Devonshire(1640~1707), 스카보로 백작Richard Lumley, 1st Earl of Scabrough(1650~1721), 헨리 콤프턴 런던 주교Henry Compton(1632~1713), 옥스퍼드 백작Edward Russell, 1st Earl

of Oxford(1653~1727), 시드니 대령Henry Sydney, 1st Earl of Ramney(1641~
1704) 등이 메리의 남편인 오렌지 공을 잉글랜드 왕으로 추대하자고 결
정했기 때문이다.

마침내 위험을 감지하고 깜짝 놀란 제임스 2세는 여러 가지 대대적인
양보 정책을 시행하는 한편, 4만 명의 병사를 모집했다. 하지만 오렌지
공은 감히 제임스가 맞설 상대가 아니었다. 오렌지 공의 준비는 놀랍도
록 적극적이었고 의지도 결연했다.

오렌지 공의 함대가 잉글랜드 출항 준비를 마쳤지만 2주간 서쪽에서
태풍이 불어와 출항을 가로막았다. 태풍이 잦아들어 출항했지만, 이번
에는 폭풍우에 휩싸여 함대가 흩어지는 바람에 재정비를 위해 돌아가야
했다. 마침내 1688년 11월 1일, 예로부터 '프로테스탄트 바람'이라 불리
던 동풍이 일기 시작했고, 11월 3일 도버와 칼레의 시민들은 전체 길이
가 30킬로미터에 이르는 함대가 도버 해협을 당당히 가로지르는 모습을
목격했다.

함대는 11월 5일 월요일, 데번셔의 토베이Torbay에 닻을 내렸고, 오렌
지 공은 멋진 장교와 병사들을 거느리고 엑서터로 행군했다. 하지만 잉
글랜드 서부 지역의 주민들은 피의 순회재판으로 너무 큰 시달림을 당
해 기가 죽었는지 오렌지 공의 부대에 합류하는 사람이 거의 없었다. 오
렌지 공은 다시 돌아가야 할지 말아야 할지 갈등했고, 귀족들이 보낸 초
청장을 인쇄해 잉글랜드로 건너온 정당성을 입증할까 생각했다.

이런 상황에서 일부 지주 세력이 오렌지 공에게 합류했고, 제임스 2세
의 군대는 동요하기 시작했다. 초청에 응한 귀족들은 모두 협력하여 잉
글랜드, 스코틀랜드, 웨일스, 세 왕국의 자유와 법률, 개신교, 그리고 오
렌지 공을 지킨다는 협정서를 체결했다. 그때부터 일사천리였다. 잉글랜

드의 대도시들이 차례로 오렌지 공 지지를 선언했다. 원하기만 하면 옥스퍼드 대학이 명패를 녹여서라도 자금을 지원하겠다고 했을 때 오렌지 공은 모든 일이 확실해졌음을 깨달았다.

제임스 2세는 측은할 정도로 여기저기 뛰어다니며 연주창을 치료한다고 환자를 쓰다듬고 군대를 점검하느라 코피를 쏟고 난리였다. 어린 왕자는 포츠머스로 피신시킨 뒤였다. 피터 신부는 쏜살같이 프랑스로 내뺐으며, 사제와 수사 모두 재빨리 흩어져 도망쳤다. 제임스의 주요 장교와 친구들도 하나둘 그를 버리고 오렌지 공에게 투항했다. 딸인 앤 공주Princess Ann(1665~1714)도 밤에 화이트홀 궁에서 도망쳤는데, 한때 군인이었던 런던 주교가 한 손엔 칼을 빼 들고 안장에는 총을 매달고 앞장서 말을 달려 공주를 인도했다.

제임스 2세는 비참한 심정으로 한탄했다.

"하느님, 저를 도우소서! 자식까지 저를 버렸나이다!"

당황한 제임스는 런던에 남아 있던 귀족들과 의회 소집 여부에 관해 논쟁을 벌이고 귀족 세 명을 오렌지 공 협상단으로 지명한 뒤 프랑스로 도망치려고 마음먹었다. 제임스 2세와 마리아 왕비는 포츠머스에서 왕세자를 데려온 뒤, 비 내리는 밤에 모두 함께 덮개도 없는 배를 타고 강을 건너 램버스에 도착해 무사히 빠져나갔다. 12월 9일 밤에 벌어진 일이었다.

그사이 오렌지 공은 요구사항을 적은 문서를 제임스 2세에게 보냈다. 12월 11일 오전 1시, 침대에서 빠져나온 제임스는 침실 시종인 조카 노섬벌랜드 경에게 아침 기상시간까지 문을 열지 말라고 이른 뒤 뒷문 계단으로 빠져나갔다. 가발과 법복으로 변장한 사제를 형에게 데려올 때 이용했던 그 뒷문 계단이었을 것이다.

▲ 런던 중심가에 있는 화이트홀 궁전 ©auseng/Shutterstock.com

제임스 2세는 쪽배를 타고 강을 건넜고, 가는 길에 커다란 잉글랜드 국새를 강에 버렸다. 강을 건넌 제임스는 에드워드 헤일즈 경Edward Hales, 3rd Baronet과 함께 준비된 말을 타고 피버샘에 도착한 뒤, 세관 거룻배에 승선했다. 그런데 거룻배 선장이 짐을 더 실으려고 셰피 섬에 배를 대자, 어부와 밀수꾼들이 몰려들어 제임스를 보더니 얼굴이 마르고 길쭉한 게 예수교도 같다며 놓아주려 하지 않았다. 제임스가 돈으로 매수하려 했으나 소용이 없었다.

결국 제임스 2세는 신분을 밝히고 오렌지 공이 자기 목숨을 노리고 있으니 배를 태워달라고 통사정했다. 그리고 말을 타고 오는 도중 잃어버린 나무 조각이 그리스도 십자가 파편이라며 울음을 터뜨렸다. 제임스는 그 지역 주지사에게 인계되었고, 윈저에 머물던 오렌지 공도 그 소식을 들었다. 제임스가 어디로든 사라지기만 바랐던 오렌지 공은 달아난 왕이 어부와 밀수꾼들에게 붙잡혀 오자 적잖이 당황했지만 경호원을 붙여 화이트홀로 정중히 모셔가는 수밖에 다른 도리가 없었다. 화이트홀에 도착한 제임스는 미사에도 열심히 참석하고, 공식 만찬에서 식전 감사기도도 예수회 수사가 올리게 했다.

제임스 2세가 달아났다는 소식에 런던 시민들은 큰 혼란에 빠진 상태였다. 아일랜드 출신 군인들이 개신교도를 살해할 것이라고 믿은 시민들은 종을 울리고 감시용 횃불을 피운 다음 가톨릭 성당을 불태웠고, 사방으로 피터 신부와 예수회 수사들을 찾아 나섰다. 그사이 교황청 대사는 하인으로 변장하고 도주 중이었다. 예수회 수사들은 어디에서도 발견되지 않았다.

그런데 전에 법정에서 겁먹은 얼굴로 제프리스에게 증인 신문을 받은 남자 하나가 우연히 그를 발견했다. 선원 옷을 입고 있었지만 퉁퉁 붓고 술에 취한 얼굴이 똑똑히 기억났다. 그 남자는 그 저주받은 판사를 붙잡았다. 길이길이 칭송할 일이지만, 사람들은 제프리스를 갈기갈기 찢어 죽이지 않았다. 잠깐 동안 흠씬 두들겨 팬 뒤 무서워 벌벌 떠는 판사를 런던 시장에게 넘겼다. 제프리스는 제발 맞아 죽지 않게 런던탑에 가둬달라고 시장에게 애원했고, 결국 런던탑에서 죽었다.

혼란이 계속되는 와중에 런던 시민들은 제임스 2세가 돌아와 기쁘다는 듯 모닥불을 지피고 환호성을 질렀다. 하지만 제임스가 그곳에 머물 수 있는 시간은 극히 짧았다. 잉글랜드 근위병 대신 네덜란드 근위병이 화이트홀 궁전의 경비를 맡았고, 전직 각료 한 명이 다음 날 오렌지 공이 런던에 입성하니 햄Ham으로 거처를 옮기는 게 낫겠다고 제임스에게 권유했다. 그러자 제임스는 햄이 춥고 습하니 차라리 로체스터로 가겠다고 대답했다. 로체스터에서 프랑스로 달아나려는 속셈이었다.

오렌지 공과 그 친구들은 그 속셈을 뻔히 알고 있었고, 더 바라는 것도 없었다. 제임스 2세는 네덜란드 군인들의 감시 속에 귀족 몇 명과 함께 왕실 바지선을 타고 그레이브젠드로 향했다. 자비로운 마음을 가진 시민들은 굴욕을 당하는 제임스를 동정했다. 12월 23일 저녁 로체스터 정원을 빠져나가 메드웨이 강으로 내려간 제임스는 프랑스로 달아나 마리아 왕비와 재회했다. 황당한 일이지만 그때까지도 제임스는 모든 사람이 자기가 사라지길 원한다는 사실을 모르고 있었다.

제임스 2세가 없던 런던 당국과 귀족들은 회합을 가졌다. 제임스가 떠난 다음 날 도착한 오렌지 공은 상원을 소집해 대면했고, 얼마 후 찰스 2세 시절 의회에 몸담았던 의원들을 모두 불러 모았다. 마침내 권위 있는 관계자들이 다음과 같이 결정했다. '왕위가 공석이 된 이유는 제임스의 실정 때문이며, 가톨릭교도 왕자가 개신교를 따르는 잉글랜드를 다스리는 것은 왕국의 안위와 복리에 어긋난다. 오렌지 공과 공비는 두 사람이 모두 죽을 때까지 평생 잉글랜드의 왕과 왕비가 되며, 그 후손이 왕위를 이어받는다. 후손이 없으면 앤 공주와 그 후손들이 왕위를 이어받는다. 앤 공주에게 후손이 없을 때는 오렌지 공의 상속자가 왕위를 상속한다.'

1689년 화이트홀에서 왕위에 오른 오렌지 공과 공비는 이러한 조건을 따르기로 맹세했다. 마침내 잉글랜드에서 개신교가 확고하게 자리 잡았고, 잉글랜드의 위대하고 영광스러운 명예혁명이 완수되었다.

제35장

대영제국의 탄생

이제 짧은 역사 이야기의 종착역에 도착했다. 유명한 1688년 명예혁명에 뒤이은 사건들까지 이 책에서 모두 거론하거나 이해하는 것은 무리가 있다.

윌리엄 3세William III(생몰연도: 1650~1702, 재위기간: 1689~1702)는 메리와 함께 5년간 통치했고, 착한 부인이 사망한 후에도 홀로 7년간 더 왕위를 지켰다. 윌리엄이 통치하던 1701년 9월 16일, 가련하고 유약한 인물 제임스 2세는 프랑스에서 사망했다. 그사이 제임스는 윌리엄을 암살하고 잃어버린 통치권을 회복하려 갖은 노력을 다했지만 별 성과를 거두지는 못했다. 프랑스 왕은 제임스의 아들을 적법한 잉글랜드의 왕으로 선언했는데, 프랑스에서는 '기사 성 조지Chevalier St. George'라고 불렀고, 잉글랜드에서는 '왕위 요구자The Pretender'라 불렀다. 잉글랜드,

특히 스코틀랜드의 몇몇 얼빠진 사람들이 스튜어트 가문의 왕들에게 질리지도 않았는지, 간혹 왕위 요구자의 주장에 동조하여 많은 희생과 참상을 불렀다. 윌리엄 3세는 말과 함께 구르는 사고로 1702년 3월 7일 일요일에 사망했다. 언제나 용감하고 나라를 사랑하는 군주였으며, 능력이 출중한 인물이었다. 냉정한 성격이라 친구가 적었지만 메리 왕비를 진심으로 사랑했다. 사망한 윌리엄의 왼쪽 손목에는 왕비의 머리 타래가 팔찌처럼 둥글게 묶여 있었다.

이후 대중의 사랑을 받던 앤 공주Anne, Queen of Great Britain(생몰연도: 1665~1714, 재위기간: 1702~1714)가 왕위를 물려받아 12년간 통치했다. 앤 공주가 통치하던 1707년 5월에 잉글랜드와 스코틀랜드가 연합했고, 대영제국Great Britain이라는 이름으로 통합되었다. 그 후 1714년에 왕위에 올라 13년간 대영제국을 통치한 조지 1세George I of the United Kingdom(생몰연도: 1660~1727, 재위기간: 1714~1727) 이래로 1830년까지 네 명의 조지 왕이 왕위를 이었다.

조지 2세George II of the United Kingdom(생몰연도: 1683~1760, 재위기간: 1727~1760)가 왕위에 있던 1745년, 노인이 된 왕위 요구자가 최후의 발악으로 마지막 출정을 했다. 자코바이트Jacobite라 불리는 지지자들과 왕위 요구자는 젊은 기사Young Chevalier로 알려진 아들 찰스 에드워드 스튜어트Charles Edward Stuart(1720~1788)를 내세웠다. 그러자 오직 스튜어트 왕가를 지지하며 말썽을 부리던 스코틀랜드의 하이랜더들이 합류하여 찰스 에드워드를 왕위에 올리려는 반란이 일어났다. 이 반란으로 용감하고 헌신적인 많은 귀족이 목숨을 잃었다. 고액의 현상금이 걸려 외국으로 빠져나가기 어려운 상황에 있던 에드워드 스튜어트는 충성스러운 스코틀랜드인 덕분에 찰스 2세와 달리 많은 연애담을 남긴 후 프랑스로 빠져나갔다. 이후 자코바이트의 정서를 반영한 아름다운 이야기와 매혹적인 노래가 다수 만들어져 자코바이트 시절을 대변한다. 이마저도 없었다면 스튜어트 왕가는 그저 민폐만 끼친 왕가에 불과했을 것이다.

조지 3세George III of the United Kingdom(생몰연도: 1738~1820, 재위기간: 1760~1820) 시절 잉글랜드는 일방적인 세금을 강요하다 북아메리카를 잃었다. 워싱턴의 지휘 아래 독립하여 홀로 선 그 거대한 나라가 세계에서 가장 강력한 미합중국이 되었다. 이 책을 쓰고 있는 지금 미합중국은 세계 어느 곳에 있든 자국민을 당당하고 단호하게 보호하는 것으로 명성이 높다. 잉글랜드가 본받을 점이다. 우리끼리 하는 말이지만, 자국민 보호라는 측면에서 보면 잉글랜드는 올리버 크롬웰 이후 후퇴했다.

1798년 7월 2일 조지 3세 치하에서 그동안 아주 어렵게 진행되어 오던 대영제국과 아일랜드의 통합이 이루어졌다. 1830년 조지 4세George IV of the United Kingdom(생몰연도: 1762~1830, 재위기간: 1820~1830)의 뒤를 이어 윌리엄 4세William VI of the United Kingdom(생몰연도: 1765~1837, 재위기간: 1830~1837)가 왕위에 올라 7년간 통치했다. 켄트 공작(조지 3세의 4남)의 외동딸이며 윌리엄 4세의 조카인 빅토리아 여왕Queen Victoria(1819~1901)이 왕위에 오른 것은 1837년 6월 20일이었다. 여왕은 1840년 2월 10일, 삭스 고타의 앨버트 공Prince Albert of Sax Gotha(1819~1861)과 결혼했다. 빅토리아 여왕은 훌륭한 군주로서 국민의 사랑을 듬뿍 받고 있다. 나도 전령처럼 큰 소리로 포고하며 이 책을 끝내련다.

"신이시여, 여왕을 보호하소서!"

1 스코틀랜드인의 선조로 아일랜드 게일족과 켈트족의 혼혈 민족이다. 5세기경 아일랜드에서 지금의 스코틀랜드 서부 지역으로 건너와 정착했다. 처음에는 그곳에 살던 픽트족의 지배를 받았지만, 9세기를 전후해 픽트족을 정복하고 흡수했다.

2 켄트 주의 동쪽 끝에 있던 섬으로, 당시에는 너비 600미터 정도 되는 해협으로 본토와 분리되어 있었지만, 현재는 해협이 사라지고 잉글랜드 본토와 붙어 있다.

3 히포의 주교로 교부철학을 집대성한 성 아우구스티누스(354~430)와는 다른 인물이다.

4 노섬브리아 백작 토스티그Tostig, Earl of Northumbria로 고드윈 백작의 셋째 아들이며, 해럴드 2세의 바로 손아래 동생이다.

5 로버트는 헨리 1세의 아들로 마틸다의 오빠였지만 서자였던 탓에 왕위 계승권이 없었다. 그 대신 그는 마틸다의 왕위 쟁탈전을 지원했다.

6 마가복음 12장 41~44절에 나오는 이야기로, 예수가 전 재산을 헌금함에 넣은 과부의 행동을 칭찬하는 내용이다. 렙돈과 고드란트는 당시의 화폐 단위이며, 64렙돈이 1데나리온, 즉 노동자 하루 품삯 정도 되었다고 한다.

7 당시 잉글랜드에는 선대의 스티븐과 마틸다가 왕위 쟁탈전을 하느라 불러들인 용병들이 돌아가지 않고 남아서 한동안 백성을 괴롭히고 있었다.

8 상서청의 수장. 상서청은 특허장, 영장 등 공문서를 작성하는 비서관 부서로, 공식 문서에 날인하는 국새를 보관했다. 차츰 국왕 법정의 업무가 많아지면서 상서의 업무 중에서 법정을 주관하는 대법관 역할이 크게 증가했다.

9 주요 쟁점은 '세속법을 어긴 성직자를 누가 처벌할 것인가'였다. 당시 하급직이라도 성직자는 성직자였고, 세속법을 어긴 하급 성직자의 수가 전체 남자 인구의 5분의 1에 달했다. 이를 세속법정에서 심판하지 못한다면 국왕의 세력은 줄어들 수밖에 없었다.

10 'Ancestral Customs'라고도 한다. 윌리엄 1세 통치 시절, 윌리엄 1세와 대주교가 정리했던 교회와 국가 사이의 관계에 대한 규정으로, 정식 문서화된 형태는 아니었다. 후일 헨리 1세가 '오랜 관습'의 부활을 선언했으며, 헨리 2세는 과거 윌리엄 1세 시절의 강력한 왕권을 되살리기 위해 처음으로 '오랜 관습'을 문서화하고 사제들의 승인을 받으려 했다. '오랜 관습'의 내용 중에서 헨리 2세와 토머스 베켓이 다투게 된 가장 직접적인 항목은 '범죄를 저지른 성직자는 같은 범죄를 저지른 세속인과 같은 방식으로 처벌되어야 한다'는 것이었다. 당시 '오랜 관습'을 따르지 않는다는 것은 왕에 대한 '반역'을 의미했으므로 베켓에게 반역죄가 씌워졌다.

11 치체스터 주교 힐러리Hilary of Chichester 혼자 "성실하게 이행하겠습니다"라고 대답했다고 한다.

12 원래 대관식은 캔터베리 대주교가 주관하는 것이 오랜 관례였으므로 토머스 베켓이 대관식을 주관해야 마땅했다. 하지만 요크 대주교가 주관했으니 베켓의 권한을 침범한 셈이다.

13 이스라엘 북부에 있는 도시로 아코Akko라고도 한다. 635년 이슬람교도에게 점령되었고, 1104년 십자군이 공략한 이래 쟁탈전이 이어졌으며, 1291년에 이슬람이 최종적으로 탈환했다.

14 예수가 못 박혀 순교한 십자가 조각.

15 옴미아드 왕조 마지막 군주의 손자 압데라만 1세가 아바스 왕조의 학살을 피해 756년 스페인에 코르도바를 도읍으로 새로운 독립 이슬람 왕국 '알 안달루스'를 세웠다. 이때부터 1492년까지 이베리아 반도에 이슬람 왕국이 존재했다.

16 헨리 3세는 원래 매제인 시몽 드 몽포르를 편애했다. 하지만 그로 인해 귀족들의 원성이 높아져 결국 모함을 받고 3년간 귀양을 가게 되었다. 드 몽포르는 귀양을 갔다 온 뒤 '이제는 다른 신하들의 말을 듣고 나를 귀양 보낸 의리 없는 왕 곁에 있기보다 남작들의 리더가 되겠노라!'고 결심했다.

17 이것이 바로 '옥스퍼드 조례Provisions of Oxford'다. 통치위원회 설치 외에도 의회라 불리게 된 대자문회의를 연 3회 개최한다는 조항도 포함되어 있었다.

18 레스터 백작의 둘째 아들로 아버지와 이름이 똑같다. 아버지 시몽 드 몽포르는 6대 레스터 백작이다.

19 당시 사람들은 경제적 이득을 보기 위해 동전의 가장자리를 깎아내 동전 조각을 취하는 등 여러 방법으로 주화를 훼손했다. 이렇게 되면 원래보다 무게가 가벼워 가치가 떨어지는 주화가 유통되어 사실상 물가가 오르게 된다. 이런 부정행위를 막기 위해 동전 가장자리에 톱니 모양을 새기게 되었다.

20 에드워드 1세의 4남으로 카나번의 에드워드Edward of Carnarvon라고도 한다. 에드워드 1세의 첫 번째 왕비인 엘레오노르는 총 16번의 임신을 했고 13명의 아이를 낳았다. 그중 막내가 카나번의 에드워드이다.

21 에드먼드 플랜태저넷 혹은 에드먼드 1세Edmund of Crouchback, 1st Earl of Leicester and Lancaster(1245~1296)는 잉글랜드의 왕 헨리 3세의 아들이다. 별칭은 '곱추 에드먼드'로 랭커스터 공작에 봉해졌으며, 이후 랭커스터 왕가의 시조가 되었다.

22 스콘의 돌은 1996년 11월 30일 영국 정부와 스코틀랜드 주정부 간의 약정으로 700년 만에 에든버러 궁으로 돌아갔다.

23 콘월 지방에 전해오는 민간 설화로, 아서 왕 시절 콘월에서 수많은 거인을 죽인 용감한 소년 잭이 주인공이다.

24 왕위를 넘본 대역죄인을 처형할 때 조롱의 의미로 머리에 화관을 씌우곤 했다.

25 이 전쟁이 1337년부터 1453년까지 116년에 걸쳐 일어났던 백년전쟁이다. 겉으로는 프랑스 왕위 계승권을 놓고 다투었지만, 실제로는 서로의 영토를 빼앗는 것이 목적이었다.

26 실제로는 14세기 중반 크림반도에 정박했던 이탈리아의 선박을 통해 옮겨진 것으로 짐작된다. 한편 몽골제국의 발흥기에 흑사병이 전 대륙으로 퍼져 나갔다는 말도 있다. 아시아에서 한바탕 소용돌이쳤던 질병이 상업의 발자취를 따라 가장 취약하던 유럽에 뒤늦게 전염되었다는 것이다.

27 흑태자의 할아버지 에드워드 2세가 조앤의 아버지 에드먼드 우드스톡의 형이다.

28 영국의 최고 훈장으로 1348년에 에드워드 3세가 제정했다. 무릎 부위에 매다는 훈장으로, 처음에는 군공軍功이 있는 사람에게만 수여되어 왕과 기사 26명으로 한정되었다. 하지만 조지 3세와 윌리엄 4세 때 그 범위를 확대하여 기사의 수도 점차 늘어났고, 외국의 원수와 왕족에게도 수여하게 되었다.

29 인클로저 운동Enclosure Movement. 중세 유럽에서 공동 이용이 인정되었던 토지에 울타리나 담을 둘러쳐 사유지임을 명시하던 일. 15세기 말에서 16세기에 걸쳐 영주들이 양을 방목하는 목양지牧羊地로 이용하기 위해 농민의 이해를 무시하고 폭력으로써 경지나 공동지에 울타리를 쳐서 큰 사회 문제가 되었다. 토머스 모어는 그의 저서 《유토피아Utopia》에서 "양이 사람을 먹는다"고 표현했다.

30 처형을 앞둔 죄수들이 배를 타고 런던탑 안으로 들어갈 때 사용하던 문.

1 웨섹스 왕가

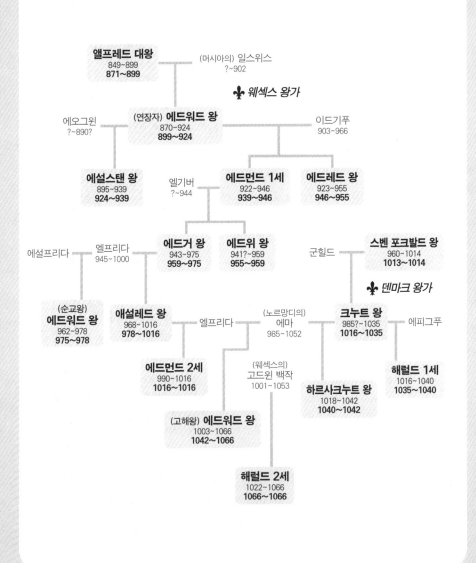

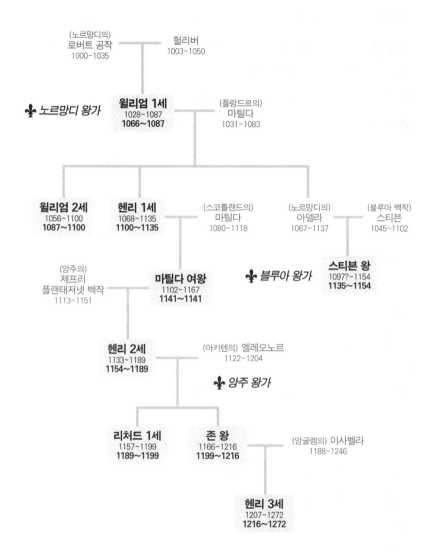

(노르망디의)
로버트 공작
1000~1035

헐리버
1003~1050

✤ 노르망디 왕가

윌리엄 1세
1028~1087
1066~1087

(플랑드르의)
마틸다
1031~1083

윌리엄 2세
1056~1100
1087~1100

헨리 1세
1068~1135
1100~1135

(스코틀랜드의)
마틸다
1080~1118

(노르망디의)
아델라
1067~1137

(블루아 백작)
스티븐
1045~1102

✤ 블루아 왕가

스티븐 왕
1097?~1154
1135~1154

(앙주의)
제프리
플랜태저넷 백작
1113~1151

마틸다 여왕
1102~1167
1141~1141

헨리 2세
1133~1189
1154~1189

(아키텐의) 엘레오노르
1122~1204

✤ 앙주 왕가

리처드 1세
1157~1199
1189~1199

존 왕
1166~1216
1199~1216

(앙굴렘의) 이사벨라
1188~1246

헨리 3세
1207~1272
1216~1272

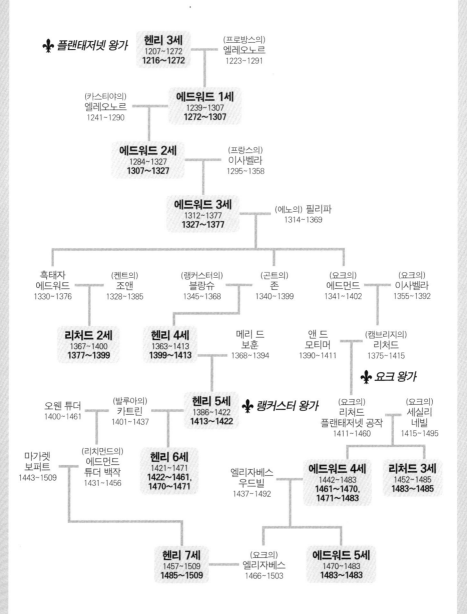

✤ 플랜태저넷 왕가

헨리 3세
1207~1272
1216~1272

(프로방스의)
엘레오노르
1223~1291

(카스티야의)
엘레오노르
1241~1290

에드워드 1세
1239~1307
1272~1307

에드워드 2세
1284~1327
1307~1327

(프랑스의)
이사벨라
1295~1358

에드워드 3세
1312~1377
1327~1377

(에노의) 필리파
1314~1369

흑태자
에드워드
1330~1376

(켄트의)
조앤
1328~1385

(랭커스터의)
블랑슈
1345~1368

(곤트의)
존
1340~1399

(요크의)
에드먼드
1341~1402

(요크의)
이사벨라
1355~1392

리처드 2세
1367~1400
1377~1399

헨리 4세
1363~1413
1399~1413

메리 드
보훈
1368~1394

앤 드
모티머
1390~1411

(캠브리지의)
리처드
1375~1415

✤ 요크 왕가

오웬 튜더
1400~1461

(발루아의)
카트린
1401~1437

헨리 5세
1386~1422
1413~1422

✤ 랭커스터 왕가

(요크의)
리처드
플랜태저넷 공작
1411~1460

(요크의)
세실리
네빌
1415~1495

마가렛
보퍼트
1443~1509

(리치먼드의)
에드먼드
튜더 백작
1431~1456

헨리 6세
1422~1461,
1470~1471

엘리자베스
우드빌
1437~1492

에드워드 4세
1442~1483
**1461~1470,
1471~1483**

리처드 3세
1452~1485
1483~1485

헨리 7세
1457~1509
1485~1509

(요크의)
엘리자베스
1466~1503

에드워드 5세
1470~1483
1483~1483

4 튜더 왕가

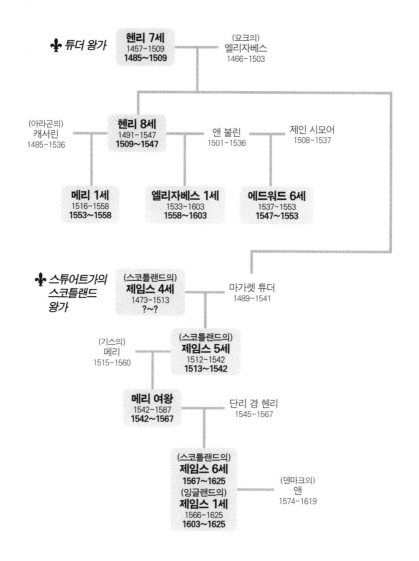

✤ 튜더 왕가

헨리 7세
1457~1509
1485~1509

(요크의)
엘리자베스
1466~1503

(아라곤의)
캐서린
1485~1536

헨리 8세
1491~1547
1509~1547

앤 불린
1501~1536

제인 시모어
1508~1537

메리 1세
1516~1558
1553~1558

엘리자베스 1세
1533~1603
1558~1603

에드워드 6세
1537~1553
1547~1553

✤ 스튜어트가의
스코틀랜드
왕가

(스코틀랜드의)
제임스 4세
1473~1513
?~?

마가렛 튜더
1489~1541

(기스의)
메리
1515~1560

(스코틀랜드의)
제임스 5세
1512~1542
1513~1542

메리 여왕
1542~1587
1542~1567

단리 경 헨리
1545~1567

(스코틀랜드의)
제임스 6세
1567~1625
(잉글랜드의)
제임스 1세
1566~1625
1603~1625

(덴마크의)
앤
1574~1619

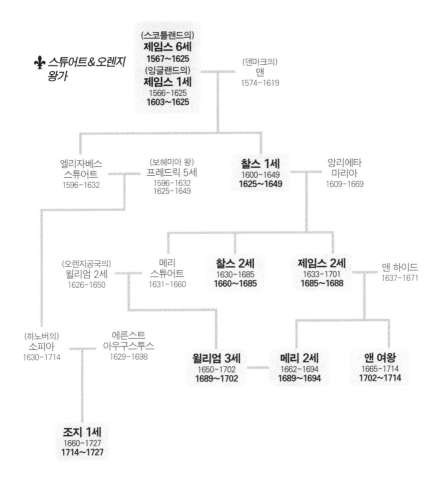

❧ 스튜어트&오렌지
왕가

(스코틀랜드의)
제임스 6세
1567~1625
(잉글랜드의)
제임스 1세
1566~1625
1603~1625

(덴마크의)
앤
1574~1619

엘리자베스
스튜어트
1596~1632

(보헤미아 왕)
프레드릭 5세
1596~1632
1625~1649

찰스 1세
1600~1649
1625~1649

앙리에타
마리아
1609~1669

(오렌지공국의)
윌리엄 2세
1626~1650

메리
스튜어트
1631~1660

찰스 2세
1630~1685
1660~1685

제임스 2세
1633~1701
1685~1688

앤 하이드
1637~1671

(하노버의)
소피아
1630~1714

에른스트
아우구스투스
1629~1698

윌리엄 3세
1650~1702
1689~1702

메리 2세
1662~1694
1689~1694

앤 여왕
1665~1714
1702~1714

조지 1세
1660~1727
1714~1727

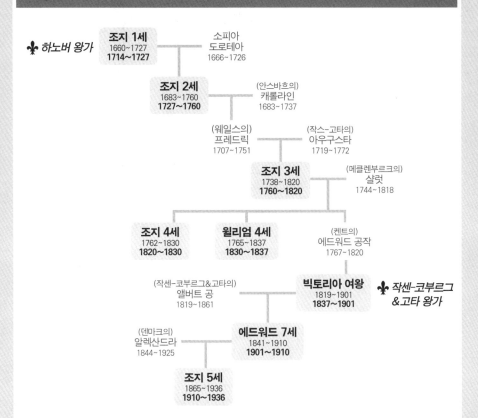

⚜ 하노버 왕가

조지 1세
1660~1727
1714~1727

소피아
도로테아
1666~1726

조지 2세
1683~1760
1727~1760

(안스바흐의)
캐롤라인
1683~1737

(웨일스의)
프레드릭
1707~1751

(작스-고타의)
아우구스타
1719~1772

조지 3세
1738~1820
1760~1820

(메클렌부르크의)
샬럿
1744~1818

조지 4세
1762~1830
1820~1830

윌리엄 4세
1765~1837
1830~1837

(켄트의)
에드워드 공작
1767~1820

(작센-코부르그&고타의)
앨버트 공
1819~1861

빅토리아 여왕
1819~1901
1837~1901

⚜ 작센-코부르그
&고타 왕가

(덴마크의)
알렉산드라
1844~1925

에드워드 7세
1841~1910
1901~1910

조지 5세
1865~1936
1910~1936

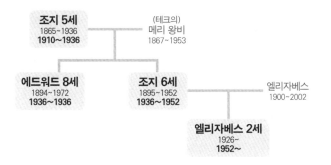

조지 5세
1865~1936
1910~1936

(테크의)
메리 왕비
1867~1953

에드워드 8세
1894~1972
1936~1936

조지 6세
1895~1952
1936~1952

엘리자베스
1900~2002

엘리자베스 2세
1926~
1952~

1812년 2월 7일 영국 햄프셔 주 포츠머스의 마일앤드에서 태어남.

1824년 아버지가 빚 때문에 감옥에 수감된 후 가정 형편이 어려워져 학업을 중단하고 구두약 공장에서 일함.

1825년 아버지의 출감 이후 구두약 공장을 그만두고 웰링턴 하우스 아카데미에서 공부를 시작함.

1827년 웰링턴 하우스 아카데미를 졸업한 뒤 엘리스앤드블랙모어 변호사사무실에서 하급서기관으로 일함.

1829년 독학으로 속기를 마스터한 뒤 민법박사회관 기록 담당이 됨.

1831년 〈미러 오브 팔러먼트Mirror of Parliament〉 기자가 되어 저널리스트로서의 경력을 시작함.

1833년 처녀작 단편소설인 〈포플러 산책로에서의 만찬A Dinner at Poplar Walk〉이 〈먼슬리 매거진Monthly Magazine〉 12월호에 실리면서 작가로서 첫발을 내디딤.

1834년 신문사 〈모닝 크로니클The Morning Chronicle〉로 이직, 기자로서의 경력을 이어감.

1836년 2월 8일, 첫 단편집 《보즈의 스케치집Sketches by Boz》을 출간함. 같은 해 4월 2일, 캐서린 호가스와 결혼함.

1837년 월간지 〈벤틀리 미셀러니Bentley's Miscellany〉의 편집장이 되어 창간호(1월호)를 냄. 제2호부터 2년 동안 이 잡지에 《올리버 트위스트The Adventures of Oliver Twist》를 연재함. 첫 장편소설 《피크윅의 사후 문서The Posthumous Papers of the Pickwick Club》 탈고함.

1839년 〈벤틀리 미셀러니〉에서 퇴사함. 10월에 세 번째 단행본 《니콜라스 니클비Nicholas Nickleby》를 출간함.

1840년 4월 4일, 주간지 〈마스터 험프리의 시계Master's Humphry's Clock〉를 창간하여 창간호부터 《골동품 가게The Old Curiosity Shop》 연재를 시작함.

1841년 〈마스터 험프리의 시계〉 2월호부터 모두 42회에 걸쳐 《바나비 러지Barnaby Rudge》를 연재함.

1842년 아내 캐서린과 함께 6개월 여정으로 미국 여행을 떠남. 이 여행을 바탕으로 10월에 단행본 《미국 기행American Notes for General Circulation》을 출간함.

1843년 12월 19일, 대표작이자 출세작 중 하나이며 크리스마스 북의 첫 번째 책인 《크리스마스 캐럴A Christmas Carol》을 출간함.

1844년 오랫동안 좋은 파트너였던 채프먼앤드홀출판사와 결별함. 브래드버리앤드에반스출판사와 새로운 관계를 맺고 자신의 작품에 대한 모든 출판권을 이 출판사에 위임함. 12월 16일, 크리스마스 북의 두 번째 책인 《종소리The Chimes》를 출간함.

1845년 9월, 연출가 겸 배우로 희극 〈10인 10색〉을 상연함. 같은 해 12월 20일, 크리스마스 북의 세 번째 책인 《난롯가의 귀뚜라미The Cricket on the Hearth》를 출간함.

1846년 《이탈리아의 초상Pictures from Italy》을 출간함. 크리스마스 북의 네 번째 책인 《인생의 싸움The Battle of Life》을 출간함.

1848년 아마추어 극단을 이끌고 여러 달 동안 영국 전역을 돌며 순회공연을 함. 같은 해 12월, 크리스마스 북의 마지막 작품인 《유령에 시달리는 사나이The Haunted Man and the Ghost's Bargain》를 출간함.

1850년 주간지 〈일상적인 말들〉을 창간함. 《데이비드 코퍼필드David Copperfield》를 출간함.

1851년 자신이 이끌던 극단과 함께 빅토리아 여왕 앞에서 연극을 공연함. 조국에 대한 무한한 애정과 풍부하고도 객관적인 지식을 바탕으로 역사서 《찰스 디킨스의 영국사 산책A Child's History of England》 집필을 시작함.

1853년 《찰스 디킨스의 영국사 산책》을 탈고, 출간함.

1854년 《고난의 시절Hard Times》을 집필하여 〈일상적인 말들〉에 연재를 시작함.

1859년 주간지 〈연중일지All the Year Round〉를 창간함. 새로 집필하기 시작한 《두 도시 이야기A Tale of Two Cities》를 이 잡지에 연재하기 시작함.

1860년 12월부터 〈연중일지〉에 《위대한 유산Great Expectations》 연재를 시작함.

1861년 《위대한 유산》을 탈고하여 단행본으로 출간함.

1870년 1969년부터 집필하기 시작했던 미완성 작품 《에드윈 드루드Edwin Drood》를 유작으로 남김. 6월 9일 뇌출혈로 사망.

찾아보기